FISCHER
de peito aberto

A trajetória de um atleta olímpico

A autobiografia do nadador olímpico Eduardo Fischer

Editora Appris Ltda.
1.ª Edição - Copyright© 2023 dos autores
Direitos de Edição Reservados à Editora Appris Ltda.

Nenhuma parte desta obra poderá ser utilizada indevidamente, sem estar de acordo com a Lei nº 9.610/98. Se incorreções forem encontradas, serão de exclusiva responsabilidade de seus organizadores. Foi realizado o Depósito Legal na Fundação Biblioteca Nacional, de acordo com as Leis nos 10.994, de 14/12/2004, e 12.192, de 14/01/2010.

Catalogação na Fonte
Elaborado por: Josefina A. S. Guedes
Bibliotecária CRB 9/870

	Fischer, Eduardo Aquiles
F529f	FISCHER de peito aberto : a trajetória de um atleta olímpico : a autobiografia
2023	do nadador olímpico Eduardo Fischer ; colaboração: Plínio Rocha / Eduardo
	Aquiles Fischer.
	1 ed. – Curitiba : Appris, 2023.
	635 p. ; 23 cm.
	Inclui referências.
	ISBN 978-65-250-5243-4
	1. Fischer, Eduardo, 1980 – Autobiografia. 2. Olimpíadas. 3. Natação. 4. Esportes.
	5. Disciplina. I. Título.
	CDD – 797.21

Livro de acordo com a normalização técnica da ABNT

Editora e Livraria Appris Ltda.
Av. Manoel Ribas, 2265 – Mercês
Curitiba/PR – CEP: 80810-002
Tel. (41) 3156 - 4731
www.editoraappris.com.br

Printed in Brazil
Impresso no Brasil

EDUARDO AQUILES FISCHER
Colaboração: Plínio Rocha

FISCHER
de peito aberto

A trajetória de um atleta olímpico

A autobiografia do nadador olímpico Eduardo Fischer

FICHA TÉCNICA

EDITORIAL	Augusto Coelho
	Sara C. de Andrade Coelho
COMITÊ EDITORIAL	Marli Caetano
	Andréa Barbosa Gouveia - UFPR
	Edmeire C. Pereira - UFPR
	Iraneide da Silva - UFC
	Jacques de Lima Ferreira - UP
SUPERVISOR DA PRODUÇÃO	Renata Cristina Lopes Miccelli
ASSESSORIA EDITORIAL	Bruna Holmen
REVISÃO	Stephanie Ferreira Lima
PRODUÇÃO EDITORIAL	Bruna Holmen
DIAGRAMAÇÃO	Bruno Ferreira Nascimento
FOTOGRAFIAS	Max Schwoelk
	Satiro Sodré
CAPA	Eneo Lage

Dedico esta obra ao meu filho, Pedro Henrique.
Espero que a minha história e os caminhos por mim percorridos possam
servir-lhe de exemplo, além de iluminar a sua trajetória de vida.

A minha esposa, Roberta Heloisa Martinelli Fischer,
deixo o meu mais profundo e imenso agradecimento.
Não só esteve ao meu lado nos momentos mais difíceis da minha carreira,
como também sorriu e chorou todas as minhas vitórias e derrotas.

Prefácio

Quero ressaltar o quanto fiquei feliz por ter recebido — e aceitado — a missão de escrever este prefácio na autobiografia de um amigo e colega do esporte que a vida me concedeu. De verdade, eu me sinto muito honrado.

Fico contente por conhecer ainda melhor toda a sua trajetória, com tantos detalhes. Chega a ser assustador o exímio trabalho feito neste livro, devido ao grande número de informações precisas. Sem dúvida, um presente para o leitor que vai começar a folhear as próximas páginas. Não apenas vai saber melhor quem foi Eduardo Fischer, como também, parte da história da natação brasileira.

Aqui, fica claro quanto cada um de nós carrega, ocultamente, mistérios que ninguém conhece. Alguns desconhecidos até mesmo para quem esteja próximo dessa pessoa. Por isso, não deveríamos julgar ninguém. Afinal, nunca saberemos todo o contexto, a não ser que a própria pessoa coloque tudo num livro, como este.

Mesmo assim, sempre haverá outras versões e outros pontos de vista e resta evidenciada a importância de respeitar a opinião alheia, mesmo quando não concordamos com ela. Definitivamente, algo que está em falta atualmente.

Este livro me fez voltar no tempo, para uma época na qual eu tinha cabelo e nadava por Florianópolis nos Jogos Abertos de Santa Catarina, os Jasc. Depois, já careca, aos Jogos Olímpicos de Sydney-2000, quando, pelo visto, eu só dormia, buscando descansar para as minhas provas (rs).

O que você vai encontrar aqui é uma leitura dinâmica, leve e repleta de detalhes que me impressionaram. Você vai entender tudo de maneira muito clara, como eu disse, por conta da riqueza de informações pessoais, técnicas e históricas. Trata-se de um relato verdadeiro, desde a base até os grandes resultados de Eduardo Fischer como atleta olímpico.

Você saberá não somente a parte que cabe ao esportista, que é treinar, comer, dormir e competir, mas também muitos dos bastidores sombrios que, muitas vezes, desconhecemos ou não nos preocupamos em buscar saber. Quando isso acontece, nós nos fazemos de bobos por falta de interesse ou, até mesmo, por interesse próprio.

Fischer traz a importância da família na vida, a vontade de deixar os pais orgulhosos e de sempre fazer tudo de maneira impecável, como esta obra. Por isso, não poderia ser concluída e entregue ao público de outra maneira.

O quanto seu caráter, seus valores, sua ética e sua moral fizeram dele quem é, não deixando a família de lado em nenhum momento da trajetória, mesmo que acabasse trazendo prejuízos financeiros e, até mesmo, retaliações.

Percebi o quanto um sonho, levado a sério, sem desistir, com a disciplina necessária e a resiliência para enfrentar todos os desafios, pode realmente mudar uma vida e trazer a maior medalha de todas, que é a realização própria.

Fischer mostra, desde o início, o quanto batalhou, treinou, foi desafiado pela vida a continuar, focado em suas metas, lidando com todas as adversidades e frustrações, sempre com um olhar positivo e o foco no objetivo, sem se perder e sair do caminho trilhado por ele e sua equipe.

Eu me enxerguei diversas vezes durante a leitura, não somente pelos relatos direcionados à nossa convivência, mas por situações da vida, de como lidar com episódios que surgem do nada, inesperados, que nos pregam peças. E, mesmo assim, superamos tudo com total dedicação, acreditando em nós mesmos. Cito como exemplo a passagem em que Eduardo volta a treinar após uma cirurgia de apendicite. Para mim, foi como quando ganhei uma medalha olímpica com três ligamentos rompidos no pé direito. O mais "engraçado" é que nós dois não saímos dando desculpas pelos resultados, nem alardeando as situações. Talvez, esse seja um dos traços dos atletas catarinenses (rs).

Você vai perceber ainda mais o quanto precisamos estar mentalmente preparados para a vida. Fischer mostra isso diversas vezes nesta obra, e você vai ser impactado. Pode acreditar.

Ele transformava um resultado que, para muitos, poderia ser visto de maneira negativa (como ficar em 9º lugar em uma prova e não disputar a final, nos 200 metros peito), mas que o deixou contente e feliz, única e simplesmente porque deu o melhor que tinha naquele momento, sem se comparar a ninguém. Valia apenas a recompensa diante da preparação que havia feito.

Nesse episódio, especificamente, Fischer continuou focado nas provas seguintes, que mais importavam, alcançando a vitória tanto nos 50 quanto nos 100 metros peito, suas principais distâncias. O índice para disputar um Campeonato Mundial o deixou com a sensação de dever cumprido. E isso ensina mais uma lição não apenas para mim e para você, mas para todo mundo.

Quantos de nós estaríamos preparados para continuar olhando os aspectos positivos, sem perder o foco no objetivo principal, depois de um resultado adverso e não tão bom, momentos antes?

Este livro não é o relato sobre um atleta, mas, sim, um ser humano de muito caráter e muita ética, que se manteve fiel, com bravura e coragem fora do esporte. Não é, claro, um conto de fadas, apenas com trechos bonitos e vitórias. Fischer revela os seus arrependimentos e erros, sempre buscando evoluir e servir ao próximo, no esporte ou fora dele.

É a história de uma pessoa que lidou com perdas financeiras e situações atípicas de um atleta, como processos contra a própria entidade que administra a natação – no caso, a Confederação Brasileira de Desportos Aquáticos (CBDA). Mesmo assim, continuou treinando e focado, coisa que, admito, é muito difícil. Não se deixar levar por circunstâncias assim e perder o foco é missão complicada.

Por isso, volto ao início deste prefácio, quando disse que a vida das outras pessoas, mesmo que próximas, é um mistério. Mesmo eu, que estive ao lado deste amigo por anos e anos, não sabia de metade do li aqui. Fiquei encantado com a maneira verdadeira e sincera como ele abriu o coração e a Caixinha de Pandora.

Caro leitor, você vai cair na piscina e nadar na mesma raia do Fischer, sofrer e celebrar com ele toda a trajetória de sucesso, dentro e fora da água.

Boa leitura!

Fernando "Xuxa" Scherer
Catarinense, duas vezes medalhista olímpico na natação

Fischer com Fernando Scherer nos corredores de algum hotel, durante o Troféu José Finkel, em 1998.

Sumário

Prólogo 13

1 18

2 21

3 24

4 27

5 29

6 31

7 33

8 37

9 46

10 54

11 63

12 70

13 76

14 82

15 88

16 91

17 94

18 97

19 104

20 109

21 112

22 116

23 123

24 126

25 128

26 136

27 142

28 152

29 162

30 166

31 170

32 176

33 184

34 193

35 198

36 200

37 204

38 207

39 211

40 214

41 225

42 228

43 231

44 238

45 241

46 244

47 247

48 253

49 259

50 263

51 270

52 279

53 288

54 294

55 297

56 306

57 310

58 316

59 318

Fotos 322

60 332	**78** 487	**96** 560
61 341	**79** 491	**97** 568
62 346	**80** 497	**98** 573
63 357	**81** 501	**99** 578
64 371	**82** 506	**100** 580
65 381	**83** 510	**101** 585
66 387	**84** 512	**102** 594
67 396	**85** 514	**103** 596
68 408	**86** 517	**104** 599
69 411	**87** 522	**105** 602
70 424	**88** 525	**106** 605
71 433	**89** 528	**107** 609
72 436	**90** 536	**108** 614
73 447	**91** 539	**109** 624
74 452	**92** 541	**110** 629
75 466	**93** 546	**Anexo 1** 631
76 468	**94** 553	**Anexo 2** 633
77 472	**95** 556	**Anexo 3** 634

Prólogo

Todo mundo, em algum momento da vida, sente vontade de contar uma história. Seja um acontecimento pessoal ou algo que tenha ocorrido com algum conhecido. Na verdade, somos influenciados pelos nossos educadores, desde muito cedo, a ter paixão por contos, fábulas e narrativas. A criatividade da mente é, de fato, um universo maravilhoso e infinito.

Invariavelmente, nem todas as histórias ou todos os contos aos quais somos apresentados durante a vida são bons. Nem todo causo se mostra interessante, e talvez poucos tenham a mágica e o poder de nos cativar para a eternidade. Mas eu tenho uma história para contar. A minha. Meu grande objetivo é prender a sua atenção nesta leitura. E uma coisa posso afirmar, com boa parcela de convicção: muitas vezes, enxergamos apenas um resultado, sem conhecer a história por trás da trajetória. Antes da medalha no peito, do sorriso diante das câmeras ou do lugar mais alto do pódio, muita coisa acontece, mas poucos têm conhecimento ou noção do processo.

Mas há muita coisa envolvida nesse processo que leva a um bom resultado, esportivo ou não. E é exatamente essa narrativa oculta que a maioria das pessoas comumente não consegue visualizar ou compreender. Nem tanto porque não querem ou não conseguem, mas, na maioria das vezes, simplesmente porque não têm acesso às informações. E isso é normal e compreensível.

Contudo, essa jornada, que se mostra muito mais importante do que a conquista, propriamente dita, não é visível no momento em que o resultado se concretiza. Entretanto, por diversas vezes, merece ser relatada e conhecida. Afinal, toda vitória, grande ou pequena, necessariamente, é precedida de uma história de superação.

São nessas narrativas, as que nem todos conseguem testemunhar, que podemos compreender a dimensão da busca incansável do ser humano pelo propósito de vida. Tal propósito, indubitavelmente, se traduz na busca pela felicidade.

Eu não fui campeão olímpico, nem mundial na natação. Nunca quebrei uma marca que me candidatasse ao *Guiness Book*, o *Livro dos Recordes*. Não entrei, e creio que nem vou ingressar, no Hall da Fama

Internacional da Natação[1]. Pelo menos, não aspirei tal ambição no fim da minha carreira. Outros brasileiros, sem sombra de dúvidas, tiveram mais sucesso e glórias do que eu nesse maravilhoso esporte.

No meu currículo, posso resumir cronologicamente que:

- Venci os Jogos Abertos de Santa Catarina (Jasc) mais de 20 vezes, sendo a primeira com apenas 16 anos, em 1996.

- Um ano depois, fui campeão brasileiro júnior.

- Fiz parte da seleção brasileira pela primeira vez com 18 anos, trazendo duas medalhas do Multinations Youth Meet, na Dinamarca.

- Subi ao pódio do Troféu José Finkel pela primeira vez, também, aos 18 anos e, com essa mesma idade, defendi o Brasil pela primeira vez em uma Copa do Mundo de Natação.

- No ano seguinte, fui medalhista do Troféu Brasil e, pela primeira vez, coloquei o nado peito brasileiro no lugar mais alto do pódio de uma etapa da Copa do Mundo de Natação.

- Perdi, por muito pouco, a vaga para os Jogos Pan-Americanos de Winnipeg, em 1999, mas, um ano depois, fui campeão brasileiro absoluto e, com apenas 20 anos, representei o Brasil nos Jogos Olímpicos de Sydney-2000, recebendo o honroso título de atleta olímpico.

- No ano seguinte, avancei até a semifinal do Campeonato Mundial de Esportes Aquáticos, no Japão.

- Em 2002, me tornei o primeiro homem latino-americano a quebrar a barreira de um minuto nos 100 metros peito em piscina semiolímpica, ou seja, de 25 metros.

- Com 22 anos, conquistei para o Brasil uma medalha inédita individual no nado peito, ao ficar com o bronze no Campeonato Mundial de piscina curta (25 metros), em Moscou (RUS).

- Defendi o Brasil e conquistei dois pódios nos Jogos Pan-Americanos de Santo Domingo, em 2003.

---

[1] O Hall da Fama Internacional da Natação está localizado na Flórida (EUA) e é dedicado aos esportistas, treinadores e demais envolvidos com os esportes aquáticos e reconhecidos pela Federação Internacional de Natação (Fina/World Aquatics).

- No ano seguinte, me classifiquei para a minha segunda Olimpíada e, nessa oportunidade, fui semifinalista. Na ocasião, foi o melhor resultado olímpico no nado peito do Brasil desde José Sylvio Fiolo, em Munique-1972.

- Ganhei mais de 30 medalhas em etapas da Copa do Mundo de Natação, ao longo dos cinco continentes. Viajei e conheci o mundo (aproximadamente 35 países), sempre por meio do esporte.

- Fui tetracampeão sul-americano e quebrei o recorde continental dos 50 e 100 metros peito mais de 25 vezes.

Ainda, durante a minha trajetória esportiva, concluí o ensino superior, obtendo a graduação no curso de Direito. Então, apenas um ano após os Jogos Olímpicos de Atenas, em 2004, fui aprovado do exame da Ordem dos Advogados do Brasil (OAB) e hoje, pós-graduado, faço a gestão do contencioso tributário de um grande escritório em Joinville (SC), o CMMR Advogados.

Sem falsa modéstia, é um bom currículo. Não para me colocar no topo da natação mundial. Longe disso. Mas, certamente, para me garantir bom destaque nacional e certo reconhecimento internacional. Claro que, fazendo parte da mesma geração de astros como Gustavo Borges e Fernando Scherer, é natural que eu me sinta um pouco ofuscado. Mas não há dúvidas de que os meus resultados me trazem satisfação pessoal e felicidade, além de orgulho pelas minhas conquistas.

Não me considero um ícone esportivo, mas fui (e talvez ainda seja) o melhor nadador que a cidade de Joinville já produziu. Talvez, algumas pessoas me considerem um pouco pretensioso por escrever este livro. Contudo, de fato, tenho muito orgulho daquilo que conquistei na minha carreira esportiva. E, como disse há pouco, tenho uma história para contar.

Mas nem tudo são flores, como diz o ditado. Travei algumas batalhas fora das piscinas, que poucos conhecem. Em algumas, fui derrotado. Ainda assim, persisti e jamais desisti. Continuei resistindo e lutando, mesmo às vezes de maneira inglória, sem nunca abandonar a ética e a moral. Apesar disso, mesmo perdendo algumas vezes, venci outras, umas importantes, outras nem tanto.

São essas lutas, entre vitórias e derrotas, que definem a pessoa que me tornei. Foram esses embates que ajudaram a construir o meu caráter, a minha personalidade e a minha índole. Nunca fiz muita força para agradar os outros, inclusive os meus adversários.

Sem qualquer rodeio, ambicionava o sucesso nos meus objetivos e, com idoneidade, seguia sempre em frente, lutando pela conquista dessas metas. Entretanto, jamais me utilizei de meios ilícitos ou obscuros para vencer, seja em qualquer arena de combate, desportiva ou política. Como dito, muitas vezes, meu principal rival nem sequer estava dentro da piscina.

Por isso, caro leitor, eu lhe entrego a minha autobiografia. Com o perdão do trocadilho, um livro de peito aberto, contendo alguns capítulos felizes e outros nem tanto. Mas, acima de tudo, verdadeiros e corajosos.

Estou disposto a relatar não apenas o que todo mundo já sabe e está documentado nos jornais — sim, sou da época em que a cobertura dos veículos impressos era grande, disputada e relevante. Quero, também, retratar outras histórias, cheias de pormenores, que não são comumente encaradas por outros atletas. E, aqui, não estou julgando ninguém, muito menos questionando se deveriam expor esse tipo de situação ou não. A minha posição é a de fazer isso, pois acho correto.

Estudei com afinco a história da natação, focado no período em que fui atleta, e fiz questão de citar cada nome que teve influência na formação desta narrativa e da minha trajetória.

Por essa razão, espero que a minha experiência possa cumprir uma função social e histórica, contribuindo positivamente para a comunidade esportiva e seu legado, seja pelos embates políticos fervorosos contra o presidente da Confederação Brasileira de Desportos Aquáticos (CBDA) da época, seja pela simples descrição dos ensaios psicológicos que vivenciei durante os inúmeros desafios enfrentados.

Durante este relato de vida esportiva, espero ter êxito em levar você para os locais em que eu estive. E, de alguma forma, fazê-lo sentir aquilo que senti. Quero tirar um sorriso do seu rosto em alguns momentos e, quem sabe, em outros, uma lágrima.

Exatamente da mesma forma como eu me senti muitas vezes, espero ser bem-sucedido em deixar você irritado com fatos que considero esdrúxulos e inesperados. No entanto, tentarei explicar que a vida esportiva, apesar de imperfeita e às vezes injusta, ainda se mostra como uma das melhores aventuras que o ser humano pode vivenciar.

Bem-vindo ao meu mundo! E, desde já, muito obrigado. Se você chegou até aqui, merece o meu mais profundo carinho e agradecimento. Desejo uma excelente leitura e que a jornada seja agradável.

Crédito: Satiro Sodré

1

DNA

No momento do nascimento de um indivíduo, ninguém pode prever com certeza se esse ser humano será um campeão ou se terá um desempenho esportivo acima da média. É difícil chegar a essa conclusão simplesmente levando em consideração a genética.

Apesar de alguns pais acharem que os filhos são os melhores do mundo em qualquer coisa que realizem — e eles têm o direito de pensarem assim —, no início das nossas vidas, é difícil "prever" um campeão. Existem, obviamente, fatores externos mais complexos de serem mensurados precocemente. Mas, nesse caso, aquele velho ditado ainda ampara essa prematura e equivocada premissa: "Pai é pai. E pai tudo pode".

Tenho convicção de que, comigo, não foi diferente. Nasci em 1980, na cidade de Joinville (SC), onde meu pai, Décio, de descendência alemã, mas de "apenas" 1,70m, e minha mãe, Maria, filha de italianos e com parco 1,60m, ficaram extremamente felizes em saber que vim ao mundo com saúde. Não podiam prever que eu seria um atleta profissional, mas, com certeza, me acharam a "coisa mais perfeita do mundo".

Aliás, para se formar um campeão (falando de forma geral e teórica), são precisos dois requisitos primordiais: primeiramente, uma mínima predisposição genética (popularmente conhecida como dom ou habilidade); em segundo lugar, mas não menos importante, treino. Muito treino.

Até mesmo porque, se a pessoa possui o dom, mas não o coloca em prática, seja por não gostar ou nunca ter contato com a modalidade esportiva, usando esse cenário como exemplo, jamais será encontrado um expoente. Por outro lado, a recíproca se mostra verdadeira. Ainda que seja fornecido o melhor treinamento existente no mundo, contudo, sem habilidade genética (dom) para esse fim, dificilmente um campeão será formado.

Nunca me faltaram vontade, determinação e foco para treinar. Contudo, é um pouco mais difícil medir a qualidade da predisposição genética de alguém para alguma tarefa, esportiva ou não. Não sei se o meu "dom" era o ideal (ou necessário) para eu me tornar um atleta campeão, mas é fato inconteste que não tive as melhores condições de treinamento do mundo. Nem sequer do Brasil, vale ressaltar. Digamos que a piscina onde treinei boa parte da minha vida nunca esteve entre as melhores da região.

Talvez, em algum momento, eu até tenha tido a chance de desfrutar de um dos melhores sistemas de treinamento do mundo. Entretanto, optei por não abraçar a oportunidade, quando isso esteve à minha frente, e nunca saberei se foi uma decisão certa ou errada. Hoje, pouco importa. Não adianta viver de lamentações passadas, não guardo qualquer arrependimento pelas minhas escolhas. Fiz o que deveria ter sido feito com as condições que eu tinha e me foram ofertadas. As decisões que tomei e os caminhos que escolhi fizeram eu chegar aqui. Qualquer coisa diferente disso fica no campo da suposição.

Enfim, posso dizer que tive o privilégio de nascer nos anos 80. Uma época, para mim, no mínimo esquisita, mas de muita criatividade e peculiaridade, na qual a humanidade saía do movimento hippie para ingressar no início da era da informática para todos. Empresas como a Apple e a IBM mudaram os conceitos comportamentais do planeta com o lançamento dos primeiros computadores pessoais, os famosos PCs. Aliás, até hoje, vemos especialistas estudando o comportamento humano dos anos 80, seja pela radical mudança de tendências visuais e artísticas ou pela condição político-histórica desse período.

Nos anos 80, surgiu o "rock pesado", popularmente conhecido como heavy metal. O gênero musical dos párias da minha época. Balançar a cabeça usando uma camiseta preta do Metallica, no início dos anos 90, poderia ser a sua tabulação definitiva e final. Você, frequentemente, era tachado de "derrotado" (ou *looser*, na gíria em inglês).

Sou apartidário. Sempre fui e acho que sempre serei. Até porque se até agora, com mais de 40 anos (no momento em que escrevo este livro), não escolhi um partido de estimação, provavelmente, não farei mais isso. Prefiro não enxergar esquerda ou direita. Vejo apenas o certo e o errado, na minha avaliação, com as informações que busco todos os dias. Não direi justo e injusto, pois a justiça (com caixa-baixa, mesmo) é subjetiva demais. Nem tudo aquilo que é justo para mim será para outro. Aliás, geralmente, o que é justo para um, quase sempre, é injusto para outro. Mas essa é uma discussão sem-fim e não cabe na proposta desta biografia.

O que quero dizer é que não me importa a qual partido você esteja filiado ou com qual inclinação econômica você se identifique (socialista ou capitalista). Para mim, importa saber se você vai brigar por aquilo que acredita ser o menos incoerente (ou ilógico). Novamente, não falo em justiça, pois, como disse, há demasiada subjetividade nessa palavra.

De qualquer forma, talvez, em razão desse momento histórico e político vivido na época (principalmente pelo meu pai), esteja aí a explicação para eu me mostrar como uma pessoa que adora um bom debate. Ou, ainda, o motivo pelo qual gosto de comprar uma boa briga. Se falarmos sobre algo que tenha relação com alguma coisa que eu não concorde, provavelmente, darei a minha opinião, doa a quem doer.

Eu também não costumo levar desaforo para casa. E esse foi um dos motivos que me levaram a participar de uma chapa de oposição à presidência da CBDA, em 2013, a ponto de até mesmo batalhar judicialmente pela validação da candidatura.

Ainda assim, passei quase a totalidade do meu ensino fundamental e médio, de 6 a 15 anos, em um mundo sem o "doutor Google", pois a internet chegou em casa somente em 1995. E daquele jeito meio "mais ou menos", porque, naquele tempo, a velocidade de transmissão de dados era devagar, quase parando (lembra-se da internet discada?). Acho que isso contribuía para a ignorância do entendimento da política esportiva no Brasil (duas palavras que, para mim, não fazem sentido juntas). Por que diabos alguém misturaria esporte com política? Calma! A pergunta é retórica, e eu sei, sim, a resposta.

Atualmente, com alguns cliques, você acessa qualquer lei federal e sabe qual é a responsabilidade de qualquer dirigente esportivo quando ele manipula dinheiro público. Essa evolução (ou revolução) digital foi primordial para que colocássemos os nossos direitos e as nossas garantias fundamentais em prática com mais rapidez e afinco.

Mas, para algumas pessoas que estão lendo este livro, apesar de incrédulas, afirmo: sim, nós estudávamos e fazíamos trabalhos escolares sem qualquer consulta ao "oráculo digital" da internet. Para isso, utilizávamos um acessório que caiu em desuso, chamado enciclopédia.

2

Sem perder o rumo, voltemos ao início. Quando criança, ninguém poderia dizer que eu seria um atleta. Mas, se o assunto viesse para a mesa, penso que seria seguro afirmar que eu não tinha atributos de nadador. Quiçá de campeão. Talvez, de um esportista mediano. Aliás, sendo sincero, pelo histórico dos meus pais, ninguém poderia concluir que eu faria qualquer coisa ligada ao esporte de alto rendimento. Não que eles fossem ruins ou coisa do gênero. Apenas não possuíam características, interesse e antecedentes relacionados ao esporte. Aliás, eles nunca praticaram qualquer tipo de atividade física competitiva na vida.

Essa premissa se fortaleceu quando tive um problema sério de saúde, com apenas 1 ano de idade.

Os meus pais notaram, logo depois que comecei a andar, que eu mancava um pouco, como se uma perna fosse maior do que a outra ou se algum tipo de dor me fizesse compensar a marcha.

Logo, todos se assustaram, pois a minha motricidade para andar estava muito prejudicada. Por essa razão, iniciaram uma frenética busca médica por um diagnóstico preciso que pudesse me levar a um tratamento e, consequentemente, à eventual cura da condição que acreditavam que eu tinha.

Obviamente, não tenho recordações vívidas disso e tudo o que sei e narro aqui foi contato a mim pelos meus pais. Contudo, segundo o relato deles, se sucederam dali para a frente seguidas visitas aos mais diversos consultórios médicos e clínicas da região, sem que nenhum profissional desse qualquer parecer concreto sobre o caso.

Um queria me operar. Outro, engessar todo o meu quadril. Teve até um terceiro que não tinha a menor ideia do que poderia ser a causa do meu andar torto e manco e justificou que era um problema congênito ou algo assim. Chegamos, inclusive, a viajar para um centro maior, Curitiba (PR), na busca por profissionais mais bem equipados. Mas a incursão não se mostrou exitosa e eu, aparentemente, não reclamava de nenhuma dor mais séria.

Depois de muitas tentativas frustradas, os meus pais optaram por me levar a um ortopedista de Joinville, tido por muitos como um dos mais experientes da região. Tratava-se do doutor Niso Balsini.

Depois de explicar tudo para ele e de uma rápida e superficial avaliação, o doutor Niso me encaminhou para a realização de um exame de raio-X. Com as imagens em mãos, disse ao meu pai que estava percebendo uma mancha estranha na cabeça do meu pequeno fêmur. Cabe ressaltar, aqui, que até hoje meu pai jura de pés juntos que não enxergou nada, além de achar que o próprio médico também não observou coisa alguma e que a suposta "mancha" havia sido um "tiro no escuro" (ou, simplesmente, um diagnóstico diferencial). Mas, como meu pai não era e nunca foi médico, qualquer opinião dele fica no campo do achômetro e daqueles pitacos de sabedoria que apenas os pais e as mães são capazes de dar quando o assunto é relacionado aos filhos deles.

Palpite ou não, a verdade é que o doutor Niso pediu um exame chamado Teste de Mantoux, uma avaliação intradérmica utilizada para medir a exposição ao Mycobacterium tuberculosis. Traduzindo para o português bem claro, era um teste para verificar se eu estava com tuberculose. No caso, tuberculose óssea.

O teste consistia em realizar uma aplicação da substância chamada tuberculina por debaixo da pele na face anterior de um dos meus antebraços. A injeção seria feita superficialmente, com um dispositivo semelhante a uma pequena seringa. Parecia uma vacina.

Conta o senhor Décio que eu chorei muito, mas muito mesmo. Foi um escândalo, segundo ele. Provavelmente, em razão do medo pelo desconhecido, relacionado à tal da injeção e ao teste. Quem me conhece um pouco melhor deve imaginar que talvez seja justamente por esse fato que, até hoje, eu sinta aflição com seringas e injeções. Toda vez em que preciso coletar sangue para exames de rotina, é normal suar frio e não me sentir muito bem. É um drama e, como os especialistas gostam de dizer, só Freud explica.

Logo na sequência da aplicação da tuberculina, houve uma reação positiva e o meu antebraço começou a inchar. Isso comprovava a suposição diagnóstica do doutor Balsini: tuberculose óssea.

Agora, você deve estar se perguntando: "tuberculose óssea? Mas a tuberculose não é conhecida popularmente como a 'doença do peito', em razão de serem os pulmões os principais alvos do bacilo causador dessa enfermidade?"

Sim. A tuberculose pulmonar é a forma mais frequente e generalizada da doença. Porém, o bacilo da tuberculose pode afetar, também, outras áreas do organismo de forma mais rara, como os ossos e as articulações.

No meu caso, o bacilo não se alojou nos pulmões, mas na cabeça do fêmur, impedindo o crescimento desse osso, acarretando a diferença de tamanho entre uma perna e a outra e fazendo com que eu, uma criança de 1 ano, caminhasse irregularmente e mancando.

Mas essa história, ainda que assustadora, não teve final triste. Depois de seis meses ininterruptos de antibióticos, eu estava curado e pronto para brincar e correr como qualquer criança normal dessa idade, completamente saudável e sem qualquer sequela na perna afetada. Ufa!

Talvez, esse relato seja uma das muitas provas de que o corpo humano é uma "máquina perfeita", com um poder extraordinário de recuperação e autocura. Seria natural, em uma seleção de crianças para uma equipe esportiva de alto rendimento, excluir uma como eu, com esse histórico de problema de saúde nos ossos. Afinal, o corpo, em condições ótimas, pode ser um requisito indispensável para a performance desportiva.

Mas, como a vida não é uma ciência exata, aquela criança de caminhar manco, superando estatísticas contrárias à lógica, cresceu e se sagrou campeã brasileira de natação anos depois. Veja só!

3

A minha iniciação nas aulas de natação, aos 5 ou 6 anos, não foi desencadeada por um único motivo, mas, penso, pela convergência de três:

1. Indicação médica, em razão de um quadro leve de bronquite que eu apresentava (aqui, é justo que você comece a se perguntar se esse menino não veio com defeito de fábrica).

2. O receio que os meus pais tinham quando eu visitava algum colega que tinha piscina em casa, por medo de afogamento.

3. E por último, mas não menos importante, a necessidade de ocupar as tardes livres de um garoto supostamente hiperativo.

Sim, eu sei. Assim como a grande maioria das crianças que começaram a fazer aulas de natação nos anos 80, eu também tinha indícios de bronquite. No início da década do meu nascimento, prescrever aulas de natação para asmáticos ou pessoas com essa condição era a "crença popular" do momento.

Como dito, outro aspecto importante foi a decisão dos meus pais em me colocar na escola de natação, devido ao grande pavor relacionado a possíveis acidentes de afogamento em piscinas sem supervisão. Não que eu tivesse muitos amigos com piscina em casa. De fato, para falar a verdade, acho que, antes dos 14 anos, não tive nenhum nessa condição privilegiada — eu também não tinha piscina em casa. Naquele tempo, era um luxo de pessoas mais abastadas e, por mais que os meus pais não fossem pobres, não tínhamos dinheiro sobrando para isso.

Não posso dizer, com certeza, que eu tinha um quadro de hiperatividade. Até mesmo porque não sou médico para fazer esse diagnóstico, nem meus pais foram procurar um especialista para saber isso. Fato é que essa suposta condição nunca me causou nenhum problema maior. Também não tenho nítida lembrança da minha personalidade aos 5, 6 anos de idade, mas me recordo de que eu gostava de fazer muitas coisas ao ar livre, ir ao parquinho da escola, correr, pular, escalar, ou seja, qualquer coisa que me fizesse suar e aumentar a frequência cardíaca, me mantendo longe de afazeres escolares ou domésticos.

Assim sendo, os meus pais fizeram uma "matemática" simples e, como resultado da soma desses três quesitos, me colocaram na escolinha de natação do Joinville Tênis Clube. Agremiação à qual o meu pai já era associado e que, na época, possuía uma das únicas piscinas aquecidas da cidade.

Ressalto que, apesar de estarmos em um país tropical, faz muito frio em Joinville em boa parte do ano, tornando o aquecimento da água da piscina algo indispensável. Naquela época, a piscina do Tênis (apelido do Joinville Tênis Clube) era aquecida por meio de caldeiras à lenha, sistema que se mostrou falho e ineficiente em muitas oportunidades. Especialmente nos períodos de inverno, quando os termômetros chegavam a marcar temperaturas de 5 a 10 graus Celsius.

Mesmo assim, com chuva ou sol, eu adorava ir para a aula de natação e normalmente entrava na piscina antes do horário previsto. Não satisfeito, somente me retirava da água bem depois do horário pré-fixado para o término da aula. E isso só ocorria após ficar totalmente "murcho" ou com muito frio. Só assim, então, é que eu realmente sentia necessidade (ou obrigação) de sair da piscina.

Quem dava aulas de natação na escolinha do Tênis, naquela época, era a professora Ana Guilhermina, e posso dizer com segurança que foi ela quem me "ensinou" a nadar. Usei o verbo entre aspas, pois quem me transformou em um nadador profissional foi o professor Ricardo (chegaremos lá, oportunamente), mas foi a tia Ana quem deu as primeiras instruções dentro da água e fez com que eu tomasse gosto pela modalidade.

Em contato com a professora Ana, residente nos Estados Unidos há muitos anos, ela me escreveu:

> "Fischer, você foi fruto da primeira turma dos iniciantes no Joinville Tênis Clube. Aliás, você e o seu irmão, Carlos. De fato, a sua habilidade, no início, era inferior à do seu irmão, até mesmo pela diferença de idade, mas fiquei espantada como você evoluiu rapidamente. Era nítido que você gostava do esporte, era dedicado e tinha talento.

Eu me recordo muito de você. Realmente, aprendeu muito rapidamente e não saía da piscina. Você era uma criança muito elétrica e passava a tarde toda no clube."

Enquanto eu fazia as aulas e brincadeiras com a tia Ana, o meu irmão, Carlos, três anos mais velho, já fazia parte da equipe de aperfeiçoamento, com o professor Vladecir Doretto, vulgo Micuim, que, alguns anos depois, foi substituído pelo professor Ricardo, que se mudou do Rio de Janeiro para Joinville em 1978. Contudo, somente em 1989 foi que o professor Ricardo recebeu o convite formal para assumir a equipe principal de natação do Joinville Tênis Clube.

Como todo irmão mais novo, eu queria fazer tudo o que o Carlos fazia. Era impressionante, pois, se ele resolvesse nadar no Rio Cachoeira[2], eu também pularia na mesma hora.

Eu era o pentelho que tinha o mano mais velho como espelho e não largava do pé dele. Isso era chato para ele, mas, por outro lado, foi importante na minha evolução como nadador, pois meu irmão, desde muito novo, começou a obter resultados expressivos nos cenários estadual e nacional. Isso foi um fator que me estimulou a tentar progredir e ser como ele.

---

[2] O Rio Cachoeira corta o centro de Joinville e, na época, era totalmente impróprio para o banho (e continua sendo). Muito poluído, esse rio é quase um "Tietê joinvilense".

4

Eu fiquei nas aulinhas de natação com a professora Ana Guilhermina até meados de 1989. De 1985 até o início da década de 90, havia aprendido o básico, brincado muito e participado de alguns torneios internos organizados pelo Joinville Tênis Clube ou pela Escola de Natação C3, o outro local com piscina aquecida na cidade.

A C3 era comandada pelo professor David Machado, renomado treinador de natação, autor dos livros *Metodologia da Natação* (1978) e *Natação: Teoria e Prática* (1995). Ele veio de São Paulo com a promessa de formar campeões, devido à chamada e aclamada "excelente predisposição genética do povo joinvilense", muito em razão da descendência suíço-germânica. Esse conceito era amplamente difundido entre as pessoas da cidade, na época, mas não me lembro de nenhuma pesquisa médica ou científica que conferisse um atestado de veracidade.

Depois da chegada do professor Ricardo Gebauer de Carvalho, os alunos da professora Ana, que já eram um pouco maiores, tinham uma melhor afinidade com o esporte ou ainda não tinham "enchido o saco" de nadar receberam *upgrade* para treinar com o Ricardo, no início da tarde.

Cá entre nós, um treino de natação pode ser muito chato e desconfortável. Ainda mais na água gelada. Afinal, o sistema de aquecimento da piscina do Tênis (como mencionado, de caldeiras à lenha), por diversas vezes, não dava conta de manter a água em uma temperatura agradável ou até mesmo aceitável, apresentando uma média, no inverno, na casa de 20 graus. Para os padrões da prática de natação, essa temperatura é muito fria. Especialmente se o ambiente externo também estiver abaixo de 20 graus.

Por isso mesmo, os guerreiros que ainda não haviam desistido desse esporte acabavam se integrando à equipe principal do professor Ricardo.

Basicamente, existiam duas turmas na piscina do Joinville Tênis Clube: os mais novos, no início da tarde, da qual eu fazia parte, e a equipe de treinamento, das 17h, que contava com os atletas mais velhos (de 14 a 18 anos) e estavam se preparando para as competições mais importantes, como o Campeonato Estadual e os Jogos Abertos de Santa Catarina (Jasc).

Naquele tempo, a Federação Aquática de Santa Catarina (Fasc) somente federava atletas a partir de 13 anos, na categoria infantil. No estado, no fim da década de 80 e início da década de 90, não havia competições oficiais federadas para atletas com menos idade. Não havia quase nada competitivo para essa faixa etária, como se vê hoje comumente nas categorias mirim e petiz.

Por essa razão, nós, que treinávamos com o Ricardo no primeiro horário e tínhamos apenas de 10 a 12 anos, ainda não participávamos de torneios estaduais organizados pela Federação, pois não éramos federados. Por isso e pela falta de espaço na piscina, ficávamos no grupo mais fraco do início da tarde.

5

Em 1990, eu tinha apenas 10 anos, mas, se me faltavam idade, tamanho e força, sobravam energia, vontade de brincar e nadar, cada vez mais e mais. Eu era uma criança magrela, pequena, sem o menor requisito físico para ser um bom atleta de natação.

Mas eu queria ser gente grande. Queria treinar com os mais velhos, como o meu irmão fazia. Queria ser como eles, nadar 5 ou 6 quilômetros todas as tardes. Queria saber como era a sensação de esforço que eles tanto comentavam ao final das "séries de VO2 máximo[3]".

Queria, também, participar das brincadeiras do pós-treino e dar risada até embaixo d'água. Enfim, queria fazer parte da equipe principal de natação do Joinville Tênis Clube. Aquilo era o ápice da pirâmide da realização pessoal, combinado com um sentimento de satisfação e inclusão social (ou seja, de grupo).

Nos anos 90, nós tínhamos um grupo de amigos bem unido, um quarteto. Um dos nossos objetivos sempre foi unânime: fazer parte da equipe que treinava para os torneios estaduais. Para isso, precisaríamos evoluir das aulinhas da tia Ana, passando a treinar no horário da equipe principal do Ricardo, a fim de nadar com eles.

Eu era o mais novo, extrovertido e intrometido. Ou seja, o mais chato. Nascido em 1980, não era o mais baixo, mas, sem dúvidas, o mais raquítico. Os outros três eram um pouco mais velhos. O grupo também era formado por Rodrigo Bittencourt, vulgo Marrom, e Kleber Sell, ambos nascidos em 1979, além do Rafael Moratelli, de 1978, que fechava o quarteto. Moratelli, o Rafinha, era o mais baixinho de nós quatro, apesar de ser o mais velho.

---

[3] VO2 máximo é a capacidade máxima do corpo de um indivíduo em transportar e metabolizar oxigênio durante um exercício físico. É a variável fisiológica que mais reflete a capacidade aeróbica de um indivíduo. A sigla é derivada de volume de oxigênio (O2) máximo, usado para medir o condicionamento e o quão condicionável é o indivíduo. Costuma ser o melhor índice fisiológico para a classificação e a triagem de atletas.

A piscina do Tênis Clube era semiolímpica (de 25 metros), com apenas seis raias. Antiga, sem borda do tipo "prainha" e qualquer outro tipo de tecnologia. Era simples, quase um tanque, formava muita marola nas raias de canto e não comportava muitos atletas em um único horário, justamente por ter apenas seis raias de largura reduzida.

Esse era um dos motivos pelos quais o Ricardo não queria receber o quarteto de pirralhos no horário da equipe principal. Não havia espaço, nem condições de comportar mais quatro atletas em um período no qual já rodavam outros três, quatro por raia. E quem já treinou em piscina de 25 metros, com apenas seis raias, sabe que nadar em mais do que três atletas em cada uma delas é uma tarefa não muito simples.

Mesmo assim, nós queríamos muito aquilo. Pretendíamos, ainda em 1991, mudar de horário e fazer parte da equipe. Para isso, levamos o pleito ao professor Ricardo. A ideia foi encabeçada por mim — agora, você está entendendo um pouco mais sobre a minha personalidade. Entretanto, essa não foi a única abordagem. Houve dezenas delas.

O objetivo era esgotar a paciência do Ricardo até ele não suportar mais. Ficávamos lá, na borda da piscina, depois do nosso horário, assistindo ao treino dos mais velhos, tentando convencer o Chefe (apelido do Ricardo) que nós merecíamos estar com aquela equipe e conseguiríamos nos virar em cinco ou seis atletas na raia do canto (a de número seis, no caso).

Na verdade, nós sabíamos que era uma missão quase impossível. Não tínhamos a idade necessária. Não estávamos federados. Não havia espaço, nem éramos tão bons assim para justificar uma aceitação do Chefe.

O que utilizávamos em defesa do nosso argumento era o fato de que o espaço físico nas raias não seria um problema relevante e, assim, poderíamos nos espremer em algum dos cantos.

Mas a verdade é que não tinha como. A piscina já estava superlotada e a marola que se formava praticamente inviabilizava a realização do treino com qualidade.

6

Só que já diz o ditado: "Água mole em pedra dura tanto bate até que fura". Nós ganhamos o Chefe por cansaço. Foram semanas na borda da piscina depois do horário buscando convencer o professor de que éramos dignos de ingressar no horário da equipe principal e que qualquer adversidade seria tranquilamente encarada e vencida pela nossa força de vontade e determinação.

Iniciamos os treinamentos com a equipe principal em 1992. Eu tinha apenas 12 anos. Os primeiros dias foram extremamente frustrantes. Apesar de já prevermos o que aconteceria, a realidade foi bem mais dura do que imaginávamos. Nenhum dos veteranos ligava para a nossa presença. É claro que não achávamos que haveria uma festa de apresentação, mas a verdade é que aquele era apenas mais um dia de treino para a equipe, e a nossa presença na borda não alterava em nada isso. Afinal, o pessoal queria apenas cair logo na água e acabar o mais rapidamente possível com o sofrimento diário de seis quilômetros nadando com muita força.

Fomos largados na raia 6 e, sem muitas explicações, começamos a reproduzir aquilo que o Chefe mandava. O grande problema foi que éramos inexperientes e não estávamos acostumados com treinos daquele formato, volume e intensidade. Não me lembro com precisão, mas creio que nunca havíamos nadado mais do que dois ou três quilômetros de uma vez só antes daquele dia.

Era uma segunda-feira, e esse era sempre um dia de série anaeróbica em ritmo máximo, chamada de VO2. Essa era a nomenclatura utilizada na década de 90, algo mais ou menos parecido com um treino de esforço A3 na terminologia de hoje.

Não me recordo exatamente da série daquele dia. Contudo, havia uma sequência de combinações comuns para esse tipo de treinamento nessa determinada época do planejamento.

Era usual o Ricardo prescrever séries de 12 x 100 metros livre a cada dois minutos. Ou 2 x 4 x 200 metros livre a cada 3min30s. Ou oito tiros de três minutos cada, com intervalo de um minuto. Ou, ainda, 3 x 8 x 50 metros livre a cada um minuto. Tudo nadando o mais fortemente possível dentro do intervalo pré-determinado.

Resumidamente, o esforço para realizar um treino desses era muito maior do que aquele com o qual estávamos acostumados quando não fazíamos parte da equipe principal.

Eu ainda acho que o Chefe resolveu simplesmente "tocar o terror" para ver se iríamos desistir logo nos primeiros dias. Acho que ele imaginava que iríamos "pedir o penico" e abandonar tudo. Achava que voltaríamos com o rabo entre as pernas para o horário dos calouros.

Mas não pretendíamos fazer isso. Àquela altura, já se tratava de uma questão de honra. Principalmente depois de perseguirmos tanto esse objetivo e de termos perturbado a vida do professor Ricardo.

Entretanto, confesso, tive vontade de fazer isso. Bateu-me um desânimo profundo. E não porque o treino era muito puxado e difícil, mas por causa da indiferença da galera, principalmente dos mais veteranos, e da dificuldade de fazer uma boa performance em meio à marola que subia na raia do canto.

Nunca falei isso para ninguém, nem os meus pais sabiam na época, mas havia dias, depois dos treinos, em que eu chegava em casa e ia para o quarto ouvir música e quase chorar, pois achava que não daria conta do recado. A sensação era de que eu realmente não conseguiria ser um bom nadador.

Na verdade, a equipe estava pouco se lixando para aquela molecada intrometida, e acho que o time não achava certo nós continuarmos tumultuando o espaço. Até porque não éramos tão bons assim.

Tenho certeza de que ninguém nos considerava os "superguerreiros" que fantasiávamos ser. Além disso, havia tanta gente nadando intensamente ao mesmo tempo, na mesma piscina e nas mesmas raias, que era inevitável engolir água o tempo todo, ficando para trás.

7

Realmente, o início foi muito difícil para mim, pois a mudança no formato, na intensidade e no volume dos treinos foi brusca demais.

Ao mesmo tempo, a presença de mais um novato na equipe poderia ser um deleite para os veteranos. O fato de eu ser o irmão mais novo do Carlos Fischer até ajudava um pouco, mas não muito. Àquela época, com 15 anos, o meu irmão era um bom nadador, o que dava a ele um certo status frente aos demais. Mas não o suficiente para me tornar imune à pressão dos mais velhos, algo comum na década de 90.

O meu irmão até pensava em me proteger e teve êxito em algumas oportunidades. Mas um calouro novo, de 12 ou 13 anos, inevitavelmente, era presa fácil para os veteranos. Não havia muito o que eu pudesse fazer para me esquivar das tarefas inerentes à condição de novato.

Dos mais velhos que nadavam na equipe principal em 1992, eu tenho lembranças de alguns. Inclusive, atualmente, ainda troco palavras esporadicamente com um ou outro, em ocasiões como quando nos cruzamos em supermercados ou shopping centers. Com o passar dos anos, devido às redes sociais e a aplicativos de mensagens, como o WhatsApp, reencontrar os membros da equipe do Ricardo de 30 anos atrás ficou um pouco mais fácil.

Entre os atletas que treinavam com o Ricardo "Chefe" Gebauer (e, depois, comigo), citarei alguns nomes dos quais me lembro com mais vividez, para registro formal: Ádamo Nascimento, Andreza Marquardt, Bruno Toledo, Carlen Borges, Cinthia Baumer, Dani Duma, Dani Marquardt, Dayan Günter, Douglas Cubas, Douglas Hoffmann, Douglas Wirebsky, Eduardo Age, Eduardo Mira, Ian Selonke, Iveraldo Machado, José Virgílio da Silva Júnior, Juan Urresta, Juliano Hardt, Luciano Age, Marcelo Marcante, Marco Toledo, Michele Kroetz, Miguel Alves (Portuga), Patrícia Paruker, Paulo Junqueira, Ricardo Mira, Robson de Castro (Kuka), Ruy Marquardt e Yuri Wentz.

Os veteranos que pegavam mais pesado com os novatos e de quem eu tenho melhor lembrança (em razão de serem os mais temidos pelos calouros), eram, sem dúvida, Iveraldo Machado, Marcelo Marcante e Miguel Alves.

Os caras eram realmente temidos pela molecada mais nova. Os nomes precediam a fama de linha dura, eram os tipos de veteranos com os quais nenhum calouro deveria arrumar confusão. Era melhor deixar sempre os melhores chuveiros[4] para eles, justamente para não correr riscos.

Para ser sincero e justo, nem eram tão maus assim. Se conversar com eles hoje, vai ver que são pessoas boas. Formados, casados e com filhos, são distintos, bem-sucedidos e divertidos (aliás, um traço comum entre as pessoas que praticam esporte de alto rendimento).

Mas, naquele tempo, não era assim que os enxergávamos. Eram os mais velhos, maiores e mais fortes, responsáveis pelos temidos trotes, algo que assustava bastante os moleques de 11 ou 12 anos.

Aliás, a palavra "trote" colocava medo em qualquer iniciante de equipe de natação. Bastava pronunciá-la que a molecada já tremia nas bases, saía correndo para se esconder e tentar passar ilesa.

De fato, no grupo de natação do JTC, felizmente, não vivenciamos, nem presenciamos trotes com violência física ou psicológica excessivas. Mas também não vou negar que existia algum tipo de intimidação, pois estaria mentindo. A pressão psicológica era latente e, de fato, tínhamos medo dos mais velhos. Há quem diga que era respeito. Pode existir certa controvérsia nessa definição.

Apesar de algumas práticas reprováveis (vamos chamar dessa maneira), os trotes não eram violentos e, geralmente, não abalavam demasiadamente a imagem ou o psicológico de ninguém.

Na nossa equipe, os mais comuns eram representados por tarefas nas quais os calouros tinham de carregar malas e mochilas, guardar um lugar na arquibancada, dançar de forma esquisita, raspar o cabelo ou algo do gênero. Calouro não tinha muito direito a dar opinião ou se manifestar. Devia aceitar as diretrizes e as imposições dos mais velhos.

---

[4] Nos vestiários do Joinville Tênis Clube dos anos 90, não havia muitos chuveiros que realmente funcionavam e esquentavam a água. Os poucos aquecidos eram disputados por todos ao fim do treino no inverno. Um calouro não deveria ocupar o chuveiro bom quando o veterano chegava. Era melhor se trocar rapidamente e sem banho.

Hoje, analisando a sistemática existente no passado, essa relação entre os veteranos e os calouros era um tanto quanto cruel e desmoralizante. Muito reprovável e, muitas vezes, desnecessária.

Dentre as vezes em que a relação veterano/calouro extrapolou os limites, tem uma da qual me recordo bem. Em 1992, com 12 anos, eu ainda não havia ingressado oficialmente à equipe, pois não estava federado à Fasc. Contudo, como já vinha treinando com o time principal, era natural ter vontade de fazer parte dele e viajar com o pessoal. Competir para valer, com o uniforme da equipe, era um sonho para mim. Então, pedi permissão aos meus pais para viajar com o time, no ônibus do JTC, para Florianópolis, visando a participação no Campeonato Estadual.

Mas, se o Fischinha[5] quisesse ir, deveria ser tratado como um membro do conjunto, disseram alguns veteranos. Mesmo aquela expressão soando um tanto quanto assustadora, fui em frente na minha decisão, inclusive, pernoitando com a equipe no alojamento.

No dia seguinte, de manhã, na saída para a piscina, me atrasei para chegar até o ônibus e todos já estavam prontos para rumar à competição, apenas aguardando a chegada do calouro que havia perdido a hora.

Iveraldo não perdeu a oportunidade. Para garantir que eu não me atrasaria de novo, abriu o bagageiro e me colocou lá. Fiz o trajeto do alojamento, do Campeche[6] até o Clube Doze[7], em Coqueiros (mais ou menos 30 quilômetros), no escuro do bagageiro do busão.

Confesso que, apesar de achar o contexto bacana (o fato de participar da equipe, de alguma forma), não foi uma experiência muito agradável. Inclusive, era algo muito perigoso, que poderia ter tido consequências graves.

O professor Ricardo nega até hoje que isso tenha acontecido. Ele não acredita em nós. Até mesmo porque ele era o responsável naquele dia. Mas o fato é que, atualmente, quando nos encontramos, eu e Iveraldo, nos lembramos do episódio, que apenas tem graça porque ninguém se machucou e, na época, foi levado por mim na esportiva, como um ritual de iniciação. Depois de ter feito aquilo sem revidar ou reclamar, veja só, passei a ser mais respeitado pelos veteranos.

De qualquer forma, por sorte, não houve repercussões físicas ou psicológicas daquele evento. Aliás, na minha inocência, encarei como

---

[5] Na medida que meu irmão era mais velho, mais alto, mais rápido na piscina e havia ingressado antes no time, ele era chamado de Fischer. Coube a mim o apelido diminutivo de Fischinha.

[6] Campeche e Coqueiros são bairros da cidade de Florianópolis (SC).

[7] O Clube Doze de Agosto é um tradicional clube esportivo de Florianópolis. Na década de 90, praticamente todas as competições oficiais da Fasc eram lá. Inclusive, o Doze foi o clube que revelou Fernando Scherer, o Xuxa.

um desafio que, depois de superado, me tornou mais forte. Mas poderia ter causado justamente o efeito contrário, e eu ter abandonado o esporte por medo ou trauma.

Se existe algo positivo nessa história é que, gradativamente, fomos reduzindo esse tipo de prática. Não vou negar que, depois que nos tornamos veteranos, pedimos para que os novos calouros carregassem as nossas malas. Mas nunca colocamos ninguém em um bagageiro de ônibus e tentávamos não ser tão duros quanto haviam sido conosco.

Obviamente, não vejo graça, nem tenho orgulho dos trotes que recebi ou daqueles que repassei. Mas eles ocorreram, e aprendi com tudo isso. Hoje, mais experiente e como pai, sei o quanto essa prática pode ser devastadora.

Anos depois, quando ingressei na seleção brasileira de natação, com 18, 19 anos, felizmente, esse tipo de tratamento aos calouros não existia e as brincadeiras eram mais saudáveis. Eu, como membro do time principal do país, jamais sofri pressão psicológica. E, da mesma forma, quando era o veterano, sempre procurei ajudar os mais novos.

Atualmente, luto veementemente contra trotes e bullying, seja no meio esportivo ou escolar. Educo o meu filho, os meus sobrinhos e os amigos sobre a importância do combate à violência psicológica.

Assim, cabe registrar, por fim, que sou contra esse tipo de conduta ou prática de iniciação, principalmente aquelas que agridem, machucam, desmoralizam ou abalam a imagem e a moral de um atleta.

Como eu disse, apesar de ter vivenciado tudo isso, não sinto orgulho algum. Muito pelo contrário: uso as minhas experiências como forma de identificar e lidar com pessoas com essas condutas.

A verdade é que, em 1992, infelizmente, o bullying não era conhecido e apresentado da forma como hoje, e não recebíamos a correta educação e orientação sobre como essa prática pode ser nociva.

Felizmente, os trotes que recebi, acabei enfrentando como brincadeira e, repito, não me causaram lesões físicas, psicológicas ou trouxeram lembranças traumáticas. Talvez, pelo crescimento exponencial das políticas de educação contra a violência, eu pude, com o passar do tempo, perceber o quão errada essa conduta é, o que talvez tenha me ajudado a não fazer o mesmo com outras gerações.

De qualquer forma, passei por essas experiências e me sinto na obrigação de compartilhar o ocorrido, justamente para que possa servir como ferramenta contra a violência física e psicológica no esporte.

8

No início da minha adolescência, de 12 a 14 anos, quando não estava na escola ou nos treinos, além de assistir pela televisão a muito basquete da NBA (National Basketball Association, a liga americana profissional), acompanhando os meus ídolos do Chicago Bulls, como Michael Jordan, Scottie Pippen e Dennis Rodman, principalmente, eu também tinha na música um hobby que me levava a momentos de descontração e relaxamento.

Aliás, muito do meu amor pelo esporte e pela competição adquiri vendo e acompanhando Michael Jordan. Eu era e continuo sendo fã do cara. Tudo nele era fantástico. A forma de jogar, a técnica, a postura, o atleticismo, a oratória, os comerciais de TV, o visual... Enfim, tudo era muito especial. Eu realmente o admirava.

Jordan era — e ainda é — uma lenda. O melhor jogador de basquete da história, e eu simplesmente adorava vê-lo em quadra. Na Olimpíada de Barcelona (ESP), em 1992, acompanhei todos os jogos do Dream Team americano e pude ver Michael transformar o basquete em um dos esportes mais populares do mundo.

Eu sempre o considerei o melhor de todos os tempos no basquete. Mesmo antes de assistir ao documentário *The Last Dance*[8], eu já o tratava como tal. O lançamento do documentário, em 2020, apenas me fez ter a certeza de uma constatação que já havia tido nos anos 90.

Além do esporte, como dito, outra coisa que eu amava muito era música, mais especificamente o estilo rock and roll um pouco mais pesado. Lá por volta de 1993, 1994 e 1995, eu não tirava o walkman do bolso e do ouvido. O tocador de fitas estava sempre por perto, acompanhado de uma cassete para tocar e estabelecer a trilha sonora do meu treino e das minhas competições. Não me lembro de ter ido para algum

---

[8] *The Last Dance* ("Arremesso Final", como foi traduzido no Brasil) é uma minissérie-documentário de dez episódios coproduzida pela ESPN Films e pela Netflix. Dirigida por Jason Hehir, gira em torno da carreira de Michael Jordan, com foco na última temporada dele pelo Chicago Bulls, em 1997-1998.

torneio sem levar a música comigo. Creio que não seria exagero dizer que o rock foi (e tem sido) a trilha sonora da minha vida.

Entre as minhas músicas favoritas da época, estavam as do álbum lançado pelo Metallica em 1991. O "Black Album" foi responsável pelo meu primeiro contato com a banda, o que me transformou quase que imediatamente em um fã. Mal sabia eu que, antes desse disco, o Metallica já havia gravado muita coisa de qualidade. Mais tarde, um grande amigo me apresentou a discografia completa, e só então compreendi por que eles eram considerados por muitos a principal banda de heavy metal de todos os tempos.

Além das fitas cassete dos americanos, havia uma "demo tape" que não saía do meu tocador, da minha cabeça e das minhas cantaroladas no chuveiro. Era uma banda brasileira, formada por quatro adolescentes de Joinville, chamada Tormento dos Vizinhos. Em 1993, eles gravaram seis músicas em uma fita, que intitularam de *Tarsius Spectrum*[9]. A faixa inicial foi muito marcante na minha adolescência, tanto pela composição musical, quanto pela letra:

Playlist sugerida para esta autobiografia esportiva. Desde a influência musical de pais e amigos até a trilha sonora que norteou a minha adolescência e vida adulta. Fiz questão de transmitir essas influências do rock ao meu filho, Pedro, que hoje simplesmente adora os Beatles

---

[9] Traduzido do inglês, o társio espectral é uma espécie de macaco encontrada na ilha de Selayar, na Indonésia. Link no QR CODE

HOW STUPID YOU ARE

Are you enjoying the time you get?
Or fully destroying your life?
Are you wasting your time on bullshit?
How stupid you are!

REFRÃO
Are you ready to die?
Panic hurts your mind
Are you prepared to be in a grave?
Al least you won't be alive

Are you smelling all the dust around you?
Thinking that you are the best
You think you are really cool
How stupid you are!

What to do? I don't know
Only you can decide
Try to know where you're going to
If you think you have nothing to lose
How stupid you are!

(NA TRADUÇÃO PARA O PORTUGUÊS)

COMO VOCÊ É ESTÚPIDO

Você está aproveitando o tempo que tem?
Ou destruindo totalmente sua vida?
Você está perdendo tempo com besteiras?
Como você é estúpido!

REFRÃO
Você está pronto para morrer?
O pânico machuca sua mente
Você está preparado para estar em um túmulo?
Pelo menos você não estará vivo

Você está sentindo o cheiro de toda a poeira ao seu redor?
Pensando que você é o maioral
Você acha o bonzão
Como você é estúpido!

O que fazer? Eu não sei
Só você pode decidir
Tente saber para onde você está indo
Se você acha que não tem nada a perder
Como você é estúpido!

Em um belo dia, os integrantes da banda me chamaram para acompanhar um ensaio na casa deles. Para mim, foi sensacional e muito marcante, pois eu jamais havia visto alguém tocar rock and roll tão de perto e tão bem como naquele dia.

Fica aqui o meu sincero agradecimento a Tormentos dos Vizinhos e seus integrantes: Diogo Barbosa (guitarra e voz), César Monteiro (guitarra e teclado), Thiago Fiuza (bateria e vocal) e Leonardo Ferreira (baixo).

Além de Metallica e Tormento dos Vizinhos no walkman, em casa, eu basicamente alternava dois discos de vinil no aparelho de som que ficava no quarto do meu irmão. Eu os tocava sem parar, dia e noite.

Sim, eu, obrigatoriamente, tinha de ir ao cômodo ao lado para ouvir música, pois, como irmão mais novo, ainda não tinha idade suficiente para ter um sistema de som Gradiente no meu quarto.

Os discos *Use Your Illusion I e II*, da banda Guns N' Roses, e *Rattle and Run*, do U2, eram rodados incansavelmente, em volume máximo, na agulha do tocador de casa. E eu sempre carregava as letras das músicas a tiracolo, procurando horrivelmente reproduzir os vocais de Axl Rose e Bono Vox. Aliás, ambos os discos de vinil ainda estão em excelente qualidade e agora tocam na minha casa, quase 30 anos depois. Graças ao grande senso de zelo e cuidado da minha querida mãe.

Desde muito novo, mesmo sem qualquer influência direta dos meus pais, eu sempre tive esse sangue do rock correndo pelas minhas veias. Meu pai gostava dos Beatles e até tinha um ou dois discos, mas raramente ouvia em casa depois que nós nascemos.

O fato de apreciar essas bandas desde jovem, com atenção especial aos riffs e solos de guitarra de Slash, icônico guitarrista do Guns, me iniciou ao gosto desse estilo musical um pouco mais pesado, digamos assim. Desse ponto para a frente, eu comecei a procurar mais sobre o rock and roll, o heavy metal, outras bandas com guitarras pesadas e letras cheias de significados, para mim, importantes.

Veja a letra da música "Civil War"[10], novamente do Guns N' Roses, por exemplo. Trata-se de uma mensagem explícita contra a guerra e a opressão aos mais pobres, algo com o que eu me identificava e sigo me identificando.

Foi no Natal de 1995, após uma viagem dos meus pais ao Paraguai, que dei início a uma apreciação mais refinada do rock pesado. Não era comum os adolescentes terem muitos CDs (*compact discs*) ou, principalmente, tocadores de CDs à disposição. Afinal, ainda eram aparelhos caros. Além disso, todo o nosso arsenal musical ainda estava em fitas cassete, rodando incansavelmente, como acabei de contar, nos walkmans.

Como era um aparelho de lançamento recente, eu e meu irmão não tínhamos um tocador de CDs em casa, sendo essa a mais nova tecnologia lançada no mercado da música. Ele chegava, justamente, para tornar obsoleto e eliminar o "bolachão" (disco de vinil) e as fitas cassete (abreviadas de K7).

Assim, atendendo a um pedido pessoal, meu pai retornou de Assunção com um tocador de CDs da marca Sony. Afinal, as barreiras de importação no Paraguai eram bem menos rígidas do que as de outros países.

---

[10] "Civil War" é uma canção do Guns N' Roses, originalmente gravada para *Nobody's Child*, um disco que visava arrecadar fundos para crianças órfãs da Romênia, mas que, depois, foi incluída no álbum *Use Your Illusion II*. É uma canção-protesto contra guerras, dizendo que guerras civis apenas enterram os pobres enquanto alimentam os ricos.

Para incentivar a indústria nacional, o governo do Brasil impunha (e ainda impõe) muitos empecilhos para importação de mercadorias do exterior, como impostos, contribuições e taxas. Como o país vizinho não possuía uma indústria fortemente capaz de suprir as necessidades da sua população, a importação era mais simples. Por isso, era mais fácil achar e comprar artigos desse tipo no Paraguai, já que os preços também acabavam sendo mais acessíveis. Isso, no entanto, acabou desencadeando muitos episódios de contrabandos, contra os quais as autoridades de ambas as nações lutam duramente até hoje.

Por essas razões, as novidades tecnológicas acabavam chegando antes para os paraguaios do que para os brasileiros. Ou, como dito, pelo menos, eram mais acessíveis a uma maior parcela da população, com poder aquisitivo não tão alto, no país vizinho.

O aparelho tinha mais ou menos o tamanho de um videocassete e, parando para pensar, nos dias de hoje, era arcaico. Mas, claro, era o que se tinha para aquele momento. E, diga-se de passagem, era fantástico! Pense você, mudar de uma faixa para outra, imediatamente, com um único e simples toque de um botão. Nada de rebobinar a fita, sair da cama para virar o disco e descer a agulha novamente. Era, de fato, revolucionário.

O tal do tocador de CD deveria ser ligado por meio de cabos auxiliares a um aparelho de som. No nosso caso, utilizamos o mesmo dispositivo da Gradiente que tínhamos para tocar os discos de vinil, pois, acredite, ele tinha uma entrada auxiliar compatível.

Além do reprodutor de CDs, meu pai trouxe do Paraguai um álbum que havia sido lançado alguns anos antes na Inglaterra e nos Estados Unidos. O seu Décio estava, mais uma vez, saciando a vontade do filho, já que, além do aparelho de áudio digital, eu pedi que ele me desse de presente "qualquer disco, contanto que fosse um CD, do estilo heavy metal".

Esse era de uma banda inglesa chamada Iron Maiden (ou Dama de Ferro, em português) e intitulado *Fear of the Dark* ("Medo do Escuro"). Bastou abrir o disco, colocá-lo para tocar e pronto! Imediatamente, eu me identifiquei com aquele trabalho musical. Era rápido, pesado, alto e tinha muitos riffs e solos de guitarra. Era sensacional e eu estava completamente apaixonado pelo Iron Maiden.

Anos mais tarde, descobri que a banda fez parte de um movimento chamado N.W.O.B.H.M. ("New Wave of British Heavy Metal" ou algo como "A Nova Onda do Heavy Metal Britânico") e teve seu início nos primórdios desse estilo musical, ao lado de outra banda de sucesso, o Black Sabbath (considerada a "criadora" do gênero heavy metal).

Contudo, independentemente disso, eu havia descoberto que esse era o som que eu gostava. Realmente, conseguia fazer qualquer coisa ouvindo Iron Maiden, desde me preparar para o treino até mesmo relaxar e... dormir.

Era um gênero musical que me motivava a treinar mais forte e rapidamente. Aliás, ainda é o estilo que me estimula a ir sempre em frente e nunca desistir. Até hoje em dia, o ritual não mudou muito: colocar fones de ouvido e escutar heavy metal para ajudar a me concentrar. Grande parte deste livro foi escrito ao som de Metallica, Megadeth, Black Sabbath, Sepultura, Slayer, Anthrax e Iron Maiden.

Alguns anos depois, no colegial (como era descrito o ensino médio naquele tempo), tive um colega de escola que partilhava do mesmo gosto pelo rock pesado. Foi justamente o heavy metal que transformou o mero coleguismo em uma grande amizade. Foi ele quem me apresentou aos outros álbuns do Metallica, sendo esta uma das bandas que mais gosto até hoje.

Rafael Zimath era conhecido por muitos como uma "enciclopédia do rock". Ele tinha (e lia) fanzines[11], revistas e encartes, entre outros meios de divulgação. Essas eram as melhores fontes de informação sobre o gênero nos anos 90, e ele tinha acesso a todas.

Enquanto nós apenas apreciávamos as músicas, o Rafael ia muito além e sabia tudo sobre a vida dos membros de cada banda, conhecia os mais novos lançamentos mundiais e tinha acesso a revistas sobre heavy metal, assim como também conhecia as bandas locais e o conteúdo de suas demos. Ele colecionava CDs e fitas de videocassete. Tinha um acervo de dar inveja.

Era muito comum e divertido passar a tarde com o cara. Nós nem precisávamos pesquisar ou ir até a Rock Total, tradicional loja de CDs em Joinville, para saber das novidades. Ele já trazia tudo mastigado, com os devidos *"inside news"* sobre cada nova banda do gênero.

Aliás, as descobertas do Metallica e do Megadeth, para mim, vieram dessas trocas de experiências.

Rafael era vizinho de outro colega da escola, Paulo Wagner, mais conhecido como Paulinho ou Palmitos. Este segundo apelido acabou sendo muito utilizado por nós e persiste até os dias atuais. Nem me perguntem o porquê dele, mas acho que apenas soou bem e acabou grudando. Ele

---

[11] Fanzine é a aglutinação de "fanatic magazine" (expressão da língua inglesa que significa "revista de fanático"). É, portanto, uma revista editada por um fã. Trata-se de uma publicação despretensiosa, eventualmente sofisticada no aspecto gráfico, podendo enfocar assuntos como histórias em quadrinhos (banda desenhada), ficção científica, poesia, música, cinema, jogos de computador, jogos eletrônicos etc.

também era um grande apreciador da música mais pesada e foi isso que nos levou a criar uma grande amizade, que perdura até os dias de hoje.

Como todo adolescente "revoltado", nós sempre quisemos formar uma banda de rock. O Zimath já sabia tocar violão e foi justamente com ele que aprendi os primeiros acordes das músicas mais ouvidas por nós, como "Come as You Are", do Nirvana, e "Enter Sandman", do Metallica. Tudo isso com um violão Di Giorgio usado, que consegui com algum parente que tinha em casa e não usava mais. Tenho esse violão, o meu primeiro, até hoje.

Era normal passarmos noites ouvindo heavy metal e tentando tirar alguns acordes. Certa vez, resolvemos gravar uma demo, em fita K7, com apenas dois violões e voz. Chamamos aquilo de "Zoing". Seria a nossa primeira incursão e produção musical autoral. Se é que se pode chamar aquilo de música... A fita foi gravada com composições próprias muito, mas muito, ruins. Era algo realmente tosco.

Depois de passarmos algum tempo ouvindo metal e tocando composições sem nexo no violão, queríamos ir além. Pedi uma guitarra de presente para o meu pai, achamos um baterista, o Jean, um baixista, o Coala (Leonardo) e formamos o Insight.

Éramos péssimos. Horríveis. Pelo menos, eu era. O Rafa e o Coala já tinham um pouco mais de cancha e jeito. Definitivamente, eu não. Mas, ainda assim, nos divertíamos demais tocando músicas de punk rock, de poucos acordes, de bandas como NOFX e Pennywise. Vale ressaltar, aqui, que também gostávamos de outros gêneros do rock, além do heavy metal, como punk, trash metal, hardcore e death metal.

Infelizmente, para nós, mas felizmente para o restante do mundo, a empreitada não durou muito. Eu tinha de treinar natação cada vez mais e os caras queriam, em uma via contrária, ensaiar e tocar mais e mais tempo. Os horários não batiam, porque a barulheira acontecia no quarto de despensa que havia nos fundos da churrasqueira da casa dos meus pais. Como eu estava mais tempo na piscina do que em casa, a turma não podia ir ensaiar, e então, por questões óbvias, a banda se dispersou.

Rafael, atualmente, é advogado, como eu, mas continuou os estudos musicais e gravou alguns discos com as três bandas que formou ao longo dos anos. Atualmente, Zimath é o "frontman" da banda Somaa, que tem três álbuns de estúdio gravados e pode ser encontrada nas principais plataformas digitais de *streaming*[12], como Spotify e Apple Music. Recomendo conferir o som da banda, pois é muito bom.

---

[12] Link no QR Code.

Depois de algum tempo distanciados, voltamos a ter contato. Hoje, somos vizinhos e os nossos filhos são amigos e brincam juntos. Apesar de eu ser uma pessoa que respirava esporte, a nossa amizade se criou e permaneceu ligada pela música, mais especificamente pelo rock and roll.

Assim como no esporte, uma paixão que conecta as pessoas, a música (arte) também une os semelhantes, cria laços duradouros e eleva a mente para um melhor discernimento das relações interpessoais.

E, como o rock foi assunto neste capítulo, termino contando uma história curiosa: outra banda da qual sempre fui fã é o Sepultura, talvez a mais reconhecida, conceituada e respeitada do Brasil no exterior. Pois bem, em 2011, tenho um episódio bacana com eles.

Naquele ano, fui até o Joinville Square Garden assistir a um show dos caras. Foi uma baita apresentação! Eu consegui ficar bem próximo do palco, coladinho na grade. No fim, tentei visitar os músicos no camarim para uma foto de recordação de um dia especial, afinal, o espetáculo estava sendo produzido pelo meu amigo Sandro Oliveira. Acontece que eles estavam com muita pressa, porque tinham pouco tempo até uma viagem que precisavam fazer, e, por isso, não tinha certeza se o Sandro conseguiria descolar esse momento com os caras.

Eu entendi e, claro, me conformei. No entanto, algum tempo depois, fui chamado até os bastidores para encontrar o quarteto. A recepção foi calorosa, conversamos rapidamente, tiramos a foto e nos despedimos.

Mas o que aconteceu? Você pode perguntar. Se eles estavam com pressa, por que, de repente, o encontro acabou sendo possível?

Bom, quando informaram para eles que havia uma pessoa querendo vê-los depois do show, a reação inicial foi de dizer que, de fato, eles tinham pouco tempo disponível. Mas, quando meu nome foi dito, Paulo Júnior, o baixista do Sepultura, disse: "Eduardo Fischer? O nadador catarinense que treina no Minas? Pô, traz esse cara aqui que eu que quero tirar uma foto com ele".

No fim, além de eu ser fã da banda, tive a felicidade de saber que eles também me conheciam e acompanhavam os meus resultados nas piscinas. O rock é demais, mesmo! Fica, aí, mais uma história bacana que eu posso contar.

9

Deixando as historinhas paralelas da escola e da vida um pouco de lado, voltemos, então, à minha trajetória como atleta.

Eu me recordo de que, logo nos primeiros anos na equipe principal de Joinville, apesar de não ter resultados expressivos, eu demonstrava que tinha a determinação necessária para, quem sabe, depois de muito treino, relevar o meu talento para a natação.

Quando era mais novo, eu tinha facilidade para nadar o estilo borboleta. Talvez, por ser magro e leve, parecia ser um pouco mais fácil realizar o movimento completo de retirada simultânea dos braços da água.

Diante dessa afinidade, o Ricardo me colocou para treinar objetivando as provas de 100 e 200 metros borboleta (ou golfinho, como também chamam por aí). Afinal, era o nado no qual eu tinha os melhores resultados.

Ainda assim, as minhas marcas e conquistas nos anos de 1992 e 1993, quando eu tinha 12 e 13 anos, respectivamente, não chamavam a atenção de ninguém, nem mesmo dos meus pais, que, obviamente, estavam de olho no Carlos, que em 90, com apenas 13 anos, havia se consagrado o quinto melhor nadador infantil do Brasil nos 50 metros livre.

Aliás, no Campeonato Catarinense de Inverno, em julho de 1994, eu e o meu irmão nadamos a mesma prova (100 metros borboleta), sendo que ele havia sido vice-campeão na categoria dele e eu, quarto colocado na minha. Curioso, mesmo, era observar a diferença dos tempos:

Campeonato Catarinense (julho de 1994)

100 metros borboleta:

Eduardo Fischer (1980) – 1min08s36 – 4º colocado na categoria infantil.

Carlos Fischer (1977) – 1min00s86 – 2º colocado na categoria júnior.

Sim, eram quase oito segundos de diferença, eu com 14 anos e o meu irmão, 17. Contudo, no decorrer desse mesmo ano de 1994, eu tive uma boa melhora de performance e conquistei alguns resultados um pouco mais significativos. Nos primeiros torneios estaduais, como é possível perceber, eu, realmente, não nadava muito bem. Perdia de muito longe para o meu mano.

Esse é um dado muito relevante e importante, que repasso aos jovens atletas e seus respectivos pais que leem esta biografia. Nem sempre o resultado expressivo aparece cedo e, às vezes, não há motivo para pressão ou desespero. Deixar a criança (ou o adolescente) feliz com a prática esportiva, além de confortável com o fato de que os resultados vão aparecer no tempo certo, pode evitar a evasão do esporte praticado. Também, creio que seja muito importante explicar que as derrotas fazem parte da vida e são nelas que aprendemos como evoluir.

Mas, no segundo semestre de 1994, passei a alcançar marcas (índices) que me classificariam para os Jogos Abertos de Santa Catarina (Jasc) e para o Campeonato Brasileiro Juvenil, em Recife (PE), realizado no fim do próximo ano.

Os Jasc eram a competição mais importante do estado naquela década. Não havia nenhum atleta catarinense sequer de alto rendimento que não tivesse passado pelos Jasc antes de desbravar os torneios nacionais. Sem dúvida, eram a porta de entrada para as competições mais importantes no âmbito nacional e até mesmo internacional. Eram, também, uma forma de ser visto pela mídia, pelos grandes clubes brasileiros e por eventuais patrocinadores.

Atualmente, e infelizmente, a competição não tem mais a mesma relevância e importância que tinha até os anos 2000. Não que os Jogos Abertos não sejam uma competição admirável nos dias de hoje, mas, sem dúvida, não com o mesmo grande valor do auge nos anos 90 e 2000. Entretanto, é inegável que ainda permanecem com importância significativa entre os jovens catarinenses.

Afinal, os Jasc eram (não sei se o título ainda permanece) a segunda maior competição poliesportiva do Brasil, perdendo apenas para os Jogos Abertos do Interior de São Paulo.

Para nós, atletas amadores (odeio essa expressão, mas é dessa forma que as pessoas definem os esportes olímpicos), os Jogos Abertos eram vistos como uma espécie de "miniolimpíada".

O conceito era fundamentalmente muito parecido ao dos Jogos Olímpicos. Inúmeros atletas, disputando as mais variadas modalidades, divididos por cidades, concorrendo pelas medalhas e pela realização pessoal, para, no fim, ver quem ficava com o troféu de campeão geral. Entretanto, em vez de abranger o mundo todo e representar países do globo, abarcava apenas as cidades catarinenses, contando com a participação de atletas exclusivamente nascidos no estado de Santa Catarina.

Quase todos os esportes olímpicos estavam representados nos Jasc. Então, uma vez por ano, um município se tornava a capital catarinense do esporte, recebendo centenas de atletas das mais diversas modalidades para duas semanas de muita competição esportiva, acirradas disputas e momentos emocionantes.

Naquela época, a batalha pelo título geral da competição era muito intensa, principalmente entre as três maiores cidades do estado: Joinville, Florianópolis e Blumenau.

No meu caso, sendo apenas um moleque de 14 anos, iniciante no esporte de alto rendimento, a participação era um sonho, o suprassumo que um jovem adolescente poderia vivenciar.

Toda a preparação física e o planejamento eram direcionados para esse campeonato, pois havia cobertura de toda a mídia esportiva do estado, fosse escrita, falada ou televisionada. Houve alguns anos, inclusive, nos quais os Jasc tiveram transmissão ao vivo pelas TVs locais (RBS, uma afiliada da Globo, e SCC, afiliada do SBT).

Quem nasceu em Santa Catarina e tem mais ou menos a minha idade vai entender o que estou falando. A meta de qualquer jovem atleta catarinense, praticante de algum esporte olímpico, era participar dos Jasc e, se possível, partir em busca da medalha de ouro, de uma foto no jornal e da inclusão do nome nos livros da história esportiva local. Quem conseguisse isso se "eternizava".

E comigo não foi diferente. Obviamente, fiquei muito empolgado com a minha primeira convocação, para os Jogos Abertos de 1994, em Florianópolis. Mas, ao mesmo tempo, eu estava muito nervoso, pois queria desempenhar bem e, inclusive, sonhar com a possibilidade de fazer uma final.

Com 14 anos, eu havia conquistado a vaga por ter o segundo melhor tempo da prova dos 100 metros borboleta na cidade de Joinville (1min08s36) e, como cada município podia inscrever apenas dois atletas por prova, isso acabou me levando à convocação. Eu e Alexandre Fernandes seríamos os representantes de Joinville nessa distância. Não consigo entender por que o meu irmão não estava naquela seleção da cidade. Afinal, ele havia feito 1min00s86 no Estadual daquele ano.

Teoricamente, era para estar no time como o melhor nadador dos 100 metros borboleta.

Naquele ano, o palco era o Clube Doze de Agosto, onde o grande Fernando Scherer, o Xuxa, aprendeu a nadar e foi revelado para o Brasil. Aliás, Scherer estava inscrito na competição e era o grande astro daqueles Jasc.

Xuxa vinha de resultados altamente expressivos e já figurava como um dos melhores nadadores do Brasil.

Um ano antes, em 1993, no Troféu José Finkel (Campeonato Brasileiro de piscina curta), em Santos, o time do Brasil, composto por Fernando Scherer, Teófilo Ferreira, José Carlos Souza e Gustavo Borges, bateu o recorde mundial do revezamento 4 x 100 metros livre, com o tempo de 3m13s97.

Xuxa também havia participado do Campeonato Mundial de Esportes Aquáticos de 1994, em Roma, onde obteve o bronze na prova dos 4 x 100 metros livre, com Teófilo Ferreira, André Teixeira e Gustavo Borges. Scherer também ficou em décimo lugar nos 50 metros livre e 14º nos 100 metros livre.

Scherer ainda abocanharia, no ano seguinte, a medalha de ouro no Campeonato Mundial de Natação, no Rio de Janeiro (naquela linda piscina itinerante construída nas areias de Copacabana), resultado que sacramentou o estrelato dele na natação nacional e mundial.

Para a minha alegria e honra, Xuxa estava inscrito justamente na prova dos 100 metros borboleta. Se eu me classificasse para a final, teria a oportunidade de competir ao lado dele pela primeira vez na vida. Ou seja, havia uma chance de eu nadar ao lado de um recordista mundial.

Logo nas eliminatórias, eu nadaria a primeira série, ao lado do Xuxa, e a minha capacidade de assimilar a pressão seria colocada à prova imediatamente.

A título de comparação, atualmente (este livro foi escrito em 2023), seria como um garoto de 14 anos competir uma prova de 50 metros livre na mesma série de Cesar Cielo e Bruno Fratus, não podendo fazer feio e buscando uma vaga na final. Guardadas as devidas proporções, era mais ou menos como eu estava me sentindo.

Contudo, apesar de toda pressão inerente ao fato de nadar ao lado de um dos atletas mais icônicos da natação mundial, além de toda a expectativa para a obtenção de uma classificação para a final, me abstive das distrações externas e busquei fazer a minha prova.

Extraordinariamente, e para surpresa não só minha, mas de toda a equipe de Joinville, ao fim da prova, eu havia tocado o placar em terceiro lugar, melhorando pouco mais de três segundos e meio o tempo que havia feito para ser convocado. Aquilo me aproximou muito de uma final, tendo em vista que havia apenas duas séries classificatórias.

Jogos Abertos de Santa Catarina 1994 - Florianópolis (SC)

100 metros borboleta – 1ª série eliminatória

1 – Marcelo Wolowski – 1min02s61

2 – Fernando Scherer – 1min02s93

3 – Eduardo Fischer – 1min04s78

4 – Alessandro dos Santos – 1min04s83

5 – Sanderlucio F. de Lima – 1min06s35

6 – Antônio Fontoura Júnior – 1min09s21

7 – Daniel Hulbert – 1min10s31

8 – Gustavo Guerrero – 1min14s50

Depois de acompanhar a segunda eliminatória, ali mesmo ao lado da piscina, confirmei que eu havia me classificado para a grande final. Era um desempenho espetacular, levando em consideração que era a minha primeira participação em Jogos Abertos. E, de lambuja, conquistei a oportunidade de nadar novamente ao lado do recordista mundial Fernando Scherer.

Jogos Abertos de Santa Catarina 1994 - Florianópolis (SC)

100 metros borboleta – 2ª série eliminatória

1 – Rogério Branco – 1min01s69

2 – André Trindade – 1min02s22

3 – Thiago Freitas – 1min03s39

4 – Marcelo Pinto – 1min05s16

5 – Rafael Pacheco – 1min05s16

6 – Alexandre Fernandes – 1min08s79

7 – Daniel Hahn – 1min09s78

Na final, Fernando Scherer estava na raia 6, com o quarto melhor tempo das eliminatórias, e, próximo dele, na raia 4, ninguém menos do que Rogério Branco, outro brutal competidor e famoso atleta catarinense, que também faria história na natação do estado, se tornando um dos principais medalhistas de todos os Jasc.

Na mesma série, e apenas algumas raias de distância (a minha era a de número 1), estava eu, o representante de Joinville. Isso era sensacional para o pequeno e franzino Eduardo Fischer, de apenas 14 anos.

Como essa prova não seria inesquecível? Eu estava disputando uma final de Jogos Abertos com um dos principais astros da natação brasileira. Não tinha como não ser especial.

Na final, após a apresentação dos nadadores, houve um certo momento em que percebi que estava na mesma prova que Xuxa e Branco. Pensei: "Como é que eu vim parar aqui? Isso é demais!" Tentei manter a calma e não surtar. Sabia que a minha missão não era chegar na frente dos caras, mas apenas fazer o melhor na tentativa de superar a minha marca pessoal.

Obviamente que, com tantas distrações, perdi um pouco do foco e não consegui melhorar a minha marca, finalizando a prova na sétima colocação, com o tempo de 1min05s19. Ainda assim, foi inesquecível e quase indescritível para mim.

Jogos Abertos de Santa Catarina 1994 — Florianópolis (SC)

100 metros borboleta – Final

1 – Fernando Scherer – 55s44

2 – Rogério Branco – 57s19

3 – Thiago Freitas – 1min00s00

4 – Marcelo Wolowski – 1min00s01

5 – André Trindade – 1min00s31

6 – Marcelo Pinto – 1min04s84

7 – **Eduardo Fischer – 1min05s19**

8 – Alessandro dos Santos – 1min09s37

Prontamente, recebi o respeito dos outros atletas mais velhos da equipe de Joinville, após, na minha primeira participação, superar a pressão e ter êxito em melhorar o meu tempo, além da já citada sétima colocação na final.

Cabe aqui um parêntese: nesses Jasc de 1994, eu ainda não era um nadador de peito, e isso nem passava pela minha cabeça — apesar de ter amargado a nona colocação nos 200 metros desse estilo, com 2min45s30. Naquele ano, Alexandre Schaefer ganharia os 100 e 200 metros peito, estabelecendo dois recordes da competição (1min07s20 e 2min26s37, respectivamente), mas que, em um futuro não muito distante, seriam dizimados por este que vos escreve.

Completamente extasiado e com o objetivo cumprido, encerrei os meus primeiros Jasc com a sensação de satisfação e plenitude. Tudo estava fluindo muito bem, pois o resultado havia me credenciado para competir no Campeonato Brasileiro Juvenil de Verão do próximo ano, além de garantir a convocação para o Campeonato Interfederativo Nacional, em Mococa (SP), mais conhecido como Troféu Chico Piscina.

Havia sido um ano bacana e produtivo. Ainda muito novo, conquistei resultados expressivos para a minha idade, de forma que, cada vez mais, eu gostava do esporte e tinha mais vontade de treinar e competir.

Ranking nacional absoluto em 1994 e 1995:

1994

Piscina curta (25m – semiolímpica)
EDUARDO AQUILES FISCHER

100 metros borboleta – 1min08s36 (360°)

100 metros peito – 1min18s67 (329°)

Piscina longa (50m – olímpica)

N/A – sem tempos oficiais

1995

Piscina curta (25m – semiolímpica)
EDUARDO AQUILES FISCHER

100 metros borboleta – 1min00s58 (72°)

100 metros peito – 1min12s42 (139°)

200 metros medley – 2min22s49 (170°)

Piscina longa (50m – olímpica)
EDUARDO AQUILES FISCHER

100 metros borboleta – 1min00s42 (44°)

100 metros peito – 1min14s69 (123°)

200 metros medley – 2min26s21 (138°)

200 metros peito – 2min39s64 (56°)

No ano seguinte, com 15 anos, eu novamente encararia os melhores atletas de Santa Catarina nos Jasc de Rio do Sul, além de testar a performance em campeonatos nacionais da minha categoria em piscina olímpica (longa), algo no qual, definitivamente, eu não tinha nenhuma experiência. Joinville nem sequer tinha uma piscina longa disponível para treinamentos.

10

Seguindo o meu instinto e impulsionado pelos bons resultados, resolvi dar cada vez mais importância aos treinos, rotulando esse compromisso com a piscina como uma obrigação imperdível e insubstituível. Deixei de encarar como um simples lazer ou uma atividade visando apenas a qualidade de vida e a saúde. A ideia era abraçar o esporte como minha filosofia de vida e minha profissão. Aquilo que era uma "atividade extracurricular" passou a ser imprescindível.

Não me lembro exatamente de quando os meus pais me disseram isso, mas, em certa altura do campeonato, meu pai começou a gostar da ideia de eu ser um aspirante a campeão de natação e passou a me incentivar ainda mais.

Contudo, deixou sempre algo muito claro: "Eduardo, eu apoio a sua intenção esportiva, mas a condição é estudar para, pelo menos, passar de ano sem recuperação".

Na verdade, o que eu compreendi da orientação do meu pai, naquele momento, foi que eu não precisava necessariamente ser o melhor da classe, mas tinha de ficar pelo menos na média. Então, bastava eu chegar em casa com nota 7 que a minha natação estava garantida.

E, acredite, isso foi muito bom para a evolução da minha carreira esportiva. Eu sabia que precisava estudar, mas apenas o suficiente para passar de ano, sem muita pressão por notas altas. Assim, podia me dedicar aos treinos e às competições sem qualquer culpa de ser um aluno mediano. Essa postura me dava tranquilidade para focar no esporte sem me sentir mal por estudar pouco. Era um sonho para qualquer adolescente.

Na verdade, o meu pai cobrou tanto do meu irmão, Carlos, em relação aos estudos e à obrigação de sempre tirar 10, que acho que resolveu pegar mais leve com o segundo filho. Não necessariamente eu seria um fracassado por tirar apenas notas medianas. E a minha desenvoltura esportiva parecia ser uma prova concreta disso. Afinal, não foi na escola que eu me tornei fluente em inglês, mas, sim, depois das experiências competitivas internacionais. Inegavelmente, há coisas que a escola não consegue nos ensinar, mas a vida pode ser uma excelente professora.

Não sei se foi a melhor interpretação, mas, com certeza, foi a mais conveniente. Até mesmo porque, cá entre nós, eu nunca fui muito fã de ficar em casa estudando. Dessa forma, eu tinha em mãos a desculpa perfeita para passar a tarde toda no clube e me dedicar ao esporte sem muita pressão nos estudos. Afinal, como já havia constatado, eu precisava apenas da média para deixar os meus pais satisfeitos com o meu desempenho escolar.

Essa acabou sendo a fórmula para o meu sucesso pessoal esportivo: notas médias, aprovação escolar e muito treino. Com isso, estava garantida a minha felicidade e a dos meus pais. Sim, eu sei que pode ser meio imoral, mas foi a forma que eu achei para levar os treinos com o foco e a intensidade necessários.

Depois dos bons resultados conquistados no fim de 1994 e no início de 1995, eu alcancei um grande feito na natação estadual e fui contemplado com a convocação para a seleção de Santa Catarina que participaria do Troféu Chico Piscina. A competição era muito tradicional, sempre realizada na cidade de Mococa, no interior de São Paulo, e amplamente notória por revelar grandes atletas e futuros olímpicos.

Historicamente, o torneio se iniciou em 1968, classificado com um campeonato inter-regional realizado em muitas cidades. Contudo, ao ganhar notoriedade com o passar dos anos, acabou se tornando um campeonato internacional. Para muitos especialistas, o Troféu Chico Piscina é considerado o berço de grandes atletas da natação brasileira, revelando em todas as edições nomes que se mostram grandes promessas.

A competição, de fato, é tradicionalíssima. Reúne, todos os anos, os melhores nadadores do Brasil na faixa etária de 13 a 16 anos, na qual cada federação estadual pode contar com até 32 atletas, sendo 16 no masculino e 16 no feminino.

Como é realizada em Mococa, conforme citado, passou a ser conhecida entre atletas, técnicos e dirigentes apenas por "Mococa". O nome da cidade passou a ser o sinônimo do Troféu Chico Piscina.

Para os atletas, era, sem dúvida, uma grande realização. Só o fato de ser convocado para a seleção dos melhores nadadores do seu estado de nascimento já era um orgulho enorme. Alcançar essa honraria era a certeza de estar rumando no caminho certo e ter a sensação de objetivo cumprido.

Afinal, existia a certeza de que, dentre inúmeros nadadores de 13 a 16 anos, aquela convocação nos tornava a elite da natação catarinense, sendo concedido a nós o privilégio de defender as cores do estado em uma competição de âmbito nacional e que contava com a nata da natação de cada umas das 27 unidades federadas.

A minha escalação ocorreu principalmente pelos meus resultados no nado borboleta, obtidos nos campeonatos estaduais e nos Jasc do ano anterior. Mas a escolha do time também levava em consideração a possibilidade de um determinado atleta nadar não apenas a prova em que era o melhor, mas, sim, uma composição de resultados.

Como eu também tinha razoáveis tempos no nado peito, acabei sendo selecionado para representar Santa Catarina nas provas dos 100 metros nado borboleta, 100 metros nado peito e 200 metros nado medley. Naquele momento, apesar de ter conhecimento de que a competição era muito disputada e de altíssimo nível técnico, eu tinha uma boa convicção de que poderia alcançar um bom resultado. Ora, eu havia provado isso no decorrer do ano anterior e, por essa razão, estava empolgado.

O ponto é que a única forma de chegar em Mococa, fosse pela falta de aeroporto ou pela escassez de recursos da Federação Catarinense, era de ônibus. Uma viagem não muito agradável, de aproximadamente 30 horas.

Mas, quando se tem 15 anos e você vislumbra uma "*trip*" dessas, o tempo em um ônibus deixa de ser um empecilho ou algo ruim para ser garantia de diversão.

O ônibus saía de Florianópolis (sede da Fasc e cidade com o maior número de atletas convocados) e "subia" para o norte do estado, passando nas outras cidades que contavam com atletas convocados, como Blumenau, Gaspar, Jaraguá do Sul, entre outras. Até chegar na última parada antes de rumar diretamente para o interior de São Paulo: Joinville.

Esse último *pit-stop* para o embarque de atletas em Joinville tinha o objetivo de pegar dois convocados. Eduardo Fischer, que treinava e representava o JTC, e Roberta Martinelli, atleta da Escola de Natação C3. Por total abstração do destino (ou não), a parada da comitiva foi primeiramente realizada na C3, para pegar a Roberta. Somente depois que o coletivo foi até o Joinville Tênis Clube visando o meu embarque. Ou seja, literalmente, eu seria o último atleta da seleção catarinense a embarcar antes do início da jornada até Mococa.

Por pura coincidência ou obra do destino, ao subir no ônibus, percebi que o único lugar vago era justamente ao lado da atleta de Joinville Roberta Martinelli.

Apesar de ela não saber na época, eu considerava a Beta (como o pessoal da C3 a chamava) a menina mais linda de toda a natação, e não era a primeira vez que eu pensava na possibilidade de um dia conseguir descolar um beijo daquela princesa.

Conforme eu me aproximava do assento, percebendo que não precisaria de nenhuma desculpa esfarrapada para me sentar ao lado da menina, a única coisa que me passava pela cabeça era qual seria a minha estratégia para flertar com ela e conseguir o tão almejado beijo. Uma coisa que, com certeza, não faltaria seria tempo. Era uma viagem de mais ou menos 30 horas até o destino final, então, obviamente, não faltariam oportunidades.

Mas, no mesmo minuto em que me sentei, todos os meus planos foram por água abaixo. Roberta, depois de discretamente me cumprimentar, virou para a janela, colocou o fone de ouvido do discman[13] dela e, para a minha total decepção, passou as próximas 30 horas ouvindo música ou cochilando, sem me dar a menor brecha ou possibilidade para um flerte. Confesso que me recordo nitidamente do ocorrido e admito que foi um tanto quanto frustrante e desanimador. Eu só não sabia se ela não queria nada comigo ou se eu que havia vacilado por não criar uma oportunidade. No fundo, acho que eu estava com medo de tomar um grande fora da garota mais linda da equipe.

Mas por que conto esse caso, aparentemente insignificante, com tanta riqueza de detalhes? Porque, deixando a ocasião ainda mais especial e muito engraçada, em 2010, exatos 15 anos depois da data fatídica em que não tive sucesso ao beijar a Roberta em uma viagem de 30 horas, eu finalmente consegui! E não foi um beijo qualquer ou em qualquer lugar, mas, sim, no altar de uma igreja, perguntando se ela gostaria de ser a minha esposa.

Sabe aquele ditado, "o mundo dá voltas"? Pois, então, veja só você que impressionantes foram essas 15 translações terrestres[14]. Quem poderia imaginar que, 15 anos depois de sentarmos juntos em um ônibus

---

[13] Discman é um leitor e tocador de CDs portátil, de muito sucesso nos anos 90, bastante conhecido pela praticidade para escutar músicas.

[14] A translação da Terra é o movimento que o planeta realiza ao redor do Sol, a uma distância aproximada de uma unidade astronômica, ou 149.597.870.700 metros. Uma translação completa ao redor do Sol leva um ano sideral ou 365 dias.

com destino a uma competição de natação, iniciaríamos uma família? A vida é, realmente, incrível.

Resumindo, ela disse "sim", e nós nos casamos, trazendo ao mundo, alguns anos depois, a pessoa mais especial de todas para nós dois: o Pedro Henrique Martinelli Fischer.

Claro, tudo começou em 2006, em um reencontro durante uma festa da turma da faculdade dela do curso de Medicina da Universidade da Região de Joinville (Univille).

Depois de muitos anos sem nos vermos, na celebração pela vitória do Brasil sobre o Japão, na Copa do Mundo de Futebol da Alemanha, obviamente regada a muito chope, aquilo que se iniciou com um simples namoro evoluiu para um noivado e, em 2010, se transpôs em uma grande história de amor, parceria e cumplicidade.

Realmente, era difícil alguém prever, mas aquela imensa frustração que havíamos vivenciado 15 anos antes, fruto do nervosismo de ambas as partes, de fato, acabou em casamento.

Há quem diga que tudo ocorreu como deveria ter ocorrido, pois, se eu tivesse tido êxito em beijar a Beta, em 1995, muito provavelmente nós não teríamos nos casado em 2010. Algo como o tal "efeito borboleta". Enfim, destino ou coincidência, o fato é que hoje sou grato por tudo ter acontecido como aconteceu.

Feito o devido recorte espaço-temporal dos acontecimentos da viagem de ida para o Troféu Chico Piscina, volto a falar da competição, propriamente dita.

Santa Catarina nunca havia tido resultados muito expressivos em Mococa até 1995. Salvo algum engano, o estado nunca havia conquistado uma medalha entre os homens na competição. Essa estatística era mais um motivo para eu me empolgar em nadar bem e ter um bom resultado. A vontade de competir só aumentava.

No meio dessa empolgação, às vezes, o atleta acaba achando que pode fazer mais do que realmente consegue. E eu, dentro da minha elevada autoestima, tinha a expectativa de terminar a prova entre os três primeiros colocados, beliscar uma medalha e um lugar no pódio. Claro, nunca deixando de saber que esse objetivo era difícil e ambicioso.

Aqui, cabe um comentário referente à minha percepção da natação em grandes centros (como os clubes Pinheiros e Minas). Fato é que eu achava que não treinava o mesmo que os meus adversários, naquela época. Os grandes clubes eram conhecidos por terem uma carga e um volume de treinamento muito elevados.

Era comum ouvir relatos de que os atletas do Esporte Clube Pinheiros (ECP) nadavam cerca de oito, dez quilômetros por dia. Eram distâncias muito maiores do que eu estava acostumado a percorrer dentro da minha periodização. Com aquela idade, era difícil treinar mais do que cinco quilômetros em uma sessão. Era, inclusive, uma opção e uma característica do Ricardo, até mesmo pela questão de esgotamento físico, mental e o fato de o Chefe ter uma abordagem mais conservadora, tentando me preservar como atleta e adolescente.

Não sei dizer se a estratégia era certa ou errada, mas, de fato, esse cuidado intencional e controlado, justamente na minha fase de crescimento, fez com que eu evoluísse em um momento mais apropriado, impedindo que eu me cansasse dos treinos precocemente.

O Chico Piscina, em 1995, ainda era disputado na sistemática de final direta (também chamada de eliminatória simples). Ou seja, o atleta tinha apenas uma oportunidade de nadar a prova, e o tempo alcançado era utilizado como comparativo entre todos os que competiam em todas as séries daquela determinada prova, a fim de saber qual seria a colocação final de cada um.

Nos 100 metros peito (1min14s69) e nos 200 metros medley (2min26s99), finalizei as minhas participações com a sétima e a oitava colocações, respectivamente.

Troféu Chico Piscina 1995 – Mococa (SP) 100 metros peito – Final		
1º	Luiz Gustavo Bettinardi Couto	1min12s41
2º	Diogo Oliveira Yabe	1min12s65
3º	Marcelo Vitor Fonseca	1min13s15
4º	Rafael Pereira da Silva	1min13s85
5º	Rafael Lutti	1min13s94
6º	Luís Gustavo L. Silva	1min14s46
7º	**Eduardo Aquiles Fischer**	**1min14s69**

Troféu Chico Piscina 1995 – Mococa (SP) 200 metros medley – Final		
1º	Ricardo de Lorenzi Kambara	2min17s82
2º	Hélcio A. S. Barbosa	2min18s79
3º	Diogo Oliveira Yabe	2min19s95
4º	André de Paula Joca Ramos	2min20s39
5º	Rafael Ribeiro Gonçalves	2min22s35
6º	Rodrigo Bartnik de Andrade	2min24s48
7º	Gabriel Vasconcellos Mangabeira	2min25s11
8º	**Eduardo Aquiles Fischer**	**2min26s21**

Olhando hoje, tenho consciência de que esses tempos não eram muito expressivos em comparação com o ranking nacional[15] da época, na minha faixa etária.

Contudo, pessoalmente, havia um evidente incremento de performance e as marcas eram satisfatórias, demonstrando que eu estava evoluindo mesmo sem ter uma piscina olímpica, de 50 metros, para treinar (lembrando que o Mococa era disputado em piscina olímpica).

Por outro lado, o meu melhor resultado veio nos 100 metros borboleta, justamente o estilo e a distância que eu mais treinava e, portanto, a minha principal prova.

Não me lembro exatamente em qual série e raia eu competi, mas me lembro de ter tocado o placar eletrônico com o tempo de 1min01s83, finalizando a prova em uma honrosa e muito comemorada quinta colocação.

De fato, era um resultado muito expressivo, se comparado ao tempo dessa prova feito um ano antes, nos Jasc de 1994. Em Florianópolis, terminei a prova de 100 metros borboleta, em piscina curta, com 1min04s86. Perceba, era uma melhora de três segundos, mas em

---

[15] Ranking nacional absoluto – Piscina longa (50m – olímpica)
Eduardo Aquiles Fischer
100 metros borboleta – 1min00s42 (44º)
100 metros peito – 1min14s69 (123º)
200 metros medley – 2min26s21 (138º)
200 metros peito – 2min39s64 (56º)

piscinas distintas. Via de regra, o tempo na olímpica é sempre pior. Em uma eventual conversão, era possível arriscar um palpite: eu estava pronto para nadar os 100 metros borboleta abaixo de um minuto na piscina semiolímpica.

Curioso destacar que, nessa competição, obtive um resultado melhor do que um dos principais nadadores de borboleta da história do Brasil, Gabriel Mangabeira. Manga (como era conhecido) foi finalista olímpico e obteve a incrível sexta colocação nos Jogos de Atenas-2004, quebrando, na ocasião, o recorde sul-americano, com o tempo de 52s34.

Ou seja, defendemos, juntos, o Brasil nos Jogos de Atenas, ele seguindo com o nado borboleta até o alto rendimento internacional e eu, por outro lado, encontrando a minha vocação no peito.

Troféu Chico Piscina 1995 – Mococa (SP) 100 metros borboleta – Final		
1º	Renato Joaquim Pellegrino	59s91
2º	André de Paula Joca Ramos	1min00s54
3º	Cliffor Binda	1min01s48
4º	Thiago Veloso Barreira	1min01s78
5º	**Eduardo Aquiles Fischer**	**1min01s83**
N/A	Gabriel Vasconcellos Mangabeira	1min03s89

Aliás, seguindo as estatísticas e a tradição do Torneio Chico Piscina de revelar grandes atletas, essa edição de 1995 formou seis olímpicos:

Eduardo Fischer (100 metros peito)

Diogo Yabe (200 metros medley)

Gabriel Mangabeira (100 metros borboleta)

Rafael Mósca (4 x 200 metros livre)

Monique Ferreira (200 e 400 metros livre)

Michelle Lenhardt (4 x 100 metros livre)

Um número impressionante de nadadores olímpicos de alto rendimento advindos de uma mesma geração de participação no Torneio Chico Piscina de 1995 (nascidos nos anos de 1980 a 1982).

Enfim, após a divulgação do resultado dos 100 metros borboleta, tanto os meus colegas, como toda a comissão técnica comemoraram muito. Afinal, eram apenas 35 centésimos que haviam me separado de um lugar no pódio, o que deixava o resultado ainda mais empolgante, pois todos sabiam que eu ainda poderia melhorar um pouco mais no Campeonato Brasileiro, no fim do ano.

De qualquer forma, era um grande resultado para a natação de Santa Catarina, talvez o melhor até aquele ano. O Scherer nunca havia participado dessa competição, então, essa colocação havia sido, na época, um dos melhores resultados alcançado por um atleta catarinense em Mococa. A conclusão era que havia, evidentemente, um progresso a cada torneio e parecia nítido que eu possuía um certo dom esportivo. Se essa suposta afinidade genética com a natação me levaria a alçar voos mais altos, ainda ninguém sabia, mas não restavam dúvidas de que eu estava disposto a pagar para ver.

Oito anos depois, em 2003, eu voltaria à Mococa, dessa vez como convidado e na condição de recordista sul-americano e medalhista pan-americano dos 100 metros peito. De fato, a estatística e a fama da cidade paulista de formar bons nadadores havia, novamente, se concretizado.

11

Existe um antigo ditado que diz: "Diga-me com quem andas que eu te direi quem és". Nesse período da adolescência, a minha rotina se resumia aos estudos e à natação. Confesso que muito mais à natação. Não havia tempo livre (ou vontade) para fazer outras coisas. Ou seja, havia "pouco ócio para a oficina do diabo".

Hoje, eu percebo que isso é uma grande verdade. Quando um grupo de adolescentes desorientados e sem objetivo se reúne, existe uma boa chance de algo dar errado. E isso não é necessariamente culpa do adolescente, mas a falta de uma meta para ser alcançada faz com que o jovem fique um pouco confuso.

Acredito fielmente no tripé de institutos (ou políticas públicas), com os mais importantes para o desenvolvimento de cidadãos de bem e de uma sociedade harmônica: saúde, educação e esporte.

Quando uma comunidade, na formação de crianças, adolescentes e jovens, tem o foco em manter essas políticas interligadas e intimamente relacionadas, maiores serão as chances para a formação de uma sociedade repleta de cidadãos bem-intencionados e com objetivos determinados.

Até porque é fato que o esporte forma crianças mais saudáveis e interessadas em aprender e evoluir. No meu caso, uma boa educação, proporcionada pelos meus pais, com a possibilidade da prática esportiva saudável, contribuiu, e muito, para que eu me tornasse um cidadão mais disciplinado e ético.

Tenho convicção, também, de que as amizades norteadas pelos mesmos institutos e ideais colaboraram para o engrandecimento moral do atleta que fui, e é justamente por essa razão que acredito ser importante tecer algumas palavras sobre pessoas que foram (e ainda são) grandes companheiros e amigos desde o início da minha carreira como nadador.

Como grande parte do meu dia (ou quase todo ele) era ocupada pelos estudos e pelos treinos, não poderia ser diferente que eu encontrasse as minhas amizades no colégio e no clube.

Na adolescência, nenhum dos meus amigos (muito menos eu) imaginava que eu, um dia, me tornaria um atleta olímpico. Era algo muito fora da nossa realidade. Joinville não tinha um atleta olímpico que residisse na cidade. Até então, apenas a maratonista Márcia Narloch havia ido aos Jogos de Barcelona, em 1992, mas, apesar de ter nascido em Joinville, ela nunca havia morado ou treinado lá. Devido a essa falta de atletas olímpicos locais, era natural que nenhum de nós tivesse essa expectativa.

De fato, éramos apenas jovens nadadores de um pequeno clube de Joinville, uma cidade não muito conhecida por grandes feitos esportivos internacionais. Não se tratava de achar que não éramos capazes, mas, simplesmente, não havia qualquer referência ou exemplo nesse sentido.

Perceba que a cidade não havia enviado nenhum dos seus residentes aos Jogos Olímpicos até 2000. No momento em que carimbei o meu passaporte para Sydney, na Austrália, me tornei o primeiro atleta da história de Joinville, nascido e residente, a receber o título de "olímpico".

Aliás, até hoje, na história esportiva da cidade, Joinville levou apenas quatro atletas para os Jogos.

Márcia Narloch foi a primeira nascida em Joinville a participar de uma Olimpíada (como dito, Barcelona-1992). Mas, apesar de ter registro de nascimento no município, se mudou ainda quando era criança, razão pela qual nunca treinou na cidade, nem sequer tinha residência nela quando foi para a Espanha. Esse era um dos motivos pelos quais não havia uma conexão direta ou qualquer histórico esportivo que pudesse ser usado como referência.

Para muitas pessoas, eu sou considerado o primeiro olímpico da cidade, pois, além de nascer em Joinville, defendi as cores do município inúmeras vezes e fiz, no Joinville Tênis Clube, todo o meu treinamento para ambas as Olimpíadas das quais participei. Márcia, apesar de pioneira, de fato não possuía esse histórico e vínculo.

Também nos Jogos de Sydney-2000, Maria Carolina Vieira foi convocada para compor a equipe de ginástica rítmica desportiva.

Mais recentemente, nos Jogos de Londres-2012, Daniel Orzechowski, também na natação, se consagrou o quarto joinvilense a se tornar um atleta olímpico.

Entretanto, até hoje, o melhor resultado de um atleta nascido em Joinville ainda pertence a mim. Avançando até as semifinais nos Jogos Olímpicos de Atenas, em 2004, terminei a prova dos 100 metros peito na 15ª colocação, com a marca de 1min01s84 (nas eliminatórias). Esse tempo, na ocasião, foi o novo recorde sul-americano.

Dessa forma, sem ter uma identidade olímpica na cidade, com a escassez de referências desse calibre ou internacionais na natação, não era plausível imaginar que um adolescente de 14, 15 anos tivesse essa expectativa, esse objetivo ou essa mentalidade. Parecia, realmente, algo muito distante do nosso círculo de convivência.

Sem essa perspectiva, mesmo depois de participar de torneios de âmbito nacional, a ideia de competir internacionalmente estava tão distante que nem sequer sonhávamos com tal feito e nunca imaginávamos concretizá-lo efetivamente.

Mas, ainda assim, os meus amigos de treino sabiam que eu tinha um grande potencial e, quando eles "matavam o treino" (fazer menor metragem do que aquela prescrita pelo treinador), costumeiramente, não me incentivavam a fazer o mesmo. Muito pelo contrário, diziam que eu não poderia segui-los, porque eu tinha a responsabilidade de nadar bem os Jasc no fim do ano.

Dois desses amigos dificilmente serão esquecidos por mim: Daniel Hoffmann e Nathan Güinter. Não só por serem pessoas fantásticas e idôneas, que me acompanhavam diariamente nos treinamentos, mas por serem parceiros e cúmplices de tudo o que fazíamos no clube.

Contudo, além de uma grande amizade (que perdura até hoje) e da lembrança da parceria na água, há um fato muito engraçado que preciso compartilhar e jamais cairá no esquecimento para mim.

Na nossa época (e acho que isso não mudou muito atualmente), ninguém gostava dos treinos longos, chamados por nós de "treinos aeróbicos".

Na nossa concepção, leiga e simplória, os treinos aeróbicos eram os mais longos, demorados e chatos. Já os anaeróbicos eram muito mais intensos, contudo, bem mais curtos. Não preciso nem dizer que o pessoal gostava mesmo era dos anaeróbicos e detestava os outros.

Quando o Ricardo passava treinos mais longos, como uma série de seis repetições de 800 metros nadando, a rapaziada já torcia o nariz. Mas vamos combinar que, se você é velocista e costuma competir em provas de 100 metros, repetir 800 metros seis vezes parece ser um tanto quanto improdutivo e, realmente, chato.

Inclusive, eu já cheguei a fazer essa mesma série (6 x 800 metros) inteiramente nadando peito. Algo impensável nos dias de hoje.

Enfim, chato ou não, existia um propósito e tinha de ser feito. Ocorre que a parada era tão monótona e demorada que nem mesmo o Ricardo ficava 100% do tempo olhando para a piscina ou controlando as médias. E era nesse momento, em que o Ricardo se distraía, que Daniel e Nathan colocavam a estratégia em prática.

Na borda oposta da piscina, mais longe do Chefe e onde estava a parte mais funda, ambos submergiam e ficavam "escondidos", esperando a galera completar alguns metros da distância, no intuito de "transformar" os 800 metros em apenas 600. Ou, quem sabe, até menos.

Até aí "tudo bem". Quem nunca deu uma enganada para nadar um pouco menos? Era comum o atleta de natação matar treino mentindo a metragem. Contudo, a parte engraçada era a forma como eles esperavam o tempo passar submergindo.

Quando eu passava por lá e olhava para eles no fundo na piscina, ambos começavam a fazer a coreografia da música "Macarena"[16], justamente para tirar sarro da situação e fazer eu rir. Quem nasceu nos anos 80 e não se lembra de "Macarena" que atire a primeira pedra.

Não tinha como não rir. Era bizarro, esdrúxulo, não tinha um propósito específico (quem faz apneia para dançar no fundo da piscina pode muito bem completar 800 metros), mas, ainda assim, era engraçado.

Acho que, no fundo, eles faziam aquilo para me incentivar. Sabe aquele treino chato e maçante que desanima qualquer um? Talvez, eles soubessem que eu tinha um futuro promissor como atleta de natação e aquela brincadeira seria uma forma de quebrar a monotonia de uma sessão não muito prazerosa, a fim de me dar um gás para eu nunca desistir e seguir em frente.

Não sei, prefiro pensar assim e dar algum crédito para os meus amigos, que sempre estiveram comigo na piscina, do que imaginar que era apenas algo para irritar o professor Ricardo. Éramos adolescentes felizes. A vida era uma festa. Não havia muitas preocupações, e estudar

---

[16] A canção espanhola se tornou o segundo single com mais tempo em primeiro lugar e estreou no topo do ranking de maior sucesso na primeira semana nos EUA. Com isso, é uma das sete canções em língua estrangeira a atingir o topo da Billboard Hot 100. "Macarena" foi remixada pelos Bayside Boys e adaptada com uma letra em inglês. No Brasil, ganhou uma versão em forma de lambada. Nesse mesmo ano, foi incluída na trilha sonora internacional da novela de Gloria Perez, *Explode Coração*, da Rede Globo.

e treinar natação eram as nossas únicas obrigações. Por que não tornar esses compromissos mais divertidos e inesquecíveis?

Mesmo muito tempo atrás, e sendo muito jovens, foram justamente esses amigos que me deram suporte, e são pessoas das quais me recordo até hoje quando falo do meu início nas piscinas. Acho que jamais me esquecerei deles e das nossas peripécias, e por mais que não tenhamos a mesma proximidade, mantemos vivo um grande carinho e respeito mútuos.

Atualmente, os filhos do Daniel estudam na mesma escola que o meu, o Pedro. Eles fazem algumas atividades juntos. Isso nos aproximou muito desde 2022 e, hoje, nadamos juntos sempre que possível no intervalo do almoço dos nossos ofícios como advogados. No último ano, tivemos mais encontros do que nos dez últimos somados.

Mais tarde, outros colegas, da mesma faixa etária que a minha, passaram pelos treinamentos do Ricardo e se transformaram em grandes amigos. Pessoas do bem, que ajudaram a moldar a minha índole, a minha moral, a minha ética e os meus preceitos.

São coisas que não necessariamente aprendemos na escola ou nos livros, mas, sim, nos episódios e nas experiências de vida. Sejam essas experiências boas ou ruins, não há dúvida de que sempre nos ensinam algo novo. Cabe a nós tirar o máximo proveito e a melhor lição dessas vivências. Somos eternos aprendizes, moldando o caráter por meio das relações humanas e interpessoais.

Continuando na lembrança e nos relatos dos meus (primeiros) anos na equipe de Joinville, para que se tenha o registro formal, cito nominalmente, além daqueles que já foram mencionados em algum outro momento do livro, alguns dos atletas que treinaram ao meu lado, defenderam a bandeira da cidade e, de alguma forma, tocaram a minha trajetória de vida, me ensinado sempre algo novo, de forma que guardo comigo um carinho eterno.

Em ordem alfabética:

1. Adriano Silva (Prefeito de Joinville de 2021 a 2024)
2. Amanda Renzetti
3. Ana Paula Fernandes (paratleta)
4. Ana Paula Oliveira
5. André Santos (Deco)
6. Alexandre Fernandes
7. Alex Duarte (Alex Lalas)
8. Bernard Georg Schmidt
9. Brian Frank (Garoto Enxaqueca)
10. Bruna Turazzi
11. Bruno Duarte (Naba)
12. Bruno Santos
13. Bruno Toledo
14. Caio Hildebrand
15. Camila Corrêa
16. Camila Huttl Santana
17. Cezar Bonatto (Bocó)
18. Cláudio Cambusano
19. Daniel Hoffmann (Jack Daniels)
20. Daniel Orzechowski (Batata, atleta olímpico em 2012)
21. Dante Bruno Daquino
22. Debora Wiese
23. Diego Urresta
24. Diogo Hildebrand (Nose)
25. Diogo Kroetz
26. Djiovani Meneghetti (Juva)
27. Douglas Strelow
28. Emanuel Michelviski
29. Felipe Corrêa (Felipinho)
30. Felipe Socha
31. Fernanda Martinelli
32. Fernando César Costa
33. Francine Mendes
34. Gabriel Nascimento (Samambaia)
35. Gabriela Fleith Otuki (Japa)
36. Guilherme Stein (Montanha)
37. Igor Teichmann (Narigor)
38. Itamar Schimtz (Itamiro)
39. Iuri Selonke
40. Jaime Sumida (Raiminho)
41. Jeferson Eberhardt (Jeff)
42. Joana Hildebrand (Joaninha)
43. João Galvão (Galvinha)
44. João Mayerle
45. Júlia Studenroth
46. Juliano Hardt
47. Juliano Hoffmann
48. Ketuly Luana de Souza
49. Kleber Sell

50. Leonardo Galvão (Chuteboxe)

51. Leonardo Serpa (Guelão)

52. Leonardo Sumida (Raime)

53. Lucas Hildebrand

54. Luís Fusinato (Fusi, meu assessor de imprensa por alguns anos)

55. Luiz Fernando Oliveira (Luízo)

56. Luiz Ricardo Douat

57. Luiz Roberto Fernandes (Soneca)

58. Luiza Maria Ferreira

59. Marcelo Branco

60. Marcelo Ferreira (Marcelinho)

61. Marcos Bandoch (Banda)

62. Mariana Branco

63. Maykon Pahl da Silva

64. Michel Otuki

65. Monique Persike

66. Nathan Günther (Tintones)

67. Osvaldo Sauer Neto

68. Paulo Bisewski (Bisa)

69. Paulo Horst (Joselito)

70. Rafael Ilkiu

71. Rafael Miers

72. Rafael Moratelli

73. Rafael Soares (Sorocaba)

74. Rafaela Ronchi

75. Ricardo Morini (Moris)

76. Rickson Lima

77. Roberta Martinelli (Betinha, a minha esposa)

78. Roberta Schatzmann

79. Robson Castro (Kuka)

80. Rodrigo Bittencourt (Marrom)

81. Rodrigo Frank

82. Sidnei Lisboa (Sidão)

83. Silvia Ferreira (Vicky)

84. Talisson Glock (campeão paralímpico)

85. Tássia Fettback

86. Tatiane Costa

87. Thaís Costa

88. Thaís Kursancew

89. Thiago Otuki

90. Vinícius Ghedini

91. Vitor Quadros

92. Wagner Hagemann

Cada um teve, mesmo que pequena, uma participação na minha carreira de nadador no Joinville Tênis Clube. E, por isso, deixo aqui o meu muito obrigado a todos – já pedindo desculpa antecipadamente caso alguém não tenha sido citado (afinal, foram muitas pessoas).

12

Ainda em 1995, depois de ter voltado de Mococa com um resultado bastante significativo, nosso principal objetivo eram os Jogos Abertos de Santa Catarina, em Rio do Sul, programados para 2, 3 e 4 de novembro de 1995. E, com a moral de ser o quinto melhor nadador do Brasil na categoria juvenil, vieram, também, grandes responsabilidades inerentes aos bons resultados.

Nos Jogos Abertos, nem sempre a cidade consegue compor um time só com especialistas, no qual cada um nada uma única prova ou estilo.

Na medida em que eu já nadava bem borboleta e peito e meu nado livre não era péssimo (como no caso do costas), o Ricardo decidiu me escalar para nadar as provas de medley (200 e 400 metros), em Rio do Sul. Sim, além das minhas principais provas (100 metros borboleta e 200 metros peito), o Chefe achou que eu poderia "sofrer" um pouquinho mais.

Brincadeiras à parte, o objetivo era acumular o máximo de pontos possíveis, tentando uma boa colocação geral final, melhor do que em Florianópolis, no ano anterior. Assim, a minha jornada nos Jasc de 1995 seria:

1ª etapa

400 metros medley, 200 metros peito e 4 x 100 metros livre.

2ª etapa

100 metros borboleta, 200 metros medley e 4 x 200 metros livre.

3ª etapa

4 x 100 metros medley.

Não chegava a ser um programa extremamente exaustivo, mas, para alguém que havia nadado praticamente uma única prova um ano antes, sem dúvida era um incremento significativo para um atleta tão novo. Eram provas importantes, e muita responsabilidade havia sido depositada em mim.

Para a minha surpresa, logo na primeira prova, iniciando os Jogos e a minha jornada de 11 quedas na água, tive uma performance muito boa nos 400 metros medley, finalizando na terceira colocação, garantindo aquela que seria a minha primeira medalha de bronze em Jogos Abertos de Santa Catarina.

É fato que a primeira a gente nunca esquece. E talvez eu não fizesse ideia de que, num futuro não tão distante assim, eu participaria de 22 edições de Jasc e carregaria no currículo mais de 50 medalhas, me tornando um dos atletas mais vitoriosos dessa competição. Contudo, não foi essa a medalha que mais me marcou naquela edição. O melhor ainda estaria por vir.

Jogos Abertos de Santa Catarina 1995 — Rio do Sul (RS)

400 metros medley – Final

1º Eduardo Saporiti: 4min51s86

2º Marcelo Wolowski: 5min09s20

3º Eduardo Fischer: 5min18s10

Jogos Abertos de Santa Catarina 1995 — Rio do Sul (RS)

200 metros peito – Final

1º Filipe Corradini: 2min34s06

2º Ricardo Amorim: 2min34s70

3º Ricardo Faveri: 2min38s90

4º Alexandre Tonello: 2min45s40

5º Eduardo Fischer: 2min47s89

A segunda etapa era a mais esperada por mim, pelo Chefe e por toda a delegação de Joinville. Atletas de outras modalidades tinham ido ver a natação, pois corria a notícia de que um moleque de 15 anos poderia beliscar um ouro nos 100 metros borboleta. E nós realmente sabíamos que isso era possível, mas não seria uma missão fácil, pois Eduardo Saporiti era o homem a ser batido. Saporiti estava em uma fase espetacular e, no âmbito estadual, não havia prova que nadava e não vencia.

Eu vinha de dois resultados muito animadores. Campeão estadual em piscina curta, com o tempo de 1min02s77, e a quinta colocação em Mococa, em piscina olímpica, com a marca de 1min01s83. Se alguma lógica fosse aplicada, nadar abaixo de um minuto (ou muito próximo disso) era bem plausível. Aliás, para ganhar a prova, eu teria, efetivamente, de mirar nos 59 segundos.

Pode parecer mentira, pois já se passaram muitos e muitos anos desde esses Jasc de 1995, mas posso dizer que me lembro exatamente, em detalhes, de como foi a prova.

Nas eliminatórias, eu me classifiquei com o melhor tempo, com 1min02s09, com facilidade. Tive consciência e tranquilidade incomuns para um garoto de 15 anos, a ponto de administrar e dosar a prova, não impondo força total. Nesse momento, o objetivo era apenas classificar em uma boa raia (central, para evitar a marola), mas guardando um pouco de energia para a final.

Na final, eu estava na raia 3[17] e Saporiti, na 5, de forma que não estávamos exatamente lado a lado. No fundo, eu sabia que, apesar de ter se classificado em quarto, ele seria o meu adversário direto na disputa pelo ouro.

Apesar de a minha primeira medalha em Jasc ter sido conquistada um dia antes, nos 400 metros medley, por algum motivo, que eu realmente não sei explicar, a recordação dessa prova de 100 metros borboleta é muito mais vívida na minha mente. Eu a considero o meu primeiro grande resultado em Jogos Abertos.

Eduardo Saporiti, vulgo Sapinho, era um velocista nato. Tinha saídas e viradas muito rápidas e fortes e, logo depois da largada, saiu como um foguete. Na passagem dos primeiros 50 metros, o florianopolitano tinha mais de meio corpo de vantagem sobre mim. Mas, logo depois da virada, a minha prova começou. Enquanto Sapinho se cansava e torcia para tudo terminar, eu vinha numa crescente frenética, buscando centímetro por centímetro, a cada braçada. Há quem diga que, se houvesse mais três metros de piscina, eu teria batido na frente. Mas, como

---

[17] Nas competições em que a piscina tem apenas seis raias, nas finais, o melhor tempo nada na raia 3 e o segundo melhor, na 4. Diferentemente das piscinas de oito raias, nas quais o melhor tempo fica com a raia 4 e o segundo, na 5.

a prova era de 100 metros, por apenas 53 centésimos, eu perdi o ouro, mas fiquei com uma honrosa e muito comemorada medalha de prata.

Jogos Abertos de Santa Catarina 1995 — Rio do Sul (RS)

100 metros borboleta – Final

1 – Eduardo Saporiti: 1min00s05

2 – Eduardo Fischer: 1min00s58

3 – Rafael Pacheco: 1min01s52

De fato, mesmo perdendo, eu estava comemorando como se tivesse vencido. Com apenas 15 anos, havia melhorado a minha marca pessoal em piscina semiolímpica em mais de dois segundos, disputando de igual para igual com um dos melhores velocistas do estado de Santa Catarina e ficado com a melhor colocação do time de Joinville.

Comparativo (evolução)

Jasc 1994/Jasc 1995

100 metros borboleta – Final

Jasc 1994 – 7º colocado – Eduardo Fischer: 1min05s19

Jasc 1995 – 2º colocado – Eduardo Fischer: 1min00s58

Para os dirigentes esportivos de Joinville, que tinham os Jasc como grande objetivo, naquele momento, eu deixava de ser apenas uma promessa para, efetivamente, ser considerado a nova cara da natação da cidade e do estado de Santa Catarina. Até mesmo porque, de uma edição para a outra, eu havia escalado seis posições e melhorado quase cinco segundos no tempo. Era, mesmo, algo para ser observado pela Secretaria de Esportes do Município de Joinville.

Por outro lado, na minha perspectiva, ainda havia um longo caminho a ser percorrido. O resultado havia sido muito bacana e comemorado. Mas eu não queria apenas ser campeão estadual ou regional, queria figurar entre os melhores do Brasil. E, se exemplos servem como motivação, se Fernando Scherer havia conseguido, o que me impediria de, um dia, subir em um pódio de Campeonato Mundial? Ou, ainda, será que eu teria o necessário para participar de uma Olimpíada?

De qualquer forma, a única certeza que tínhamos era de que seria necessário treinar muito mais. Entretanto, todos sabíamos que isso não seria nenhum problema.

Antes de encerrar este capítulo sobre os Jasc de 1995, abro um importante parêntese para contar uma história curiosa.

A minha querida mãe, dona Maria, até esse momento, não sabia nadar. Ela tinha pânico de colocar o rosto na água. Chega a ser um tanto quanto irônico que a minha genitora, além de não ter um histórico esportivo, nem sequer conseguia sobreviver em uma piscina. Como fui me tornar nadador?

Enfim, depois desses meus últimos feitos, acredito que ela tenha pensado que a mãe de um medalhista estadual de natação deveria, ao menos, ter as noções mais básicas do esporte no qual o filho estava se destacando.

Então, por volta dos seus 44, 45 anos, ela resolveu vencer o medo e aprender a nadar. Eu me recordo de que não foi uma jornada fácil, pois, como eu disse, ela literalmente se desesperava ao entrar na piscina e colocar o rosto na água.

Mas tenho de dar muito crédito à dona Maria. Mesmo com essa dificuldade, ela teve persistência e determinação e não desistiu. Começou devagar, trabalhando os medos e as ansiedades, e, quando menos esperávamos, estava atravessando a piscina do Joinville Tênis Clube sem qualquer ajuda.

Não demorou muito para se tornar uma nadadora muito boa para a idade dela, principalmente nas provas de meio-fundo e fundo (400 e 800 metros livre). Ocorre que, naquela época, na nossa cidade (e até no estado), não havia nenhum grupo ou associação de nadadores master. Até mesmo a Associação Brasileira de Masters de Natação (ABMN) havia sido fundada apenas dez anos antes, no Rio de Janeiro. Ou seja, era algo recente até mesmo nos grandes centros[18].

---

[18] Fabiano Pries Devide, Associação Brasileira de Masters de Natação (ABMN): ponto de referência na história da natação master brasileira. Link no QR CODE

Por essa razão, ao lado do senhor Jorge Mayerle e outros nadadores masters de Joinville, ela contribuiu para a fundação da Santa Catarina Masters (SC Masters), uma associação que tinha como intuito receber associados de todo o estado, a fim de trocar experiências e viajar para competições nacionais e internacionais.

Resumindo a história e a jornada, logo a dona Maria viajaria para a Ilha de Barbados para participar do Campeonato Centro-Sul-Americano e abocanhar uma medalha de prata nos 800 metros livre. Para uma pessoa que, poucos anos antes, tinha pavor de piscina, a minha mãe é, indiscutivelmente, uma vencedora.

Hoje, com 73 anos, dona Maria nada três vezes por semana e mantém uma saúde invejável. Faço aqui o registro e a comprovação do poder transformador do esporte, que pode salvar vidas, retirar pessoas do sedentarismo e de hábitos nocivos, além de melhorar a qualidade de vida e a longevidade.

Mais do que nunca, o encontro da minha mãe com o esporte, inicialmente visando a saúde, mas depois buscando o competitivo, provou que no DNA dela havia uma predisposição genética para persistência, dedicação e disciplina. Genética essa que, provavelmente, sem que soubéssemos na época, foi repassada para mim e se manifestou no momento em que me encontrei com a natação, aos 6 anos.

Dito isso, fica a minha mais profunda admiração pela minha mãe, que provou ser uma pessoa determinada e que, de alguma forma, passou para mim essa qualidade tão importante.

13

Nessa mesma época em que intensifiquei a amizade com o pessoal que treinava comigo, especialmente Daniel Hoffmann, Nathan Güinter, Rodrigo Bittencourt e Paulo Horst, alguns desdobramentos pessoais e estudantis fizeram os meus pais optarem por me matricular em outra escola.

Apesar de ser considerada uma das melhores instituições de ensino da cidade, os ideais dos alunos do Colégio Bom Jesus, nos anos 90, eram um pouco diferentes dos meus. Eu adorava o Bonja (como é chamado o colégio), ele tinha um programa esportivo muito bacana e uma estrutura fantástica. Mas, para que tenhamos total prazer no ambiente escolar, há outros requisitos sociais indispensáveis.

Aliás, a escola é tão boa que foi escolhida por mim e pela Roberta para matricular o Pedro. Desde o jardim de infância, foi o lugar que ele frequentou.

Na verdade, o problema (se é que havia um) era comigo. Eu sempre tive um pouco de dificuldade de fazer parte de grupos mais seletos, digamos assim. Além disso, o meu irmão já estava indo para essa outra escola, com direito a bolsa de estudos, justamente para focar na preparação para o vestibular de Medicina da Universidade Federal do Paraná, a UFPR.

O Curso e Colégio Positivo, uma grande rede de ensino fundada e sediada em Curitiba (PR), quando inaugurou a filial de Joinville, estava em busca de alunos inteligentes e diferenciados, com boas perspectivas de aprovação nos vestibulares mais concorridos do Sul do Brasil.

No intuito de convocar esses bons alunos para o "Time Positivo", a instituição oferecia bolsas de estudos de até 100%. Na verdade, era tudo um grande negócio: a escola dava a gratuidade da mensalidade em troca de uma possível propaganda futura com a aprovação do aluno em uma universidade federal. Afinal, o melhor colégio era aquele que mais aprovava os alunos nos vestibulares. Quando isso ocorria, era um *outdoor* na certa. O aluno, então, "emprestava" a imagem de sucesso para as propagandas publicitárias como troca pelo ensino totalmente gratuito.

O negócio era bem específico e se direcionava muito mais ao meu irmão do que para mim. Afinal, ele era o cérebro da família, tendo, usualmente, as melhores notas da classe e, assim, as melhores chances de aprovação em uma universidade concorrida. Por outro lado, eu era apenas mais um aluno com notas medianas, que não atraía a atenção do novíssimo Positivo de Joinville.

Mas, como meu pai de bobo não tinha nada, tratou logo de impor uma condição à escola: "Querem levar o garoto das notas altas (Carlos)? Claro, sem problema. Mas terão de levar o mais novo junto, com bolsa de, pelo menos, 50%". No caso, o "mais novo" era eu.

Inicialmente, a escola fez jogo duro e não cedeu de bate-pronto. Entretanto, logo perceberam que o Carlos era quase certeza de aprovação na UFPR ou na Universidade Federal de Santa Catarina, a UFSC, o que daria uma excelente propaganda e visibilidade para eles. Por fim, toparam os termos impostos pelo meu pai, aceitando o meu ingresso na escola com bolsa de 50%, numa espécie de "venda casada".

Resumidamente, foi assim que o seu Décio conseguiu emplacar os dois filhos bolsistas na mais nova escola de Joinville. Definitivamente, ele era um bom advogado negociador.

Todavia, ainda que eu tenha sido empurrado na negociação, não demorou muito para a instituição perceber que eu tinha diferentes atributos, que poderiam ser utilizados de diferentes formas. Logo notaram como poderiam aproveitar o meu talento esportivo.

Fui recrutado pelo colégio para disputar os Jogos Estudantis de Joinville, levando na camisa o nome da instituição. E foi graças aos meus bons resultados na natação que o Positivo foi campeão dos Jogos Escolares de Joinville (Jeville) por dois anos consecutivos. Afinal, tudo o que eu nadava, eu ganhava.

Quando saí do Colégio Bom Jesus, em 1997, apesar de uma certa dificuldade de identificação com as pessoas, eu, sinceramente, não tinha nada contra ninguém em particular, muito menos a instituição. Cabe ressaltar que se trata de uma excelente escola, extremamente fundamental na minha formação. Mas havia algo ali que eu não sabia explicar direito, que me deixava intrigado. Parecia que eu não pertencia mais àquele meio.

De qualquer forma, como já disse, é importante observar que o Bom Jesus acabou sendo a escola que escolhemos para matricular o nosso filho. Até hoje, ele estuda lá.

Não bastasse isso, essa mudança de escola e de ares, além de necessária para mim, era uma questão de conveniência, objetivos e prioridades.

Confesso que não havia um alinhamento perfeito entre o que eu almejava para a minha vida e o que o restante do pessoal do Bom Jesus pensava e realizava. Talvez, a natação e as experiências competitivas tenham alterado as prioridades. O esporte de alto rendimento e a minha determinação em querer ser um atleta de renome me tornaram um pouco diferente da maioria dos outros alunos, esculpindo um adolescente com preferências distintas.

Havia, também, nessa troca de escola, além da conveniência logística pela mudança do meu irmão, um pouco de uma busca por ideais distintos e formas de ensino diferenciadas. Eu queria encontrar pessoas e fazer amizades diferentes, imaginando a premissa de que essas pessoas não haviam se identificado com as escolas mais tradicionais de Joinville.

Como eu já disse, o Positivo era muito conhecido pelo forte segundo grau, com ênfase no pré-vestibular (assim como os cursinhos preparatórios) e focado na prova da UFPR. A universidade era considerada a melhor nas proximidades de Joinville.

Se você quisesse fazer o curso superior na UFPR, a melhor escolha era, sem dúvida, o Positivo, visando um ostensivo e específico estudo pré-vestibular. E, de fato, essa era a meta do meu irmão: cursar Medicina na Universidade Federal do Paraná. Para tanto, ele teria de abandonar o esporte de alto rendimento para alcançar o sonho.

O meu mano era (e ainda é) muito mais estudioso e inteligente do que eu e, justamente por isso, obteve êxito em ingressar em Medicina da UFPR logo na primeira tentativa. Atualmente, é um dos melhores cirurgiões da região de Joinville.

Eu, por outro lado, e como você já pode ter percebido, não era muito simpatizante dos estudos. O meu interesse era, realmente, o esporte de alto rendimento. Um pouco por conveniência (me permitia não estudar tanto), mas também por afinidade, paixão e vontade de vencer. Eu acreditava que tinha atributos esportivos que me fariam alçar voos mais altos e, um dia, permitir que eu fizesse algo especial.

Dito e feito. Logo no meu primeiro ano de Curso Positivo, fiz muitas amizades bacanas e encontrei pessoas diferentes daqueles com as quais convivia no Bom Jesus. Por isso mesmo, me identifiquei.

Dentre os amigos importantes na minha vida, mas que não necessariamente têm ligação direta com a minha carreira esportiva, existem pessoas de quem guardo grande consideração e preciso fazer a devida menção nesta biografia. Amigos que compartilhavam ideais similares aos meus e geraram empatia mútua logo de início. Não eram apenas colegas com os quais dividi o banco da escola, mas, sim, muito mais.

Luís Augusto Galvão (Galva), Wenderson Terra de Oliveira (Wendy), Paulo Wagner (Palmitos), Gustavo Vieira (Gustavinho) e Vilson Bernardes (Nado) são amigos que me acompanharam durante toda a vida (ainda somos muito próximos) e que, apesar de não terem qualquer ligação esportiva direta, sempre possuíram aspectos éticos e morais similares aos meus. Vale mencionar que Paulo Wagner, já citado no capítulo sobre rock and roll, também estudava nessa época no Positivo e fazia parte desse círculo de amizade especial.

Eu me lembro de que a amizade ocorreu naturalmente e de forma quase que imediata. Nós nos identificamos facilmente, sem qualquer tipo de dissimulação, tendo em vista que a nossa maneira de observar e avaliar o mundo era parecida. Acho que, assim como eu, eles também eram um pouco "outcasts[19]", ou seja, caras que não seguiam muito as predefinições impostas pela sociedade. Isso foi decisivo para que nos tornássemos amigos.

A verdade é que eles nunca me julgaram. Não era a índole deles, assim como a minha. Eles me aceitavam como eu era e sabiam compreender e respeitar as regras que o esporte me impunha. Até porque de "normais" eles não tinham nada também. Éramos adolescentes "ímpares" em uma sociedade "par" por predominância.

Aprendi muitas coisas com eles. Foram parceiros, amigos, confidentes. E, mesmo nos momentos mais difíceis, sempre souberam me respeitar por aquilo que eu era, pensava e fazia. O esporte nunca foi um impeditivo para a nossa amizade, assim como nunca foi um requisito. Para eles, o Fischer atleta (que, depois, se sagrou campeão sul-americano e atleta olímpico) era o mesmo que dividia risadas no intervalo das aulas ou nas festas em conjunto.

---

[19] Uma pessoa rejeitada ou excluída de um determinado grupo social; pária.

Para se ter uma pequena noção, o Galva era um ano mais velho do que eu e, com 16 anos, já sabia dirigir. De vez em quando, pegava (ou será que "roubava"?) o carro do pai para nos buscar e levar para as festas.

Numa dessas, alguém teve a incrível ideia de conceder ao Galvão o "título" de instrutor de autoescola e, então, colocá-lo para ensinar a rapaziada a dirigir. Olhando para trás, hoje, era uma parada muito maluca, isso sem dizer perigosa.

Apesar de ilegal, foi muito engraçado. Éramos apenas garotos buscando o amadurecimento. Claro, de uma forma torta, mas, ainda assim, sem más intenções. Resumo da bagunça: acabei não tendo as primeiras lições de volante com o meu pai (algo natural na época), mas, sim, com os meus amigos.

No fim das contas, tudo começava após o impulso de alguns com uma daquelas frases de efeito que sempre contam com a expressão "eu duvido". Sempre que alguém utilizava essa famigerada declaração, existia a certeza de que algo de errado aconteceria. Mas, dentre muitos incidentes que vivenciamos juntos, sempre podíamos contar uns com os outros em caso de infortúnios, e isso é algo do qual jamais vamos nos esquecer.

No caso do Wendy, a casa dele acabou se transformando no nosso quartel general. Os pais tinham uma casa na praia (em Barra do Sul, a 45 quilômetros de Joinville), para onde iam todos os fins de semana. Isso acontecia na sexta-feira à noite. Assim, no exato momento em que a viagem começava, eu fazia a minha mochila com algumas roupas e, literalmente, me mudava para a casa do Wendy.

Passávamos o fim de semana, nós todos (a galera do colégio), batendo papo, jogando videogame e futebol (ele tinha uma quadra poliesportiva em casa), além dos preparativos para sair à noite em alguma festa que estivesse rolando na cidade.

Como eu tinha treino todos os sábados de manhã, muitas vezes, ia para a piscina diretamente da casa do Wendy e, na volta, não ia para a minha casa. Voltava para lá para o restante do fim de semana dando risada e planejando como seria a festa de sábado à noite.

Algumas das minhas comemorações após grandes resultados acabaram em festa e churrasco na casa do Wendy. E, apesar de não ter influência direta na minha vida esportiva, ele sempre estava por perto depois das conquistas, compartilhando a minha felicidade e se orgulhando dos meus feitos. Essa não seria uma das definições de amizade?

Penso que se trate de algo raro e cada vez mais difícil de encontrar hoje em dia nas frágeis relações interpessoais advindas das redes sociais.

Apesar de o Gustavinho também treinar natação na adolescência e ter participado de algumas competições estaduais comigo, a nossa amizade cresceu e se consolidou fora do ambiente esportivo, trazendo a tiracolo o Nado, outra pessoa muito especial.

Diferentemente dos outros caras, que firmaram um vínculo comigo ainda nos anos 90, a minha amizade com o Nado e o Gustavinho ficou mais forte e se firmou para valer um pouco depois, no início dos anos 2000.

Muitas pessoas dizem (inclusive, o grande filósofo Leandro Karnal) que não temos muitos amigos e, para saber se alguém é realmente um deles, basta revelar as suas vitórias, as suas conquistas e os seus ganhos. Aquele que se incomodar com aquilo que você conquistou não poderá ser classificado como amigo.

Mas aquele que, mesmo ouvindo você se gabar sobre as suas conquistas, efetivamente ficar feliz com tudo o que você alcançou, será considerado, com certeza, um amigo. Convenhamos que esse tipo de pessoa está cada vez mais difícil de se encontrar.

Se eu partisse apenas desse princípio, não haveria qualquer dúvida de que Nado e Gustavinho seriam meus verdadeiros amigos. Não só passavam com louvor nesse quesito como iam muito além de qualquer expectativa que possa existir. Eles verdadeiramente se alegravam com o meu sucesso e sempre faziam questão de estar comigo nas vitórias e nas derrotas.

Sabe aquela pessoa que vai te ajudar em qualquer momento e ocasião, não importando o quão complexos sejam? Pessoas do bem, cidadãos exemplares e motivo de orgulho para as famílias. Essa era a definição do Gustavinho, do Nado e dos outros caras citados. Sou eternamente grato por tudo o que passamos juntos.

Eu poderia passar muitos capítulos discorrendo sobre as nossas aventuras e peripécias de vida, mas não sei se eles me permitiriam. Afinal, também fizemos muitas festas e cometemos alguns pecados, mas sempre demos muitas risadas. Posso afirmar, com grande certeza, que esses caras realmente sabiam se divertir.

Valeu, caras! Eu não sei se posso dizer que vocês me fizeram um atleta melhor, mas, sem qualquer dúvida, tenho plena convicção de que me fizeram uma pessoa muito melhor, mais digna e mais feliz.

14

Apesar de Santa Catarina ter uma importância significativa na economia do Brasil (é o sexto maior PIB, entre as 27 unidades federadas), o estado é apenas o 20º em termos de territorialidade (área) e o 11º no quesito população, contando com pouco mais de seis milhões de habitantes.

Já Joinville, mesmo sendo a maior cidade de Santa Catarina (em tamanho e população), não chega a ser considerada grande. Com aproximadamente 600 mil habitantes, quando comparada a São Paulo (na faixa de 12 milhões), se mostra imensamente menor.

Diante dessa constatação, a estatística fala por si só, e, por melhor que fosse o programa esportivo de Joinville, era difícil competir com as grandes capitais brasileiras, de modo que não tinha como a cidade formar a mesma quantidade de atletas de natação com bons resultados em âmbito nacional. Aliás, quando isso ocorria e Joinville formava um nadador finalista de campeonato nacional, era motivo de comemoração e orgulho para a comunidade esportiva local.

Assim, era normal que o estado todo não classificasse muito mais do que uma mão cheia de atletas para disputar os torneios brasileiros.

Naquele ano (1995), todos os técnicos do estado que tinham atletas com índice de participação para os Campeonatos Brasileiros de categoria mantinham contato entre si para combinar a compra de passagens aéreas e promover a reserva de hotéis em conjunto, como se todo o estado fosse um único grande clube. Essa prática ocorreu com frequência durante a década de 90.

A estratégia tinha como principal objetivo a economia de gastos e a simulação da concepção de um time. Assim, os poucos atletas de cada cidade não se sentiam tão sozinhos e tinham colegas para compartilhar as experiências. No fim das contas, atletas e técnicos de cidades e clubes distintos viajavam juntos e torciam uns pelos outros, como se fossem uma única equipe. Era muito bacana.

Justamente por não termos times grandes e estruturados, com verbas especiais para participações em eventos, esse formato ajudava a não nos sentirmos tão pequenos em comparação aos grandes clubes brasileiros, como o Pinheiros e o Minas, por exemplo.

Não havia um orçamento do clube direcionado ao custeio dessas viagens, como acontecia nos grandes centros do eixo Rio-São Paulo--Minas. Assim, ou a sua família tinha um conhecido diretor de alguma grande empresa, a fim de conseguir um patrocínio individual, ou os seus pais teriam de bancar os custos com dinheiro próprio. Não fosse um dos dois casos, o atleta catarinense com índice para os Campeonatos Brasileiros não tinha a menor condição de participar dos eventos.

Para o Campeonato Brasileiro Juvenil de Verão, o Troféu Carlos Campos Sobrinho, que seria realizado em dezembro de 1995, em Recife, além de mim, outros dois atletas catarinenses tinham índice de participação e condições financeiras de custear a viagem.

Eu (por Joinville, nos 100 metros borboleta e nos 200 metros peito), Gerusa Scharamm (por Blumenau, nos 100 metros peito) e Patrícia Scheidt (por Blumenau, nos 100 metros costas) formávamos o time de Santa Catarina que viajaria até a capital pernambucana para disputar o torneio nacional da categoria juvenil.

Eu treinava com o Ricardo, em Joinville, e Gerusa e Patrícia, em Blumenau, com o Carlos Augusto Vieira (*in memoriam*) e o João Negrão de Castro, respectivamente. Assim, a trupe catarinense estava formada e composta de seis membros, viajando juntos como se fôssemos um time, com três atletas e três treinadores.

Ocorre que era a minha primeira participação em um campeonato nacional, representando o meu pequeno Joinville Tênis Clube. Então, era de se esperar que eu estivesse um pouco deslocado e perdido.

Quando chegamos na piscina da competição, mal sabíamos onde ficar na arquibancada, pois não conhecíamos ninguém. Era uma realidade bem diferente dos atletas representantes das grandes equipes do Sudeste, que, geralmente, já se conheciam previamente dos torneios regionais.

Confesso que estava um pouco nervoso. Afinal, depois de um bom resultado em Mococa, eu sabia que, se melhorasse o meu tempo, teria uma pequena chance de subir ao pódio. Missão nada fácil.

Chegamos com alguns dias de antecedência para fazer o reconhecimento da piscina e do local onde ficava o banco de controle. Era onde deveríamos fazer o "*check-in*" antes da prova e era importante saber como chegar lá antes de a competição começar para não criar uma preocupação desnecessária e, eventualmente, perder o foco. Treinamos viradas e saídas e finalizamos ali mesmo, na piscina do Sport Club Recife, o polimento[20]. Tudo indicava que estávamos prontos para o melhor resultado do ano.

Um dia antes da minha prova principal, a Gerusa havia feito uma excelente natação nos 100 metros nado peito, garantindo a medalha de bronze, um feito realmente excepcional. Era a primeira (e única) integrante do Time Santa Catarina a subir no pódio. Um resultado expressivo, que aumentou as nossas expectativas e a nossa moral, a fim de chegarmos mais confiantes nas provas.

Diferentemente da sistemática ocorrida em Mococa (final direta), nos Campeonatos Nacionais de categorias, havia sempre eliminatórias e final. Todos os inscritos nadavam pela manhã e os oito melhores ganhavam o direito de nadar de novo na final para, então, disputar as medalhas.

Não adiantava muito fazer um bom tempo de manhã se não repetisse ou melhorasse na final. Ao mesmo tempo, nadar nas eliminatórias muito tranquilamente poderia custar a vaga na final e, consequentemente, a esperança por medalhas. Não chega ser uma ciência de foguetes, mas, sem dúvida, tinha uma certa estratégia envolvida.

Quando chegou a manhã do dia dos 100 metros borboleta, eu sabia que tinha de fazer uma boa natação para me classificar entre os oito finalistas. Apenas repetir o meu melhor tempo de Mococa (a minha última competição em piscina olímpica), talvez, não fosse suficiente para carimbar a classificação para a final.

Eu me lembro de que, embalado pelo resultado da Gerusa e pela necessidade de entrar entre os oito melhores, fiz uma excelente eliminatória, melhorando o meu tempo em mais de um segundo, cravando no placar eletrônico 1min00s42 (eu havia ficado em quinto em Mococa com 1min01s83). Não se pode esquecer de que eu havia ficado com a prata nos Jasc de Rio do Sul com o tempo de 1min00s55, em piscina curta. Ou seja, estava mais rápido na longa do que na curta. Algo que, definitivamente, não deveria estar ocorrendo.

---

[20] "Polimento" nada mais é do que a redução das cargas de treinamento visando uma otimização da performance nos dias anteriores a uma importante competição. O polimento, na natação, consiste em um período de redução brusca na intensidade e no volume de treinos, visando a recuperação e o descanso muscular. Esse polimento vem depois de um macrociclo de treinos muito fortes e tem o objetivo de deixar o atleta pronto para, no dia da prova principal daquela temporada, se mostrar em condições 100% ideais para a explosão física e o perfeito desempenho atlético.

Com esse bom tempo, a segunda melhor marca entre todos os participantes das eliminatórias, me classifiquei para nadar a final na raia 5 (os dois melhores nadam nas duas raias do meio da piscina, com menos marola).

Era um resultado muito bom, que nos deixou um tanto quanto surpresos e empolgados com a possibilidade de um pódio. Os favoritos eram os mesmos que haviam feito ouro e prata em Mococa: André de Paula Joca Ramos e Renato Joaquim Pellegrino.

Nos anos 90, muitos clubes sediados no Norte e no Nordeste estavam em pleno desenvolvimento e plena ascensão. Era muito comum ver um atleta de lá, que não estava filiado aos grandes do Sudeste, aparecer com bons resultados e roubar a cena nos Campeonatos Brasileiros de categorias.

Em 1996, o Grupo Duailibe, um dos mais fortes conglomerados empresariais do Maranhão, iniciou um projeto grandioso de criar uma associação esportiva. Assim, nasciam a Duvel Natação e a Duvel Esportes. Com a construção de uma sede própria e um parque aquático que contava com uma piscina de 25 metros e outra de 50, arquibancada e sala de musculação, o projeto era muito significativo.

O sonho virou realidade e a Duvel atingiu resultados de alto nível em pouquíssimo tempo, graças ao excelente trabalho do treinador gaúcho Alexandre Pussieldi[21]. Alexandre havia se mudado para São Luís, no Maranhão, e foi o fundador técnico e mentor da hoje extinta Escola de Natação Duvel, propriedade do empresário Miguel Duailibe.

Faço esta incursão textual histórica, pois, na minha prova, os dois favoritos eram atletas filiados a clubes do Norte e do Nordeste, mostrando toda a força das regiões.

A minha missão seria, então, quebrar esse favoritismo. Depois da classificação, era nítido que eu já estava bem mais nervoso e, de fato, passei a acreditar na possibilidade de ficar entre os três primeiros e levar uma medalha para casa.

Contudo, diferentemente da estratégia utilizada pelos favoritos, que conseguiram administrar a intensidade do esforço nas eliminatórias, eu já havia dado quase todo o meu gás na busca de um lugar na final.

---

[21] Alexandre Pussieldi foi um grande colaborador deste livro, fornecendo resultados, estatísticas, compilações e informações esquecidas. Grande conhecedor da natação como um todo, o coach Alex é o fundador e editor-chefe da *BestSwimming*, uma revista digital sobre a natação do Brasil e do mundo. Jornalista formado em Porto Alegre, vive há 16 anos nos Estados Unidos como técnico de natação, além de dono de clube e empresário. Trabalhou durante um bom tempo como comentarista no canal SporTV, talvez o melhor profissional que a natação tenha tido em uma rede de televisão.

Na hora do vamos ver, novamente fiz uma boa prova e, mesmo não melhorando a minha marca pessoal, cravei o segundo melhor tempo da minha vida. Passei com força os primeiros 50 metros, ao lado dos favoritos, mas senti um pouco o cansaço no fim da prova, fechando a final dos 100 metros borboleta com 1min00s66, tocando o placar eletrônico em quinto lugar.

Troféu Carlos Campos Sobrinho de 1995 — Recife (PR) 100 metros borboleta — Final		
1º	André de Paula Joca Ramos	59s41
2º	Renato Joaquim Pellegrino	59s42
3º	Cliffor Binda	59s45
4º	Anderson Ferreira Felis	1min00s20
5º	**Eduardo Aquiles Fischer**	**1min00s66**

Um resultado muito bom para a minha primeira participação em um campeonato nacional de piscina longa (olímpica). Contudo, havia um pouco de um sentimento de frustração por ter ficado fora do pódio e perdido a chance de conquistar uma medalha.

De qualquer forma, nada é 100% ruim, e é nas derrotas que aprendemos as melhores lições. Com essa perda da medalha, prontamente, tentei compreender conceitos fundamentais ligados à natação competitiva de alto rendimento. Principalmente o domínio sobre a estratégia de prova (dosagem da intensidade) e a atenção aos fundamentos básicos, como saída, viradas e chegada.

Logo aprenderia que as viradas não foram feitas para o atleta descansar. Muito pelo contrário, estavam ali para ganhar tempo e vantagem sobre o adversário. Eram detalhes que poderiam custar centésimos preciosos e, muito possivelmente, definir a alegria da vitória ou o desgosto da derrota.

O esporte, assim como a vida, seguia uma sistemática muito simples. Para toda derrota, havia uma lição a ser aprendida. E, com esse aprendizado, vinha a motivação para eu me levantar e tentar novamente, nunca desistindo. Eu desbravava, naquele momento, o conceito de superação e resiliência. Não podemos medir as virtudes de um campeão somente pelas vitórias, mas, principalmente, pelas derrotas e pela capacidade de assimilar a perda e voltar com mais força e determinação.

Como disse um dos personagens que eu mais admiro na ficção cinematográfica: "Ninguém baterá em você com tanta força quanto a vida. Porém, não se trata de quão forte ela pode bater, mas, sim, de quão forte você pode ser atingido e continuar seguindo em frente. É dessa forma que a vitória é conquistada[22]".

---

[22] Rocky Balboa, vivido pelo ator americano Sylvester Stallone, em *Rocky 5*.

15

Mesmo não conseguindo uma medalha no Brasileiro de categoria, nós avaliamos o resultado como extremamente positivo, pois, além de ser a minha primeira participação nacional, eu não estava treinando tudo o que poderia. O Ricardo sempre foi muito cuidadoso com o volume e a intensidade dos treinos em idade precoce. Para ele, submeter crianças e adolescentes de 12 a 15 anos a treinos muito extenuantes poderia levar a consequências desastrosas, fazendo o atleta ter bons resultados desde cedo, mas em detrimento de uma evolução na fase adulta.

Existe um termo técnico que define essa aplicação de intensidade muito elevada em momentos errados. Trata-se do "*burnout*" (algo como "queimar até o fim", na tradução literal para o português). Esse conceito preceitua que, quando o atleta mais novo era exigido excessivamente de forma precoce, a condição física dele seria "queimada", dificultando a evolução natural da capacidade desportiva.

Ou seja, haveria um desgaste antecipado para além da maturidade física e mental daquele momento. O nadador era demasiadamente solicitado, a ponto de não conseguir melhores resultados ao avançar das faixas etárias, mesmo treinando com mais força. De tal forma que, mesmo ficando mais forte e mais experiente, ele não consegue progredir (melhorar as marcas pessoais).

Na época, não conhecíamos esses estudos e termos técnicos. O que sabíamos é que havia uma preocupação para não que "estourássemos". O nadador que estourava era aquele que tinha ótimos tempos nas categorias juvenil e júnior, mas, depois, não melhorava mais.

Depois que o Chefe percebeu que eu tinha potencial, passou a intensificar gradativamente os treinos, aumentando volume e intensidade. Assim, os trabalhos, que eram, no máximo, de 4 km por dia, passaram a ser de 6 km em dias específicos, mas ainda apenas em uma única sessão. Com 16 anos, nós ainda não fazíamos a chamada "dobra" (quando o atleta faz duas sessões de treinos na piscina por dia, um pela manhã e uma na parte da tarde).

Como eu estudava de manhã, a opção de dobra seria nas madrugadas, por volta de 5h da manhã, a fim de sobrar tempo suficiente para o treino e os estudos.

O Ricardo nunca foi muito adepto de treinos na madrugada na minha faixa etária (ainda bem!) e achava que era um esforço psicológico precoce e desnecessário. Além de entender que poderia haver prejuízo aos estudos (algo que não seria bem-visto pelos meus pais).

Somado a isso, ninguém realmente acreditava que, um dia, eu poderia ser um atleta olímpico ou um nadador de relevância internacional. Então, não parecia ter muito sentido dar dois treinos naquele momento. Por esses motivos, fiquei com trabalhos únicos na piscina, todos os dias, de segunda a sábado, das 17h às 19h30. Fazia isso treinando com a equipe principal de Joinville, nadando uma média de 6 km diários.

Hoje, para alguns atletas de 15, 16 anos, isso pode parecer pouco. Para outros, demais. Mas não podemos nos esquecer de que, nos anos 90, o volume de treino era mais importante do que a eventual intensidade ou a qualidade. O essencial, naquela época, era "contar azulejo". Muito azulejo.

Para se ter ideia, era comum um velocista (especializado em provas de 50 e 100 metros) treinar, no mínimo, 10 km por dia. Era um requisito para quem queria ser um nadador de elite. Certo ou errado? Não sei. Apenas era o que era.

A partir de 15 anos, comecei a acumular bons resultados no cenário estadual. Ganhei muitas medalhas nos torneios catarinenses, nas mais variadas provas, desde os 100 metros borboleta até os 400 metros medley.

Eu já havia me consagrado vice-campeão dos 100 metros borboleta nos Jasc de 1995. Era apenas a minha segunda participação nessa importante competição e já havia chegado na frente de atletas mais velhos e experientes.

Passei a perceber que eu não ficava mais tão nervoso e não tinha mais tanto medo dos adversários. Até mesmo a pressão de competir era bem menor. Aliás, muito pelo contrário, para ser realmente sincero, eu adorava competir. Quanto mais, melhor. O desafio de entrar na água contra atletas maiores e mais fortes era motivador e empolgante. Eu tinha muito prazer em ganhar provas que ninguém esperava, e isso realmente estava acontecendo em alguns casos.

Depois dos Jasc de 1995, eu já não me sentia mais apenas um moleque qualquer na natação. Eu sentia que estava quase entre os melhores de Joinville. E isso me dava muita confiança para continuar treinando intensamente na busca por melhores resultados.

Ora, se eu havia conquistado uma medalha individual na competição mais importante da região, por que não deveria considerar a natação como a minha meta de vida? Será que eu já poderia me considerar uma atleta profissional? Era possível "viver" de natação no Brasil? Essas questões começaram a surgir na minha cabeça, e eu não tinha todas as respostas, mas, para alguns desses questionamentos, já elaborava as minhas conclusões.

Foi nesse momento que, pela primeira vez, passei a me enxergar como um "atleta profissional". A natação era algo mais sério do que apenas um compromisso e uma filosofia de vida. Eu já podia até mesmo dizer que era a minha profissão. Até mesmo porque, depois dos resultados nos Jasc, passei a receber uma bolsa (ajuda de custo) da Prefeitura de Joinville, por fazer parte do time principal de natação do município nos Jogos Abertos.

Nesse contexto, é impossível eu me esquecer do primeiro "salário". Uma bolsa de R$ 150 por mês, que deveríamos retirar em dinheiro no caixa do Besc[23] todo dia 10 de cada mês. Perceba que, hoje, o valor pode até parecer irrisório, mas é importante destacar que o salário-mínimo, na época, era de R$ 100.

Havia gente recém-formada em curso superior e fazendo estágio nas empresas da região recebendo dois salários-mínimos por seis horas de trabalho diário. De fato, as minhas horas na piscina eram praticamente um estágio. E tudo o que eu queria era ser "efetivado" na profissão que havia escolhido: nadador profissional de alto rendimento.

---

[23] Fundado em 21 de julho de 1962 por famílias alemãs que ansiavam por um banco estadual, o Banco do Estado de Santa Catarina (Besc) foi uma instituição financeira regional importante para a população catarinense, já que era um dos únicos bancos a atingirem todo o território do estado. Posteriormente, em 2008, o Besc foi adquirido e incorporado pelo Banco do Brasil.

16

Eu amava o ambiente de competição. Só treinava pensando quando seria a próxima chance de competir e testar os meus limites. Aliás, talvez, a grande motivação para entrar na piscina todos os dias era justamente saber que, em um determinado momento, nós teríamos a oportunidade de competir novamente.

Por mais que os eventos me deixassem um pouco nervoso e com frio na barriga, a sensação de tentar sempre melhorar os tempos era muito boa. Então, muito embora treinar todo dia fosse bacana, o que eu queria, mesmo, era competir.

Sem dúvidas, eu era muito competitivo. E odiava perder. Era tão avesso à derrota que ficava irritado quando perdia até mesmo no par ou ímpar. Sem exagero. E esse traço de personalidade era bom e ruim ao mesmo tempo.

Era bom porque, enquanto eu não melhorasse o suficiente para ganhar, jamais desistiria. Mas, por outro lado, essa idolatria pela vitória e a ojeriza pela derrota, muitas vezes, faziam de mim um mau perdedor. Durante muito tempo, batalhei contra essa "desvirtude". Não era algo do qual eu me orgulhava, mas era mais forte do que eu.

Sempre busquei melhorar nesse aspecto e fui aprendendo a assimilar as derrotas mais calmamente com o passar dos anos, mas confesso que era complicado. Além de ficar irritado, eu constantemente me culpava por não ter chegado na frente, alcançado um índice ou piorado os meus tempos.

Claro, há uma diferença em não aceitar a derrota e ser um péssimo perdedor. O ideal era estar sempre no primeiro caso, pois isso se mostra como uma virtude do atleta persistente, refletida na determinação de quem não desiste. O que não podia ocorrer era a falta de respeito com o adversário. Poucas vezes eu fui mal-educado. Via de regra, eu apenas ficava chateado comigo mesmo.

Contudo, esse traço de personalidade, sem dúvida, foi essencial para eu me tornar um atleta olímpico. O que me faltava em atributos físicos (altura, envergadura e força), eu compensava com predicados psicológicos e autoestima.

Eu era baixo para os parâmetros esportivos de alto rendimento. Com 1,80m (1,795m, para ser mais exato), eu não possuía porte físico satisfatório para ser um nadador olímpico ou internacional. Os meus pais não eram atletas profissionais e não tinham qualidades físicas favoráveis (ambos eram baixos e pouco atléticos). Além disso, eu treinava em uma piscina semiolímpica, de 25 metros, descoberta, com aquecimento precário e apenas seis raias.

Não havia, no clube, nenhum atleta campeão brasileiro que pudesse ser uma referência para mim, a fim de utilizar como motivação, aprendizado ou troca de experiências. Nada contra a piscina do JTC, pois eu realmente a adoro e sou muito grato ao clube pela ajuda que me forneceu, mas, se você olhasse para ela, ficaria difícil acreditar que dali poderia sair um medalhista de Campeonato Mundial.

Lá no início, o aquecimento era feito por uma caldeira à lenha. Bastante precário, diga-se de passagem, mas era o que tinha. Até aí, tudo bem, pois muitas piscinas, no início dos anos 90, ainda usavam esse sistema.

Ocorre que um dos grandes problemas do aquecimento à lenha era conseguir manter essa lenha seca em locais com excesso de chuvas e umidade. E, para quem não sabe, a querida e linda Joinville é muito chuvosa. A média da umidade relativa do ar gira na casa de 80%. Chove, também em média, 1.976 milímetros por ano. A título de comparação, a média de pluviosidade do Rio de Janeiro é de 1.252 milímetros anuais, quase 40% a menos. Ou seja, manter a lenha seca não era uma missão simples.

Por essa razão, a madeira utilizada para abastecer a caldeira estava constantemente úmida ou molhada, prejudicando fortemente a queima, a geração de calor e, consequentemente, a boa utilização para o fim ao qual era destinada: esquentar a água da piscina.

Além disso, apesar de o inverno não ser tão rigoroso na região, as temperaturas sempre caem muito em junho e julho, ficando na faixa de 7 a 12 graus Celsius (mínimas diárias). Junte todos esses ingredientes ao fato de a piscina não ter cobertura e, então, você pode ter uma ideia do péssimo prognóstico final.

Quem não está acostumado a nadar talvez não tenha ideia da sensação térmica que vou descrever, mas, no inverno, a água da piscina, muitas vezes, não passava de 21 graus, mesmo com o sistema de aquecimento ligado. Com uma temperatura externa por volta de 10 a 15 graus, isso é muito frio. Mas muito frio mesmo!

Esse era um dos fatores que nos faziam perder muitos treinos no inverno. Quando não era ainda pior, e acabávamos doentes, contraindo alguma virose respiratória ou infecção na garganta ou no ouvido.

Somente quando a temperatura da água melhorava, para acima de 23 graus, e o vento não era tão cortante, conseguíamos fazer alguns treinos reduzidos, nadando 50% do previsto. E com a qualidade comprometida.

Enfim, como se pode perceber, a vida de atleta profissional, em Joinville, não era muito favorável. Eram tantas adversidades e tantos obstáculos a serem vencidos, além daqueles já comuns a todos nadadores, que ninguém poderia imaginar (nem mesmo eu) um nadador da equipe da cidade chegando ao ponto de ter algum destaque nacional ou internacional.

Sinceramente, se não fossem os Jogos Abertos para nos servir de estímulo e motivação, não sei se eu teria, algum dia, disputado um Campeonato Brasileiro.

17

Antes das minhas boas performances nos Brasileiros de 1995 (Troféus Chico Piscina, Carlos Campos Sobrinho e Jasc), eu levava uma vida não muito condizente com a de um atleta, cometendo erros gravíssimos que podem transformar a vida de um esportista em um completo desastre.

O que vou relatar serve de alerta para muitos pais, educadores e adolescentes, pois se mostra mais comum do que temos consciência. É algo que precisa ser conversado, de maneira madura e prudente, pois nem sempre o esporte de alto rendimento estará presente para auxiliar e evitar consequências mais trágicas.

Com apenas 14 anos, eu já ingeria bebidas alcoólicas. Nos anos 90, não era muito difícil adquirir em mercados e bares. Sem dúvida, não é algo que eu gostaria que se repetisse com o meu filho, então, espero que narrar a minha experiência possa contribuir para outras pessoas compreenderem esse momento e saberem como evitar os mesmos erros que eu cometi.

Eu comecei a beber antes de ter idade legal para isso. Não havia, especificamente, um fato que nos levava, por conta própria, a comprar e experimentar bebidas alcoólicas. Acho que apenas parecia bacana e nos aproximava dos adultos, algo que todo adolescente acredita ser o máximo. Ledo engano! Afinal, quando chegamos na vida adulta, percebemos o quanto éramos felizes na infância e na adolescência. Às vezes, até bate aquela vontade de voltar no tempo.

Ocorre que, apesar de achar bacana, de fato, eu estava agredindo fortemente o meu organismo com produtos altamente nocivos para o desenvolvimento de uma criança e um atleta em formação. Inclusive, há estudos que relatam que quanto mais cedo uma pessoa faz uso de bebidas alcoólicas, maiores as chances de ficar dependente delas.

No início, era pouco, mas a quantidade que ingeríamos aumentava conforme nos sentíamos mais "adaptados". E talvez eu não tenha percebido isso logo no início, mas o uso do álcool, sem dúvida, limitava o meu desenvolvimento como atleta, visto que, um dia após a ingestão das bebidas, a minha performance desportiva era reduzida. Algumas vezes, eu chegava aos treinos de ressaca e nauseado. As sessões de sábado de manhã, justamente aquelas que visavam a simulação de competição, com a realização de trabalhos muito intensos, eram as mais prejudicadas.

As festas de sexta-feira à noite, regadas a bebidas alcoólicas, muitas vezes inviabilizavam a capacidade de o meu organismo realizar exercícios de alta intensidade.

Por outro lado, eu sempre fui um adolescente considerado "careta", no jargão popular. Eu tinha muito medo de utilizar qualquer outro tipo de droga recreativa (termo com o qual não concordo, aliás, porque de recreação, não existe nada) oferecida a mim, desde um simples cigarro — e me orgulho em dizer que jamais fumei um — até mesmo experimentar algo mais pesado e perigoso, como anfetamínicos ou alucinógenos.

Em certa oportunidade, em uma festa numa tradicional casa noturna de Joinville (festa, balada ou *night*, como preferir), algumas pessoas abriram a possibilidade de eu experimentar cocaína. Por sorte, a educação que tive na escola e em casa me fez compreender que aquilo era algo muito além dos limites e eu deveria manter distância daquelas substâncias. Fui ensinado a ter muito medo de qualquer tipo de droga, com exceção do álcool.

De fato, muitas substâncias altamente nocivas e viciantes já estiveram ao meu alcance em alguma oportunidade da vida. Entretanto, felizmente, jamais cedi a essa eventual tentação e curiosidade. Era claro que eu tinha noção do perigo e dos riscos. Tinha muito medo das consequências que poderiam causar. Mas nem sempre o adolescente, naquele instante, tem essa noção ou vence a pressão das más influências. Por isso, devemos ter diálogos abertos com filhos e atletas sobre esse assunto.

Um dos grandes motivos (talvez o maior) pelos quais não cedi ao uso de drogas e me motivaram, em certo momento, a parar de beber foi, sem dúvida, o esporte.

Aqueles resultados obtidos em Mococa e em Recife foram cruciais para a minha decisão de reduzir drasticamente a ingestão de álcool durante o período de treinos. Acredito fielmente até hoje que o esporte se apresenta como uma das melhores alternativas para a inclusão social e o afastamento da criminalidade e das drogas entre a população jovem do país.

Passei a ter consciência de que, quando eu bebia em festas antes dos treinos, a minha performance não era a mesma e isso poderia prejudicar o meu objetivo de subir ao pódio em um campeonato nacional.

Comecei a perceber que, se eu treinasse mais, com mais determinação e qualidade, eu poderia ir para o Campeonato Brasileiro e ficar em primeiro lugar, em vez de quinto. Depois de competir com os melhores do país na minha faixa etária, percebi que isso era, sim, possível. Mas não seria fácil. Reduzir pouco mais de um segundo em uma prova de 100 metros não era missão simples, e eu teria de me esforçar muito para isso.

Para treinar melhor, eu não poderia mais chegar de ressaca nos sábados, e isso foi algo determinante que me levou à decisão de não beber mais nos fins de semana. Aliás, com 17 anos, justamente quando fui campeão brasileiro pela primeira vez, eu já não bebia mais durante os períodos de treinos, voltando a fazer isso apenas no fim do semestre, depois da competição principal, com o intuito de comemorar um resultado, não apenas para me sentir um adulto.

Enfim, a principal razão que me levou a compartilhar esses acontecimentos pessoais da minha vida e da minha adolescência é a prova de que o esporte pode, literalmente, salvar e curar pessoas. O esporte é fundamental para, como fez comigo, dar um melhor rumo de vida para as crianças e os adolescentes.

Não fosse por meio da natação, muito provavelmente eu não seria metade do cidadão que sou hoje. Não sei se teria me entregado às drogas, justamente pela boa educação que tive. Mas jamais teria vivido tantas experiências positivas como o esporte me proporcionou.

Viajei o mundo, aprendi um novo idioma e conheci diversas culturas, pessoas e lugares interessantes. Aprendi a superar adversidades, nunca desistir, sempre persistir e não aceitar a derrota. No esporte de alto rendimento, me graduei com louvores na escola da resiliência.

Se as nossas vidas são feitas de escolhas (certas e erradas), não há qualquer dúvida de que a natação foi a minha melhor. Afinal, foi a natação que me ensinou muitas das lições mais valiosas. Lições que me serviram no passado, me servem no presente e, com certeza, me servirão no futuro. Exemplos para toda a vida, dos quais jamais me esquecerei.

18

O ano de 1996 começou de maneira muito promissora. Vínhamos embalados pelos bons resultados no Campeonato Brasileiro de Recife (fui o quinto melhor do Brasil) e nos Jasc de Rio do Sul (segundo melhor do estado). Apesar de, eventualmente, nadar razoavelmente bem algumas provas de peito, eu estava, mesmo, me consolidando como um bom nadador de borboleta, figurando entre os 50 melhores no ranking nacional absoluto dos 100 metros (com 1min00s42 e a 44ª colocação, em 1995).

Contudo, apesar do foco no borboleta, alguns resultados no peito eram melhores do que os índices para participação no campeonato nacional da categoria júnior, o Troféu Tancredo Neves, razão pela qual adicionamos, eu e o meu treinador, a prova no planejamento para o ano.

Como os meus tempos de borboleta eram praticamente iguais em piscina olímpica e semiolímpica, eu achava que, no peito, a lógica seria a mesma e, *mutatis mutandi,* eu poderia fazer um bom resultado no campeonato nacional da categoria júnior.

A título de exemplo, na temporada de 1995, o meu melhor tempo de 100 metros borboleta, na piscina curta, havia sido 1min00s31. Já na olímpica, a melhor marca pessoal era muito próxima: 1min00s42. Mas essa conversão não era direta e, se eu estava fazendo o mesmo tempo na longa e na curta, das duas, uma: ou eu era um excelente nadador em piscina olímpica ou as minhas viradas eram péssimas.

Assim, seguindo essa coerência, como o meu melhor tempo nos 100 metros peito, em 1995, na piscina curta, havia sido de 1min12s42, se eu aplicasse o mesmo fator de transformação, poderia fazer uma marca muito próxima a essa (ou até mesmo melhor) na olímpica.

Mas essa conclusão sobre a conversão direta, baseada no resultado dos 100 metros borboleta, não era correta, e eu precisava nadar melhor na longa. Afinal, os melhores nadadores da categoria júnior 1 estavam nadando os 100 metros peito na casa de 1min10s (na piscina olímpica).

Aliás, por falar em categoria, com a mudança de idade, houve também a troca de juvenil para júnior 1. Na época, essa categoria era dividida em dois anos. Isso queria dizer que um atleta do primeiro ano na júnior 1 (de 16 anos) competiria e disputaria medalhas com os atletas do segundo ano da mesma categoria (de 17 anos).

Ou seja, no meu primeiro ano de júnior I, com apenas 16 anos, eu estaria, teoricamente, em desvantagem contra os supostamente mais velhos, maiores e mais fortes, de 17, que também se enquadravam na mesma categoria. Nessa fase de formação e construção muscular da adolescência, um ano faz muita diferença.

Era uma mudança significativa, que, apesar de não ter muita noção dos impactos, na prática, faria com que eu sentisse na pele como era difícil disputar de igual para igual com atletas um ano mais velhos, em plena fase de crescimento e desenvolvimento.

Apesar de estar em uma boa fase, melhorando marcas em todas as competições, nem tudo eram mil maravilhas para mim. Mesmo com expressivos resultados em âmbito estadual, algumas expectativas no cenário nacional foram derrubadas de forma avassaladora logo no primeiro semestre.

De qualquer maneira, motivado pelos resultados nas provas de peito no Estadual e no Sul-Brasileiro (depois eu contarei um pouco mais sobre essa competição), somado à expectativa de performances expressivas em piscina olímpica, abracei de vez os treinos mais pesados e específicos para o nado peito.

Começamos, então, a estudar os adversários dessa "nova prova", da qual possuíamos parco conhecimento. Mal havíamos nos familiarizado com os melhores nomes do nado borboleta quando tivemos de observar um pouco os melhores de peito no Brasil. Não se esqueça de que, em 1996, a internet havia acabado de chegar ao Brasil e não existiam formas de pesquisar on-line os resultados obtidos pelos nadadores de outros estados nos campeonatos regionais.

Na verdade, naquela época, precisávamos aguardar a publicação do periódico mensal chamado *Swim It Up!*[24], elaborado, editado, compilado e publicado pelos irmãos Julian e Rogério Romero, a fim de ter acesso aos resultados no Brasil e no mundo. Sim, imaginar essa sistemática hoje, em pleno século 21, realmente parece absurdamente arcaico.

---
[24] Link no QR CODE

Segundo os próprios editores, o *Swim It Up!* era uma publicação independente, que continha compilações de reportagens, entrevistas, novidades e notícias ligadas à natação competitiva. O objetivo do jornal era informar os nadadores e os técnicos, de qualquer categoria, sobre o mundo da natação e os resultados, procurando matérias claras, objetivas e interessantes. Ele ficava aberto a críticas, sugestões e colaborações, a fim de torná-lo ainda mais completo.

O jornal mensal também ficava ligado nos editais da CBDA e das federações regionais, publicando resultados e outras informações de interesse geral. O periódico, inclusive, acompanhava as informações e publicações da Fina (Federação Internacional de Natação) agora "World Aquatics"[25], e levava à comunidade aquática do Brasil os últimos resultados e rankings mundiais. Antes da massificação da internet e dos resultados em tempo real, era a maior, melhor e mais confiável fonte de informação "rápida" sobre natação para a comunidade aquática brasileira.

Para quem não se lembra, em 1996, ter uma conexão com a internet era caro. Existiam pouquíssimos usuários e, dentre eles, poucos utilizavam a web (a interface gráfica da internet) e se limitavam ao uso de e-mails.

Contudo, retomando para a minha trajetória, depois de intensificar os treinos no nado peito e iniciar estudos sobre os possíveis adversários nesse estilo, assim como no borboleta, a intenção era melhorar os meus tempos em piscina olímpica, com o objetivo de me posicionar no ranking nacional, vislumbrando a possibilidade de fazer marcas similares às alcançadas na piscina curta.

Verificamos que, para eu ser medalhista no Brasileiro da categoria júnior 1 (16 e 17 anos), teria de nadar próximo ao tempo de 1min10s (como já havia feito na curta), só que, dessa vez, seria obrigatório competir em piscina olímpica.

Eu estava muito empolgado com a possibilidade de fazer em uma piscina de 50 metros tempos bem melhores do que na de 25, afinal, eu vinha baixando marcas todas as vezes em que pulava na água. O objetivo era brigar por uma medalha no campeonato nacional, mesmo sabendo que, para isso, eu precisaria nadar, na longa, para tempos melhores daqueles que tinha na piscina curta.

---

[25] Fundada como FINA (Federação Internacional de Natação) em 1908, a federação foi oficialmente renomeada como "World Aquatics" em janeiro de 2023

A título de curiosidade, e para quem não sabe, a conversão média de uma piscina semiolímpica para uma de 50 metros é de mais ou menos de 2,2 segundos nos 100 metros. Claro, há variações de atletas para atletas, mas, na média, era mais ou menos isso.

Então, na melhor das hipóteses, se eu fizesse uma boa prova, melhorando a minha marca pessoal da forma como eu vinha melhorando, conseguiria nadar para um tempo próximo a 1min14s. O que, definitivamente, não me colocaria no pódio, nem sequer em uma final. Eu precisava ser bem melhor do que isso. E estava confiante.

Mesmo um tanto quanto ingênuo, a minha empolgação estava elevadíssima. E, hoje, percebo que não estava totalmente errado. O atleta de alto rendimento, para alcançar as metas, deve mirar longe, ou seja, precisa ter pretensões ousadas. A boa mentalidade e uma autoestima elevada podem ser determinantes para um bom resultado.

Quem pretende ser um atleta melhor tem de pensar positivamente. Claro que temos de ter cuidado com as falsas expectativas, as decepções e os objetivos fora da realidade. No entanto, em termos gerais, atleta bom é aquele que quer sempre um pouquinho mais.

O Campeonato Brasileiro Júnior de Inverno de 1996, o Troféu Tancredo Neves, seria realizado em São Paulo, na piscina do Esporte Clube Pinheiros, que, anos mais tarde, eu defenderia.

Era a primeira vez que competiríamos na piscina do ECP, o que, por si só, já era fantástico e intimidador. Para um moleque que morava em uma cidade do interior de Santa Catarina, entrar no maior clube poliesportivo da América Latina era relevante e marcante.

Tudo surpreendia. O tamanho, a estrutura e a organização eram totalmente fora da humilde realidade de um joinvilense. O clube contava com aproximadamente 20 mil associados, em uma área útil de 170 mil metros quadrados. Era simplesmente um colosso, se comparado ao local onde eu treinava, o Joinville Tênis Clube.

Era o meu primeiro campeonato nacional na categoria júnior e eu não conhecia ninguém. Não sabia quem eram os meus adversários, nem sequer tinha amigos ou colegas de outros clubes.

Como não participava de competições nas quais a maioria dos atletas de ponta dessa idade se encontravam (Campeonatos Paulistas, Torneios Sudeste e Norte-Nordeste), era difícil conhecer outros atletas.

Naquela ocasião, éramos apenas eu e o Ricardo, com um objetivo audacioso, mas bem definido: chegar às finais e, se possível, beliscar uma medalha. Mas a realidade foi muito diferente do que a expectativa traçada.

Nos 100 metros borboleta, prova na qual eu havia feito o tempo de 1min00s42 no ano anterior, acabei ficando muito nervoso e nadei aquém do que esperava.

Fechei a prova nas eliminatórias com 1min02s69, dois segundos mais lento do que havia feito em dezembro de 1995, e nem sequer consegui classificação para a final. Um balde de água fria em cima de todas as nossas expectativas, iniciando a participação de forma extremamente negativa.

Uma das coisas que aprendemos com o esporte, principalmente o individual, é que nenhum dia é necessariamente igual ao outro. De fato, o ditado popular "nada como um dia após o outro" possui extrema relevância na natação competitiva.

Isso quer dizer que, mesmo tendo um resultado ruim em uma etapa, não necessariamente teremos outro dia ruim na próxima, e o atleta deve aprender isso o mais rapidamente possível, colocando em prática sempre.

No esporte de alto rendimento, superar um dia difícil requer experiência, autoconhecimento e determinação. Algo que os esportistas, muitas vezes, aprendem apenas com o passar dos anos, depois de erros, acertos e muito treino. Acredito que ainda não era o meu caso. Eu não tinha experiência suficiente.

No dia seguinte, nos 100 metros peito, nadei a eliminatória na raia 8 em uma das três séries finais fortes e toquei na placa com 1min11s30. Ao ver o tempo estampado no placar eletrônico, foram alguns segundos tentando assimilar um misto de emoções.

Um dos meus objetivos, que era nadar em piscina olímpica para um tempo igual ou melhor do havia feito no ano anterior em curta, havia sido atingido. E nós estávamos realmente felizes. Não dava para dizer que o resultado havia sido ruim. Pelo menos, em comparação com a prova de borboleta, era bem mais positivo.

Contudo, apesar da marca relativamente satisfatória, não era suficiente para me classificar entre os oito melhores na categoria júnior 1 e, por essa razão, acabei ficando fora da final e da disputa por medalha.

Naquele momento, para a minha mais profunda tristeza, encerrava a minha participação no Campeonato Brasileiro Júnior de Inverno, pois, com a 11ª colocação, não havia nenhuma chance de participação na final à tarde. Nem mesmo estava entre os reservas (9º e 10º colocados).

Veja o resultado das eliminatórias dos 100 metros peito, entre os atletas júnior 1 e júnior 2, no Troféu Tancredo Neves de 1996:

Marcelo Augusto Tomazini	1min06s80
Luciano José Torres Galindo	1min07s93
Guilherme Belini	1min08s45
Marcelo Hiroshi Sugimori	1min08s45
Fábio dos Santos Gonçalves	1min08s46
Rafael Guena Jardim Camargo	1min08s86
Carlos Costa	1min08s94
Fabiano Josué Vendrasco	1min09s10
Renato De Lucca	1min09s15
Guilherme de Morais Rego	1min09s28
José Belarmino de Souza Filho	1min09s65
Márcio G. de Albuquerque	1min09s81
Diogo Oliveira Yabe	1min09s86
Rafael Dornas Ramos	1min10s15
Alan Shira	1min10s19
Márcio Roberto Gotas Moreira	1min10s41
Bruno Leone Carmello	1mn10s58
Diran Souza Filho	1min10s60
Gustavo Hamaguchi Sacheto	1min10s61
Maurício Caetano Ramos	1min10s78
Fernando Moura S. da Ávila	1min10s80
Rafael Lutti	1min10s83
Denis Pacheco da Costa	1min11s08
Thiago Degani Dumont	1min11s14
Felipe Andrade Morais Cezar	1min11s24
Eduardo Aquiles Fischer	**1min11s30**

Os resultados anteriores são de todos os atletas de 15 a 18 anos. Pelo histórico que encontrei na internet, os tempos estão juntos, e não foi possível definir com precisão quais estão na categoria júnior 1 ou 2. A única informação da qual tenho certeza é que finalizei a prova em 11º. Então, desses 26, 11 eram da categoria júnior 1 e os outros 15, júnior 2.

Confesso que foi bem frustrante. Talvez, uma das primeiras chateações, dentre tantas outras, que tive na carreira. Hoje, fazendo uma análise objetiva e retrospectiva, tenho consciência de que o resultado foi bom dentro daquilo que treinamos para aquela prova, da minha experiência competitiva e da minha idade.

Mas na hora, quando descobri que não havia ficado entre os oito melhores tempos para a final, fiquei desapontado. Tinha certeza, dentro da minha cabeça, de que era possível fazer uma marca mais baixa e achava que poderia brigar pelas três primeiras colocações. Talvez, tenha sido um pouco precipitado. De qualquer forma, devíamos compreender que era algo inerente ao esporte competitivo de alto rendimento. Nesse caso, ele não é inclusivo, mas, pelo contrário, exclui quem não tem bom resultado.

Ao menos conheci os meus futuros adversários no nado peito, determinado a não mais vê-los da arquibancada, mas, sim, olhar para eles de igual para igual em algum lugar no pódio.

Foi nesse momento, e de forma dura, que eu descobri que competir em piscina longa não era igual como na curta. Aliás, logo compreendemos que a natação em longa era quase "outro esporte" e muitas particularidades faziam dela especial. Afinal, a única forma de se classificar para os Jogos Olímpicos seria nadando bem na piscina de 50 metros.

Obviamente não era outro esporte, mas existiam diferenças táticas e técnicas que deveriam ser observadas, estudadas e trabalhadas na minha mente e nos treinos. Era um desafio, pois, como mencionado, não havia muitas piscinas olímpicas à disposição em Santa Catarina.

Depois dos 100 metros peito, o que deveríamos fazer? Assistir ao restante da competição ou voltar para casa? A segunda opção parecia ser a menos dolorosa e foi o que fizemos. Antecipamos as passagens e retornamos para Joinville, sabendo que precisávamos de mais treino e experiência para competir em piscina olímpica.

19

Com 16 anos, eu me considerava um nadador velocista de borboleta, com algumas aventuras esporádicas nos nados peito e medley. Eu até havia sido campeão catarinense da minha faixa etária, em 1995, fechando a prova com 1min12s42[26], e havia ficado em 11º no Nacional, mas, se perguntassem qual era a minha especialidade, a resposta seria, de fato, o borboleta.

Também confesso que, apesar de competir em outras provas e outros estilos, eu não tinha dado a devida atenção ao peito. Por motivos óbvios, é mais fácil darmos atenção àquilo que nos leva aos melhores resultados.

Depois do Nacional de categorias, disputado em São Paulo, nós teríamos o Torneio Sul-Brasileiro pela frente. Uma importante e forte competição regional, costumeiramente disputada em piscina curta. Mas, naquele ano, por ter o Grêmio Náutico União (GNU) como sede, seria em piscina olímpica. Pelos meus últimos resultados de 1995 no nado borboleta, o Ricardo havia me escalado e priorizado a prova de 100 metros desse estilo nessa competição.

Ocorre que, no Campeonato Sul-Brasileiro de 1996, em Porto Alegre, um dos atletas da equipe de Joinville que estava inscrito para nadar os 100 metros peito havia ficado doente (com inflamação no ouvido), tendo muita febre no dia anterior ao da viagem, impossibilitando a ida para a competição. Assim, para não ficarmos sem representante na prova e perdermos pontos, o Ricardo fez uma substituição e me colocou para nadar os 100 metros peito. A intenção do Chefe era apenas tapar o buraco da escalação. Não havia nenhuma outra expectativa oculta escondida nas entrelinhas.

Curiosamente (ou não), assim como no Brasileiro, em São Paulo, não tive um desempenho bom nos 100 metros borboleta. Talvez, já fosse uma resposta da intensificação dos treinos em peito ou o meu "real bom" aflorando. Mas, de fato, 1996 foi o divisor de águas entre o Fischer especialista no borboleta para o Fischer futuro campeão nacional absoluto no peito.

---

[26] Com essa marca, fechei o ranking nacional absoluto de 1995 em piscina curta na 139ª colocação.

Eu já havia participado de outras competições no peito em piscina longa, como os 100 metros no Nacional Júnior, alguns meses antes, ou os 200 metros no Campeonato Brasileiro, em Recife. Mas eu ainda não treinava esse estilo como o principal, apesar de já ter aumentado a metragem. Até porque os meus melhores resultados e rankings, como se sabe, eram no borboleta.

Ranking nacional de 1995 (fonte: CBDA)

<u>Piscina longa (50m – olímpica)</u>

Eduardo Aquiles Fischer

100 metros borboleta – 1min00s42 (44º)

100 metros peito – 1min14s69 (123º)

As únicas poucas experiências que eu possuía no peito, definitivamente, não me candidatavam a ser um bom nadador desse estilo, e não havia muita expectativa para um bom resultado nessa competição sul-brasileira.

Assim, apenas encarei como mais um desafio e, como eu adorava competir, topei na mesma hora, sem pestanejar. Nem tinha muito para debater, pois ordem dada pelo Chefe era ordem cumprida. Nós até que tentávamos, às vezes, dar uma choramingada, mas, no fim das contas, simplesmente obedecíamos de cabeça baixa.

O Campeonato Sul-Brasileiro Júnior-Sênior era uma competição que se destinava a atletas das categorias júnior 1 (16 e 17 anos), júnior 2 (18 anos) e sênior (19 anos ou mais) e era realizado da seguinte forma:

- De manhã, os atletas nadavam separados por categorias e disputavam o título de campeão da Região Sul do Brasil em cada uma das três categorias.

- Então, ao fim da etapa da manhã, depois de premiar os três melhores de cada prova, os oito melhores tempos de cada prova, entre todas as categorias, independentemente da idade, formavam a grande final da tarde.

O modelo não era novidade e vinha sendo usado em algumas outras competições estaduais e até nacionais (Open).

Na final, todos competiam em busca do título de campeão sul--brasileiro absoluto. Ou seja, quem batesse na frente na etapa da tarde seria consagrado o melhor nadador de toda a Região Sul do país naquela determinada prova. Para a molecada de 16 anos, era algo nobre e quase impossível de se conquistar.

Apenas a título de curiosidade, naquele ano, Fernando Scherer havia ficado com o ouro nos 100 metros livre, com o tempo de 53s15.

Em 1995, os melhores atletas de peito do estado[27] nadavam os 100 metros, em piscina curta, na casa de 1min10s. Com exceção do campeão estadual de 1994, Alexandre Scheafer, que estava meio corpo à frente dos adversários, com a marca de 1min07s20. Sem dúvida, Scheafer era a grande referência no estilo em Santa Catarina. Contudo, enquanto eu iniciava a minha carreira como nadador de peito, ele já estava deixando, aos poucos, o esporte de alto rendimento.

Olhando para esses atletas e para a minha melhor marca, feita no Campeonato Estadual daquele ano, de 1min12s42, era possível perceber que não se tratava de um tempo tão ruim para um moleque de apenas 15 anos, se comparado ao ranking absoluto catarinense.

Entretanto, ainda estava muito distante dos melhores nadadores de peito no âmbito nacional. Oscar Godói havia ficado em primeiro no ranking brasileiro absoluto de 1995, com 1min02s95. Já na minha categoria, o melhor do Brasil havia sido Caio Costa Prado, com a incrível marca de 1min06s19, seguido por Diogo Yabe, com 1min07s14.

Mas, como o Sul-Brasileiro seria realizado em piscina olímpica, os parâmetros da curta não se aplicavam. A minha melhor marca em piscina longa, depois de Mococa, um ano antes (1min14s69), havia sido o tempo obtido no Brasileiro de categoria, meses antes, com 1min11s30.

Assim, sem muita experiência e tática de prova no peito, a minha meta era cair na água e nadar o mais rapidamente possível, buscando melhorar o

---

[27] Ranking catarinense dos 100 metros peito em 1995 (piscina curta):

1º Alexandre Scheafer – 1min07s20

2º Rogério Branco – 1min09s11

3º Filipe Corradini – 1min09s95

4º Ricardo Amorim – 1min10s54

5º Paulo Lima – 1min10s74

6º Carlos Andrade – 1min11s35

7º Eduardo Fischer – 1min12s49

8º Marcelo Amin – 1min13s00

9º Ricardo Titericz – 1min14s92

tempo feito em São Paulo. A intenção era nadar abaixo de 1min11s, mas não havia muita expectativa de alcançar o pódio. Até mesmo porque os melhores peitistas do Sul do Brasil estavam nadando bem abaixo desse tempo.

Naquela ocasião, no primeiro semestre de 1996, os principais nadadores de peito no Sul do Brasil eram Christiano Klaser (1min08s43) e Fernando Ávila (1min09s02), ambos do Grêmio Náutico União, de Porto Alegre (RS). Além de Bogodar Szpak, do Clube Curitibano, de Curitiba (PR), que havia feito 1min08s59 em piscina curta semanas antes, nos Jogos Abertos do Paraná.

Antes da prova de peito, eu participaria dos 100 metros borboleta, que, supostamente, deveriam ter sido a minha principal prova. Contudo, tal qual como em São Paulo, meses antes, não fui capaz de repetir a minha melhor marca, feita no fim do ano anterior, e fechei a eliminatória com 1min02a45. Apesar de isso me dar a terceira colocação na categoria, não seria suficiente para me inserir entre os oito melhores para a final da tarde, no Open. De novo, eu teria de me esquecer da performance ruim de um dia para focar no próximo e tentar ser melhor no peito.

Para a minha alegria e surpresa, fiz uma boa prova pela manhã nos 100 metros peito, me sagrando campeão sul-brasileiro júnior, com o tempo de 1min11s79. Era a minha primeira medalha de ouro em campeonatos regionais, mas, apesar de estar satisfeito, eu queria mais. Queria melhorar o tempo para ficar mais perto do ranking nacional da minha categoria.

Eu teria mais uma chance. Com esse tempo, depois de realizada a prova na categoria sênior, acabei me classificando para a grande final do Torneio Open, com o terceiro melhor tempo. Klaser havia sido o melhor, com 1min08s58, seguido de Fernando Ávila, com 1min10s59.

Empolgado com a classificação entre os três melhores do Sul do país, fui para a final determinado em buscar uma medalha. Queria chegar o mais perto possível do Christiano, pois, assim, teria melhorado o meu tempo.

Finalizei a prova com uma marca muito parecida àquela da manhã, 1min11s69, e, mesmo não alcançando o objetivo de melhorar a feita no Pinheiros, meses antes, foi suficiente (por muito pouco, diga-se de passagem) para me consagrar como o terceiro melhor nadador de peito do Sul do Brasil.

1º Christiano Klaser (1976) – 1min08s58

2º Fernando Ávila (1977) – 1min09s02

3º Eduardo Fischer (1980) – 1min11s69

4º Bogodar Szpak (1974) – 1min11s74

Ainda assim, eu não podia ficar abatido. Não era o tempo que eu queria, mas era um bom resultado. Ainda mais na comparação com os 100 metros borboleta. Eram medalhas inéditas, que precisavam ser comemoradas e aproveitadas.

De fato, muita gente começou a perguntar quem era aquele moleque, quatro anos mais jovem do que o campeão, que apareceu de repente nadando os 100 metros peito no Sul-Brasileiro e, logo na primeira participação, se colocou entre os melhores.

Creio que, naquele momento, depois de nadar o peito melhor do que o borboleta, eu começava a pensar que poderia ter algum dom para esse estilo.

Depois desses resultados, a minha carreira como nadador daria uma guinada brusca, pois eu tiraria o foco do borboleta, partindo para a especialização no peito. Obviamente, o Ricardo vislumbrava essa oportunidade, até mesmo porque a minha colocação no ranking nacional de 100 metros peito, em piscina olímpica, deu um grande salto.

Ranking nacional (fonte: CBDA)

Piscina longa (100 metros peito)

EDUARDO AQUILES FISCHER

1995 – 1min14s69 (123ª colocação)

1996 – 1min11s30 (63ª colocação)

Assim, logo no retorno aos treinos, em Joinville, o borboleta começou a ficar de lado, dando cada vez mais espaço ao peito. A transição foi tão severa que, ainda antes do fim de 1996, não treinávamos mais nada de borboleta, focando completamente no outro estilo. Justamente aquele no qual eu viria a me profissionalizar, pouco tempo depois, me tornando campeão brasileiro no ano seguinte.

20

Por falar em piscina longa, 1996 foi bem marcante para mim, devido à realização dos Jogos Olímpicos de Atlanta, nos Estados Unidos. Desde pequeno, eu adorava assistir aos esportes olímpicos na televisão (basquete — por mais que da NBA —, vôlei, tênis, judô, entre outros). Talvez, pelo fato de os Jasc serem uma "micro-olimpíada regional", sempre gostei de ver as mais variadas modalidades.

Eu já havia acompanhado os Jogos de 1992, realizados em Barcelona, e mantenho boas recordações da medalha de prata do Gustavo Borges, nos 100 metros livre (quando o placar falhou e a medalha só veio 40 minutos depois, após análise de vídeo), apesar de, na época, eu ter apenas 12 anos.

Contudo, em 1996, com 16, a minha percepção sobre o esporte já era bem melhor e me lembro com mais detalhamento dos resultados brasileiros, em comparação a quatro anos antes.

As duas medalhas do Gustavo, em Atlanta, foram sensacionais (prata nos 200 metros livre, com a marca de 1min48s08, e bronze nos 100 metros livre, com 49s02, coroando o paulista como um dos nadadores mais respeitados em todo o mundo).

Contudo, inevitavelmente, a prova que mais me marcou naqueles Jogos Olímpicos foi a dos 50 metros livre do Fernando Scherer. Primeiramente, pelo fato de ele ser meu conterrâneo e, depois, pela forma como o bronze foi conquistado.

Xuxa, nas eliminatórias, se envolveu em um empate triplo na oitava colocação (22s68), e por essa razão teve de disputar o *swim off*[28].

Como se não bastasse a pressão natural de disputar uma Olimpíada, Scherer foi colocado ainda mais à prova. Voltou para a piscina, minutos depois, para disputar a vaga mais importante da vida. Foram

---

[28] Nas eliminatórias ou nas semifinais, quando dois ou mais nadadores empatam na oitava ou na 16ª colocações, ou seja, na última vaga para avançar na competição, eles devem nadar novamente a mesma prova em estilo "duelo", no qual aquele que bater na frente fica com a vaga para a final ou a semifinal, independentemente do tempo.

apenas ele e outros dois atletas, que igualmente ansiavam muito pela vaga, Francisco Sánchez, da Venezuela, e Bengt Zikarsky, da Alemanha. Ocorre que o alemão queimou a largada, deixando a disputa do *swim off* apenas entre Fernando e Sánchez.

Depois de superar a pressão e vencer o *swim off* com o tempo de 22s71, Fernando foi para a final e não decepcionou os torcedores brasileiros — principalmente os catarinenses. Deu o melhor dele naquele dia tão estressante e, com 22s29, colocou o nome na história da natação ao subir ao terceiro degrau do pódio.

Xuxa superou muitas adversidades para conquistar o merecido lugar na biografia olímpica, partindo de uma zebra na raia 1 para o louro do pódio.

Uma história de superação da qual nunca vou me esquecer. Aliás, depois desse bronze do Scherer, passei a ter uma visão um pouco diferente da natação competitiva e da raia na qual um atleta compete em uma final.

Sempre nos preocupamos e observamos os atletas nas raias do meio. Estatisticamente, por motivos óbvios, na maioria das vezes, os vencedores efetivamente estão nas posições centrais. Contudo, para conquistar uma medalha, o único requisito inicial é, justamente, estar na final, não importando a raia ou a forma de classificação. Com o passar dos anos, presenciei muitos casos de atletas em raias "menos favoritas" chegando no lugar mais alto do pódio.

Além do Xuxa, outro grande olímpico de 1996 que ficou marcado na minha memória foi o nadador de peito belga Frederik Deburghgraeve — ou apenas Fred Deburghgraeve. Pelo menos para mim (que recém havia me "transformado" em um atleta de peito), Fred foi a sensação dos Jogos de Atlanta, vencendo os 100 metros peito com um sensacional novo recorde mundial: 1min00s60.

Era uma marca mágica, épica e realmente inimaginável para alguém como eu, que tinha 1min11s30 como melhor tempo nessa prova.

Por essa razão, no ano seguinte, comprei uma touca com a bandeira da Bélgica. Fred havia se tornado a minha primeira referência internacional na natação e eu tinha a ambição de nadar como ele. Além, claro, do sonho de todo atleta de alto rendimento: o título de campeão olímpico.

Voltando ao mundo dos "meros mortais", eu ainda nadaria, no fim de 1996, os Jasc de São Bento do Sul (na minha terceira participação nesse evento), além do Troféu José Finkel.

Aquele Finkel, a minha primeira vez em um campeonato nacional absoluto, seria realizado em piscina semiolímpica, no Clube Internacional de Regatas, em Santos (SP) — depois falarei um pouco mais sobre a minha estreia em absolutos. Antes, vou discorrer um pouco sobre os Jogos Abertos de 1996 e acho que você vai entender o porquê.

21

Havíamos alcançado resultados muito bons nos Jasc de Rio do Sul, no ano anterior, e a expectativa para os Jogos Abertos de 1996 era a melhor possível. Eu já me considerava um atleta maduro e relativamente experiente nessa competição e tinha uma estratégia traçada para ter bons resultados e maximizar os pontos do time de Joinville.

Eu estava escalado para nadar seis provas: 100 e 200 metros peito, 200 metros medley, 100 metros livre e os revezamentos 4 x 100 metros livre e 4 x 100 metros medley.

O objetivo era buscar o recorde nas provas de peito, pela bonificação adicional de pontos, e, nos outros eventos, a melhor classificação possível para ajudar a equipe. Até porque... 100 metros livre? Eu mal sabia nadar crawl! Aliás, continuo não sabendo.

Estávamos muito animados para essa competição, pois, um mês antes, em outubro de 1996, no Campeonato Catarinense, eu havia sido campeão estadual com o tempo de 1min06s53, marca que já se mostrava melhor do que o atual recorde dos Jasc e me colocava em 30º lugar no ranking nacional absoluto de piscina curta.

Nessa "vibe" extremamente positiva, os Jogos Abertos de Santa Catarina de 1996 tinham tudo para ser excepcionais. Eu vinha de uma prata e um bronze na edição de 1995 e não poderia esperar menos do que o meu primeiro ouro. Dessa vez, não seria no borboleta (prova na qual eu havia sido vice-campeão, em 1995), mas, sim, no nado peito. Aliás, conforme a escalação feita pelo Chefe, eu nem sequer teria a chance de revanche contra o Saporiti, pois não nadaria os 100 metros borboleta. Depois dos resultados no Estadual, o foco era, realmente, no nado peito.

Logo na primeira etapa, na primeira prova, correspondi todas as expectativas do Ricardo e conquistei a minha primeira medalha de ouro (de muitas que ainda viriam) em Jogos Abertos.

Jogos Abertos de Santa Catarina 1996 – São Bento do Sul (SC)

200 metros peito – Final

1º Eduardo Fischer – 2min29s38

2º Filipe Corradini – 2min31s63

3º Diogo Veiga – 2min34s80

Depois de contribuir com o time de Joinville em dois revezamentos e ficar com a prata nos 200 metros medley (2min16s30), a cereja do bolo estaria por vir, nos 100 metros peito.

Depois do resultado conquistado no Estadual, ninguém duvidava que eu era o grande favorito da prova, inclusive, com grandes chances para estabelecer um novo recorde. De fato, enquanto os melhores atletas catarinenses estavam nadando os 100 metros peito na casa de 1min10s, em piscina curta, o meu tempo de meses antes, de 1min06s53, era um prenúncio de que eu poderia ser campeão dos Jasc.

A prova dos 100 metros peito era muito aguardada nos Jogos Abertos. Não só pela equipe de Joinville, mas pelos outros times, também. Muita gente queria saber o que o menino Fischer poderia fazer no nado peito catarinense e se eu seria capaz de quebrar o recorde estabelecido por Alexandre Schaefer, nos Jasc de 1994, com 1min07s20.

Para o meu completo deslumbramento, realmente superei, mais uma vez, as minhas expectativas, as do Ricardo e de todos que estavam presentes na piscina naquele dia. Com uma excelente prova, melhorando ainda mais o tempo feito no Estadual, venci com mais de três segundos de vantagem sobre o segundo colocado e, de quebra, estabeleci o novo recorde na distância nos Jogos Abertos de Santa Catarina.

O tempo de 1min06s41 era uma marca que nenhum catarinense havia feito em Jogos Abertos e, naquele momento, sem eu nem sequer saber, me colocou na história da natação do torneio, como o primeiro nadador a romper a barreira de 1min07s nos 100 metros peito em piscina semiolímpica.

Jogos Abertos de Santa Catarina 1996 – São Bento do Sul (SC)

100 metros peito – Final

1º Eduardo Fischer – 1min06s41 (recorde do campeonato)

2º Ricardo Amorim – 1min09s66

3º Diogo Veiga – 1min09s94

Que momento incrível para o menino Fischer! Mesmo muito longe de ser um resultado expressivo em relação a tudo o que alcancei na minha carreira, anos depois, guardo com muito carinho essa performance do meu primeiro recorde em Jogos Abertos. Consigo ter a clara lembrança do cheiro do cloro daquele dia, da emoção e da felicidade que senti ao socar a água no momento da comemoração.

Acho que até mesmo os meus adversários percebiam que estavam diante de um atleta que poderia ir muito mais longe em termos de resultados e vieram, de forma muito bacana, me abraçar e me parabenizar pelo novo recorde estabelecido.

A marca era, além de tudo, índice para participação no Troféu José Finkel, o Campeonato Brasileiro Absoluto em piscina curta. Dali, de São Bento do Sul, no interior de Santa Catarina, eu havia carimbado a ida para Santos, em dezembro de 1996, onde eu poderia não apenas ver os meus ídolos, Gustavo Borges e Fernando Scherer, de perto, mas ter a oportunidade de competir contra os melhores de todo o Brasil, colocando definitivamente a minha condição de melhor catarinense no nado peito à prova nacionalmente.

Outros resultados dos Jasc de 1996

Jogos Abertos de Santa Catarina 1996 – São Bento do Sul (SC)

200 metros medley – Final

1º Eduardo Saporiti – 2min14s25

2º Eduardo Fischer – 2min16s30

3º Roberto Saporiti – 2min18s13

Jogos Abertos de Santa Catarina 1996 – São Bento do Sul (SC)

100 metros livre – Final

1º Roberto Saporiti – 52s75

2º Marcelo Pinto – 54s18

3º Filipe Corradini – 54s72

5º Eduardo Fischer – 55s00

22

Quem pratica ou já praticou natação em nível competitivo sabe que existem dois campeonatos legendários no Brasil. São torneios absolutos (ou Abertos, como são chamados) que exigem fortes índices de participação e separam "os homens das crianças", como diria Michael Jordan. Eu me refiro ao Troféu Brasil e ao Troféu José Finkel.

Não que seja uma regra imutável, mas, geralmente, o Troféu Brasil é realizado em piscina longa e seleciona atletas para competições nessa distância, e o Finkel é em curta e acaba classificando os atletas para compor as equipes que vão aos Mundiais da Fina realizados em piscina semiolímpica.

Desde sempre, era impossível não conhecer e não ter vontade de participar desses campeonatos. Claro que o Troféu Brasil tem mais importância, glamour e índices mais difíceis. Contudo, o José Finkel também é relevante demais, um sonho para qualquer nadador ou nadadora do país. Afinal, são dessas competições que saem os melhores de todo o Brasil, assim como convocados para os times para Sul-Americanos, Pan-Americanos, Mundiais e Jogos Olímpicos.

Por tudo isso, era inevitável que os melhores nadadores do país estivessem nesses eventos, o que fazia deles (e ainda faz) algo muito atrativo para quem está começando a se destacar. Principalmente para quem treinava no interior ou em clubes pequenos, como era o meu caso.

Assim, entre os objetivos de um jovem atleta de natação, além de ser medalhista nos Campeonatos Nacionais de categorias, estava, sem dúvida, participar de um desses absolutos.

Os mais audazes e bem-preparados almejavam finais, que, dependendo da idade, significavam o ápice da preparação física e psicológica. Naquele ano, em especial, o Finkel teria um atrativo a mais para mim: a participação dos campeões mundiais em piscina curta Gustavo Borges e Fernando Scherer.

Para quem não se lembra, em 1995, o Mundial de piscina curta foi realizado no Rio de Janeiro, na areia da Praia de Copacabana. Para tanto, a Fina, em parceria com a Myrtha Pools, montou uma arena com capacidade para 14 mil espectadores. A estrutura contava com uma piscina de competição, com dois metros de profundidade e oito raias, além de uma piscina de apoio para aquecimento e soltura.

Essa foi a segunda edição do Mundial de curta organizado pela Fina. E o Brasil teve uma boa participação, conquistando três medalhas de ouro, com Gustavo Borges, nos 200 metros livre, Fernando Scherer, nos 100 metros livre, e o revezamento 4 × 100 metros livre, composto por Borges, Scherer, Alexandre Massura e André Cordeiro.

Por essa razão, não só eu, mas todos ligados à comunidade aquática queriam ver essas feras de perto, quiçá dividir a mesma raia no aquecimento conturbado da piscina do Clube Internacional de Regatas de Santos.

Durante muito tempo, o Finkel foi realizado na "mitológica" piscina do Internacional de Santos, no Litoral Sul paulista. Reza a lenda que aquela piscina era preenchida com água do mar (pela espantosa proximidade da praia) e, por essa razão, devido à maior densidade da água salina, os atletas flutuavam melhor e nadavam mais rapidamente, explicando os tempos incríveis que lá eram alcançados todos os anos.

Na verdade, a piscina não tinha nada de especial. E, para ser até bem sincero, era muito ruim, tecnicamente falando. Como dizia o pessoal, nada mais do que um tanque cheio de água. Não que uma piscina não fosse, em seu conceito genérico, "um tanque de água", na concepção das palavras. Contudo, as melhores e mais tecnológicas possuíam melhor engenharia, fornecendo alternativas para a redução de marola e o auxílio no desempenho dos atletas. Ou seja, uma piscina realmente boa (como as da Myrtha) não podia ser considerada um mero "tanque de água".

Mesmo assim, todo ano havia inúmeros resultados expressivos e quebras de marcas por lá. Uma vez, inclusive, como já comentei, o Brasil estabeleceu o novo recorde mundial no 4 x 100 metros livre masculino. Um feito e tanto para o simplório "tanque" do Clube Internacional de Regatas de Santos.

Não sei dizer exatamente o que fazia daquela piscina uma máquina de produzir bons resultados. Talvez, o clima, a água do mar, a proximidade com o oceano ou o fator psicológico. Havia, inclusive, um boato, que corria à boca pequena, de que aquela piscina tinha alguns centímetros a menos. Mas isso sempre foi uma especulação, nunca foi confirmado. Isso traria uma explicação plausível para os grandes feitos e as marcas, mas, como dito, eram rumores. Eu confesso que nunca me preocupei muito com isso. Por outro lado, a CBDA sempre informou ter feito inúmeras medidas oficiais, atestando que estavam ali, sim, exatos 25 metros de comprimento.

De qualquer forma, em ano olímpico, o Finkel era a competição que fechava o calendário e a mais importante, depois dos próprios Jogos Olímpicos, obviamente. E tinha um significado ainda maior para um adolescente de 16 anos que treinava em Joinville, em piscina curta. O meu tempo nos 100 metros peito, alcançado nos Jasc de 1996 (1min06s41), me candidatava à participação na competição, pois era mais baixo do que o índice mínimo exigido.

Não havia nenhuma intenção ou expectativa de ficar entre os 16 melhores e participar de uma final (A ou B). Apenas melhorar a minha marca já seria considerado missão cumprida e um bom resultado para o Joinville Tênis Clube.

A minha meta, na verdade, era ficar o mais perto possível das feras da natação do Brasil. Só o fato de estar lá, nadando entre a elite, e acompanhar com proximidade uma competição desse nível já era para ser comemorado.

Você se lembra do Marronzinho? O Rodrigo Bittencourt, vulgo Marrom, que, ao meu lado, esturricou a paciência do professor Ricardo para entrar na equipe antes do tempo? Pois, então, naquele ano de 1996, nós fomos juntos até Santos defender o JTC no Finkel.

Rodrigo havia alcançado o índice nos 200 metros borboleta, também nos Jasc, quando foi vice-campeão com 2min15s02. Ele, assim como eu, não tinha muita pretensão de ficar entre os 16 melhores e participar de uma final.

No meu caso, que viajara para nadar os 100 metros peito, apenas pude assistir de camarote ao Alan Pessotti vencer a prova com a incrível marca de 1min01s96. Um tempo muito, mas muito longe da minha realidade, que parecia quase impossível de se alcançar.

Eu até nadei bem, melhorando o tempo que havia feito nos Jasc, com 1min06s23, e ficando na 24ª colocação. Como imaginado, era uma marca que não me colocava entre os 16 melhores a ponto de classificar para a fase seguinte. Contudo, até que eu não fiquei tão distante disso (foram 83 centésimos). Na época, classificamos o resultado como muito bom.

Troféu José Finkel de 1996 – Santos (SP)

100 metros peito – Eliminatórias

1	Alan Menezes Pessotti	1min01s78
2	Oscar Godói	1min02s52
3	Marcos Antônio Medeiros	1min03s27
4	Guilherme Belini	1min03s98
5	Carlos Rodrigo Gomes Godói	1min04s04
6	Diogo Oliveira Yabe	1min04s32
7	Gustavo Martins Lima	1min04s34
8	Fábio dos Santos Gonçalves	1min04s37
9	Christiano José Klaser	1min04s41
10	Marcelo Hiroshi Sugimori	1min04s53
11	Marcelo Augusto Tomazini	1min04s57
12	Luciano José Torres Galindo	1min04s84
13	Leonardo Monteiro	1min05s18
14	Rogério Decat Karfunkelstein	1min05s30
15	José Belarmino de Souza Filho	1min05s36
16	Valter Otto Koenig	1min05s40
17	Fábio Mauro da Silva	1min05s50
18	Alexandre A. Vellozo	1min05s62
19	Rafael Alimandro de Aquino	1min05s66
20	Márcio G. Albuquerque	1min05s86
21	Ricardo França Roveri	1min05s91
22	Oscar Rodrigues Júnior	1min06s01
23	Luiz Fernando Pinto	1min06s19
24	**Eduardo Aquiles Fischer**	**1min06s23**

Eu não tenho recordações vívidas de como foi a minha prova ou de como me senti no fim. E não me lembro se me cansei ou se passei com muita força nos primeiros 50 metros. Por outro lado, outros acontecimentos ficaram bem gravados na memória. Alguns deles, a minha primeira foto ao lado do grande (literalmente, já que tem 2,03m) Gustavo Borges, a tensão vivenciada no meu primeiro banco de controle em um campeonato absoluto e ver ao vivo um atleta da minha idade ser campeão brasileiro nadando como azarão na raia 8.

Para quem não sabe, o banco de controle é o local onde os atletas se apresentam e aguardam para, então, se dirigir ao bloco de saída no momento da prova. Popularmente conhecido como "salinha", é onde os nervos são colocados à flor da pele, já que observamos olho no olho os adversários.

Em competições internacionais, os bancos de controle são salas especiais e climatizadas, nas quais somente podem ingressar os atletas que vão nadar os eventos do dia — algo bem diferente do Brasil.

Com relação ao atleta da minha categoria campeão brasileiro que comentei, faço uma menção especial, pois, além de ser um acontecimento que me marcou, envolve uma pessoa que, hoje, é um grande amigo e talvez nem saiba que teve um grande papel no meu engrandecimento psicológico como atleta de alto rendimento.

Foi nos 200 metros peito. O campeão foi ninguém menos do que o futuro nadador olímpico Diogo Yabe. Trago isso neste livro não apenas pelo grande atleta que ele era ou pelo resultado, mas por uma série de circunstâncias que, combinadas, fizeram dessa a prova mais impressionante daquele campeonato, ao menos para mim.

Yabe, como dito, é um grande amigo até hoje. Durante as nossas carreiras, defendemos juntos a seleção brasileira em diversas oportunidades, desde o Multinations Youth Meet, uma competição internacional para atletas de até 18 anos, até o auge nos Jogos Olímpicos de Atenas, em 2004.

Na final A dos 200 metros peito do Troféu José Finkel de 1996, presenciei algo que mudou a minha concepção de objetivos para o curto prazo.

Recapitulando, os dois melhores tempos das eliminatórias nadam, respectivamente, nas raias 4 e 5 na final. Ou seja, teoricamente, as melhores da piscina, pela menor ocorrência de ondulações da água (a chamada marola). Já os outros atletas, por ordem de classificação, são colocados nas raias em direção às bordas laterais de forma alternada, exatamente nesta ordem decrescente: 3, 6, 2, 7, 1 e 8, sendo que a raia 3 corresponde ao terceiro melhor tempo de classificação e a 8, ao oitavo, dentre todos os inscritos.

Ainda em teoria, as raias de canto (1 e 8) não se mostram tão boas quanto as centrais (3, 4, 5 e 6), por causa do já explicado efeito da marola. Ou seja, toda turbulência provocada pelos atletas do meio da piscina tende a se dirigir em direção às laterais, prejudicando a qualidade das condições de nado nessas posições de canto. Isso fica muito evidente nas piscinas que possuem "apenas" oito raias, pois a turbulência chega na parede e retorna ao atleta que está ali. As piscinas com mais estrutura contam com dez raias, sendo que as duas extremas (0 e 9) ficam vazias, justamente com a intenção de reduzir esse efeito aos atletas das raias 1 e 8.

Claro que, com o avanço da tecnologia, essa suposta vantagem já não se mostra mais tão grande como antigamente, por uma série de incrementos de engenharia. Contudo, esse não era o caso do Clube Internacional de Regatas, onde foi realizado o Finkel de 1996.

Dessa forma, o oitavo e último classificado para a final dos 200 metros peito naquele evento foi o Yabe e, por isso, ele teria de nadar no local menos favorável da piscina. Diogo também havia nascido em 1980 e tinha os mesmos 16 anos que eu, e só o fato de vê-lo na final A já era, por si só, algo que impressionava. Ao mesmo tempo em que surpreendia, também me fazia refletir: "Se ele pode chegar a uma final com apenas 16 anos, por qual motivo eu não posso?"

Enquanto todos os olhos estavam voltados para as raias centrais, nas quais os favoritos, Marcelo Tomazini e Marcelo Sugimori, se encontravam, algo que estava prestes a acontecer mudaria a história daquele Finkel. Pelo menos para mim e, claro, para o vencedor da prova.

Admiravelmente, e para o espanto de inúmeras outras pessoas que estavam assistindo àquela final, inclusive eu, Yabe não somente chegou na decisão, mas, contra todas as apostas, desbancou os favoritos e tocou o placar na primeira colocação.

Diogo fez uma prova excepcional, dosou corretamente as parciais e acelerou no fim. Pela primeira vez, Yabe se consagrava campeão brasileiro absoluto, com uma impressionante marca de 2min17s99. Esse tempo o colocava em segundo lugar no ranking nacional, atrás apenas dos 2min17s59 feitos por Sugimori nas eliminatórias. Não fosse incrível o bastante, o fato de ele ter apenas 16 anos fazia do resultado algo ainda mais impressionante.

A vitória dele foi, sem sombra de dúvidas, uma enorme lição de motivação. Percebi que aquilo que havia ocorrido com ele era, enfim, possível. Ninguém mais (nem mesmo eu) poderia dizer que um moleque de 16 anos não seria capaz de ser o melhor nadador do Brasil. Ou seja, vencer um Campeonato Brasileiro absoluto com aquela idade deixava de ser "impossível", justamente porque alguém havia ido lá e feito.

Aliás, essa questão do "impossível até que alguém torne possível" me lembra muito o inglês Roger Bannister[29], que, em 1954, ao correr a distância de uma milha em menos de quatro minutos, quebrou o recorde mundial da prova. Algo que, até então, era completamente impensável de ser realizado, de acordo com o que diziam os especialistas. Ou seja, nada é impossível até que alguém vá lá e faça.

O êxito e a façanha do Diogo serviram de inspiração para mim, elevando a minha moral a ponto de me fazer acreditar que eu poderia conquistar um resultado igual ao dele.

Tenho muito a agradecer ao Diogo. Talvez, ele nem saiba, mas foi uma enorme referência para mim naquele campeonato. A performance dele foi inspiradora e me levou a treinar cada vez mais fortemente para alcançar o mesmo lugar que ele conquistou. Não obstante, e para tornar o feito ainda mais impressionante, Yabe não era paulista, mineiro ou carioca (os grandes centros de natação), mas, sim, paranaense (sul--brasileiro, como eu). Isso fazia a minha admiração ser ainda maior. Coincidentemente, Diogo também era nascido no interior, na cidade de Londrina, semelhante à minha condição. Isso somente me levava a crer que, assim como ele, eu também poderia ser campeão brasileiro mesmo treinando no pequeno Joinville Tênis Clube.

---

[29] Sir Roger Gilbert Bannister, nascido em 23 de março de 1929, em Harrow, na Inglaterra, e falecido em Oxford, em 3 de março de 2018, foi um atleta britânico especializado em corridas de meia distância. Ele participou dos Jogos Olímpicos de 1952, em Helsinque, nos quais terminou em quarto nos 1.500m. Em 6 de maio de 1954, se consagrou o primeiro atleta a cobrir a milha (1.609,34m) em menos de quatro minutos, com 3min59s4, em Oxford. O evento foi tão simbólico que causou a interrupção da sessão na Câmara dos Comuns. Bannister se permitiu duas horas de sono depois do recorde antes de trabalhar no turno da noite no Hospital St. Mary. Roger ainda declarou, inteligente e ironicamente: "Médicos e cientistas disseram que era impossível quebrar a milha de quatro minutos, que alguém morreria na tentativa. Assim, quando me levantei da pista depois de desabar na linha de chegada, percebi que estava morto".

23

O ano de 1996 passou a ser decisivo e importante na minha carreira por uma série de fatores positivos: fui a revelação dos Jasc, estabelecendo o meu primeiro recorde da competição, participei pela primeira vez de um Brasileiro Absoluto (Finkel), subi mais de cem posições no ranking nacional absoluto e ganhei o meu primeiro troféu "O Jornaleiro". Além, claro, de outras coisas bacanas que foram acontecendo nos treinamentos.

O troféu "O Jornaleiro" era um prêmio anual concedido pelo jornal *A Notícia*, de Joinville, que selecionava os destaques e as revelações esportivas catarinenses em diversas modalidades, culminando com a entrega da taça em um jantar de gala oferecido pelo veículo de imprensa e os patrocinadores.

Era um evento grandioso em Santa Catarina, principalmente, nos meios esportivo e político (afinal, muita gente ia atrás de holofotes e votos), pois era um acontecimento realmente badalado na comunidade.

Todos os anos, uma semana antes do jantar de gala para a entrega dos prêmios, o jornal imprimia um encarte especial que apresentava todos os ganhadores, adicionando esse encarte à edição do fim de semana, que circulava aos domingos.

A sistemática era mais ou menos a seguinte: o evento premiava, com troféus menores, os destaques esportivos de cada modalidade, geralmente atletas mais novos que tiveram destaque nos Jasc do ano corrente.

Ao fim, entregava dois troféus maiores (um no masculino e um no feminino) aos principais nomes do esporte catarinense, também daquela temporada.

Para se ter uma ideia de como me senti orgulhoso por ganhar seis vezes o troféu menor e duas o grande prêmio geral, esse evento já contou, entre os agraciados, com ninguém menos do que Gustavo Kuerten, o Guga, e Fernando Scherer.

O evento ainda selecionava celebridades para promover as entregas dos prêmios e, dentre a larga lista de grandes personalidades, contou com a participação de Romário, Ana Moser, Zagallo, Ana Botafogo e Armando Nogueira, entre outros.

O prêmio de 1996 foi o primeiro troféu "O Jornaleiro" que recebi e, naquela ocasião, fruto dos muito bons resultados obtidos nos Jasc, quando eu tinha apenas 16 anos.

Considero esse prêmio, para aquele momento da minha carreira, como algo determinante para a decisão de profissionalização, pois foi justamente nessa idade que me deparei com o desgostoso dilema do jovem esportista brasileiro: focar no esporte de alto rendimento ou enfatizar a preparação para o estudo superior (vestibular).

Atualmente, a galera não está muito familiarizada com o famigerado "vestibular tradicional" dos anos 90 e 2000. Os jovens em idade estudantil conhecem melhor outras formas de ingresso no ensino superior, como o Enem ou o Processo Seletivo Seriado (PSS).

O vestibular tradicional era, talvez, a única forma de ingresso no ensino superior, na minha época. Era um processo seletivo realizado por meio de uma prova presencial com questões referentes aos conteúdos dados no ensino médio, que podiam ser discursivas ou objetivas. Dependendo da instituição, também era pedida uma redação. A prova era marcada pela própria universidade, em dia e horário específicos, podendo ter, inclusive, mais de uma fase. Era um formato muito utilizado por instituições públicas e particulares, realizado uma ou duas vezes por ano.

O vestibulando, como eram chamadas as pessoas que estavam tentando vagas nas universidades, faziam as inscrições específicas para cada instituição que desejavam fazer parte (e o respectivo curso de escolha), para, então, prestar provas distintas, uma para cada instituição.

Apesar de algumas diferenças entre os anos 90 e hoje, quando o adolescente chega aos 17 anos, em média, é necessário fazer uma escolha muito importante no caminho de vida profissional.

No meu caso, eu tinha pela frente essa escolha entre o caminho da universidade, em busca de uma realização profissional mais padronizada, ou a "faculdade do esporte de alto rendimento", com intensificação de treinos na jornada por resultados esportivos mais relevantes nacional e, quiçá, internacionalmente.

Confesso que, na época, não foi uma decisão difícil. Por mais que treinar para ser o melhor nadador do Brasil fosse uma tarefa árdua e incerta, me parecia melhor do que ficar trancafiado em uma cadeira de faculdade. Sim, eu sei que é uma análise rasa e míope, mas eu era muito jovem e um tanto quanto ingênuo.

Até porque se eu não tivesse os resultados que conquistei com 16 e 17 anos, muito provavelmente, teria focado mais no aprimoramento acadêmico do que no crescimento esportivo propriamente dito. E, sem dúvida, receber o troféu "O Jornaleiro" naquele ano foi decisivo para a continuidade do foco no esporte de alto rendimento.

Infelizmente, no Brasil, diferentemente do modelo de sucesso americano, no qual a universidade está diretamente ligada ao esporte, a forma como encaramos o binômio educação e esporte é outra.

Muitas vezes, a universidade brasileira não cria nenhum tipo de incentivo à prática esportiva, e o atleta/aluno acaba tendo de avaliar se conseguirá conciliar ambas as atividades. Em alguns casos, precisa, até mesmo, abdicar dos estudos para ter êxito nos objetivos esportivos, algo pouco visto na terra do Tio Sam.

Não que isso definisse totalmente se eu iria ou não cursar uma universidade. Como já disse, meu pai era um grande incentivador do meu talento esportivo, mas sempre exigiu que eu continuasse estudando e jamais permitiria que abandonasse as salas de aula definitivamente.

Para mim, o recado era bem claro: eu não precisava ser o melhor aluno da faculdade, mas deveria cumprir todas as obrigações acadêmicas para, pelo menos, concluir o estudo superior, pegar o "canudo" e ficar apto ao mercado de trabalho, caso o esporte não fosse permanente. Aliás, esporte como negócio permanente é algo muitíssimo raro no Brasil.

Ou seja, eu poderia e deveria treinar com muito afinco e determinação na busca para me tornar um campeão nacional e fazer do esporte a minha vida profissional. Mas, para isso, jamais poderia deixar de estudar ou de cursar alguma faculdade, pois o futuro era um tanto quanto incerto e a graduação poderia abrir novas portas e oportunidades. Essa era a visão do meu pai. "Vire-se de algum jeito, mas terás de fazer ambos", ele dizia.

Dessa forma, com 17 anos, no último ano do ensino médio, de forma meio torta, eu já começava a pensar qual faculdade não seria tão puxada a ponto de prejudicar os meus treinos e pudesse ser concluída com menos empenho, digamos assim.

Foi então que passei a observar os acadêmicos de Direito, assim como avaliar as exigências do curso para tentar compreender se era algo que serviria para o meu propósito. Além disso, o meu pai já era advogado e tinha o próprio escritório. Em caso de desespero futuro, se desse tudo errado, eu poderia trabalhar com ele. Bom, mas chegarei lá, eventualmente...

24

Voltando aos resultados de 1996 e à honra pelo recebimento do "O Jornaleiro", eu não poderia estar mais empolgado com a nomeação, afinal, a disputa pelo prêmio era acirradíssima e o esportista deveria demonstrar, além de um grande resultado, uma perspectiva real de crescimento e evolução na modalidade que praticava.

Na verdade, tudo aconteceu de forma natural, em razão da evolução física e psicológica nos treinos na piscina. Contudo, sempre em meio a muitas surpresas agradáveis e inesperadas, como a troca do nadador de peito no Sul-Brasileiro de 1995.

Apesar de os resultados serem fruto de muita dedicação, encarei a minha evolução "meteórica" no nado peito com satisfação. Depois daqueles Jasc, eu realmente comecei a achar que levava jeito para a natação, mais específica e especialmente, para o estilo peito.

Eu era um nadador cuja origem estava no nado borboleta e, de repente, havia me tornado o melhor do estado no peito. Era uma mudança bem repentina e ainda pairava um certo ponto de interrogação para o restante da minha carreira.

Claro, eu já havia demonstrado que não me intimidava com adversários maiores, mais fortes e mais experientes, apesar da idade, mas, se seguisse nesse caminho, os competidores seriam cada vez mais "casca grossa" e eu teria de estar preparado para enfrentar isso.

Depois dos Jasc de 1996, nos quais eu havia conquistado quatro medalhas em provas individuais (duas de ouro, uma de prata e uma de bronze) e quebrado dois recordes de campeonato, alguns conceitos haviam sido modificados.

Na história da natação masculina dos Jasc, era muito raro ver um atleta de apenas 16 anos conquistar uma medalha de ouro e quebrar um recorde. Arrisco dizer que, talvez, eu tenha sido o primeiro a alcançar tal feito com essa idade.

De qualquer forma, esses bons resultados em uma competição de grande importância em Santa Catarina elevaram o meu moral, renderam algumas matérias de jornais, uma indicação como revelação ao Troféu Destaques Esportivos ("O Jornaleiro") e, de quebra, me classificaram para o Campeonato Brasileiro Absoluto de Natação em piscina curta, o Troféu José Finkel.

No ano seguinte, com 17 anos, eu ainda participaria do Nacional da minha categoria e dos Jogos Abertos de Santa Catarina. Para encarar os melhores do Brasil em piscina olímpica, no Troféu Brasil Absoluto de Natação, ainda não tínhamos competência e recursos financeiros e esse desafio ficaria para o ano seguinte.

Mas tudo isso não aconteceria antes de eu vivenciar um grande evento surpresa televisionado pela Rede Globo. Sem eu nem sequer imaginar, seria um divisor de águas na minha carreira, que daria um grande *upgrade* na divulgação do meu nome em busca de patrocinadores. A minha natação estava começando a ficar muito movimentada e os compromissos eram cada vez mais importantes.

25

A participação no Finkel de 1996 (que, lembre-se, geralmente acontece no fim do ano) e a entrega do "O Jornaleiro" finalizaram um importante marco na minha vida como atleta. Talvez, fazendo uma reflexão agora, de fato, tenha sido o ano responsável pelo primeiro grande empurrão na minha carreira.

Foi o ano em que Gustavo Borges e Fernando Scherer trouxeram medalhas de Atlanta, nos Jogos Olímpicos, e se tornaram não só os meus ídolos, mas espelhos de toda uma nação aquática. A natação, novamente, estava em alta no Brasil.

Naquele mesmo ano, Scherer passou a ser realmente conhecido como Xuxa. As longas madeixas loiras da adolescência, justamente no auge da Rainha dos Baixinhos, Maria da Graça Xuxa Meneghel, e as brincadeiras dos colegas transformaram aquilo que era para ser "bullying" em um apelido que passou a ser conhecido por todos os brasileiros.

Fernando já não tinha os cabelos longos quando alcançou o auge olímpico, em 1996, mas o apelido que recebeu antes de cortá-los já havia grudado e caído no senso comum.

É até engraçado pensar no Scherer de hoje, se comparado a Xuxa da Rede Globo, tendo em vista que Fernando é calvo, totalmente careca, e já se rendeu a esse visual há muito tempo.

A despeito da loirice do Xuxa, o ano de 1997 não poderia ter se iniciado de maneira mais empolgante. Tudo por causa de um evento surpresa, de última hora, realizado em Joinville para a comemoração do aniversário de 146 anos da cidade, em 9 de março.

Apesar de ser aniversário de Joinville, admito que ainda não faço ideia de como um evento de âmbito nacional, televisionado ao vivo para todo o Brasil em um canal aberto e pela rede de maior preponderância do país, acabou ocorrendo na nossa cidade. Sem dúvida, alguém fez *lobby* para que isso acontecesse. Mas nunca consegui descobrir quem e como.

Fato é que havia patrocinadores de muito peso, como Coca-Cola, Catarinense Pharma, Havaianas e Federação das Indústrias do Estado de Santa Catarina (Fiesc), além do governo da cidade de Joinville, tornando esse megaevento possível.

A Rede Globo, então, decidiu promover um Desafio Espetacular de Natação e, tendo em vista os meus resultados e a grande ascensão na mídia local, os produtores entraram em contato comigo para que eu participasse do tal do desafio, que teria transmissão ao vivo para todo Brasil em pleno domingo de manhã no Esporte Espetacular[30]. O evento seria narrado por Cléber Machado, com reportagens de Pedro Bassan, tendo como comentarista convidado o técnico de Xuxa, o professor Carlos Camargo.

Quando a ficha caiu, foi completamente sensacional! Essa era a descrição mais coerente que me vinha à cabeça para que eu pudesse entender e descrever o convite para a participação em um evento do Esporte Espetacular, ao vivo e para todo o país. O Brasil inteiro assistia ao programa. Não havia nem uma pessoa sequer que não sabia o que era o Esporte Espetacular. Aparecer nesse programa era vitrine para uma nação. De fato, era algo impressionante naquele momento.

Além de mim, foram convidados outros três atletas locais para compor o evento, a fim de viabilizar o modelo proposto, ao lado dos atletas principais. Esses astros do espetáculo eram nadadores de grande destaque internacional, que funcionariam como chamariz. O Desafio Espetacular precisava de oito atletas para funcionar. Eram quatro locais e quatro internacionais.

Por essa razão, os três olímpicos brasileiros em destaque naquele ano foram convidados. Além deles, um medalhista de ouro americano fecharia o time das estrelas que iria a Joinville promover e realizar o evento.

Fernando Scherer, medalhista olímpico dos 50 metros livre nos Jogos de Atlanta-1996, Rogério "Piu" Romero, finalista olímpico nos Jogos de Seul-1988 e Barcelona-1992, e André Cordeiro, finalista olímpico e quarto colocado com o revezamento 4 x 100 metros livre em Atlanta-1996, formavam o time de astros brasileiros.

O destaque internacional era Josh Davis. O americano havia trazido dos Jogos Olímpicos de Atlanta-1996 nada mais, nada menos, do que três

---

[30] Esporte Espetacular é um programa semanal, apresentado nas manhãs de domingo pela TV Globo, desde 8 de dezembro de 1973, sendo um dos mais antigos do ramo ainda em exibição na televisão brasileira. Estreou com a apresentação de Léo Batista e, ao longo dos anos, teve outras pessoas no comando.

medalhas de ouro na bagagem. Ele havia sido ouro nos revezamentos 4 x 100 e 4 x 200 metros livre e 4 x 100 metros medley.

Davis ainda terminou em sétimo lugar nos 200 metros livre, prova na qual Gustavo Borges ficou com a medalha de prata. Acredito que seria a primeira vez em que a comunidade de Joinville teria a oportunidade de ver uma medalha de ouro olímpica de tão perto.

Atletas internacionais ("os astros"):

Fernando Scherer

Josh Davis (USA)

Rogério Romero

André Cordeiro

Atletas locais:

Eduardo Fischer

Paulo Horst

Leonardo Serpa

Filipe Corradini

Basicamente, o desafio seria realizado da seguinte forma: todos nadavam quatro tiros de 50 metros, um em cada estilo (borboleta, costas, peito e crawl). Os nadadores foram divididos em duas séries de quatro atletas, e o intervalo entre os tiros era apenas a realização das próprias séries.

Finalizada essa etapa eliminatória, a somatória de todos os tempos alcançados nas provas de 50 metros de cada estilo levaria os quatro melhores à grande final, que consistia em um tiro de 100 metros medley (25 metros de cada estilo).

Nessa final única, quem tocasse primeiro no placar eletrônico se consagraria campeão do Desafio Espetacular da Rede Globo, um evento transmitido ao vivo no horário mais nobre do domingo, pela manhã.

As séries de quatro atletas foram divididas para conter sempre dois astros e dois locais em cada, proporcionando aos mais jovens e inexperientes a oportunidade de nadar ao lado das feras da natação mundial. As séries foram assim divididas:

1ª série:

Raia 3 – Leonardo Serpa

Raia 4 – Fernando Scherer

Raia 5 – André Cordeiro

Raia 6 – Paulo Horst

2ª série:

Raia 3 – Eduardo Fischer

Raia 4 – Josh Davis

Raia 5 – Rogério Romero

Raia 6 – Filipe Corradini

Não me lembro exatamente qual havia sido o critério de escolha dos nadadores locais, mas, entre eles, estavam dois que treinavam comigo: Leonardo Serpa e Paulo Horst. Este segundo também havia tido alguns bons resultados nos campeonatos estaduais do ano anterior e vinha demonstrando boa capacidade de velocidade e potência nas provas de crawl.

A oportunidade de mostrar o meu rosto e o meu talento em rede nacional estava ali, ao alcance das minhas mãos (ou braçadas, se preferir).

O objetivo era vencer a prova de peito e, nas outras três, tentar chegar o mais próximo possível do Josh Davis na minha série. Tendo em vista que a câmera tende a mostrar sempre o primeiro de cada bateria, era possível que eu aparecesse bem de perto na televisão.

Como eu havia sido campeão estadual no peito, vice no medley e nadava bem o borboleta, tinha uma boa oportunidade para vencer a minha série no nado peito e tentar ficar bem colocado nas demais. Na verdade, ainda mais importante do que a colocação era o tempo, afinal, seria a somatória dos quatro estilos que definiria os finalistas.

Contudo, o meu grande trunfo seria o peito, pois nenhum dos astros convidados, com exceção do americano, que também nadava medley, eram bons nadadores desse estilo. Assim, a minha meta era ficar com o melhor tempo entre todos nos 50 metros peito — inclusive, na frente das feras.

Como eu também era um bom nadador de borboleta, até tinha uma pretensão otimista de fazer bons parciais nesse estilo e, assim, pensar em uma eventual classificação para a final. Mas eu sabia que seria bem difícil.

Na primeira queda na água, fiz uma boa natação de borboleta (26s49), chegando atrás apenas do Josh Davis (25s09). Na somatória das séries, fiquei em terceiro.

Na seguinte, de costas, o meu pior nado, não fui bem (28s94), ficando muito atrás dos quatro astros. Venci apenas os outros nadadores três locais. Após essa série, caí para a quinta colocação geral, na somatória dos tempos. Estava, nessa parcial, fora da final.

Mas tudo mudaria a partir dos 50 metros peito. Logo na primeira série, Xuxa e Cordeiro nadaram muito mal (na casa de 35 segundos), ficando atrás dos dois nadadores de Joinville. Para a felicidade do público catarinense, Paulo Horst venceu, com 32s34.

No entanto, a grande surpresa, o auge para os espectadores que estavam na arquibancada, estaria por vir na segunda série. Em uma disputa acirradíssima contra o americano e campeão olímpico Josh Davis, bati na frente, com o tempo de 30s84 (menos de dois segundos do recorde brasileiro, que pertencia a Oscar Godói, com 28s82).

Jamais me esquecerei desse momento! Alcançar, no nado peito, com apenas 16 anos, o melhor tempo entre todos os participantes, inclusive os olímpicos, havia sido totalmente incrível. Nem Romero, Xuxa, Cordeiro ou o estrangeiro Josh Davis fizeram marcas melhores do que a minha.

Esse fato me fez ter grande visibilidade na transmissão da TV, afinal, o repórter Pedro Bassan e os telespectadores queriam saber quem era aquele jovem nadador de Joinville que havia desbancado quatro atletas olímpicos, sendo um deles medalhista de ouro.

Para os menos exigentes, o fato de ser no estilo peito nada importava, pois o que eles viam na TV era um desconhecido fazendo tempos melhores do que o Xuxa, o grande nome da natação do Brasil. E eu não vou negar que me aproveitei do momento, afinal, não era sempre que eu nadava (e ganhava) de um olímpico em plena televisão ao vivo.

Com o resultado da terceira prova, eu pulei da quinta colocação geral para a vice-liderança, colocando uma vantagem de 4,2 segundos sobre o Cordeiro, que era o novo quinto do ranking. Assim, se eu conseguisse fazer um tempo razoável no nado livre, havia uma grande chance de desbancar um dos três astros do Brasil e carimbar o meu nome na grande final.

Algum tempo depois, descobri que o americano não nadou tanto quanto poderia e "meio que me deixou ganhar", a pedido do Rogério Romero, justamente para dar uma chance ao "moleque da casa e anfitrião" aparecer. Se você conhece bem o Piu, sabe que é algo muito fácil de compreender, vindo dele, que sempre se comportava como um cavalheiro e tinha um elevado senso de justiça, impressionando todo mundo pela educação e pela índole. Se foi verdadeiro ou não, atualmente, é totalmente irrelevante, pois o que as pessoas viram na TV, naquele dia, foi o Fischer ganhando de um campeão olímpico. Ponto.

Com esse resultado, as câmeras da Globo ficaram todas focadas na minha direção. Teve entrevista ao vivo diretamente da piscina, festa da torcida local, comemoração, tietagem, replay e tudo mais. Todo o pacote e toda pompa de uma transmissão ao vivo da rede do "plim-plim".

A partir daquele momento, eu deixei de ser apenas um menino nadador de Joinville, passando a ser conhecido como o Fischer, atleta revelação catarinense que havia vencido grandes nomes da natação brasileira e mundial, incluindo medalhistas olímpicos.

Confesso que pouco importava para mim (e muito menos para o telespectador) que aquela "competição" fosse um mero duelo sem importância e sem qualquer relevância no âmbito da natação mundial. Eu, que não estava no meio do suposto ensaio para o evento, não tinha nada a ver com isso e apenas queria nadar o meu melhor e tentar chegar na frente. Ninguém sabia que Cordeiro e Xuxa mal sabiam nadar peito, mas eu tinha uma pequena noção e, obviamente, aproveitei a oportunidade.

De qualquer forma, o que a televisão mostrava era que eu era o ganhador daquela prova ao vivo e, cá entre nós, definitivamente, não é algo que se faz todos os dias.

Na última prova, os 50 metros livre, eu fiquei com um tempo não muito bom, pois estava cansado. Só que os outros nadadores também estavam. A marca de 25s60 não era boa, e eu terminei o crawl na sétima posição. Ocorre que essa colocação já não tinha muita relevância, pois era a soma dos quatro estilos que definiria os grandes finalistas para os 100 metros medley.

Como a minha vantagem sobre o André Cordeiro era de 4,2 segundos, e ele havia feito 24s06 na prova de livre, o tempo não foi suficiente para me superar na somatória.

Então, para fechar com chave de ouro, na soma dos tempos dos tiros de 50 metros, a minha foi a terceira melhor, na frente do Xuxa e atrás apenas do Davis e do Romero. Por isso, me classifiquei para a final. Ninguém esperava que isso fosse acontecer, pois o objetivo era fazer a decisão entre os quatro olímpicos. Eu acabei me intrometendo entre eles, sendo a "grata surpresa", atrapalhando um pouco a festa dos astros convidados.

O meu resultado no peito foi expressivo o suficiente para, mesmo chegando muito atrás no crawl e no costas, me colocar entre os quatro melhores, desbancando o André Cordeiro.

Meus tempos nos tiros de 50 metros e a somatória:

Borboleta – 26s49

Costas – 28s94

Peito – 30s84

Livre – 25s60

Total – 1min51s87

Como eu disse, a final seria realizada em um tiro de 100 metros medley, a fim de definir quem seria o grande campeão do Desafio Espetacular. O gringo ganhou a prova, tendo em segundo lugar Rogério Romero (em uma disputa razoavelmente acirrada), em terceiro, o Xuxa, e, por fim, eu, na quarta colocação.

1º – Josh Davis – 58s87

2º – Rogério Romero – 59s33

3º – Fernando Scherer – 1min01s46

4º – Eduardo Fischer – 1min02s26

Naquele momento, eu já nem me importava de chegar em último. Apenas o fato de competir ao lado de ídolos e lendas, ao vivo na Rede Globo no horário nobre, já era algo para nunca mais me esquecer. Tanto é que, ao bater no placar, ergui os braços em comemoração, sendo aplaudido de pé pelo público local, além de receber, dentro da água, um caloroso abraço do campeão olímpico Josh Davis.

De fato, o evento me projetaria como atleta e colocaria o meu nome no mapa da natação brasileira. Sem dúvidas, havia o Fischer de antes do Desafio Espetacular e o Fischer de depois.

Curioso mesmo é que o recorde brasileiro dos 100 metros medley, na época, pertencia a Júlio Rebollal López, atleta olímpico, com 59s46. O Piu havia nadado abaixo desse tempo, mas como não se tratava de uma competição oficial, a marca não poderia ser homologada. E vamos combinar que, para um menino de apenas 16 anos, ficar apenas a pouco mais de dois segundos distante do recorde nacional não era nada ruim.

Na confraternização final do Desafio, eu não era mais um desconhecido para o Xuxa, o Piu e o André. Aliás, em um futuro bem próximo, eu defenderia a seleção brasileira ao lado deles nas competições mais importantes do mundo. Inclusive, em algumas oportunidades, tive o privilégio de dividir o quarto de hotel com aqueles que eram (e sempre seriam) os meus ídolos esportivos.

Algumas coisas não acontecem por acaso. Claro que eu tive um pouco de sorte de estar na hora certa e no lugar certo, mas os meus resultados prévios foram importantes para a escolha e o convite para o evento. Se isso não bastasse, eu poderia ter me intimidado com tantos atletas renomados e tido uma performance ruim. Mas, definitivamente, não foi o que ocorreu.

O resultado no Desafio Espetacular me rendeu muitos frutos. Inúmeras entrevistas em canais de televisão e jornais. Afinal, os moradores de Joinville ainda não tinham visto um atleta amador, formado nas categorias de base da cidade, aparecer ao vivo no Esporte Espetacular, da Rede Globo, com um resultado positivo contra grandes esportistas internacionais. Sem dúvida, era algo inédito na comunidade.

Nesse momento, confiança e motivação dominavam a minha mente, o meu espírito e o meu corpo. Eu me sentia forte e preparado para qualquer batalha ou desafio. Tinha vontade de treinar como nunca, no intuito de melhorar ainda mais as minhas marcas e mostrar para todos o verdadeiro potencial de um futuro atleta olímpico.

26

O ano de 1997 começou de forma excepcional. O resultado do Desafio Espetacular, em março, havia transformado a minha imagem perante o público e possíveis patrocinadores, mas, principalmente, me modificado como atleta. A motivação, que já era um traço natural da minha personalidade, agora era ainda mais forte e evidente. Justamente por isso, não havia melhor momento para aproveitar a empolgação, focando toda essa energia nos treinos. A cada dia que passava, eu fazia sessões mais fortes e consistentes.

A evolução era evidente. O volume (metragem nadada) no estilo peito estava sendo gradativamente aumentado, criando uma base específica importante e me levando a assimilar muito bem os trabalhos ministrados pelo Ricardo. Eu, agora, gostava um pouco mais das séries longas e duras. Fazer dez repetições de 200 metros peito (ou 5 x 400 metros) progressivos, não era mais um fardo. Muito pelo contrário: confesso que eu gostava. E eu melhorava as médias nas séries aeróbicas (longa duração e menos intensidade) e nas anaeróbicas (curta duração e intensidade elevada).

Para se ter uma ideia, foi mais ou menos nessa época que eu criei um gosto peculiar pelo tiro de 400 metros peito. Essa é uma prova que não existe em nenhum programa competitivo, mas que o Chefe adorava colocar no fim do treino como desafio. E, enquanto eu não conseguisse fazer a distância em menos de cinco minutos, não sossegava.

Foi mais ou menos nessa época, entre os meus 17, 18 anos, que, um dia, marquei 4min58s97 em um tiro de 400 metros peito no fim do treino. Não sei se esse tipo de desafio ainda existe ou se o formato tem embasamento científico, mas, na época, foi algo muito marcante nos meus trabalhos e que nos deu um *feedback* de confiança importante.

O próximo objetivo que havia no nosso planejamento seria o Campeonato Brasileiro Júnior de Inverno, marcado para ser realizado em Porto Alegre, na piscina do Grêmio Náutico União (GNU), em junho de 1997.

O principal objetivo dessa participação era provar para mim mesmo que eu poderia ter uma colocação melhor do que no último Nacional.

Melhorar a classificação no cenário brasileiro, tendo em vista o fracasso no Campeonato Júnior do ano anterior, em São Paulo, era uma questão de honra. Eu precisava ter um resultado melhor do que a 11ª colocação, pois sabia que era capaz disso e havia me preparado para tanto.

Como de costume, o único patrocinador que eu tinha era, na verdade, o meu "paitrocinador", e todas as despesas de transporte, hospedagem e alimentação, desde os campeonatos passados, eram custeadas pelo meu pai. Um desafortunado carma entre os atletas brasileiros que não conseguem ingressar nos grandes clubes.

No Nacional de 1996, quando fechei a prova em 1min11s30, o resultado, apesar de ser o meu melhor tempo, não foi nada satisfatório em termos de colocação, justamente pelo fato de eu não me classificar para a final. Dessa vez, estávamos mais bem preparados e com melhor consciência da diferença entre a piscina longa em relação à curta (na qual eu continuava treinando). Mas, mesmo melhores, traçamos uma meta conservadora. Não havíamos pensado no pódio, mas, sim, na classificação para a final, achando que seria possível nadar para o tempo de 1min08s60, ou seja, 2,2 segundos mais lento do que o meu melhor em piscina semiolímpica (no Finkel de 1996), sendo essa a conversão estimada da piscina curta para a longa.

Notadamente, eu estava mais bem condicionado do que um ano antes, com mais volume de treinos, mais confiante e experiente, e esses fatores me candidatavam a fazer um tempo mais rápido do que aquele do ano anterior.

Diferentemente do último Campeonato Brasileiro, nessa oportunidade, eu já estava um pouco mais conhecido entre os atletas dos grandes clubes e acredito que isso tenha acontecido por dois motivos: primeiramente, porque eu havia recém-aparecido ao vivo na Globo, ao lado do Xuxa e do Romero e, segundo, porque o tempo feito no Finkel de 1996, de 1min06s23, me colocava em segundo lugar no ranking dos atletas de 16 anos, atrás apenas do Diogo Yabe, que tinha excepcionais 1min04s32.

Outro fator que ajudava era que o campeonato estava sendo realizado em Porto Alegre, em uma piscina já conhecida por nós, justamente por termos competido lá dois anos antes, no Campeonato Sul-Brasileiro, o Troféu Hugo Yabe.

De qualquer forma, mesmo sendo um pouco mais notado do que antes, eu passava longe de figurar entre os favoritos da prova, e arrisco dizer que ninguém apostava em mim, nem nós mesmos.

Até porque, pelo meu tempo de balizamento (aquele que vai na inscrição), a marca de 1min11s30 não me colocava entre os oito melhores nos 100 metros peito da categoria júnior.

Dessa vez, no Grêmio Náutico União, eu estava me sentindo mais em casa e um pouco mais confiante para tentar um bom resultado. Lembra-se de que, naquele ano, eu havia comprado uma touca com a bandeira da Bélgica, em referência ao campeão olímpico em Atlanta-1996 Fred Deburghgraeve? Pois é, eu a estava utilizando em todas as provas nessa competição.

Eu estava inscrito para nadar duas: os 200 metros medley e os 100 metros peito. Nesse momento da carreira, eu já havia abandonado completamente o borboleta, nacionalmente. Aliás, não foi nada difícil ou complexo tomar essa decisão, principalmente depois dos resultados alcançados no nado peito nos Jasc do ano anterior.

O meu programa se iniciou com os 200 metros medley, que não era uma das minhas melhores provas, pois sempre fui mais velocista. Contudo, a ideia era competir bem e sentir a piscina, o clima e a minha condição física. Para aquilo que nos propusemos, consideramos que havia sido uma boa performance, classificando para a final e finalizando na sexta colocação, com a marca de 2min18s22. O tempo não chegava a ser excepcional, mas também não era ruim e, por isso, saímos satisfeitos. Ser o sexto melhor nadador do Brasil (em determinada faixa etária) realmente era bom.

Troféu Tancredo Neves 1997 – Porto Alegre (RS) 200m medley júnior 1 – Final			
Posição	*Atleta*	*Clube*	*Tempo*
1	Diogo de Oliveira Yabe	Acel	2min12s27
2	André de Paula Joca Ramos	Serc	2min14s73
3	Hélcio A. S. Barbosa	Flamengo	2min15s54
4	Ricardo Yuzo Kojima	Serc	2min15s62
5	Rafael R. Gonçalves	Flamengo	2min16s97
6	**Eduardo Aquiles Fischer**	**JTC**	**2min18s22**
7	Guilherme de Morais Rego	NNSesi	2min18s36
8	Lúcio Jorge Prazeres Costa	Duvel	2min21s22

Os Campeonatos Brasileiros de Inverno não tinham, no programa de provas, as distâncias de 200 metros nos estilos. Assim, não havia, nessa competição, os 200 metros borboleta, os 200 metros costas e os 200 metros peito. Esse foi um dos fatores que me levaram a nadar os 200 metros medley, um dia antes.

Na época, os grandes nomes dos 100 metros peito, na minha idade, eram o Diogo Yabe (nascido em 1980) e o Guilherme Rego (um ano mais novo, nascido em 1981). Não consigo me recordar do exato motivo, mas, por sorte (ou destino), Yabe não estava inscrito nos 100 metros peito nessa competição. Creio que ele estava começando a focar nas provas de medley, 200 e 400 metros, além dos 200 metros peito. Aliás, ele havia vencido os 200 metros medley com um tempo incrível, que o colocava entre os 15 melhores do Brasil no absoluto.

De qualquer forma, o Ricardo avaliou que a minha natação nos 200 metros medley havia sido boa e dava indícios de que eu poderia melhorar a marca pessoal nos 100 metros peito, gerando ainda mais expectativa para uma final.

Como nós éramos meio novatos em competições nacionais e, ainda por cima, não estávamos no eixo Rio-São Paulo, algumas coisas eram novidade para nós, como formatos de convocações para seleções brasileiras. Havia competições internacionais das quais o Brasil participava e enviava times mais novos, mas nós desconhecíamos o calendário e os critérios. Bom, divulgação de critérios, na gestão da CBDA do presidente Coaracy Nunes Filho, não era algo muito comum, mas falarei mais sobre isso oportunamente.

O fato é que não tínhamos a menor ideia de que essa competição era seletiva para o Multinations Youth Meet, uma espécie de torneio europeu júnior de segunda divisão. Diz-se que é de segunda divisão, pois não tinha a participação de grandes potências esportivas, como Grã-Bretanha, Itália, França, Hungria e Alemanha, mas, sim, de países europeus menos representativos mundialmente — além do Brasil, como convidado.

De qualquer forma, depois de uma prova de 200 metros medley satisfatória, as expectativas estavam bem ampliadas para os 100 metros peito, e achávamos que eu poderia brigar por um lugar no pódio.

Inegavelmente, eu estava melhor. Percebemos isso logo nas eliminatórias. Fui confiante e sem me preocupar com tempo ou classificação. Apenas nadei o melhor que pude, fechando com força os 25 metros finais, como era a estratégia de praxe.

Quando toquei na borda e olhei o meu tempo no placar eletrônico, mal pude acreditar: 1min07s65. Quase quatro segundos melhor do que o tempo feito no Nacional do ano anterior. Foi difícil não me empolgar com o resultado, ainda mais por ter sido o único atleta abaixo de 1min08s. Assim, eu me classifiquei com o melhor tempo para a final, ocupando a raia 4.

Não tinha como não pensar na medalha de ouro. Chegamos lá achando que o título de campeão brasileiro era pouco provável, mas, agora, tudo havia mudado. A tão esperada oportunidade de conquistar o primeiro lugar no Nacional estava mais perto do que nunca. A alegria com o resultado era tão grande que nem sequer me recordo de ficar nervoso. Acho que, no fundo, sabia que não tinha como alguém tirar aquela medalha dourada do meu peito.

Dito e feito. Até a final, à tarde, foi apenas uma questão de controlar a ansiedade, partir para aquele que seria o melhor tempo em piscina longa da minha vida e, de quebra, a minha primeira medalha de ouro em Campeonatos Nacionais.

Com o tempo de 1min07s39, quase quebrando o recorde de campeonato, de 1min07s12, do meu grande colega Guilherme Belini, demonstrei que havia me tornado um atleta consistente, com uma excelente melhora em relação ao último torneio nacional (1min11s30) e, sem qualquer expectativa, cravando o melhor tempo do ano nos 100 metros peito na minha categoria.

Recordo de alguém comentar sobre o campeonato ser seletiva para uma competição internacional. De repente, eu não somente havia me tornado o melhor nadador da minha idade, como estava concorrendo a uma vaga para compor a seleção brasileira júnior, podendo participar do Multinations no ano seguinte (algo que eu ainda nem fazia ideia de como seria).

Troféu Tancredo Neves 1997 – Porto Alegre (RS) 100m peito júnior 1 – Final			
Posição	*Atleta*	*Clube*	*Tempo*
1	**Eduardo Aquiles Fischer**	**JTC**	**1min07s39**
2	Guilherme de Morais Rego	NNSesi	1min08s75
3	Bernardo S. Alvarenga	CRF	1min09s82
4	Denis Pacheco da Costa	Serc	1min09s97

Troféu Tancredo Neves 1997 – Porto Alegre (RS) 100m peito júnior 1 – Final			
Posição	*Atleta*	*Clube*	*Tempo*
5	Guilherme R. Oliveira	FFC	1min13s43
5	Marcelo Vitor Fonseca	Amazonas	1min13s43
7	Bruno Rebello Damiani	Amaral	1min13s55
8	Luís Gustavo L. Silva	Flamengo	1min13s80

Após a cerimônia de premiação (eu me lembro de ter ido para o pódio com agasalho e gorro de lã, pois fazia muito frio em Porto Alegre), nos demos conta de que eu era campeão brasileiro. Que sensação extraordinária! Um objetivo conquistado antes mesmo de imaginarmos que seria possível. Era, também, o primeiro ouro nacional de um atleta do Joinville Tênis Clube. Aliás, acho que era o primeiro título nacional de um nadador nascido em Joinville. Sem saber, eu havia acabado de inserir meu nome na história da natação joinvilense.

Sem qualquer dúvida, esse foi o resultado que nos deu a certeza de que estávamos no caminho certo. Esse título, sim, foi o marco mais importante da minha vida para decidir se eu iria ou não investir mais na natação do que, eventualmente, nos estudos universitários.

Para um adolescente de 17 anos, treinando em condições um tanto quanto precárias, não havia título mais sublime e mais comemorado do que aquele. De fato, havia sido o momento mais importante da minha carreira, até então. Mais até do que o Desafio Espetacular, que, apesar de muito mais divulgado, não tinha a mesma importância.

Depois de uma performance realmente maravilhosa, excepcional e um tanto quanto inesperada, sabíamos que o treinamento estava surtindo o efeito desejado e que ainda havia muito para melhorar. A meta, ao sair de Porto Alegre, era intensificar os treinos para nadar ainda melhor nas próximas competições que estavam programadas para a temporada de 1997: os Jogos Abertos de Santa Catarina, o Troféu Júlio Delamare (Nacional de categoria) e o Torneio Sul-Brasileiro.

27

A recepção na volta para Joinville foi com muita alegria pelos meus colegas de treino. Poucos nadadores do JTC, até aquela data, haviam participado de Campeonatos Nacionais. Menos ainda haviam conquistado uma medalha em torneios desse calibre. E nunca, na história, um nadador joinvilense havia alcançado o lugar mais alto do pódio. Dito isso, era certeiro afirmar que eu acabava de me tornar o primeiro campeão brasileiro de natação do município.

Era uma conquista inédita no clube e na cidade. Eu me sentia honrado e importante, ainda que somente as pessoas do meio esportivo compreendessem o valor daquela medalha. Mas era por isso mesmo que nós não queríamos parar nela. Almejávamos muito mais e desejávamos que mais pessoas pudessem compreender a dimensão do que estávamos alcançando.

A motivação era enorme e treinar nunca se mostrou tão prazeroso. Obviamente, outros resultados mais importantes acabariam me motivando muito mais durante a carreira, mas, quando você é um adolescente, essa motivação precoce pode ser decisiva para o restante de uma eventual trajetória como atleta profissional.

Os treinos seguiam muito bem, sempre mais fortes e intensos. O trabalho em cima da técnica de nado também foi incrementado com novos estudos e mais educativos.

Foi quando o Ricardo passou a participar de cursos e palestras organizadas pela Federação Catarinense ou pela CBDA (inclusive, com convidados internacionais), visando aumentar o conhecimento.

Passamos a nos interessar e procurar vídeos subaquáticos de atletas internacionais de alto rendimento. Contudo, com a internet do fim dos anos 90, isso não era tarefa fácil. Ainda não havia Google e YouTube. Aliás, mesmo que houvesse, a velocidade de navegação era precária. Às vezes, um palestrante ou outro trazia alguns curtos vídeos, principalmente de Jogos Olímpicos, para exibição durante o curso. Mas o acesso era difícil. Nem fazer "vídeo do vídeo" era simples, pois não havia smartphones com câmeras.

Esse acesso somente foi facilitado depois dos anos 2000, com mais divulgação e melhoria da internet. Outro fator que facilitou foi o intercâmbio entre a CBDA e um profissional europeu especializado em biomecânica e filmagens subaquáticas. Mas isso viria a ocorrer apenas em 2004. Até então, o trabalho na técnica era bem subjetivo e quase que unicamente baseado em livros, com indicações um tanto quanto defasadas.

Fazer natação de qualidade técnica em 1997, no interior do Brasil, era um desafio bem maior do que nos dias de hoje. E por isso entendo a ida de Ricardo Prado e Gustavo Borges (entre muitos outros) para os Estados Unidos. A busca por novidades era um grande motivador: se você queria ser o melhor, tinha de estar próximo aos melhores.

Em um futuro não muito distante, tudo mudaria muito. Hoje, com poucos cliques no Google e no YouTube, você encontra facilmente vídeos subaquáticos, imagens, textos, palestras, tudo com referência bibliográfica e com exemplificação embasada nos melhores treinadores e atletas do mundo.

Mas lá atrás, nos anos 90, nós mal tínhamos internet. Quiçá ferramentas de pesquisa como as que existem hoje. Para se ter uma ideia, naquela época, não havia conexão à internet na minha casa. O único local no qual tínhamos tecnologia desse tipo à disposição era o escritório do meu pai, que, além de acessível apenas nos fins de semana, era extremamente lento, pois era feito por meio de internet discada por linha telefônica (link de 56 kbps).

Enfim, dentro das nossas limitações, estávamos tentando progredir física e tecnicamente, na busca incansável por melhores performances e resultados. Passamos a cogitar a participação em Campeonatos Brasileiros Absolutos, fazendo contas para saber o que seria necessário para chegar à final dos torneios mais importantes do país: Troféu Brasil e Troféu José Finkel.

Contudo, para aquele ano, o foco ainda estava no Brasileiro Júnior de Verão e nos Jogos Abertos de Concórdia. O Brasileiro estava programado para ser realizado em Goiás, em novembro de 1997. Em relação aos Nacionais Absolutos, nós não participamos de nenhum (piscina curta ou longa), justamente por falta de condições financeiras.

Mesmo tendo os índices mínimos de participação para o Troféu Brasil e o Finkel, ainda não era possível, no nosso planejamento, incluir essas competições. Ao fim da temporada de 1997, descobriríamos que eu já tinha condições de buscar uma final entre os oito melhores do país, baseados no tempo alcançado em Goiânia.

Um pouco antes do grande objetivo do ano, o Campeonato Nacional de categoria, em novembro de 1997, eu nadaria os Jogos Abertos de Santa Catarina, em Concórdia. Era uma competição importante na região, na qual eu deveria performar bem, inclusive, para justificar o investimento do município de Joinville e o pagamento da ajuda de custo que eu recebia.

Sempre fazíamos uma micropreparação específica para os Jasc. Ainda que os Nacionais fossem a meta principal, era importante desempenhar bem nos Jogos Abertos. Havia muita coisa em jogo, além de divulgação por parte dos jornalistas estaduais, algo fundamental para a busca de um patrocinador.

Nos Jasc de Concórdia, eu já era visto pela equipe de Joinville e por todas as demais como o grande destaque da competição. A dúvida já não era saber se eu venceria as provas de peito, mas, sim, em quantos segundos eu melhoraria as antigas marcas dos 100 e 200 metros peito.

Nos 100, eu já detinha o recorde da competição (1min06s41), alcançado nos Jasc do ano anterior, em São Bento. Mas, nos 200, o melhor tempo da história dos Jogos Abertos ainda pertencia a Alexandre Schaefer, desde 1994, com 2min26s37. A meta era, então, voltar para Joinville com o meu nome na melhor marca de ambas as provas.

Logo no primeiro dia, o desafio eram os 200 metros peito, uma prova que, apesar de eu nadar relativamente bem, não era natural para mim, além de um tanto quanto desconfortável. Não bastasse o fato de ser uma distância mais difícil (em razão de eu ser velocista), eu ainda teria de enfrentar e vencer o atual recordista, que não havia participado da edição do ano anterior. Por isso, eu não tinha ideia de como ele desempenharia.

Eu sabia que, para vencer e quebrar o recorde do Schaefer, eu teria de fazer uma boa natação e colocar uma distância razoável em relação a ele.

Depois de me classificar com o melhor tempo em uma eliminatória relativamente parelha com o Alexandre (2min29s94 x 2min33s42), fomos para a final determinados. Ele querendo provar que ainda tinha lenha para queimar, por ser o atual recordista, e eu procurando deixar claro que havia um "novo xerife" na natação de Santa Catarina.

Para a nossa grata surpresa, fiz uma prova muito consistente, bati na frente e tive êxito em melhorar o recorde da competição, com o tempo de 2min22s75, quase quatro segundos abaixo da antiga marca. Agora, eu era o recordista absoluto em ambas as provas de peito no estado de Santa Catarina. Era um feito e tanto para um menino de 17 anos.

Novamente, como eu havia feito no ano anterior na prova dos 100 metros peito, escreveria o meu nome na história dos Jasc. Pode parecer um pouco prepotente da minha parte dizer isso, mas, de fato, o antigo recorde havia sido pulverizado. Schaefer sempre foi um grande adversário, um cara muito bacana e educado. Ele soube reconhecer a derrota e me cumprimentou após o feito. A torcida de Joinville comemorou muito, pois havia tempo que o nosso time buscava uma melhora na classificação geral da competição e, naquele ano, era a chance de deixar Blumenau para trás e buscar o vice-campeonato geral.

Jogos Abertos de Santa Catarina 1997 – Concórdia (SC)

200 metros peito – Final

1º Eduardo Fischer – 2min22s75 (recorde de campeonato)

2º Alexandre Schaefer – 2min30s96

3º Filipe Corradini – 2min36s61

No segundo dia de competição, embalado pelo resultado dos 200 metros peito, eu nadaria os 100 metros peito e, logo na sequência, os 200 metros medley. Essa jornada dupla, de duas provas com menos de 20 minutos de intervalo, me acompanharia por muitos anos, até a minha última participação, em 2018.

Com o moral nas nuvens, não foi difícil achar motivação para nadar bem em ambas. Com mais um recorde nos 100 metros peito (1min04s11) e uma vitória folgada nos 200 metros medley (2min12s35), eu já era considerado pela imprensa local o grande destaque dos Jasc de Concórdia.

Eu me recordo de ter comemorado muito o tempo feito nos 100 metros peito. Os outros atletas olhavam com certo espanto para a marca que aparecia no placar eletrônico. Ninguém, na história do estado, havia feito tempo melhor do que 1min07s nesse estilo, e eu, com apenas 17 anos, já nadava três segundos abaixo disso.

Estávamos tentando assimilar o tempo. Afinal, o resultado havia sido tão expressivo que me colocava entre os cinco melhores do Brasil naquele ano. Ainda não tínhamos, naquele exato momento, noção dessa representatividade. Naquela época, o sistema de resultados da Fesporte, organizadora dos Jasc, não se comunicava com o da CBDA e, por isso, esse resultado não constava (e ainda não consta) no ranking de 1997.

Ranking nacional absoluto – 1997

100 metros peito (piscina de 25 metros)

1º Alan Menezes Pessotti (1973)

1min01s85 (17/4/1997)

3º Coca-Cola World Swimming

2º Marcelo Augusto Tomazini (1978)

1min03s80 (29/6/1997)

Troféu José Finkel

3º Eduardo Aquiles Fischer (1980)

1min04s11 (2/11/1997)

Jogos Abertos de Santa Catarina

4º Marcelo Hiroshi Sugimori (1977)

1min04s19 (29/6/1997)

Troféu José Finkel

5º Luciano José Torres Galindo (1978)

1min04s29 (29/6/1997)

Troféu José Finkel

A título de comparação, no Troféu José Finkel de 1997, poucos meses antes, no fim de junho, a medalha de bronze havia sido conquistada por Marcelo Tomazini, com 1min03s80. Com o tempo feito nos Jasc, eu ficaria em quarto lugar, muito próximo do pódio.

Jogos Abertos de Santa Catarina 1997 (25m) – Concórdia (SC)

100 metros peito – Final

1º Eduardo Fischer – 1min04s11 (recorde de campeonato)

2º Marcelo Pinto – 1min09s33

3º Alexandre Schaefer – 1min09s53

Jogos Abertos de Santa Catarina 1997 (25m) – Concórdia (SC)

200 metros medley – Final

1º Eduardo Fischer – 2min12s35

2º Alexandre Santos – 2min18s06

3º Rafael Martendal – 2min18s17

Antes do Campeonato Nacional de categoria, logo na sequência dos Jasc (apenas alguns dias depois), iríamos ainda para Curitiba nadar o Torneio Sul-Brasileiro, em piscina longa, no Clube Curitibano. Lá, eu venceria os 100 metros peito, com o tempo de 1min07s31 em piscina olímpica (50 metros).

Depois de finalizada toda a preparação para o Campeonato Brasileiro Júnior de Verão, o Troféu Júlio Delamare, inclusive com a participação nos Jasc e no Sul-Brasileiro, finalmente, o tão esperado momento havia chegado. Era o principal objetivo do ano.

Compramos as passagens, reservamos um quarto de hotel e partimos rumo a Goiânia, tudo com recursos financeiros próprios. Estávamos confiantes de que tudo o que realizamos nos treinos seria suficiente para uma grande participação, com direito à melhora de tempo e um muito provável título nacional.

Afinal, agora eu não era mais um simples coadjuvante, pois levava comigo na bagagem o título de campeão brasileiro de inverno, conquistado meses antes, em Porto Alegre. Agora, outros atletas, técnicos e dirigentes de clubes já me olhavam de forma diferente. Grande parte já sabia quem era o moleque do interior de Santa Catarina que havia surpreendido todo mundo vencendo os 100 metros peito em Porto Alegre.

Mas, ao contrário do que muitas pessoas diziam e pensavam, eu não me achava o maioral. Na verdade, muito pelo contrário. Eu deixava de olhar para elas e não falava com quase ninguém. Não por ser arrogante, mas por timidez. Eu ainda me sentia nervoso e um pouco deslocado por não fazer parte de nenhuma equipe grande, como o Pinheiros ou o Minas Tênis Clube.

Apesar de tímido e de poucas palavras com os adversários, a minha confiança estava muito superior do que nos anos anteriores. Eu sabia que estava progredindo, poderia melhorar e disputar de igual para igual com os atletas das equipes grandes. No esporte de alto rendimento, essa confiança (fator psicológico), às vezes, é tão importante quanto o treino e a preparação física.

Dessa vez, o Ricardo optou por me inscrever apenas nas duas provas de peito (100 e 200 metros). Nada de medley (sem trocadilhos). Afinal, a ideia era, mesmo, nos especializamos no peito, deixando borboleta e medley apenas para competições secundárias.

Apesar de concordar que era importante nadar os 200 metros peito e saber que eu tinha condições físicas de fazer isso bem, confesso que nunca gostei muito de competir nessa distância. Sempre tive um pouco de dificuldade nela, sentindo muita dor, pelo excesso de esforço, no fim.

A competição se iniciaria, para mim, justamente com os 200 metros peito. E, de fato, depois de fazer uma prova um tanto quanto sofrível, marcando um tempo que nem sequer me levaria à final (2min35s07), não tínhamos outra escolha senão depositar todas as fichas nos 100 metros peito. Até porque seria a prova na qual eu defenderia o título brasileiro.

Mas, antes de ir para a principal distância, algo chamou a nossa atenção no resultado dos 200 metros peito: quem era o tal de Augusto Celso? Quem era aquele menino baixinho e franzino que havia vencido a prova com tamanha facilidade? Não que eu fosse um gigante forte, mas ele conseguia ser ainda menor e mais magro do que eu (na minha percepção, pelo menos).

Olhamos o resultado e descobrimos que ele era de Rondonópolis. "Onde diabos fica Rondonópolis?", nós nos perguntamos — e, nesse momento, passamos a entender as pessoas que olhavam para os meus resultados e diziam: "Onde diabos fica Joinville?"

Ele era um total desconhecido para nós. Não nos lembrávamos dele em São Paulo, no ano anterior, nem em Porto Alegre, no meio do ano. Outro fato que me marcou muito foi que ele competia sem touca e sem óculos.

Como ele conseguia competir sem óculos e sem touca? Como enxergava a parede? Ele simplesmente chegava no bloco de sunga e mais nada. Ninguém poderia dizer que aquele menino nadaria bem. Mas, de fato, era interessante vê-lo competir. Da mesma forma que começava os primeiros 50 metros da prova de 200 metros peito, ele finalizava os últimos 50. Parecia que não se cansava. Era incrível.

Quando vimos a final dos 200 metros peito, começamos a ter receio de que esse menino iria, definitivamente, fazer frente na prova de 100 metros. Não haveria páreo fácil para mim. Com 2min22s49, Guto, como era chamado pelos amigos, havia garantido o segundo lugar no ranking nacional absoluto.

Era uma marca tão expressiva que o deixava atrás apenas do melhor nadador de 200 metros peito do Brasil na época, Marcelo Tomazini, que havia marcado 2min21s85 para vencer na categoria júnior 2, na mesma competição.

Exatamente como havíamos previsto, apesar de nadar muito bem os 100 metros peito, inclusive melhorando a minha marca pessoal, não fui páreo para o pequeno Guto. O carequinha simplesmente não tomou conhecimento dos adversários (de mim, inclusive) e venceu de ponta a ponta na categoria júnior 1 no Troféu Júlio Delamare de 1997. Eu não tive a mínima chance.

Augusto tocou a parede e o placar mostrou o tempo de 1min05s83. Não teve ninguém que não tenha se surpreendido. Afinal, era uma marca que o credenciava para ficar entre os cinco melhores nadadores de peito do Brasil no absoluto.

A superioridade dele foi tão grande que nem sequer ficamos chateados ou decepcionados. Ele havia feito por merecer e, ao mesmo tempo, estávamos felizes com o meu tempo de 1min06s97, me colocando entre os top 10 do Brasil. Não havia motivos para não ficarmos contentes.

Troféu Júlio Delamare 1997 – Goiânia (GO) 100 metros peito júnior 1 – Final			
1	Augusto Celso F. da Silva	Pinheiros	1min05s83
2	**Eduardo Aquiles Fischer**	**JTC**	**1min06s97**
3	Diogo de Oliveira Yabe	Acel/PR	1min08s01
4	Guilherme de Morais Rego	NNSesi	1min08s02
5	Rafael Lutti	Minas TC	1min08s35
6	Rafael Leonel Bardi Alves	Ricardo Prado	1min08s51
7	Maurício Caetano Ramos	Sasazak	1min08s94
8	Eduardo Serafini Santos	Pinheiros	1min09s23

De fato, ainda que eu tivesse feito uma prova excepcional, melhorando a minha marca de forma significativa em comparação ao tempo do Brasileiro de Porto Alegre, quando fui campeão, o Guto havia simplesmente colocado mais de um segundo de vantagem sobre mim. Quem conhece um pouco de natação sabe o quanto isso é muita coisa em uma prova de 100 metros. Apesar de parecer próximo para quem assiste do lado de fora, para nós era considerado uma eternidade.

Muito embora eu tenha ficado satisfeito com a evolução do meu tempo e o evidente aperfeiçoamento do meu estilo e da minha capacidade física, era difícil aceitar a surra que havia tomado. Era algo que não saía da minha cabeça. "De onde veio esse moleque? Como ele consegue nadar tão rapidamente, sendo tão magrinho? Qual é o segredo da técnica dele?", eu me perguntava incansavelmente.

Talvez, para os atletas dos outros clubes maiores, ele não fosse uma surpresa e um completo desconhecido, mas, para nós, Augusto era um estranho que havia aparecido do nada para vencer de forma contundente os 100 metros peito em Goiânia.

Algum tempo depois, ficamos amigos. E ainda somos colegas, apesar do pouco contato. Igualmente e de maneira ainda mais próxima, me tornei amigo do irmão dele, Fábio Mauro. Outro excepcional nadador de peito que defendeu a seleção brasileira diversas vezes, de quem guardo a mais elevada estima. Mas chegaremos lá, no devido tempo.

Afinal, Fábio, assim como Tomazini, tiveram participação especial na minha vida e carreira de atleta e, por isso, serão especialmente mencionados nesta biografia.

Por fim, talvez o Guto tenha sido o meu primeiro grande adversário, quase um algoz. Até então, eu não disputava nada diretamente contra ninguém, pois nem sequer avançava às finais em Campeonatos Nacionais. Depois desse dia, ambos queríamos provar quem seria o melhor nadador júnior de peito do país. No próximo ano, estaríamos na mesma categoria (júnior 2) e o duelo seria inevitável. Para mim, ele havia, como dito, aparecido do nada para tirar um título que eu recém havia conquistado.

Por outro lado, essa rivalidade ajudou muito a fortalecer o meu aspecto competitivo e impedir que eu me acomodasse. Talvez, se eu tivesse sido campeão em Goiânia, não iria tão bem preparado no próximo ano, como acabou ocorrendo. Aquilo, sim, era algo que podíamos chamar de rivalidade saudável.

Mesmo tomando uma surra do Guto nos 100 metros peito, por algum motivo que desconheço até hoje, eu ainda teria outra boa notícia em 1997, recebendo a completamente inesperada convocação para o Multinations Youth Meet. Seria a primeira vez da minha vida que eu viajaria para fora da América do Sul. Definitivamente, a felicidade não cabia dentro de mim mesmo.

28

O Multinations Youth Meet (ou apenas Multinations, como é mais conhecido na comunidade aquática) é um campeonato organizado pela Liga Europeia de Natação (LEN) e que reúne atletas de 14 a 18 anos do continente europeu, com exceção de algumas potências, como Alemanha, França, Hungria, Itália e Rússia. Contudo, apesar de ser um torneio "quase exclusivamente europeu", tinha o Brasil como convidado especial, sendo o único participante vindo de fora do Velho Continente.

O Multinations se tornou, desde os anos 90, uma das principais competições internacionais para nadadores das categorias juvenil e júnior no Brasil. Sempre disputado no começo da temporada, era uma excelente iniciação competitiva internacional para os jovens que almejavam, um dia, fazer parte da seleção brasileira principal.

Um percentual muito elevado de atletas que representavam o Brasil nesses Multinations evoluía para, em algum momento da carreira, ser convocado para o time principal e absoluto da seleção, fosse em Torneios Sul-Americanos, Copas do Mundo, Jogos Pan-Americanos, Campeonatos Mundiais ou até mesmo Jogos Olímpicos.

Para se ter uma ideia, no Multinations da Dinamarca, em 1998, destinado a homens nascidos em 1980 e 1981 e a mulheres nascidas em 1984 e 1985, dos 18 convocados, quatro que lá estiveram acabaram se tornando olímpicos anos depois: eu, Diogo Yabe, Flávia Delaroli. Ou seja, uma média de 17% de aproveitamento em seleções olímpicas brasileiras.

Sem dizer os outros tantos que defenderam o Brasil pelo menos uma vez na equipe principal absoluta, como Rafael Gonçalves (mais conhecido como Animal), Raul Neukamp Júnior e Rodrigo Cintra.

Time brasileiro para o Multinations de 1998, na Dinamarca:

Masculino:

André Dias

Bernardo Alvarenga

Diogo Yabe

Eduardo Fischer

Guilherme Rego

Rafael Fabrega

Rafael Gonçalves

Raul Neukamp Júnior

Rodrigo Cintra

Feminino:

Amanda Nascimento

Flávia Delaroli

Juliana Kury

Laura Azevedo

Letícia Cunha

Ludmila Cordeiro

Mariana Katsuno

Rafaela Silva

Silvia Schich

É claro que eu não tinha esse *"insight"*, na época, e jamais poderia imaginar que o fato de estar nessa competição específica me tornaria um grande candidato a uma vaga na seleção brasileira. Aliás, eu realmente não fazia a menor ideia de que aquela convocação seria o início da minha jornada até os Jogos Olímpicos.

Entretanto, ainda assim, mesmo nessa inocente perspectiva, a felicidade e a empolgação eram absurdamente altas. Afinal, na minha cabeça, eu realmente estava indo para um torneio que poderia chamar de "Campeonato Mundial Júnior". E não importava o que os dirigentes e técnicos diziam sobre não ser exatamente isso, pois, para mim, era justamente isso que a convocação representava: nadar contra os melhores do mundo na minha idade.

Eu fui selecionado pelos resultados feitos nos Brasileiros em Porto Alegre e em Goiânia, e até hoje não compreendo por que não convocaram o Guto. Ou, se convocaram, teria ele pedido dispensa? Não sei. Afinal, ele havia me dado uma surra de quase um segundo nos 100 metros peito, além de ter vencido, também, os 200. Mas o fato é que eu estava na lista de convocados e não iria, de jeito algum, perder essa oportunidade.

Para que o atleta pudesse participar e compor o time do Brasil, uma parte dos custos da viagem deveria ser paga pelo próprio ou pelo clube dele. O restante era bancado pela CBDA. Talvez, o Guto não tivesse condições financeiras favoráveis ou estivesse focando em alguma competição mais importante, como o Troféu Brasil. Ou, ainda, simplesmente, não queria ou não podia ir.

Como eu não tinha 21 anos[31] no momento em que saiu a convocação e para não prejudicar a viagem com questões burocráticas, me recordo de os meus pais irem até o cartório de Joinville para me emancipar e, então, dispensar autorizações de viagem e outros documentos que pudessem dificultar a minha ida.

Então, em janeiro de 1998, com apenas 17 anos (nasci em março de 1980), passei a ser "dono do meu próprio nariz", civilmente responsável pelos meus atos, me tornando um cidadão plenamente capaz, exonerando os meus pais de assinaturas e permissões. Isso facilitou muito a emissão do passaporte e de outros documentos necessários para a viagem.

Em razão da não convocação (ou do pedido de dispensa) do Guto, fui chamado para nadar os 100 metros peito e, possivelmente, o reve-

---

[31] É importante lembrar que, até o advento do Novo Código Civil de 2002, a maioridade civil era aos 21 anos. Somente a partir de 2003, conforme artigo 3º do Código Civil, a menoridade passou a ser aos 18 anos.

zamento 4 x 100 metros medley. Guilherme Rego havia sido chamado para compor o time nos 200 metros peito.

Essa competição, em especial, apesar de teoricamente ser de menor relevância, jamais sairá das minhas lembranças, pelo significado que teve na época. Afinal, foi a minha primeira convocação para uma seleção brasileira, a minha primeira viagem internacional para a Europa, a minha primeira competição internacional e, ainda, talvez a minha primeira experiência como um verdadeiro atleta de natação de alto rendimento.

Em 1998, o Multinations, para a minha faixa etária, seria realizado em Copenhagen, na Dinamarca, e, como dito, os atletas deveriam custear parte das despesas. Partindo dessa premissa, começamos a fazer contas, afinal, uma viagem internacional não era muito barata. Obviamente, o fato de o dólar e o real serem praticamente um para um, naquela época, facilitou substancialmente.

O meu pai, apesar de sempre trabalhar muito para nos fornecer uma ótima condição de vida (estudos, alimentação e atividades complementares), tinha uma boa renda, mas não a ponto de dispor de dinheiro sobrando para gastar à vontade com qualquer despesa nova. E, como se pode imaginar, o investimento para essa viagem internacional seria alto. Por essa razão, saímos em uma desenfreada busca por um patrocinador (carma de todo atleta no Brasil) para tentar amenizar os passivos que surgiriam com esse evento, assim como os próximos desafios nacionais já programados para o ano.

O meu pai era ex-funcionário do Banco do Brasil e, por essa razão, sócio da Associação Atlética do Banco do Brasil (AABB). Devido a esse vínculo, eu tinha inúmeras participações pela Associação de Joinville, nadando e competindo na Jornada Esportiva Catarinense (Jeca), entre, justamente, AABBs.

Por isso, o contato com a Federação Nacional das Associações Atléticas do Banco do Brasil (FENABB), instituição que financiava a Jeca, foi um pouco mais facilitado.

Na verdade, os resultados obtidos nas muitas Jecas das quais eu havia participado, desde os 9 anos de idade, foram cruciais para essa aproximação. Dessa maneira, os contatos com o presidente da AABB Joinville, na época, Everton Venzon Orlandi, e um dos diretores, Alcione Gomes de Oliveira, foram muito importantes para a negociação.

Abro um parêntese para deixar o meu mais sincero agradecimento a essas duas pessoas, importantes na concretização do patrocínio com a FENABB.

Depois de muitas reuniões, muitos projetos e muitas negociações, foi firmada a parceria entre a FENABB e o atleta Eduardo Fischer. A federação passaria a me auxiliar com o custeio das eventuais despesas relacionadas aos campeonatos internacionais e nacionais.

Não havia um salário fixo. Tratava-se de um contrato de reembolso de despesas relacionadas ao esporte, que eu deveria comprovar todos os meses por meio de documentos fiscais, a fim de receber o ressarcimento dos valores despendidos com a minha preparação física ou participações em eventos esportivos oficiais.

Assim, era minha responsabilidade juntar notas e recibos para prestação de contas ao fim de cada mês. Algo que não era muito fácil, ainda mais quando se tem gastos que, a princípio, não estão ligados ao esporte, como compra de moeda estrangeira para viagens internacionais ou passagens aéreas emitidas em nome da CBDA. Mas, de qualquer forma, fazíamos o que era possível e, graças a essa parceria, participamos não só do Multinations com mais tranquilidade financeira, mas também de outras competições nacionais em 1998. Inclusive, incluímos o Ricardo em muitos eventos, afinal, era de suma importância que o meu treinador estivesse ao meu lado.

Vencidas as etapas administrativas e financeiras, lá fomos nós. Tudo era novo. Excitação e adrenalina nas alturas. A ansiedade era evidente, afinal, eu nunca havia deixado o país e, já de cara, estava indo para a Europa. Era um sonho de viagem para qualquer pessoa, mesmo experiente e viajada, sendo algo muito difícil até de ser alcançado por grande parte dos integrantes do meu círculo de amizades. Mas essa era uma das belezas do esporte. Por meio dele, estávamos tendo uma oportunidade única e incomparável, impossível de se precificar, uma experiência da qual jamais vou me esquecer.

A viagem, em si, nos anos 90 ou atualmente, na classe econômica, poderia ser um fardo para muitas pessoas, pois são muitas horas sentado em uma mesma posição em um espaço bastante limitado. Mas, para uma porção de adolescentes de 15 a 18 anos, voando sem os pais para a Europa pela primeira vez, o tédio e a dificuldade ergonômica passavam longe dos sentimentos. Talvez, o único inconveniente era a permissão de fumo a bordo que existia nos anos 90.

Sim, por incrível que pareça, até 1998 era permitido fumar em quase todo o trajeto de voos internacionais, sendo os passageiros separados apenas por uma simples cortina, delimitando a área de fumantes da de não fumantes. Para um atleta, passar quase dez horas dentro de um avião cheirando e inalando a fumaça do cigarro alheio não era muito agradável — para qualquer pessoa que não fume, na verdade.

As primeiras restrições começaram em março de 1997, quando o antigo Departamento de Aviação Civil (DAC) proibiu o fumo a bordo somente na primeira hora de voo. E, quando os avisos de proibido fumar eram desligados, todos os fumantes acendiam os cigarros ao mesmo tempo.

A proibição total só começou a valer em 1998, após uma liminar de um juiz federal do Rio Grande do Sul. A decisão só liberava o fumo a bordo se houvesse um isolamento total da área de fumantes. Desde o início, porém, as companhias já avisaram que não pretendiam criar esse setor e não recorreriam da liminar, acatando a decisão.

Fora esse inconveniente, tudo era muito, mas muito, divertido. Antes mesmo de pousar, eu havia feito amizade com muitos colegas de seleção. Até porque ninguém conseguia dormir com tamanha excitação.

Com alguns ainda mantenho contato constante, mesmo que apenas por telefone, redes sociais, e-mails ou aplicativos de mensagem. Com os que criei mais vínculo, defendemos o Brasil no mesmo time em inúmeras outras oportunidades, o que reforça esses estreitos laços. Sem dúvida, são pessoas que carrego no coração com carinho, apreço e consideração.

De fato, para quem residia e treinava em Joinville, tudo era sensacional. O hotel, o complexo aquático, a organização, enfim, tudo havia sido muito bem preparado pela Liga Europeia de Natação.

O complexo aquático, como um todo, e a piscina de competição, apesar de serem apenas mais um local comum para os padrões europeus, eram faraônicos frente à nossa realidade. No dia a dia no Brasil, nós treinávamos em uma piscina semiolímpica, de apenas seis raias, toda remendada, com blocos de saída de concreto. Entrar no local dessa competição era quase como pisar em outro planeta.

O torneio foi ótimo em todos os sentidos. No quesito performance, ainda que eu quisesse ter nadado um pouco melhor (nós, atletas, sempre queremos), voltei de lá com duas medalhas no pescoço: bronze nos 100 metros peito e ouro no revezamento 4 x 100 metros medley.

Antes do revezamento, no primeiro dia, eu fiz a estreia nos 100 metros peito e, apesar de ter uma vaga ideia dos adversários que enfrentaria, olhando o programa de inscrição, sempre ficava uma dúvida sobre como cada um desempenharia, inclusive eu mesmo.

O sistema da competição era em final direta. Ou seja, todo mundo nadava uma vez, divididos em séries (baterias), e os três melhores tempos dentre todos eram premiados com as respectivas medalhas.

Nadando na última série, com os atletas mais bem ranqueados, fechei a prova de maneira um pouco pior do que havia feito no Troféu Júlio Delamare, com a marca de 1min07s50. Logo percebemos que, com essa marca, eu finalizaria a prova na terceira colocação. Claro, eu estava muito feliz. Era a minha primeira medalha internacional. Contudo, se eu tivesse repetido o tempo feito em Goiânia, de 1min06s97, teria ficado com a prata. Esse detalhe apagou um pouco o brilho da medalha de bronze. Faz parte.

Mas, pelos níveis de nervosismo e ansiedade aos quais eu havia sido submetido, somados ao cansado da viagem (jet lag[32]), avaliamos que havia sido um bom desempenho, e era sempre muito importante garantir um lugar no pódio.

Ao anunciarem o resultado final, chamando os atletas para o pódio, no intuito de receberem as medalhas, pude, também, conhecer o suíço que havia literalmente me deixado "comendo poeira" pela extraordinária performance.

Multinations Youth Meet 1998 – Copenhagen (DIN) 100 metros peito – Final				
1	Remo Lütolf	Suíça	1min04s06	1980
2	Daniel Jakobsen	Dinamarca	1min07s10	1981
3	**Eduardo Fischer**	**Brasil**	**1min07s50**	**1980**
4	Michael Splavinskci	Polônia	1min07s64	1981
5	Ludovic Demaseneire	Bélgica	1min07s91	1981
5	Kyriakos Demosthenous	Chipre	1min07s94	1980
7	Pekka Jyrkônen	Finlândia	1min08s36	1980
8	Savvas Thomaidis	Grécia	1min10s42	1980

---

[32] Jet lag é a síndrome da mudança de fuso horário, ou seja, a alteração do ritmo biológico de 24 horas consecutivas que ocorre após mudanças do fuso horário em longas viagens de avião. Caracteriza-se por problemas físicos e psíquicos, especialmente do ciclo do sono, decorrentes de alterações dos níveis hormonais de hidrocortisona.

Vale um destaque ao campeão da prova, Remo Lütolf, que, com 18 anos, impressionava pela performance alcançada (1min04s06), obtendo uma marca que já o colocava próximo de uma final B em Jogos Olímpicos (analisando os tempos de Atlanta-1996).

Quase que imediatamente, eu me perguntei se um dia teria condições de nadar tão bem ou se a minha carreira como nadador logo seria interrompida pela existência de muitos peitistas bem melhores do que eu espalhados pelo mundo.

Não tínhamos muito tempo para ficar pensando e comparando os meus tempos com a marca feita pelo suíço. Até porque, no dia seguinte, teríamos de retornar à piscina para enfrentar novamente o sujeito, mas, dessa vez, em equipe, no revezamento 4 x 100 metros medley.

Realmente, eu precisaria nadar um pouco melhor, para não ficarmos tão atrás, e acabar jogando uma responsabilidade excessiva nos ombros dos meus companheiros.

Depois de descarregar a pressão da estreia, com um desempenho satisfatório e com direito a medalha, eu me senti um pouco mais seguro para o revezamento.

Na escalação do time, uma surpresa: os treinadores optaram (por algum motivo, do qual não me recordo exatamente) por colocar o Diogo Yabe como um "quebra galho", fechando a prova no nado livre, algo que definitivamente não era a especialidade dele.

Mas ele nem titubeou, disse que nadaria muito, fechando no estilo crawl e bastava entregarmos junto ao adversário, na última passagem, que ele "daria um jeito" de bater na frente. Então, nós quatro nos reunimos para trocar algumas palavras de motivação, fazer cálculos e chegar à conclusão de que era, sim, possível ficar entre os três melhores times.

Aquela prova carregava uma emoção especial, pois, além de defendermos juntos o Brasil pela primeira vez em equipe, não éramos favoritos para conquistar o ouro. Ainda assim, estávamos confiantes em um bom resultado. Não tínhamos as melhores marcas individuais em cada estilo, se comparadas aos atletas dos outros países, mas, quando fomos para o bloco e nos colocamos lado a lado dos adversários, houve uma superação espetacular de todos.

O time era composto pelo que o Brasil tinha de melhor na categoria júnior. Ou quase isso. Rafael Fabrega encerrou 1997 como o melhor nadador de 100 metros costas (59s81). Eu estava em segundo no ranking nacional dos 100 metros peito (1min06s97). André Dias também fechou

1997 no topo do ranking brasileiro dos 100 metros borboleta (56s72). E o multiversátil Yabe, que apesar de não figurar no ranking nacional dos 100 metros livre, fecharia a prova com um tempo que, se fosse válido oficialmente, o colocaria em segundo lugar da categoria.

Fabrega abriu a disputa com um bom tempo, apenas um pouco atrás dos outros dois times com os quais estávamos disputando diretamente. Na sequência, eu também melhorei um pouco e entreguei a prova mais ou menos junto dos rivais para o André Dias (a Suíça não estava com o Remo Lütolf na piscina). Dias também nadou muito bem e, como requisitado pelo Yabe, estávamos brigando lado a lado com os adversários nos últimos 100 metros. Diogo, então, fez uma excelente parcial de crawl, batendo na parede em primeiro lugar, cravando o nome do Brasil na posição mais alta do placar eletrônico.

Nós enlouquecemos! A arquibancada enlouqueceu! Era o Brasil dominando a última prova do programa e mostrando para os estrangeiros que não havíamos viajado apenas para fazer volume. Foi legal demais! Muito!

O time superou as expectativas. Nós realmente nadamos muito bem. Todos registramos tempos melhores do que os feitos nas respectivas provas individuais, batendo na borda em primeiro lugar, de forma inesperada, provando que tínhamos raça e vontade de vencer. O foco e o espírito de equipe foram determinantes para a vitória.

Foi uma experiência inesquecível nadar aquela prova ao lado dos caras, que se comprometeram inteiramente com aquele momento. Foi uma vitória na raça, em equipe. Fiz o melhor tempo da minha vida (1min06s65), mesmo sob pressão. Guardei muito bem esse resultado na memória, pois eu levaria esse momento e essa superação durante muitos anos comigo.

Depois daquele dia, de vivenciar a tensão e a vontade de ganhar em equipe, em todos os meus anos como nadador, eu nunca mais fiz um tempo no revezamento pior do que o da prova individual. Sempre melhorei. Passei a realmente gostar daquela adrenalina proporcionada pela prova em equipe e, por causa disso, acho que acabei me tornando um bom nadador de revezamento.

Multinations Youth Meet 1998 – Copenhagen (DIN) 4 x 100 metros medley – Parciais e tempo da final			
Campeão	BRASIL		3min56s25
	Rafael Fabrega	Costas	1min00s56	-
	Eduardo Fischer	**Peito**	**1min06s65**	**0.22**
	André Dias	Borboleta	56s52	0.11
	Diogo Yabe	Livre	52s52	0.05

A marca da última coluna da direita é o tempo de reação, ou seja, o tempo que cada atleta demorou para sair do bloco nas trocas dos nados.

Quanto ao suíço Remo Lütolf, depois de algum tempo sem reencontrá-lo, a partir do ano 2000, eu o veria mais vezes. Nos Jogos Olímpicos de Sydney, outra esmagadora vitória do helvético sobre mim (1min01s88 x 1min03s72), tempo esse, inclusive, que fez dele finalista olímpico na Austrália.

Dois anos depois, no Mundial de piscina curta, eu me vingaria, o deixando para trás nos 50 e nos 100 metros peito. Nos 50, aliás, eu traria de volta para casa uma linda medalha. Mas isso foi na piscina semiolímpica, e o cara ainda estava engasgado para mim na longa.

Todavia, mais tarde, em 2004, nos Jogos Olímpicos de Atenas, nos deparamos no balizamento para as eliminatórias dos 100 metros peito e, nessa oportunidade, eu finalmente pude dar o troco das sucessivas e amargas derrotas que ele havia me imposto ao longo dos anos: nas eliminatórias, retribui a "surra" que ele me deu quatro anos antes, em Sydney.

Em Atenas-2004, eu nadaria bem melhor que ele, cravando o tempo de 1min01s84, contra 1min03s82 do suíço, que, nessa ocasião, encerrou a participação em 32º.

É interessante, hoje, comparar as nossas carreiras e a nossa evolução nos 100 metros peito. Em momentos diferentes, há muita similaridade de tempos e resultados. Eu demorei um pouco mais para ter sucesso em âmbito internacional. Contudo, ainda assim, olho para trás e vejo algo que me deixa orgulhoso pela preparação que tive e pela melhora que apresentei no decorrer dos anos.

29

Depois de uma competição inesquecível como aquela, tanto em termos de desempenho esportivo como em experiência de vida, todo mundo estava se sentindo muito feliz. Estávamos orgulhosos com os resultados. Afinal, grande parte da equipe havia melhorado as marcas pessoais e quase todos estávamos com medalhas no peito.

As performances dos amigos Rafael Gonçalves (400 metros medley) e Rodrigo Cintra (1.500 metros livre) também eram impossíveis de ser esquecidas, pois ambos haviam levado a bandeira do Brasil ao local mais alto do pódio, finalizando as participações com a medalha de ouro no peito, em provas muito emocionantes.

Aliás, partiu deles a ideia de fazermos algo para comemorar. Os dois, como bons boêmios cariocas, não podiam conceber a finalização daquela viagem sem uma devida celebração e um encerramento.

Confesso que não foi nada difícil concordar com eles, afinal, aquelas performances históricas (ao menos para nós) realmente tinham de ser comemoradas. Não fazia o menor sentido, depois de tanto treino e esforço, não desfrutarmos de alguns momentos de alegria e descontração.

Estávamos em um hotel um pouco mais afastado do Centro da cidade e, pela regra da comissão técnica, ninguém poderia sair sem a permissão ou o acompanhamento de um treinador responsável. Eles zelavam pelo nosso bem-estar e pela nossa segurança.

Por outro lado, não havia muito para se fazer no hotel ou nas proximidades e, por essa razão, tivemos a brilhante ideia de pegar um táxi e dar uma volta.

Esperamos todos os membros da comissão técnica (inclusive o Ricardo) se recolherem em seus quartos e combinamos o ponto de encontro no quarto do Rafael, o Animal, e do Cintra. De lá, partiríamos para o Centro de Copenhagen em um táxi. Nenhum de nós era expert em inglês, mas nos virávamos e achávamos que isso seria suficiente para pedir o tal táxi na recepção e, depois, para que o motorista nos deixasse onde gostaríamos de ir.

E lá fomos nós. Parecendo um capítulo de "Missão Impossível", os cinco infratores (eu, Animal, Cintra, Yabe e Raul) se esgueiravam pelos corredores do hotel, procurando fazer o máximo de silêncio possível e não atrair a atenção de outros hóspedes ou, pior, da comissão técnica. Confesso que era muito difícil conter as risadas, pois a cena, por si só, era uma comédia. Mas, entre alguns sussurros de "cala boca", finalmente chegamos ao *lobby* do hotel e pedimos o táxi para o recepcionista, que nem sequer pestanejou e passou a mão no telefone, para a nossa exultante alegria.

Entramos no transporte e falamos em uníssono: "Downtown, please" (na tradução, "Centro, por favor"). O motorista não fez nenhum questionamento e iniciou a corrida. Cerca de 30 minutos depois, nos deixou em uma praça central, e dali já avistamos onde a comemoração se iniciaria. Corremos em direção a um dos pubs que havia no centro de Copenhagen, a fim de tomarmos uma cerveja e celebrar os resultados.

Ao entrarmos no pub, foi impossível não perceber a fileira de umas 15 ou 20 torneiras de chope localizadas atrás do barman. Todos se entreolharam e caíram na gargalhada. Era impossível segurar o sorriso e a emoção. Parecia um sonho. Imaginar que, com 18 anos recém-completados, estaríamos em um pub, na Dinamarca, comemorando medalhas conquistadas em um torneio internacional de natação.

Ficamos cerca de uma hora no local, conversando e tomando cerveja, cada um falando um pouco da sua vida e da sua história. No fundo, ninguém se conhecia tão bem, ainda, sendo aquela a nossa primeira viagem juntos.

De repente, alguém sugeriu que deveríamos dar mais um giro pela região, para ver se encontrávamos algum tipo de festa ou algo similar.

Entramos no primeiro local que avistamos e que emanava algum tipo de música alta. Sentamo-nos em uma mesa, ao som de algum tipo de *dance music* europeia, e logo passamos algum tempo dando ainda mais risadas e tentando interagir com as dinamarquesas — sem muito sucesso, confesso.

E foi então que surgiu o bordão "snooooka", que, até hoje, eu e o Rafael não sabemos exatamente o que significa e como diabos apareceu.

Havia um cara muito maluco dentro do estabelecimento, que não parava de gritar e repetir tal expressão e, quando o fazia, dava uma gargalhada. Não tinha como não achar divertido.

E assim, de repente, essa passou a ser a palavra oficial da viagem: "Snooooka". Nós não fazíamos a menor ideia do que o cara queria dizer com aquilo, muito menos o porquê continuávamos repetindo, mas era muito engraçado. Eu me recordo até mesmo de termos procurado uma mesa de sinuca no local, achando que o cara queria jogar (snooker), mas não havia nenhuma.

Depois disso, tudo era "snooooka". Era um tal de "snooooka" para cá e para lá, e não conseguíamos parar de rir. A expressão e o momento ficaram tão marcados que até hoje, mais de 25 anos depois, quando eu me encontro com o Animal ou trocamos mensagens pelo WhatsApp, ainda falamos "snooooka" um para o outro. E, claro, caímos na gargalhada.

Por volta de 3h da manhã, aceitamos que a festa já estava terminando e era hora de procurar um táxi e retornar para o hotel. Todos estávamos com os reflexos um pouco alterados e logo pulamos dentro do primeiro carro que avistamos.

Ao entrar na Mercedes Benz (até isso era bom na Dinamarca), eu logo disparei: "Scandic Hotel, please". Certo de que o motorista nos levaria diretamente para casa.

Mas, ao contrário, a resposta que ouvimos foi: "Which one, sir? There are seven Scandic Hotels in the area" (na tradução, "Qual deles senhor? Existem sete Hotéis Scandic na região"). Naquele momento, bateu um desespero coletivo na gente e pensamos que ficaríamos perdidos na Dinamarca, sem saber o que falar para o motorista.

Então, eu tive uma "iluminada ideia" de dizer para o taxista (ou pelo menos tentei) para ele ir em todos os Hotéis Scandic que ele conhecia, um por um, até que pudéssemos identificar qual era o correto. Fato é que, depois desse dia, eu aprendi a nunca mais sair de um hotel no exterior sem levar comigo um cartão com o nome e endereço de onde estou hospedado.

De qualquer forma, tudo acabou bem. Logo no terceiro hotel que o motorista nos levou, reconhecemos o local e percebemos que estávamos no lugar correto, para o nosso grande alívio.

Depois de um pequeno susto e de uma grande aventura, retornamos furtiva e despercebidamente para os nossos quartos, felizes, realizados, certos de que aquilo era apenas o começo de uma grande amizade e de que ainda tínhamos muito para contribuir para a natação brasileira.

A volta para Joinville foi bastante comemorada. Família, amigos e a imprensa me aguardavam no salão de desembarque do Aeroporto de Joinville. Depois de muitas fotos, abraços e algumas entrevistas, retornamos para casa.

A animação era muito grande e os meus pais queriam festejar essa grande conquista. Afinal, eles precisavam saber tudo sobre a minha primeira viagem e competição internacionais, e eu realmente estava animado para detalhar tudo o que havia vivenciado.

De toda essa experiência, é uma pena que, naquela época, não era comum as pessoas terem câmeras fotográficas digitais, filmadoras ou smartphones. O iPhone seria inventado apenas nove anos depois, em 2007. E, por essa razão, infelizmente, não temos qualquer registro filmográfico do evento. Realmente uma dó, pois eu gostaria muito de rever aquelas emocionantes provas, principalmente o revezamento 4 x 100 metros medley medalha de ouro.

30

No Brasil, inevitavelmente, o atleta de alto rendimento se depara com um sério e importante dilema quando chega aos 17, 18 anos. Seja por uma pressão familiar, pessoal ou da sociedade, ele tem de tomar uma decisão: conciliar ou não o esporte com o estudo superior? É algo que eu costumo chamar de "encruzilhada universitária".

Diferentemente do sistema americano, no Brasil, esporte e educação não andam de mãos dadas. Dificilmente você encontrará uma universidade ou faculdade que estimule a prática esportiva de alto rendimento durante o curso superior. Ou, ainda além, é difícil achar alguma instituição que não apenas estimule, mas tenha uma equipe em determinada modalidade e dê ao estudante o financiamento necessário para que ele exerça a "profissão" de atleta com a tranquilidade e a certeza da graduação ao fim do curso.

Assim, quase todos os atletas, quando chegam à idade universitária, passam a sentir uma grande pressão sobre o futuro e sobre a necessidade de conciliar os estudos com o esporte de alto rendimento. Sabemos que não é fácil, ainda mais quando se olha para as universidades públicas (federais), que necessariamente exigem extrema dedicação ao estudo para que o acadêmico alcance as notas suficientes que deem a ele a oportunidade do ingresso ao ensino superior de qualidade e gratuito.

Então, fica a questão: é possível conciliar o esporte de alto rendimento com o ensino superior? No público, é muito difícil. Contudo, no particular, é possível, sim. Ou, pelo menos, há mais facilidade. Entretanto, a instituição, um filantropo ou o governo precisam fazer a contrapartida, provendo bolsas de ensino de 100%.

No meu caso, uma parte do curso foi custeada pelo meu pai e outra parte, por meio de uma bolsa. Dessa forma, além do incentivo familiar para a conclusão de um aprendizado superior, a faculdade que escolhi para fazer a minha graduação em Direito me agraciou, durante um determinado tempo, com uma bolsa para que eu a representasse nos Jogos Jurídicos do Estado de Santa Catarina[33].

No modelo de educação domiciliar que recebi, existia uma certa norma: para se tornar alguém no mundo, a pessoa deveria, obrigatoriamente, terminar um curso superior e ter em mãos um diploma.

Eu não acho que esse pensamento esteja errado. Muito pelo contrário, acredito fortemente que o estudo ainda é o melhor caminho para o sucesso profissional de alguém. Mas não necessariamente a conclusão de um curso superior é garantia de sucesso. Há, sim, casos de sucesso nos quais não há nenhuma participação do diploma.

O que me deixa extremamente chateado é que, no Brasil, não temos esse binômio educação/esporte fortemente ligado, assim como vemos nos Estados Unidos, de forma que o atleta é, muitas vezes, visto como preguiçoso ou inapto para o estudo superior. Ou, ainda, há quem diga que o estudo pode interferir no treinamento, tirando o foco do atleta e o tempo útil dele nos treinos.

Ora, se isso fosse verdade, os Estados Unidos não seriam a principal potência esportiva do mundo. A grande diferença é que lá a universidade vai atrás dos bons atletas, não o contrário. Você é incentivado a estudar conciliando com os treinos e, inclusive, pode ser excluído do time se não tiver boas notas. Se você vai mal nos estudos, a instituição ajuda, fornecendo um tutor e flexibilidade para realização de provas e trabalhos. Além disso, toda universidade americana tem moderníssimos locais para treinamento desportivo e preparação física. Eu diria que é até difícil um atleta não ter bons resultados, se for recrutado por uma boa universidade naquele país.

Ocorre que, no Brasil, um atleta que busca uma vaga olímpica precisa de muito tempo de treino e descanso e, por fim, acaba não priorizando o estudo ou alegando que não há tempo para uma eventual dedicação.

E é por essa razão que, em terras tupiniquins, o atleta, via de regra, precisa fazer uma escolha: continuar treinando para chegar ao objetivo olímpico ou dividir os preciosos tempo e foco com a universidade?

Às vezes, um promissor e jovem atleta pode abrir mão do esporte para correr atrás do sonho de ser médico. Ou, ainda, um excelente advogado pode abandonar a faculdade para tentar uma vaga olímpica. Mas por que não fazer ambos? No mundo ideal, os dois institutos

---

[33] Espécie de competição multidesportiva entre faculdades e universidades de Direito do estado de Santa Catarina, permitindo apenas a participação de atletas que estejam cursando o curso.

deveriam caminhar juntos com extrema harmonia. E, depois de conquistar o mundo com medalhas, o atleta contribui sendo um excelente profissional.

Eu nunca fui um aluno nota 10. Mas também não era dos piores. Ficava sempre um pouco acima da média, o suficiente para passar de ano diretamente, aprender e absorver razoavelmente os ensinamentos passados pelos professores que tive ao longo dos anos.

Como já mencionei, a única grande exigência do meu pai para eu continuar sendo um atleta de alto rendimento era que permanecesse estudando. A dedicação e o empenho na natação na busca pelo meu sonho de ser um atleta profissional estava diretamente ligada à matrícula estudantil.

Foi por isso que, em 1997, prestei vestibular para o curso de Direito. Não tinha muita certeza do que queria fazer, mas optei por seguir os passos do meu velho. Parecia algo sensato e seguro de se fazer. Assim, fiz as minhas inscrições para os vestibulares de duas universidades públicas, a Universidade Federal de Santa Catarina (Ufsc) e a Universidade Federal do Paraná (UFPR), e duas privadas, a PUC-PR e a Faculdade de Direito de Joinville (FDJ).

A opção pela FDJ (mais conhecida por Associação Catarinense de Ensino — ou simplesmente ACE) tinha alguns motivos especiais: 1) Ficava em Joinville e, por isso, eu não precisaria mudar de técnico; 2) Foi a faculdade na qual o meu pai se graduou, na primeira turma de Direito, em 1985; e 3) Era a única que oferecia a opção do curso de Direito noturno, algo que facilitaria a execução dos meus horários de treinamento, não se tornando um concorrente direto.

Obviamente, pelo simples fato de eu não ser um estudante aplicado, não passei nos vestibulares para as universidades federais (Ufsc e UFPR). Não havia estudado o suficiente para isso e nem era um gênio para ter sucesso sem a devida preparação.

No que diz respeito às entidades de ensino particulares, fiz o teste para a PUC-PR, de Curitiba, apenas por fazer, pois, no fim das contas, eu nem queria me mudar para o Paraná. A ideia de estudar em Joinville me parecia muito melhor, como dito, tanto no quesito comodidade, como nas questões dos horários de treinos e manutenção do meu técnico.

Na verdade, após prestar o vestibular para as federais e para a PUC do Paraná, eu achava que não tinha muita chance de passar em lugar algum e não estava mais com disposição para pensar em faculdade. Achava, dentro da minha ilusória e ingênua experiência de vida, que o esporte bastaria. Lembro-me de que, no dia marcado para a prova da ACE/FDJ, um domingo, eu estava fazendo um churrasco com os meus pais. Depois do almoço, me deitei para tirar um cochilo quando, de repente, meu pai teve um lampejo e percebeu que aquele era o dia da bendita prova.

Os portões se fechavam às 13h55, e já passavam alguns minutos das 13h quando o meu pai me obrigou a levantar do sofá, trocar de roupa e pegar uma caneta. Eu tentei dissuadi-lo da ideia, dizendo que não havia mais tempo hábil para chegar ao local de prova e não tinha como eu prestar o vestibular naquele dia. Mas, claramente, não tive êxito. Ele me obrigou a entrar no carro e me fez entrar no local de provas poucos segundos antes do fechamento dos portões.

Aliás, há quem diga que eu cheguei um minuto após o fechamento dos portões. Mas, como o fiscal era um amigo do meu pai de longa data e o havia reconhecido da época da primeira turma de Direito naquela faculdade, fez "vista grossa" e ajudou o meu pai (e a mim), permitindo o meu ingresso ao pátio da faculdade mesmo depois do horário, me dando a chance de prestar o vestibular.

Por essa atitude, sou eternamente grato ao meu pai. Pois foi exatamente nessa última tentativa que obtive sucesso, passando no vestibular para Direito. Algo que me deu a oportunidade de fazer um curso superior, conhecer pessoas incríveis, aumentar o meu conhecimento a respeito do mundo e dar a oportunidade de ser o advogado que sou atualmente.

Hoje, sou graduado, aprovado no exame da Ordem e advogado pela OAB/SC, fazendo desse ofício uma paixão e a minha fonte de subsistência. Claro, aquela não seria a minha única chance e, obviamente, eu poderia tentar no ano seguinte. Mas, se eu empurrasse essa missão para o outro ano, tudo poderia ser diferente, e talvez eu realmente desistisse dos estudos. Afinal, três anos depois, eu me tornaria um nadador olímpico, com um bom patrocinador.

Por fim, mesmo um pouco a contragosto, o pré-requisito do meu pai havia sido cumprido e, a partir do ano seguinte (1998), eu efetivamente passaria a ser um estudante universitário, com vistas à graduação no bacharelado de Direito.

31

Após o Multinations, na Dinamarca, eu amadureci muito. Havia me tornado um atleta mais consciente em diversos aspectos: capacidade física, percepção técnica, compreensão psicológica e discernimento sobre o real alcance dos objetivos traçados e almejados. Nesse último, talvez a mais importante evolução da minha consciência atlética e esportiva, naquele momento.

Afinal, ainda que a minha percepção técnica estivesse incrementada, eu ainda evoluiria mais nesse aspecto e, nesse momento, o mais importante era eu saber o que queria fazer e onde gostaria de chegar. Ter um objetivo cristalino, agora, seria mais importante do que nunca. A noção sobre o meu potencial havia escalado alguns degraus e eu estava muito mais confiante naquilo que poderia desempenhar no esporte.

Assim como em 1996, quando vi um atleta da minha idade ser o melhor do país nos 200 metros peito, eu agora também presenciaria outro, de 18 anos, fazendo tempos que o colocariam próximo à final B dos Jogos Olímpicos.

Aliás, no esporte de alto rendimento, autoconfiança é um atributo muito importante que o atleta deve possuir e dominar. Aquilo que pode aparentar prepotência ou arrogância, para alguns, na verdade, se mostra como uma excelente vantagem que o atleta pode ter ao seu favor, principalmente nos momentos de mais pressão.

Muitas vezes, a confiança e a certeza na minha performance como atleta (quando bem treinando) eram tão elevadas que nada tirava o meu foco e a minha concentração. Eu não ficava nervoso (talvez apenas um pouco) e dificilmente pensava que não teria sucesso. Se era uma meta, eu nadava em busca dela com a certeza de que seria possível. Eu simplesmente sabia que, ao subir no bloco, nadaria bem e, possivelmente, melhoraria os meus tempos. Chegar na frente dos meus adversários era importante, mas relativo. Havia momentos em que nem sempre era a vitória que interessava, mas, sim, a quebra de uma marca pessoal, o que significava muito mais.

Nada melhor do que uma sequência de bons resultados para elevar a confiança do atleta. Depois de voltar da Dinamarca com duas medalhas e uma grande experiência na bagagem, os próximos desafios traçados para aquele ano se tornavam ainda mais interessantes.

Os Campeonatos Brasileiros de categoria de 1998 (Troféu Tancredo Neves e Troféu Júlio Delamare) estavam no nosso radar e eram verdadeiramente importantes. O objetivo, nesses casos, era, efetivamente, a vitória. Chegar na frente de todos da minha idade era a meta traçada para ambas as competições.

Mas o nível de confiança se mostrava tão elevado que, depois de voltar da Europa, passamos a encarar a participação no Troféu Brasil como uma meta clara e plausível. Nessa competição, o objetivo, obviamente, não era a medalha de ouro, mas, sim, uma vaga na final e a melhora de tempos.

É importante ressaltar que as minhas participações em tantos campeonatos nacionais, em 1998 (todos com necessidade de passagem aérea e hospedagem), somente foram possíveis pelo patrocínio que eu havia firmado com a FENABB. Diga-se de passagem, foi o ano em que eu mais competi nacionalmente sem ter um clube grande (ou patrocinador) por trás dando suporte. Consegui nadar os quatro torneios nacionais (Tancredo, Delamare, Troféu Brasil e Finkel), todos defendendo o nome e as cores do Joinville Tênis Clube.

Como já expliquei, a categoria júnior era dividida em duas, sendo que, em cada, o atleta permanecia por dois anos: júnior 1 (16 e 17 anos) e júnior 2 (18 e 19 anos).

Diferentemente do ano anterior, quando eu estava no segundo ano da júnior 1, dessa vez, eu iniciava 1998 como calouro da júnior 2. Mas o que isso significaria e impactaria na minha performance? Diretamente, nada. Indiretamente, olhando para os adversários, um pouco.

Como já havia ocorrido em 1996, nos Nacionais de categoria de 1998, eu teria de encarar atletas um ano mais velhos (nascidos em 1979), com mais experiência, mais bagagem de treino e melhor capacidade física e muscular. Um ano antes, nos Campeonatos Brasileiros de 1997, eu nadava contra atletas nascidos em 1980 e 1981. Contudo, no ano seguinte, disputaria com nadadores nascidos no mesmo ano que eu, em 1979. Dessa forma, seria inevitável que eu tivesse de competir contra atletas mais velhos, que ainda não conhecia.

Dentre os quatro principais objetivos do ano, esse cenário estaria presente em duas oportunidades: nos Troféus Tancredo Neves e Júlio Delamare. Já no Troféu Brasil e no José Finkel, não faria qualquer diferença, pois eram competições absolutas ou open, ou seja, abertas para atletas de qualquer idade, sem distinção.

Os principais objetivos estariam, então, distribuídos dessa forma no nosso calendário de 1998:

---

1 — Campeonato: 15° Troféu Tancredo Neves

Local: Rio de Janeiro (RJ)

Data de início: 19 de junho de 1998

Piscina: olímpica (50 metros)

2 — Campeonato: 38° Troféu Brasil

Local: São Paulo (SP)

Data de início: 6 de agosto de 1998

Piscina: olímpica (50 metros)

3 — Campeonato: 38° Jogos Abertos de Santa Catarina

Local: Joaçaba (SC)

Data de início: 12 de outubro de 1998

Piscina: semiolímpica (25 metros)

4 — Campeonato: 18° Troféu Júlio Delamare

Local: Porto Alegre (RS)

Data de início: 6 de novembro de 1998

Piscina: olímpica (50 metros)

5 — Campeonato: 26° Troféu José Finkel

Local: Rio de Janeiro (RJ)

Data de início: 20 de dezembro de 1998

Piscina: semiolímpica (25 metros)

Contudo, antes do primeiro grande objetivo da temporada, eu ainda nadaria um torneio estadual de velocidade, trazendo para o Joinville Tênis Clube duas medalhas de ouro e o recorde estadual absoluto no peito:

Evento	Data	Prova	Piscina	Final	Col.
Fita Azul de Velocidade	1/4/1998	50m borboleta	25m	26s33	1º
Fita Azul de Velocidade	1/4/1998	50m peito	25m	29s39	1º

De volta ao calendário principal, em junho de 1998, logo no primeiro grande desafio do ano após o Multinations, e para o nosso total desgosto, sentiríamos na pele como seria disputar com atletas mais experientes. Claro que amargar derrotas nunca é fácil, mas, sem dúvida, seria algo com o qual teríamos de conviver, enfrentar, superar e usar como motivação para nadar ainda melhor.

Em junho, no Troféu Tancredo Neves, nos deparamos, em ambas as provas (100 e 200 metros peito), com um desses nadadores mais experientes: Márcio Albuquerque. Ele era um grande atleta, especialista nas provas de peito e medley, que já vinha se destacando alguns anos antes e detinha recordes nacionais nas categorias júnior 1 e 2.

Logo nos 100 metros peito, prova na qual achávamos que seria possível quebrar a barreira de 1min07s, não consegui melhorar a minha melhor marca pessoal. Mesmo assim, me classifiquei para a final com o melhor tempo das eliminatórias (1min07s44). Na briga pelas medalhas, no entanto, não consegui segurar o Márcio e, na batida de mão, por apenas 11 centésimos, fiquei em segundo lugar: 1min07s13 x 1min07s24.

Já nos 200 metros peito, não havia, da nossa parte, tanta expectativa, de forma que o vice-campeonato acabou sendo um resultado bem positivo, novamente chegando atrás do Albuquerque — contudo, na frente do grande especialista da prova, Diogo Yabe.

Troféu Tancredo Neves 1998 – Rio de Janeiro (RJ) 100 metros peito – Final				
1º	Márcio Albuquerque	1979	Flamengo	1min07s13
2º	**Eduardo Aquiles Fischer**	**1980**	**JTC/SC**	**1min07s24**
3º	Rafael Leonel Bardi Alves	1980	APAPRP/SP	1min08s17

Troféu Tancredo Neves 1998 – Rio de Janeiro (RJ) 200 metros peito – Final				
1º	Márcio Albuquerque	1979	Flamengo	2min24s70
2º	**Eduardo Aquiles Fischer**	**1980**	**JTC/SC**	**2min27s29**
3º	Denis Pacheco da Costa	1980	AESJ/SP	2min28s53
4º	Diogo de Oliveira Yabe	1980	LCC/PR	2min28s66

Entretanto, ainda que não nadando para as minhas melhores marcas, abocanhei duas medalhas de prata e, apesar de ter perdido os 100 metros por muito pouco, não havia ficado tão chateado com os resultados. Afinal, o objetivo principal havia mudado e, agora, passaria a ser o Troféu Brasil, em agosto. Além disso, eu ainda não estava completamente "polido[34]".

Dentre os esportes individuais, eu considero a natação um dos mais extenuantes, principalmente no que diz respeito aos treinamentos, exigindo muito esforço psicológico do atleta durante a fase de preparação. Os atletas de natação treinam severamente (volume e intensidade)

---

[34] "Polimento" ou "tapering" nada mais é do que a redução das cargas de treinamento visando uma otimização da performance nos dias anteriores a uma importante competição. O polimento, na natação, consiste em um período de redução brusca na intensidade e no volume de treinamentos, visando a recuperação e o descanso muscular. Esse polimento vem depois de um macrociclo de treinos muito fortes e tem o objetivo de deixar o atleta pronto para, no dia da prova principal daquela temporada, se mostrar em condições 100% ideais para a explosão física e o perfeito desempenho atlético. Nesse período de treinamento intenso, as dores são constantes e os músculos ficam cansados e machucados, com microfissuras. Por isso, dificilmente se consegue as melhores marcas durante esse ciclo de trabalhos exaustivos. Para que os melhores resultados aconteçam e os nadadores consigam melhorar os recordes pessoais, antes da competição principal, precisam de um período de treinos mais leves, com menor volume e menos intensidade, para que a musculatura possa se regenerar do desgaste acumulado e ficar apta para transferir na água mais potência, explosão, velocidade e resistência. Esse período de redução é chamado de polimento.

durante meses (às vezes, um ano inteiro), visando uma única competição, uma única prova que, muitas vezes, não dura nem mesmo um minuto.

Geralmente, tínhamos dois polimentos por ano, um no primeiro semestre, visando as competições que ocorreriam até julho ou agosto, e outro no fim do ano. Para o primeiro semestre de 1998, o polimento estava programado de olho no Troféu Brasil. Por essa razão, consideramos os resultados do Tancredo Neves promissores e proveitosos. A tendência era sempre se sentir melhor depois do bendito polimento.

No entanto, antes de ir para a preparação com vistas ao Troféu Brasil, eu nadaria o Estadual de Inverno, em Santa Catarina, com resultados interessantes, inclusive com direito à melhor marca pessoal nos 100 metros peito.

Evento	Data	Prova	Piscina	Final	Col.
Catarinense de Inverno	1/7/1998	100m borboleta	50m	57s39	1º
Catarinense de Inverno	1/7/1998	100m peito	50m	1min03s95	1º
Catarinense de Inverno	1/7/1998	200m medley	50m	2min11s94	1º
Catarinense de Inverno	1/7/1998	200m peito	50m	2min22s95	1º

Tudo parecia caminhar bem com o planejamento e os treinos, visando a estreia no campeonato mais importante do país, o Troféu Brasil. Não tinha como negar que existia uma expectativa muito boa para a competição, visto que, mesmo sem estar 100% polido, os resultados nas competições do primeiro semestre haviam sido bons. Era apenas uma questão de relaxar e colocar todo o treinamento em prática.

32

Havíamos começado bem o primeiro semestre de 1998 e os resultados haviam sido animadores, mas seria logo no início do segundo semestre que o verdadeiro desafio estaria por vir. Afinal, seria a minha primeira participação em um Troféu Brasil, nada mais nada menos, do que a competição mais forte e mais importante do país.

Esse seria um TB[35] de "entressafra". Ou seja, não era realizado no ano pós-olímpico (Atlanta-1996) e não era no de Pan-Americano, que ocorre sempre no ano antes da Olimpíada. Além disso, o Campeonato Mundial de Esportes Aquáticos em Perth, na Austrália, havia ocorrido em janeiro de 1998.

Ou seja, trocando em miúdos, era um TB que não seria seletiva para nenhum outro campeonato internacional mais importante, mas, sim, uma aferição de uma possível nova safra de nadadores com vistas ao Pan de Winnipeg (CAN), em 1999, e, principalmente, aos Jogos Olímpicos de Sydney, em dois anos.

O que descobriríamos bem depois, até de forma espantosa, foi que o TB de 1998 serviria para selecionar os atletas que participariam da etapa brasileira da Copa do Mundo de Natação da Fina[36]. Seria a primeira vez que o Brasil sediaria uma etapa dessa competição, que tinha um formato bem diferente e peculiar.

Para nós, inicialmente, o fato de ser seletiva ou não pouco importava. Esse não era nem o foco, nem a meta, e ainda não tínhamos pretensão de sermos convocados para uma seleção brasileira principal. Então, chegamos em São Paulo sem grandes ambições, além de nadar bem e ajustar a "mira" na busca por uma final.

---

[35] Sigla para Troféu Brasil, comumente utilizada entre os nadadores.

[36] A Copa do Mundo de Natação é uma competição internacional, originariamente em piscina curta (25m), realizada em etapas espalhadas pelos continentes e organizada pela Federação Internacional de Natação. Lançada em 1988, reúne nadadores em uma série de encontros de dois dias em datas determinadas no segundo semestre. Atualmente, ocorre em nove locais, no Oriente Médio, na Europa e na Ásia, distribuindo um total de prêmios que chega a US$ 2,5 milhões.

Indubitavelmente, melhorar a marca pessoal era sempre um dos objetivos, não importava a competição. Depois de cravar, nos 100 metros peito, o tempo de 1min07s24, na piscina longa (no Brasileiro Júnior – Tancredo Neves), e 1min03s95, na curta (Campeonato Catarinense), a meta era nadar próximo de 1min06s65, o tempo que eu havia feito na Dinamarca no revezamento 4 x 100 medley de ouro do Brasil no Multinations Youth Meet.

Lembro-me de me sentir tranquilo nessa competição, psicologicamente falando. Não havia uma pressão específica. Qualquer resultado seria satisfatório, pois era uma estreia em Troféu Brasil. Caso, eventualmente, atingisse uma final B, eu seria azarão e não teria nenhuma responsabilidade de bater na frente dos melhores nadadores de peito do Brasil.

Além disso, como eu já disse, não era uma competição seletiva, pelo menos até onde sabíamos. Nem sequer passava pela nossa cabeça que a convocação da etapa brasileira da Copa do Mundo sairia justamente dessa competição. E, ainda que soubéssemos, não era palpável naquele momento.

Naquele TB, me recordo de que os grandes nomes no nado peito eram Alan Pessotti, Marcelo Tomazini, Oscar Godói, Guilherme Belini, Rogério Karfunkelstein e Fábio Mauro da Silva. Eles eram a nata do estilo no país, e era muito provável que a vaga para quem representaria o Brasil no Pan de Winnipeg e na Olimpíada de Sydney seria disputada entre eles.

Teoricamente, até mesmo o meu contemporâneo Augusto Celso tinha mais chances de entrar na final do que eu. Afinal, ele havia feito um tempo muito bom em Goiânia, um ano antes, que o colocava entre os oito melhores do país.

Ao olhar o balizamento (inscrições das provas), fizemos algumas contas e percebemos que, para entrar na final, definitivamente, eu teria de nadar um pouco melhor do que na Dinamarca. Com esse pensamento, fui em direção ao banco de controle, onde os atletas se apresentavam para fazer uma espécie de *check-in* e aguardar o momento de ir para a baliza na série.

Eu estava escalado para nadar na raia 6 da quarta e última bateria eliminatória dos 100 metros peito, ao lado do Guto, na raia 5. O grande destaque dessa série era o Alan Pessotti, na raia 4, que havia feito, no TB de um ano antes, um espetacular tempo de 1min03s64. Por essa razão, liderava o ranking nacional.

Guilherme Belini, outro grande nadador de peito dos anos 90, por algum motivo, do qual não me recordo, estava sem tempo de inscrição e, por isso, havia sido balizado na primeira série. E, logo de cara, marcou 1min05s72. Inevitavelmente, comecei a perceber a "batata assando" no meu colo. Talvez, de fato, fazer 1min06s não seria suficiente para entrar na finalíssima.

A segunda série foi vencida por Fábio Mauro, com os mesmos 1min05s72 de Belini, e a terceira teve como vencedor Marcelo Tomazini, com 1min04s20. Quando o Tomazini bateu na borda, eu já estava atrás da baliza, aguardando a autorização do árbitro para subir no bloco.

Se eu disser que me lembro de todos os mínimos detalhes dessa prova, estaria mentindo. Mas o que me recordo, mesmo, foi de subir no bloco determinado a melhorar o meu tempo. Para isso, tinha de chegar na frente do Guto e muito próximo do Pessotti. Simplesmente, fiz a prova do jeito que havia treinado, imprimindo uma passagem consistente, mas conservadora, guardando um pouco de energia para o fim. Na "volta[37]", quando observei a linha no chão delimitando o meio da piscina, me dei conta de que faltavam apenas 25 metros. Foi quando comecei a acelerar e, para a minha total surpresa, ultrapassei todos que estavam na minha frente.

Aliás, essa passou a ser a minha "assinatura" na prova dos 100 metros peito. Eu sempre guardava um pouquinho de gás para o fim e acabava sempre tendo os 25 metros finais mais rápidos do que todo mundo. Depois de um tempo, muitos passaram a me conhecer por essa característica, e o meu treinador sempre falava para as pessoas: "Espere para ver o fim de prova do Eduardo. Se os adversários não tiverem uma boa vantagem sobre ele até os últimos 25 metros, a prova é dele. O guri chega atropelando".

De fato, esse dia foi bem marcante no quesito estratégia, pois eu realmente havia segurado a ansiedade para ter certeza de que nadaria bem no fim da prova.

Quando bati no placar, custei a entender que havia vencido a série. Percebi que o primeiro lugar havia feito 1min05s74, mas, nos primeiros instantes, não me dei conta de quem havia conquistado esse tempo.

Na verdade, acho que custei a entender o placar. Nas competições estaduais, nós tínhamos apenas um "scoreboard" (uma única linha

---

[37] Na natação, se chama de "volta" tudo aquilo que é a segunda metade da prova. Na piscina olímpica, de 50 metros, uma prova de 100 metros é, literalmente, uma ida e uma volta. Dessa forma, quando estamos diante de uma prova de 100 metros, essa volta se traduz nos últimos 50 metros.

de placar eletrônico) e os tempos iam passando, conforme a ordem de chegada.

No Troféu Brasil, havia um "scoreboard" para cada raia, ou seja, eram oito linhas de placar eletrônico, indicando a raia na qual o atleta havia nadado, a colocação na série e o respectivo tempo.

Confesso que essa dinâmica nova, pelo menos para mim, me deixou confuso. Eu não conseguia compreender nada. Olhava para a sexta linha do placar (ou seja, a raia 6), via o número 1 ao lado, com a indicação do tempo de 1min05s74. Comecei a pensar se não havia ocorrido algum erro. Ou eu, realmente, havia vencido a série e feito esse supertempo?

Depois de alguns segundos e da vibração do Ricardo na arquibancada, caiu a minha ficha e percebi, meio cético e um tanto quanto espantado, que eu realmente era o vencedor da série. E o melhor: com uma marca que me classificava para a final!

A título de comparação, em 1996, no TB que era seletiva olímpica para os Jogos de Atlanta, a medalha de bronze ficou com Marcos Medeiros, marcando 1min05s42 (prova vencida, na ocasião, pelo Pessotti, com 1min04s93).

Transbordando de felicidade pelo excelente resultado, fui ao encontro do Ricardo para dividir a alegria com ele. Afinal, ele tinha grande parcela do crédito nesse feito. Dei um abraço nele, já perguntando se realmente eu havia passado para a final. Eu ainda não acreditava.

Com a adrenalina a mil, eu mal podia me conter dentro de mim mesmo. Alguns dos outros atletas mais experientes estavam tentando entender quem era o moleque que havia vencido a última série, deixando o atual campeão e recordista brasileiro para trás. Fato é que nenhum veterano gosta de um novato incomodando e chegando muito perto. Eu sabia que não era uma ameaça direta ao Tomazini, mas, para o terceiro colocado, eram apenas dois centésimos que nos separavam.

Troféu Brasil 1998 – São Paulo (SP) 100 metros peito – Eliminatórias		
1	Marcelo Augusto Tomazini	1min04s20
2	Fábio Mauro da Silva	1min05s72
3	Oscar Godói	1min05s72
4	Guilherme Belini	1min05s72
5	**Eduardo Aquiles Fischer**	**1min05s74**
6	Augusto Celso da Silva	1min06s08
7	Rogério Decat Karfunkelstein	1min06s10
8	Luciano José Torres Galindo	1min06s35

Com esse resultado, eu me colocava na raia 2 da final A do Troféu Brasil de 1998. Na primeira vez em que eu disputava aquele torneio na vida, venci a última série ao lado do melhor velocista de peito do país. Era surpreendente e inesperado.

Na final, não tinha como eu não estar empolgado, e era inevitável que não pensasse na possibilidade de um pódio. Afinal, a disputa pelas medalhas de prata e bronze estava muito acirrada. Eram quatro atletas praticamente empatados com o mesmo tempo, em busca de um lugar no pódio. Havia, inclusive, transmissão da televisão, pelo canal SporTV, e isso apenas me deixava mais ligado e na expectativa de melhorar ainda mais o meu tempo.

A prova foi, realmente, muito emocionante. Com exceção do Tomazini, que venceu de ponta a ponta com uma boa margem, os outros quatro atletas disputaram acirradamente as medalhas, sendo que a diferença da prata (de Karfunkelstein) até o quinto lugar (eu) foi de apenas 35 centésimos. O bronze escapou dos meus dedos por míseros 19 centésimos, algo que eu aprenderia ser muito comum na natação de alto rendimento. Entretanto, fechar a prova como quinto melhor nadador de peito de todo o Brasil não me deixava nada triste, ainda mais com um tempo incrível para a minha idade: 1min05s57.

Pessotti, o atual campeão e recordista da prova, não nadou muito bem nas eliminatórias (1min06s38) e ficou fora da final, deixando o caminho aberto para a consagração do Tomazini, que venceu facilmente com 1min04s48.

Troféu Brasil 1998 – São Paulo (SP) 100 metros peito – Final		
1 Marcelo Augusto Tomazini	Pinheiros (SP)	1min04s48
2 Rogério Karfunkelstein	Fluminense (RJ)	1min05s22
3 Oscar Godói	Pinheiros (SP)	1min05s38
4 Guilherme Belini	AESJ/Banespa (SP)	1min05s51
5 Eduardo Aquiles Fischer	**JTC (SC)**	**1min05s57**
6 Fábio Mauro da Silva	Pinheiros (SP)	1min06s09
7 Luciano José Torres Galindo	AESJ/Banespa (SP)	1min06s92
8 Augusto Celso da Silva	Pinheiros (SP)	1min08s00

De quebra, com esse resultado, me coloquei entre os melhores 40 índices técnicos da competição (o que fui descobrir só depois), garantindo uma convocação para a etapa brasileira da Copa do Mundo da Fina. Definitivamente, as coisas não paravam de melhorar.

Não tinha como negar que a minha ascensão estava sendo um tanto quanto meteórica. De um completo desconhecido (vice-campeão brasileiro júnior), passei a ser o quinto melhor nadador de peito do Brasil, convocado para uma Copa do Mundo, com reais chances de brigar pelo pódio nacional absoluto em um futuro bem próximo.

Aliás, a edição do *Swim It Up!*, o periódico sobre o qual comentei anteriormente, organizado e impresso por Julian Romero[38], como sempre estava muito completa, bem elaborada e informativa, sendo largamente consumida pela comunidade aquática do Brasil. Trazia a seguinte matéria:

---

[38] Julian Romero tem uma enorme importância para a natação competitiva do Brasil. Ex-atleta e jornalista formado pela Universidade Estadual de Londrina, em 2002, escreve sobre natação desde 1996, levando informações e resultados aos quais ninguém tinha acesso a centenas de nadadores e treinadores. Fundou o *Swim It Up!*, no mesmo ano de 1996, juntamente com o irmão multiolímpico, Rogério Romero, um site e um jornal mensal sobre natação com circulação nacional. O trabalho e a dedicação dele foram fundamentais para a confecção deste livro. Atualmente, reside no Canadá e trabalha como webmaster para atletas e federações de natação.

Resumo do Troféu Brasil de Natação 1998 (reportagem publicada na edição número 22 do "Swim It Up!" impresso):

PROVAS DE PEITO:

Pô, mas foi tudo igual ao ano passado? Negativo! Só no feminino! Marcelo Tomazini (Pinheiros) quebrou uma invencibilidade de Alan Pessotti (Flamengo) nos 100 metros e o recorde brasileiro nos 200 metros (2min20s24, o único recorde brasileiro realmente homologado), fazendo a alegria da "torcida Tomazini", que estava presente no parque aquático, com os familiares e amigos. Mas o russo Grigori Matuzkov (Flamengo) quase estragou a festa. Baixando o seu tempo em sete segundos, ele se tornou uma ameaça ao pinheirense, que foi obrigado a nadar mais rapidamente para ganhar. Grigori deve se concentrar mais nesta prova daqui para diante.

Oscar Godói (Pinheiros) volta novamente ao Brasil, após um ano fora, e consegue o bronze nos 100 metros. O prata da prova foi Rogério Karfunkelstein (Fluminense), que comemorou muito com a torcida.

O catarinense Eduardo Fischer (Joinville), de 18 anos, surpreendeu os experientes e ficou em quinto lugar. No feminino, quem surpreendeu foi a maranhense Ana Zélia Jansen (Nova Onda), que ficou em terceiro nos 200 metros.

Devido à fama do *Swim it Up!* perante a comunidade aquática, o meu nome, ainda que de forma singela, havia sido inserido na história do Troféu Brasil. Obviamente, era uma inserção feita por meio de uma modesta mídia exclusiva e segmentada, mas, ainda assim, estava lá a menção sobre o meu resultado como uma das surpresas da competição. Dali em diante, ninguém mais poderia dizer que não me conhecia.

Apenas a título de informação, eu ainda nadaria os 200 metros peito nesse TB de 1998, me classificando para a final B e terminando a prova na nona colocação geral (ou seja, vencendo essa final B), com o tempo de 2min26s53. Meus dois companheiros de seleção brasileira na Dinamarca, Guilherme Rego e Diogo Yabe finalizaram os 200 metros peito na quinta e sexta colocações, respectivamente, provando que a geração do Multinations de 1998 era realmente muito boa.

Troféu Brasil 1998 (50m) – São Paulo (SP)

200 metros peito – Final A

1º Marcelo Augusto Tomazini – 2min20s24

2º Grigori Matuzkov – 2min20s46

3º Fábio Mauro da Silva – 2min22s72

4º Rafael Leonel Bardi Alves – 2min24s44

5º Guilherme de Morais Rego – 2min24s84

6º Diogo Oliveira Yabe – 2min25s10

7º Augusto Celso da Silva – 2min30s68

Troféu Brasil 1998 (50m) – São Paulo (SP)

200 metros peito – Final B

9º Eduardo Aquiles Fischer – 2min26s53

10º Oscar Godói – 2min27s10

11º Gustavo Martins Lima – 2min28s55

12º Rogério Decat Karfunkelstein – 2min29s97

13º Denis Pacheco da Costa – 2min30s26

14º Luciano José Torres Galindo – 2min31s95

15º Antônio Henrique Barbosa – 2min32s79

16º Alan Massao Nagaoka – 2min32s93

Caso eu estivesse na final A dos 200 metros peito, o tempo de 2min26s53 me deixaria na sétima colocação. Ou seja, mesmo não sendo a minha principal prova, era um bom resultado. Não tanto quanto o alcançado nos 100 metros peito, que haviam sido extraordinários, mas, ainda assim, muito satisfatório.

33

Depois do excelente e inesperado resultado no Troféu Brasil, precisávamos revisar o planejamento e os objetivos. A princípio, retornaríamos para Joinville para treinar com foco em duas outras competições importantes: Júlio Delamare e José Finkel.

O Troféu Júlio Delamare seria a minha terceira participação em um campeonato nacional da categoria júnior de verão e o Troféu José Finkel consistiria na minha segunda vez em um campeonato brasileiro absoluto de piscina curta. Os eventos estavam programados para novembro e dezembro, respectivamente.

Esse era o plano. Contudo, por um excelente motivo, ele teve de mudar. Depois do resultado obtido nos 100 metros peito no Troféu Brasil, como dito, soubemos que a competição era seletiva para a etapa brasileira da Copa do Mundo de Natação de 1998-1999, no Rio de Janeiro.

Assim, recebemos com muita alegria e entusiasmo a informação de que eu havia sido convocado para compor a seleção brasileira principal nessa importante competição. Seria a minha primeira convocação para o time principal do Brasil, com apenas 18 anos. Eu não poderia estar mais feliz.

Segundo o critério, sempre divulgado nas vésperas (muitas vezes, nem divulgado era!), a vaga havia sido adquirida pelo fato de eu ter ficado entre os 40 melhores índices técnicos[39] do Troféu Brasil. A marca de 1min05s57 na final dos 100 metros peito representava uma pontuação absoluta de 866 pontos e me colocava na 37ª colocação na lista de índices técnicos entre todos os participantes daquele campeonato.

---

[39] O índice técnico é uma pontuação criada pela Fina, na década de 80, com intuito de comparar diferentes resultados, de diferentes provas, obtendo um número absoluto que corresponde à performance do atleta (em relação ao recorde mundial). Para calcular a pontuação de um índice técnico (chamado também de Fina points), a Federação Internacional utiliza um tempo-base como referência da pontuação máxima (1.000 pontos). Esse tempo-base é o recorde mundial até 31 de dezembro do ano anterior, para piscina longa (50m), e até 31 de agosto da temporada anterior, para curta (25m). Quanto maior a pontuação, melhor é o resultado comparado ao recorde mundial. A Fina mantém uma página dedicada ao assunto, em inglês: https://www.fina.org/content/fina-points.

Naquela época, eu não entendia nada sobre índice técnico, pontos, critérios, convocações e classificações. Eu apenas sabia que estava sendo convidado a fazer parte da elite da natação do Brasil em um torneio internacional.

Foi uma convocação muito comemorada, algo que, definitivamente, não estávamos almejando tão cedo. Não estava nos planos e jamais imaginávamos que poderia ocorrer naquele ano. Fazer parte da seleção principal era uma das nossas metas, claro, mas para o futuro.

Naquela época, a Copa do Mundo da Fina era realizada em muitas etapas (12) e rodava os cinco continentes durante quatro ou cinco meses, iniciando em novembro de um ano e finalizando em fevereiro do ano subsequente.

Sobre isso, abro um parêntese para elucidar um fato interessante que ajudou a moldar o meu caráter e o meu espírito de atleta de alto rendimento.

Como a Copa do Mundo da Fina seguia o calendário internacional, o circuito não tinha férias em dezembro ou janeiro, pois, no continente europeu e na América do Norte, a temporada estava a pleno vapor. Assim, enquanto clubes, treinadores e atletas do Brasil estavam desacelerando para iniciar um novo ciclo em janeiro, o restante do mundo estava pegando pesado e competindo.

Por essa razão, em algumas oportunidades, para participar de uma etapa do circuito da Copa do Mundo na Europa, por exemplo, que se iniciava logo na primeira semana de janeiro, quem fosse convocado teria de viajar muito próximo da virada do ano. Muitos atletas brasileiros estavam com o planejamento de descansar nesse período e não queriam interromper o que havia sido traçado pelos treinadores para a próxima temporada.

Mas eu não pensava assim. Eu era novo e queria competir sempre que possível, mesmo que, para isso, tivesse de encurtar ou até mesmo pular as férias. Então, quando era chamado em razão das desistências de outros atletas com melhores índices técnicos para ir nadar nas etapas da Europa, da Ásia ou da Oceania, eu nunca recusava. Inclusive, em uma ocasião, tivemos de passar o Réveillon dentro de um avião, literalmente nas alturas. Voando e viajando do Brasil para a Europa.

Mas chegarei lá, em momento oportuno, para contar um pouco mais sobre essas oportunidades que tive de participar de competições internacionais mundo afora.

Voltando para o circuito da Copa do Mundo de 1998-1999 e a minha primeira convocação para a seleção brasileira principal, tudo era novo e sensacional. A etapa para a qual fui chamado era a brasileira, no Rio de Janeiro, na piscina do Vasco da Gama, em São Januário. Seria realizada em novembro de 1998, na primeira vez em que o Brasil recebia uma Copa do Mundo, com organização da própria CBDA. Essa etapa do Rio de Janeiro era a primeira do circuito 1998-1999, que ainda teria mais 11 espalhadas pelos outros continentes, finalizando na Europa, em fevereiro de 1999.

Para as etapas fora do Brasil, o processo de seleção era bem mais rígido, contando com convocação e participação de quatro atletas por nação. Cada país-sede era obrigado a enviar pelo menos quatro representantes para todas as etapas, sendo esse custo integralmente pago pela federação do respectivo país. Por isso, quando o atleta brasileiro era chamado para competir em uma etapa gringa, era obrigação da CBDA custear todas as despesas.

Às vezes, havia mais de quatro atletas do Brasil em etapas no exterior. Geralmente, eram nadadores que custeavam a viagem por conta própria ou por meio da ajuda de clubes e patrocinadores. Ou seja, até poderia haver um ou outro atleta "não convocado oficialmente" nas etapas fora do Brasil, mas esses não tinham o custeio das despesas pela CBDA, nem o "status" de convocado.

Como exemplo, na temporada de 1998-1999, a Alemanha, que tinha Berlim como cidade-sede de uma das 12 etapas, era obrigada a enviar no mínimo quatro atletas ao Brasil. Como contraponto, o Brasil deveria também enviar pelo menos quatro nadadores para Berlim, quando fosse o momento.

Então, para essas etapas, a sistemática de convocação era baseada em uma lista com os dez primeiros índices técnicos do Troféu Brasil, sendo os atletas chamados pela ordem e, em caso de desistência, pulando para o próximo da lista, até fechar quatro nadadores dispostos a competir naquela determinada etapa.

Já para a etapa brasileira, a CBDA custeava as despesas de um número muito maior de atletas, pois as cifras eram menores, tendo em vista que não havia viagens internacionais e gastos em dólar. Assim, a relação de convocados para a Copa do Mundo do Rio de Janeiro contava com 40 nomes.

Os integrantes dessa lista recebiam todo o material (uma mochila com um uniforme, uma sunga, um chinelo e uma toalha), além de gratuidade nas despesas de transporte, aéreo e terrestre, hospedagem e alimentação.

Na condição de ranqueado entre os 40 melhores do país pelo último Troféu Brasil, recebi o referido material, uma passagem de ida e volta (Joinville – Rio de Janeiro – Joinville) e o voucher de hospedagem no hotel oficial da competição, ao lado dos outros 39 atletas do Brasil, inclusive, os meus ídolos Gustavo Borges e Fernando Scherer.

Um tanto quanto tímido, mas sem abandonar a confiança costumeira, cheguei ao Rio para fazer o melhor resultado que pudesse, buscando melhorar a minha melhor marca em piscina curta (que era de 1min03s), tendo em vista a ascensão significativa na longa (1min05s74 feito no Troféu Brasil).

A convivência com outros grandes atletas da natação do Brasil e do mundo me marcou muito. Era a minha primeira experiência desse tipo, na qual eu, o novato, compartilhava transporte, local de alimentação e hospedagem com nadadores renomados e com performances muito melhores do que as minhas.

Foi a primeira vez que vi de perto medalhistas mundiais no nado peito, como Jens Kruppa, da Alemanha, e até mesmo o atual campeão mundial dos 100 metros peito, o sueco Patrik Isaksson.

Apesar de um pouco deslocado (e até assustado), eu não me intimidava muito com os adversários mais experientes, no que dizia respeito à performance pessoal. Eu gostava do desafio, da competição. Afinal, não tinha nada a perder, era apenas um estreante naquele cenário.

No futuro, percebi que sempre que nadava um torneio internacional relevante, tinha uma boa performance e melhorava os meus tempos. Obviamente, eu não sabia disso na época, mas foi algo que também moldou a minha carreira: "Não tenho nenhuma obrigação que não seja nadar bem e fazer o que treinei". Com esse pensamento, quase nada me abalava, nem mesmo a pressão de enfrentar atletas de mais expressão e currículo.

Afinal de contas, o que eu tinha a perder? Eu não era favorito para nenhuma prova, estava ali como calouro, um moleque inexperiente e não devia nada para ninguém. Na verdade, quem tinha a obrigação de vencer eram os adversários mais velhos, fortes e experientes.

Eu estava inscrito nas provas de 50 e 100 metros peito.

A Copa do Mundo tem um formato muito interessante. É um torneio de apenas dois dias, com 17 provas em cada. O programa é o mesmo no primeiro e no segundo dia, mudando apenas a alternância entre masculino e feminino. Por exemplo, se no primeiro dia os homens nadam os 50 e os 200 metros peito, as mulheres nadam os 100 metros peito. No próximo dia, essa ordem se inverte, e as mulheres nadam 50 e 200 metros, e os homens, 100. É bem simples.

Eliminatórias pela manhã, geralmente se iniciando às 10h, e finais à tarde, às 19h. Entre os inscritos, todos nadam pela manhã, e os oito melhores tempos dessa etapa se classificam para as finais. No outro dia, a mesma coisa com as demais 17 provas. Não há revezamentos.

O complexo aquático escolhido para sediar o evento foi o parque aquático do Vasco da Gama, em São Januário. A piscina olímpica havia sido convertida em uma semiolímpica, de 25 metros, com a colocação de uma divisória em formato de passarela no meio. De um lado, ocorria a competição. Do outro, ficava a piscina de aquecimento e soltura.

O palco estava bonito e bem montado, pelo menos para os meus padrões de comparação na época (lembre-se de que eu treinava em uma piscina toda quebrada em Joinville).

Hoje, assistindo ao vídeo que tenho do evento (transmissão do canal SporTV), vejo que as condições da sede não eram tão boas assim e, inclusive, um tanto quanto precárias em relação ao que pude ver lá fora no decorrer da carreira.

Mas, enfim, como diz o ditado: em terra de cego, quem tem um olho é rei. Como eu tinha uma piscina medíocre para treinar, aquela do Vasco se transformava em algo realmente fantástico.

Seguindo o modelo e o programa de provas (que continua o mesmo até hoje), eu tinha, logo no primeiro dia, os 50 metros peito, encarando não apenas os melhores do Brasil (Alan Pessotti e Marcelo Tomazini), mas também do mundo (Jens Kruppa e Patrik Isaksson).

Contudo, como disse, eu realmente não tinha nada a perder e, na primeira queda na água (eliminatórias dos 50 metros peito), nadei para a minha melhor marca pessoal, inclusive, quebrando a barreira dos 29 segundos.

Cravei o tempo de 28s91. Marca suficiente para me colocar entre os oito melhores nadadores daquela prova, garantindo uma vaga na final que ocorreria no mesmo dia, na parte da tarde.

Eu era apenas um moleque, de 18 anos, disputando a minha primeira competição internacional absoluta (lembrando que, na Dinamarca, o Multinations era para a categoria júnior, ou seja, até 18 anos).

Por essa razão, a classificação para a finalíssima já era motivo de muita comemoração. O fato de ter melhorado a minha marca também era fantástico. Contudo, ter a oportunidade de participar da final representava, sem dúvida, a cereja do bolo. Até mesmo porque a competição tinha transmissão ao vivo da televisão para todo o Brasil e eu sabia que isso poderia representar a possibilidade de um patrocínio ou um contrato com algum clube grande.

Eu já havia experimentado um pouco os impactos positivos da transmissão televisiva, quando participei, um ano antes, do Desafio Espetacular, realizado e organizado pela TV Globo. Naquela época, quando ainda não havia YouTube, Twitter, Instagram, Facebook, *streaming* ou outra rede social que permitisse uma transmissão em tempo real, aparecer na televisão era muito importante para o futuro da carreira do atleta. Sabendo disso, eu queria dar o meu melhor e fazer bonito para os milhares de brasileiros que assistiam ao evento.

Mesmo sabendo que chegar ao pódio e conquistar uma medalha era muito difícil, fui confiante para a prova, imaginando que, se eu melhorasse ainda mais o meu tempo, poderia, quem sabe, estar perto dos melhores do mundo. E realmente consegui melhorar ainda mais a minha marca pessoal, conquistando um honroso sétimo lugar, com o tempo expressivo de 28s82, apenas 54 centésimos atrás da medalha de bronze.

Copa do Mundo de Natação 1998-1999 – Rio de Janeiro (RJ)

50 metros peito – Final

1º Jens Kruppa (ALE) – 28s06

2º Patrik Isaksson (SUE) – 28s21

3º Emil Tahirovic (ESL) – 28s28

7º Eduardo Fischer (BRA) – 28s82

Eu estava impressionado. O meu treinador estava impressionado. Acho que muita gente na comunidade aquática brasileira estava impressionada. Um menino do interior de Santa Catarina havia chegado na final de um evento internacional, em sua primeira participação, ficando a apenas poucos centésimos de uma medalha. Eu estava muito orgulhoso de mim mesmo.

No retorno ao hotel, completamente embriagado de felicidade e inteiramente deslumbrado com o resultado, percebi que muitas pessoas, que antes não me notavam, nem sequer dirigiam a palavra a mim, pararam para me cumprimentar e me felicitar pelo resultado de horas antes. A sensação foi incrível! O sentimento de trabalho bem realizado e o prazer em ser reconhecido pelos outros atletas e técnicos era prazeroso e inebriante.

Naquele momento, percebi que era isso que eu queria para a vida. Treinar e competir para buscar um lugar no pódio. Eu me dei conta de que queria muito mais daquela sensação maravilhosa, a sensação de treinar duramente e me superar a cada competição. E disse para mim mesmo que queria melhorar ainda mais e, um dia, quem sabe, subir ao lugar mais alto do pódio daquela tal de Copa do Mundo.

Naquela ocasião, acho que eu havia descoberto o que realmente me fazia feliz e completo. Algo que me dava prazer e emoção. Algo que dava completo sentido para a minha vida: competir em alto rendimento em uma piscina.

Quase sem conseguir dormir direito de emoção e empolgação, logo na manhã seguinte, haveria os 100 metros peito. A prova estava igualmente forte (pelo menos, para os meus parâmetros) e eu sabia que, para entrar na final, precisaria melhorar a minha marca, pois nadar para 1min03s40 (o meu melhor tempo, até então) não me levaria onde eu queria chegar. Eu precisava evoluir.

A autoconfiança e a ausência de medos e receios eram impressionantes. Impulsionado pelo resultado do dia anterior, eu simplesmente pulei na piscina e fiz o que havia treinado, sem pensar em nada que não fosse na minha performance.

Novamente, melhorei consideravelmente a minha marca pessoal, quebrando a barreira de 1min03s e me classifiquei para mais uma final internacional, com o ótimo tempo de 1min02s54. Eu estava novamente "cheio de mim mesmo", achando que melhorar marcas era "fácil" e, na final, eu faria isso de novo. Rumo ao pódio.

Mas o excesso de confiança, se mal administrado, pode ser perverso, em alguns momentos, a ponto de roubar um pouco do foco e da concentração do atleta.

E não deu outra. A confiança em demasia me privou de pensar na estratégia de prova e nos fundamentos técnicos, sendo que competir apenas na garra e na empolgação, às vezes, não é suficiente.

Na final, piorei um pouco o tempo feito nas eliminatórias e cravei 1min02s94, batendo na borda em sétimo lugar novamente. Fiquei atrás do Tomazini, que fez 1min02s87 (mais lento do que eu havia feito pela manhã).

Ainda assim, não havia motivos para desânimo e eu estava satisfeito. As minhas marcas pessoais haviam caído significativamente e eu não estava mais tão longe dos melhores nadadores brasileiros. Aliás, já estava brigando de igual para igual com eles, o que me motivava ainda mais. Além disso, definitivamente, eu havia me colocado no radar da natação de alto rendimento do Brasil.

Pairava uma clara percepção de dever cumprido. De oportunidade não desperdiçada. De certeza de que o trabalho árduo na piscina havia sido feito de forma correta e surtido o efeito esperado. Existia uma confiança de que algo ainda melhor estava por vir na minha carreira como nadador profissional, no qual valia a pena investir e continuar seguindo em frente cada vez mais intensamente.

Copa do Mundo de Natação 1998-1999 – Rio de Janeiro (RJ)

100 metros peito – Final

1° Jens Kruppa (ALE) – 1min01s23

2° Patrik Isaksson (SUE) – 1min01s55

3° Emil Tahirovic (ESL) – 1min01s75

7° Eduardo Fischer (BRA) – 1min02s94

O retorno a Joinville? Sim, mais uma vez, sessão de fotos e entrevistas para os jornais locais. Confesso que já estava até gostando e me acostumando com essa rotina perante a mídia esportiva. Não há dúvida de que era muito bom ser reconhecido pelo trabalho realizado e pelos resultados que eu havia conquistado.

Não era fácil ter reconhecimento em Joinville. Às vezes, não bastava provar o valor com esforço. Era necessário, ainda, pertencer a certas castas (ou famílias). Mas essa é uma das grandes belezas do esporte. Via de regra, não importa o enquadramento social, a raça, a cor da pele, o credo, a orientação sexual ou a religião do atleta. Ganha quem bate na frente! E, de fato, nada mais importa.

O esporte, normalmente, premia quem é mais rápido, faz o movimento mais perfeito, marca o último ponto, dá o último golpe, pula mais alto, joga mais longe demonstra ter mais força... Nada mais, nada menos. As diferenças sociais, no momento da competição, quase sempre são deixadas de lado e não importam para o resultado final.

Mas, ao mesmo tempo em que essa dinâmica torna o esporte espetacular, também faz do alto rendimento algo não muito "inclusivo", digamos assim. Afinal, quem fica fora do pódio, geralmente, não está incluído na festa e na comemoração. No frigir dos ovos, apenas quem ganha é lembrado. Por isso, no esporte, o lema olímpico acabou se tornando a minha meta e nunca me pareceu tão claro quanto naquele momento:

"Citius, altius, fortius."
("Mais rápido, mais alto, mais forte.")

Afinal, era exatamente isso que eu queria fazer e provar para mim mesmo. Ser sempre melhor naquilo que eu me propusesse a fazer, não importando o esforço ou a dor. Eu, dentro da minha "insignificância social", passei a estampar capas de jornais e revistas devido a resultados expressivos para um adolescente de 18 anos.

34

Passada a euforia da primeira convocação para uma seleção brasileira principal, nós tínhamos duas importantes competições no planejamento para a temporada de 1998 e não podíamos perder o foco.

Em novembro, o Campeonato Nacional Júnior (Troféu Júlio Delamare), em Porto Alegre (RS), e, logo após, em dezembro, o Nacional Absoluto de piscina curta (Troféu José Finkel), na cidade do Rio de Janeiro. Depois dos resultados obtidos no Troféu Brasil e na Copa do Mundo, a expectativa era muito boa para ambas as competições.

Em Porto Alegre, finalmente, eu teria a oportunidade de me vingar dos meus dois grandes adversários de categoria: Augusto Celso e Márcio Albuquerque.

Guto havia me detonado em dezembro do ano anterior, no Troféu Júlio Delamare de 1997, quando venceu os 100 metros peito com uma folgada margem de mais de um segundo. Já o Márcio havia tirado das minhas mãos a chance de repetir o feito do Trancredo Neves de 1997, vencendo os 100 metros peito na batida de mãos em agosto de 1998. Agora, eu enfrentaria ambos na mesma prova de 100 metros peito e não tinha a menor intenção de perder ou amarelar. De fato, era uma situação bem diferente e favorável para mim, pois eu vinha de resultados muito positivos. A minha confiança era totalmente outra.

Logo nas eliminatórias, eu já deixei claro que quem teria de correr atrás do prejuízo eram eles, e passei para a final com o melhor tempo entre todos os inscritos:

Eduardo Fischer: 1min05s74

Augusto Celso: 1min06s02

Márcio Albuquerque: 1min07s75

Na final, foi apenas uma questão de controlar a ansiedade, dosar a prova e não deixar os adversários sentirem que podiam vencer. Fiz uma prova consistente e, mesmo piorando um pouco o tempo das eliminatórias (1min06s07), foi o suficiente para bater em primeiro no placar, com uma vantagem de 81 centésimos. Finalmente, pela primeira vez na minha carreira, me consagrei campeão do Troféu Júlio Delamare.

Troféu Júlio Delamare 1998 – Porto Alegre (RS) 100 metros peito – Final		
1	**Eduardo Aquiles Fischer**	**1min06s07**
2	Augusto Celso da Silva	1min06s88
3	Márcio Albuquerque	1min06s89
4	Eduardo Serafini Santos	1min07s42
5	Antônio Henrique Barbosa	1min08s01
6	Felipe Brandão dos Santos	1min09s11
7	Denis Pacheco da Costa	1min09s58

A vitória já seria, por si só, muito comemorada por mim e pelo Ricardo, mas, de fato, bater os meus dois grandes adversários de categoria de uma só vez dava um gostinho ainda melhor para aquela medalha dourada.

Depois do Delamare, nós ainda participaríamos do Campeonato Catarinense e, mais uma vez, consegui nadar bem mesmo cansado, vencendo os 100 metros peito, em piscina curta, com 1min03s38.

O ano estava chegando ao fim e tudo estava caminhando muito bem, com êxito em alcançar quase todos os objetivos da temporada. Mas ainda havia mais um importante torneio para ser disputado, o Troféu José Finkel, em piscina curta, de 18 a 21 de dezembro.

A competição seria realizada na mesma piscina onde eu havia nadado a Copa do Mundo da Fina, algumas semanas antes. E, apesar de muito cansado (a temporada de 1998 estava sendo longa e agitada), eu sabia que ainda tinha alguma lenha para queimar, convicto de que poderia melhorar os meus tempos.

Apesar de não ser um período do auge da minha carreira, ainda assim, o ano foi especial e decisivo. De todas as quedas na água que tive em 1998, talvez em 80% eu tenha melhorado as minhas marcas, acompanhado de resultados expressivos nacionalmente. Era um aproveitamento espetacular para um adolescente de 18 anos. E, para confirmar essa boa estatística no Finkel, eu novamente teria uma melhora pessoal, me tornando, outra vez, uma das surpresas da competição.

Como eu já havia feito um bom tempo em piscina curta na Copa do Mundo, achávamos que poderíamos nadar ainda mais rapidamente, visando, de forma até um pouco ousada, figurar entre os três melhores do país, obtendo um resultado ainda melhor do que aquele conquistado no Troféu Brasil de agosto.

Logo nas eliminatórias, na quarta série ao lado de Oscar Godói (um dos mais premiados nadadores de peito dos anos 90), tive um resultado muito positivo. Ignorei a pressão de enfrentar o terceiro melhor peitista do Brasil e venci a bateria, melhorando a minha marca pessoal em mais de meio segundo, passando para a final com o terceiro melhor tempo.

Troféu José Finkel 1998 – Rio de Janeiro (RJ) 100 metros peito – Eliminatórias			
1	Marcelo Augusto Tomazini	1978	1min01s68
2	Alan Menezes Pessotti	1973	1min01s75
3	**Eduardo Aquiles Fischer**	**1980**	**1min02s41**
4	Fábio Mauro da Silva	1977	1min02s59
5	Gustavo Martins Lima	1975	1min02s74
6	Guilherme Belini	1977	1min02s85
7	Oscar Godói	1974	1min02s92
8	Rogério Decat Karfunkelstein	1976	1min03s30

Foi a minha melhor marca pessoal, mais rápida do que a feita na Copa do Mundo, e, por isso, nós comemoramos muito, ainda mais sabendo que havia reais chances de fazer um pódio naquela competição.

Para isso, a estratégia permaneceria a mesma: passar com força na primeira metade da prova, mas sempre deixando um pouco de energia para os últimos 25 metros, surpreendendo os adversários no fim.

Confesso que eu já estava me acostumando com a pressão de sempre ter de fazer o meu melhor tempo para alcançar os objetivos e, dessa vez, não seria diferente. Nós sabíamos que apenas repetir o tempo das eliminatórias não seria suficiente para garantir o pódio e, por essa razão, eu teria de baixar, mais uma vez, a minha melhor marca.

E para nossa grata surpresa, foi exatamente isso que eu fiz. Para a nossa exultante alegria, fui capaz de me superar, quebrando pela primeira vez a barreira de 1min02s. Em uma prova muito disputada, por muito pouco não belisquei uma medalha de prata, batendo no placar na terceira colocação, com 1min01s84, apenas 30 centésimos de diferença para a prata. Ali, naquele fim de 1998, eu me consagrei, pela primeira vez, medalhista em um campeonato nacional absoluto.

E há quem diga que o moleque Eduardo Fischer, na raia 3 e em terceiro lugar, comemorou mais do que o campeão da prova...

Troféu José Finkel 1998 – Rio de Janeiro (RJ) 100 metros peito – Final			
1	Alan Menezes Pessotti	1973	1min01s13
2	Marcelo Augusto Tomazini	1978	1min01s54
3	**Eduardo Aquiles Fischer**	**1980**	**1min01s84**
4	Fábio Mauro da Silva	1977	1min02s23
5	Guilherme Belini	1977	1min02s72
6	Gustavo Martins Lima	1975	1min02s72
7	Oscar Godói	1974	1min02s89
8	Rogério Decat Karfunkelstein	1976	1min02s99

Realmente, tínhamos muito para comemorar. Havia sido um ano intenso, com muitas competições e muitos resultados positivos. Finalizar como o terceiro melhor nadador de peito do Brasil era, sem dúvida, a cereja do bolo.

Por outro lado, estava claro que eu ainda poderia evoluir mais, e os meus adversários também começaram a perceber isso. Nunca perguntei isso diretamente para ele, mas acho que, depois desse Finkel, o Tomazini passou a perceber que o Fischer seria um adversário frequente nas próximas competições.

E, mesmo não estando nos nossos objetivos, 1999 seria ano de Pan-Americano, algo que, apesar de parecer completamente inatingível, estava muito mais próximo do que poderíamos imaginar.

Resumo dos resultados de 1998:

Evento	Data	Prova	Piscina	Elim.	Final	Col.
38º Troféu Brasil	7/8/1998	200m peito	50m	2min26s81	2min26s53	9º
38º Troféu Brasil	6/8/1998	100m peito	50m	1min05s74	1min05s57	5º
Troféu HSBC - Curitiba (PR)	23/8/1998	100m peito	50m		1min05s98	1º
Copa do Mundo 1998-1999	21/11/1998	100m peito	25m	1min02s45	1min02s94	7º
Copa do Mundo 1998-1999	20/11/1998	50m peito	25m	28s91	28s82	7º
Catarinense de Verão	15/11/1998	100m peito	25m		1min03s38	1º
Catarinense Absoluto	15/11/1998	100m peito	25m	1min03s38	1min03s48	1º
Catarinense de Verão	15/11/1998	200m peito	25m		2min16s76	1º
18º Júlio Delamare	6/11/1998	100m peito	50m	1min05s74	1min06s07	1º
18º Júlio Delamare	5/11/1998	100m borboleta	50m	59s26		
18º Júlio Delamare	4/11/1998	200m peito	50m	2min28s35	2min28s22	5º
Sul-Brasileiro Open	16/10/1998	100m peito	25m		1min03s40	1º
Sul-Brasileiro Júnior	16/10/1998	100m peito	25m		1min04s03	1º
26º Troféu José Finkel	20/12/1998	100m peito	25m	1min02s41	1min01s84	3º
26º Troféu José Finkel	19/12/1998	100m borboleta	25m	57s30		
26º Troféu José Finkel	18/12/1998	200m peito	25m	2min20s83		

35

Se antes ninguém sabia quem era aquele menino franzino de Joinville, depois da Copa do Mundo e do Troféu José Finkel, ambos no Rio, eu deixei de ser um mero desconhecido para a comunidade aquática brasileira e passei efetivamente a figurar entre os melhores do país nos 50 e 100 metros peito.

E não teria outro jeito. Se alguém não gostasse de mim ou do fato de eu ser apenas um menino interiorano, esse alguém teria de se acostumar, pois eu havia chegado entre os melhores para ficar — e não tinha nenhuma intenção de parar por ali ou regredir. Depois dos bons resultados nas competições de 1998, tudo o que eu queria era melhorar ainda mais.

Concordo que, falando assim, parece que sou (era) prepotente ou coisa do gênero. Mas a verdade é que esse era um dos meus mecanismos de defesa e de retribuição.

Não entenda de forma equivocada, mas é que, para ter o êxito que eu almejava, não poderia aparentar medo. Muito pelo contrário, deveria esbanjar autoconfiança, justamente para que os meus adversários não usassem isso contra mim. Perceba que, no esporte de alto rendimento, qualquer semelhança com a vida selvagem não é mera coincidência. Todos são predadores e presas ao mesmo tempo. Aquele que vacilar primeiramente, inevitavelmente, é engolido.

Na natação brasileira de alto rendimento, principalmente nos anos 90, era necessário defender algum grande clube para que as pessoas reparassem em você e convidassem para determinados círculos de amizade. Caso contrário, você seria apenas um "*outsider*" que estava querendo roubar a vaga de alguém em alguma seleção.

O poder de aceitação aos atletas dos grandes clubes era, indiscutivelmente, muito maior. Essa influência, às vezes, poderia ser determinante na carreira do atleta e do seu técnico. Não estou entrando no mérito ou julgando se está certo ou errado, mas apenas constatando um fato.

Por outro lado, eu realmente não dava muita importância para isso, pois era algo que eu havia vivenciado na vida pessoal e escolar. Claro, impossível dizer que eu era totalmente imune, mas procurava ignorar essas questões sociais e apenas focar em nadar as provas o mais rapidamente possível em qualquer ocasião.

Contudo, a minha condição estava prestes a mudar, e não porque os padrões da sociedade haviam miraculosamente se alterado ou porque eu havia me rendido aos caprichos das vaidades. Mas, sim, porque os meus resultados não passariam despercebidos por um dos maiores clubes do Brasil, o Minas Tênis Clube.

No fim de 1998, eu me recordo de ter conversado rapidamente com o treinador principal do Minas, o professor Reinaldo de Souza Dias, que demonstrou muito interesse em me recrutar para a equipe principal do clube. Apesar de não transparecer isso imediatamente, não havia dúvidas de que eu tinha muito interesse em defender o Minas na temporada que estava por começar.

Afinal, seria, finalmente, a minha chance de tirar o peso e a responsabilidade de custear viagens e treinos das costas do meu pai. Ele já havia contribuído muito e eu não poderia continuar pedindo para ele pagar tudo. Era a hora e a chance de eu andar com as próprias pernas, mirando em um futuro como profissional de natação.

Não posso dizer que me recordo de todas as conversas que tive com o Minas antes de fechar o contrato. Mas me lembro de que, além do salário, o fato de eu não ter de gastar mais nem um centavo sequer com despesas de viagem, alimentação e hospedagem foi muito decisivo para a finalização do negócio. A oferta era, ao mesmo tempo que financeiramente tentadora, muito importante para a minha carreira de atleta e a busca por resultados mais expressivos.

36

Seria o meu primeiro contrato profissional. A ajuda de custo que eu recebia da Prefeitura de Joinville, por mais importante que fosse, não chegava a ter esse status.

No caso do Minas, alguém efetivamente assinaria um papel se comprometendo a me pagar um salário mensal para que eu apenas treinasse e competisse, sem que isso representasse simplesmente uma ajuda ou algo do gênero. Era, realmente, um negócio, com interesses mútuos entre ambas as partes. Eu queria evoluir e me libertar do peso dos altos custos de viajar pelo Brasil para competir, e o clube queria ligar os meus resultados ao nome e à marca dele, buscando títulos nos campeonatos nacionais, visando atrair possíveis patrocinadores. Contudo, ainda assim, não deixava de ser um sonho para qualquer nadador no Brasil na minha idade.

Claro que eu estava empolgado. Entretanto, algumas coisas tinham de ser previamente definidas antes de tomar qualquer decisão. E não era nem só a questão financeira.

Afinal, como dito, haviam me oferecido um salário mensal, de R$ 950, além de todo o custeio de viagens, hospedagem e alimentação em campeonatos nacionais.

Essa cifra pode parecer pequena, atualmente, mas, se você parar para pensar, o salário-mínimo, em 1999, era de R$ 136. Dessa forma, o ordenado que o clube estava disposto a me pagar representava quase sete vezes o mínimo nacional. E tudo isso para eu "simplesmente" fazer aquilo que mais gostava: treinar e competir. Era, sem dúvida, um privilégio para poucos.

Contudo, como dito, havia outras questões que deveriam ser pensadas, além do dinheiro. Eu já havia iniciado a faculdade de Direito

(ACE[40]/FDJ[41]), em Joinville, um ano antes, e por isso o contrato entre mim e o Minas deveria ter algumas particularidades. Afinal, eu não queria jogar tudo para o alto e perder o estudo universitário. Até mesmo porque essa era uma imposição do meu pai. Ainda que esse contrato e a emancipação de 1997 me tornassem independente, eu me sentia obrigado a respeitar e honrar o compromisso firmado verbalmente com os meus pais.

Inicialmente, o Minas queria que eu me mudasse definitivamente para Belo Horizonte, passando a morar na república dos atletas do clube, com o intuito de permanecer lá treinando com toda a equipe durante o ano inteiro. Mas isso implicaria em renunciar algumas coisas que eu não queria, entre elas, a faculdade e os treinos com o professor Ricardo "Chefe" Gebauer.

Foi então que chegamos a um denominador comum: eu trancaria a faculdade e ficaria aproximadamente cinco meses ininterruptos em Belo Horizonte, a fim de treinar com a equipe principal para as três principais competições daquele ano. Eu ainda poderia receber os treinos do Ricardo nesse período e, depois, estaria liberado para regressar a Joinville e retomar os estudos sem um prejuízo excessivo à grade curricular de Direito.

Por fim, acabei trancando a faculdade o ano inteiro e retornando para o curso apenas em 2000, já em outra turma. Mas isso não mudou muito a minha vida. Aliás, acho que foi uma excelente decisão. Aprendi e amadureci muito nesse período em Belo Horizonte, morando sozinho, sem a proteção maternal. Foi um engrandecimento psicológico importante. Talvez, atualmente, para alguns jovens de 18, 19 anos, sair de casa seja comum e sem muitas consequências, mas para mim, naquele momento, foi bem difícil, pois eu tinha um excelente relacionamento com os meus pais, o meu irmão e os meus amigos.

Então, aceitei o desafio, me preparei e fui. Era fevereiro de 1999 e eu estava chegando em Belo Horizonte para ficar e morar lá até o fim de junho. O meu compromisso era treinar e competir todo o primeiro semestre, retornar para casa depois disso e apenas me apresentar nas vésperas das competições designadas para o segundo semestre.

---

[40] Em 3 de março de 1969, nasce a Associação Catarinense de Ensino (ACE), sob o lema "Disce Docendo Adhuc" (Aprende Enquanto Ensina). Seu fundador, Guilherme Guimbala, dá início a uma nova era de desenvolvimento para Joinville e a região.

[41] A ACE, em 1980, obteve autorização para funcionamento do curso de Direito, ministrado pela Faculdade de Direito de Joinville (FDJ), preparando bacharéis não só para a área civil e criminal, mas com ênfase também em Direito Tributário e Legislação Fiscal, em função do mercado de trabalho para assessoria às empresas

O acordo era para eu ficar na capital mineira, conhecer a equipe, me ambientar ao clube e participar de três torneios: o Campeonato Mineiro, em maio, em Ipatinga, o Troféu Brasil, no início de junho, no Rio de Janeiro, e, por fim, o Campeonato Brasileiro de categoria, no fim de junho, em Fortaleza.

Indubitavelmente, 1999 era um ano importante para a minha evolução como atleta. Era ano de Pan-Americano, em Winnipeg (CAN), e por mais que eu achasse que não tinha qualquer chance de integrar a equipe nessa competição, o fato de estar em um clube grande, convivendo com muitos atletas com chances de compor a seleção brasileira, mudaria muito a minha postura.

Eu sempre me considerei um garoto independente, pois nunca precisei dos meus pais para resolver os problemas ou cumprir com as minhas obrigações. Claro, ainda dependia deles financeiramente, mesmo recebendo uma ajuda de custo da Prefeitura de Joinville. Contudo, confesso que os primeiros dias após a minha chegada na república mineira não foram nada fáceis.

O lugar já tinha residentes entrosados, dentro das rotinas, e eu cheguei no curso de uma temporada já recém-iniciada. Inevitável que fosse metralhado com olhares duvidosos e inquisitórios. E, como qualquer sangue novo no pedaço, não fui aceito logo de primeira. Sem amigos ou colegas, era difícil passar o dia sem me questionar se havia tomado a decisão certa.

A República da Natação, como era conhecida a residência dos nadadores não naturais de Belo Horizonte, era uma grande casa antiga de dois andares, que ficava em frente ao Minas Tênis Clube, no bairro Lourdes. Ou seja, em uma localização privilegiadíssima. E, quando digo em frente, quero dizer literalmente na frente. Para treinar, bastava abrir o portão e atravessar a rua.

Era uma casa bem equipada, com muitos cômodos, grandes quartos, dois generosos banheiros, um lavabo, uma enorme cozinha, lavanderia e área externa com garagem, além de um pequeno pátio.

Eu havia sido colocado no segundo andar, dividindo um quarto de duas beliches com outro atleta. Afinal, como calouro, não tinha muita escolha. Mas era um quarto grande, ocupado somente por mim e pelo Daniel Pará, que, como o apelido sugeria, havia vindo de Belém (PA).

Ainda um tanto quanto deslocado, eu não tinha certeza como seria a minha estadia. Mesmo empolgado para iniciar os treinos com uma equipe grande, em uma piscina olímpica, pairava uma dúvida na minha cabeça sobre se eu me adaptaria e teria bom desempenho nos treinamentos e nas competições.

Para piorar, eu não tinha ninguém para compartilhar a dificuldade que estava tendo para treinar em piscina longa. Eu nunca havia tido um dia a dia em piscina olímpica, e quem conhece natação sabe como, no início, essa piscina cobra o seu preço na musculatura do atleta.

Nas primeiras noites, quando eu me deitava na cama para dormir, tinha dificuldade para relaxar. Além das dores advindas dos fortes treinos em piscina olímpica (algo que eu não estava acostumado), pensava na minha casa e conjecturava sobre se iria me adaptar e corresponder às expectativas do clube. Será que eu conseguiria acompanhar os treinamentos e ter bons resultados? Foram longas primeiras noites em claro, olhando para o teto sem conseguir pregar os olhos e dormir. Era uma miscelânea de muitos sentimentos, alguns bons e outros ruins. Mas eu ainda não tinha certeza sobre como administrá-los.

37

Quando cheguei em Belo Horizonte, eu não conhecia nenhum atleta da equipe ou da república. E todo mundo estava tão focado na própria rotina que ninguém parecia muito interessado em parar tudo e me explicar como as coisas funcionavam. Claro que eu sabia quem eram Rogério Romero e André Cordeiro, mas apenas de nome e pela curta experiência no Desafio Espetacular da Globo, em 1997.

Era difícil puxar papo com o pessoal e, como eu havia me mudado exclusivamente para treinar, durante os períodos em que não havia trabalho na água ou na musculação, todo mundo tinha algo para fazer, menos eu. Por isso, eu passava o resto do tempo em momentos meio solitários.

Na primeira semana, liguei três vezes para os meus pais pedindo para voltar para casa. Achava que não tinha sido a decisão certa e, provavelmente, eu não evoluiria naquela rotina. Não havia com quem conversar ou desabafar sobre as questões emocionais.

Acho que a minha mãe deve ter sofrido e quase concordado com o meu pedido de retorno. Mas foi nessa hora que o meu pai pegou o telefone e disse: "Fica aí e aguenta as pontas. Logo tudo vai melhorar. Você vai nadar bem e, daqui a pouco, não vai nem se lembrar mais de Joinville. Se em duas semanas você ainda não estiver bem, eu compro uma passagem de volta".

Não demorou muito e um dos residentes mais antigos da casa percebeu que eu estava meio deslocado. Deve ter se comovido com a minha situação. Raul Crespo de Magalhães era um cara muito educado, calmo e amistoso, que ostentava a ocupação de um dos melhores cômodos da casa.

Raul veio me procurar para conversar, percebendo a minha evidente inquietação. Jogamos conversa fora e logo percebemos que tínhamos um gosto muito similar pela música, mais especificamente pelo rock and roll. Ele parecia compreender a minha angústia e decidiu que seria o elo entre mim e os outros moradores da república.

O Raul foi (e ainda é, apesar da distância e do parco contato) um grande amigo. A aproximação e a amizade dele foram fundamentais para a minha integração com os outros residentes. Era ele quem também me convidava para eventos e atividades fora do horário dos treinos, contribuindo muito para a minha adaptação.

A empatia foi rápida e mútua. Afinal, como dito, dividíamos interesses em comum pela música, passando o pouco tempo livre tocando violão e ouvindo um som de qualidade. Claro, o gosto recíproco pelas bandas Bad Religion e Rage Against the Machine contribuiu bastante para que tivéssemos assunto de sobra para bons bate-papos.

Lembro-me de que, naquele ano, havia chegado ao Brasil o novo álbum do Bad Religion, intitulado *No Substance* (lançado nos Estados Unidos em maio de 1998). Mesmo não se tratando do melhor disco deles, pouco importava. Nós tínhamos de sair e comprar o CD o mais rapidamente possível para conhecer as novas composições e tentar tirar os "riffs" de guitarra no violão. Ainda em 1999, o Rage Against the Machine lançaria o seu terceiro álbum de estúdio, *The Battle of Los Angeles*, outro disco icônico, na minha apreciação pelo rock, dos anos 90.

Lembre-se de que não havia Spotify ou outro serviço de música por *streaming*. Nem o Napster havia sido lançado, ainda[42]. Então, para ouvir algo novo, somente comprando o CD, o LP ou a fita K7.

Por falar em música, esse foi o motivo para a aproximação com outro atleta do clube, Rodrigo Castro. Rodriguinho (ou Cotoco), como era conhecido pelos amigos, era um nadador muito famoso no Minas Tênis Clube, pois estava na natação de lá desde muito novo nas categorias de base. Algum tempo depois, consolidei uma boa amizade com ele, quando fomos juntos para os Jogos Olímpicos de Sydney, em 2000.

Rodriguinho também era um grande apreciador do rock e, para o nosso deleite, tinha, no sítio do pai dele, em Lagoa Santa (MG), um pequeno espaço com bateria, guitarra e amplificadores. Assim, logo nasceu uma grande amizade e um interesse mútuo entre mim, Raul-

---

[42] O Napster, criado pelos americanos Shawn Fanning e Sean Parker, era um serviço digital de música pertencente à Rhapsody International Inc, contando com aproximadamente 40 milhões de faixas. O programa permitia que os usuários fizessem o download de um determinado arquivo diretamente do computador de um ou mais usuários de maneira descentralizada, uma vez que cada computador conectado à sua rede desempenhava tanto as funções de servidor, quanto de cliente.

zito e o Rodrigo "Cotoco" Castro[43]. Passamos a combinar idas a Lagoa Santa, nos fins de semana, para tirar um som e relaxar após semanas exaustivas de treinos.

O outro integrante da nossa banda era mais um grande atleta olímpico minastenista: André Cordeiro. Sim, o mesmo André que participou comigo do Desafio Espetacular da Globo, em Joinville. André também morava na república e era, com o Rogério Romero, um dos astros da casa, pois havia voltado dos Jogos de Atlanta, em 1996, com o quarto lugar no revezamento 4 x 100 metros livre.

Já Rogério Romero, outro atleta com quem eu firmaria um grande vínculo de amizade ao passar dos anos, era o mais experiente da casa. Piu, como era conhecido na comunidade aquática, já havia participado de três Jogos Olímpicos quando cheguei em Belo Horizonte.

Aliás, é muito importante ressaltar que foram essas três pessoas — Raul, Rogério e Rodrigo — que tiveram grande influência para a minha adaptação na mudança para Belo Horizonte. Sou muito grato a eles, em especial ao Raul, que se tornou o meu melhor amigo durante a minha passagem pelo Minas Tênis Clube.

Eram pessoas de elevada estima e grande referência dentro do clube, como atletas e cidadãos. Exemplos a serem seguidos, não somente pelos nadadores do Minas, naquela época, mas por todos os esportistas do Brasil. Eram respeitados por técnicos e dirigentes. Eles eram a cara do time do Minas, e era um privilégio contar com a amizade deles. A partir dali, me entrosar com o restante da equipe e passar a treinar melhor havia ficado bem menos complicado.

---

[43] Rodrigo Castro era mais conhecido entre os integrantes da seleção como Cotoco, pois, apesar de ser um grande nadador, não tinha envergadura avantajada e as suas braçadas eram mais curtas que as dos adversários.

38

Para um moleque nascido no interior de Santa Catarina, entrar no Minas Tênis Clube como membro da equipe principal de natação era indescritível. Afinal, as instalações eram fantásticas e eu mal conseguia acreditar que estava efetivamente inserido na elite da natação brasileira.

A cada passo dentro do clube, eu ficava mais impressionado. Era uma estrutura monstruosa. Muitos setores, quadras, piscinas, edifícios, ginásios. Eu mal sabia para onde olhar. Mas, quando bati os olhos na piscina olímpica, foi marcante. Tudo era enorme, não apenas a piscina. A arquibancada, os vestiários, a sala da comissão técnica, tudo era gigante, se comparado ao JTC. Para quem havia passado a vida toda treinando em uma piscina de 25 metros e seis raias, ter à disposição uma de 50 metros e dez raias era, sem dúvida, o auge da minha até ali pequena carreira.

Era uma piscina de água muito cristalina. Havia dez raias com largura internacional, de 2,50 metros, muito diferente do 1,80 metro oferecido pelo clube, em Joinville. O ambiente era limpo e agradável. Havia espaço no entorno da piscina, com blocos de partida decentes, não como aqueles de concreto com os quais eu estava acostumado. Enfim, era quase um sonho poder ter toda essa estrutura à disposição.

Eu fui muito bem recepcionado pelo treinador principal da equipe, o professor Reinaldo Dias, e ele logo tratou de me deixar à vontade para fazer os treinos. Não se esqueça de que o combinado era que eu seguiria o planejamento do Ricardo.

Naquela época, e de forma sintética, o grupo era dividido entre:

1 — Velocistas (nadadores de 50 e 100 metros livre e demais estilos).

2 — Meio-fundistas e medley (atletas de 200 metros livre, 200 metros estilos e 200 e 400 metros medley.

3 — Fundistas (nadadores de 400, 800 e 1.500 metros livre).

Obviamente, os atletas do terceiro grupo eram os mais judiados, no que diz respeito à metragem e ao volume de treino. Como se pode imaginar, eu logo fui encaixado no primeiro grupo, que, apesar de enfrentar treinos com uma menor distância, era submetido a sessões de mais intensidade e séries anaeróbicas (curtas e de muita força e intensidade).

Dos atletas com quem eu tinha melhor relacionamento inicial, nenhum estava no grupo dos velocistas. O Raul (200 metros borboleta), o Piu (200 metros costas), o Rodrigo e o André (200 metros livre) estavam no grupo dos meio-fundistas. Por isso, logo tive de enfrentar olhares estranhos dos que compunham o grupo 1. Não que isso fosse um problema, mas, no esporte competitivo, ninguém está muito a fim de lidar com "intrusos" ou "novatos".

Como eu era um tanto quanto inexperiente e havia nascido no interior, em uma cidade relativamente pequena, era natural que tivesse um pouco de complexo de inferioridade. Ou seja, a minha primeira percepção foi de que eu não era tão bom quanto os outros atletas que ali estavam. Eles já faziam parte do grupo há mais tempo.

Fazendo uma retrospectiva, hoje, vejo que, na verdade, o meu julgamento estava completamente equivocado. Teoricamente, eu havia sido contratado por ter sido o terceiro melhor nadador de peito do Brasil, com o intuito de reforçar e ajudar a equipe a fazer mais pontos nos campeonatos nacionais. Assim, supostamente, era o restante do time que estava um pouco receoso com a minha presença, não o contrário.

Um grande amigo que fiz no Minas, da mesma categoria que a minha (júnior 2, de 18 e 19 anos) e que não morava na república, foi o Rafael Lutti. Um cara de quem, ainda hoje, guardo uma grande estima.

Antes de eu chegar no clube, Lutti era o principal nadador de peito na categoria júnior e, por isso, tinha motivos de sobra para não gostar muito da minha presença. Afinal, eu chegaria para roubar a vaga dele no revezamento medley. Mas não foi o que ocorreu. Na verdade, ele foi um cara superbacana, que me recebeu muito bem. Logo, criamos um vínculo de amizade.

Era uma pessoa de muito boa índole e educada, de forma que não foi nem um pouco difícil fazer amizade com ele. Na verdade, o simples fato de ele não ter tentado me excluir ou me boicotar foi muito legal, para o qual dei muito crédito e respeito. Acostumado com o meio competitivo, no qual todos geralmente são predadores, ainda mais nadando a mesma prova, Lutti se mostrou uma pessoa diferenciada, que me ajudou e contribuiu muito para que eu me entrosasse com a equipe.

Claro, havia o fato de o Lutti também ser um grande fã de Bad Religion, o que facilitou um bocado as coisas e a nossa afinidade. É realmente impressionante como o rock (leia-se a boa música) une as pessoas, um pouco diferentemente de outros estilos.

Depois que o Lutti me apresentou para o restante da equipe júnior do Minas, acabei fazendo grandes amigos, o que contribuiu muito para a minha adaptação e para que chegássemos nas competições com fome de vitória. Era um time bacana e unido, do qual guardo excelentes memórias das viagens no decorrer do ano.

Naquele ano, a equipe júnior do Minas era composta pelos seguintes atletas:

Masculino	Feminino
André Scarpelli Pereira	Amanda Azeredo
Daniel Guimarães Ramalho	Amanda Campos Nascimento
Daniel "Pará" Maia Almeida	Camila Lobato Gonçalves de Souza
Daniel Ribeiro Costa	Denise Oliveira
Danilo "Cramulhão" Perrotti Machado	Fernanda Resende Riquette
Eduardo Aquiles Fischer	Flávia Nunes Reis
Eduardo Soares Kanazawa	Lidiane Oliveira Vilela
Euler Duarte Filho	Mariana Café Costa
Felipe Alvarenga Guimarães	Patrícia Teixeira Nogueira
Fernando Toledo Barros	
Gustavo Franco Schaper	
Jorge Canut Neto	
José Canut Filho	
Rafael Cota Maciel	
Rafael Lutti	
Rafael Veloso Pacheco	
Thiago Soares Kanazawa	

Depois de algumas semanas treinando juntos todos os dias, duas vezes por dia, não foi difícil criar uma relação de amizade (ou pelo menos coleguismo) com todos, e acabamos nos tornando um time bem coeso, promovendo encontros para comer pizza, jogar conversa fora e dar risadas.

O meu primeiro desafio depois de ter me mudado para Belo Horizonte seria o Campeonato Mineiro, em Ipatinga, localizada a aproximadamente 200 quilômetros da capital.

39

Independentemente das relações de amizade que eu havia firmado com os outros atletas nas primeiras semanas treinando em BH, eu havia chegado ao Minas como uma grande promessa. Talvez, a diretoria do clube tivesse uma expectativa muito maior do que a minha em mim mesmo. Mas os resultados do ano anterior e as constantes melhoras de performance já me credenciavam para figurar entre os melhores do país no nado peito em 1999, com apenas 19 anos.

Nunca havia passado pela minha cabeça uma possível convocação para a seleção brasileira principal para o Pan-Americano de Winnipeg. Talvez, a comissão técnica do clube pensasse nisso, mas, para mim, repito, era algo um tanto quanto exagerado.

Para corroborar com essa minha falta de esperança, as coisas não haviam se iniciado exatamente como esperado nas primeiras semanas de treino.

Logo de cara, senti o peso de treinar em uma piscina de 50 metros. Quem já praticou natação sabe que os treinos em piscina longa são bem mais duros do que os realizados na semiolímpica, de 25 metros. E isso era muito mais evidente no meu caso, que nunca havia treinado sequencialmente em uma piscina olímpica.

Foi muito dolorido e frustrante. Além de ser mais difícil, os tempos eram bem piores do que aqueles que eu estava acostumado a fazer na curta. E quando digo que foi dolorido é porque eu sentia muita dor física, mesmo. A musculatura não estava preparada e acostumada a manter um esforço contínuo em uma piscina com o dobro da distância daquela com a qual eu estava acostumado.

Assim, eu precisava exigir do meu corpo muito mais força e resistência para a realização dos movimentos, e não demorou muito para o primeiro grupo muscular (o grande dorsal) acusar o golpe.

Pela excessiva carga diária, tive uma pequena contratura na musculatura das costas, o que me levou a intensas dores e a perda de alguns dias de treinos, para ficar na sala de fisioterapia.

Passei a me questionar, novamente, se havia realmente tomado a decisão certa. Será que eu não deveria ter ficado em Joinville com o Ricardo? Ou, talvez, seriam os treinos no Minas demasiadamente excessivos e eu não estava me adaptando? Eu conseguiria ter bons resultados mesmo treinado mal? Essas lesões seriam constantes e me causariam problemas futuros? O meu lado psicológico, nesse momento, não era muito favorável e isso poderia ter um impacto negativo na performance competitiva.

Enfim, como eu disse, depois de algumas semanas sofridas, o primeiro desafio representando o Minas Tênis Clube seria o Campeonato Mineiro, em Ipatinga, em maio de 1999. A cidade ficava a pouco mais de 200 quilômetros de Belo Horizonte e, por essa razão, o grupo viajaria de ônibus, o que se mostrou, apesar de cansativo, saudável para eu conhecer melhor os outros membros da equipe.

Não que a viagem tenha sido agradável, pois, naquela semana, havia chegado uma frente fria que derrubou a temperatura ambiente. Já em Ipatinga, no clube onde seria realizada a competição, verificamos que o sistema de aquecimento da piscina não estava funcionando perfeitamente, e ninguém havia previsto a tal queda no termômetro.

A temperatura da piscina estava na casa de 22 graus Celsius, nada agradável quando a externa ficava abaixo de 20. Assim, logo na chegada, houve um certo receio em grande parte da equipe.

Não se iluda. Atletas de natação de alto rendimento têm mais manias e medos do que qualquer outro ser humano. E um dos principais é ficar doente (resfriado). Dito isso, em razão da temperatura da água, houve quase uma histeria coletiva, pelo medo de que alguém pudesse ficar gripado às vésperas do Troféu Brasil, que seria dali a algumas semanas.

Obviamente, o medo era justificável. Imagine colocar todo o esforço de quase seis meses em risco por causa de uma piscina fria.

Assim, como a comissão técnica acabou, de fato, considerando esse risco como alto demais, a equipe principal foi liberada do restante das provas depois do primeiro dia, justamente para evitar que os atletas contraíssem uma doença respiratória a poucas semanas do objetivo principal.

Por essa razão, eu nadei apenas os 200 metros peito e, com dores nas costas advindas das extenuantes sessões de treinamentos na piscina longa, terminei em uma frustrante 14ª colocação, marcando o péssimo tempo de 2min46s40. Eram mais de 20 segundos acima do meu melhor na época. Um banho de água fria — com o perdão do trocadilho.

Confesso que fiquei preocupado. Pelo péssimo resultado pessoal e por não saber o que o restante da equipe e a comissão técnica estavam pensando de mim. O meu sentimento era de não ter correspondido com o time como eles esperavam. Isso havia me abalado um pouco e logo comecei a pensar que todos olhavam para mim como um investimento furado. Naquele momento, a minha autoestima havia sido totalmente pulverizada.

Só restava me esquecer da prova. Tinha de me convencer de que o frio e a falta de polimento haviam sido os responsáveis pela atuação pífia. Eu precisava me recompor e focar na volta aos treinos. Tinha de focar no polimento e acreditar que esse peso dos treinos na piscina olímpica passaria na fase final, quando o volume e a intensidade diminuiriam consideravelmente.

De fato, eu ainda não tinha tanta experiência assim com polimento, pois os que havia feito, até então, eram bem mais simples. E eu nunca vinha de intensas dores físicas. Dessa vez, a fase de preparação precisava permitir que a minha musculatura se recuperasse da rotina exaustiva.

Afinal, faltavam apenas duas semanas para o Troféu Brasil e eu precisava nadar melhor do que aquilo que havia mostrado no Campeonato Mineiro. Caso contrário, eu seria o maior fiasco de todos os tempos do Minas, algo pelo qual eu não gostaria de ser lembrado na história do clube. O que eu realmente precisava era nadar bem e provar para os dirigentes que eles haviam acertado na contratação.

40

O Troféu Brasil de 1999 tinha muitos elementos especiais para mim. Além de ser o meu primeiro defendendo uma grande equipe, também seria seletiva para o Pan-Americano de Winnipeg, no Canadá, que, apesar de não estar entre os meus objetivos, tornava a competição especial de qualquer forma. Não bastasse isso, era a estreia da superequipe do Vasco da Gama, que, nesse ano, havia iniciado o projeto olímpico Sydney-2000, com um objetivo principal bem claro: ser o clube com o maior número de participantes em Jogos Olímpicos. Sem sombra de dúvidas, uma meta ousada para o representante de São Januário.

Ufanismos à parte, participar de um Troféu Brasil fazendo parte de um clube de renome estava sendo uma experiência bacana. Apesar de ser a minha segunda participação em TBs, dessa vez, com uma extraordinária estrutura logística, desenvolvida especialmente para os atletas, era, efetivamente, um grande diferencial.

Pela primeira vez, eu não precisava me preocupar com a compra das passagens aéreas, com as reservas de hotel, com o local para realizar as refeições ou com o transporte de ida para a piscina. Além de tudo isso, havia um pessoal especializado para nos ajudar, como massagistas e fisioterapeutas.

Tudo havia sido cuidadosamente organizado pelo clube, e o atleta tinha apenas uma única obrigação: nadar o mais rapidamente possível. Pode parecer comum e corriqueiro para alguns, mas, para mim, era inovador.

A competição seria realizada no Rio de Janeiro, na piscina do Parque Aquático Júlio Delamare[44], anexo ao complexo do Maracanã, local que já havia sediado muitos campeonatos nacionais. Não era uma piscina desconhecida para mim.

---

[44] O Parque Aquático Júlio Delamare, localizado no Complexo Esportivo do Maracanã, é um dos principais centros de prática de esportes aquáticos da cidade do Rio de Janeiro, tendo sido inaugurado em setembro de 1978. Seu nome foi dado em homenagem ao locutor esportivo Júlio Delamare, um dos grandes incentivadores de sua construção. Ele faleceu cinco anos antes.

O Minas Tênis Clube, pensando na logística de transporte interno, optou por levar a equipe em dois ônibus. Afinal, não era uma viagem tão longa assim.

Eu nadaria quatro provas: 50, 100 e 200 metros peito e o revezamento 4 x 100 metros medley. Como de praxe, eu não morria de amor pelos 200 metros peito, pois não era a minha especialidade e, normalmente, era muito dolorida e eu chegava ao fim exausto. Eu tinha características muito mais alinhadas às de um velocista (mais fibras brancas[45] do que vermelhas na composição muscular) do que de um nadador de resistência. Ou seja, os meus músculos eram, prioritariamente, compostos de fibras de contração rápida, tipicamente encontradas em atletas de velocidade.

Mas nadar os 200 metros era, além de estratégico (para quebrar o gelo da competição, pois ocorriam antes dos 100), obrigatório, pois agora, defendendo um clube grande, eu tinha o comprometimento de fazer o maior número de pontos possíveis para colaborar com o time em busca do título geral da competição.

Assim, já habituado em não pôr muito foco nos 200 metros, como de costume, deixei para realizar a raspagem[46] depois dessa prova, mantendo o foco nos 50 e 100 metros peito.

De qualquer forma, apesar de ter ficado em 14º lugar, nadando na final B, não achamos ruim e consideramos o resultado satisfatório. Fechei a prova em 2min26s70, sem estar raspado e sem qualquer foco específico. Duas semanas antes, no Mineiro, eu havia nadado para uma marca 20 segundos acima desse tempo. Dito isso, não dava para dizer que era um mau resultado, diante das circunstâncias.

A prova foi vencida por Marcelo Tomazini, com 2min19s48. Era um novo recorde sul-americano e, de quebra, tempo melhor do que o

---

[45] As fibras musculares podem ser classificadas tendo em vista muitas categorias, mas a principal maneira é devido à cor correspondente do músculo a que fazem parte. Dessa forma, para fins didáticos, as fibras foram separadas em brancas e vermelhas. De contração rápida, as fibras do tipo 2 (brancas) têm maior diâmetro quando comparadas às vermelhas. Possuem uma proliferação de enzimas ligadas ao metabolismo anaeróbico, que ocorre no interior das fibras. Elas são mais usadas quando o indivíduo exerce atividades de curta duração e com alta intensidade. Além disso, velocidade e força são, também, relacionadas a esse grupo de fibras. Todas as pessoas, sem exceção, têm todos os tipos de fibras no corpo. Porém, algumas têm mais de um tipo do que de outro.

[46] Uma técnica curiosa adotada por nadadores em busca de mais velocidade é a raspagem. Às vésperas de competir, praticamente todos os atletas da modalidade, homens e mulheres, tiram os pelos do corpo. O objetivo é diminuir ao máximo o atrito com a água e aumentar a sensibilidade do contato com ela, processo esse que pode significar alguns preciosos centésimos de segundo. Com o passar dos anos, o processo de raspagem se torna uma espécie de ritual para os nadadores de alto rendimento e possui um efeito muito mais psicológico do que, efetivamente, físico.

índice para participação no Pan de Winnipeg. Fábio Mauro, em segundo lugar e com o tempo de 2min20s42, também conquistou a vaga para o torneio continental.

"Tomaza", como era mais conhecido pelos amigos, seria, num futuro próximo, um grande amigo e um dos meus principais adversários. Contudo, nadava melhor os 200 metros do que os 100, basicamente o oposto de mim, algo que ajudou para que ambos pudéssemos compor juntos a seleção brasileira.

É incontestável que esse resultado representava um grande feito para o estilo de peito do Brasil, tendo em vista que o país havia ficado sem medalhas nesse estilo nas duas últimas edições de Pan-Americanos (1991, em Cuba, e 1995, na Argentina).

Esse resultado do Tomaza ampliava ainda mais a minha motivação para focar no nado peito (especialmente nos 100 metros), pois deixava claro que havia espaço para alguém nadar bem essa prova. Afinal, o Brasil era conhecido como o país do nado livre, em razão de os melhores resultados da nossa natação terem vindo de provas e nadadores de crawl, a exemplo de Tetsuo Okamoto, Manoel dos Santos, Cyro Delgado, Djan Madruga, Jorge Fernandes, Marcus Mattioli, Gustavo Borges, Fernando Scherer, Edvaldo Valério, Teófilo Ferreira e André Cordeiro.

Entretanto, os resultados do Tomazini e do Pessotti começavam a mudar um pouco esse panorama, dando alguma esperança para quem não nadava 50, 100 ou 200 metros livre.

No dia seguinte, já raspado, eu estava me sentindo bem para um bom resultado nos 50 metros peito. Contudo, não havia muitos parâmetros de comparação, tendo em vista que seria a primeira vez na história que o Troféu Brasil teria no programa oficial as provas de 50 metros dos demais estilos (além do peito, também borboleta e costas).

Até então, essas provas não eram realizadas em torneios nacionais justamente por não fazerem parte do programa olímpico. Contudo, em 1999, foram introduzidas no programa oficial do Campeonato Mundial de Esportes Aquáticos.

O meu melhor resultado em Troféus Brasil era o quinto lugar do ano anterior, quando fechei os 100 metros peito em 1min05s57. Por isso, apesar de confiante, o primeiro objetivo era, antes de mais nada, a classificação para a final A.

O que dificultava um pouco a minha busca por uma colocação melhor era o fato de o Vasco ter contratado um estrangeiro para o nado de peito naquele ano: Darren Mew. O inglês havia atingido o status de um dos melhores nadadores do mundo ao conquistar a medalha de bronze nos Commonwealth Games[47] de 1998, com a marca de 1min02s52, em piscina olímpica. Eram três segundos mais rápidos do que o meu tempo feito no TB de 1998.

Afinal, o Vasco precisava de bons peitistas, tendo em vista que os melhores do Brasil estavam em outros clubes: Pessotti e Karfunkelstein, no Flamengo; Tomazini, Godói, Fábio Mauro e Augusto Celso, no Pinheiros; Belini e Galindo, na Associação Esportiva São José (AESJ).

Enfim, chegar ao pódio não seria tarefa fácil, ainda mais quando um dos obstáculos para esse objetivo era um gringo com grande ascensão mundial. Mas isso, em vez de ser intimidador, era um incentivo para eu nadar ainda melhor e provar para todos que podia competir de igual para igual com os estrangeiros, da mesma forma que havia feito nas finais da Copa do Mundo, um ano antes.

Com uma eliminatória muito boa, garanti o sexto tempo para a final A, marcando 29s67. Assim, o primeiro objetivo estava cumprido, e eu teria a oportunidade de nadar de novo e disputar uma vaga no pódio.

Contudo, não repeti, nem melhorei a marca feita nas eliminatórias e, com 29s81, fechei a prova na quarta colocação, apenas 31 centésimos distante da medalha de bronze. Mas não fiquei triste, pois, mesmo não estando entre os três melhores, deixei para trás grandes feras, como Tomazini e Karfunkelstein.

---

[47] Os Commonwealth Games (ou Jogos da Comunidade Britânica, em português) são uma competição multinacional e multidesportiva. Realizada a cada quatro anos, reúne a elite dos atletas da Comunidade Britânica (como Inglaterra, Austrália, África do Sul, Canadá e Nova Zelândia, entre outros). Os Commonwealth Games são disputados por cerca de cinco mil atletas, sendo também denominados como Jogos da Amizade, devido ao uso da mesma língua para todos os membros e de todas as nações terem os mesmos laços coloniais.

Troféu Brasil 1999 – Rio de Janeiro (RJ)

50 metros peito – Final

COL	RAIA	ATLETA	NASC.	CLUBE	TEMPO
1º	4	Alan Menezes Pessotti	1973	Flamengo (RJ)	29s16
2º	5	Darren Mew	1979	Vasco (RJ)	29s22
3º	3	Guilherme Belini	1977	AESJ (SP)	29s50
4º	**7**	**Eduardo Fischer**	**1980**	**Minas TC (MG)**	**29s81**
5º	2	Rogério Karfunkelstein	1976	Flamengo (RJ)	29s82
6º	6	Marcelo Tomazini	1978	Pinheiros (SP)	29s87
7º	8	Diogo da Silva Stipp	1978	Unisanta (SP)	29s92
8º	1	Fabiano A. Borges	1973	Vasco (RJ)	30s14

Depois desse resultado, a motivação já estava bem melhor do que quando finalizei o Campeonato Mineiro. Assim, na minha principal prova, os 100 metros peito, eu sentia que poderia fazer um bom resultado, afinal, era uma prova para a qual eu havia treinado e deixado sangue e suor diversas vezes em outras piscinas.

A confiança para uma boa performance nos 100 metros peito havia escalado alguns degraus com o resultado dos 50, mas, ainda assim, não havia nenhuma expectativa relacionada a integrar a seleção brasileira no Pan-Americano. Até mesmo porque o índice de participação nos Jogos era de 1min03s73, uma marca considerada por nós como praticamente impossível, naquele momento. Nem sequer era cogitada.

O meu melhor tempo, até então, era de 1min05s57, no Troféu Brasil do ano anterior, de modo que não imaginávamos ser possível melhorar dois segundos. Juro, com toda sinceridade, que não acreditávamos ser realizável. Muito pelo contrário, achávamos que eu estava muito longe disso.

Contudo, no esporte, apenas algumas poucas coisas são impossíveis, e a minha vida estava prestes a mudar radicalmente depois de apenas uma ida e uma volta na piscina olímpica do Parque Aquático Júlio Delamare.

Eu estava balizado para nadar na raia 5 da quarta e penúltima série dos 100 metros peito. Até a minha bateria, o melhor tempo havia sido do Tomazini, com 1min04s82, seguido do Karfunkelstein, com 1min05s09. Como sabíamos que Pessotti e o gringo Darren Mew ainda nadariam, achávamos que se eu conseguisse melhorar um pouco a marca do último TB, seria possível ficar entre os cinco primeiros, passar para a final e brigar por medalha.

Ao cair na água, eu me lembro de me sentir muito bem e logo foquei na estratégia de sempre. Passar com força, mas de maneira conservadora, guardando um pouco de energia para o fim. E, como de costume, logo depois que fiz a filipina da volta para os últimos 50 metros, comecei a forçar o nado e acelerar cada vez mais. Logo, percebi que não havia ninguém do meu lado e continuei acelerando.

Quando encostei na borda, percebi que havia chegado em primeiro na série e ouvi muita gente gritando, assobiando e batendo palmas. Mas ainda não estava entendendo. Ao olhar para o placar, fiquei atônito por alguns segundos.

O tempo estampado no placar eletrônico era de 1min03s77, ficando apenas quatro centésimos do índice para o Pan! Por instantes (até a realização da última série), eu mal podia acreditar que o placar estava correto. Era um dos melhores tempos da história dos 100 metros peito no Brasil, em uma evolução de quase dois segundos em relação ao que eu havia feito um ano antes. Àquela ocasião, o recorde sul-americano pertencia ao argentino Sergio Ferreira, com 1min03s30.

Eu me dirigi à lateral da piscina, a fim de liberar o árbitro para a largada da última série, sob os gritos e assobios de muitos colegas e companheiros do Minas, ainda sem compreender muito bem o que havia acontecido.

Quando saí da piscina em direção à comissão técnica do clube, fui abordado por muitas pessoas me dando parabéns, impressionadas com a performance. Chegando próximo ao professor Reinaldo, ele já abria um largo sorriso, pronto para me abraçar e explicar o que havia acontecido. Começou a me passar as parciais da prova, quando, de repente, eu o interrompi com uma pergunta para a qual, até então, não havia me interessado pela resposta: "Qual diabos é o índice para o Pan?"

Quatro centésimos. Sim, quatro centésimos me separavam do índice e da convocação para o Pan-Americano de Winnipeg (1min03s73), algo muito impressionante e totalmente inesperado. Ninguém podia imaginar que o Fischer que nadou o Campeonato Mineiro, duas semanas antes, para um pífio tempo de 2min46s nos 200 metros peito, seria capaz de quase fazer o índice pan-americano. Nem eu.

Ainda recebendo alguns parabéns, observei, pela lateral da piscina, o Alan Pessotti vencendo a última série, com o tempo de 1min03s60, superando o recorde brasileiro, que era dele mesmo desde 1997. Pude vê-lo comemorar o fato de ter carimbado o passaporte para o Canadá, naquela que seria a primeira participação dele em Pan-Americanos.

Após a última série, eu havia me classificado para a final com o segundo melhor tempo, atrás apenas, justamente, do Pessotti. E, como visto, muito próximo do índice de participação nos Jogos Pan-Americanos.

Jamais vou me esquecer daquela prova e do índice mínimo necessário para Winnipeg-1999. Voltei para o hotel, com o intuito de descansar para a grande final, pensando que, se eu tivesse feito uma marca apenas quatro centésimos melhor, não teria de me preocupar tanto com a final e poderia nadar um pouco mais tranquilamente. No entanto, agora, o que eu precisava saber, mesmo, era como melhorar esses míseros quatro centésimos. O que antes não era nem sequer imaginado acabou se transformando em real e palpável, e eu precisava "apenas" manter a calma e melhorar um pouco.

As pessoas podiam falar o que quisessem ou até menosprezar a minha performance, mas, indiscutivelmente, o resultado era importante e respeitável. Afinal, quebrar a barreira de 1min04s, na longa, era um feito expressivo na América do Sul nos anos 90. Poucos atletas do continente haviam nadado abaixo desse patamar na história do peito. No Brasil, até aquela data, apenas dois haviam feito isso, e eu era um deles.

A título de comparação, a medalha de bronze no Pan-Americano de 1995, em Mar del Plata, havia sido alcançada com o tempo de 1min03s17, razão pela qual estávamos animados com o resultado obtido. Eu havia deixado de ser um mero coadjuvante para figurar entre os melhores do país no estilo.

Pensando bem, talvez essa marca tenha sido a mais importante do início da minha carreira. Afinal, foi um divisor de águas entre o Fischer que era uma promessa de bom nadador para o Fischer futuro recordista brasileiro absoluto.

Nós mal podíamos acreditar no feito, era simplesmente espetacular e inesperado. Se antes não estávamos pensando no Pan ou na seleção brasileira, depois dessa eliminatória, não havia outra coisa passando pelas nossas cabeças.

Então, nós revisamos tudo. Os tempos parciais (a cada 25 e nos 50 metros), a percepção subjetiva da prova, do esforço e o número de braçadas.

Eu tinha uma particularidade como nadador: conseguia, naturalmente, competir e contar o número de movimentos e braçadas na prova sem perder a concentração ou me esquecer da contagem. E eu fazia o mesmo nos treinos, fossem eles de alta intensidade ou mais leves. Eu estava sempre contando quantos movimentos fazia a cada piscina. Ou seja, em uma época na qual não era comum ter filmagens e análises biomecânicas, recordar do número de braçadas feitas a cada parcial era um tremendo diferencial.

Mas, infelizmente, os momentos de alegria, excitação e empolgação estavam com as horas contadas. Eu não sei precisar exatamente o que aconteceu na final, mas, hoje, mais de 20 anos depois, acredito que o excesso de adrenalina foi determinante.

Para os atletas de alto rendimento, mínimos detalhes fazem a diferença. E, quase inconscientemente, sabemos que, para conseguir um bom resultado, a adrenalina[48] é muitíssimo importante. Ela era traduzida por nós, atletas, como um sentimento de "frio na barriga". Toda vez em que eu sentia isso, não interpretava como nervosismo, mas, sim, como vontade de vencer. Contudo, quando esse sentimento era excessivamente demasiado, o efeito poderia ser contrário e, em vez de ajudar, poderia prejudicar o desempenho. Algo que, então, traduzíamos como "nervosismo".

Como tudo na vida, a moderação é um grande segredo para o sucesso, o bem-estar, a saúde e a felicidade. "Frio na barriga" demais (ou muita adrenalina) podia ser tão ruim quanto a ausência dele. Esse sentimento, quando excessivo, tirava o foco da técnica e da estratégia, fazendo com que o organismo sentisse o peso do esforço físico.

Em um nado mais técnico, como o peito, isso parece ser ainda mais nocivo, pois o nervosismo alterava a coordenação, a eficiência, a técnica e o *timming*", de modo que havia potência sem qualidade na execução dos movimentos, resultando em uma performance prejudicada. No peito, uma frequência de braçadas muito elevada causa prejuízo ao deslize dos movimentos e ao comprimento da braçada, gerando uma significativa perda na eficácia técnica e no deslocamento (velocidade).

Anos depois, consegui interpretar o porquê de não ter nadado bem a final dos 100 metros peito no Troféu Brasil de 1999. Fiquei muito ansioso com a possibilidade de fazer o índice. Foquei no tempo, em vez de mentalizar a performance. Fui com muita sede ao pote. E acabei

---

[48] A adrenalina ou epinefrina é um hormônio simpaticomimético e neurotransmissor responsável por preparar o organismo para a realização de grandes feitos, derivado da modificação de um aminoácido aromático (tirosina), secretado pelas glândulas suprarrenais, assim chamadas por estarem acima dos rins. Em momentos de estresse, as suprarrenais secretam quantidades abundantes desse hormônio, que prepara o organismo para grandes esforços físicos, estimula o coração, eleva a tensão arterial, relaxa certos músculos e contrai outros.

deixando o nervosismo e as emoções consumirem a minha capacidade desportiva. Dei muitas braçadas, mais do que estava acostumado, e perdi eficiência e velocidade. Mas, lá atrás, com 19 anos, eu não conseguia entender o motivo e como isso havia acontecido.

Uma piora de quase um segundo em relação às eliminatórias para a final representava a perda da chance de representar o Brasil no Pan de Winnipeg. Mesmo nadando mais lentamente, eu havia terminado a final muito mais cansado do que na eliminatória. Acredito que, justamente, pelo excesso de adrenalina (ansiedade). Com isso, vi a oportunidade da minha vida, até ali, se esvair por entre os meus dedos tal qual como a areia fina da praia diante de fortes ventos.

Pessotti venceu a prova, com 1min03s65, sacramentando a classificação para Winnipeg. Eu apenas precisava nadar na cola do Allan e melhorar um pouco a minha marca para conquistar a tão sonhada vaga. Mas não fui capaz nem mesmo de igualar o meu tempo. Foi um balde de água gelada.

O tempo de 1min04s50 era muito aquém do que esperávamos. Tal resultado não havia me custado apenas a vaga para o Pan, mas também a possibilidade de conquistar o primeiro título nacional absoluto. Eu estava inconsolável, sem saber o que havia acontecido, achando que a minha carreira havia acabado de ser desperdiçada. Eu achava que jamais teria uma oportunidade igual àquela.

Troféu Brasil 1999 – Rio de Janeiro (RJ)

100 metros peito – Final

Col.	Raia	Atleta[49]	Nasc.	Clube	Tempo
1º	4	Alan Menezes Pessotti	1973	Flamengo (RJ)	1min03s65
2º	6	Marcelo Augusto Tomazini	1978	Pinheiros (SP)	1min04s45
3º	**5**	**Eduardo Aquiles Fischer**	**1980**	**Minas TC (MG)**	**1min04s50**
4º	3	Darren Mew	1979	Vasco (RJ)	1min04s74
5º	7	Márcio G. Albuquerque	1979	Flamengo (RJ)	1min05s99
6º	1	Augusto Celso da Silva	1980	Pinheiros (SP)	1min06s57

[49] Gustavo Lima e Rogério Karfunkelstein foram desclassificados e, por isso, não apareceram no resultado oficial.

Era o último dia de competição e nada que alguém me dissesse, naquele momento, poderia me confortar. Entretanto, logo descobriríamos que, para aqueles que haviam ficado perto do índice, haveria uma segunda chance. Confesso que nunca fui muito favorável a segundas chances, pois no Pan, no Mundial, nos Jogos Olímpicos e na vida raramente isso existe. O atleta tem de se acostumar com a derrota e aprender a não repetir os erros. Contudo, definitivamente, eu não estava em condições de negar essa oportunidade extra.

A CBDA informou aos clubes que, para quem quisesse, haveria uma tomada de tempo no fim da semana seguinte, com vistas aos índices para o Pan. Prova única (final direta), realizada no mesmo local e nas mesmas condições.

Apesar de animar um pouco, a perspectiva não era das melhores, pois eu estava psicologicamente abalado. Mas, como disse, não podíamos desperdiçar essa chance. Dessa forma, o Minas optou por pagar mais uma semana de hotel e alimentação para todos os atletas que haviam ficado próximos do índice, em vez de terem de voltar para Belo Horizonte e, depois, viajar novamente para o Rio de Janeiro.

Era uma oportunidade incrível. Eu deveria estar animado, mas confesso que, infelizmente, não estava preparado psicologicamente. Aquela semana foi uma das mais depressivas da minha carreira como atleta. Antes tivesse voltado para casa...

Como previsto pelo meu subconsciente, o desempenho foi péssimo. A perda da vaga na primeira tentativa havia me abalado muito mais do que eu podia imaginar. Eu era novo e ainda não havia aprendido como assimilar esse tipo de golpe. É justamente nesse aspecto (tirar lições e saber como lidar com resultados ruins e situações desfavoráveis) que um atleta experiente se diferencia de um novato.

Até tentei me animar e chegar disposto no bloco de partida, mas a mente não estava com a mesma disposição. Ainda mais nadando sozinho, sem adversários e sem torcida.

De novo, a ansiedade foi crucial. Passei com força, mais do que quando havia feito 1min03s77, mas paguei um preço muito caro no fim. Cansando demais nos últimos 20 metros, a minha natação foi suficiente apenas para marcar 1min04s51 no placar e encerrar definitivamente as minhas esperanças de participação no Pan de 1999.

Todavia, eu não podia me dar ao luxo de simplesmente largar tudo em razão da derrota. Afinal, eu ainda tinha muitos compromissos com o clube pela frente. Havia, pelo menos, mais três competições nas quais

223

o Minas apostava em bons resultados meus: Tancredo Neves (Brasileiro Júnior de Inverno), Júlio Delamare (Brasileiro Júnior de Verão) e José Finkel (Campeonato Brasileiro Absoluto de fim de ano).

Por essas razões, eu não podia ficar choramingando pelos cantos. Era hora de engolir o choro, cessar as lamentações, voltar aos treinos e tentar dar a volta por cima nas próximas competições, a fim de justificar todo o investimento que o clube havia feito em mim.

Confesso que foi uma volta triste e decepcionante, até porque outros atletas do Minas que ficaram no Rio para essa segunda tentativa também não conseguiram triunfar com os tempos mínimos necessários para conquistar as vagas no Pan. Por exemplo, o multicampeão e olímpico Rogério Romero, que também ficou muito próximo do índice dos 200 metros costas, mas não teve êxito na tentativa ofertada pela CBDA.

Aliás, se teve um único ponto positivo nessa permanência no Rio de Janeiro para a segunda seletiva para o Pan Americano, esse foi o fato de dividir quarto com a lenda Rogério Romero. Passar uma semana ao lado de um atleta tão experiente foi praticamente uma pós-graduação no esporte de alto rendimento. Ouvir os ensinamentos e aprender com as experiências dele, de três participações olímpicas, acabou sendo um privilégio para poucos calouros.

41

Dê-me limões que farei uma limonada. Aqui, vale uma pequena pausa na cronologia da minha carreira. Tenho algo para relatar que é demasiadamente importante para ser esquecido ou ignorado. Apesar da enorme derrota no Troféu Brasil de 1999, uma situação faria toda a diferença e me transformaria em um atleta e uma pessoa melhores.

Gustavo Borges, Fernando Scherer e Ricardo Prado. Esses eram, sem sombra de dúvidas, os principais nomes da natação do país em 1999, pois nos remetiam a recentes histórias olímpicas de superação e desempenhos extraordinários.

Contudo, mesmo não sendo tão lembrado pelo público em geral, existe um atleta que transcende resultados e medalhas. Na minha opinião, sempre houve outro nadador que, apesar de não ser medalhista olímpico, é tão importante quanto os outros para a natação verde e amarela. Esse atleta é Rogério Romero.

Piu, sem saber, havia desempenhado um papel essencial no meu amadurecimento psicológico como atleta. E é por isso que guardo uma enorme estima por esse grande atleta e essa grande pessoa. Romero é conhecido por Piu, pois, segundo ele mesmo: "Um técnico que eu tinha quando ainda morava na pequena Londres (vulgo Londrina) me achou parecido com o Piu Piu, do Frajola, do desenho animado. Como, naquela época, não existia a massificação do bullying, o apelido pegou e me seguiu para onde fui".

Talvez, a coisa mais importante para a minha carreira de atleta, na contratação pelo Minas Tênis Clube, tenha sido a oportunidade de colher os ensinamentos emanados pelo mestre Rogério Aoki Romero. Um atleta que, até aquele momento, era campeão pan-americano e finalista olímpico, carregando no currículo três participações em Jogos Olímpicos: Seul-1988, Barcelona-1992 e Atlanta-1996. Ele ainda faria mais duas aparições na competição mais importante do mundo, finalizando a carreira com a impressionante marca de cinco Olimpíadas.

Logo de cara, quando falei com o Romero pela primeira vez no Minas, percebi imediatamente uma energia boa emanando do sujeito. Sabe quando você, sem nem mesmo conhecer ou conversar com a pessoa, simplesmente sabe que ela é do bem? Existia idoneidade e boa índole em tudo o que o Rogério falava ou fazia. Até mesmo quando era para brigar, brincar ou zoar com alguém, ele media muito bem as palavras e as ações.

Quando começamos a conversar um pouco mais, durante a estadia adicional no Rio de Janeiro para a segunda tentativa para o Pan de 1999, pude perceber com absoluta certeza de que as minhas suposições estavam corretas.

Piu já era um atleta muito experiente em 1999. Apesar de ter somente 30 anos, tinha mais bagagem no currículo do que poderíamos imaginar. Ele já havia participado de inúmeros eventos internacionais e Troféus Brasil. O cara era realmente uma lenda.

Já eu, apenas um moleque do interior aspirante a uma vaga na seleção pela primeira vez. Dito isso, ele não tinha a obrigação de interagir comigo. Poderia simplesmente ser educado e não puxar conversa ou me dar qualquer atenção. Aliás, eu até acharia isso normal, afinal, o cara era um ser quase "mitológico" da natação do Brasil e eu, apenas, um calouro desconhecido.

Mas, para a minha sorte, não foi o que ocorreu. Rogério passou a conversar muito comigo, quase como um professor, tentando entender quais eram as minhas dificuldades para, então, me ensinar algo novo que pudesse me ajudar a ser um nadador melhor.

Acho, até, que o fato de estarmos no mesmo barco (ambos havíamos ficado próximos do índice para o Pan e, agora, estávamos aguardando a segunda seletiva) fez com que tivéssemos uma certa afinidade.

Não havia muito para se fazer até o dia da seletiva senão apenas manter o polimento, se alimentar bem e descansar. Por essa razão, havia tempo de sobra para conversar. A namorada de Romero na época, Patrícia Comini (hoje esposa dele), também era uma pessoa fantástica, muito educada e de inestimável índole.

Por essa razão, eles se tornaram (pelo menos durante aquela semana) os meus melhores amigos. Todo almoço era encarado por mim como uma aula sobre o esporte de alto rendimento.

Piu também não alcançou o índice dos 200 metros costas para o Pan no Troféu Brasil de 1999. Pelo contrário, assistiu ao adversário

Leonardo Costa chegar na frente e garantir a vaga para o torneio com o tempo de 1min59s33 (novo recorde sul-americano). Na tentativa "extra", também não obteve êxito, para infelicidade coletiva das pessoas que assistiam à prova. Piu era um cara muito querido, ninguém torcia contra ele. Nem mesmo os adversários.

Apesar de Romero ter ficado fora do Pan-Americano de Winnipeg aos 30 anos de idade, continuou treinando ainda mais e, para a felicidade geral da comunidade aquática, em dezembro de 1999, nadou os 200 metros costas para o tempo de 1min59s23, reconquistando o recorde continental e mantendo as esperanças para uma eventual quarta participação olímpica. Afinal, a medalha de bronze nos Jogos de Atlanta-1996 havia sido conquistada pelo italiano Emanuele Merisi com o tempo de 1min59s18. Assim, não era difícil imaginar ele querendo uma vaga em Sydney-2000.

De fato, no ano seguinte, Romero garantiria a vaga olímpica, aquela que seria, como dito, a quarta participação dele nos Jogos.

Não há dúvidas de que Piu foi um mestre para mim e é um grande amigo até hoje, mesmo com pouquíssimo contato. Tenho muito carinho e muita consideração por Rogério Romero.

Tive a oportunidade e a felicidade de defender a seleção brasileira muitas vezes ao lado dele, sendo, inclusive, colega de quarto em diversas delas. Com certeza, muitas coisas que ele me disse e ensinou foram essenciais para que eu me tornasse um nadador melhor e mais bem preparado. Tenho saudade das competições, das viagens, das conquistas. Mas os amigos verdadeiros e sinceros também me fazem ser nostálgico.

Valeu, Piu! Essa é minha pequena homenagem a um dos melhores nadadores do Brasil.

42

Feitas as devidas homenagens ao grande mestre Rogério "Piu" Romero, retorno ao fatídico junho de 1999, momento em que eu acabara de enfrentar a minha primeira grande frustração como atleta profissional de natação, ao não me classificar para o Pan-Americano de Winnipeg mesmo estando a quatro centésimos do índice.

Mas, como eu disse um pouco antes, havia outras obrigações a serem cumpridas, e o mundo não pararia de girar para que eu ficasse lamentando a perda da vaga. Era hora de voltar para a piscina e os treinos. Logo depois da segunda tentativa para o Pan, nós viajaríamos para Fortaleza, visando o Troféu Tancredo Neves, o campeonato nacional da categoria júnior.

Nesse momento, eu já havia criado um bom entrosamento com o restante da equipe e passei a conhecer um pouco melhor cada um dos "teammates". Apesar da decepção no Rio, poucos dias antes, ainda havia animação para essa competição, pois estávamos com esperança de trazer bons resultados individuais e em equipe. Dessa forma, o abatimento levado da capital carioca foi facilmente superado com um bom e saudável espírito de equipe. E, aqui, cabe aquele belo clichê: nada como um dia após o outro.

A competição em Fortaleza foi realmente muito boa, e em muitos aspectos. Meus resultados individuais foram positivos. A equipe estava com um bom entrosamento e trouxe, também, bons resultados nos revezamentos e no geral. Com isso, a minha mente poderia espairecer e se esquecer do que havia ocorrido no Rio, melhorando a autoestima para o restante do ano.

A maior surpresa nessa competição veio em uma prova da qual não esperávamos muita coisa. Os 200 metros peito eram uma distância que eu não gostava muito de nadar e usava apenas para ajudar a equipe e, de quebra, fazer uma espécie de reconhecimento da piscina. Mas, naquela oportunidade, inesperadamente, acabou se tornando o ponto de virada da competição.

Na época, o grande nome dos 200 metros peito na minha categoria (júnior 2, com nascidos em 1980 e 1981) era o pernambucano Guilherme de Morais Rego (lembra-se dele, do Multinations da Dinamarca?). Ele era o grande favorito para abocanhar a medalha de ouro.

Nas eliminatórias, apesar de uma boa performance e um tempo interessante, melhor do que eu havia feito no Troféu Brasil, Guilherme foi bem superior: 2min21s99 x 2min24s16. Um resultado e uma superioridade naturais e um tanto quanto previstos. Inclusive, para a final, não havia muitas mudanças a serem feitas e não esperávamos que seria possível vencer. O foco era, verdadeiramente, na medalha de prata (inédita nessa prova).

Aqui, cabe a ressalva que o índice para participação no Pan de 1999, nos 200m peito, era 2min20s98, ou seja, Guilherme estava realmente muito próximo dos melhores nadadores do Brasil.

Mas o esporte é fantástico e, quando menos se espera, surpreende. De fato, o "jogo só acaba quando termina", ou seja, mesmo quando tudo parece definido, algo pode mudar. Quem morre de véspera é apenas o peru, como se diz.

A verdade é que, quando a cabeça está boa, o corpo corresponde da mesma forma e a performance acaba sendo otimizada. Em resumo, quando chega na hora do vamos ver, se todos estão bem treinados, vencerá aquele com o melhor desempenho psicológico.

E eu estava realmente me sentindo bem. O tempo nas eliminatórias havia sido bom, sem um desgaste físico excessivo. Dessa forma, a estratégia para a final estava traçada: nadar os primeiros 150 metros iguais aos da eliminatória, tentando forçar nos últimos 50, caso sobrasse algum gás. E, de fato, sobrou.

Na final, eu e o Rego fizemos uma prova muito similar, mas com ele sempre virando um pouco na frente em cada uma das parciais de 50 metros. Quando rumamos para os últimos 50 metros, percebi que estava bem próximo do Guilherme e senti que havia, ainda, um pouco de energia sobrando para forçar no fim. E foi exatamente isso que eu fiz.

O final da prova foi empolgante. Eu e o Guilherme disputávamos centímetro a centímetro. Braçada a braçada. Realmente, nenhum dos dois queria entregar o ouro nos metros finais. Mas, com um excelente esforço final, melhor do que o do meu adversário, logo ao tocar no placar eletrônico, percebi que havia vencido. Fechei com o tempo de 2min21s85, o melhor da minha vida, contra 2min22s49 feitos pelo Rego.

A título de comparação, Fábio Mauro havia conquistado, no Troféu Brasil, algumas semanas antes, a vaga para o Pan de Winnipeg com 2min20s42. Para quem não tinha bons resultados nessa prova, fazer um tempo que ficava a menos de um segundo do índice pan-americano não era nada mal.

Depois desse dia, as coisas começaram a fluir muito bem no restante da competição. Ainda belisquei um bronze nos 200 metros medley, marcando 2min15s26.

Já na minha principal prova, os 100 metros peito, marquei 1min04s89 nas eliminatórias e 1min05s07 na final, vencendo de ponta a ponta e arrematando a medalha de ouro e o título de campeão brasileiro júnior.

Ainda contribuí com os revezamentos 4 x 50 metros medley e 4 x 50 metros livre do Minas, nos quais colocamos o clube no pódio em ambas as provas.

Nesse ritmo de entrosamento com a equipe, terminado o Campeonato Brasileiro Júnior, em Fortaleza, combinamos de ficar dois dias a mais na cidade e passar um dia no Beach Park[50], com o intuito de comemorar os resultados positivos.

Resultados no Troféu Tancredo Neves de 1999:

Atleta	Prova	Colocação	Tempo final	Tempo eliminatória
Eduardo Fischer	100m peito	1º	**1min05s07**	1min04s89
Eduardo Fischer	200m peito	1º	**2min21s85**	2min24s16
Eduardo Fischer	200m medley	3º	**2min15s26**	2min15s95

O primeiro semestre estava encerrado. Entre mortos e feridos, nos salvamos. Retornei a Joinville para ver os meus orgulhosos pais depois de quase seis meses. Contudo, 1999 ainda não havia terminado, e nos traria surpresas agradáveis.

---

[50] O Beach Park é um complexo turístico do litoral do Nordeste do Brasil, na praia de Porto das Dunas, município de Aquiraz, a 26 quilômetros de Fortaleza. O parque aquático é considerado o maior da América Latina, com muitos tobogãs distribuídos em uma área total de 20.000 m² e 13 km² de área específica.

43

Depois de retornar para Joinville, ainda um pouco deprimido por não ter alcançado a classificação para o Pan, eu e o Ricardo teríamos uma grata surpresa para o fim do primeiro semestre de 1999, algo que poderíamos chamar de prêmio de consolação.

Por meio de um contato direto do supervisor técnico de natação da Confederação Brasileira de Desporto Universitário (CBDU), o professor Carlos Camargo, ficamos sabendo que havíamos sido convocados para o Campeonato Mundial Universitário, mais conhecido como Universíade[51].

Como eu já estava matriculado na faculdade, cursando Direito, recebia o status de atleta universitário. Por essa razão e por ter sido o melhor tempo de peito no Troféu Brasil, excluindo os atletas que haviam alcançado a vaga para o Pan, acabei sendo convocado para esse evento internacional. Obviamente, eu preferia ter conseguido a classificação para o Pan, mas, tendo em vista as atuais circunstâncias, era uma excelente oportunidade.

Naquele ano, a competição seria disputada na Espanha, na cidade de Palma de Mallorca (pertinho de Ibiza), um local paradisíaco, o que apenas deixava o evento ainda mais interessante. Além de ser uma grande possibilidade de ganhar experiência internacional, era, sem dúvida, uma baita de uma viagem.

A equipe convocada era formada por atletas com a mesma característica: universitários que não haviam alcançado a vaga para o Pan, mas com bons resultados no Troféu Brasil. Todo o time estava na mesma "vibe", ainda meio abalado por não integrar a seleção brasileira que iria

---

[51] A Universíade é um evento multidesportivo internacional, organizado para atletas universitários pela Federação Internacional do Desporto Universitário (Fisu). O nome é uma combinação das palavras "Universidade" e "Olimpíada", aludindo aos Jogos Olímpicos.
A Universíade é chamada, em inglês, de World University Games ou World Student Games. Em julho de 2020, como parte de um novo sistema de marca pela Fisu, foi declarado que a Universíade seria oficialmente referenciada como Fisu World University Games - em português, Jogos Mundiais Universitários ou Jogos Universitários Mundiais.

para Winnipeg. Aliás, tal qual uma terapia em grupo, todos se ajudavam mutuamente nesse aspecto.

Mas, independentemente de qualquer coisa, era uma equipe bacana, e tive a oportunidade de fazer preciosas amizades. Naquela oportunidade, a seleção universitária foi composta por mim e por Alexandre Angelotti, Bruno Bonfim, Ricardo Cintra, Ricardo Dornelas e Roberto Piovesan.

Tecnicamente falando, eu não nadei muito bem naquele torneio. Nos 100 metros peito, o ouro foi conquistado pelo japonês Akira Hayashi, com 1min02s98, e o bronze, pelo russo Andrei Perminov, com 1min03s57. Se eu repetisse o tempo feito nas eliminatórias do Troféu Brasil, ficaria em um excelente quarto lugar. Entretanto, infelizmente, não foi o que aconteceu.

Depois dessa performance, comecei a achar que nunca mais conseguiria aquele tempo novamente. Fiz uma natação similar à do Tancredo Neves e, com 1min04s39, fiquei fora da final. Aliás, com esse resultado, a competição havia se encerrado para mim logo no segundo dia, pois não tínhamos um time para nadar o revezamento 4 x 100 metros medley.

Claro, havia sido uma experiência interessante competir internacionalmente contra atletas mais bem preparados e experientes, mas, confesso, não deixou de ser frustrante não avançar para a final.

Por outro lado, havia sido bacana presenciar a importante medalha de bronze do amigo Dornelas nos 50 metros livre, algo que nos trouxe muito orgulho. Além desse grande feito do Ricardo, conhecer um ponto turístico tão bonito como aquele também foi marcante. Mas isso não poderia ser o objetivo e, sim, a consequência após um bom resultado. Eu nunca quis somente passear. O que eu realmente queria quando viajava para competir era estar entre os melhores.

Obviamente, depois da competição, aproveitamos para conhecer um pouco a cidade e turistar. No fundo, eu sabia que seria muito difícil retornar para aquela linda localidade.

Ao fim, a experiência de competir internacionalmente e fazer grandes amizades foi positiva. O torneio havia sido um show de organização, mas, infelizmente, foi a minha primeira e última participação em Universíadas. Nas edições de 2001 e 2003, não fui convocado, pois havia conquistado a vaga para os Campeonatos Mundiais da Fina, o que excluía a possibilidade de ir para ambos.

Já em 2005, quando não consegui vaga para o Mundial da Fina, em Montreal, mesmo sendo o melhor tempo da prova nos 100 metros peito e tendo totais condições de representar muito bem o Brasil e o esporte universitário, uma regra esdrúxula me deixou fora da Universíade.

A Confederação Brasileira de Desportos Universitários (CBDU) havia criado uma regra (ou colocado em prática uma existente) que previa que apenas atletas que tivessem participado dos Jogos Universitários Brasileiros (Jubs) estariam aptos para a convocação. Tal regra não apenas me atingia, assim como outros 19 atletas com índices e que não haviam estado nos Jubs.

A coisa ganhou proporções estratosféricas. O professor Carlos Camargo, técnico do Fernando Scherer e responsável técnico pela natação universitária, ainda tentou interceder por nós, alegando que a imposição prejudicaria todo o esporte daquele segmento, pois limitaria a seleção a apenas três atletas para a Universíade de 2005. Sim, acredite se quiser, mas a equipe de natação, naquele ano, contou com somente três integrantes por questões estritamente burocráticas.

Totalmente indignado, enviei uma carta formal ao presidente da CBDU na época, Luciano Atayde Costa Cabral, requerendo (ou implorando) uma reconsideração da decisão e a convocação.

Joinville (SC), 1 de julho de 2005.

Ilmo Sr.

LUCIANO ATAYDE COSTA CABRAL
DD. Presidente da
CONFEDERAÇÃO BRASILEIRA DE DESPORTOS UNIVERSITÁRIOS
Brasília – Distrito Federal

Prezado Presidente,

PEDIDO DE INSCRIÇÃO PARA PARTICIPAR DOS JOGOS UNIVERSITÁRIOS MUNDIAIS (UNIVERSÍADE) NA MODALIDADE DE NATAÇÃO – O signatário, tendo obtido índice na modalidade de natação (estilo peito, com a marca de 1min01s97, nos 100 metros, e 28s40, nos 50 metros) durante a realização do Troféu Brasil de Natação, patrocinado pela CBDA – Confederação Brasileira de Desportes Aquáticos, na cidade de Belo Horizonte (MG), nos dias

8 a 13 de maio de 2005, além de se qualificar como "estudante universitário" e se enquadrar nos ditames utilizados por essa Confederação, em edições anteriores, COMPARECE, com a devida vênia, para requerer e pleitear sua inscrição como integrante da equipe nacional universitária para participar da Universíade, que se realizará na cidade de Izmir, na Turquia, no interstício de 15 a 30 de agosto do ano corrente.

Peço, também, a inscrição dos demais atletas que se encontram na mesma situação que a minha, ou seja, nadadores universitários com índice alcançado no último Troféu Brasil. Quais sejam: Henrique Barbosa, Rodrigo Castro, Rafael Mósca, Armando Negreiros, João Paulo Oliveira, Guilherme Roth, Jorge Azevedo, Natalia Grava, Poliana Okimoto e Diogo Yabe.

Contudo, a resposta foi curta e grossa, e o presidente alegou que não poderia haver convocação de atletas sem a participação nos Jubs.

Isso posto, sem sucesso no pleito administrativo, cogitei ingressar com uma ação judicial (Mandado de Segurança) para tentar garantir o meu direito líquido e certo de representar o meu país. Mas, após muitos debates com o meu pai (que ainda advogava na época), abandonei a ideia e o sonho de participar daquele que seria o meu segundo Campeonato Mundial Universitário.

Julian Romero chegou a publicar uma coluna que tratava do assunto, resumindo muito bem a questão:

Coluna Aqualizando (julho de 2005):

O que ouvi e li nos últimos dias é inquietante. Os Jogos Universitários Brasileiros, agora chamados "marketologicamente" de "Olimpíadas Universitárias", eram a última seletiva de vários esportes, dentre os quais a natação, para obter índices e para formar as seleções brasileiras, em especial este ano para a Universíade, os Jogos Mundiais Universitários. Mas o que era em princípio uma entre outras opções de competição, acabou se tornando para os nadadores um pré-requisito para fazer parte da seleção brasileira de natação. Ou seja, não bastava ser universitário e ter índice: o atleta ainda deveria competir nos Jubs.

NOVIDADE

Esta determinação divulgada em boletim oficial da Confederação Brasileira de Desportos Universitários – CBDU – no início do ano foi até com arrogância ignorada por diversos atletas, técnicos e dirigentes, que acreditavam no princípio da inércia: em anos anteriores, houve um "jeitinho brasileiro" para contornar esta exigência. Hoje, diretores da CBDU estão intransigentes com relação a qualquer descumprimento de regras e normas já divulgadas. Assim, a seleção brasileira de natação formou-se com apenas três atletas, sendo que 19 outros já haviam obtido índice em competições ditas "seletivas" anteriormente. Essa firmeza em querer cumprir as regras foi uma novidade que caiu em uma péssima hora para a natação brasileira.

POR QUE AGORA?

A pergunta que atletas indagaram foi essa: por que isso aconteceu justo agora? Um convênio firmado entre o Comitê Olímpico Brasileiro e a CBDU trouxe ao desporto universitário milhões de reais, e junto com ele o compromisso já amplamente divulgado e regido pelo COB, uma responsabilidade e organização com a qual a Confederação não estava acostumada. E isso já é uma conclusão minha: o COB exigiu os mesmos princípios que o regem que fossem transpostos para a entidade que cuida dos atletas universitários.

Chega de "jeitinhos", porque existe muito dinheiro em jogo e queremos resultados.

MUDANÇA DE CULTURA

Mas as universidades brasileiras não estavam preparadas para receber este tipo de rigidez em regulamentos, mesmo porque, para participar dos Jubs, a universidade deve ser filiada a uma federação, que por sua vez é filiada à CBDU, imitando o caso de clubes ou associações. Mas como convencer uma universidade a se federar para que seus atletas possam usufruir das participações e dos eventos que a entidade máxima promove?

O diretor técnico da natação, Carlos Camargo, disse-me uma grande verdade: universidade não é clube. Por pior que o clube seja, o atleta pode ficar no máximo 12 meses vinculado a ele. Na universidade, não: o atleta não está na universidade porque quer treinar, mas, sim, porque está formando seu futuro ali, e isso dura, no mínimo, três anos. Ele virou refém da universidade, ao menos em se tratando de inscrições e participações de campeonatos desportivos universitários.

Apesar de as complexidades serem distintas, empresa, clube e universidade são regidos por uma cultura, comumente chamada no jargão empresarial de "filosofia", e um atleta sozinho não tem exatamente um poder de fogo tão forte capaz de convencer um reitor de que é necessário se filiar para que ele vá competir representando sua universidade, e quem sabe até promover o nome dela com vitórias, convocações e declarações na imprensa. É necessário mudar este tipo de cultura, e isso historicamente é comprovado que não acontece em apenas um ano.

ATLETAS SÃO OS MAIS PREJUDICADOS

Os 19 outros nomes que tinham ao menos um índice de participação da Universíade se viram sem solução para uma regra autoritária – e legal, diga-se de passagem – que está praticamente forçando as universidades à filiação sem, no entanto, mostrar as vantagens que isso proporciona à instituição de ensino. Para os atletas, restou a alternativa jurídica. O catarinense Eduardo Fischer, com índice para a Universíade, se mobilizou e pretende entrar com uma ação para garanti-lo, junto com os atletas que assinarem o documento, na seleção brasileira. Vejam onde chegamos: problemas resolvidos por via do Judiciário. Não combina bem com o esporte, ainda mais o semiprofissional como a natação.

QUEM ESTÁ ERRADO?

E minha conclusão não é das mais otimistas. Ninguém está errado. A CBDU está correta em querer promover um campeonato devidamente composto por universidades e atletas que cumprem com suas obrigações junto às federações estaduais. Os atletas querem participar do maior evento universitário do planeta, com ótimo nível técnico, e até mesmo com esperanças de medalhas, o que diretamente contribui para o esporte universitário, para sua carreira e para o país.

Em busca de um vilão para esta história toda, não me surgiu outra opção senão culpar o povo brasileiro, declaração que nosso ilustre presidente já fez questão de comentar em rede nacional. Não levantamos nossas bundas antes, e agora choramos porque nada dá certo. Choramos porque sempre pensamos que levantar a bunda é um ato irrisório, sem impacto na sociedade. E continuamos reféns. De nossa mediocridade e passivismo.

Julian Aoki Romero

Sem levar em consideração quem estava certo ou errado ou se a decisão era justa ou injusta, fato é que eu deixei de participar de um importante campeonato, assim como tantos outros atletas de renome também deixaram de estar nele e elevar o nome do Brasil lá fora.

Cabe ressaltar que não se tratava de uma questão financeira, pois eu estaria disposto a custear as minhas despesas, caso fosse necessário. O que eu queria, mesmo, era apenas garantir a minha inscrição e o meu direito adquirido de defender o Brasil em uma competição internacional universitária. Afinal, eu obtive o índice mínimo, era universitário e não tinha outra competição que pudesse concorrer com o meu calendário.

Ressalto que, para a Universíade seguinte, em 2007, esse critério já não existiria mais, de forma que muitos nadadores foram convocados e puderam defender o Brasil sem a estapafúrdia exigência de participação prévia nos Jubs.

Mera coincidência? Perseguição? Tenha a sua conclusão. Mas, naquela época, eu não era visto com bons olhos por alguns dirigentes esportivos. Eu costumava fazer muitas perguntas e contestar regras. Ninguém gosta do cara que questiona e fala demais. Acho que a história já provou isso mais de uma vez.

44

Depois de Borges e Scherer brilharem com excelentes resultados nas Olímpiadas de 1992 e 1996, somados às muitas medalhas trazidas nos Pan-Americanos de 1991 e 1995, a natação do Brasil estava em alta e vivia um grande momento.

Desde que me conheço por gente, o Pan é uma competição de muita importância para o Brasil, pois ocorre sempre um ano antes dos Jogos Olímpicos e se apresenta como uma extraordinária oportunidade de preparação (ou obtenção de índice) para o objetivo mais importante: a Olimpíada do ano seguinte.

Especialmente para a mídia nacional, há um grande prazer e uma grande diversão em transmitir e noticiar os resultados do Pan-Americano, pois o Brasil sempre tem boas participações e traz diversas medalhas, inclusive de ouro, tendo em vista que os americanos não se apresentam com força total.

Os Jogos Pan-Americanos são um evento multiesportivo, tendo como base os Jogos Olímpicos e sendo promovidos pela Organização Desportiva Pan-Americana (Odepa). Funcionam como uma versão dos Jogos Olímpicos modernos, cuja diferença é a participação de apenas os países do continente americano (América do Sul, América Central e América do Norte).

Dessa forma, se excluirmos os Estados Unidos e o Canadá, teoricamente, o Brasil é a terceira maior potência esportiva. Ocorre que essas duas nações de mais força, normalmente, não depositam no Pan a mesma importância que o Brasil e costumam enviar os times B para participação. Em algumas ocasiões, pelo menos na natação, os EUA chegam a enviar até mesmo o time C.

Não desmerecendo os atletas brasileiros, até mesmo porque me incluo nessa lista, mas, por essa razão especial, o Brasil consegue abocanhar algumas medalhas de ouro a mais do que poderia caso os times da América do Norte estivessem com força total. Contudo, essa nem sempre é uma regra e, em algumas ocasiões, atletas da elite (time A) comparecerem.

Independentemente disso, os Jogos Pan-Americanos possuem uma cobertura de mídia importante no Brasil e a natação sempre guarda um lugar especial nas transmissões ao vivo.

Em 1999, não foi diferente. A televisão transmitiu ao vivo todas as provas de natação do Pan de Winnipeg, no Canadá, e, para o meu desgosto e a minha tristeza, pude acompanhar tudo no sofá da minha casa, morrendo de vontade de estar lá, me culpando por não ter nadado melhor na tentativa ofertada pela CBDA.

Ocorre que naquele Pan, em especial, aconteceu algo inédito e muito importante. O revezamento 4 x 100 metros medley venceu os americanos pela primeira vez na história e conquistou a medalha de ouro, quebrando o recorde do campeonato.

Apesar de ser um feito extraordinário para o Brasil e para os quatro membros do revezamento, além de muito comemorado no país, uma particularidade trouxe um gosto amargo para mim.

No Pan de 1999, o Brasil convocou três nadadores de peito, que alcançaram o índice mínimo em suas respectivas provas: Alan Pessotti (100 metros peito), Marcelo Tomazini (200 metros peito) e Fábio Mauro (200 metros peito).

Seguindo a mesma regra olímpica, em cada prova, um país pode escalar apenas dois atletas. Como não havia dois com índice nos 100 metros peito, o Brasil tinha a possibilidade e a permissão de preencher essa vaga aberta com um nadador que lá estivesse presente e tivesse, ao menos, o índice B da referida distância.

Nesse sentido, Tomazini não havia feito o índice A dos 100 metros peito, mas, como tinha um tempo melhor do que o índice B dessa prova e havia alcançado o índice A dos 200, automaticamente, herdou a segunda vaga nos 100.

Por isso, nas eliminatórias dos 100 metros peito, o Brasil teria dois representantes. Por algum motivo que desconheço, Pessotti nadou muito mal e marcou 1min05s02, ficando fora da final e da chance de disputar medalhas.

Por outro lado, Tomazini nadou para o melhor tempo da vida e, aproveitando a oportunidade, se classificou para a final, com o tempo de 1min04s04.

Na final, Marcelo nadou ainda melhor e ficou com o quarto lugar, marcando 1min03s72. Com essa boa sequência e em razão de o Pessotti não ter tido uma boa performance, Tomazini garantiu o direito de compor a equipe que nadaria o revezamento 4 x 100 metros medley, que, por fim, acabaria conquistando o ouro inédito, vencendo os "imbatíveis" americanos e estabelecendo o novo recorde pan-americano.

Apesar de ter ficado feliz pelo Brasil e pelo Tomazini, não posso negar que, ao mesmo tempo, eu me culpava. Se eu tivesse me classificado e repetido no Canadá o tempo feito nas eliminatórias do Troféu Brasil (1min03s67), eu, provavelmente, faria parte do revezamento que seria medalha de ouro.

Claro, são inúmeras condições que teriam de se concretizar para que eu estivesse lá e fosse parte daquele quarteto, sendo muito fácil falar depois de tudo ocorrido. Mas, de fato, o único culpado era eu mesmo, pois, quando me deram a oportunidade de fazer o índice, eu não fiz. E assim é o esporte de alto rendimento. Muitas vezes, não admite erros.

Pode até parecer injusto, se olharmos apenas para os tempos feitos no Troféu Brasil, mas a verdade é que o esporte premia quem se aproveita das oportunidades certas, nos momentos certos. Eu não abracei a oportunidade e, por isso mesmo, não tinha motivos para reclamar ou lamentar. Na verdade, o que eu aprendi com essa medalha do Brasil no revezamento foi jamais perder outra oportunidade similar àquela.

Méritos para o meu grande amigo Marcelo Tomazini, que aproveitou a chance para nadar os 100 metros peito, fazendo o melhor e garantindo a vaga no revezamento. Um grande exemplo de como é importante aproveitar as oportunidades quando nos são dadas.

A culpa por não ter feito o índice do Pan me consumia de tal forma a ponto de eu achar que a grande chance da minha vida havia sido desperdiçada e nunca mais eu conseguiria estar em um torneio como aquele. Mesmo assim, segui treinando intensamente e logo descobriria que esse pensamento estava prestes a ser eliminado da minha cabeça. O futuro ainda seria generoso comigo e algo fantástico estava para acontecer.

45

Obviamente, não havia férias no meio do ano e, como não havíamos conseguido o índice para o Pan, o foco ficaria na Copa do Mundo da Fina e no Troféu José Finkel, ambos no fim da temporada. Mas, antes disso, eu teria o Campeonato Brasileiro de Categorias Júnior (Troféu Júlio Delamare), no início de novembro.

O Nacional de categoria de verão seria realizado no novo e reformado parque aquático de Belém, no Pará, que contava com um moderno placar eletrônico digital de LED, que trazia muitas informações além do número da raia e da colocação, como o nome de cada participante, o recorde da prova, o título do evento e outras coisas. Era bem diferente e muito mais tecnológico do que os com os quais estávamos acostumados.

Eu me recordo de que o ambiente de competição estava muito bacana. Eu construí um bom relacionamento com os colegas do Minas. Além disso, havia deixado de ser um atleta desconhecido advindo de um pequeno clube do interior, o que facilitava a conversa com os integrantes dos demais clubes.

Foi lá que vi pela primeira vez o Nicholas Santos. Na época, ele defendia a Unaerp, de Ribeirão Preto (SP), e demonstrava qualidades claras de um nadador de elite. Só não imaginávamos que, 20 anos depois, ele faria história e quebraria um recorde mundial aos 41 anos de idade. Realmente, algo muito impressionante e sem precedentes na natação mundial. Talvez, a maior e mais produtiva longevidade na história desse esporte. Ele chegou na seleção brasileira um pouco depois de mim e, por diversas vezes, viajamos juntos e fomos companheiros de quarto.

Mas chegaremos lá, oportunamente, e falarei um pouco mais sobre a relação de amizade com ele. Afinal, faço questão de mencionar as pessoas que foram importantes durante a minha carreira.

Mesmo trazendo um ouro nos 100 metros peito e uma prata nos 200, eu ainda não havia conseguido repetir os mesmos 1min03s62 das eliminatórias do Troféu Brasil. Apesar de feliz com todos os resultados, esse fato ainda me deixava com a pulga atrás da orelha. Será que aquela marca havia sido uma exceção? Será que eu nunca mais nadaria para aquele tempo? Inevitável não pensar nisso.

A competição se iniciou com um 200 metros medley bem ruim (ou desmotivado), finalizando as eliminatórias com 2min19s40, nem sequer passando para a final. Já no dia seguinte, nos 200 metros peito, tomei pau novamente do Augusto Celso. Apesar de uma prova acirrada, ele voltaria a me vencer, já que, normalmente, nadava os 200 metros melhor do que eu. Mas confesso que fiquei feliz por ele, pois fazia algum tempo que não vinha nadando bem.

Troféu Júlio Delamare 1999 – Belém (PA)

200 metros peito – Final

Col.	Raia	Atleta	Nasc.	Clube	Tempo
1º	2	Augusto Celso da Silva	1980	Pinheiros (SP)	2min22s20
2º	**3**	**Eduardo Aquiles Fischer**	**1980**	**Minas (MG)**	**2min22s79**
3º	4	João Barau	1981	Campinas (SP)	2min23s38
4º	6	Rodrigo Meirelles	1981	Vasco (RJ)	2min25s14
5º	7	Domenico Pugliese	1980	Vasco (RJ)	2min26s53
6º	1	Rafael Lutti	1980	Minas (MG)	2min30s05
7º	8	Eduardo Serafini Santos	1980	Pinheiros (SP)	2min30s28

Contudo, nos 100 metros peito, fui capaz de manter a hegemonia que havia construído no ano anterior e terminei vencendo a prova como o único atleta na competição a nadar abaixo da casa de 1min05s, marcando 1min04s65 nas eliminatórias.

Troféu Júlio Delamare 1999 – Belém (PA)

100 metros peito – Final

Col.	Raia	Atleta	Nasc.	Clube	Tempo
1º	4	**Eduardo Aquiles Fischer**	**1980**	**Minas (MG)**	**1min05s43**
2º	6	Augusto Celso da Silva	1980	Pinheiros (SP)	1min06s28
3º	3	Rodrigo Meirelles	1981	Vasco (RJ)	1min06s41
4º	5	João Barau	1981	Campinas (SP)	1min06s45
5º	2	Eduardo Serafini Santos	1980	Pinheiros (SP)	1min06s93
6º	8	Fernando Biazzoto	1980	Serc (SP)	1min07s35
7º	7	Leonardo D. da Silva	1980	Tijuca (RJ)	1min08s28
8º	1	Rafael Lutti	1980	Minas (MG)	1min08s85

Ainda que pudesse parecer uma competição de pouca importância, frente a tudo aquilo que eu havia vivenciado no ano, foi fundamental para me ajudar a me esquecer dos fantasmas e seguir em frente.

46

A Speedo[52] sempre foi uma das marcas de artigos esportivos aquáticos mais importantes do mundo. Desde a fundação, em 1914, teve papel fundamental na evolução do esporte, inovando e desenvolvendo materiais de melhor qualidade a cada edição dos Jogos Olímpicos. Contudo, talvez uma das principais e mais expressivas contribuições tenha ocorrido no fim da década de 90, com o lançamento do FastSkin, tendo um enorme impacto nos resultados e nas performances dos atletas.

A Era Moderna da Speedo seria precedida por alguns importantes marcos. Em 1957, surgiu o náilon, uma fibra de secagem rápida desenvolvida e usada até os dias de hoje. Com isso, a Speedo começou a produzir trajes de competição mais leves. Posteriormente, em 1970, nasceu a lycra, uma fibra sintética de grande elasticidade e conhecida, tecnicamente, como elastano ou spandex. De posse desse novo material, a Speedo passou a produzir maiôs e sungas mais aderentes, de forma que 22 recordes foram quebrados na Olimpíada de Munique-1972, todos de atletas fazendo uso dos trajes de lycra da marca.

Contudo, de fato, a grande revolução se iniciaria nos anos 90. Em 1992, a Speedo lançou o traje S2000, que acabaria vestindo 53% dos medalhistas na Olimpíada de Barcelona.

Quatro anos mais tarde, na Olimpíada de Atlanta, a empresa lançou os trajes Aquablade, que prometiam ser 15% mais aderentes, de tal forma que passaram a equipar 77% das medalhas daquela edição. Nesse momento, os maiôs femininos não carregavam o corte tradicional e passaram a ser confeccionados como "macaquinhos", se estendendo como bermudas até a altura dos joelhos.

---

[52] A Speedo International Ltd. é um fabricante e distribuidor de roupas de banho e acessórios relacionados à natação, com sede em Nottingham, na Inglaterra. Fundada em Sydney, na Austrália, em 1914, a empresa é líder no setor e pertence a uma subsidiária do Grupo Britânico Pentland. Hoje, a marca Speedo pode ser encontrada em produtos que vão desde maiôs e óculos de natação até relógios de pulso e aparelhos de MP3. A marca é fabricada e comercializada na América do Norte como Speedo USA, pela PVH, sob uma licença exclusiva e perpétua.

Inicialmente, os trajes estavam restritos em maiôs, para as meninas, e sungas, para os meninos, e somente mais tarde vieram as bermudas e as calças masculinas, com destaque para o tecido listrado, com aplicações de resinas que repeliam a água, melhorando a velocidade e reduzindo a resistência. Assim, permitiam que o nadador deslizasse com mais facilidade. Uma das versões mais avançadas foi lançada para cobrir o corpo ao máximo, incluindo os joelhos e as canelas, proporcionando ainda menos atrito com a água. Pela primeira vez, as pernas eram cobertas pelas roupas de performance.

As sungas Aquablade, por sinal, eram diminutas e cobriam somente aquilo que era para ser coberto. Isso se devia justamente ao intuito de proporcionar o menor atrito possível, deixando grande parte da pele (raspada com lâmina) exposta, para proporcionar o máximo deslize e a máxima velocidade.

As sungas Aquablade foram muito utilizadas pelos brasileiros em Atlanta-1996, vestindo, inclusive, os medalhistas Gustavo Borges e Fernando Scherer. Os resultados bem-sucedidos deles massificaram a venda desse tipo de peça no Brasil. Se você vislumbrava ser um campeão, deveria vestir uma sunga Aquablade.

Entretanto, foi em 2000 que ocorreu a principal revolução. A Speedo anunciou o lançamento do traje intitulado de FastSkin (ou "pele rápida", na tradução livre do inglês). Segundo o marketing da empresa, ele havia sido concebido com base em estudos sobre a pele de tubarão, razão pela qual ficou conhecido popularmente no Brasil como "traje de tubarão".

Depois de muitos estudos, a Speedo resolveu, inclusive, imitar o desenho da pele do tubarão, sendo que o suposto segredo estava nos "dentículos", que, parecidos com aerofólios e sulcos, com formato em "V", tinham como função reduzir o arrasto e a turbulência ao redor do corpo.

Esses dentículos ainda direcionavam o fluxo de água sobre o corpo e permitiam que ela passasse sobre o material de maneira mais eficiente, como ocorre na pele desse animal. Essa foi uma das principais transformações na história dos trajes tecnológicos para a natação, o que, inclusive, desencadeou uma guerra comercial. Isso levaria a Fina a estipular o banimento dos trajes, anos depois, quando eles passaram a ser feitos de borracha, aumentando exponencialmente a flutuabilidade.

Mas, voltando ao Aquablade dos anos 90, eu não saberia precisar quem havia sido o primeiro atleta a utilizar um macaquinho em vez da sunga. Afinal, a Speedo já havia disponibilizado no mercado o modelo de calças para os homens. Contudo, ao que consta, em 1999, ainda não existiam peças masculinas de Aquablade que cobrissem o tronco.

A promessa era que o tecido do Aquablade ofereceria menos atrito do que a própria pele raspada, gerando uma certa conveniência para os homens, que não eram mais obrigados a raspar o corpo o tempo todo. Eram trajes que iam do pescoço, cobrindo todo o tronco, até os joelhos, como bermudas, exatamente como os femininos.

Como eu disse, não sei quem teve a ideia de usar esses macaquinhos nos homens, no intuito de cobrir o tronco, pois eram modelos desenvolvidos para as mulheres. Mas, quando fiquei sabendo da opção, não hesitei em experimentar e acredito que eu tenha sido o primeiro brasileiro a usar esse tipo de traje em uma competição oficial nacional.

Além de o macaquinho não ser usual ou comum para os homens, na época, a ideia de um nadador de peito usar um "maiô com bermuda" era abominada, pois todos achavam que o traje poderia limitar e atrapalhar a abertura e o movimento das pernas na execução do nado, haja vista a particularidade da mecânica de "sapo" da pernada de peito.

Assim, no Campeonato Brasileiro de 1999 (Júlio Delamare), eu resolvi arriscar o uso do tal macaquinho Aquablade e meio que lancei moda no país, sem nem sequer ter experimentado a peça antes em treinamento.

Depois de me sentir bem, eu usaria o traje em todas as competições posteriores. Além dessa particularidade, havia uma outra mania minha que chamava muito a atenção dos outros atletas: a de usar bermudas de tecido (como lastro) no aquecimento das competições. Eu acreditava que, ao fazer o aquecimento com um peso a mais — no caso, uma bermuda convencional —, na hora de competir, eu sentiria uma significativa diferença de atrito e, psicologicamente, acreditaria estar mais leve do que minutos antes.

Dito isso, não era incomum as pessoas me considerarem um cara meio estranho. Afinal, quem, em sã consciência, utilizaria uma bermuda velha como lastro no aquecimento e, depois, competiria de macaquinho até os joelhos, quando todos seguiam a tendência da utilização de sungas diminutas para melhorar a sensação de deslize?

No ano seguinte, outros atletas passaram a usar os trajes estilo macaquinho para competir e, aos poucos, isso deixou de ser diferente. O caso mais famoso de uso desse traje Aquablade é, sem dúvida, a medalha de bronze de Edvaldo "Bala" Valério na Olimpíada de 2000, em Sydney, quando ele foi o único do revezamento 4 x 100 metros livre a competir vestido dessa maneira.

47

Passado o Delamare, nós receberíamos a convocação para a etapa brasileira da Copa do Mundo da Fina 1999-2000. Da mesma forma do ano anterior. Mas, antes dessa importante competição internacional, iríamos para Chapecó, no Oeste de Santa Catarina, para nadar os 39º Jasc.

Os Jogos Abertos de Santa Catarina ainda eram uma competição muito importante para mim, que eu sempre levava a sério. Por isso, voltei de lá com duas medalhas de ouro e dois recordes de campeonato. Marquei 1min03s34 nos 100 metros peito e 2min19s64 nos 200. Resultados esses em piscina semiolímpica (25 metros), como sempre eram os Jogos Abertos.

No retorno de Chapecó, o foco se voltava para a Copa do Mundo, e a expectativa era nadar bem mais rapidamente. Naquela época, quando o Brasil sediava o evento, a convocação era enviada aos 40 melhores índices técnicos alcançados no Troféu Brasil do ano corrente, de forma que o atleta poderia aceitar ou recusar. Em caso de recusa, eram chamados os seguintes na lista, e assim sucessivamente.

Para esses 40 atletas, os custos de transporte, alimentação e hospedagem eram suportados pela CBDA, utilizando, para isso, a verba do patrocínio dos Correios.

Dessa forma, com o meu resultado de 1min03s77, feito nas eliminatórias dos 100 metros peito no TB, eu me encontrava bem ranqueado na lista de índices técnicos, garantindo participação na etapa brasileira da Copa, que, diferentemente do ano anterior, seria realizada no Complexo Aquático do Maracanã, o Júlio Delamare.

Contudo, dessa vez, eu não era mais novato, pois já tinha a experiência da participação nessa mesma competição um ano antes — sendo, inclusive, finalista nas provas de 50 e 100 metros peito. Eu havia ficado em sétimo lugar em ambas, com 28s82 e 1min02s94, respectivamente.

Um ano antes, os gringos Jens Kruppa, da Alemanha, Patrik Isaksson, da Suécia, e Emil Tahirovic, da Eslovênia, haviam dominado as provas de peito.

Dessa vez, Kruppa e Emil não viriam para o Brasil, mas eu ainda teria pela frente o sueco Isaksson e o húngaro Norbert Rosza. Dois atletas muito experientes e casca grossa. O primeiro havia sido medalha de ouro no Campeonato Mundial de piscina curta, em abril de 1999, e o segundo era nada mais, nada menos do que o campeão olímpico dos 200 metros peito nos Jogos de Atlanta, em 1996.

Obviamente, esses caras, apesar dos currículos de causar inveja, não vinham para o Brasil na melhor fase de treinos. Aliás, era uma prática comum dos atletas de elite utilizar as Copas do Mundo como competições preparatórias, visando buscar ritmo para os torneios mais importantes.

Ainda assim, eram nomes de respeito e, mesmo não estando no auge de performance na temporada, eram adversários fortíssimos. Sem contar que, teoricamente, para ganharem as provas nas quais eram especialistas, nem sequer precisavam fazer as melhores marcas pessoais.

Mas a vantagem de ser um moleque de 19 anos, a despeito da pouca experiência, era que eu não tinha nenhuma obrigação de vencer, pois não era favorito. Pelo contrário, ninguém esperava que eu subisse no pódio.

Pelo balizamento, os tempos que eu havia feito um ano antes na mesma competição (28s82 e 1min02s94) até me deixavam bem colocado entre os inscritos, figurando entre os seis melhores. Assim, qualquer décimo de segundo que pudesse melhorar me deixaria mais perto da possibilidade de alcançar uma medalha.

No primeiro dia, como de praxe (o programa é sempre o mesmo), teríamos os 50 metros peito pela frente. Logo nas eliminatórias, para a minha surpresa, eu conseguiria melhorar alguns décimos e me classificar com a melhor marca para a final dentre todos os participantes. Então, teria a honra de nadar a final na raia 4, algo bastante inesperado para alguém da minha idade, que nos deixava empolgados.

Apesar de eu ter um bom acervo filmográfico das minhas provas (converti os velhos VHS para DVD, em 2009), a gravação dessa competição, em particular, eu não possuo. Eu me recordo de que houve, sim, transmissão pelo canal SporTV, mas, por algum motivo, infelizmente, não tenho essa filmagem.

Mas, mesmo não tendo, me lembro bem dessa final. Eu estava na raia ao lado do campeão do mundo nos 100 metros peito (59s69) e vice-campeão nos 50 (27s57), títulos alcançados meses antes, em Hong Kong. E, ainda que estivesse nervoso, eu sabia que poderia surpreender com o meu final de prova.

E foi realmente espetacular! Com um bom fim de prova e uma excelente chegada, bati na frente do sueco por apenas quatro centésimos. A galera na arquibancada vibrou muito, assim como eu. Aquilo que eu estava vivenciando era quase um sonho. Vencer o atual campeão mundial dos 100 metros peito, em piscina curta, em um evento internacional e transmitido para todo o Brasil, era, sem dúvida, um grande feito para o menino Fischer.

Não se tratava apenas do meu primeiro pódio em Copas do Mundo. Era, ainda, com uma medalha de ouro, no lugar mais alto do pódio e ao lado de um campeão mundial. Realmente extraordinário!

A chegada foi apertadíssima, como quase sempre em provas de 50 metros. Apenas quatro centésimos de diferença, que me levaram a um feito inédito no nado peito do Brasil (28s65 x 28s69). Nenhum nadador desse estilo no país havia sido medalhista de ouro em Copa do Mundo. Eu era o primeiro.

Eu estava em êxtase. Muito, mas muito, feliz mesmo. Disso, me recordo bem. E me lembro, também, de entrevistas, muitas delas. Tanto para TVs, como para os jornais. Acho que todos queriam saber como aquele moleque de 19 anos havia conseguido vencer o atual campeão mundial.

Sim, nós sabíamos que o Isaksson não estava no melhor da forma dele, pois havia feito 27s57, em abril daquele ano, para ficar com a medalha de prata dos 50m peito no Mundial. Mas isso pouco importava, e poucas pessoas sabiam que ele havia nadado bem abaixo do melhor.

De fato, eu não tinha nada a ver com isso, pois uma oportunidade havia sido dada a mim e, dessa vez, eu soube agarrá-la e aproveitar o momento ruim do meu adversário. Independentemente de qualquer coisa, eu continuava sendo campeão da Copa do Mundo, colocando o meu nome na história da competição como um atleta que havia vencido um campeão mundial.

Copa do Mundo da Fina 1999-2000 – Rio de Janeiro (RJ) 50 metros peito – Final		
1º	28s65	**Eduardo Fischer (BRA)**
2º	28s69	Patrik Isaksson (SUE)
3º	28s80	Alan Pessotti (BRA)
4º	28s91	Fabiano Borges (BRA)
5º	29s14	Steven McBrien (AUS)
6º	29s27	Luis Deleo (ARG)
7º	29s36	Guilherme Belini (BRA)
8º	29s45	Sergio Ferreyra (ARG)

Depois dessa prova, comecei a achar que a minha especialidade era mesmo a piscina curta. Talvez, pelo fato de treinar quase o ano todo em piscina de 25 metros, enquanto o restante do mundo estava focando bem mais na olímpica. Mas, efetivamente, para competir bem na semiolímpica, eram necessários atributos específicos.

Aquela noite foi sensacional. Depois de ligar para casa e falar com os meus pais, eu poderia jantar e ter o sono dos justos. Após uma bela refeição e depois de falar com mais um monte de gente sobre a prova, voltei para o quarto, me deitei na cama e apaguei como uma pedra. Afinal, a sensação era a melhor possível: dever cumprido e meta alcançada. Nesse momento, a perda da vaga para o Pan de Winnipeg já não me assombrava mais tanto e eu me sentia, mais uma vez, muito confiante. E queria mais. Para isso, era preciso descansar e me concentrar na busca por outra medalha, dessa vez nos 100 metros peito, no dia seguinte. Até mesmo porque o sueco não venderia barato essa disputa. Com certeza, ele estava com aquela derrota entalada.

Realmente, os 100 metros peito seriam bem mais difíceis e o buraco era um pouco mais embaixo. Além do sueco, eu teria de encarar o húngaro campeão olímpico. Nas eliminatórias, quem acabaria se classificando com o melhor tempo para a final seria o Alan Pessotti, com 1min02s24. Eu ficaria com a terceira marca (1min02s65), atrás, ainda, do Isaksson. Norbert escondeu o jogo para dar tudo na final.

250

De fato, o húngaro estava se poupando para a final e, sem tomar conhecimento dos adversários, venceu de ponta a ponta, com 1min01s69.

Eu ainda melhorei um pouco o tempo feito pela manhã e, contando com uma piora do Pessotti, belisquei mais um pódio, batendo no placar em terceiro lugar, com 1min02s49, atrás apenas dos dois gringos.

O bronze estava longe de ser ruim. Muito pelo contrário, também foi muito comemorado, pois eu estava nadando contra lendas da natação mundial (um campeão olímpico e um mundial). E só o fato de estar ali, ao lado deles em pé de igualdade, já era uma enorme vitória para mim.

Copa do Mundo da Fina 1999-2000 – Rio de Janeiro (RJ) 100 metros peito – Final		
1º	1min01s69	Norbert Rosza (HUN)
2º	1min02s00	Patrik Isaksson (SUE)
3º	**1min02s49**	**Eduardo Fischer (BRA)**

No fim, foi uma competição e tanto. As minhas primeiras medalhas em Copas do Mundo. O meu primeiro ouro. Fantástico! Todo aquele receio que me assustava depois de ter ficado fora do Pan começava a desaparecer. Agora, eu sabia que poderia, sim, nadar de novo na longa para aquele tempo feito em junho. Aliás, eu não somente sabia, mas passava a ter certeza absoluta de que repetiria o 1min03s na piscina de 50 metros. E ainda havia mais uma chance para eu provar isso, em 1999: o Troféu José Finkel.

Ao voltar para Joinville, abri o jornal local de maior circulação na cidade e me deparei com o seguinte editorial, que acabou sendo um deleite de leitura. Afinal, quem não gosta de receber um elogio público?

Coluna "Informal" do Jornal "A Notícia"[53] de 30 de novembro de 1999:

[...] O outro gênio é um garoto de 19 anos, que vem se especializando nas provas de peito da natação brasileira. Seu nome: Eduardo Fischer. Nesse fim de semana, o joinvilense simplesmente ganhou

---

[53] Por Joel Ferreira do Nascimento, publicado no Jornal *A Notícia*, em novembro de 1999 (Coluna Informal).

os 50m peito da concorridíssima final da Copa do Mundo no Complexo Júlio Delamare, no Rio, com o tempo de 28s65 - e foi bronze nos 100m com 1min02s49. Ah, se Fischer pudesse incorporar a sua altura mais 10 centímetros!

Frase:

"Larguei mal e, depois, superei meu próprio limite. Não poderia ficar atrás só por estar ao lado dos melhores nadadores do mundo."

Eduardo Fischer, sobre sua fantástica vitória nos 50 metros peito na Copa do Mundo de Natação.

Mesmo adorando os galanteios da mídia esportiva, eu precisava focar no último objetivo do ano. E, fugindo da regra, em 1999, a CBDA optou por realizar o Finkel em piscina olímpica, o que era muito bom, pois me daria a oportunidade de espantar de uma vez por todas os fantasmas. Eles me assombraram por longos meses depois do Troféu Brasil, mas agora, com a autoestima e a confiança restabelecidas aos parâmetros certos, novamente eu acreditava em mim e na minha performance.

Um ano que havia começado meio estranho, com uma boa melhora de tempo, mas a frustração de perder a vaga para o Pan-Americano, estava se tornando proveitoso e decisivo. A partir dele, a minha natação profissional alcançou voos mais altos. E até mesmo inimagináveis.

48

Para fechar o exaustivo e longo ano de 1999, que mais parecia uma montanha russa de resultados, restava ainda o Troféu José Finkel, em dezembro, competição essa que seria realizada em piscina olímpica (50 metros), pois estava estipulada para ser seletiva para o Campeonato Sul-Americano do ano seguinte, em Mar del Plata, na Argentina.

Por sua vez, o referido Sul-Americano de 2000 seria uma das seletivas para os Jogos Olímpicos de Sydney, na Austrália. Assim, parecia um tanto quanto imprescindível que eu conquistasse a vaga para esse torneio continental, afinal, toda e qualquer chance para se estabelecer um índice olímpico deveria ser aproveitada.

Ainda assim, mesmo ouvindo todos falando sobre os Jogos Olímpicos, as seletivas e os índices, aspirar uma vaga no time para Sydney parecia um sonho um tanto quanto distante. Afinal, o índice dos 100 metros peito era de 1min02s51, e a minha melhor marca, até o momento, havia sido 1min03s77.

De qualquer forma, mesmo sabendo que esse 1,26 segundo não era impossível de ser melhorado, realmente não estávamos focando na Olimpíada. Não ainda, pelo menos. Confesso que não tínhamos a menor ideia sobre uma eventual convocação do revezamento 4 x 100 metros medley, composto pelos atletas que tinham os melhores tempos de cada estilo, independentemente do índice individual. Era um misto de inexperiência e ingenuidade nossa, somado à usual obscuridade de critérios de praxe na CBDA.

Seletiva ou não, o foco era nadar bem no Finkel, em busca da minha primeira vitória em um Campeonato Brasileiro Absoluto, algo que definitivamente me colocaria onde sempre almejei. Eu tinha um grande sonho, desde 1997, quando fui campeão brasileiro júnior, de ser o número 1 do ranking nacional absoluto. Algo impensável para um atleta joinvilense descoberto nas piscinas do JTC anos atrás.

Aquele Finkel começou com uma prova de 200 metros peito muito boa, ainda que a usássemos apenas para reconhecimento de piscina. Terminei em um honroso quinto lugar, com o tempo de 2min22s27. Acabaria sendo uma das minhas melhores colocações nessa prova em Campeonatos Brasileiros Absolutos de piscina longa. Somente anos depois, em 2009, eu conquistaria um pódio nessa distância, com uma medalha de bronze.

Troféu José Finkel 1999 – Rio de Janeiro (RJ) 200 metros peito – Final			
1	Marcelo Augusto Tomazini	1978	2min20s34
2	Fábio Mauro da Silva	1977	2min20s74
3	Henrique Barbosa	1984	2min21s07
4	José Belarmino	1977	2min21s57
5	**Eduardo Fischer**	**1980**	**2min22s27**
6	Fernando Biazzoto	1981	2min22s32
7	Luciano Galindo	1978	2min24s16
8	Augusto Celso	1980	2min24s17

Vale abrir um parêntese aqui. O meu tempo nos 200 metros peito havia ficado a menos de um segundo da medalha de bronze, que, naquela oportunidade, ficou com Henrique Barbosa. Naquele campeonato, Barbosa tinha apenas 15 anos, o que se mostrava um feito e tanto. Havia sido o primeiro grande resultado da vitoriosa carreira dele. Depois dessa prova, passamos imediatamente a observá-lo como um futuro grande adversário.

Não demoraria muito para Henrique figurar entre os melhores nadadores de peito do Brasil. Ele seria um dos atletas que me sucederiam nos Jogos Olímpicos no estilo, juntamente com Felipe França e Felipe Lima. Aliás, seriam esses mesmos atletas que chegariam na minha frente, em 2008, impedindo o meu terceiro sonho olímpico.

Enfim, retornando ao Finkel, o bom resultado nos 200 metros peito logo no começo da competição melhorou as perspectivas para as próximas provas. Então, para os 50, já estávamos empolgados, pensando em pódio ou até mesmo em uma possível vitória, caso eu conseguisse nadar de forma parecida à da Copa do Mundo, duas semanas antes.

Contudo, diferentemente da expectativa, ocorreria um completo desastre. O tempo das eliminatórias não havia sido ruim, cravando 29s62 e passando para a final A com a terceira melhor marca. Pessotti estava em primeiro, com 29s27. Mas, até aí, tudo sob controle. O objetivo era nadar bem melhor na final, me aproximando de uma possível medalha de ouro.

Na final, a técnica não encaixou. Fui muito focado na medalha e acabei me esquecendo da mecânica do nado, além de errar na chegada. Terminei em uma triste sétima colocação, e o tempo de 30s00 ficou muito distante daquilo que pretendíamos.

O ouro foi conquistado por Felipe Brandão dos Santos, vulgo Narega, com 29s43. Ou seja, um tempo que, teoricamente, eu teria totais condições de fazer.

Ficamos, então, tentando achar explicações para o resultado ruim, quando, na verdade, o melhor seria simplesmente aceitar e esquecer. De qualquer forma, esquecer não era algo tão fácil de se fazer naquela altura do campeonato. Por isso, comecei a ficar preocupado, pois aquela performance poderia interferir diretamente no resultado dos 100 metros peito, no dia seguinte.

Mas nada melhor do que uma boa noite de sono. De fato, eu não sei qual tipo de trabalho mental fiz para me esquecer do resultado ruim e focar no próximo dia, mas acho que as conversas que tive com o Ricardo, meu técnico pessoal, e com o Reinaldo, técnico do Minas, foram fundamentais para voltar o meu foco para os 100 metros peito, deixando para trás o que havia ocorrido nos 50. Até mesmo porque não havia mais nada que eu pudesse fazer a respeito da performance passada e, por outro lado, para a prova que estava por vir, essa, sim, eu poderia apresentar algo para mostrar uma natação de melhor qualidade.

Então, resolvi fazer nos 100 metros peito aquilo que não realizei nos 50. Simplesmente, optei por nadar uma prova com a cabeça na técnica, diferentemente do que havia feito anteriormente, quando nadei apenas com o corpo, usando a cabeça única e simplesmente para pensar na medalha.

Logo nas eliminatórias dos 100, voltei para o meu jogo e a minha tática de sempre: passagem técnica e controlada, acelerando gradativamente a partir da virada nos primeiros 50 metros.

Para a surpresa de zero pessoa, quando optei por uma natação com foco naquilo que foi planejado, prestando atenção na mecânica do nado e na fluidez dos movimentos, usando a cabeça para administrar a estratégia traçada, tive êxito em fazer uma boa prova. Aliás, não foi boa, mas, sim, excelente.

Finalmente, para o nosso deleite e a nossa alegria, depois de ficar o ano inteiro tentando repetir o tempo feito nas eliminatórias do Troféu

Brasil, em abril, finalmente bati no placar e pude ver, com extrema satisfação, a marca de 1min03s85.

Foi como lavar a alma. Uma sensação fantástica de missão cumprida. Depois de nove meses duvidando se eu realmente poderia quebrar a barreira de 1min04s de novo, eu finalmente havia conseguido essa façanha. Todas aquelas dúvidas, inclusive sobre um eventual placar estragado no Troféu Brasil, desapareceram imediatamente.

Mesmo com as adversidades enfrentadas no dia anterior, eu consegui reverter a situação e, finalmente, repetir a marca feita no TB (ou, pelo menos, ficar muito próximo dela). Hoje, vejo que a decepção da prova anterior não definiu o meu resultado para a seguinte. Muito pelo contrário, foi fundamental para que eu analisasse os erros cometidos, podendo corrigi-los em tempo.

De quebra, eu me classifiquei com o melhor tempo, escalado para a final na raia 4, passando a ser o grande favorito em busca daquele tão sonhado ouro inédito.

Na final, pensei apenas em repetir o que havia feito naquela manhã, nadando focado na estratégia e na técnica, não apenas na medalha ou na vitória.

No fim da prova, vencida de ponta a ponta, eu havia, finalmente, alcançado o sonho que tinha imaginado anos antes: o título de campeão brasileiro absoluto em piscina olímpica.

Troféu José Finkel 1999 – Rio de Janeiro (RJ)

100 metros peito – Final

Col.	Raia	Atleta	Nasc.	Clube	Tempo
1º	4	**Eduardo Aquiles Fischer**	1980	Minas (MG)	1min03s92
2º	5	Marcelo Augusto Tomazini	1978	Pinheiros (SP)	1min04s77
3º	6	Alan Menezes Pessotti	1973	Flamengo (RJ)	1min05s27
4º	3	Fábio Mauro da Silva	1977	Pinheiros (SP)	1min05s31
5º	2	Augusto Celso da Silva	1980	Pinheiros (SP)	1min05s41
6º	8	Henrique Barbosa	1984	Minas (MG)	1min06s00

Por fim, ao encerrar o Finkel como o melhor nadador de 100 metros peito do Brasil, eu garantiria a vaga para o Sul-Americano Absoluto, sendo, em tese, a minha primeira convocação para a seleção principal do Brasil.

Com esse resultado, mesmo vivenciando algumas grandes decepções e derrotas, entre altos e baixos, encerramos o ano com um saldo extremamente positivo e satisfatório, trazendo para a cidade de Joinville, pela primeira vez, o título de campeão brasileiro absoluto e a promessa de melhores resultados nas temporadas vindouras. Nenhum nadador na história da cidade havia ido tão longe ou conquistado tamanha honraria. Se eu parasse por aqui, já poderia dizer que era candidato a fazer parte da história esportiva do meu município. Contudo, definitivamente, parar não estava em nenhum dos meus planos.

Como o ditado preconiza: "A primeira vez a gente nunca esquece". De fato, nunca me esqueci dessa competição e desse resultado. Era o início da minha trajetória rumo aos Jogos Olímpicos, sem nem mesmo saber disso ainda.

Havia motivos de sobra para voltar para Joinville e comemorar com a família e os amigos. Afinal, o ano de 2000 prometia e as férias seriam muito, mas muito, curtas.

Resumo dos resultados alcançados no segundo semestre de 1999:

Evento	Data	Prova	Dist.	Eliminatória	Final	Col.
19º Troféu Júlio Delamare	4/11/1999	200m medley	50m	2min19s40		
19º Troféu Júlio Delamare	4/11/1999	200m peito	50m	2min24s91	2min22s79	2º
19º Troféu Júlio Delamare	6/11/1999	100m peito	50m	1min04s65	1min05s43	1º
Copa do Mundo de Natação	27/11/1999	50m peito	25m	28s62	28s65	1º
Copa do Mundo de Natação	28/11/1999	100m peito	25m	1min02s64	1min02s49	3º
28º Troféu José Finkel	16/12/1999	200m peito	50m	2min22s06	2min22s27	5º
28º Troféu José Finkel	17/12/1999	50m peito	50m	29s62	30s00	7º
28º Troféu José Finkel	19/12/1999	100m peito	50m	1min03s85	1min03s92	1º

Como dito, o segundo semestre de 1999 provou a mim mesmo que a decepção e a derrota da não classificação para o Pan estavam sendo esquecidas, dando lugar a uma nova e maravilhosa jornada.

49

Em 1999, Eurico Miranda, então presidente do Clube de Regatas Vasco da Gama, queria que a agremiação se tornasse a instituição privada com o maior número de representantes convocados para os Jogos Olímpicos de Sydney-2000.

Tudo se iniciou em 1999, com o sonho de um projeto olímpico no clube, a fim de trazer os melhores atletas das mais variadas modalidades para defender as cores e o brasão do Cruzmaltino. Obviamente, a natação não ficaria fora.

Para tanto, o Vasco contava com o apoio de um banco internacional, além de outros patrocinadores e uma parcela do dinheiro do futebol.

Aliás, fazendo uma ressalva, essa sempre foi uma ideia que eu tentava incutir na cabeça dos torcedores fanáticos do futebol (sem muito êxito, obviamente): se todos os clubes de futebol do Brasil fossem obrigados a investir uma pequenina porcentagem da receita bruta no esporte olímpico, sem dúvida, teríamos modalidades com o mínimo de condições e estrutura para desempenhar um papel razoável na formação de atletas de alto rendimento. Mas estamos no país do futebol, tudo gira, infelizmente, em torno dele.

Assim, para alcançar o objetivo, o Vasco precisaria contratar atletas já pré-convocados para a Olimpíada de Sydney ou aqueles com boas chances de uma possível convocação no primeiro semestre de 2000.

Já que os meus resultados alcançados em 1999 haviam sido significativos, eu me encaixava no segundo grupo, pois o índice olímpico determinado pela Fina era de 1min02s51, nos 100 metros peito, e eu havia marcado 1min03s77 no Troféu Brasil do ano anterior. Difícil? Sim. Mas não impossível.

Dessa maneira, depois do Finkel de 1999, eu não passei despercebido aos olhos da comissão técnica do Vasco e logo fui sondado por algumas pessoas. Talvez, um dos grandes problemas do projeto, além do excessivo número de contratações, tenha sido a escolha de Ricardo de Moura para a diretoria técnica da natação.

Moura já participava da área técnica da CBDA, mas os rumores eram que ele não inspirava muita confiança. Sabe aquela história de que o "santo não bate"? Então, nós nunca nos entendemos bem. Não sei precisar se foi por falha na administração, mas fato é que o projeto ruiu três anos depois de iniciar, e Moura era o gestor responsável. Não dá, penso eu, para dizer que foi coincidência. Mais tarde, ele seria parte passiva em uma ação civil pública, ao lado do então presidente da Confederação, Coaracy Nunes Filho.

De qualquer forma, alguém na direção técnica de natação do Vasco avaliou que os meus resultados do ano anterior me candidatavam a uma vaga olímpica em 2000. E, por essa razão, Ricardo de Moura ficou responsável de entrar em contato comigo e com o meu treinador.

Ele voou do Rio de Janeiro para Joinville, a fim de conversar comigo, com o Ricardo e com o meu pai, em vias de apresentar o projeto e nos convencer de que não poderíamos deixar de aproveitar essa oportunidade única. Nunca vou me esquecer do dia em que ele foi até o JTC assistir ao treino. Pediu que eu fizesse um tiro de 100 metros peito na piscina curta. Subi no bloco e nadei para 1min02s11, o melhor tempo da minha vida, até então.

A ideia era a criação de polos do Vasco em outras cidades do Brasil. Ou seja, eu poderia ficar morando e treinando em Joinville (o JTC seria uma "extensão da piscina do Vasco"), e somente precisaria me apresentar no Rio para as competições, quando elas ocorressem.

Confesso que o modelo agradava, parecia inovador e promissor. Tanto que, no ano seguinte, outros dois atletas foram incorporados a esse polo do Vasco em Joinville: Diogo Hildebrandt e Brian Frank. O clube vislumbrou uma possibilidade de bons resultados para eles em âmbito nacional e, por isso, os convidou para o projeto.

Tanto Diogo (200 e 400 metros medley) como Brian (100 e 200 metros borboleta) haviam conquistado bons resultados nos Jasc de 1999, fazendo com que fossem vistos como futuras promessas da natação de Santa Catarina.

Não obstante, preciso realmente admitir que a proposta era muito boa e quase irrecusável. As cifras colocadas na mesa para discussão eram de R$ 3 mil mensais, além de todas as despesas com viagens, alimentação, hospedagem e material de treinamento pagas.

Era impossível fazer comparações. Tratava-se de um valor mais de três vezes maior do que aquele que eu recebia no Minas, com a vantagem de voltar a treinar em casa com o Chefe. Difícil fazer de conta que eu não estava interessado, e difícil não aceitar.

Contudo, ainda que o modelo e o salário fossem muito atraentes, o que realmente sedimentou a minha decisão foi o fato de que Gustavo Borges já fazia parte do projeto desde o ano anterior e, se eu aceitasse a proposta, defenderia o mesmo clube que um grande ídolo e medalhista olímpico, com grandes chances de nadar lado a lado dele no revezamento 4 x 100 metros medley.

Trocando em miúdos, se o Gustavo Borges estava no projeto, ele não poderia ser ruim. Ele era, indiscutivelmente, o maior astro do Brasil naquele momento, e ser companheiro de equipe dele se configurava em uma proposta irrecusável. Aproveitar aquela oportunidade parecia ser a decisão correta.

Eu ainda liguei para o Minas, para ver se eles conseguiam chegar perto do valor oferecido pelo Vasco. Afinal, eu havia criado uma identidade com a equipe e tinha, também, um ídolo lá, Rogério Romero. Mas acho que a verba que o clube tinha à disposição não permitia que cobrisse as propostas dos clubes futebolísticos. Aliás, o próprio Piu cedeu ao atrativo financeiro e acabou vestindo a camiseta do Flamengo na temporada de 2000.

O Minas foi muito bacana e lamentou, mas informou que realmente não poderia cobrir o valor que havia sido ofertado pelo Vasco, da mesma forma que não poderia melhorar a oferta do Flamengo ao Rogério. Assim, não me restava outra opção senão fechar o contrato com o Vasco e com o senhor Eurico Miranda.

Apesar de receoso, a perspectiva era positiva, e eu estava animado em representar a mesma equipe de grandes nadadores, como Gustavo Borges, Edvaldo Valério, Luiz Lima, Fabíola Molina e Leonardo Costa, entre outros.

Outra grande vantagem ofertada pelo Vasco foi a contratação do meu treinador, Ricardo Carvalho, algo que trouxe segurança e confiabilidade ao meu planejamento, permitindo que eu treinasse com ele e garantindo a presença dele ao meu lado em todos os campeonatos nacionais do ano. Era uma opção que eu não tive na temporada anterior no contrato firmado com o Minas e, sem dúvida, fazia diferença para mim.

A metodologia para o início desse ano seria parecida àquela que tive no anterior. Nós iríamos para o Rio de Janeiro em abril, permanecendo lá até junho, no intuito de competir sequencialmente no Campeonato Carioca, no Torneio Sul-Americano e, depois, no Troféu José Finkel.

Para melhor compreensão, trago a matéria jornalística veiculada no jornal *A Notícia*, de Joinville, em fevereiro de 2000:

Vasco formaliza contrato com Eduardo Fischer
Por Roberto Dias Borba

Joinville - A transferência de Eduardo Fischer para o Vasco da Gama deve representar uma importante ajuda para o atleta joinvilense melhorar seu desempenho em busca do índice olímpico e poderá trazer um grande impulso para a natação catarinense revelar novos talentos. A observação é de Ricardo de Moura, diretor de natação do clube carioca, que ontem esteve em Joinville para acertar os últimos detalhes do contrato.

Para o dirigente, Eduardo Fischer preenche uma deficiência que a natação do Vasco tinha no nado peito. "Não fizemos um convite antes por questões éticas", diz Moura, referindo-se a sua vinculação ao Minas Tênis e pelo patrocínio da Fenabb. Disciplina e talento são os maiores predicados, segundo Moura, que levaram o Vasco a contratar o nadador joinvilense. "Os resultados que conseguiu por Santa Catarina não estarão desvinculados do Estado com a transferência para o Vasco. O atleta permanece em sua região. E é isso que pretendemos: fazer a marca Vasco ser conhecida no local de origem do atleta."

Moura não acredita que a busca do Vasco por talentos catarinenses possa representar ameaça ao esporte no Estado. "Quando um atleta sai para outro estado é igual perder um filho. O projeto do Vasco pensa a longo prazo e vai ajudar a florescer novos talentos em Santa Catarina", diz o dirigente. Santa Catarina é um dos 16 polos que o Vasco mantém na natação. O projeto reúne quase 500 atletas, mas apenas 72 estão em nível mais avançado, onde Fischer está incluído.

Finalizadas as formalidades, assim como efetivada a transferência da Federação Mineira para a Federação Carioca, eu estava pronto para dar continuidade aos treinamentos e ao planejamento. Mas agora, com uma condição financeira melhor, eu poderia me dar ao luxo de contratar alguém especializado para iniciar um trabalho de força fora d'água (musculação), algo que ainda não havia incorporado a minha preparação, mas que parecia imprescindível para alcançar resultados mais expressivos.

50

Eu e o Ricardo já havíamos conversado, durante a temporada de 1999, que poderia ser importante incorporar na preparação um treinamento de força fora da água bem orientado. Ainda não sabíamos quem seria esse profissional, mas teria de ser alguém que pudesse prescrever treinos com base no nosso planejamento dentro da água, sem interferir na qualidade e na técnica.

De fato, ficar mais forte e resistente era importante para a preparação em busca dos objetivos traçados. Assim, logo depois da assinatura do contrato com o Vasco, eu e o Ricardo começamos a buscar uma pessoa que pudesse trabalhar conosco.

Afinal, se fôssemos pensar em uma eventual classificação olímpica, teríamos de fazer algo diferente daquela musculação convencional de três vezes por semana e sem qualquer orientação específica. Era algo que não parecia condizer com a nossa realidade.

O fato é que o Ricardo não se sentia confortável para prescrever treinos de força fora da água. Definitivamente, não era a especialidade dele e ele mesmo achava que era melhor eu procurar alguém em quem pudesse confiar. Nesse aspecto, o Ricardo preferiu não interferir e me deixou bem à vontade para encontrar alguém.

Naquele ano, já havíamos trocado o local para a prática da musculação. Em 1997, havíamos iniciado uma musculação simples na academia do professor Átila Brenny, pois era uma boa localização e o responsável técnico da academia era conhecido do Ricardo.

Contudo, desde 1998, eu já havia mudado para a Academia The Best, muito mais bem equipada, além de possuir uma piscina de 25 metros coberta e aquecida, algo que se mostrava muito interessante no inverno, quando a piscina do JTC ficava fria demais.

A academia fica dentro do Shopping Mueller, o pioneiro e mais central da cidade, e contava com uma estrutura de elevadíssima qualidade, equipada com máquinas e periféricos da marca Cybex[54], uma das melhores do mercado.

Eram três andares: recepção, cantina e lojas em um; aparelhos aeróbicos (esteiras e bicicletas) em outro; e instrumentos de musculação no terceiro. No segundo pavimento, em um local separado por uma grande vidraça, estavam as duas piscinas: uma semiolímpica e uma outra menor, para crianças, medindo 20 metros x 12 metros. Vale ressaltar que todos os aparatos da academia eram importados da empresa americana, como dito, que tinha tradição e excelência no ramo de aparelhos para musculação.

Sem dúvida, era a melhor academia de Joinville, contando com a melhor estrutura, motivo pelo qual optamos por ela para a realização dos treinos de musculação (ou de força, fora da água).

Aliás, é importante salientar que, durante boa parte do tempo em que treinei na Academia The Best, fui devidamente apoiado pela empresa. A administração havia me ofertado gratuidade no acesso e uso das instalações durante o ano todo. Mas a parceria foi de tanto sucesso que acabou se estendendo até o fim de 2008. A minha contrapartida seria estampar nos meus uniformes o logo da academia, além de participar de algumas campanhas publicitárias.

Evidentemente, esse apoio foi bem importante, pois, além de aliviar o custo que eu necessariamente teria com a mensalidade, eu poderia usar livremente a piscina e estaria inserido na melhor estrutura de equipamentos que a cidade de Joinville poderia oferecer, na época. Inclusive, depois de conhecer os ambientes de preparação física do Minas e do Vasco, era evidente que a Academia The Best era muito melhor, oferecendo mais espaço e equipamentos mais modernos e versáteis.

Além disso, pelo fato de treinar na melhor academia da cidade, parecia ser mais fácil encontrar bons e experientes profissionais de educação física (personal trainers) que estivessem à disposição para contratação pelos usuários.

Peguei algumas informações na recepção, como currículos e opiniões de outras pessoas. Depois de uma rápida pesquisa, descobri que havia um profissional que havia vindo de Curitiba, com pós-graduação em Fisiologia do Exercício, e estava oferecendo trabalho como personal trainer na The Best. O nome dele era Armando Bomfim.

---

[54] Cybex International é um fabricante americano de equipamentos de fitness para uso comercial e de consumo. Eles produzem, principalmente, equipamentos cardiovasculares e de força, como arc trainers, esteiras, bicicletas ergométricas e steppers.

Eu já havia reparado no cara algumas vezes e notava ele sempre muito sério e sisudo, parecendo ser um treinador barra pesada. Na verdade, acho que ele era meio mal-humorado mesmo. Armando andava pela academia sempre com uma feição de poucos amigos e parecia ser um cara que não brincava em serviço, exatamente o que eu buscava e precisava de um treinador. E justamente por essa razão, o julguei como o candidato ideal para o trabalho. Afinal, eu não estava atrás de um novo amigo para bater papo ou fazer brincadeira, mas, sim, treinar séria e pesadamente na busca por melhores performances. Definitivamente, eu encarava o meu ofício de nadador com muita seriedade.

Curioso que, ainda que eu não estivesse procurando um amigo, em um futuro próximo, seria exatamente isso que eu encontraria no Armando.

Além da avaliação subjetiva, objetivamente, o currículo dele também impressionava. O fato de possuir pós-graduação em Fisiologia do Exercício era algo que me parecia importante em alguém que deveria prescrever treinos específicos para um nadador.

Mas o fato é que eu não sabia como abordá-lo. Não tinha a menor ideia de como dizer para ele que eu era um nadador de alto rendimento e precisava de um treinador para a orientação de um trabalho de força específico. No fundo, eu estava até com um pouco de medo de ir falar com ele.

Enfim, esperei um dia em que ele não estivesse dando treino para nenhum aluno, no momento entre um atendimento e outro, para abordá-lo. Armando estava no leg press, fazendo um treino pesado de pernas, quando, no intervalo entre uma série e outra, eu me aproximei e disse:

"Você estaria interessado em me treinar? Eu sou atleta de natação, de alto rendimento, e estou procurando alguém para me dar treinos em uma preparação específica".

"Vomitei" logo toda a informação de uma só vez, de forma rápida e direta, naquele discurso meio pré-preparado. Acho que ele nem conseguiu compreender bem o que eu havia dito, mas, mesmo assim, pareceu interessado.

Dali em diante, eu não me recordo exatamente de como as coisas se desenrolaram, mas ele concordou em me treinar e disse que precisava de mais informações sobre o meu planejamento. Também queria estudar um pouco a especificidade da modalidade que eu praticava.

Ele nunca negou o fato de que jamais havia treinado um atleta de natação, mas, por outro lado, sempre se mostrou disposto a estudar e aprender.

Aliás, ele recém havia participado de um curso ministrado pelo professor russo Yuri Verkhoshansky[55], considerado o precursor da periodização de força em blocos, e foi buscar muita coisa nos ensinamentos adquiridos ali e em livros especializados, com muitas horas de estudo e de privação do sono. Diga-se de passagem, uma das grandes virtudes do professor Armando sempre foi a obstinação aos estudos, independentemente da dificuldade em encontrar tempo para pesquisar e se instruir.

De fato, era um autodidata. Como trabalhava o dia todo na coordenação da academia e atendendo os alunos, ele praticamente só tinha as noites e madrugadas para estudar o treinamento específico para a minha modalidade e a correta aplicação da musculação nos exercícios para natação de alto rendimento.

Na verdade, nós aprendemos muito no dia a dia e na prática. Algumas vezes, inclusive, descobriríamos novas metodologias e exercícios no improviso, na tentativa e na inovação. Contudo, nunca sem um embasamento científico já estudado por alguém em algum lugar do mundo.

Indiscutivelmente, alguns dos treinos e algumas das periodizações prescritos pelo Armando, no fim de 1999 e no início de 2000, foram extremamente inovadores e experimentais, pois, até onde tínhamos conhecimento, poucos no Brasil aplicavam treinamento de força de resistência específica para natação. Sejamos justos: talvez até houvesse, mas nós desconhecíamos. Não era comum, naquela época, um treinador de força prescrever treinos de hipertrofia associados aos de resistência e força específica do nado. Reitero: pelo menos, nada que tivéssemos conhecimento, lembrando que a internet era recente no Brasil e havia poucas informações e poucos intercâmbios, principalmente se comparado aos dias de hoje.

Armando era muito metódico e técnico e sabia que o treinamento, no meu caso, deveria coexistir e condizer com a metodologia que estava sendo aplicada na piscina. Não poderia ser um trabalho concorrente, mas, sim, coordenado. A abordagem dele para a concepção da periodização de treinos de força sempre levava em consideração o planeja-

---

[55] O professor Yuri Verkhoshansky é conhecido pela maioria dos leitores ocidentais como o pesquisador russo que inventou o treinamento pliométrico (Método de Choque). Muitos treinadores e cientistas do esporte ao redor do mundo, no entanto, reconhecem Yuri Verkhoshansky como uma figura proeminente no campo do treinamento de força explosiva, um dos principais especialistas na teoria do treinamento esportivo, cujas ideias foram implementadas e expandidas nos campos de metodologia do treinamento de força especial, preparação física específica, efeito de treinamento de longo prazo, treinamento do sistema conjugado e sistema de treinamento em blocos (conhecido no ocidente como periodização em blocos).

mento de treinamento na água e, com base no plano do Ricardo, ele criava as planilhas que seriam aplicadas naquele período nos exercícios de musculação.

Não tínhamos conhecimento de ninguém, no Brasil, que fizesse um trabalho similar com outros nadadores. A experiência que eu havia tido no Minas e no Vasco comprovava parcialmente essa teoria, pois eu não havia visto ninguém fazendo algo parecido.

De fato, apenas depois de alguns anos, presenciamos outros treinadores e nadadores, país afora, se utilizando da sistemática que havíamos testado tempos antes. Como o emprego regular do treino de pliometria[56] em muitas fases da periodização, utilizando, para isso, um plinto[57] caseiro que o Armando mesmo havia projetado. Além desse treino, fazíamos treinos de resistência de força, misturando exercícios convencionais com movimentos do nado peito na polia resistida.

Obviamente, não inventamos a pólvora, mas, de fato, não havia indícios claros de que outros nadadores faziam algo similar ao que nós estávamos fazendo, em 1999.

Os planos de treino que ele criava eram sempre embasados no planejamento feito pelo Ricardo, evitando concorrer indevidamente com as orientações efetuadas na piscina, de forma que, muitas vezes, quando não existia um tipo de treino específico para ser feito na semana de "supercompensação[58]", ele criava algo que corroborasse com o intuito dessa orientação.

Aliás, muita coisa que o professor Armando inseriu como forma de metodologia de treino na nossa preparação específica para natação foi feita de maneira autônoma, comprovando a efetividade, depois, pelos bons resultados alcançados nos treinos e nas competições. Como sempre, havia base em estudos científicos e livros, nunca feito a esmo. Algumas metodologias implementadas por ele no meu treinamento foram um tanto quanto pioneiras.

Posteriormente, em 2006, Armando fez um curso de LPO (levantamento olímpico) e insistiu que esse tipo de exercício seria impor-

---

[56] Pliometria é uma forma de exercício que busca a máxima utilização dos músculos em movimentos rápidos e de explosão. O conceito se baseia na exploração do músculo em sequências de contrações excêntricas e concêntricas, buscando a sua otimização.

[57] Plinto é um aparelho de ginástica em formato de caixote, no qual se assentam as mãos ou os pés para o impulso de saltos.

[58] Fase em que o treinador opta por reduzir o volume e a intensidade do treinamento de água, com vistas a recuperar o desgaste acumulado nas semanas anteriores, inclusive, com o intuito de preservar a integridade física do atleta, evitando lesões e o "overtraining".

tante na nossa preparação específica. Não era comum, nessa época, ver nadadores no Brasil utilizando LPO como forma de treinamento específico para natação.

Aos poucos, por meio de exercícios educativos, Armando foi inserindo as técnicas de LPO (arranco e arremesso[59]) em diversas fases do meu treinamento. Ficamos quase um ano praticando essa técnica antes de aplicá-la por completo e de forma efetiva.

Assim, em meados de 2007, já tínhamos o arranco e o arremesso inseridos por completo no meu treinamento de forma regular. Apenas em 2008, quase dois anos depois de iniciarmos a empreitada no LPO, vimos matérias televisivas de atletas de natação de alto rendimento se utilizando dessa prática como forma de treinamento. Pode ser que esses atletas já utilizassem a metodologia há muito tempo, mas, se isso fosse verdade, nós não sabíamos.

Armando contribuiu muito para a melhora da minha performance. Acabou se transformando em um fã meu (como ele sempre relata) e participou das minhas principais conquistas e evoluções. Não acho que eu teria feito o que fiz, de 2000 a 2008, principalmente, se não fosse pela competente orientação dele.

Logo depois que iniciamos o trabalho de força fora da água, tivemos, visivelmente, uma mudança na minha estrutura muscular, além de uma evolução progressiva a cada competição em que participávamos. Logo em 2001, apenas um ano depois de incorporado o treinamento de força do Armando, me classifiquei para o Mundial de Esportes Aquáticos com uma nova marca continental.

Houve um pequeno período, do qual não me recordo exatamente a data, no qual o Armando ficou impossibilitado de acompanhar todos os treinos. Assim, fomos auxiliados pelo professor Anderson do Passos, que também teve parcela de importância na aplicação de alguns treinos de força prescritos pelo Armando. Faço a devida menção e deixo o meu sincero agradecimento a esse grande profissional.

Mas, indubitavelmente, a partir do momento em que o Armando passou a integrar a equipe, eu pulei de campeão brasileiro para o terceiro melhor do mundo em piscina curta, em apenas dois anos. A minha disciplina em seguir os treinos dele com confiança também foi

---

[59] O Levantamento de Peso Olímpico (LPO) é uma modalidade esportiva cujo objetivo é levantar a maior quantidade de peso possível, do chão até sobre a cabeça, em uma barra em que são fixados pesos. Compete-se em duas modalidades: o arranco e o arremesso. O objetivo é desenvolver a potência (força rápida e explosiva), assim como exige técnica, flexibilidade, coordenação e equilíbrio.

essencial, mas a excepcional orientação fornecida fez toda a diferença na minha carreira de atleta de alta performance. Valeu, Armando! Muito obrigado por tudo.

Aliás, a parceria deu tão certo que hoje, mais de 20 anos depois do nosso primeiro treino, ele continua sendo o meu preparador físico e permanecemos amigos. Apenas as prioridades foram alteradas. Não visamos mais classificações, recordes ou medalhas, mas, sim, qualidade de vida e longevidade. Acredito que isso prova, de fato, que eu escolhi a pessoa certa para me treinar e me ajudar a chegar nos resultados que conquistei.

51

Depois de nos inserirmos em uma equipe recheada de grandes atletas e de algumas lendas do esporte brasileiro (não apenas na natação), eu me sentia extremamente prestigiado e importante, o que, de fato, me deixava bem comigo mesmo e com o contexto da minha natação. Não bastasse isso, ao receber um salário mais representativo, eu tinha mais segurança e tranquilidade para treinar e focar exclusivamente nas minhas metas.

Algo que parecia completamente impossível um ano antes e não estava nem mesmo nos nossos objetivos mais ousados, a busca pela vaga olímpica agora era palpável. Obviamente, ainda era muito difícil, tendo em vista que estávamos falando de 1,26 segundo.[60]

Contudo, era uma diferença para ser eliminada em apenas alguns meses de treinamento (de janeiro a abril) e, apesar de parecer tempo suficiente, na natação de alto rendimento, reduzir "apenas" um centésimo pode demandar muitos quilômetros de treinamento. Mas, como dito, não tinha como negar que era algo sobre o qual conversávamos.

Além das seletivas do ano anterior, em 2000, todos os atletas teriam duas oportunidades para alcançar o índice olímpico.

A primeira seria em abril, no Campeonato Sul-Americano de Esportes Aquáticos, em Mar del Plata, na Argentina. A última chance seria o Troféu José Finkel, em junho. Mesmo sabendo disso, eu queria nadar bem já em abril, primeiramente pelo fato de ser a minha estreia em um Campeonato Sul-Americano. E, segundo, porque queria me livrar dessa pressão o quanto antes.

Antes do Sul-Americano, nós teríamos o primeiro compromisso com o Vasco: o Circuito Estadual de Natação. O torneio havia sido retomado com força total, agora que dois dos grandes clubes de futebol do Rio de Janeiro voltaram a figurar entre as melhores equipes do Brasil.

---

[60] Diferença entre a minha marca feita no Troféu Brasil de 1999 (1min03s77) e o índice olímpico (1min02s51).

Isso havia ocorrido em razão de inúmeras contratações feitas por ambos, além de se tratar de um ano olímpico.

No Campeonato Carioca, nadei as três provas de peito e saí com um saldo bastante positivo: dois ouros (50 e 100 metros) e uma prata (200 metros). Os tempos também foram satisfatórios, tendo em vista a fase de treino em que nos encontrávamos. Afinal, a meta era o torneio continental, programado para apenas duas semanas depois do Estadual.

Circuito Estadual de Natação 2000 – Rio de Janeiro (RJ)

50m peito: 29s27

100m peito: 1min05s57

200m peito: 2min31s86

Era bom competir um pouco antes da meta principal, mas a cabeça estava mesmo focada no Sul-Americano. Afinal, além da importância intrínseca e natural do evento, seria o nosso primeiro torneio continental, além de seletiva olímpica. Talvez, a minha primeira seletiva "oficial". Ainda assim, eu não era visto como um calouro, pois vinha do título de campeão brasileiro absoluto no Finkel de 1999, assim como também já possuía uma medalha de ouro na Copa do Mundo. Tudo isso me rendia uma certo status de veterano, apesar de ser um estreante em Sul-Americanos.

O parque aquático de Mar del Plata era muito bom. Tinha uma excelente piscina, ótimos blocos e estrutura acessória muito boa no entorno. Chegava até a dar um pouco de inveja, visto que era melhor do que muitos dos parques aquáticos nos quais normalmente competíamos no Brasil.

Na terra dos "hermanos", foi oferecido um complexo muito bem equipado e adequado à importância do evento. Aliás, era até um pouco vergonhoso para nós, brasileiros, já que a nossa natação era bem superior. Naquela época, não me recordo de termos, no nosso país, um complexo que pudesse ser equivalente ao argentino.

De qualquer forma, o percalço, dessa vez, não era o local de competição, mas a viagem até ele. Saímos do Rio e fomos até São Paulo. De lá, embarcamos em um voo lotado e conturbado até Buenos Aires, com mais ou menos três horas de duração. Até aí, tudo bem. O problema, mesmo, ocorreu quando pousamos lá.

A intenção da CBDA era nos colocar em um ônibus e fazer uma viagem de quatro a cinco horas até Mar del Plata. Ocorre que, além de o embarque demorar, em razão de um atraso do veículo, o ônibus era muito pequeno e não era possível acomodar todas as bagagens no compartimento inferior (porta-malas).

Não bastasse tudo isso e termos de colocar muitas malas nos bancos dos passageiros, os assentos eram bem apertados e o ônibus não tinha banheiro. Ou seja, seria, de fato, uma viagem de muita tensão.

Para completar o martírio, algum problema com o "busão" (ou com o motorista) impedia que o veículo ultrapassasse 70 km/h. Assim, além da velocidade reduzida e angustiante, foram feitas muitas paradas para que o pessoal pudesse ir ao banheiro. Uma viagem que poderia ser até mesmo agradável e durar quatro horas foi concluída em sete infernais e demoradíssimas horas.

Chegamos tarde, exaustos e com fome. Obviamente, não havia mais jantar no hotel e, como de praxe (depois passei a constatar isso em outras viagens pela seleção brasileira), a CBDA não moveu um dedo para encontrar uma alimentação decente para os atletas. Era cada um por si.

Como meu companheiro de quarto, a CBDA havia escalado Marcelo Tomazini. Algo que, *a priori*, não o agradou muito. Atualmente, somos grandes amigos e aprendemos a nos respeitar dentro da nossa rivalidade. Contudo, naquela ocasião, acredito que o Marcelo não estava muito no humor para ser meu amigo ou aturar um "moleque". Hoje, eu o entendo, pois, no frigir dos ovos, eu era apenas um calouro intrometido que havia chegado para buscar um espaço no nado de peito do Brasil que pertencia a ele.

Acredito que o fato de o Tomazini ter o foco mais específico nos 200 metros peito, e eu nos 50 e nos 100, foi algo que ajudou a nos entendermos. A partir do momento em que percebemos que a intenção não era um mexer na prova do outro, a tensão foi se aliviando gradativamente.

Para complicar, a competição já se iniciaria no dia seguinte e, portanto, só nos restava descansar de barriga vazia para tentar comer um pouco melhor no próximo dia.

Na manhã seguinte, parecia que estávamos fadados ao calvário argentino. Ao chegar no café da manhã, nos deparamos com um salão lotado (outros países também estavam hospedados ali) e descobrimos que o hotel oferecia apenas um café, dois croissants e uma fruta para cada atleta.

Imagine um monte de esportistas de alto rendimento, todos famintos por terem perdido o jantar da noite anterior, olhando para o prato e não acreditando que o desjejum seria apenas aquele parco projeto de refeição.

Houve reclamações, tanto para a coordenação do hotel, como para os chefes de delegação da CBDA. Quanto ao café da manhã, o hotel se mostrou pouco solícito para tentar solucionar o problema. Exigimos que a CBDA, então, adquirisse lanches em um mercado próximo, em vias de complementar a alimentação dos atletas.

Mas, empecilhos da organização à parte, a competição prosseguiria e a nossa única obrigação era nadar bem, independentemente de qualquer dificuldade. Como eu já havia mencionado, o complexo aquático era muito bom e isso já nos dava uma perspectiva bacana para bons resultados.

Por já ter tido um contato com o Rogério Romero, no ano anterior, foi nele que eu encontrei um ponto de apoio. A boa relação com o Rogério se mostrou de grande valor para um novato como eu.

Ao mesmo tempo em que eu estava confiante no meu resultado, era quase impossível não criar um certo nervosismo e uma certa ansiedade. Assim, os ensinamentos repassados pelo mestre Romero foram extremamente importantes para me ajudar a manter a calma e encarar a competição com naturalidade.

Eu estava escalado para nadar os 50, 100 e 200 metros peito, além do revezamento 4 x 100 metros medley, caso confirmasse o melhor tempo do Brasil na prova individual dos 100 metros peito. Pela ordem das provas individuais, teria, primeiramente, os 50, depois os 100 e, na sequência, no último dia, os 200 metros peito e o 4 x 100 metros medley.

A competição começou muito bem e, apesar das dificuldades na viagem, consegui melhorar a minha marca pessoal nos 50 metros peito, finalizando a prova com a medalha de ouro e o meu primeiro título de campeão sul-americano, logo na estreia.

O tempo de 29s27 era o novo recorde da competição, muito próximo do recorde brasileiro do Alan Pessotti (29s08), algo efetivamente muito melhor do que eu havia feito no Finkel, em dezembro, quando nadei muito mal a final, para 30s00 (ainda que, nas eliminatórias, eu tivesse feito 29s62).

Campeonato Sul-Americano de Natação 2000 – Mar del Plata (ARG)

50m peito – Final

1º Eduardo Fischer (BRA)	**29s27 – recorde de campeonato**
2º Sergio Ferreyra (ARG)	29s57
3º Walter Arciprete (ARG)	29s64
4º Marcelo Tomazini (BRA)	29s71

E não era somente isso: eu ainda não havia realizado a raspagem, pois deixava essa carta na manga para os 100 metros peito, por ser uma prova muito importante (distância olímpica).

Nela, estávamos ansiosos para saber o quanto eu poderia melhorar em relação ao Finkel de 1999 e me aproximar do índice olímpico de 1min02s51.

No outro dia, para as eliminatórias dos 100 metros peito, eu estava mais bem inserido na atmosfera da competição e já conhecia os adversários. Por essa razão, foi possível nadar um pouco mais controlado pela manhã, fazendo uma natação com o intuito de apenas me classificar para as finais. Fecharia as eliminatórias com o tempo de 1min04s33, sabendo que não havia feito todo o esforço possível. Por isso, havíamos ficado satisfeitos e confiantes, na certeza de que seria possível nadar melhor à noite.

Na final, realmente melhorei muito e fiz uma excelente prova, nadando para a minha melhor marca pessoal, quebrando o recorde de campeonato, o recorde brasileiro e ficando a apenas três centésimos do recorde sul-americano, de Sergio Ferreyra, da Argentina. Estampado no placar, ao lado do número 1, de primeiro colocado, estava o tempo de 1min03s33. Havia muito para comemorar.

Campeonato Sul-Americano de Natação 2000 – Mar del Plata (ARG)

100m peito - Final

1º Eduardo Fischer (BRA)	**1min03s33–recordedecampeonato**
2º Sergio Ferreyra (ARG)	1min04s44
3º Walter Arciprete (ARG)	1min05s03
4º Marcelo Tomazini (BRA)	1min05s04

Uma melhora muito boa, mas ainda não suficiente para carimbar o passaporte para os Jogos Olímpicos de Sydney, nem para quebrar o recorde do continente. Entretanto, estávamos muito felizes, pois, em apenas cinco meses (do Finkel de 1999 até o Sul-Americano), eu havia baixado mais de meio segundo. Na natação de alto rendimento, isso é muito significativo.

É claro que, como todo atleta de alta performance, queremos sempre mais e, apesar de ter sido um grande resultado, ainda não era a totalidade do objetivo. Queríamos o índice e, consequentemente, o recorde continental. Contudo, ao mesmo tempo, sabíamos que era um processo, com fases, e não era possível simplesmente pular diretamente para o índice.

A progressão tinha de respeitar o meu corpo e os meus limites e deveria ocorrer de forma gradativa. Agora, dependia de mim e dos meus treinadores (Ricardo e Armando) identificar quais eram as minhas deficiências e onde havia espaço para melhorar. O plano era descobrir, juntos, como poderíamos alcançar o tão sonhado índice olímpico.

Mas, realmente, eu não podia reclamar. Era o meu primeiro Sul-Americano e eu havia iniciado a competição com duas melhores marcas, ambas com recorde da competição, conquistando as medalhas de ouro. Apesar de querer incessantemente a vaga para os Jogos Olímpicos, havia, sim, motivos para celebrar e considerar os resultados satisfatórios.

Depois dos ótimos 100 metros peito, qualquer coisa que eu conseguisse nos 200 seria lucro. Entrei na prova completamente relaxado, sem pressão, pronto para fazer um bom tempo e brigar pelo pódio. Eu sabia que o Tomazini era o favorito e não queria, a princípio, disputar a prova diretamente com ele. A minha guerra era, essencialmente, contra os outros, visando ajudar o Brasil na pontuação geral. Eu sabia que ganhar do Marcelo era muito difícil e a medalha de prata seria um resultado excelente.

Depois de uma eliminatória tranquila (2min24s79), fazendo a força necessária somente para garantir uma raia na final, eu guardei um pouco de energia para tentar algo melhor na etapa seguinte.

No momento da decisão, a estratégia que eu utilizei foi aquela com a qual já estava acostumado. Passar os primeiros 100 metros de forma mais conservadora e, depois, aumentar a intensidade do nado para fechar a segunda metade com mais força. Foi uma boa prova, com um tempo que era a minha melhor marca pessoal: 2min21s54, batendo no placar em segundo lugar, atrás apenas do favorito Tomazini, que fechou com 2min19s51.

Campeonato Sul-Americano de Natação 2000 – Mar del Plata (ARG)

200 metros peito – Final

1º Marcelo Tomazini (BRA)	2min19s51
2º Eduardo Fischer (BRA)	**2min21s54**
3º Andres Bicocca (ARG)	2min22s06

Apesar de sermos adversários, posso dizer, com muita sinceridade, que fiquei muito feliz por ele e pelo resultado dele. Eu gostava muito do Tomazini, afinal, ele era um espelho para mim. Quando eu nadei o meu primeiro Troféu Brasil, em 1998, ele era o cara que estava liderando o nado de peito no país e tudo o que eu queria era ser como ele. Na verdade, o que eu realmente queria era que nós dois fizéssemos o índice olímpico, eu nos 100 e ele nos 200 metros, para que pudéssemos defender a seleção brasileira juntos. Dessa forma, a partir dessa competição, eu passei a torcer abertamente por ele e para que ele chegasse aos Jogos Olímpicos comigo.

Por fim, restava o revezamento 4 x 100 metros medley. Nós éramos favoritos, claro. Mas a equipe da Argentina não podia ser desprezada, pois trazia seu astro, José Meolans[61], para fechar no estilo crawl. Isso nos assustava, pois nem Gustavo Borges, nem Fernando Scherer estavam presentes.

Ainda assim, parecia que iríamos ganhar. Tínhamos Alexandre Massura, para o nado costas, eu, no peito, Fernando Torres, no borboleta, e Edvaldo Valério, no crawl.

Talvez, o grande erro tenha sido contar com essa vitória antes do tempo. A prova foi acirrada do início ao fim e, com uma grande performance de crawl do Meolans, perdemos a medalha de ouro na batida de mão. Confesso que perder para a Argentina é sempre muito ruim, pior do que para qualquer outra nação. Não foi nada fácil engolir essa prata e assistir aos donos da casa comemorando na nossa cara.

---

[61] José Martin Meolans (22 de junho de 1978) é um nadador argentino medalhista pan-americano, em 1999, 2003 e 2007, e campeão mundial em piscina curta, em 2002.

Campeonato Sul-Americano de Natação 2000 – Mar del Plata (ARG)

4 x 100 metros medley – Final

1º Argentina	3min43s46 – recorde de campeonato
2º Brasil	3min43s94
3º Venezuela	3min53s10

Bem, entre mortos e feridos, salvaram-se todos. Era um ditado muito utilizado pelo meu pai e que, nessa ocasião, significava que, mesmo com os contratempos na viagem, a vitória nos 100 metros peito sem índice olímpico e a prata no revezamento perdendo na batida de mão para a Argentina, o saldo final era positivo.

Eu havia me colocado um pouco mais próximo do tempo mínimo para participação nos Jogos de Sydney e isso era animador. O que era 1s26 havia sido reduzido para "apenas" 82 centésimos. Ou seja, pouco mais de meio segundo. No fundo, mesmo achando difícil, achávamos que era algo possível de alcançar dali a dois meses na última seletiva. Era preciso acreditar e manter o foco nos treinos.

O sentimento, no fim da competição, era de comemoração. Chegar no hotel, trocar de roupa e sair para dar uma volta em Mar del Plata com os amigos, pois não haveria muito descanso. Chegando ao Brasil, os treinos recomeçariam no dia seguinte, com os olhos voltados para o Troféu José Finkel, que se iniciaria em 8 de junho de 2000.

Evento	Data	Prova	Piscina	Final	Col.
Estadual de Natação	1/4/2000	100m peito	50m	1min05s57	1º
Estadual de Natação	1/4/2000	200m peito	50m	2min31s86	2º
Estadual de Natação	1/4/2000	50m peito	50m	29s72	1º
Sul-Americano Absoluto	12/4/2000	50m peito	50m	29s27	1º
Sul-Americano Absoluto	13/4/2000	100m peito	50m	1min03s33	1º
Sul-Americano Absoluto	14/4/2000	200m peito	50m	2min21s54	2º

O ano havia começado muito bem, com resultados sólidos, boas perspectivas e um excelente alinhamento com a equipe multidisciplinar: eu, Ricardo e Armando. A partir dali, iniciávamos um trajeto que, invariavelmente, separava as crianças dos homens. Dia após dia, o trabalho era cada vez mais sério.

52

Agora que o índice olímpico estava um pouco mais próximo, tínhamos de achar uma forma para melhorar esses centésimos, no intuito de carimbar o passaporte para a Austrália. Mas nós não tínhamos muito tempo.

O Campeonato Sul-Americano havia se encerrado em 14 de abril de 2000, e a última seletiva se iniciaria em junho, ou seja, faltavam pouco menos de dois meses para descobrir quais eram as minhas deficiências e como faríamos para nadar 82 centésimos mais rapidamente.

Por outro lado, mesmo empolgados, o sonho de representar o Brasil em uma Olimpíada parecia extremamente difícil e ficava nublado a cada dia, pois, de fato, o tempo era exíguo para tamanho objetivo. Ainda mais por se tratar de algo inédito no nado peito brasileiro. Nunca ninguém havia percorrido 100 metros nesse estilo em menos de um minuto e três segundos.

Falando dessa forma, poderia até parecer que estávamos desistindo, mas, na verdade, estávamos sendo realistas. Talvez, um pouco demais. Para quem conhece bem natação, sabe que reduzir meio segundo nem sempre é tão simples, e eu ainda era um pouco inexperiente em todo esse processo.

O que não estávamos levando em consideração, porque nem sequer compreendíamos a regra e os critérios corretamente, era a possibilidade de uma eventual convocação do revezamento 4 x 100 metros medley. Ou seja, a classificação dos melhores brasileiros de cada uma das provas de cada estilo. Para isso, o Brasil precisava, antes, do índice olímpico dessa prova, que poderia ser aferido pelo somatório das melhores marcas nos nados de borboleta, costas, crawl e peito.

Quando se trata do revezamento medley, a regra de convocação já mudou, mas, na época, até onde tínhamos conhecimento, era necessário que o somatório dos tempos dos quatro atletas resultasse em uma marca inferior ao índice de participação. Além disso, o time do Brasil deveria fazer um tempo menor do que o índice A em alguma competição oficial seletiva. No caso, o Pan-Americano de Winnipeg ou o Sul-Americano de Mar del Plata. Independentemente da regra, para se classificar para o revezamento, o atleta, necessariamente, deveria ser o melhor do Brasil na prova dele.

Na individual, como existem duas vagas para cada país, o nadador deve alcançar o índice e ficar entre os dois melhores do país.

Enfim, tecnicismos à parte, nós não tínhamos esse conceito (critério de convocação) tão claro naquela época e, por essa razão, achávamos que a única forma de ir para os Jogos seria marcando, pelo menos, 1min02s51 no placar.

Mas os meus sentimentos não estavam me traindo. Assim como eu imaginava, melhorar qualquer marca feita no Sul-Americano, com apenas dois meses de lapso temporal, seria difícil, ainda mais quando sabíamos que toda a preparação e todo o polimento haviam sido feitos para Mar del Plata. Contudo, no frigir dos ovos, o objetivo não havia mudado. Eu teria de fazer o meu melhor no Finkel, seletiva ou não.

Realmente, os resultados no Finkel não foram ruins. Entretanto, por não ter feito as melhores marcas, pensávamos que o sonho havia se encerrado. Contudo, uma surpresa ainda aconteceria.

Iniciamos a competição participando dos 200 metros peito e, apesar de eu me classificar para a final B com o 16º tempo (2min25s51), optamos por abrir mão da disputa, no intuito de focar nas provas nas quais eu tinha chance de medalhas e eventuais índices.

Troféu José Finkel de 2000 – Rio de Janeiro (RJ)

200 metros peito – Eliminatórias

1º Fábio Mauro da Silva – 2min19s13

2º Marcelo Augusto Tomazini – 2min20s29

3º Henrique Marques Barbosa – 2min20s50

4º Grigori Matuzkov – 2min21s77

5º José Belarmino de Souza – 2min21s99

6º Augusto Celso da Silva – 2min22s99

7º Antônio Henrique Barbosa – 2min23s00

8º Felipe Brandão dos Santos – 2min23s07

9º Guilherme de Morais Rego – 2min23s25

10º Fernando Biazzoto – 2min23s43

11º Rafael Leonel Bardi Alves – 2min24s17

12º Márcio Albuquerque – 2min24s64

13º Joan Barau – 2min24s90

14º Andres Bicocca – 2min25s41

15º Michael Edward Miller – 2min25s50

16º Eduardo Aquiles Fischer – 2min25s51

No dia seguinte, eu nadaria os 50 metros peito, um termômetro para saber como eu estava para uma eventual busca do índice nos 100 metros.

Logo na eliminatória, fui surpreendido pelo resultado do Tomazini, que se classificou com o melhor tempo: 29s31. Apesar de eu estar acostumado a guardar um pouco para a final, o fato de chegar atrás, marcando 29s41, me deixou um pouco preocupado. Afinal, eu ainda estava em busca do recorde sul-americano, que pertencia ao Alan Pessotti, com 29s08.

Troféu José Finkel de 2000 – Rio de Janeiro (RJ)

50 metros peito – Eliminatórias

1º Marcelo Augusto Tomazini – 29s31

2º Eduardo Aquiles Fischer – 29s41

3º Felipe Brandão dos Santos – 29s43

4º Guilherme Belini – 29s52

4º Bogodar Szpak – 29s52

6º Gustavo Martins Lima – 29s83

7º Rogério Decat Karfunkelstein – 29s88

8º Luís Antônio Júnior – 29s97

Na final, praticamente todo mundo piorou o tempo e, em uma prova extremamente parelha e disputada, tive a felicidade de fazer uma excelente chegada, batendo na frente e me consagrando campeão nacional pela primeira vez na vida nos 50 metros peito, com o tempo de 29s50, apenas um centésimo à frente do Guilherme Belini.

Troféu José Finkel de 2000 – Rio de Janeiro (RJ)

50 metros peito – Final

1º Eduardo Aquiles Fischer – 29s50

2º Guilherme Belini – 29s51

3º Felipe Brandão dos Santos – 29s54

4º Marcelo Augusto Tomazini – 29s56

5º Gustavo Martins Lima – 29s63

6º Luís Antônio Júnior – 29s96

Depois desse segundo dia de competição, percebemos que muitos atletas estavam piorando os tempos em relação às classificatórias, razão pela qual passamos a ponderar qual seria a melhor estratégia para a prova de 100 metros peito. Eu deixaria o esforço total para a final, como de costume, ou tentaria o índice logo pela manhã, nas eliminatórias, fazendo duas tentativas (a segunda, na final)?

Depois de conversar um pouco com o Ricardo, optamos por nadar com força total na eliminatória para aproveitar o momento e a oportunidade de fazer duas tentativas de índice. Assim, ficou decidido que eu não seria conservador na eliminatória e imprimiria força máxima para tentar o melhor possível logo de cara.

E assim foi. Nadei decidido a buscar a melhor marca pessoal (e o índice olímpico) logo nas eliminatórias. Contudo, para a nossa frustração, ao olhar para o placar, percebemos que o objetivo era ainda mais difícil do que imaginávamos. Eu havia vencido a última série e o tempo exibido era de 1min03s68. Impossível esconder o fato de que eu havia ficado um tanto quanto decepcionado.

Mesmo não alcançando aquilo que esperávamos, fiz o melhor que pude. Saí nadando com força logo nas eliminatórias, procurando melhorar aqueles centésimos de segundo que me faltavam para carimbar o passaporte olímpico.

Troféu José Finkel de 2000 – Rio de Janeiro (RJ)

100 metros peito – Eliminatórias

1º	**Eduardo Aquiles Fischer**	1980	**Vasco (RJ)**	**1min03s68**
2º	Marcelo Augusto Tomazini	1978	Pinheiros (SP)	1min04s79
3º	Fábio Mauro da Silva	1977	Pinheiros (SP)	1min04s95
4º	Gustavo Martins Lima	1975	Unisanta (SP)	1min05s08
5º	Henrique Marques	1984	Flamengo (RJ)	1min05s32
6º	Augusto Celso da Silva	1980	Pinheiros (SP)	1min05s42
7º	Rogério Decat Karfunkelstein	1976	Flamengo (RJ)	1min05s60
8º	Michael Edward Miller	1980	Pinheiros (SP)	1min05s67

Por mais que eu tivesse uma segunda chance na final, havia um sentimento, com base no esforço e na técnica das eliminatórias, que nos dizia que seria muito difícil melhorar o tempo. E se eventualmente eu conseguisse, a sensação era de que não seria suficiente para fazer o índice olímpico, de 1min02s51.

Ocorre que, nesse intervalo de tempo entre a eliminatória e a final dos 100 metros peito, ouvimos algumas pessoas comentando sobre as convocações dos revezamentos para os Jogos Olímpicos, e foi então que, pela primeira vez, nos demos conta e percebemos que, caso eu ganhasse a prova, haveria uma chance de ser convocado para compor a equipe do 4 x 100 metros medley.

Até porque já estávamos no último dia de competição e, ao fim daquela etapa, teríamos o anúncio dos convocados e da composição das equipes dos revezamentos. Obviamente, o 4 x 100 metros livre já estava garantido, pois tínhamos quatro excelentes nadadores de crawl — e essa seria uma prova na qual o Brasil tinha reais chances de disputar o pódio. Mas a do 4 x 100 metros medley era uma incógnita.

Aquele desapontamento inicial com o resultado das eliminatórias passou a se transformar em euforia, pois eu realmente não havia vislumbrado a possibilidade de classificação pelo revezamento. Então, de repente, passei a acreditar que o meu sonho poderia virar realidade e comecei a olhar os resultados das outras provas, no intuito de saber se tínhamos nadadores nos outros estilos com tempos expressivos.

O índice olímpico estipulado pela Fina (o índice A) para o 4 x 100 metros medley era de 3min46s96. E a equipe do Brasil já havia feito marca melhor do que essa dentro do período de classificação, justamente no Campeonato Sul-Americano da Argentina.

Naquela oportunidade, o time formado por mim (peito), Alexandre Massura (costas), Fernando Alves (borboleta) e Edvaldo Valério (crawl) havia conquistado a medalha de prata com o tempo de 3min43s94, de forma que o Brasil já possuía a permissão da Federação Internacional de Natação (Fina) para inscrever o 4 x 100 metros medley nos Jogos Olímpicos de Sydney, na Austrália.

Restava saber quem seriam os convocados e a melhor composição da equipe para a busca do resultado ideal.

Se computássemos os melhores tempos feitos pelos atletas dentro do período de classificação, ou seja, as marcas válidas desde o Pan-Americano de Winnipeg até o Troféu José Finkel de 2000, tínhamos o seguinte cenário:

Costas: Alexandre Massura – 55s17 (feitos no Pan)

Peito: Eduardo Fischer – 1min03s33 (Sul-Americano)

Borboleta: Fernando Scherer – 54s24 (Troféu José Finkel)

Livre: Gustavo Borges – 49s19 (Troféu José Finkel)

Somatório dos tempos individuais: 3min41s93.

O resultado da soma dos tempos nos dava a marca de 3min41s93, bem melhor do que o índice A da Fina e, inclusive, o oitavo colocado nos Jogos de Atlanta, em 1996, que havia sido o time de Israel, com 3min42s24.

Assim, caso todos os nadadores do Brasil fizessem os melhores tempos em Sydney, esse revezamento teria, teoricamente, boas chances de chegar à final.

Olhando por esse prisma, sabendo dos índices, critérios e somatórios de tempos, parecia meio lógico que o Brasil devesse levar o time para o 4 x 100 metros medley. Mas, na época, nada era tão óbvio ou esclarecido.

Quando eu pensava nisso, chegava a me arrepiar. Estaria o meu sonho de ir para os Jogos Olímpicos mais próximo do que eu imaginava?

A equipe do revezamento já tinha índice da prova? O tempo feito no Sul-Americano pelo Brasil era válido? Seria possível fazer o índice pela somatória dos tempos?

Como dito, os critérios não haviam sido publicados e nada era muito claro para nós, atletas. Talvez, os dirigentes e os técnicos soubessem mais detalhes, mas nós não. Então, tudo era muito obscuro e, até o fim da competição, não teríamos certeza alguma. Invariavelmente, seria necessário aguardar o comunicado oficial da Confederação.

Bom, agora, a minha meta era outra. Não queria mais fazer uma prova "suicida" em busca do índice. Não. Agora, o meu objetivo era fazer uma prova estratégica e bem dosada para bater em primeiro lugar, com um tempo similar ao que havia feito em Mar del Plata, pois isso, supostamente, seria suficiente para garantir a classificação do revezamento para a Olimpíada e, consequentemente, carimbar o meu passaporte para a Austrália.

E foi o que eu fiz. Uma prova bem mais controlada, dosando na primeira parcial, com o intuito de ter um bom sprint final que me desse uma vantagem nos últimos metros para uma chegada mais rápida e efetiva, visando tocar a parede antes de qualquer outro nadador.

No fim, confesso que estava até mais ansioso do que antes. Não importava tanto o tempo exposto no placar, mas, sim, saber se eu havia vencido, tendo em vista que, se chegasse em primeiro, ninguém teria um tempo melhor do que o meu.

Assim, quando percebi que havia sido campeão brasileiro, mesmo que com um tempo não muito bom (1min04s00), imediatamente fiquei um pouco mais tranquilo, sabendo que, caso a CBDA convocasse o revezamento medley, o melhor tempo do Brasil era meu. E, então, eu me tornaria um atleta olímpico.

Contudo, ainda restava uma pontinha de preocupação: será que a CBDA convocaria esse revezamento? O tempo feito em Mar del Plata era válido? Seria índice A da Fina? Afinal, algo incontesto era que o nosso time se mostrava competitivo pela somatória das parciais de cada estilo.

Troféu José Finkel de 2000 – Rio de Janeiro (RJ)

100 metros peito – Final

1º Eduardo Aquiles Fischer – 1min04s00

2º Michael Edward Miller – 1min05s02

3º Marcelo Augusto Tomazini – 1min05s10

4º Henrique Marques Barbosa – 1min05s28

5º Gustavo Martins Lima – 1min05s60

6º Fábio Mauro da Silva – 1min05s63

7º Augusto Celso da Silva – 1min05s75

8º Rogério Decat Karfunkelstein – 1min06s05

Todos esses questionamentos seriam respondidos algumas horas depois, pois os 100 metros peito eram uma das últimas provas do evento. Ainda assim, uma espera um tanto quanto inquietante.

Sem muito suspense, no fim da competição, eu pude, enfim, respirar aliviado, feliz e exultante. Logo, o narrador passaria para o anúncio oficial do time convocado para os Jogos Olímpicos de Sydney, na Austrália.

A Confederação convidava os atletas, nome a nome, a ir até o banco de controle para a organização da foto oficial da seleção brasileira olímpica.

Eu ainda não compreendia completamente o que havia acontecido. Era um sonho se concretizando e, finalmente, eu podia bater no peito (sem trocadilhos) e dizer que era um atleta olímpico. Algo que parecia impossível e, ao mesmo tempo, um tanto quanto inesperado, mas que estava se concretizando.

Por um bom tempo, fiquei me perguntando, de forma completamente equivocada, se eu era realmente digno daquela vaga e do título de nadador olímpico, pelo fato de não ter alcançado o índice individual. Algo infundado e desproporcional, visto que, tal como em um time de basquete, que precisa de todos os cinco (ou 12, contando todo o elenco, com os reservas) jogadores para se classificar para os Jogos, sem o meu tempo feito no Sul-Americano talvez a equipe não tivesse alcançado o índice A da Fina e a vaga.

Então, depois de muito refletir sobre o assunto, acalmei o meu coração e passei a me considerar digno do título que tanto havia perseguido e com o qual tanto havia sonhado.

Ainda que eu não tivesse o índice individual, eu era, naquele momento, o melhor nadador de 100 metros peito do Brasil (e da América do Sul) e havia participado, na proporção de um quarto, do índice olímpico da equipe brasileira na prova de 4 x 100 metros medley.

Eu realmente era merecedor daquela vaga, tanto quanto qualquer outro nadador. Além disso, pela regra da Fina, o atleta convocado para integrar o revezamento, sem índice individual alcançado, poderia nadar a prova individual caso tivesse tempo melhor do que o índice B.

Dessa forma, como eu: 1) havia sido convocado para nadar o revezamento; 2) tinha tempo melhor do que o índice B; e 3) nenhum outro atleta do Brasil havia alcançado o índice A; automaticamente, havia adquirido o direito de disputar, também, a prova individual dos 100 metros peito.

Enfim, agora olímpico, algumas coisas começavam a melhorar e, naquele momento, com a convocação oficial, eu passaria a incluir o meu nome na história esportiva do país. Uma honra incomensurável.

Resultados do primeiro semestre do ano olímpico de 2000:

Evento	Data	Prova	Piscina	Eliminatória	Final	Col.
29° Troféu José Finkel	8/6/2000	200m peito	50m	2min25s51		
29° Troféu José Finkel	9/6/2000	50m peito	50m	29s41	29s50	1°
29° Troféu José Finkel	11/6/2000	100m peito	50m	1min03s68	1min04s00	1°
Copa Rio de Janeiro	15/6/2000	200m peito	50m		2min26s06	1°
Copa Rio de Janeiro	15/6/2000	50m peito	50m		29s70	2°
Copa Rio de Janeiro	15/6/2000	100m peito	50m		1min04s86	1°
Troféu Daltely Guimarães	21/7/2000	50m peito	50m	30s02	30s12	3°
Troféu Daltely Guimarães	22/7/2000	100m peito	50m	1min05s88	1min04s26	1°

53

Antes de viajar para Sydney, visando ingressar na Vila Olímpica, o COB havia programado uma aclimatação para que os atletas pudessem se acostumar com o fuso horário da Oceania. Portanto, previamente ao embarque, visando esse treinamento em terras australianas, nós receberíamos o uniforme oficial e as passagens aéreas.

Na época, o Comitê Olímpico Brasileiro (COB) era patrocinado pela Olympikus[62], uma marca nacional de roupas e artefatos esportivos, que optou por vestir e equipar toda a delegação. Aliás, o nome era bem sugestivo.

Assim que recebi o material em casa, abri a mala e coloquei tudo em cima da cama. Era muita coisa! Além de ser tudo novidade para mim, fiquei impressionado com tantas peças para uma única competição. Afinal, era uma viagem de praticamente quatro semanas, contando com a aclimatação. Além disso, quando éramos convocados pela CBDA (competições de natação, não multiesportivas), o normal era receber apenas uma mochila, duas camisetas e um agasalho.

Indiscutivelmente, o material era muito bonito e único, pois em todas as peças havia os arcos olímpicos desenhados ou bordados. Carregar esse símbolo no lado esquerdo do peito era um privilégio de poucos. Para que você possa ter uma ideia, dos pouco mais de 211 milhões de brasileiros, apenas 185 possuem o "título" de nadadores olímpicos (de 1896 a 2020). Ou seja, ínfimo 0,00000008% da nação conquistou tamanha honraria.

Na mesma hora em que a dona Maria, minha mãe, viu todo aquele material, no primeiro instinto materno, imaginou que todos receberiam as mesmas peças e poderiam ocorrer perdas ou trocas na interação com outros integrantes do Time Brasil. Assim, sugeriu que bordássemos o

---

[62] A Olympikus é uma marca de calçados e artigos esportivos do Brasil, com sede em Parobé (RS) e pertencente ao grupo Vulcabras-Azaleia. Fundada em 1975, quando lançou o primeiro tênis, a marca foi utilizada inúmeras vezes como patrocínio de diversos times, atletas, confederações, comitês e eventos esportivos.

meu nome em cada camiseta, agasalho, calça, bermuda, o que quer que fosse.

Sim, foi algo um tanto quanto exagerado e excessivamente zeloso, mas confesso que hoje, quando olho para as peças que tenho guardadas de recordação no armário, sinto muito orgulho em ver o meu sobrenome impecavelmente bordado acima dos aros olímpicos nas peças que recebi.

Enfim, feito o preparo de todo o material, passamos a nos concentrar para a viagem. Era um misto de excitação e nervosismo.

A natação embarcaria para a Austrália antes da abertura oficial da Vila Olímpica e isso ocorreria devido ao planejamento traçado pela comissão técnica, que previa uma adaptação de duas semanas em Canberra, no AIS (Australian Institute of Sport, ou, na tradução livre do inglês, Instituto Australiano do Esporte[63]).

Para uma pessoa viajando a trabalho ou a passeio, em condições normais, o itinerário poderia ser considerado um tremendo martírio: de Joinville (SC) para Guarulhos (SP); de Guarulhos (SP) para Santiago (CHI); de Santiago (CHI) para Auckland (NZL); e, por fim, de Auckland (NZL) para Sydney (AUS). Eram mais de 48 horas de viagem.

Mas, quando você tem 20 anos, indo para a sua primeira Olimpíada, não havia qualquer sofrimento. Tudo indicava que seria divertido e agradável. Ingênuo, exatamente como eu era, mas extremamente feliz e empolgado, nem mesmo tantas horas apertado em uma classe econômica de um avião poderiam abalar o espírito de um calouro olímpico.

Essa ida com muita antecipação era necessária, pois o fuso horário de 12 horas influenciava muito na performance e nas noites de sono. Por essa razão, precisávamos de tempo para que o corpo "trocasse a noite pelo dia" e ficasse adaptado às condições do outro lado do mundo. Dizem os especialistas que, para cada hora de fuso, é necessário um dia de adaptação. Então, ficaríamos em Canberra e em Sydney por, pelo menos, 12 dias antes do início da competição.

O complexo escolhido pelo Time Brasil (como é chamada pelo COB a delegação que representa o país nos Jogos) para a aclimatação era excelente e tinha tudo o que a seleção precisava: uma adequada e incrível piscina olímpica à disposição, sala de musculação, saunas, jacuzzis, vestiários bem equipados e muito mais.

Contudo, acho que houve uma grande falha da organização brasileira no que diz respeito ao clima. Canberra, nessa época do ano, era

---

[63] O Australian Institute of Sport (AIS) é uma instituição de treinamento esportivo. A sede foi aberta em 1981 e está situada em Canberra, capital da Austrália. O campus de 66 hectares está localizado no subúrbio norte de Bruce. O AIS é uma divisão da Comissão de Esportes Australiana.

muito fria. Tivemos de enfrentar temperaturas abaixo de zero grau Celsius em alguns dias durante o período de aclimatação.

E por que isso era um problema? Primeiramente, porque não condizia com as condições que iríamos encontrar em Sydney, pois, lá, a média térmica esperada estava estimada acima dos 20 graus. E, em segundo lugar, porque iria expor os atletas ao risco de doenças respiratórias e viroses, que se mostram mais suscetíveis no inverno.

Inclusive, Alexandre Massura, nosso nadador de costas, adquiriu uma forte virose (gripe ou algo do gênero) nos primeiros dias de treinamento em Canberra, evoluindo, inclusive, para uma infecção bacteriana nas amígdalas. Foi tão grave que Massura precisou tomar antibióticos em razão de febre alta, dores no corpo e indisposição.

Entretanto, para quem está indo pela primeira vez aos Jogos, como não me canso de dizer, nem mesmo o frio e as condições diferentes das que encontraríamos em Sydney eram motivo para me abalar. Talvez, a dificuldade de dormir, nos primeiros dias, tenha sido o pior para mim.

A CBDA havia designado como meu colega de quarto o Fernando Scherer. Talvez, pelo fato de sermos conterrâneos de Santa Catarina, acharam que tínhamos alguma afinidade. Para mim, era uma honra. Afinal, Xuxa já era medalhista olímpico e eu, um mero novato.

Eu tinha uma boa relação com o Fernando, e ele se mostrava bastante solícito, procurando passar alguns ensinamentos por meio da experiência que tinha. Contudo, nos primeiros dias de aclimatação, acredito que ele deva ter dormido, pelo menos, umas 15 horas todos os dias, o que dificultava um pouco a nossa interação. Até porque eu estava com dificuldade para dormir e acordava às 4h da manhã todos os dias, sem sono, olhando para o teto. Segundo ele, o descanso era fundamental nos primeiros dias, e acho que ele levou isso bem a sério.

Dessa maneira, a minha relação de coleguismo ficou mais restringida aos outros atletas que também eram mais jovens e novatos, como Rodrigo Castro, de 21 anos, e Edvaldo Valério, de 22.

Todavia, o mais difícil, mesmo, foi a manutenção dos treinamentos e o polimento. Primeiramente, porque meu treinador não havia sido convocado, e eu estava sozinho e por conta própria do outro lado do mundo. Não se esqueça de que não havia "smartphones" com vídeo chamada, WhatsApp ou Skype. Malemal, computadores para que pudéssemos enviar e-mails. O contato com o Brasil era por telefone, por meio de cartões internacionais, em momentos esporádicos e restritos. Eu falava com o meu treinador apenas uma vez a cada três ou quatro dias.

Em segundo lugar, depois da dificuldade causada pela ausência do meu técnico, estava o fato de eu ser o único nadador de peito na seleção, dificultando qualquer intercâmbio de preparação ou treinamentos em conjunto. Eu, literalmente, treinava sozinho.

Os outros técnicos até me perguntavam se eu precisava de ajuda, mas era muito difícil, para eles, compreender as minhas necessidades. E, para mim, explicar como estava me sentindo e em que fase de treinamento estava. Hoje, percebo que isso foi crucial para o meu resultado abaixo da expectativa. Quando você é um atleta mais experiente e já conhece bem o seu corpo e a sua técnica, a influência da falta de um treinador não é tão grande. Mas, no meu caso, como novato, pesou negativamente.

Enquanto todos faziam os treinos em nado de crawl, borbo ou costas, sendo possível realizar trabalhos em conjunto e se motivar mutuamente, eu não conseguia acompanhar as séries prescritas, pois há uma diferença muito grande de "pace" e no formato dos treinos. Para piorar, os nadadores de crawl, normalmente, consideravam o peitista da raia um grande estorvo, pois não era incomum sermos ultrapassados por eles, que imprimiam o ritmo mais rápido natural do estilo.

Essa foi uma parte bem difícil, na época. Não que eu me importasse de fazer tudo sozinho, mas não posso negar que sentia falta de um treinador na borda, com um olho clínico, anotando os meus tempos e me motivando quando necessário. Inclusive, nessa fase final de treinamento, chamada de polimento, a presença do técnico é ainda mais relevante, pois ele consegue perceber o que está faltando no nado e modificar o que for preciso. O compartilhamento de informações sobre a sensação do corpo nessa fase final é muito importante.

Como dito, então, às vezes eu me sentia um pouco excluído. Além da questão da individualidade dos trabalhos, como destacado, eu era aquele que acabava ficando mais tempo na piscina, pois as séries em peito tendiam a serem mais lentas e demoradas.

Por isso, criei uma sistemática para evitar ser o último: ao chegar ao complexo aquático, eu logo entrava na água o mais rapidamente possível e era o primeiro a iniciar o treinamento do dia. Assim, conseguia terminar com o restante da equipe.

Na aclimatação e preparação no AIS, em Canberra, estavam as equipes de judô (masculina e feminina) e o vôlei feminino de quadra do Brasil. Algo muito bacana, pois permitiu a interação com os atletas desses outros esportes, referência para o país em Jogos Olímpicos.

Todos estávamos hospedados no mesmo alojamento e treinávamos no mesmo complexo do AIS. Assim, um bom passatempo, depois do treino, era observar um pouco das meninas do vôlei, que, na época, eram comandadas pelo Bernardinho[64].

Inclusive, um belo dia, houve um caso muito engraçado envolvendo o Bernardinho e o time de vôlei. Algo que me marcou muito. A fama do Bernardinho já o precedia e todo mundo o conhecia como um treinador "linha dura", que não dava mole para as meninas durante os treinamentos.

Elas tinham treinos todos os dias, em dois períodos (manhã e tarde), sempre muito exaustivos — pelo menos, era assim que pareciam para quem estava assistindo de fora, como eu.

Enfim, estávamos na segunda semana em Canberra, quando, em uma sexta-feira pela manhã, percebi uma movimentação em volta do Bernardinho no fim do treino. Bancando o curioso, me aproximei para tentar saber o que estava acontecendo. Chegando mais perto, percebi que as meninas estavam implorando por um período de folga, justamente naquele mesmo dia à tarde.

Bernardo estava irredutível. Contudo, de repente, um desafio foi lançado: um tiro de 50 metros livre na piscina olímpica entre o técnico Bernardinho e uma das jogadoras. Se a representante da equipe vencesse, haveria folga no período da tarde. Caso contrário, o treino seguiria normalmente.

Não me recordo com precisão quem foi a atleta que assumiu a responsabilidade, mas ela estava certa de que conseguiria ganhar. Nesse momento, Bernardinho chegou ao meu lado e disparou: "Alguma dica de última hora?".

Fiquei meio sem saber se deveria "trair" as atletas e ajudá-lo. Mas como eu poderia negar um pedido do mestre Bernardinho? Era quase impossível não atender o pedido dele e, então, falei: "Não sai no gás total. Fica de boa, porque, depois dos primeiros 25 metros, ela vai se cansar e diminuir o ritmo. Talvez, vá, até mesmo, parar para pegar ar, segurando na raia".

---

[64] Bernardo Rocha de Rezende, conhecido como Bernardinho (Rio de Janeiro, 25 de agosto de 1959), é um ex-jogador de voleibol brasileiro. Como treinador, Bernardinho é o maior campeão da história do voleibol, acumulando mais de 30 títulos importantes em 22 anos de carreira dirigindo as seleções brasileiras feminina e masculina. De 2001 a 2017, foi o técnico da seleção brasileira masculina. Como treinador, conquistou incríveis seis medalhas olímpicas consecutivas: em Atlanta-1996 e Sydney-2000, bronze pela seleção feminina; em Atenas-2004, se sagrou campeão pela seleção masculina; e tem, ainda, duas medalhas de prata, a primeira em Pequim-2008 e a segunda em Londres-2012. Por fim, no Rio-2016, repetiu o ouro com os homens.

No fundo, eu estava me sentindo muito importante por ter dado uma dica para uma pessoa tão representativa no cenário esportivo como o Bernardo.

De fato, como esperado, não deu outra. A representante do time das meninas escolhida para participar do desafio realmente cansou no meio da piscina e, como um bom aluno (agora forcei a barra, né?), Bernardinho teve um fim de prova melhor e chegou na frente. Para o desespero de todo o time, o treino da tarde estava mantido e confirmado.

Essa interação foi muito bacana. São momentos especiais que o esporte olímpico proporciona e que guardamos por muito tempo na memória.

Permanecemos naquele local por quase três semanas, treinando, puxando ferro, descansando e nos concentrando antes de entrar na Vila Olímpica. Além dos treinamentos físicos, fazíamos exercícios de concentração com o doutor Roberto Shinyashiki[65], que, na ocasião, era o psicólogo do Time Brasil. Ele passou alguns dias conosco em Canberra antes de irmos para Sydney.

Por fim, apesar de alguns percalços, a aclimatação havia sido produtiva. Recordo-me do último treino que fiz em Canberra antes de nos prepararmos para entrar na Vila. Era uma simulação de competição, com saída do bloco.

Um tiro de 100 metros, quebrado em duas etapas: um tiro de 75 metros; depois de 30 segundos descansando, finalizava com um tiro de 25 metros até a parede, completando os 100 metros de peito. A somatória dos tempos, teoricamente, me daria uma ideia do que eu poderia fazer quando estivesse preparado.

Completei os primeiros 75 metros em 45s9 e finalizei os últimos 25 metros (sem impulso, pois estava no meio da piscina) com 16s8.

Na somatória, o tempo de 1min02s70. Na teoria, a minha melhor marca pessoal, que, se conseguisse repetir no dia certo em Sydney, poderia me deixar próximo de uma possível e eventual semifinal olímpica.

Foi um treino que me deixou muito empolgado, pois, geralmente, nós, nadadores, conseguimos repetir os tempos feitos nessas sérias "quebradas". Então, imaginar uma possível classificação para as semifinais era muito excitante.

---

[65] Roberto Shinyashiki é um médico psiquiatra e empresário brasileiro, famoso autor de livros de autoajuda, palestrante renomado e de grande influência no mundo empresarial. Sua formação como médico psiquiatra, com pós-graduação em Administração de Empresas e doutorado em Administração e Economia (USP), embasa todo seu trabalho e o tem levado a conhecer e entender como se comporta o ser humano dentro das organizações.

54

Como resumir uma participação olímpica em um único capítulo? Sim, quase impossível. Mas tentarei fazê-lo da melhor forma possível, mencionando os fatos e eventos que mais me marcaram nessa competição tão importante, esperando me lembrar de todos os detalhes vivenciados nos dias em que estive representando o meu país nos Jogos Olímpicos de Sydney, na Austrália.

Na sequência da aclimatação, deixamos Canberra rumo a Sydney, para então, finalmente, entrar na Vila Olímpica. Acho que somente depois disso que eu conseguiria me considerar realmente um atleta olímpico.

Muitas pessoas me perguntaram, depois que eu voltei dos Jogos (e, na verdade, ainda perguntam), qual é a sensação de representar o país em uma Olimpíada ou qual é a minha percepção sobre conviver com tantos atletas e estrelas em uma Vila Olímpica.

É uma pergunta muito difícil de ser respondida. São tantas emoções envolvidas que fica quase impossível narrar em algumas palavras tudo o que sentimos quando estamos em uma Olimpíada. Afinal, os Jogos não se resumem ao dia da competição, ao local da Vila ou às interações com os outros esportes.

Existe uma parcela de um sentimento intangível, difícil de descrever. Uma emoção que nos toca diretamente na alma, no coração de atleta. Algo tão complexo e profundo que, quando respondemos ser uma experiência incrível, mal arranhamos a superfície das sensações vivenciadas. Sem parecer prepotente, acho que somente quem já teve essa oportunidade única é que pode plenamente compreender o sentimento de participar de uma Olímpiada.

Depois de passar muitos anos tentando achar uma descrição para a Vila Olímpica, acho que a melhor que eu já ouvi alguém dizer é: a Disneylândia do Esporte.

Sabe aquela criança de 5 a 12 anos que passa a infância assistindo a desenhos animados e colecionando os personagens favoritos? Consegue imaginar a emoção e a felicidade dessa criança quando ela entra pela primeira vez em um parque temático do Walt Disney?

Essa é mais ou menos a sensação que eu tive quando ingressei na Vila em Sydney, em 2000. Eu realmente parecia uma criança em um parque de diversões. São muitas emoções envolvidas.

Mesmo recebendo inúmeras instruções e alertas da comissão técnica, constantemente nos dizendo para tomar cuidado para não perder o foco competitivo ao entrar na Vila Olímpica, ainda assim, sabendo do que estaria por vir, era quase inevitável não ficar deslumbrado.

Ouvimos muito sobre o tal "deslumbramento", ou seja, um estado de êxtase e excitação no qual a pessoa literalmente se esquece do real motivo, do porquê de estar no evento, a ponto de isso interferir na performance esportiva. Aliás, quando eu ouvia as palestras sobre esse cuidado e a eventual perda de foco competitivo, internamente, pensava: "Isso nunca vai acontecer comigo".

Ledo engano. Bastou colocar o pé na Vila que eu me deslumbrei. Perdi totalmente o foco da minha missão nos Jogos por, pelo menos, 12 horas. Devo ter caminhado uns cinco quilômetros, no intuito de conhecer cada pedacinho. Até na lavanderia eu fui lavar roupa que não estava suja, apenas para saber como funcionava.

Fato é que eu literalmente queria ir (e estar) em todos os lugares ao mesmo tempo, com medo e receio de perder alguma coisa caso não visitasse cada centímetro da Vila naquele instante imediato.

Eram muitas coisas bacanas, muitas pessoas diferentes e importantes no mesmo local: mitos, lendas e pessoas das quais só ouvíamos falar ou apenas havíamos visto na televisão. A praça de alimentação (ou restaurante) era um local simplesmente fantástico.

Entretanto, passada a euforia das primeiras horas dentro da Vila, comecei a ficar um pouco mais calmo e tomar consciência de que haveria tempo suficiente para visitar tudo até o fim dos Jogos. Nesse ponto, conversar com os veteranos Xuxa e Rogério Romero foi muito importante para colocar os pés no chão. Aliás, eu havia sido designado como companheiro de quarto do Scherer na Vila Olímpica, tal qual em Canberra.

A Vila em Sydney era dividida em casas de dois andares, não em prédios como frequentemente vimos nas edições posteriores. Para a natação, havíamos recebido uma casa inteira só para a nossa modalidade, ocupada por atletas, técnicos e outros membros da equipe.

Descobri, muitos anos depois, que, na verdade, eu estava dividindo o quarto com o Xuxa, porque nenhum outro veterano aguentava as manias dele. Entretanto, para mim, não tive nenhum empecilho em me ambientar com o cara. Ele era muito bacana. Até mesmo porque Scherer passava pouco tempo no quarto e tinha o seu jeito de se preparar e se concentrar.

Depois de efetivamente instalados, pegamos o transporte da Vila rumo ao Parque Aquático Olímpico, para o primeiro treino de reconhecimento da piscina de competição. Foi nesse instante que vivenciei um episódio do qual me recordo muito bem até hoje e sempre relato quando sou convidado para dar palestras.

Logo no primeiro dia de treino, caminhando em direção à entrada do complexo aquático olímpico pela primeira vez, eu estava ao lado do Gustavo Borges, como eu quase sempre fazia para ver se conseguia assimilar algo por "osmose", quando ele me olhou e disse: "Fischer, você não tem nem ideia do que está fazendo aqui, né?!"

Diante daquela pergunta com pinta de afirmação, eu fiquei atônito, e não respondi nada, apenas sorri. Mas, por dentro, fiquei remoendo aquilo e pensei comigo mesmo por que ele havia me dito aquilo. Até porque eu também era olímpico. Não um medalhista, como ele, mas um atleta que sabia onde queria chegar. Confesso que, no fundo, fiquei chateado com o que ele me disse naquele dia, pois fiquei me sentindo desmerecido.

Hoje, passados muitos anos após esse ocorrido, percebi qual era a real intenção dele. Ele tentava me explicar que apenas teríamos a completa noção do que era representar o Brasil nos Jogos Olímpicos depois de ficar um pouco mais maduros. E, de fato, com apenas 20 anos, eu não tinha a compreensão plena da dimensão do que o evento representava (e ainda representaria) na minha vida.

Percebo que o que ele tentou me dizer foi que eu ainda não tinha maturidade suficiente para mensurar a correta magnitude dos Jogos Olímpicos e como aquela competição poderia mudar a minha vida.

Realmente, levei alguns anos para perceber o que era ser um atleta olímpico. Por outro lado, na minha segunda participação em Jogos Olímpicos, eu já tinha um conhecimento muito mais apurado sobre a importância da participação. Talvez, eu não tenha compreendido corretamente ou ele até tenha se expressado mal, mas, de fato, foi algo que me levou a uma grande reflexão.

55

O complexo aquático olímpico em Sydney era fantástico, maravilhoso, absurdamente primoroso e gigantesco. O acesso dos atletas era pelos fundos e entrávamos, primeiramente, pela piscina de aquecimento e soltura para depois ingressar na piscina oficial de competição.

Ao ingressar nessa área de aquecimento e soltura, imediatamente ficamos boquiabertos. Era impressionante. Pelo menos para mim. Uma estrutura com o pé direito bem alto, com muitas e enormes janelas, palmeiras, banheiras de hidromassagem, equipada com uma piscina olímpica oficial e mais uma outra em formato não usual, mais ou menos como uma recreativa.

As piscinas, a oficial e a recreativa, eram divididas por canteiros artificiais que continham muitas árvores, fazendo o ambiente ficar mais leve, alegre e natural. No entorno dessas piscinas, havia incontáveis banheiras de hidromassagem, feitas especialmente para os atletas relaxarem após os treinos ou a competição.

As banheiras eram aquecidas, propícias para o relaxamento, assim como a piscina recreativa, que também era mais quente do que a oficial.

Era muito bonito. Ainda mais para nós, brasileiros, carentes de complexos aquáticos bem equipados. Talvez, os países mais desenvolvidos não tenham achado o parque tão fantástico, mas, sem dúvida, tinha tudo o que eles precisavam.

Na continuidade da minha carreira de atleta, eu tive a felicidade e a oportunidade de conhecer muitos complexos aquáticos e, na minha opinião, acredito que aquele era um dos melhores.

Mas, ao entrar na área da piscina de competição, ficamos impressionados. Era magnífica. A piscina parecia perfeita em todos os sentidos e o tamanho da arquibancada surpreendia, pois eram 18 mil assentos postos à disposição do público, talvez a maior disponibilidade de espectadores para a natação em todas as edições de Jogos Olímpicos da Era Moderna.

O piso, os blocos de partida, as raias, a estrutura de som e luz... Era tudo incrivelmente perfeito. Muito melhor do que eu já tinha visto.

Claro, eu ainda não havia viajado tanto assim para ter um parâmetro, mas me recordo de o Romero ficar igualmente impressionado (e o cara já estava na quarta Olimpíada dele).

Inclusive, eu me lembro de uma matéria de um jornal dizendo que a piscina de Sydney era a mais "tecnológica" de todos os tempos, pois continha tudo aquilo que proporcionaria a melhor experiência ao atleta, eliminando consideravelmente as marolas e as turbulências.

Dessa forma, o primeiro dia de treino foi basicamente investido em conhecer toda a estrutura oferecida, visitando cada uma das piscinas e prestando atenção em todos os incríveis detalhes. Além disso, também foi um dia para procurar alguém que pudesse nos fornecer um traje de competição. Sim, a Speedo havia lançado o FastSkin e nós precisávamos urgentemente de um.

O ano de 2000 foi o do lançamento do primeiro grande e revolucionário traje de competição: o FastSkin.

A Speedo desenvolveria, naquele ano, um traje com a promessa de aumentar a velocidade do atleta por meio de um direcionamento do fluxo de água sobre o corpo, permitindo que essa passasse sobre o material de maneira mais eficiente, como ocorre na pele de um tubarão. Sem o traje, parecia que não teríamos nenhuma condição de competir em pé de igualdade com os demais.

Enquanto os americanos e os australianos tinham trajes em abundância e à disposição, os países mais "humildes" deveriam procurar os representantes da marca espalhados pelo complexo, a fim de implorar por um modelo.

Foi uma das principais revoluções na história dos trajes tecnológicos para a natação, e nós estávamos lá, no centro dessa novidade revolucionária, mas sem acesso direto a ela. Quanta ironia.

Contudo, o Brasil não tinha contrato com a Speedo para fornecimento desses trajes. E a Olympikus não queria que os usássemos. Eles até tentaram imitar e fornecer uma dessas roupas, mas sem muito sucesso. Era até meio vergonhoso, pois, por mais que pedíssemos à comissão técnica para que comprassem os trajes para nós, éramos devidamente ignorados.

A solução era sair correndo atrás dos representantes da Speedo e, literalmente, implorar por um. Afinal, ninguém queria competir em desvantagem e por isso era obrigatório que conseguíssemos um FastSkin. Chegava a ser patético e até mesmo humilhante. Nossa Confederação não nos fornecia o traje, nem sequer esboçava uma atitude de sair para comprar um para cada atleta.

No fim das contas, era cada um por si, na tentativa de encontrar um representante mais solícito e colocar as mãos em um miraculoso FastSkin. Por sorte, logo no primeiro dia de treino no complexo aquático, consegui convencer um dos representantes da marca a me fornecer um. Acabei escolhendo o modelo macaquinho (até a altura dos joelhos), na cor preta, pois eu já estava acostumado a usar esse estilo de traje na versão antecessor da Speedo, o Aquablade.

No fim do dia, considerei o saldo positivo. Além de conhecer aquela que talvez tenha sido a melhor piscina do mundo (pelo menos na época), voltei para a Vila Olímpica com o traje que usaria para competir, sanando uma das minhas preocupações com o material.

Guardadas as devidas proporções, seria como um jogador de basquete chegar no primeiro dia do reconhecimento da quadra sem um tênis no pé. Ou um tenista implorando por uma raquete nas vésperas do primeiro jogo. Como eu disse, era muito deprimente.

Mas essa era apenas uma das minhas muitas preocupações, pois ainda havia o fantasma da estreia olímpica logo no primeiro dia de competição. Eu não teria um dia observando como os outros atletas mais experientes se comportavam, porque os 100 metros peito seriam logo de cara.

Em ambos os Jogos Olímpicos dos quais participei, as eliminatórias dos 100 metros peito foram realizadas no primeiro dia. Isso era bom e ruim ao mesmo tempo. Era ruim, porque não dava muito tempo para analisarmos todas as variáveis, conhecer a logística e estudar os adversários. E era bom, porque não gerava ansiedade de esperar tanto pelo dia da estreia.

Inegável que eu senti muito a pressão da estreia, na condição de calouro. Fiquei nervoso com muitas coisas: a arquibancada lotada, o fato de milhões de pessoas estarem assistindo pela televisão, a necessidade de deixar a minha família orgulhosa, o fato de ter feito a preparação final sem o meu técnico e a necessidade de ter de fazer o melhor tempo da minha vida naquele exato momento, tentando chegar perto de uma semifinal, entre os 16 melhores.

Quando olhei a lista de inscritos para a prova, verifiquei que seria necessário nadar para um tempo próximo de 1min02s80 para tentar uma classificação entre os 16. Eu sabia que isso seria bastante difícil, mas estava confiante de que poderia fazer algo próximo, ainda mais com aquele último treino que havia feito em Canberra, demonstrando que eu tinha condições de quebrar a barreira de 1min03s.

Mas a realidade foi um pouco mais cruel do que a expectativa que criei na minha inexperiente e ingênua mente. Senti a pressão, optei por fazer uma passagem com bastante força (mas sem a usual qualidade técnica para economizar energia) e me cansei no fim da prova.

Eu estava na sexta série, de nove programadas. Ou seja, na última bateria antes de iniciarem as chamadas séries fortes. Nas competições internacionais, os 24 melhores tempos do balizamento são colocados nas últimas três baterias, pois se presume que os 16 classificados para as semifinais sairão dali.

Dito isso, como eu não estava entre os 24 melhores tempos do balizamento, era imprescindível que chegasse entre os três primeiros da minha série, se quisesse ter o mínimo de chance de avançar para a semifinal. Logo, reconheci um único nome na minha bateria: Phil Rogers.

O australiano já era olímpico e havia sido quinto colocado em Atlanta-1996, quatro anos antes, com a marca de 1min01s64. Além disso, havia ficado com a medalha de prata nos Jogos da Comunidade Britânica de 1998[66], com 1min02s46. Ou seja, um tempo que, se repetido, poderia fazê-lo avançar para a semifinal entre os 16 melhores. Por essa razão, eu sabia que tinha de "colar" nele.

A minha série estava composta desta forma:

Raia 1 – Eduardo Fischer (BRA)

Raia 2 – Marek Kraecztk (POL)

Raia 3 – Steven Ferguson (NZL)

Raia 4 – Patrick Schmollinger (AUT)

Raia 5 – Phil Rogers (AUS)

Raia 6 – Elvin Chia (MAL)

Raia 7 – Vanja Rogulj (CRO)

Raia 8 – Raiko Pachel (EST)

Naquela ocasião, optei por raspar completamente a cabeça (como faria novamente depois, no Pan-Americano de 2003), buscando me sentir mais "leve" e dispensar o uso da touca.

---

[66] Os Jogos da Comunidade Britânica (em inglês, Commonwealth Games) são uma competição multinacional e multidesportiva. Realizados a cada quatro anos, reúnem a elite dos atletas da Comunidade Britânica. São disputados por cerca de cinco mil atletas. A Federação dos Jogos da Commonwealth (CGF, na sigla em inglês) é a entidade responsável pela direção e pelo controle dos Jogos, sendo também a responsável pelo programa esportivo e a escolha das cidades onde serão realizados. São denominados Jogos da Amizade, devido ao uso da mesma língua para todos os membros e de todas as nações terem os mesmos laços coloniais.

Como havia um nadador australiano na série e a arquibancada estava totalmente lotada de "aussies[67]", a torcida fez muito barulho na tentativa de incentivar o atleta da raia 5, algo que me deixou ainda mais nervoso.

Mesmo buscando ficar perto dos demais, eu já passaria os primeiros 50 metros na oitava colocação. Na volta, ainda consegui imprimir um ritmo um pouco melhor, mas não o suficiente para chegar junto dos primeiros colocados, e fechei a série na sétima colocação, com um decepcionante tempo de 1min03s72, amargando a 31ª colocação geral, bem distante da sonhada semifinal.

Jogos Olímpicos de 2000 – Sydney (AUS)

100 metros peito – Eliminatórias (sexta série)

1º Phil Rogers (AUS) – 1min02s77

2º Elvin Chia (MAL) – 1min02s81

3º Patrick Schmollinger (AUT) – 1min02s87

4º Marek Kraecztk (POL) – 1min03s00

5º Steven Ferguson (NZL) – 1min03s06

6º Vanja Rogulj (CRO) – 1min03s58

7º Eduardo Fischer (BRA) – 1min03s72

8º Raiko Pachel (EST) – 1min03s99

Para a minha desesperança ainda maior, a última vaga da semifinal ficou com o suíço Remo Lütolf (1min02s54), deixando, inclusive, o australiano da minha série, Phil Rogers, fora da fase seguinte. Aquele mesmo rapaz da minha idade, que havia ganhado de mim no Multinations da Dinamarca, avançava extraordinariamente entre os 16 melhores nadadores do mundo.

Vê-lo se classificando para a semifinal (e, depois, ainda para a final olímpica, terminando em oitavo lugar) somente me deixava mais decepcionado com o meu desempenho. Afinal, ele tinha a mesma idade que eu e era um calouro.

---

[67] Aussie ou Ozzie é uma gíria australiana para descrever os próprios australianos e, menos comumente, a Austrália. O termo se assemelha à palavra "brazuca", usada pelos brasileiros para se referirem a eles próprios.

Aliás, como o suíço podia ter um resultado tão mais expressivo do que o meu? Onde eu havia errado? Será que me faltava o talento necessário para, um dia, ser finalista olímpico?

Por outro lado, aquele mesmo dia acabou sendo glorioso para o Brasil. Em 16 de setembro de 2000, o revezamento 4 x 100 metros livre conseguiria, de forma emocionante e brilhante, ficar na terceira colocação e abocanhar a primeira medalha do país nos Jogos de Sydney.

Foi uma prova histórica, pois o Brasil estava balizado com a quarta melhor marca do mundo, empatado com outras três grandes equipes, e, se quisesse uma medalha, teria de ter uma atuação de gala. E, realmente, os caras se superaram. Com um final incrível do Edvaldo "Bala" Valério, tiveram um resultado excepcional. Contaram com uma desclassificação da Holanda, nas eliminatórias (um adversário direto pelo bronze), mas isso em nada diminuiu o excelente feito alcançado pela equipe. Todos ficamos muitos felizes, principalmente porque o Ediva, como chamávamos o Bala, se tornaria o primeiro e único nadador negro a conquistar uma medalha olímpica pelo Brasil.

Diante do resultado do revezamento e superada a decepção pessoal pela pífia performance na prova individual dos 100 metros peito, comecei a imaginar se não teríamos uma chance de final com o 4 x 100 metros medley. De fato, depois de algumas contas, eu comecei a achar que seria possível uma classificação entre as oito melhores equipes do revezamento de quatro estilos. Isso me deixou animado.

E não podia ser diferente. Afinal, eu nadaria na mesma equipe que Gustavo Borges, Fernando Scherer e Alexandre Massura, todos com tempos entre os melhores do mundo. Como eu não poderia me empolgar com essa prova? Bastava que eu fizesse uma natação um pouco melhor do que na individual para, então, sonhar com a classificação para a final.

Entretanto, parecia que apenas eu achava isso possível. A comissão técnica, naquela época, não dava muita atenção ao revezamento de medley. Até mesmo porque o meu tempo na prova individual não era muito animador. Massura, mesmo avançando para as semifinais, não havia nadado muito bem os 100 metros costas, em razão da forte gripe que havia contraído em Canberra. Xuxa não nadava bem a prova de borboleta fazia algum tempo. Parecia difícil achar alguém que estivesse na mesma "vibe" que a minha.

De qualquer forma, eu tinha algum tempo para refletir e tentar saber como poderia contribuir da melhor maneira possível para ajudar o time, pois as eliminatórias do 4 x 100 metros medley seriam apenas no último dia.

Antes, ainda comemoramos a classificação de mais dois brasileiros para as semifinais dos 200 metros costas, com Rogério Romero e Leonardo Costa. Piu ainda iria além, se classificando para a final e terminando a participação nos Jogos com uma impressionante e honrosa sétima colocação.

Chegando no último dia, eu estava pronto para tentar nadar o revezamento para uma parcial abaixo de 1min03s, em razão da "saída lançada". Na minha cabeça, se eu contribuísse com uma boa parcial, o Brasil teria chances de final. Momentos antes, me recordei da previsão que fizemos no fim do Finkel:

Costas: Alexandre Massura – 55s17

Peito: Eduardo Fischer – 1min03s33

Borboleta: Fernando Scherer – 54s24

Livre: Gustavo Borges – 49s19

Somatório dos tempos individuais: 3min41s93

Então, eu realmente estava focado em um tempo próximo dessa previsão, pois achava que era uma marca que poderia nos colocar na final.

Não posso dizer que nadei bem, pois cogitava algo melhor, mas, por outro lado, não havia sido tão ruim. O tempo que fizemos não ficou tão distante da previsão feita antes do embarque para a Austrália, mas a prova havia sido bem mais forte do que quatro anos antes, em Atlanta.

Ficamos em 12º lugar, com a marca de 3min42s31, apenas a 1s75 do tempo que nos colocaria na final olímpica — que foi alcançada pelo time do Canadá (3min40s56).

Colocação	Série	Raia	País	Nadadores	Tempo
12º	2	3	Brasil	Alexandre Massura (55s83) **Eduardo Fischer (1min03s49)** Fernando Scherer (53s80) Gustavo Borges (49s19)	3min42s31

Contudo, ainda não conformado, fui tentar descobrir o que faltou para chegarmos à final e fiz uma avaliação dos resultados de cada integrante na prova. Atestei que o nado peito havia sido a pedra no sapato do time e isso me deixou ainda mais decepcionado.

Fazendo um paralelo entre a média das parciais de cada estilo, entre os oito times classificados e o tempo feito por cada atleta do Brasil, pude perceber que, efetivamente, eu havia sido o elo mais frágil.

Enquanto a pior parcial de peito entre os países classificados foi de 1min02s29, a minha foi de 1min03s49. Realmente, muito inferior às demais, de modo que, caso eu tivesse nadado um pouco melhor, teríamos reais chances da final olímpica.

	Pior parcial entre os finalistas	Tempo do Brasil nas eliminatórias	
Costas	56s99	55s83	Alexandre Massura
Peito	**1min02s29**	**1min03s49**	**Eduardo Fischer**
Borboleta	53s32	53s80	Fernando Scherer
Livre	50s15	49s19	Gustavo Borges
		3min42s31 (12º)	

Definitivamente, não foi o resultado que eu esperava, e era inevitável terminar a competição um pouco triste com as minhas performances. Claro que eu estava feliz por ter chegado aos Jogos Olímpicos, um sonho para mim e para muitos atletas, mas, obviamente, eu também sonhava com uma semifinal na prova individual e uma final no revezamento.

Igualmente, eu tinha noção de que o fato de estar lá, entre os melhores do mundo, era algo para me encher de orgulho, pois poucas pessoas conseguem esse feito. Mas, ainda assim, havia aquela pontinha de decepção.

Pelo menos, pude presenciar ao vivo algumas provas lendárias e antológicas, nas quais o australiano Ian Thorpe e o holandês Pieter van den Hoogenband fariam disputas emblemáticas.

Thorpe, inclusive, seria a sensação dos jogos de Sydney, ganhando em casa quatro medalhas de ouro, com apenas 18 anos de idade. O jornal *The Daily Telegraph* chegou a colocá-lo na primeira página com a manchete "Invencível", como uma forma de descrever a superioridade de Thorpe.

Logo no primeiro dia de competição, Thorpe começou as eliminatórias dos 400 metros livre obtendo um novo recorde olímpico. Vale lembrar que, até o momento da final, realizada naquele mesmo dia, havia uma grande pressão sobre ele, pois a Austrália ainda não havia conquistado a primeira medalha de ouro naquele ano.

Thorpe não começou na frente e, apesar de o italiano Massimiliano Rosolino estar com um corpo de vantagem antes da virada dos 300 metros, o sprint final fantástico do australiano, imprimindo um ritmo de pernadas absurdo, fez com que ele batesse na frente, com uma larga margem de três corpos, estabelecendo o novo recorde mundial, de 3min40s59.

Thorpe ganharia, ainda, mais dois ouros, nos revezamentos 4 x 100 e 4 x 200 metros livre, mas sucumbiria a outra revelação da competição: Hoogenband, que surpreendeu todo mundo ao deixar o Thorpedo em segundo nos 200 metros livre, assim como vencer o mito Alexander Popov nos 100 metros livre.

Essas duas provas vencidas por Hoogenband foram as mais aguardadas. Afinal, dois favoritos foram surpreendidos em suas especialidades. Pelo menos para mim, foram as disputas das quais me recordo de maneira mais vívida até hoje.

No fim da natação, ainda tive o privilégio de assistir a outros esportes, passear pela cidade e por toda a estrutura montada. O crachá de atleta olímpico concedia direito a transporte público gratuito e garantia passe livre em muitas outras arenas, nos dando oportunidade de ver os demais esportes.

Contudo, depois de dois dias aproveitando a Vila, Sydney e o incrível ambiente dos Jogos, era hora de retornar. O sonho estava acabando e eu tinha plena consciência de que a minha caminhada e história como atleta profissional de natação estavam apenas começando, confiante de que ainda teria muitas aventuras pela frente.

E, refletindo sobre aquilo que o Gustavo Borges me disse no primeiro dia de treinos, apesar de ter ficado chateado, compreendi melhor o que ele quis dizer. Hoje, sei, de forma plena, qual é a real importância de representar o meu país em uma Olimpíada. Algo para guardar com muito carinho e apreciação na memória para o resto da vida.

56

Quando retornei da Austrália para a minha cidade natal, um jornalista esportivo de grande destaque em Joinville solicitou que eu fizesse um texto para descrever quais haviam sido as minhas sensações e os meus sentimentos ao representar o Brasil e a cidade catarinense em uma Olimpíada.

A coluna "Informal", do jornal *A Notícia*, assinada por Joel Ferreira do Nascimento, popularmente conhecido como Maceió, trazia as notícias mais fresquinhas e relevantes do meio desportivo do estado.

Consegui resgatar o texto escrito por mim na época, no qual tentei traduzir em palavras quais foram as minhas impressões olímpicas logo ao retornar de Sydney. Sem alterações, correções ou algo do tipo, o reproduzo a seguir:

Eduardo Fischer: Mais perto do podium[68].

Terceiranista de Direito, nadador do JTC adotado pelo Vasco relata toda a experiência vivida ao lado dos superatletas olímpicos.

"Muitas pessoas não imaginam o esforço realizado por um atleta para chegar à Olimpíada, e também não possuem ideia do quão orgulhoso torna-se um esportista ao "simplesmente" representar o Brasil – país tão amado – em uma competição de tal grandiosidade.

É muito fácil criticar os atletas pela não conquista de uma medalha sentado em um sofá, tomando uma cerveja, defronte a uma televisão. Essas pessoas deviam saber que nenhum daqueles jogadores, corredores, nadadores ou lutadores estão ali por acaso. Eles são os

---

[68] Coluna datada de 8 de outubro de 2000, assinada pelo jornalista Joel Ferreira do Nascimento, o Maceió, publicado no jornal *A Notícia*.

melhores de seu país naquilo que fazem, e "somente" por causa desse fato deveriam ser aplaudidos de pé. Pois aqueles que se classificam para uma competição desse nível já são vitoriosos. Imaginem, então, aqueles que, além de estar entre os melhores de sua pátria, conquistam uma medalha (não importa de qual cor seja) e entram para o "hall da fama" e para história olímpica entre os melhores atletas do mundo.

Comunhão das etnias

Essa competição torna-se tão importante e tão diferente de todas as outras pois ela deixa de ser um simples evento esportivo e passa e ser um evento de união dos povos de todo o mundo, onde todas as diferenças existentes entre os países de todo o mundo (sexo, raça, religião) são esquecidas para que a importância mor desse campeonato seja evidenciada. Essa é a grande beleza dos Jogos Olímpicos.

A rivalidade entre os atletas conserva-se somente dentro da arena de confronto, seja lá qual for o esporte, e fora da disputa por uma medalha, não importa a nacionalidade, todos se respeitam e demonstram o verdadeiro amor ao esporte. Posso afirmar isso com convicção, pois estive lá e pude vivenciar toda a maravilha dessa jornada esportiva.

A começar pela Vila Olímpica, onde todos os atletas têm o mesmo valor, ninguém pode dizer que é melhor que ninguém, pois todos são iguais perante à organização dos Jogos. Todos comem da mesma comida, bebem da mesma bebida, dormem em camas idênticas, dividem o mesmo sistema de transporte e compartilham dos mesmos momentos de lazer. Ou seja, não há diferenças, e não importa se um atleta já conquistou cinco, dez ou nenhuma medalha olímpica, todos são tratados da mesma forma. Isso reflete muito para o sucesso dos Jogos.

A quantidade de pessoas envolvidas era assombrosa. 15 mil atletas, representando mais de 160 países, conversando nas mais diversas línguas existentes. Algo, sem dúvida, fantástico. Às vezes, pessoas tão diferentes de nós, vestindo uniformes de cores tão distintas das nossas e morando em lugares que, às vezes, nem sabemos apontar no mapa chegavam ao meu encontro e passavam minutos falando comigo. Às vezes, até mesmo em Português. Era peculiar, mas fascinante.

O ambiente de competição era igualmente deslumbrante. No meu caso, a natação, o parque aquático era visitado todos os dias por um público torcedor de cerca de 20.000 pessoas. Talvez o maior público já visto na história do nosso desporto. Televisões de todos os lugares do mundo, faladas nos mais diversos idiomas, transmitiam ininterruptamente as emocionantes disputas que esse esporte proporcionou nos Jogos Olímpicos de Sydney.

Dividir a piscina com as maiores feras do mundo, vê-las de perto e ter o privilégio de vivenciar e participar da história do esporte era algo que não se conseguia descrever em palavras pelo telefone quando ligávamos para casa. Sem dúvida, um momento único e inesquecível.

Intercâmbio

Ao mesmo tempo, encontrar-se no local onde todas as "feras" do esporte nacional se encontravam juntas e torciam para um mesmo objetivo, ou seja, a elevação do nome do nosso Brasil, tornava o evento ainda mais incrível. As estrelas que via somente na TV estavam todas ali, e conversavam comigo, faziam perguntas sobre minha modalidade, sobre os dias de competição, sobre nossas chances de classificação. Fiz muitas novas amizades, para mim isso foi uma realização. Um caso especial (dessa interação) foi quando eu almoçava sozinho e então o Guga (Gustavo Kuerten) pediu licença, colocou seu prato ao lado do meu, sentou-se e passou alguns minutos comendo e conversando comigo. Sabia meu nome e chamou-me de "conterrâneo". Sensacional!

Com certeza e sem sombra de dúvidas, esses meus primeiros Jogos Olímpicos foram de suma importância para o meu aprendizado dentro e fora do esporte. Aprendi muito mesmo e sinto-me um atleta muito mais bem preparado para enfrentar novos desafios dentro da minha modalidade. Entrei em contato com novas tendências de treinamento, novas formas de preparação, tanto física como mental, dentre tantas outras coisas.

Posso somente agradecer a todas as pessoas envolvidas na conquista da minha vaga, por terem me dado essa incrível chance de participar dessa competição, que é, com absoluta certeza, a mais importante do mundo.

Eduardo Fischer – Atleta Olímpico Sydney-2000.

Apesar de ser um texto com mais de 20 anos, pouca coisa mudou sobre o que senti ao representar o Brasil nos Jogos de Sydney. Afinal, creio que ninguém pode discordar que a Olimpíada seja, de fato, o evento mais importante e relevante do mundo.

57

Ainda sobre os Jogos de Sydney, um texto foi publicado no site *Best Swimming*[69], em 2015, de autoria de Alexandre Pussieldi, mais conhecido no meio aquático como coach Alex, trazendo uma homenagem aos nadadores integrantes da delegação brasileira de natação daquela Olimpíada de 2000.

O artigo foi publicado no intuito de informar como estavam os integrantes daquela seleção nacional em suas bodas de cristal, ou seja, 15 anos depois.

O documento foi originalmente postado na internet em 23 de setembro de 2015 e trazia informações relevantes sobre a equipe de natação que representou o Brasil, além de conhecimentos retrospectivos do evento em si.

Considerei a iniciativa extremamente bacana, pois trouxe um enfoque diferente daquele com o qual estamos acostumados, mais humano, aos atletas que tiveram o privilégio de participar dos Jogos naquela ocasião. Uma forma de manter viva a história esportiva da natação do Brasil.

Segue, a seguir, a íntegra do referido texto (mais uma vez, exatamente como foi publicado, sem edições, correções ou intervenções):

---

[69] *Best Swimming* (ou BestSwim) é um site especializado em natação, reconhecidamente o melhor sobre o assunto em língua portuguesa. O site nasceu em 2001 e é mantido até hoje por Alexandre de Azambuja Pussieldi, brasileiro radicado nos Estados Unidos, técnico de natação, jornalista e um apaixonado pelo esporte. Link no QR CODE

Sydney 2000, a Seleção Brasileira 15 anos depois
Por Alex Pussieldi - setembro 23, 2015

"Hoje, há exatos 15 anos, terminava a natação dos Jogos Olímpicos de Sydney 2000, o primeiro deste século.

O Brasil não conseguiu repetir o sucesso da Olimpíada anterior em Atlanta 1996, considerada a melhor da história de nossa natação com três medalhas e cinco finais. Em Sydney, foram apenas duas finais, mas coroada com uma performance de "ouro" para a medalha de bronze do revezamento 4×100 livre, última vez que o Brasil chegou a uma final olímpica em provas de revezamento.

Desde então, muita coisa mudou, outras nem tanto, e todos os doze nadadores que representaram o Brasil em Sydney já se aposentaram. Quem segue na ativa, e pelo que se diz, no seu último mandato, é o Presidente da CBDA, Coaracy Nunes, na época chefe da delegação de natação.

A comissão técnica tinha a chefia de Ricardo de Moura, hoje ocupando o cargo de diretor geral da CBDA, e tinha três treinadores estrangeiros: Dennis Dale, da Universidade de Minnesota, Joe Goecken, treinador de Bolles, e Michael Lohberg.

Dennis Dale era técnico de Alexandre Massura e se aposentou há dois anos. Joe Goecken era técnico de Carlos Jayme e Gustavo Borges no Bolles School em Jacksonville, na Flórida. Atualmente, Goecken trabalha num cargo administrativo da USA Swimming. Michael Lohberg, técnico alemão radicado nos Estados Unidos, era o técnico de Rogério Romero e Fabíola Molina. Lohberg faleceu em 2013 vítima de uma doença hepática.

Os outros três treinadores eram brasileiros. Luiz Raphael, na época treinador de Luiz Lima, segue no mesmo clube, o Fluminense, onde é o treinador principal até hoje. Luiz Raphael chegou a se aposentar das bordas de piscina para se dedicar a sua própria academia, mas retornou, e segue a frente do Fluminense.

Sérgio Silva era o técnico de Edvaldo Valério, o homem que fechou o revezamento de bronze do Brasil. Serjão se aposentou das bordas como treinador há quase dez anos, mas segue ligado a natação baiana. Atualmente está no seu terceiro mandato como Presidente da Federação Baiana de Desportos Aquáticos.

Reinaldo Dias era o treinador do Minas Tênis Clube em 2000. Depois esteve no Flamengo até se mudar para o Peru em 2005. Lá, dirigiu por anos o Clube de Regatas Lima. Atualmente, ocupa o cargo de diretor técnico da Federação Peruana de Natação.

No grupo de doze nadadores em Sydney, apenas uma mulher. Fabíola Molina que ficou em 24º lugar nos 100 costas e 36º nos 100 borboleta. Fabíola ainda esteve em mais duas Olimpíadas depois desta. Ficou de fora de Atenas em 2004, mas nadou em Beijing 2008 e Londres 2012. Se aposentou das piscinas em 2013, é uma empresária de sucesso à frente da sua linha de maiôs e sungas. Vai inclusive lançar a linha Rio 2016 em produtos licenciados pelo Comitê Rio 2016.

Dois anos depois de Sydney, Fabíola começou a namorar com o também nadador Diogo Yabe. Em 2006, os dois estavam casados e no ano passado tiveram a primeira filha, Louise Maria.

Filhos daquele grupo de 2000 já são quinze. Fernando Scherer, Gustavo Borges, Rodrigo Castro, Alexandre Massura, Rogério Romero, André Cordeiro têm dois cada um, mais Luiz Lima, Fabíola e Edvaldo Valério com um.

Naquele grupo de 2000, apenas Gustavo Borges, Fernando Scherer e André Cordeiro já eram pais. Gustavo era casado com a também nadadora Barbara Franco Borges, Luis Gustavo havia nascido no ano anterior. Depois, eles ainda tiveram Gabriela. Os dois filhos são atletas do Pinheiros, clube onde Gustavo conseguiu os seus maiores resultados.

Gustavo Borges segue envolvido com a natação. Comanda a Metodologia Gustavo Borges, líder do mercado nacional e atuando em quase 200 academias e escolas de natação num sistema que planifica e organiza a aprendizagem do esporte. É dono de academias de natação e faz parte do Time de Ouro da Rede Globo que vai atuar nos Jogos Olímpicos do Rio 2016.

Gustavo não estava bem em 2000. Por conta disso, foi para a Olimpíada no sacrifício e resumiu sua participação aos 100 livre onde parou nas semifinais em 16º lugar e no revezamento onde foi o segundo a pular na água fazendo o melhor tempo da equipe.

Fernando Scherer já tinha uma filha, Isabella Scherer, gaúcha, hoje com 19 anos de idade. Depois de atuar no reality show A Fazenda, conheceu Sheila Mello. Casou e teve a segunda filha, Brenda. Xuxa foi o nadador que abriu o revezamento de bronze em Sydney. Fora isso, ainda nadou os 50 livre não passando das eliminatórias. Sua participação foi ameaçada em todos os momentos. Uma torção no pé fez Xuxa sofrer e nadar no sacrifício na Olimpíada.

Ele ainda nadou até 2004 quando fez a sua terceira e última Olimpíada. Trabalha desde 2008 na Rede Record de Televisão onde é o comentarista de natação da emissora.

O terceiro pai da equipe olímpica de 2000, André Cordeiro foi para Sydney disputar a sua segunda Olimpíada. Depois de estar no revezamento 4×100 livre de Atlanta em 1996 que terminou em quarto lugar, nesta vez foi como nadador reserva e não competiu. Tinha uma filha, Bruna, na época com seis anos, e que depois viria a se tornar uma nadadora de destaque nas categorias inferiores do Corinthians.

André segue envolvido com natação. É um dos integrantes da comissão técnica do Minas Tênis Clube e já com passagens pela Seleção Brasileira Juvenil.

O time do Brasil ainda teve outro reserva que não nadou em Sydney. Foi César Quintaes Filho, este disputando sua única Olimpíada, sem nunca ter nadado uma prova. Cesinha era o reserva para o 4×100 livre medalha de bronze. Esteve em outras formações anteriores, mas para Sydney, foi como o quinto nadador da prova.

Médico do SAMU, Dr. César Quintaes Filho hoje salva vidas e está casado desde o ano passado.

O revezamento de bronze ainda tinha Carlos Jayme e Edvaldo Valério. Jayme já estava nos Estados Unidos de onde nunca mais voltou. Formou-se na Universidade da Flórida e atualmente é empresário em Nova Iorque. Lá casou com Catherine que está grávida do seu primeiro filho.

Edvaldo Valério nunca havia saído da Bahia até os Jogos de Sydney, porém após o bronze olímpico sofreu com a falta de patrocínio e apoio local. Esteve no Minas Tênis Clube em Belo Horizonte e no Grêmio Náutico União em Porto Alegre até se aposentar. Este ano teve o lançamento da sua biografia em Salvador. O livro "Edvaldo Bala Valério, Braçada da Esperança" traz um pouco de toda a carreira do nadador.

Atualmente, Valério comanda o Centro Aquático Edvaldo Valério, uma série de piscinas arrendadas na Bahia em turmas de aprendizagem e natação masters.

Quem está preparando uma biografia é Eduardo Fischer. O nadador de peito da Seleção de 2000, Fischer ficou em 31º lugar nos 100 peito. Foi sua primeira Olimpíada. Voltaria em Atenas 2004 quando chegou às semifinais da prova.

Casado desde 2010, Eduardo Fischer é advogado e proprietário de uma loja de suplementos em Joinville. Nunca fez uma despedida oficial, mas deixou os campeonatos nacionais desde 2012. Ainda aparece em algumas disputas regionais em Santa Catarina, sempre defendendo a sua amada Joinville. Talvez seja o nadador que mais Jogos Abertos de Santa Catarina disputou em toda a história (22 participações).

O revezamento 4×200 livre de Sydney ficou em 13º lugar. Gustavo Borges optou por não nadar a prova. O time tinha Rodrigo Castro, Leonardo Costa, Edvaldo Valério e Luiz Lima.

Rodrigo Castro aos 21 anos de idade fazia a sua primeira das três Olimpíadas que disputou. Naquele ano de 2000 foi o ano que Rodrigo Castro entrou para a University Southern California onde se graduou em Economia. Se aposentou em 2012 e Rodriguinho talvez seja um dos poucos, senão o único, nadador de alto nível do Brasil que defendeu apenas um clube em sua carreira: o Minas Tênis Clube.

Há dois anos, Rodriguinho é o Vice Presidente da FAM – Federação Aquática Mineira e iniciou um empreendimento na área turística, é dono do Samba Hotéis.

Leonardo Costa fez em Sydney sua primeira e última Olimpíada. Era companheiro de Rodrigo Castro na USC nos Estados Unidos e ainda teve grandes resultados nos anos seguintes. Fora dos Jogos de Atenas em 2004 ensaiou uma aposentadoria, mas tentou voltar aos treinos. Acima do peso, acabou tomando um remédio para emagrecer e testou positivo. Era o fim da sua carreira.

Leo mora em João Pessoa. Voltou à natação, agora como técnico e mantém um programa de natação no mar. Foi inspirado pelo companheiro de equipe Luiz Lima.

Luiz fez em Sydney a sua segunda e última Olimpíada. Ainda tentou sem sucesso em 2004. Ficou em atividade e segue treinando. Participa das competições de águas abertas onde foi antes da nova geração o nosso melhor representante.

O nome de Luiz segue associado às águas abertas sendo o pioneiro de programas de treinamento exclusivos para a modalidade. Seu programa social "Natação no Mar" serviu de base e inspiração para muitos no país. Há seis anos criou o Gladiadores, o primeiro clube de natação focado nas águas abertas e que tem sede na praia de Copacabana.

Em Sydney, Luiz Lima ficou em 17º lugar nos 400 livre e 18º nos 1500. Foi a última vez que o Brasil teve um nadador na prova de 1500 livre em Jogos Olímpicos.

Casado com uma ex-nadadora, Milene Comini, é pai de Luiza, atleta da equipe Mirim do Marina Barra Clube.

Aliás, a irmã de Milene, Patrícia, também ex-nadadora, casou com Rogério Romero, e tem duas filhas. O Piu fez em Sydney sua quarta Olimpíada. Voltaria em Atenas 2004 para fechar a quinta, recorde na história dos atletas olímpicos do Brasil.

Nestas cinco Olimpíadas, foram duas finais. O melhor resultado foi exatamente em Sydney, sétimo lugar com 2:00.48 nos 200 costas, a sua prova favorita. Piu ainda nadou os 100 costas terminando em 23° lugar.

Depois de atuar como integrante do Governo Estadual de Minas Gerais como Secretário de Esportes, Rogério Romero iniciou esta temporada como Gerente Geral Esportivo do Minas Tênis Clube.

Alexandre Massura Neto também atuou com Rogério Romero na Secretaria de Esportes e Turismo de Minas Gerais. Depois disso, Massura esteve trabalhando para a FIFA no projeto da Copa do Mundo no Brasil. Este ano, passou a atuar na Effect Sport no Rio de Janeiro.

Massura ainda treinava nos Estados Unidos em 2000. Era atleta da Universidade de Minnesota, então recordista da universidade e um dos principais atletas da equipe no NCAA. Sydney foi sua segunda Olimpíada. Foi para Atlanta em 96 para nadar o revezamento 4×100 livre terminando em quarto lugar. Em Sydney, chegou às semifinais dos 100 costas, terminou em 13° lugar com 56.07.

Passados 15 anos, comemorando hoje, Bodas de Cristal, a Best Swimming faz uma homenagem a todos os integrantes daquela equipe de Sydney 2000, de seus feitos e resultados, e celebra o sucesso em suas carreiras e famílias.

Toda comunidade aquática tem muita gratidão ao professor Alexandre Pussueldi pelas inúmeras contribuições feitas à natação do Brasil e sua respectiva memória.

Eu, particularmente, deixo meu sincero agradecimento pelo carinho, pelo maravilhoso texto publicado e pela menção do meu nome na retrospectiva desse evento extraordinário do qual tive o privilégio de participar.

Finalmente, depois de muita pesquisa e muito trabalho, pude entregar esta tão sonhada biografia, que havia sido projetada, de forma ainda embrionária, em 2015, mencionada pelo Alex em seu texto, e que agora deixa de ser apenas um projeto e se transforma em realidade.

58

Havia sido uma experiência e tanto. O sonho olímpico conquistado, além de muitas perspectivas pela frente. Mas nem tudo na vida de um atleta olímpico que acaba de retornar da competição mais importante da vida são flores.

Por ter realizado os treinamentos em conjunto com a seleção brasileira olímpica em 2000, em Sydney, e ter passado mais de 30 dias viajando para eventos preparatórios e para a aclimatação na Austrália, acabei levando muitas faltas no curso de Direito, mais do que a regra da faculdade permitia.

Mesmo realizando muitos trabalhos e provas de segunda chamada, para compensar as notas perdidas no currículo regular, as faltas ainda eram um problema para alguns professores e para a direção da universidade.

De fato, raramente eu tinha dificuldade em alcançar as notas necessárias para ser aprovado, mas estar presencialmente na sala de aula era, sim, um grande problema.

Alguns professores eram muito bacanas, compreendiam a situação e me passavam trabalhos no intuito de abonar algumas faltas, mesmo que eu não estivesse em sala de aula no dia. Já outros eram mais severos e não davam nenhuma colher de chá, de forma que me reprovavam sem dó, nem piedade.

Eu entendo que regras existem para serem seguidas, mas não haver um tratamento específico para atletas de alto rendimento nas universidades e faculdades é um retrocesso e acaba dificultando ainda mais o desenvolvimento esportivo do nosso país.

Por essa razão, no intuito de escapar da reprovação por não atingir a meta de presença (75% das aulas), fui até a coordenação do curso de Direito da faculdade de posse de uma carta assinada pelo presidente da CBDA, que declarava e justificava as minhas ausências em razão da representação do meu país em uma Olimpíada.

O coordenador do curso, na época, ao olhar o documento, me perguntou se eu estava com alguma doença infectocontagiosa ou "grávido". Obviamente, a minha resposta foi negativa para ambas e, com esse posicionamento, o cidadão olhou nos meus olhos e disse:

"Infelizmente, não posso fazer nada. O senhor será reprovado por faltas".

Ainda em choque pela inesperada atitude e pelo contragolpe dele, respirei bem profundamente e, muito educadamente, respondi:

"Doutor, data vênia ao seu posicionamento, é lamentável que não existam políticas de incentivo ao esporte nesta instituição. Mas não será esse pequeno percalço que vai me impedir de alcançar os meus objetivos. Cara feia, normalmente, não me assusta".

Então, me levantei, virei as costas e me retirei da sala sem dizer mais nenhuma palavra. No fundo, a minha vontade era de mandar o coordenador para os quintos dos infernos.

Talvez, eu tenha sido um pouco mal-educado, mas a minha indignação era tão grande, mas tão grande, que era difícil me manter passivo em uma situação como aquela.

Enfim, hoje, muitos anos depois, sou um atleta olímpico devidamente graduado em Direito, aprovado pela Ordem dos Advogados do Brasil, pós-graduado em Direito Tributário e membro de um renomado escritório de advocacia em Joinville. Consegui provar ao coordenador do curso de Direito da Faculdade de Joinville que ele estava equivocado e era possível conciliar o esporte de alto rendimento com os estudos.

59

Depois que um atleta eleva a condição e o status ao nível olímpico, muitas coisas mudam na vida profissional. Algumas, para melhor. Outras, nem tanto.

Com o referido título, vinha juntamente uma pecha de ser considerado um fracassado, porque não retornei dos Jogos com uma medalha. Quando algum leigo me perguntava sobre a Olimpíada, esperava que eu dissesse que havia voltado de lá com o ouro no peito. Mas, quando a resposta era diferente disso, era difícil explicar que o fato de não ter ficado entre os três melhores não me tornava necessariamente um desportista medíocre.

Algumas pessoas não fazem ideia do sacrifício necessário para a classificação aos Jogos Olímpicos. A impressão que eu tinha era de que, quando descobriam que eu havia ficado na 31ª colocação, achavam que eu era um péssimo nadador. Tão ruim a ponto de elas mesmo ficarem com a sensação de que poderiam ter feito melhor. Às vezes, confesso que era um tanto quanto ingrato.

A pessoa que desmerecia a minha performance ou a de outro atleta que não havia retornado com medalha, geralmente, não estava entre os 30 melhores colocados do mundo em nada do que se predispunha a fazer. Entretanto, criticar é bem mais fácil do que olhar para o próprio umbigo. Algumas pessoas, ainda mais frustradas, tinham até um adjetivo pronto: nos consideravam como "pebas". Obviamente, ser criticado faz parte do esporte de alto rendimento e deve, necessariamente, ocorrer e ser bem assimilado pelo atleta. Mas quando isso passa ao conceito de ofensa, é difícil não se indignar.

É claro que todos nós, esportistas, almejamos e sonhamos com uma medalha. Inclusive, treinamos arduamente com esse intuito. Mas nem sempre é possível, pois todos que estão lá querem a mesma coisa. Ainda assim, a cobrança pessoal que eu fazia a mim mesmo era muito mais pesada do que qualquer outra de terceiros.

Apesar disso, ser olímpico ajudava a encontrar patrocinadores ou ações de marketing remuneradas. Afinal, saco vazio não para em pé, e precisávamos de dinheiro para manter os treinos e a subsistência.

Antes mesmo de embarcar para os Jogos, depois da minha confirmação na equipe, fui convidado pela Samsung, um dos patrocinadores oficiais do Time Brasil do COB, para participar de uma campanha publicitária fotográfica, em revistas e outdoor, para uma linha de aparelhos de telefone celular.

Assim, pouco antes de embarcar para a aclimatação olímpica em Canberra, fui a São Paulo fazer as fotos para essa campanha. As imagens ficaram muito bacanas e estamparam folhas duplas da edição da revista *Veja*, de 26 de julho de 2000, e da *Playboy*, de agosto daquele ano, assim como muitos outdoors espalhados por São Paulo.

O slogan da campanha era:

> *"Compre um celular Samsung e ajude a natação brasileira a chegar ao outro lado do mundo e da piscina".*

Era uma jogada de marketing bem bacana, e confesso que o cachê não foi astronômico. Contudo, a exposição da minha imagem na *Veja* e na *Playboy*, revistas com tiragens gigantescas, contribuiu muito para a divulgação do meu trabalho em âmbito nacional.

Apesar de não ter um grande retorno financeiro imediato, a satisfação de abrir a revista mais famosa do país na época e ver uma foto minha em página dupla ligada a uma empresa mundialmente destacada foi gratificante.

Essa campanha publicitária foi apenas o início de outros trabalhos para os quais eu seria requisitado, sendo uma ajuda importante para o retorno financeiro de todo o sangue e suor que estávamos deixando nas piscinas e nos treinamentos.

Todos os atletas que estavam no projeto olímpico do Vasco e que foram convocados para os Jogos tiveram um aumento salarial. Assim, eu já podia pagar melhor os meus treinadores e custear todas as despesas que advinham dos treinos.

Logo depois da campanha da Samsung, fui contratado por uma empresa de Joinville, a Athletic Way, a maior da América Latina focada na produção de aparelhos de ginástica, musculação e fitness. Seu carro-chefe eram as esteiras ergométricas residenciais.

A empresa me ofertou um patrocínio com pagamentos mensais pelo período de um ano, sendo que a contrapartida seria a utilização da minha imagem em campanhas publicitárias e a inserção da logomarca da empresa no meu uniforme.

Sem patrocinadores, apenas recebendo do clube, eu nem mesmo tive dúvida e logo assinei o contrato. A minha primeira obrigação como patrocinado da Athletic Way seria a participação ao vivo no programa da Hebe Camargo, no SBT. Resumindo, eu viajaria a São Paulo e ficaria caminhando na esteira da Athletic Way durante um dos blocos do programa.

Como era de praxe para quem participava do programa da Hebe, eu recebi o pacote completo, com direito ao famoso beijinho selinho da extrovertida e simpática apresentadora.

A experiência foi bem diferente, mas muito bacana. Fiquei por uns 15 minutos caminhando em uma esteira da Athletic, ao vivo, durante um dos blocos. Em determinado momento, a apresentadora interagia comigo, fazendo a devida propaganda do aparelho em questão.

Eu pude conhecer os extraordinários estúdios do SBT e conversar com essa figura pública emblemática que era a Hebe Camargo (*in memoriam*). Antes de iniciar o programa, ela veio até o meu camarim conversar comigo e fazer algumas perguntas, no intuito de me conhecer melhor e fazer o devido *merchandising* quando fosse o momento certo.

Depois, ainda fiz outras campanhas publicitárias para a Athletic e ministrei algumas palestras. Posso dizer que tive um segundo semestre produtivo financeiramente e, ainda que não ganhasse uma quantia para me tornar uma pessoa rica (como os jogadores de futebol, por exemplo), me dava um conforto e a possibilidade de fazer um pé de meia.

Apesar de ser um segundo semestre de ressaca olímpica, eu ainda tinha muitas obrigações com o Vasco, a seleção brasileira e Joinville. Logo na sequência, foram dois campeonatos em piscina curta em um intervalo de menos de 20 dias: os Jasc e a Copa do Mundo de Natação, na etapa do Rio de Janeiro.

No primeiro deles, os Jasc, agora pela primeira vez como atleta olímpico e grande nome da natação no estado de Santa Catarina, o intuito era defender os meus títulos nos 100 e 200 metros peito, conquistados um ano antes em Chapecó.

Dessa vez em Brusque, em contato com alguns atletas, nos unimos e fizemos uma campanha, na qual o slogan era "100% Santa Catarina". Fizemos camisetas e as usamos durante todo o campeonato, em uma campanha contra a contratação de atletas de outros estados e países.

320

Afinal, o grande objetivo dos Jasc, quando foram criados, era enaltecer o atleta catarinense e proporcionar uma disputa entre os nascidos no estado.

Com o crescimento da competição e da sua importância como palanque político, além do aumento da importância perante a mídia especializada e os patrocinadores, passou a ser comum algumas cidades contratarem atletas de outros estados (e até países) para reforçar as equipes em busca do título de uma determinada modalidade ou geral.

Mas achávamos que isso, além de desmerecer o atleta local, tirava o foco e o brilho da competição, que deveria valorizar as políticas esportivas caseiras. Chamar um determinado atleta para ir a Santa Catarina na véspera do evento para levantar o troféu não nos parecia correto ou justo. A cidade, em vez de investir o ano inteiro nos atletas locais, pagaria uma única vez para um de fora competir. Isso poderia prejudicar seriamente o esporte do nosso estado.

A campanha até foi bem-sucedida, e conseguimos chamar a atenção da televisão e da mídia esportiva, sendo que o debate foi levado para discussão da alteração da regra dos Jogos. Obviamente, havia pessoas favoráveis às contratações externas e isso acabou gerando uma certa animosidade entre algumas equipes e alguns atletas.

De qualquer forma, acho que exercemos o nosso direito como cidadãos de um estado democrático, colocando os pleitos publicamente para que os representantes das cidades votassem na mudança da regra no momento certo.

Na competição, tive um desempenho muito bom e conquistei duas medalhas de ouro para Joinville, quebrando novamente dois recordes da competição (em quase todos Jasc eu estabelecia novas melhores marcas). Fechei os 100 metros peito com o tempo de 1min02s10 e os 200, com 2min15s68. De fato, eram marcas expressivas para aquele período de treinos.

Fotos

322

Fig. 01: Eduardo, com 1 aninho, e o irmão, Carlos, na praia de Barra Velha, no litoral norte de Santa Catarina, em abril de 1981

Fig. 02: Eduardo, com 2 anos, e seu pai, Décio, na piscina da AABB Joinville (Associação Atlética do Banco do Brasil), em 1982

Fig. 03: O garoto Eduardo, aos 10 anos. Sessão de fotos da família em estúdio, em 1990

Fig. 04: Eduardo e o irmão, Carlos. Férias em família em Maceió (AL), em 1993

Fig. 05: Eduardo no pódio da Jeca (Jornada Esportiva Catarinense entre AABBs), em Chapecó (SC), em 1993

Fig. 06: Pódio dos 100 metros peito nos Jasc de 1996, em São Bento do Sul (SC). Primeira medalha de ouro e primeiro recorde de campeonato. Ao lado de Ricardo Amorim (2º) e Diogo Veiga (3º)

Fig. 07: Pódio dos 200 metros peito nos Jasc de 1997, em Concórdia (SC). Medalha de ouro e recorde de campeonato. Ao lado de Alexandre Schaefer (2º) e Filipe Corradini (3º)

Fig. 08: Pódio (4º lugar) do Desafio Espetacular da Rede Globo, em Joinville (SC). Ao lado de Fernando Scherer (3º), Rogério Romero (2º) e Josh Davis (EUA), o campeão. A partir daí, o rosto de Eduardo fica mais "conhecido" no Brasil

Fig. 09: Pódio (2º lugar) dos 100 metros peito no Troféu Júlio Delamare, em Goiânia (GO), em 1997. Ao lado de Augusto Celso (campeão) e Diogo Yabe (3º). Nota-se o sr. Coaracy Nunes, presidente da CBDA, embaixo, à esquerda. No futuro, seu grande desafeto

323

Fig. 10: Segundo título nacional de categoria. Pódio dos 100 metros peito no Troféu Tancredo Neves, em Porto Alegre (RS), em 1998. Ao lado de Augusto Celso (2º) e Márcio Albuquerque (3º)

Fig. 11: No metrô de Copenhagen (DEN), em 1998, com Rafael Gonçalves, Diogo Yabe, Rodrigo Cintra e Raul Neukamp, para o Multinations Youth Meet: o quinteto "fujão"

Fig. 11b: Fischer e seu treinador Ricardo, recebendo o troféu de melhor atleta do 1º Torneio Mercosul em Curitiba/PR, no ano de 1998

Fig. 12: Ouro nos 100 metros peito no Troféu Júlio Delamare, em Belém (PA), em 1999. Ao lado de Augusto Celso (2º) e Rodrigo Meirelles (3º)

Fig. 13: Campanha publicitária da Samsung na revista "Veja", em 2000. Colhendo os frutos dos primeiros bons resultados

Fig. 14: Ouro nos 100 metros peito no Campeonato Carioca de 2001, no Rio de Janeiro. Ao lado de Alan Pessotti (2º) e Fabiano Borges (3º)

Fig. 15: Descontração na vila olímpica, em Sydney-2000. Com André Cordeiro, Rodrigo Castro e Fernando Scherer

Fig. 16: Casa da natação na vila olímpica, em Sydney-2000

Fig. 17: Eduardo Fischer com o pai, Décio, e a mãe, Maria, no pódio dos Jasc de 2000, em Brusque (SC)

Fig. 18: Foto das equipes do Brasil e da Argentina na Copa do Mundo de 2001, na etapa de Paris (FRA): Eduardo Schiesari, Orlando Moccagatta (Tato), Fabíola Molina, Monique Ferreira, Nicholas Santos, Eduardo Fischer, José Meolans e William Urizzi

Fig. 19: Nadadores de peito na Copa do Mundo de 2001, no Rio de Janeiro: Eduardo Fischer, Roman Sloudnov (RUS), Marcelo Tomazini, Morgan Knabe (CAN), Fábio Mauro e Augusto Celso

Fig. 20: Eduardo Fischer aponta para os companheiros de seleção, agradecendo pela torcida, após conquistar a medalha de bronze nos 50 metros peito no Campeonato Mundial, em Moscou (RUS), em 2002

Fig. 21: Eduardo Fischer e Gustavo Borges na Praça Vermelha, em Moscou, exibindo as medalhas conquistadas no Campeonato Mundial de 2002, na Rússia

Fig. 22: Eduardo Fischer exibe a medalha de bronze conquistada momentos antes, nos 50 metros peito, no Campeonato Mundial de Moscou (RUS), em 2002

Fig. 23: Equipe do Brasil na Copa do Mundo de 2002, na etapa de Paris (FRA). Com Alberto Pinto, Gustavo Borges, Cléber Pimenta e Eduardo Schiesari. Nesse dia, Fischer se consagraria como o primeiro brasileiro a quebrar a barreira do minuto nos 100 metros peito em piscina curta (25m)

Fig. 24: Pódio dos 50 metros peito na Copa do Mundo de 2002, no Rio de Janeiro. Ao lado de Hugues Duboscq (FRA), o 2°, e Brenton Rickard (AUS), o 3°. Recebendo as flores das mãos do sr. Coaracy Nunes, antes dos conflitos relatados neste livro

Fig. 25: Comemorando com o público a medalha de ouro nos 50 metros peito na Copa do Mundo de 2002, no Rio de Janeiro

Fig. 26: Comemoração após olhar o placar eletrônico e perceber que havia conquistado o índice olímpico nos 100 metros peito para os Jogos de Atenas-2004, durante o Pan-Americano de 2003

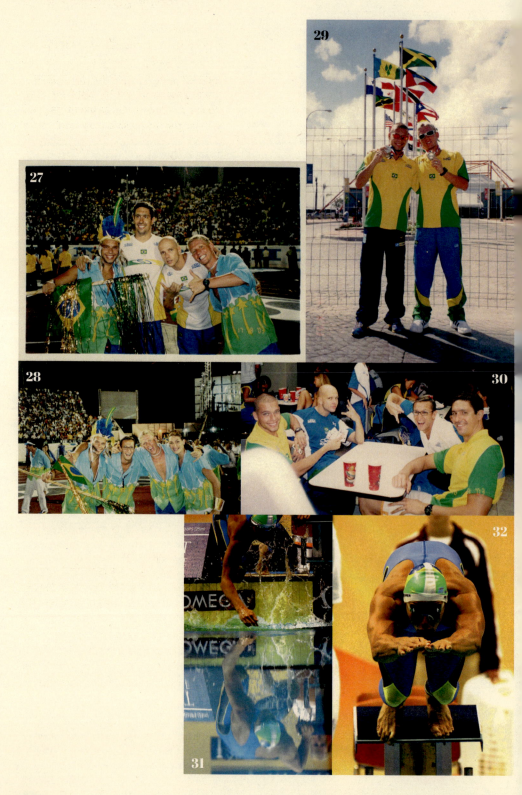

328

Fig. 27: Desfile de encerramento dos Jogos Pan-Americanos de Santo Domingo-2003: Eduardo Fischer, Gustavo Borges, Fernando Scherer e Marcelo Tomazini

Fig. 28: Desfile de encerramento dos Jogos Pan-Americanos de Santo Domingo-2003: Eduardo Fischer, Rogério Romero, Marcelo Tomazini e Patrícia Comini Romero

Fig. 29: Eduardo Fischer e Marcelo Tomazini, seu principal rival e amigo na carreira, exibindo as medalhas conquistadas nos Jogos Pan-Americanos de Santo Domingo-2003

Fig. 30: O famoso e indispensável jogo de truco na vila pan-americana, em Santo Domingo-2003. Fernando Scherer e Gustavo Borges contra Eduardo Fischer e Rogério Romero

Fig. 31: Ritual de preparação antes da prova. Campeonato Mundial de 2004, em Indianápolis (EUA)

Fig. 32: Saltando para a final dos 100 metros peito no Campeonato Mundial de 2004, em Indianápolis (EUA)

Fig. 33: Final dos 100 metros peito no Campeonato Mundial de 2004, em Indianápolis (EUA). Ao lado de Brenton Rickard (AUS)

Fig. 34: Setembro de 2003: Eduardo Fischer com o pai, Décio, e a mãe, Maria, no momento em que recebeu homenagem da Alesc (Assembleia Legislativa do Estado de Santa Catarina) pelos resultados no Pan-Americano de Santo Domingo-2003

Fig. 35: Momento de descontração no pebolim do Centro de Alto Rendimento Rio Maior, em Portugal, no treinamento e na aclimatação para os Jogos Olímpicos de Atenas-2004. Eduardo Fischer observa Gustavo Borges e Rogério Romero jogando contra Rodrigo Castro e Alberto Pinto

Fig. 36: Parte da equipe no Centro de Alto Rendimento Rio Maior, em Portugal, no treinamento e na aclimatação para os Jogos Olímpicos de Atenas-2004: Monique Ferreira, Paula Baracho, Tatiana Lemos, Gustavo Borges, Rogério Romero, Mariana Brochado, Thiago Pereira, Eduardo Fischer, Carlos Jayme, Rebeca Gusmão, Rodrigo Castro e Jader Souza

Fig. 37: Eduardo Fischer com a piscina olímpica em Atenas-2004 ao fundo. Foto tirada do local onde a equipe brasileira ficava para assistir e torcer

Fig. 37b: Eduardo Fischer na área da piscina nos Jogos de Atenas-2004

Fig. 38: Eduardo Fischer em frente ao prédio da natação na vila olímpica em Atenas-2004

Fig. 39: Eduardo Fischer em ação na semifinal dos 100 metros peito nos Jogos Olímpicos de Atenas-2004

Fig. 40: Eduardo Fischer em ação no Troféu Brasil de Natação, em 2007

Fig. 41: Eduardo Fischer sendo homenageado em Mococa, em 2005, durante a realização do Torneio Interfederativo

Fig. 42: Eduardo Fischer em ação no Campeonato Mundial de 2008, em Manchester (ING)

Fig. 43: Eduardo Fischer e o irmão, Carlos, no backstage do show da banda de heavy metal Sepultura, em Joinville, em 2011: Eduardo Fischer, o baixista Paulo Xisto, o baterista Jean Dolabella, o vocalista Derrick Green, o guitarrista Andreas Kisser e Carlos Fischer

Fig. 44: Eduardo Fischer com a esposa, Roberta Martinelli, e o filho, Pedro Henrique, em 2023: a base de tudo

Veja mais fotos da minha vida e da minha carreira escaneando o QR code

60

A mais importante competição do segundo semestre, na ressaca pós-olímpica, seria, sem dúvida, a etapa brasileira da Copa do Mundo da Fina 2000-2001, no Rio de Janeiro.

Aquele circuito se iniciaria no Brasil, sendo a etapa carioca a primeira de uma competição programada para ter dez paradas, de novembro de 2000 até janeiro de 2001.

Eu havia conquistado uma vitória nos 50 metros peito e um bronze nos 100 no circuito da Copa do Mundo anterior, também na etapa brasileira, no Rio. Dessa vez, participaria para defender o meu título e não podia mais ser considerado um azarão, como da última vez. Afinal, além de ter duas medalhas no histórico, eu tinha uma convocação olímpica no currículo.

De fato, para mim, em termos de resultados, foi a melhor competição do segundo semestre daquele ano. Obviamente, os Jogos Olímpicos haviam sido o torneio mais importante da minha vida, até ali, mas a Copa do Mundo me daria uma visibilidade especial na natação nacional e internacional.

Logo nas eliminatórias dos 50 metros peito, eu estava decidido a provar para todo mundo que o resultado dos Jogos Olímpicos não poderia ser usado isoladamente para definir o meu potencial. Eu precisava mostrar, para quem ainda duvidava, que tinha lenha para queimar e estava em plena evolução. Demonstraria que era merecedor do título de mais rápido nadador de peito do Brasil.

Definitivamente, depois dessa etapa da Copa do Mundo, eu confirmaria ter chegado para ficar entre os melhores da América do Sul.

Em uma prova fantástica (para os padrões da época), eu cravei, logo na eliminatória, 28s00, estabelecendo um novo recorde continental, que pertencia ao argentino Sergio Ferreyra desde 1998, com 28s12. Aliás, nenhum nadador brasileiro ou sul-americano havia quebrado a barreira dos 28 segundos nos 50 metros peito em piscina curta. E eu havia chegado muito próximo disso. Muito mesmo. Estava perto de colocar o meu nome na história da natação latino-americana.

Eu não só estabeleci um novo recorde continental como, de quebra, me classifiquei com o melhor tempo para as finais, inclusive na frente do canadense Morgan Knabe, que, alguns meses antes, havia ficado na sexta colocação nos Jogos Olímpicos de Sydney, nos 100 metros peito. Ou seja, eu havia me classificado à frente de um finalista olímpico e passava a ser o grande favorito para abocanhar o ouro. Era, sem dúvida, um início de competição avassalador, que me colocava no radar da natação internacional e me traria muita motivação, em contrapartida da decepção pessoal na Olimpíada.

A título de comparação, essa marca me deixaria na sexta colocação no Mundial de Piscina Curta ocorrido um ano antes, em Hong Kong. A prova havia sido vencida pelo ucraniano Dmytro Krayevskyy, com recorde de campeonato (27s40). Ou seja, o meu tempo estava "apenas" seis décimos distantes daquela medalha de ouro.

Copa do Mundo de Natação 2000-2001 – Rio de Janeiro (RJ) 50 metros peito – Eliminatórias			
1	BRA	**Eduardo Fischer**	**28s00**
2	CAN	Morgan Knabe	**28s02**
3	BRA	Felipe dos Santos Brandão	**28s79**
3	BRA	Gustavo Martins Lima	**28s79**
5	SLO	Emil Tahirovic	**28s92**
6	BRA	Bogodar Szpak	**28s95**
7	CAN	Chad Thomsen	**29s10**
8	SUE	Peter Aronsson	**29s14**

Na final, confesso que havia uma certa pressão sobre os meus ombros, pois muitos criaram uma expectativa de que eu seria o campeão e manteria o título conquistado no ano anterior. Entretanto, mantive a calma e foquei no resultado. Agora, o objetivo não era mais nadar contra o cronômetro, mas, sim, uma disputa direta com o canadense.

Procurei fazer uma prova similar àquela da eliminatória. Apesar de ter virado os primeiros 25 metros pior do que o Morgan, consegui me recuperar e fazer uma boa chegada, tocando no placar em primeiro lugar, empatado com o atleta do Canadá. Nós dois pioramos os tempos feitos na parte da manhã e acho que, justamente por isso, consideramos o empate um bom resultado.

Mas eu estava muito feliz, pois terminaria a prova com a medalha de ouro, a manutenção do título conquistado no ano anterior e um novo recorde continental.

	**Copa do Mundo de Natação 2000-2001 – Rio de Janeiro (RJ)** **50 metros peito – Final**
1	**BRA**	**Eduardo Fischer**	**28s19**
1	CAN	Morgan Knabe	**28s19**
3	BRA	Bogodar Szpak	**28s67**

A competição estava sendo transmitida ao vivo pelo canal SporTV e a medalha (e o recorde) foram muito divulgados na mídia nacional. Inclusive, no domingo, seria exibida uma matéria sobre a competição no "Esporte Espetacular", da Rede Globo, e eu estava no centro do quadro. Definitivamente, era muito bom para o meu novo patrocinador, a Athletic Way.

Depois de algumas entrevistas para os meios de comunicação que estavam cobrindo o evento *in loco,* voltamos para o hotel no intuito de descansar e nos concentrar para o desafio seguinte, os 100 metros peito. Agora, achávamos que teríamos mais dificuldade para vencer o canadense, pois essa prova era a especialidade dele e ele vinha de um excelente resultado olímpico.

De fato, logo na eliminatória, percebemos que a disputa seria bem mais acirrada. Mesmo fazendo a minha melhor marca pessoal e me aproximando muito do recorde sul-americano do Alan Pessotti, fiquei em segundo na classificação para a final. Eu estava tenso e precisava encontrar uma forma de reverter isso. Conversei com o Ricardo, e concordamos que o canadense passava a primeira metade da prova com muita força e acabava se cansando um pouco no fim. Assim, a estratégia era deixá-lo passar na frente, sem desgarrar muito, para depois tentar o bote nos últimos 25 metros.

Copa do Mundo de Natação 2000-2001 – Rio de Janeiro (RJ) 100 metros peito – Eliminatórias			
1	CAN	Morgan Knabe	1min01s13
2	**BRA**	**Eduardo Fischer**	**1min01s28**
3	BRA	Marcelo Tomazini	1min01s99
4	BRA	Gustavo Martins Lima	1min02s60
5	SLO	Emil Tahirovic	1min02s79
6	BRA	Felipe dos Santos Brandão	1min03s15
7	BRA	Henrique Barbosa	1min03s29
8	SUE	Peter Aronsson	1min03s32

Chegada a hora da final, me concentrei para colocar a tática em prática. Como esperado, Knabe passou na frente, e eu fiquei esperando que, com aquele parcial, ele fosse sentir o fim de prova.

Dito e feito. Na segunda metade, não dei chance ao canadense e, com um fim de prova mais forte, o ultrapassei nos metros derradeiros, tocando na parede em primeiro lugar com o tempo de 1min01s38.

Seria a minha segunda medalha de ouro na competição, a primeira nos 100 metros peito em Copas do Mundo.

Eu comemorei muito. Muito mesmo. E me recordo de socar a água e gritar alguma coisa para o Ricardo, como se estivesse dizendo: "Ufa! Conseguimos!"

Afinal, vencer um finalista olímpico em uma prova de recuperação, crescendo no fim para tocar na frente nos últimos metros, havia sido fantástico e inesquecível. Definitivamente, eu estava sedimentando aquela tradicional estratégia de fazer os primeiros 50 um pouco mais tranquilamente e tentar atropelar os adversários na segunda metade, com os últimos 15 metros muito fortes.

A sensação era simplesmente extraordinária! Conquistar duas medalhas de ouro em uma competição internacional, disputada braçada a braçada com um atleta finalista olímpico e com transmissão ao vivo em rede nacional pelo SportTV não poderia ter um desfecho melhor naquele momento.

Copa do Mundo de Natação 2000-2001 – Rio de Janeiro (RJ) 100 metros peito – Final			
1	CAN	**Eduardo Fischer**	**1min01s38**
2	BRA	Morgan Knabe	1min01s55
3	BRA	Marcelo Tomazini	1min01s91

Imagine um cara feliz. Vencer era sempre muito bom, mas daquela forma era delirante. Eu não cabia dentro do meu próprio sorriso.

Com esse resultado, eu havia escalado alguns degraus no seleto grupo de atletas de natação com reconhecimento nacional. Claro que não podia me comparar a Gustavo Borges, Fernando Scherer, Rogério Romero, Edvaldo Valério ou Carlos Jayme, pois eles vinham de resultados fantásticos nos Jogos Olímpicos.

Contudo, depois de algumas aparições em matérias na Rede Globo, o meu nome passou a ser comentado no meio da comunidade aquática. Para um menino do interior de Santa Catarina, era um feito e tanto, e eu estava muito feliz com tudo o que estava acontecendo.

Depois dessa etapa da Copa do Mundo e de algumas outras que nadei na sequência em outros continentes, os atletas de peito dos outros países passariam a me conhecer. Era, sem dúvida, um reconhecimento muito bacana por todo o trabalho árduo que estávamos desempenhando dia a dia na piscina e na academia. O resultado não havia ocorrido sem que eu tivesse sentido muitas dores nos exaustivos treinos com os professores Ricardo e Armando. Aliás, depois de ter iniciado os trabalhos de força fora da água, eu realmente havia ficado mais forte, o que ajudava na hora de nadar.

Era hora de voltar para Joinville, no intuito de continuar os treinamentos visando o Troféu Brasil, no fim do ano. Além disso, teríamos de participar, ainda, do Campeonato Carioca, logo na sequência.

De fato, o restante do ano não mostrou resultados muito expressivos. Definitivamente, o cansaço bateu na minha porta e começamos a perceber que, talvez, férias de uma semana poderiam ser produtivas.

Mas não podíamos descansar nesse momento, bem no meio da temporada. Então, eu precisava terminar o último compromisso do ano (finalizado em 19 de dezembro, no Carioca) para, então, pensar em descansar alguns dias do Natal ao Ano-Novo.

Descobriríamos, depois, que as férias nem poderiam ser muito longas, pois já em meados de janeiro teríamos etapas da Copa do Mundo para participar, na Europa. E não queríamos chegar lá despreparados e fora de forma.

Contudo, ainda que muito cansado pelos inúmeros compromissos, pelas viagens e pelas competições, eu precisava defender os meus títulos de campeão brasileiro dos 50 e 100 metros peito no Troféu Brasil de 2000.

Havia sido uma temporada exaustiva e não seria nada fácil manter a performance. Enquanto, para quem havia ido para os Jogos Olímpicos, a temporada estava quase no fim, havia outros atletas totalmente focados e preparados para essa competição de dezembro. Mas não era hora de lamentar ou relaxar. Eu precisava nadar bem no Troféu Brasil para manter a hegemonia e os patrocinadores.

Mesmo extenuado, mas embalado pelo grande resultado em piscina curta na Copa do Mundo, logo nas eliminatórias dos 50 metros peito do Troféu Brasil, em São Paulo, consegui encaixar uma excelente prova e, pela primeira vez, quebrei um recorde continental em piscina olímpica, com o tempo de 29s04.

A marca pertencia ao Pessotti, com 29s08 feitos em 1999. Pela primeira vez, tanto nos 50, como nos 100 metros, eu passaria a ser a referência do nado de peito no Brasil. Agora, eu detinha os recordes brasileiros de ambas as provas. Nos 50, com esses 29s04. Nos 100, com 1min03s33.

Estávamos bem satisfeitos com o resultado. Depois de quebrar a marca sul-americana em piscina semiolímpica (28s00), eu consegui o mesmo na olímpica (29s04).

Para um rapaz de 20 anos, formado em um clube pequeno, eu havia chegado mais longe do que qualquer um poderia imaginar. Nesse momento, já ocupava a condição de melhor nadador da história de Joinville. Nem mesmo eu, no meu melhor sonho, poderia acreditar que um dia faria parte da história da natação do Brasil.

Por mais que eu tenha total noção de que fiz muito menos do que outros grandes nadadores brasileiros, acho que fui capaz de alcançar resultados que ajudaram a influenciar as gerações futuras. Pelo menos, outros nadadores de peito que vieram depois de mim e alcançaram voos mais altos, como Felipe Lima, dizem que me tinham como referência. E isso é, indubitavelmente, muito gratificante.

Entretanto, quando se está no topo, todos estão de olho em você, procurando encontrar uma forma de vencê-lo. Isso é natural e faz parte do esporte. Então, na final dos 50 metros peito, não repeti a performance das eliminatórias e acabei sendo surpreendido pelo experiente Guilherme Belini, que aproveitou a oportunidade e me venceu por apenas um centésimo (29s35 x 29s36).

Confesso que fiquei muito chateado comigo mesmo por não ter conseguido manter a concentração para a final e fui para os 100 metros decidido a não repetir o vacilo.

Nessa prova, o resultado não foi tão bom quanto nos 50, mas, ao menos, fui capaz de manter o título de campeão brasileiro. Classifiquei-me com 1min03s59, tempo, inclusive, melhor do que aquele que eu havia feito nos Jogos Olímpicos. E, na final, ainda com receio do revés do dia anterior, procurei focar em vencer, não em melhorar a minha marca, fechando em primeiro, com 1min04s53.

Talvez, o fato de ser recordista sul-americano não tenha tanta importância para alguns atletas, mas, para mim, naquele momento, significava o resultado de todo um árduo trabalho, desempenhado com disciplina e dedicação.

Como eu ainda tinha de cumprir a obrigação contratual com o Vasco, ao final do Troféu Brasil, não retornei para Joinville. Fiquei no eixo Rio-São Paulo, para participar do campeonato estadual apenas alguns dias depois.

O Cariocão se encerraria em 19 de dezembro, e eu estava literalmente um trapo. A ideia era iniciar imediatamente rápidas férias e voltar aos treinamentos logo na terça-feira, 2 de janeiro de 2001. Afinal, eu optaria por participar das etapas europeias da Copa do Mundo, no primeiro mês do ano, e não poderia ficar muito tempo parado se quisesse uma boa performance.

Optei pelas etapas de janeiro da Copa do Mundo, porque, como eu havia conquistado excelentes resultados na perna brasileira, a CBDA me concedeu o direito de escolher de quais etapas internacionais eu gostaria de participar. Uma decisão que homenageava a performance que havia me transformado pela primeira vez em recordista sul-americano.

Alguns dias depois, ao abrir o jornal e ver a matéria veiculada pela imprensa, concluí que, apesar do resultado abaixo da expectativa nos Jogos Olímpicos, havia sido um bom ano e, no cômputo geral, estávamos orgulhosos de tudo o que havíamos conquistado:

FISCHER DEFINE LOCAL DA PRÓXIMA ETAPA

CBDA deixa por conta do atleta escolha onde deve atuar.

A temporada para o nadador joinvilense não terá interrupções nem mesmo nas Festas de Fim de Ano. As marcas obtidas no Rio de Janeiro, com as vitórias nos 50 (recorde sul-americano) e 100 metros peito, deram a Eduardo uma das vagas que a Confederação Brasileira de Desportos Aquáticos (CBDA) concedeu para representar o Brasil em uma das etapas previstas para janeiro pela Copa do Mundo de Natação em piscina de 25 metros.

Nesta segunda-feira, junto com o técnico Ricardo de Carvalho, Eduardo vai definir os locais onde estará competindo, em janeiro, conforme as opções sugeridas pela CBDA. A primeira opção fica para as etapas de Imperia (Itália), dias 13 e 14, e Sheffield (Inglaterra), dias 17 e 18. Eduardo acredita que deve escolher a segunda opção: Berlim (Alemanha), dias 20 e 21, Estocolmo (Suécia), dias 24 e 25, fechando a competição em Paris (França), dias 27 e 28.

"Sem dúvida, a segunda opção será a mais difícil", observa Eduardo. E tudo por causa do espaço reduzido entre uma prova e outra, além de acontecer na França o encerramento da Copa do Mundo. "É na última etapa que todos em condições de subir ao pódio estarão brigando pela premiação. E isso torna a etapa a mais difícil de todas", avalia Eduardo.

Agora, era o momento de me esquecer dos treinos e da piscina por alguns dias. Eu precisava desligar e relaxar. E não teria muito tempo para isso, pois o ano competitivo já tinha data marcada para se iniciar: 20 de janeiro de 2001, em Berlim, na Alemanha.

Resumo dos resultados do segundo semestre de 2000:

Evento	Data	Prova	Piscina	Elim.	Final	Col.
Jogos Abertos de Santa Catarina	29/10/2000	200m peito	25m		2min15s68	1º
Jogos Abertos de Santa Catarina	29/10/2000	200m peito	25m		2min10s16	1º
Jogos Abertos de Santa Catarina	29/10/2000	100m peito	25m		1min01s20	1º
Copa do Mundo da Fina	11/11/2000	50m peito	25m	28s00	28s19	1º
Copa do Mundo da Fina	12/11/2000	100m peito	25m	1min01s28	1min01s38	1º
Troféu Brasil	14/12/2000	200m peito	50m	2min25s22	2min24s71	9º
Troféu Brasil	15/12/2000	50m peito	50m	29s04	29s36	2º
Troféu Brasil	17/12/2000	100m peito	50m	1min03s59	1min04s53	1º
Estadual Absoluto	19/12/2000	50m peito	50m		29s68	2º
Estadual Sênior	19/12/2000	50m peito	50m		29s46	1º
Estadual Sênior	19/12/2000	200m peito	50m		2min32s78	9º
Estadual Absoluto	19/12/2000	200m peito	50m		2min26s19	2º
Estadual Absoluto	19/12/2000	100m peito	50m		1min05s66	2º

61

Passados os Jogos Olímpicos, estávamos ansiosos pelo ano seguinte. As expectativas eram as melhores possíveis. O ano se iniciaria com as etapas da Copa do Mundo na Europa e, depois, a seletiva para o Mundial no Japão, em Fukuoka, mesma sede do Mundial que seria realizado em 2023. Tudo parecia ir muito bem. Contudo, outras questões se mostrariam complicadas em 2001.

Financeiramente, começamos a enfrentar problemas com atrasos nos pagamentos dos salários do Vasco. O investimento havia sido estratosférico e, para manter as inúmeras modalidades olímpicas, era necessário muito dinheiro. Dinheiro esse que não tínhamos certeza se ainda estava à disposição depois de Sydney-2000.

Sem dúvida, o Vasco havia alcançado algo que nenhum outro clube poderia imaginar, levando para os Jogos 84 dos 205 atletas convocados. Era um número muito expressivo. Representava pouco mais de 40% da delegação total do Brasil diretamente vinculada ao Cruzmaltino. Entretanto, passada a Olimpíada, toda essa estrutura e ousadia começavam a cobrar o seu preço.

Parecia mesmo um sonho. Ótimos salários, contratos sólidos e uma estrutura para disputar os principais torneios internacionais. Era tudo o que os atletas de esportes olímpicos poderiam almejar. Tranquilidade para treinar para os Jogos, focados na meta de ajudar a entidade a ter o maior número de representantes possível. Era, talvez, o mais ambicioso projeto olímpico da história do país.

Entretanto, passada a euforia, a alegria dos patrocinadores mostrava indícios de que não duraria mais muito tempo. De fato, o projeto se extinguiria por completo quatro anos após ter sido lançado, em 1999. Mas, para a nossa tristeza e infelicidade, os sinais de degeneração já começariam bem antes, em 2001.

No começo, algo que ajudava era o fato de o Vasco ter ganhado quase todos os títulos no futebol, em 1999 e 2000. E quando o futebol vai bem, o clube também vai bem. O torcedor está animado e os patrocinadores têm prazer em injetar grana e vincular a marca ao clube.

Mas, em 2001, o futebol do Vasco iniciava uma fase não muito boa, o que acabaria refletindo diretamente no esporte olímpico.

O primeiro desses sinais foi o atraso no pagamento dos salários. Em 2000, os atletas recebiam sempre no início do mês. Mas, logo no início do ano seguinte, os pagamentos passariam a ocorrer no fim. Isso quando não eram pagos no mês subsequente.

Inevitável que esse fato causasse animosidade entre a diretoria e os atletas. Mesmo assim, pelo menos até maio de 2001, quando seria realizado o Troféu Brasil (seletiva para o Mundial), decidimos nos manter firmes, acreditando em uma recuperação por parte do clube.

A situação que estávamos presenciando contrastava, e muito, com o fôlego que a agremiação exibiu no Pan-Americano de Winnipeg, em 1999. Com investimento anual de R$ 17,8 milhões, três vezes mais do que o Governo Federal cedeu ao esporte no mesmo período, o Vasco havia arrebanhado a esmagadora maioria dos atletas de ponta do Brasil.

Além da natação, outras 30 modalidades contavam com representação do clube, e o Cruzmaltino foi responsável por 160 dos 436 atletas que integraram a delegação brasileira no evento canadense. Nunca um clube foi tão soberano nas seleções amadoras.

Em 2000, ano da Olimpíada, os investimentos foram potencializados. As despesas atingiram a cifra de R$ 30 milhões, mais do que o dinheiro desembolsado pelo Comitê Olímpico Brasileiro, que investiu R$ 23 milhões.

Dos 84 atletas enviados aos Jogos de Sydney, 19 voltaram ao país com medalha, um evidente e grandioso feito para um clube essencialmente futebolístico.

Aqui, cabe citar e reverenciar todos os atletas olímpicos do Vasco nos Jogos de Sydney-2000.

1. Adriana Behar – vôlei de praia
2. Agnaldo Magalhães – boxe
3. Alexandre Paradeda – vela
4. André Domingos – atletismo
5. André Fonseca – vela
6. Andréia – futebol
7. Armando Barcellos – triatlo
8. Carla Moreno – triatlo
9. Carlos Jayme – natação
10. Carmem Silva – taekwondo
11. Carolina Moraes – nado sincronizado
12. Cassius Duran – saltos ornamentais
13. César Quintaes – natação
14. Chana – handebol
15. Chicória – handebol
16. Christoph Bergmann – vela
17. Cidinha – futebol
18. Cláudia Neves (Claudinha) – basquete
19. Claudinei Quirino – atletismo
20. Cláudio Souza – atletismo
21. Cleiton Conceição – boxe
22. Cristina Mattoso – vela
23. Daniel Hernandes – judô
24. **Eduardo Fischer – natação**
25. Edvaldo Valério – natação
26. Emanuel – vôlei de praia
27. Eroníldes Araújo – atletismo
28. Fabíola Molina – natação
29. Fernanda Oliveira – vela
30. Giovane – vôlei
31. Gustavo Borges – natação
32. Guto Campos – canoagem de velocidade
33. Hélton – futebol
34. Hudson Souza – atletismo
35. Hugo Hoyama – tênis de mesa
36. Isabela Moraes – nado sincronizado
37. Janeth Arcain – basquete
38. Joana Cortez – tênis
39. José Albuquerque – boxe
40. Kelly – basquete
41. Kiko Pelicano – vela
42. Laudelino Barros – boxe
43. Leonardo Costa – natação
44. Lígia Silva – tênis de mesa
45. Loiola – vôlei de praia
46. Luciana Alves – atletismo
47. Luiz Lima – natação
48. Marcel Aragão – judô
49. Marcelinho – vôlei
50. Marcelo Ferreira – vela
51. Márcio Simão – atletismo

52. Marco Martins – esgrima

53. Maria Elisabete Jorge – levantamento de peso

54. Maria Kahe – vela

55. Mariana Ohata – triatlo

56. Marília Gomes – ginástica artística

57. Maurício Santa Cruz – vela

58. Maurren Maggi – atletismo

59. Max – vôlei

60. Nélson Júnior – atletismo

61. Osmar Barbosa – atletismo

62. Osmiro Silva – atletismo

63. Pretinha – futebol

64. Raphael Oliveira – atletismo

65. Raquel – vôlei

66. Ricardo – vôlei de praia

67. Ricardo Winicki – vela

68. Robert Scheidt – vela

69. Rodrigo Pessoa – hipismo

70. Roger Caumo – canoagem de velocidade

71. Roseli – futebol

72. Sanderlei Parrela – atletismo

73. Sandra Soldan – triatlo

74. Sebastian Cuattrin – canoagem de velocidade

75. Shelda – vôlei de praia

76. Sissi – futebol

77. Sueli Pereira – atletismo

78. Suzana – futebol

79. Tânia Ferreira – judô

80. Torben Grael – vela

81. Vanderlei Lima – atletismo

82. Vânia Ishii – judô

83. Vicente Lenílson – atletismo

84. Zé Marco – vôlei de praia

Contudo, como dito, encerrados os Jogos, a ilusão começou a se desfazer. Apesar de o homem forte da agremiação, Eurico Miranda, ter dito que nenhum atleta abandonaria o barco, foi inevitável que muitos competidores passassem a deixar o Vasco.

Eu continuei firmemente na totalidade do ano de 2001 e, mesmo não recebendo oito dos 12 meses de salário naquele ano, representei bem o clube em todos os eventos que disputei.

Era evidente que eu não queria acreditar que o projeto estava ruindo e, quando não recebia o salário do mês, achava que não precisava me preocupar, pois os pagamentos seriam normalizados no mês seguinte. No fundo, eu sabia que os meses em atraso provavelmente seriam perdidos, mas acreditava que, apesar de não receber um ou dois, o restante do contrato seria honrado. Mas isso não estava ocorrendo.

Aliás, esses constantes atrasos dos pagamentos nos incentivaram a não comparecer em algumas das competições regionais marcadas para o Rio de Janeiro. Se não era seletiva para nenhuma seleção brasileira, não participávamos.

Era uma forma de retaliação encontrada para pressionar contra os salários não pagos. Achávamos que era algo que podíamos fazer para forçar o clube a colocar os vencimentos em dia. No fim, teve pouca ou nenhuma eficácia.

Não obstante, optamos por ficar vinculados ao clube até o fim do ano, posto que era muito difícil mudar de agremiação no transcorrer da temporada. Além de ser uma negociação difícil, pois não era algo comum e poucos abriam essa oportunidade, havia, ainda, uma regra da CBDA que estipulava que o atleta que trocasse de vínculo no meio do ano deveria cumprir um "período sabático", podendo participar das competições apenas "em observação", não computando pontos e sendo impedido de nadar as finais, apenas as eliminatórias. Evidentemente, nós não poderíamos correr esse risco e perder preciosas oportunidades de fazer índices em alguma seletiva.

De qualquer forma, eu também era muito novo e ingênuo, e não queria comprar uma briga judicial para garantir o direito de competir. Eu não podia me desviar dos meus objetivos e do meu foco em melhores resultados. Precisava, mesmo, de bons resultados na piscina. Receber o salário, naquela época, era secundário.

Assim, eu tentava tirar da cabeça essas questões financeiras e políticas para que isso não atrapalhasse a minha performance. Contudo, confesso que não era fácil.

Independentemente disso e mesmo com essas turbulências e esses problemas, estávamos confiantes de que o ano tinha tudo para ser excelente. Afinal, depois dos resultados alcançados na etapa da Copa do Mundo na etapa brasileira, eu havia me credenciado pela CBDA para escolher quais eventos desse circuito gostaria de participar ao redor do mundo.

Na medida que não eram todos os atletas que gostavam de comprometer as férias de fim de ano para participar das etapas europeias, que geralmente ocorriam em janeiro, eu, sem dúvida, aproveitaria a oportunidade.

Seria uma excelente chance de ganhar um pouco de bagagem internacional e somar experiência competindo em altíssimo rendimento contra atletas de renome. Por isso, optamos por não tirar férias em janeiro (ou reduzi-las drasticamente) e continuar treinando com vistas a boas performances nas etapas da Copa do Mundo. Eu estava a caminho de Berlim, na Alemanha, Estocolmo, na Suécia, e Paris, na França.

62

Em razão das escolhas que fizemos, as férias seriam apenas de 20 de dezembro de 2000 até 1º de janeiro de 2001. Logo no segundo dia do ano, já estávamos na piscina para dar início à temporada.

E, mesmo com as dúvidas financeiras e os problemas com o Vasco permeando nossas cabeças, precisávamos manter o foco nas metas que havíamos traçado. Assim, o ano de 2001 começaria agitado com os três compromissos internacionais sequenciais logo de cara.

Como dito, iríamos participar das etapas da Copa do Mundo em Berlim (20 e 21 de janeiro), Estocolmo (24 e 25) e Paris (28 e 29).

De fato, ao retornar aos treinamentos depois de encurtar as férias para apenas 13 dias, acreditávamos que eu não teria uma perda muito grande de condicionamento físico, sendo possível chegar competitivo na Europa.

Realmente, só houve tempo para relaxar um pouco no Natal e estourar um espumante no Réveillon. No dia seguinte, ainda com um pouco de ressaca, já estávamos, eu e o Ricardo, sozinhos na piscina do Joinville Tênis Clube.

Era até meio depressivo, pois o cenário era desértico. Joinville ficava realmente muito esvaziada nessa época do ano, pois, pela grande proximidade com as cidades de praia, a maioria das pessoas viajava para o litoral.

Mas o foco na missão e nas competições internacionais que estavam por vir logo no fim de janeiro eram suficientes para espantar rapidamente qualquer pensamento desanimador que pudesse brotar em nossas mentes.

Afinal, seria a primeira vez que eu participaria de uma etapa internacional no circuito da Copa do Mundo da Fina. E, logo na estreia, competiria em três diferentes oportunidades em sequência. Nós estávamos muito animados com tudo isso. Parecia um sonho se realizando.

Um dos grandes motivos que nos levavam a treinar cada vez mais fortemente e com mais afinco e disciplina era, justamente, a oportunidade de viajar o mundo fazendo aquilo que eu mais amava: competir e melhorar as minhas marcas.

Naquela oportunidade, a equipe brasileira era composta por mim e mais quatro nadadores: Eduardo Schiesari, o Francês, Nicholas Santos, Monique Ferreira e Fabíola Molina. E foi nessa viagem que eu ganhei bons amigos para a vida.

Depois desse circuito, eles não seriam mais apenas colegas de seleção, mas pessoas com as quais eu manteria estreitas relações de amizade por muitos anos, até os dias atuais. Até mesmo porque aquela seria apenas a primeira viagem de muitas que ainda faríamos juntos. Nicholas acabou se tornando um grande amigo, que esteve presente como companheiro de quarto em muitos eventos.

O simples fato de viajar para a Europa, por si só, já era um motivo para extrema satisfação, ainda mais quando se tem 20 anos. Realmente, viajar para competir, ao lado de pessoas tão bacanas, se tornou ainda mais prazeroso e divertido. Não havia nada mais gratificante do que defender o seu país em uma competição esportiva de alto rendimento no Velho Continente. E fazer isso ao lado de pessoas especiais tornava tudo empolgante e inesquecível.

A primeira parada era Berlim, na Alemanha. Talvez, a etapa mais tradicional e forte de todo o evento. Muitos atletas de ponta escolhiam a perna alemã por motivos específicos, como a época do ano, a localização e a premiação. Isso tornava o evento ainda mais interessante e importante.

Nas três etapas, optamos por nadar apenas os 50 e 100 metros peito, e excluímos os 200 do programa por acharmos que eu não tinha chances reais. Além disso, poderia causar um desgaste excessivo. Não víamos uma boa justificativa para nadar essa prova.

A etapa de Berlim era muito bacana, pois os atletas ficavam hospedados em um hotel ao lado do complexo aquático. Era possível ir para a piscina a pé, sem precisar se preocupar com horários de transporte. O parque aquático, público, ficava anexo a uma estação do metrô e contava com uma estrutura de dar inveja. A política de mobilidade urbana era fantástica, pois, ao desembarcar naquela estação, você dava de frente com a entrada da piscina.

O complexo era subsidiado pelo estado, de forma que qualquer cidadão podia frequentar o local pagando taxas simbólicas, mas usufruindo de uma estrutura excepcional. Contava com muitas piscinas, além da olímpica oficial de competição na qual o evento era realizado.

Havia mais duas semiolímpicas, distribuídas em aulas para adultos, crianças e bebês. Também tinha piscina para hidroginástica e recreação, sem contar inúmeras banheiras de hidromassagem e vestiários completamente equipados. Tudo muito organizado e impressionante, uma realidade muito, mas muito distinta daquela vivenciada por nós no Brasil. Sem dúvida, era um complexo aquático melhor do que qualquer outro do nosso país, privado ou público.

O programa da competição era sempre o mesmo, sendo 17 provas realizadas em um dia e as outras 17, no dia subsequente, alternando entre masculino e feminino. Assim, eu nadaria sempre os 50 metros peito no primeiro dia e, consequentemente, os 100 no seguinte. As eliminatórias eram pela manhã, por volta de 10h, e as finais, à noite, às 19h.

Na Alemanha, as coisas não começaram muito bem para mim. Não consegui nadar próximo das minhas melhores marcas e acabei ficando fora da final logo na primeira queda na água.

Fechei os 50 metros peito em 28s73 e amarguei a décima colocação, fora da disputa de medalhas. Foi muito decepcionante, até mesmo porque eu havia vindo de uma vitória na etapa do Rio, com 28s19, que me classificaria na sexta colocação para a final.

Contudo, a essa altura da carreira, eu já havia aprendido que nem sempre um resultado ruim no início na competição era desesperador, e que sempre podemos superar as dificuldades. Bastava esquecer do tropeço e focar no desafio seguinte. Nada como um dia após o outro, afinal, a jornada seguinte pode ser completamente diferente.

Nada como manter a calma e ter uma boa noite de sono. No dia seguinte, para os 100 metros peito, a história foi bem diferente. Consegui fechar a minha série em segundo lugar, me classificando para a final com o sexto melhor tempo das eliminatórias.

Copa do Mundo de Natação - Berlim (ALE) 100 metros peito - Eliminatórias			
1	JAP	Ryosuke Imai	1min00s42
2	FIN	Jarno Pihlava	1min00s60
3	RUS	Arseni Maliarov	1min00s87
4	RUS	Dmitry Komornikov	1min01s08
5	CAN	Morgan Knabe	1min01s65
6	**BRA**	**Eduardo Fischer**	**1min02s00**
7	ALE	Rene Kolonko	1min02s09
8	ALE	Michael Fischer	1min02s24

Sabíamos que o pódio era algo dificílimo, então, o foco era na performance pessoal. Na final, mesmo distante de uma medalha, fui capaz de nadar para a minha melhor marca, finalizando a prova na sétima colocação, com o tempo de 1min01s08[70], novo recorde sul-americano.

A marca anterior era de 1min01s13 e pertencia ao Alan Pessotti, desde 1998. Com a performance em Berlim, eu passava a ser o nadador de peito mais rápido da América Latina nos 50 e 100 metros peito também em piscina semiolímpica de 25 metros.

Era a primeira vez que eu dominava completamente essas duas distâncias de peito no Brasil, sendo recordista brasileiro das provas.

Recordes brasileiros em janeiro de 2001				
Piscina curta (25m)		PROVA	Piscina longa (50m)	
11/11/2000	**28s00**	50m peito	**29s04**	18/12/2000
20/01/2001	**1min01s08**	100m peito	**1min03s33**	13/04/2000

---

[70] Vídeo da prova no YouTube: https://www.youtube.com/watch?v=0PmLrm3cIfI&ab_channel=EduardoFischer

Era, sem dúvida, um grande resultado, que nos dava a certeza de estarmos no caminho certo. A meta, agora, era continuar competindo e treinando, verificando onde poderíamos melhorar para entrar no seleto grupo de atletas no mundo que nadavam os 100 metros peito abaixo de um minuto.

Copa do Mundo de Natação – Berlim (ALE) 100 metros peito – Final				
Posição	Nome	País	Parcial	Tempo final
1	Michael Fischer	ALE	27s99	59s46
2	Arseni Maliarov	RUS	27s71	59s53
3	Morgan Knabe	CAN	28s16	59s68
4	Jarno Pihlava	FIN	28s39	1min00s17
5	Ryosuke Imai	JAP	28s57	1min00s36
6	Dmitry Komornikov	RUS	28s71	1min00s57
7	**Eduardo Fischer**	**BRA**	**28S82**	**1min01s08**
8	Rene Kolonko	ALE	29s13	1min02s88

Interessante era o fato de o vencedor da prova, Michael Fischer, ter o mesmo sobrenome que o meu. Afinal, eu tinha descendência alemã e o meu sobrenome era alemão. Até aí, tudo bem. Contudo, qual seria a chance de dois atletas, nascidos em países diferentes, terem o mesmo sobrenome, serem nadadores de peito e, ainda por cima, contemporâneos e competindo entre si?

Era, realmente, uma grande coincidência e, em razão disso, até tentei trocar algumas palavras com ele, explicando como um brasileiro tinha um sobrenome alemão igual ao dele. Contudo, a dificuldade de comunicação foi um empecilho. Além disso, o rapaz não parecia muito interessado em conhecer a minha história, de forma que a "conversa" não durou nem mesmo dois minutos.

Ao final da etapa, mesmo longe dos resultados alcançados no Brasil (duas medalhas de ouro), eu deixei Berlim rumo a Estocolmo satisfeito pelo fato de ter feito a melhor marca pessoal (novo recorde sul-americano), sabendo que existia margem para melhorar e nadar ainda mais rapidamente.

Como tudo na vida, a prática leva à perfeição. Algo descrito pela teoria das dez mil horas, conforme relatado por Malcolm Gladwell em seu livro *Outliers*[71].

Em apertada síntese, ele mostra que, para você ser relativamente bom em alguma coisa, é necessário treinar essa determinada habilidade por, pelo menos, dez mil horas, a fim de alcançar o status de expert.

A teoria pertence a K. Anders Ericsson, um importante psicólogo e pesquisador da cognição. Ericsson ficou conhecido pelo grande público graças aos estudos que desenvolveu para compreender como um ser humano comum adquire habilidades de nível épico.

Basicamente, ele defende que a diferença entre uma pessoa de desempenho mediano e um expert, em uma determinada atividade, são as dez mil horas de prática. A regra serve para absolutamente qualquer atividade que precise de tempo para amadurecer: tocar piano, meditar, fazer tiro ao alvo, administrar empresas, investigar crimes, jogar video-game, dirigir, praticar esportes, nadar e por aí vai.

Para ele, dez mil horas são exatamente a diferença entre o aprendiz e o mestre.

Para quem não tem uma ideia muito nítida desse número tão grande, dez mil horas de treino são equivalentes a três anos e meio de trabalho intensivo, oito horas por dia, sete dias por semana. Isso significa treinar, inclusive, aos sábados, domingos e feriados. E um treino deliberado e focado, com o mínimo possível de distrações e esforços inúteis. Cada segundo conta.

Se você praticar algo quatro horas por semana, como um hobby, vai demorar 52 anos para acumular as dez mil horas. Ou seja, estamos diante de muito, muito trabalho mesmo.

---

[71] *Outliers: The Story of Success* é um livro de não ficção escrito por Malcolm Gladwell e publicado em 18 de novembro de 2008. Nele, Gladwell examina os fatores que contribuem para altos níveis de sucesso. Para apoiar a tese, ele examina que a maioria dos jogadores de hóquei no gelo canadenses nascem nos primeiros meses do ano. O livro ainda avalia como o cofundador da Microsoft, Bill Gates, alcançou sua riqueza. Ou como os Beatles se tornaram os artistas musicais de maior sucesso na história e Joseph Flom transformou a Skadden, Arps, Slate, Meagher & Flom em um dos escritórios de advocacia mais bem-sucedidos do mundo. Explica como as diferenças culturais desempenham um papel importante na inteligência e na tomada de decisões racionais e como duas pessoas com habilidades excepcionais e inteligência, Christopher Langan e J. Robert Oppenheimer, terminam tão diferentes. Ao longo da publicação, Gladwell menciona repetidamente a "regra das dez mil horas", afirmando que a chave para alcançar uma perícia de classe mundial em qualquer habilidade é uma questão de praticar, de maneira correta, dez mil horas dessa atividade.

No meu caso, apenas em treinos de piscina e desde o princípio da minha carreira, eram, no mínimo, três horas todos os dias, com exceção de domingos e eventuais feriados ou folgas. Digamos que seriam 300 dias de treinos por ano. Se multiplicar 300 dias por três horas, eu estaria acumulando, mais ou menos, 900 horas de treino por ano.

Com essa conta de padeiro, seriam necessários aproximadamente 11 anos para eu chegar ao "nível expert" ou "épico". Se imaginar que, com 13 anos, eu já tinha essa carga de treino, então, com 24, eu teria alcançado o meu "mestrado" na natação.

Coincidência ou não, foi com essa idade que cheguei a minha segunda Olimpíada, alcançando a semifinal na prova dos 100 metros peito. Obviamente, isso pode mudar de pessoa para pessoa, mas, em um contexto geral, a teoria de K. Anders Ericsson fazia algum sentido.

Mas o que isso significa? Que quanto mais eu competia, melhor eu ficava em competir. Ou seja, para competir melhor, era necessário "treinar" a competição em alto rendimento. Seguindo essa lógica, a cada etapa da minha jornada de três na Europa, eu nadaria um pouco melhor do que na anterior.

De fato, a minha natação na Suécia já demonstrava sinais de melhora e da teoria de K. Anders Ericsson, pois quase sempre eu nadava melhor e mais rapidamente do que nas etapas anteriores.

Chegando em Estocolmo, estávamos confiantes para competir melhor do que na Alemanha. Ainda que não tenha relação com o evento, em si, me recordo de uma curiosidade engraçada sobre os suecos.

Um dos pratos mais famosos na gastronomia daquele país é o gravlax. É uma especialidade da culinária escandinava, também difundida em outros países, feita de salmão cru marinado durante alguns dias em uma mistura de sal grosso, açúcar e endro ou outros temperos.

Assim, o salmão era um alimento muito comum na Suécia e chegava a ser engraçado o fato de o peixe ser servido em todas as quatro refeições no hotel.

Tinha salmão no café da manhã, no almoço, no lanche da tarde e no jantar. Como no Brasil era uma iguaria de custo relativamente elevado, me recordo de ter comido salmão até enjoar.

Voltando para a competição, na Suécia, estávamos, novamente, diante de um grandioso parque aquático. Era uma estrutura impressionante, com muitas piscinas à disposição, tudo cercado por gigantescas janelas e portas de vidro, que nos permitiam ver a neve do lado de fora. Sim, durante a estadia em Estocolmo estava frio e nevou muito.

Realmente, quanto mais eu competia, melhor era o meu desempenho. Apenas alguns dias após a parada em Berlim, eu nadei bem melhor em Estocolmo.

Nos 50 metros peito[72], obtive um resultado bem mais satisfatório do que na etapa anterior. Classifiquei-me para a final com 28s33, a segunda melhor marca das eliminatórias, inclusive na frente do meu "primo" alemão.

		Eliminatórias – 50 metros peito Copa do Mundo Fina – Estocolmo (SUE)	
1	FIN	Jarno Pihlava	28s02
2	**BRA**	**Eduardo Fischer**	**28s33**
3	ALE	Michael Fischer	28s38

Agora, diferentemente da Alemanha, a expectativa já era de brigar por medalha. Contudo, mesmo tendo uma boa performance e melhorando o tempo da manhã, fechei a prova na quarta colocação, não sendo o suficiente para subir ao pódio.

Apesar disso, a evolução era evidente. Melhorei a minha posição em relação ao décimo lugar de Berlim para um excepcional quarto em Estocolmo, ficando apenas a 20 centésimos da medalha de bronze. Um resultado muito comemorado pela equipe, apesar de não ter me credenciado ao pódio.

---

[72] Link no QR CODE

Copa do Mundo de Natação – Estocolmo (SUE) 50 metros peito – Final					
Posição	Nome	País	Ano de nascimento	Tempo de reação	Tempo final
1	Michael Fischer	ALE	1982	0.72	27s62
2	Jarno Pihlava	FIN	1979	0,75	27s89
3	Bjoern Nowakowski	ALE	1974	0,73	27s99
4	**Eduardo Fischer**	**BRA**	**1980**	**0,71**	**28s19**
5	Ryosuke Imai	JAP	1978	0,77	28s24
6	Raiko Pachel	EST	1974	0,78	28s39
7	Jiro Miki	JAP	1983	0,68	28s51
8	Angelo Angiollieri	ITA	1976	0,78	28s91

Mas nem tudo eram flores. Nos 100 metros peito, a performance piorou um pouco em relação à etapa de Berlim. Mas isso não podia me desanimar. O importante era me manter competitivo, aprendendo e aperfeiçoando as falhas. E era nas derrotas que aprendíamos e descobríamos quais equívocos deveriam ser corrigidos para a otimização do desempenho.

Copa do Mundo de Natação – Estocolmo (SUE) 100 metros peito – Final					
1	Morgan Knabe	CAN	81	0s75 28s26	59s7
2	Jim Piper	AUS	81	0s84 28s15	1min00s00
3	Jarno Pihlava	FIN	79	0s74 28s20	1min00s17
4	Hugues Duboscq	FRA	81	0s81 28s53	1min00s36
5	Ryosuke Imai	JAP	78	0s73 28s92	1min01s02
6	Bjoern Nowakowski	ALE	74	0s76 28s50	1min01s45
7	**Eduardo Fischer**	**BRA**	**80**	**0s76 28s99**	**1min01s54**
8	Chenhai Zhu	CHN	76	0s80 29s25	1min01s61

O tempo de 1min01s54 não agradou tanto quanto os 28s19 feitos nos 50 metros, mas a experiência de mais uma final me deixava cada vez mais seguro para a próxima etapa. Havia esperança de que, em Paris, eu poderia ter a melhor performance de todas.

Era hora de arrumar as malas e partir para a Cidade Luz. Confesso que eu estava ansioso para conhecer um dos pontos turísticos mais famosos do mundo. Era um destino extremamente desejado pelos turistas das mais variadas nacionalidades. Inclusive, dessa vez, a intenção era passear um pouco no fim da competição. Até mesmo porque nosso colega de time Eduardo Schiesari não tinha o apelido de Francês por acaso. Ele residia em Paris e falava a língua fluentemente.

Apesar de estar me sentindo melhor e mais confiante, o resultado não foi tão bom quanto eu esperava. Em ambas as provas, eu não consegui ter uma performance melhor do que nas etapas anteriores.

Nos 50 metros peito, terminei na quinta colocação, com 28s39, o que não havia sido tão ruim. Entretanto, no dia seguinte, acabei vacilando nas eliminatórias dos 100 metros peito e fiquei fora da final, chegando em nono lugar e dando adeus ao circuito com um depressivo tempo de 1min02s70. Bem acima do que esperávamos.

Copa do Mundo de Natação – Paris (FRA) 50 metros peito – Final				
1	Hugues Duboscq	FRA	81	27s61
2	Morgan Knabe	CAN	81	27s95
3	Robert van der Zant	AUS	75	28s01
4	Ryosuke Imai	JAP	78	28s25
5	**Eduardo Fischer**	**BRA**	**80**	**28s39**
6	Jiro Miki	JAP	83	28s57
6	Chenhai Zhu	CHN	76	28s57
8	Tony de Pellegrini	FRA	82	28s64

Dessa forma, encerrado o circuito de três etapas pela Europa, tínhamos um dia livre antes de retornar ao Brasil. Decidimos fazer um tour pela belíssima Paris. Como o Schiesari morava lá e conhecia todos os cantos, decidimos alugar um carro, daqueles grandes com sete lugares, e passar rapidamente pelos principais pontos turísticos.

Confesso que a emoção maior não foi ver a Cidade Luz inteira em menos de 24 horas, mas, sim, ser passageiro em um automóvel guiado pelo Eduardo em um trânsito caótico como o de Paris. Havia momentos em que eu temia pela minha integridade física.

Brincadeiras à parte, o Francês se mostrou um baita de um guia turístico (não um grande motorista) e conseguimos conhecer os principais pontos da cidade em tempo recorde. Cobrimos o básico: Torre Eiffel, Museu do Louvre, Ópera de Paris, Catedral de Notre Dame, Arco do Triunfo e Champs-Élysées. Ainda foi possível ver outras coisas bacanas superficialmente, pois não havia tempo.

De qualquer forma, excluindo alguns resultados não muito satisfatórios, em um balanço geral, eu havia retornado com bons frutos. Havia ganho uma grande experiência competitiva e passei a conhecer melhor os meus adversários.

Afinal, eu passaria alguns anos os enfrentando nas competições internacionais. Esse conhecimento era muito importante, pois mostrava que eles eram seres humanos, assim como eu. Também tinham momentos ruins e não eram imbatíveis.

Bastava eu treinar ainda mais para chegar na frente deles. Dentre os que enfrentei nessas etapas europeias de 2001, cito alguns que fizeram história no nado peito mundial e cruzaram muitas vezes o meu caminho: Morgan Knabe, Jarno Pihlava, Dmitry Komornikov, Hugues Duboscq, Ryosuke Imai e Jim Piper.

63

Depois de retornar da Europa, tivemos apenas um dia de folga para ajuste ao fuso horário e relaxar para voltar aos treinos normalmente.

Antes, fui ao clube no mesmo dia em que cheguei de viagem para conversar com o Ricardo e fazer um resumo do que havia sentido nas etapas. A intenção era passar para ele um resumo dos resultados e debater onde queríamos chegar no ano. Rapidamente, concordamos que a meta seria o Troféu Brasil e um eventual índice para o Mundial de piscina longa, no Japão. Assim, juntos traçamos qual seria o planejamento do primeiro semestre.

Uma vez definido o foco no Troféu Brasil, na última semana de maio, tínhamos de escolher as competições secundárias que serviriam como treino para essa meta principal.

Era fácil estabelecer o TB como o principal objetivo do ano, pois, além de ser a competição nacional mais importante de todo o calendário brasileiro, era a única seletiva para o Mundial de Esportes Aquáticos, que seria disputado em Fukuoka, no Japão, em julho de 2001.

Dessa vez, queríamos o índice individual, sem surpresa ou sofrimento, pois, diferentemente do que ocorreu na convocação para os Jogos Olímpicos, a melhor marca nacional nos 100 metros peito não necessariamente garantiria participação no revezamento medley para Fukuoka. Esse era um risco que não gostaríamos de correr.

O índice estipulado pela CBDA para participação no Mundial na prova dos 100 metros peito era de 1min02s85. Pelo resultado que havíamos feito nos Jogos Olímpicos (1min03s72), sabíamos que não seria um objetivo muito fácil de ser alcançado. Eu teria de nadar quase um segundo melhor do que havia feito em Sydney. Ou seja, muita coisa precisaria ser aperfeiçoada.

Desenhamos o ciclo de treinos até o TB de maio (seriam quase quatro meses até lá) e classificamos as competições secundárias das quais iríamos participar como forma de treino. Concluído o esboço inicial, era hora de colocar a cabeça dentro da água e começar a treinar.

O microciclo do trabalho físico fora da água havia sido definido pelo Armando com base no esboço do Ricardo. Uma das grandes preocupações do Armando era que a musculação não interferisse, muito menos prejudicasse, no treinamento dentro da água. Por isso, a orientação do trabalho de musculação deveria, necessariamente, acompanhar os estímulos definidos para os treinos na piscina. Ou seja, resumidamente, se nós intensificássemos na água, deveríamos pegar pesado na musculação. Se houvesse supercompensação na água, o mesmo seria feito no treino de força.

Eu sei que parece óbvio, mas muita gente não prestava atenção nesse detalhe básico e continuava fazendo hipertrofia muscular durante uma eventual semana de descanso na água. Foi quando começamos a criar coisas novas, introduzindo, aos poucos, exercícios que buscavam simular o esforço produzido na água durante a prova. Eu adorava treinar. E, quanto mais pesadamente, melhor. Havia prazer. Contudo, a rotina não era fácil.

A jornada começava na piscina, às 8h. Para cair na água nesse horário, eu tinha de estar de pé às 6h30 para tomar um bom café da manhã. O primeiro treino do dia acabava por volta de 11h30, depois de ter nadado, em média, seis quilômetros.

A sessão da manhã era a mais longa e intensa do dia, e normalmente eu terminava exausto. Para quem não sabe como funciona, todo dia era dia de deixar 100% na piscina. Ou seja, dentro das orientações previstas, era sempre no limite. Não havia moleza ou treino "meia-boca".

Assim, no fim da manhã, geralmente extenuado, a rotina era voltar para casa para almoçar e descansar. Até mesmo porque dormir depois do almoço não era luxo, mas, sim, necessidade básica para o atleta de alto rendimento. Faz parte do treino.

Depois de um merecido descanso, eu retornava para a piscina por volta de 15h30. Via de regra, uma sessão menor, de mais ou menos quatro quilômetros, focada em técnica e fundamento.

Encerrada a segunda parte de treinamento na piscina, eu rumava diretamente para a academia The Best e, das 17h30 às 18h45, realizava o treinamento de força com o Armando. A musculação também era sempre muito pesada. Não havia dia fácil. No fim da rotina, eu tomava um banho rápido e rumava para a faculdade, para assistir — ou pelo menos tentar — às aulas das 19h às 22h.

Confesso que a primeira meia hora de aula era quase impossível de acompanhar. Quando eu chegava na faculdade, pegava um lugar no fundo da sala e, inevitavelmente, cochilava de 20 a 30 minutos. Eu apagava. Nesse momento, a única forma de acompanhar as aulas era fechando os olhos por alguns minutos.

Então, encerradas as aulas, eu normalmente chegava em casa perto das 22h30, apenas para comer alguma coisa e abraçar a minha querida cama para uma merecida noite de sono. Afinal, às 6h30 do outro dia eu deveria estar de pé para repetir tudo.

Essa era a minha rotina de todo santo dia, sem falhas e desculpas. Não tinha como faltar. Não poderia dizer que estava cansado. Não era uma possibilidade. No fim das contas, era uma média diária de sete a dez quilômetros de natação, mais a musculação. Por fim, encontrar forças para encarar a faculdade.

A rotina era cansativa? Sim, muito. Mas eu não me arrependo de nada e faria tudo de novo, se fosse preciso. Eu raramente reclamava. No fim das contas, era muito, mas muito, gratificante.

Eu me recordo de estar treinando muito bem no primeiro semestre de 2001, sempre com força e boas sessões. Eram trabalhos que me levavam ao cansaço extremo quase todos os dias. E não era apenas uma fadiga física, mas também psicológica. Nessa rotina, eu não poderia treinar sem força ou mal, e todo dia era dia de superação. Fazer um treino ruim desestabilizava a mente e isso não podia acontecer.

Eu sempre fui muito competitivo e era inconcebível, para mim, fazer treinos ruins. Quando comparava um treino com outros similares já realizados, eu não poderia ser mais lento. No mínimo, tinha de ser igual. Por exemplo, nós costumávamos repetir séries de um ciclo para o outro, até para ter referências. Mas, se por acaso a série daquela semana fosse pior do que a da anterior, eu ficava abalado.

Esse equilíbrio mental sobre o autojulgamento dos treinos (bons ou ruins) era muito importante e, por mais que eu fosse consistente, era essencial discernir uma série bem executada de uma não muito boa.

Aprendi logo cedo que cada dia era diferente e treinos iguais em dias distintos nem sempre traziam os mesmos resultados. Apesar disso, vivenciávamos mais experiências com bons trabalhos do que ruins. Essa era a meta.

Três semanas antes da seletiva para Fukuoka, eu fui até o Rio de Janeiro cumprir uma das minhas obrigações com o Vasco. O clube estava com os salários atrasados, mas, para nos forçar a participar das etapas estaduais, depositava uma das parcelas na véspera da viagem. Assim, não podíamos nos negar a ir até a capital carioca.

Os tempos foram meio desesperadores. Fazer 1min06s08 nos 100 metros peito e 29s96 nos 50, estando a apenas poucas semanas do início do Troféu Brasil, não nos dava muita esperança por bons resultados na busca pelo índice do Mundial. Lembra-se do Troféu Brasil de 1999, quando nadei mediocremente no Campeonato Mineiro, semanas antes da seletiva para o Pan? Pois é. Tendo isso como parâmetro, havia esperança, pelo menos.

Por mais que soubéssemos que estávamos em uma fase de treino muito pesada e que não era possível conseguir resultados expressivos naquele momento, era difícil não ficar um pouco abalado psicologicamente.

Talvez, essa competição tenha servido para uma coisa, pelo menos: nos dar a certeza de que era hora de iniciar o polimento e a preparação para o Troféu Brasil.

De fato, foram quase três semanas muito tensas, pois não sabíamos como o meu corpo reagiria àquele ciclo extremamente pesado e se eu conseguiria competir bem. Será que eu atingiria o almejado índice para o Mundial? Essa era a pergunta que pairava no ar. Mas, ainda assim, pouco antes de embarcar para a seletiva, comecei a notar uma melhora na performance e na técnica.

O programa de provas era o mesmo de sempre: iniciava com os 200 metros peito, que, como você já sabe, usávamos como forma de reconhecimento da piscina e da minha condição física. Depois, vinham os 50 metros e, por fim, no último dia, a derradeira e mais importante prova, os 100 metros peito.

Os 200 não foram tão ruins, dentro daquilo que nos propusemos. Classifiquei-me somente para a final B, com 2min23s01 — fiquei fora da A por pouco. Contudo, pensando no moral, vencer a final B se mostrava mais benéfico do que tomar pau na A, amargurando uma oitava e última colocação.

Por esse prisma, nadar na final B e vencer a série, chegando na nona colocação geral, nos parecia bem mais vantajoso, psicologicamente. Afinal, chegar na frente era sempre mais gostoso. Assim, finalizei os 200 metros peito vencendo a série com a sensação de dever cumprido.

Troféu Brasil 2001 – Rio de Janeiro (RJ)

200 metros peito – Final B

1º (9º no geral) Eduardo Fischer – 2min23s12

2º (10º) Pedro Vinheiro Pereira – 2min23s40

3º (11º) Felipe Brandão dos Santos – 2min26s64

4º (12º) Leonardo Monteiro – 2min27s59

5º (13º) Ricardo da Silva – 2min27s89

6º (14º) Joan Barau – 2min28s36

7º (15º) Cesley Cruz – 2min28s52

8º (16º) Denny Cimatti – 2min30s92

Ainda que ficar fora da disputa por medalhas não fosse tão bacana, dessa vez, o resultado dos 200 metros peito não me abalaria nem um pouco. Eu estava com foco total nos 100. Vinha de resultados bons na piscina curta, muito próximos dos meus melhores tempos (na Copa do Mundo, na Europa), e tudo parecia me dizer que eu também nadaria para os melhores na longa.

Nessa competição, eu já estava com um FastSkin novinho em folha. Era um modelo macacão, na cor preta, que cobria todo o meu corpo, desde os ombros até o tornozelo, e deixava apenas os braços expostos. Até hoje, não sei se aquele traje antigo realmente ajudava ou não, pois era apenas uma lycra com uma camada de produto impermeável. Mas o simples fato de vestir uma roupa daquela já fazia com que eu me sentisse melhor. Era quase um placebo.

Quando subi no bloco para as eliminatórias dos 50 metros peito, eu sabia que estava bem e poderia quebrar a barreira de 29 segundos. Inclusive, já havia comentado com o Ricardo que isso era possível.

E eu estava certo. Nas eliminatórias, bati no placar e me tornei o primeiro latino-americano a nadar os 50 metros nado peito na casa de 28 segundos em piscina olímpica.

O tempo de 28s82 me colocava em um novo patamar para o estilo. Era, mais uma vez, o novo recorde continental. Sem querer, eu já estava contabilizando essas quebras. Com três superadas no ano anterior, já era a quarta oportunidade na qual eu estabelecia um novo melhor tempo da América do Sul em alguma prova.

Troféu Brasil – Rio de Janeiro (RJ)

50 metros peito – Eliminatórias

1º Eduardo Fischer – 28s82

2º Bogodar Szpak – 29s18

3º Cesley Cruz – 29s34

4º Alan Pessotti – 29s50

5º Fábio Gonçalves – 29s58

6º Marcelo Tomazini – 29s63

7º Luís Antônio Júnior – 29s78

8º Felipe Brandão dos Santos – 29s79

Na final, houve uma pequena piora (29s05), mas nada que tirasse o ouro do meu peito, sendo um tempo suficiente para vencer e ainda gerar uma expectativa muito positiva para os 100 metros peito. Como não havia índice para o Mundial nos 50, eu, necessariamente, precisava fazer uma boa performance também nos 100, visando carimbar o meu passaporte rumo ao Japão.

Troféu Brasil 2001 – Rio de Janeiro (RJ)

50 metros peito – Final

1º	**Eduardo Fischer**	**Vasco**	**29s05**
2º	Bogodar Szpak	Curitibano	29s51
3º	Alan Pessotti	Vasco	29s55
4º	Marcelo Tomazini	Pinheiros	29s71
5º	Cesley Cruz	Flamengo	29s97
6º	Felipe Brandão dos Santos	Flamengo	29s98
7º	Fábio Gonçalves	Flamengo	30s14
8º	Luís Antônio Júnior	Vasco	30s59

Mesmo com o excelente resultado nos 50 metros peito, ninguém acreditava que eu pudesse fazer o índice para o Mundial. E, para ser bem sincero, nem mesmo eu achava que era possível. Nadar abaixo de 1min03s, por si só, era bem complexo. Mas abaixo do índice de 1min02s85? Bem, não parecia mesmo provável. Afinal, ninguém na América do Sul havia feito abaixo de 1min03s. Mas, como se sabe, barreiras e recordes são feitos para serem superados. Nada pode ser tratado como impossível.

De qualquer forma, lá fui eu. Confiante e esperançoso. Caso não pudesse nadar abaixo de 1min03s, então, que registrasse um novo recorde sul-americano (1min03s30). Aliás, o único que ainda não me pertencia.

Eu me lembro de muitos detalhes daquele momento e me recordo de que a parcial nos primeiros 50 metros foi de 29s08. Ou seja, muito próxima do recorde sul-americano feito na prova específica dos 50 metros peito. Lembro-me, também, da minha reação quando olhei para o placar.

Ao ver o tempo de 1min02s44 estampado no placar, eu não conseguia acreditar. De verdade, eu não estava acreditando. Nadar abaixo de 1min03s não era algo esperado e, por isso mesmo, quando vi a marca na casa de 1min02s, eu quase não conseguia compreender.

Aliás, até demorei um pouco para comemorar. Em uma fração de segundo, me questionei se poderia ter havido uma falha no placar, o que não era incomum no Brasil.

Troféu Brasil 2001 – Rio de Janeiro (RJ) 100 metros peito – Eliminatórias				
1º	**Eduardo Fischer**	**1980**	**1min02s44**	**RS IM[73]**
2º	Henrique Barbosa	1984	1min04s09	
3º	Marcelo Tomazini	1978	1min04s48	
4º	Augusto Celso da Silva	1977	1min04s65	
4º	Fábio Mauro da Silva	1980	1min04s97	
6º	Rogério Decat Karfunkelstein	1976	1min05s11	
7º	Kovalevych Viacheslav	1976	1min05s44	
8º	Michael Edward Miller	1980	1min05s59	

---

[73] RS = Recorde sul-americano
IM = Índice para o Mundial

Mas, no instante seguinte, quando percebi que todos estavam comemorando, eu apenas entrei na onda. E comemorei! Muito! Mas muito mesmo!

Gritei e bati na água com força. Foi impulso, foi emoção à flor da pele. Um filme passou pela minha cabeça enquanto eu festejava. Aqueles treinos e mais treinos extenuantes não haviam sido em vão, e tudo tinha valido à pena naquele mesmo instante. Afinal, o tempo representava muitas coisas. Era a melhor marca pessoal. Recorde brasileiro e novo recorde sul-americano, sendo a minha quinta quebra de marca continental. E por fim, mas não menos importante, a marca era índice para o Mundial de Esportes Aquáticos. Era, então, a minha primeira classificação para um Campeonato Mundial.

Eu fiz tudo o que podia naquele momento. Nadei com foco, sem ansiedade, tentando me concentrar na técnica e em tudo o que eu havia aprendido durante as etapas internacionais da Copa do Mundo.

Se não bastasse, havia feito história e me tornado o primeiro atleta latino-americano a nadar os 100 metros peito abaixo de 1min03s na piscina longa. Atualmente, é uma marca considerada mediana, corriqueiramente feita por muitos nadadores de peito brasileiros. Mas, na época, era inédita. Seria como se um atleta do nosso país, hoje, quebrasse a barreira de 59 segundos na piscina longa. Parece incrível, não é? Acredito que alcançar algo nunca feito por ninguém no seu país, quase sempre é um pouco impressionante.

Muita gente aplaudiu e comemorou. Mas me lembro de que algumas pessoas desdenharam e acharam estranho. Fiquei sabendo, anos depois, que certos indivíduos acharam que eu estava dopado, tendo utilizado substâncias ilícitas. "É um resultado muito expressivo para ser verdade", diziam.

Hoje, tenho apenas pena de quem pensou isso e propagou tal boato. Devem ser pessoas frustradas com elas mesmas, que não têm ideia do trabalho árduo ao qual eu me submeti para chegar naquele resultado. Não obstante, todos os meus inúmeros exames antidoping podem atestar a meu favor. Durante a minha carreira, fiz incontáveis testes, em competições e fora delas (os testes-surpresa).

Entretanto, essas pessoas mal sabem que, até 2004, o único suplemento alimentar que eu tomava era o tal do Carb Up. Ou seja, a maltodextrina[74].

---

[74] Maltodextrina é o resultado da hidrólise do amido ou da fécula, normalmente se apresentando na forma de pó branco, composto por uma mistura de oligômeros da glicose, compostos por cinco a dez unidades. Apresenta-se no mercado comercial como suplemento alimentar.

Para abrilhantar ainda mais o resultado, com o tempo feito nas eliminatórias dos 100 metros peito, pela primeira vez na carreira e na vida, eu dominava completamente os 50 e 100 metros peito na América do Sul, sendo recordista continental das quatro provas:

Recordes continentais em maio de 2001			
Piscina curta (25m)	PROVA	Piscina longa (50m)	
11/11/2000	**28s00**	50m peito	**28s82**	25/5/2001
20/1/2001	**1min01s08**	100m peito	**1min02s44**	27/5/2001

A minha primeira reação, ao sair da piscina, foi ir até o Chefe para dar um abraço nele. Afinal, o Ricardo havia sido o meu treinador e mentor desde o início. Ele havia suportado o meu mau humor nos dias de treino pesado e era um dos únicos que acreditavam que eu realmente poderia fazer o índice.

Ele havia estado ao meu lado em todo o processo de formação e aperfeiçoamento e detinha grande parcela de crédito no resultado. É claro que a natação é um esporte individual e depende essencialmente da dedicação e do esforço do atleta. Contudo, sem uma boa orientação, os talentos podem ser desperdiçados. No meu caso, ele realmente havia me auxiliado a extrair o melhor da performance, assim como o Armando.

Era uma alegria indescritível. Quando você se dedica a uma tarefa, esportiva ou não, sabe exatamente o quão difícil ela foi e quanto esforço foi necessário para chegar no objetivo. Mas, se esse esforço não foi pleno, é possível que o resultado não seja alcançado. E você pode até tentar ludibriar os outros, mas não pode enganar a si mesmo.

Se a dedicação foi total e alcançamos o resultado almejado, é inevitável que passemos a nos sentir orgulhosos de nós mesmos. Basta fazer uma prova na escola ou na faculdade e tirar a nota máxima. A sensação imediata é de altivez pessoal. Naquele exato momento, você se sente a pessoa mais completa do universo. Pelo menos dentro daquele meu pequeno universo, eu me sentia um dos nadadores mais bem sucedidos do Brasil.

Como você pode imaginar, eu não cabia dentro de mim mesmo. No fundo, mal podia acreditar que havia sido capaz de nadar para aquele tempo. Houve até quem dissesse, também, que eu havia tido uma manhã de sorte e jamais repetiria a performance. Inclusive, achavam que eu não chegaria nem perto da marca na final programada para o mesmo dia, à noite. Por um momento, eu também achei que havia sido um golpe de sorte.

Ocorre que eu sempre fui muito cético com o conceito de sorte ou azar dado pela maioria das pessoas. Existe um jargão esportivo que sinteticamente afirma que "a sorte costuma acompanhar os mais competentes". Assim, geralmente, quem ganha por um centésimo, na batida de mão, não necessariamente teve mais sorte, mas, sim, foi mais competente (vide a disputa entre Michael Phelps x Milorad Cavic, na Olimpíada de Pequim-2008, quando o primeiro ficou com a medalha de ouro nos 100 metros borboleta, em uma chegada épica e emocionante).

Com o passar dos anos, com mais experiência, mudei um pouco o meu ponto de vista. Não a ponto de afirmar que treinamento, esforço e dedicação são menos importantes do que o "acaso". Isso não está aberto para discussão. Afinal, você jamais vai alcançar os objetivos sem a prática diária obstinada.

Todavia, é preciso compreender que existem, sim, fatores externos, que não estão sob o nosso controle, que podemos conceituar apenas como "sorte". Esses fatores podem, ou não, auxiliar ou prejudicar um determinado resultado.

Um bom exemplo disso pode ser encontrado na teoria de Malcolm Gladwell, explicada no livro *Outliers*, já citado nesta biografia.

Gladwell observou a lista dos jogadores de uma partida final da liga escolar de hóquei sobre o gelo no Canadá e um fato curioso saltou aos olhos dele: 14 dos 25 atletas nasceram de janeiro a março.

São 56%, em vez dos 25% esperados, se dividir o ano em quatro trimestres. E não só isso: apenas cinco atletas, de um total de 25, haviam nascido no segundo semestre. Ora, mas de que forma o mês de nascimento de uma pessoa interfere na performance esportiva?

Aparentemente, não muito. Mas, quando a criança tem 6 ou 7 anos e se iniciam as "peneiras" dos times infantis, quem nasceu em janeiro é 11 meses mais velho (e experiente) do que quem nasceu em dezembro. Nessa faixa etária de desenvolvimento, esse quase um ano faz uma enorme diferença. Principalmente no quesito força e resistência muscular.

O que ocorre, então? A criança que tinha uma pequena vantagem (desenvolvimento físico) acaba sendo escolhida pelos melhores times e passa a receber treinamento técnico, tático e psicológico melhor do que as demais. Além disso, passa a competir nas melhores ligas, tendo mais tempo de jogo e experiência.

Assim, o "simples" fato de nascer em janeiro (totalmente ao acaso e por "sorte") faz esse futuro jogador profissional ter melhores condições de prosperar em relação aos que nasceram em novembro ou dezembro. E o que antes era um leve desequilíbrio comparado aos colegas, passa a ser um abismo de vantagem.

Coincidentemente (ou não?), eu nasci em março.

Feito esse recorte, voltemos aos fatos da narrativa presente.

Sorte ou não, fato é que, na final, eu nem precisava repetir o tempo feito nas eliminatórias. Pela regra da CBDA na época, os tempos da manhã eram válidos para fins de convocação. Aliás, eu nem sequer precisava vencer a prova, contanto que ninguém nadasse abaixo do tempo que eu havia feito nas eliminatórias.

Mas eu não estava pensando nisso. Nadar para melhorar o tempo feito nas eliminatórias era sempre a minha meta ao entrar na água. Não me lembro de ter nadado para perder em nenhuma vez na vida. Talvez, já tenha me conformado com a derrota ou sabia das poucas chances de êxito em determinado momento. Mas, quando eu subia no bloco, era constantemente pensando na vitória. Nem que fosse apenas uma vitória pessoal.

Enfim, logo no mesmo dia vieram as notícias. E uma, em especial, foi muito bacana:

> *26/5/2001: Eduardo Fischer quebra o recorde sul-americano dos 100 m peito - da Folha de S.Paulo online*

> *Eduardo Fischer quebrou hoje o recorde sul-americano dos 100m peito. O nadador do Vasco também alcançou o índice para o Campeonato Mundial de natação, que será disputado em julho, em Fukuoka, no Japão.*

> *Fischer finalizou a prova, válida pelo Troféu Brasil de natação, com o tempo de 1min02s44, superando em 41 centésimos o índice da CBDA (Confederação Brasileira de Desportos Aquáticos).*

> *O recorde sul-americano anterior pertencia ao argentino Sergio Ferreyra, com 1min03s30, obtido em 1998. O tempo de Fischer*

e o de Gustavo Borges nas eliminatórias dos 100m livre (49s31) classificou o revezamento 4 x 100m medley para Fukuoka: "Estou sem palavras. Sabia que, se baixasse o tempo, ia colocar o 4 x 100m medley no Mundial. Quando vi o resultado do Borges, me motivei mais ainda. A caminho do bloco de partida ouvi alguém gritar 'vai Brasil!' e isso me deu o estímulo que faltava", disse Fischer.

Torres Alves nem estava prestando atenção à prova de Eduardo Fischer. Só começou a vibrar quando ouviu o locutor da competição anunciando que o revezamento medley estava no Mundial.

Até o momento, a equipe formada por Gustavo Borges (crawl), Fernando Torres Alves (borboleta), Alexandre Massura (costas) e Eduardo Fischer (peito) somou 3min41s98. O índice para o 4 x 100m medley é 4min48s78.

A satisfação de carimbar o meu passaporte para o Mundial no Japão foi ainda maior ao saber que eu havia contribuído significativamente para a classificação do revezamento medley.

Depois de tantas emoções e alegrias, era hora da final. E eu tratei logo de demonstrar para todo mundo que não havia sido apenas "sorte". Aliás, provei para mim mesmo que a fase que eu passava naquele momento era realmente muito boa.

Entrei na água determinado a vencer e, mesmo piorando um pouquinho em relação às eliminatórias, fechei a prova em primeiro lugar, com 1min02s56, nadando novamente abaixo do índice e garantindo definitivamente a convocação para Fukuoka. De quebra, calei algumas bocas mal-intencionadas. Sim, eu iria conhecer o Japão. Inevitável mencionar que isso era um enorme bônus.

Troféu Brasil 2001 – Rio de Janeiro (RJ)

100 metros peito – Final

1º	Eduardo Fischer	1980	1min02s56
2º	Henrique Barbosa	1984	1min03s90
3º	Marcelo Tomazini	1978	1min04s36
4º	Fábio Mauro da Silva	1977	1min04s60
5º	Rogério Decat Karfunkelstein	1976	1min05s61
6º	Kovalevych Viacheslav	1976	1min05s81
7º	Augusto Celso da Silva	1980	1min05s83
8º	Michael Edward Miller	1980	1min06s88

Acho bacana destacar a evolução do então garoto Henrique Barbosa, que, com apenas 17 anos, se sagrava vice-campeão brasileiro, quebrando a barreira de 1min04s e chegando na frente de nomes de peso, como Marcelo Tomazini e Rogério Karfunkelstein.

Outro dado bacana dessa final foi a presença dos irmãos Fábio Mauro e Augusto Celso. Ambos se tornariam grandes amigos meus, sendo que Fábio ainda seria colega de seleção brasileira em algumas oportunidades em Copas do Mundo. Grandes pessoas, de elevada índole e que merecem todo o meu respeito.

Encerrado o Troféu Brasil, eu tinha motivos de sobra para comemorar. Todos os meus objetivos haviam sido conquistados, justificando plenamente as extenuantes sessões de treinamento às quais eu havia me submetido nos últimos quatro meses.

A convocação final da seleção brasileira para o Mundial de Fukuoka-2001 havia sido esta:

1. Alexandre Massura (costas)
2. Carlos Jayme (crawl)
3. **Eduardo Fischer (peito)**
4. Edvaldo Valério (crawl)
5. Fernando Torres Alves (borboleta)
6. Flavia Delaroli (crawl)
7. Gustavo Borges (crawl)
8. Monique Ferreira (crawl)
9. Nayara Ribeiro (crawl)
10. Nicholas Santos (crawl e borboleta)
11. Rodrigo Castro (crawl)
12. Rogério Romero (costas)

Agora, nos restava retornar aos treinos e pensar no Mundial. O tempo alcançado no Troféu Brasil estava entre os 15 melhores do mundo, até aquele momento, fato que nos deu esperança para pensar em uma semifinal e, até mesmo, final. A adrenalina e a ansiedade aumentavam só de pensar nessa possibilidade. Sem dizer que havia muita emoção em jogo, tendo em vista que logo eu realizaria o sonho de conhecer o Japão.

64

A classificação para o meu primeiro Campeonato Mundial era, sem dúvida, uma grande conquista e um grande prêmio que eu poderia receber pelo intenso trabalho realizado nos últimos dois anos. Como bônus, seria no Japão, e era um sonho viajar até o outro lado do mundo para conhecer a cultura oriental.

Um fato muito especial nesse Mundial foi a convocação do meu técnico, Ricardo, como um dos membros da comissão brasileira. Depois de ter ficado fora dos Jogos de Sydney, o Chefe havia sido premiado. A presença dele ao lado da piscina era muito importante para mim e, sem dúvida, faria toda a diferença no meu resultado.

Fukuoka é a capital da província japonesa de Fukuoka, localizada na Ilha Kyushu, a sudoeste de Tóquio, distanciada mais ou menos a 1.200 km da capital do país. Voamos o trecho do Rio de Janeiro para Amsterdã, na primeira perna do itinerário, e, depois, Amsterdã para Seul. Por fim, saímos de Seul com destino a Fukuoka. Contudo, tenho lembrança vívida de que, no voo da Europa para a Coreia do Sul, o avião estava em lotação máxima e havia muitas famílias com bebês de colo. Então, a cada cinco minutos éramos acordados com uma sinfonia de choros. Algo até compreensível, afinal, se nós nos cansamos, imagine as crianças. Contudo, mesmo sendo inerente a um voo internacional com muitas famílias, experimentamos uma viagem bastante cansativa.

Quando pousamos no destino, depois de passar pela imigração e pegar as malas, o cansaço extremo se sobrepôs à excitação de conhecer o Japão, e todo mundo apagou no ônibus que nos levou no trajeto de 30 minutos até o hotel no qual estávamos hospedados.

Efetivamente, os japoneses possuem uma cultura e um código de conduta muito diferentes dos nossos. São muito organizados e solícitos, o que já impressiona nos primeiros minutos em contato com o staff do hotel.

Os quartos eram pequenos, e se eu, com 1,80m de altura, já tinha dificuldade de me movimentar dentro, ficava imaginando como seria a percepção do Gustavo Borges, com seus 2,03m de estatura.

A CBDA havia designado o Nicholas Santos como meu companheiro de quarto, o que se repetiria com frequência nas competições da seleção brasileira, fazendo com que nos tornássemos bons amigos.

A primeira coisa que notamos e que foi motivo de muitas risadas foi o vaso sanitário. Ele continha uma série de botões eletrônicos e cada um tinha uma função específica, que fomos descobrindo pelo uso.

Tudo estava, obviamente, escrito em japonês e não sabíamos exatamente o que cada um dos botões fazia, mas descobriríamos oportunamente.

Um dos botões acionava a descarga. Até aí, tudo sob controle. Contudo, os outros tinham funções um tanto quanto diferentes para os padrões ocidentais.

Um ativava uma musiquinha tipo samurai. Outro acionava um jato de água diretamente nas partes íntimas, no intuito de limpar o excesso depois de fazer o "número 2". Havia uma tecla, ainda, que acionava uma golfada de ar para secar aquilo que havia sido lavado pelo botão que acabei de citar.

E, por fim, mas não menos importante, havia o interruptor que proporcionava uma borrifada de perfume dentro do vaso, deixando o banheiro mais agradável para o próximo utilizador. Era o suprassumo da tecnologia de vasos sanitários.

Amenidades e curiosidades japonesas à parte, eu me lembro de que os primeiros dois dias foram muito difíceis na adaptação ao fuso de 12 horas.

Era difícil não ter muito sono nos horários de treino. Afinal, 16h, no Japão, representavam 4h da madrugada no Brasil. Assim, para nos adaptarmos, tínhamos de trocar o dia pela noite.

Claro, eu já tinha a experiência da Olimpíada na Austrália para compreender a adaptação do fuso horário, mas a grande diferença era que, naquela ocasião, contamos com uma aclimação de quase três semanas. Em Fukuoka, teríamos apenas alguns dias para essa adequação.

Então, como você pode imaginar, foi uma grande luta para não cair na tentação de dormir durante as tardes. Às vezes, tínhamos de sair do hotel para passear e jogar uma água no rosto, porque, se ficássemos no quarto, apagaríamos em poucos segundos, literalmente.

Outra estratégia que estabelecemos para vencer o sono e o fuso horário foi realizar treinos em dois períodos todos os dias até o início da competição. Assim, dentro da piscina, obviamente, não dormíamos. Apenas no trajeto de ônibus até o parque aquático.

A piscina era maravilhosa e havia sido montada pela Myrta[75], dentro de um centro de eventos, somente para essa competição. Era uma piscina itinerante, que, ao fim do evento, seria desmontada. Foi erguida dentro de uma espécie de centro multiuso, bem próximo à área portuária, um local muito bacana e convidativo.

A competição tinha patrocínio oficial da Coca-Cola, promovendo a sua marca de bebida isotônica Aquarius, a mesma oficial dos Jogos Olímpicos de Barcelona, em 1992. Era uma concorrente direta do Gatorade e pouco conhecida no Brasil, mas tinha a fórmula e a proposta muito similares: hidratação otimizada.

O mais bacana desse patrocínio era o fato de que a bebida era distribuída gratuitamente no entorno da piscina e estava sempre acondicionada em grandes coolers à disposição de todos os atletas. Para nós, brasileiros, que não tínhamos nem mesmo distribuição gratuita de água mineral nos campeonatos locais, ter isotônicos à vontade para hidratação era muito bacana.

Eu nadaria os 50 metros peito na raia 1 da última série, ou seja, o 19º tempo de inscrição. Nos 100, eu estaria na mesma raia 1, mas da penúltima série (20º tempo). Isso, obviamente, representava posições que nos faziam acreditar na classificação para a semifinal, desde que conseguíssemos superar alguns atletas melhores inscritos.

Devido à decepção pessoal vivida em Sydney, não queríamos criar muitas expectativas em relação a uma final e, por isso, estávamos pensando em um degrau após o outro. O primeiro objetivo era nadar bem e classificar para a semifinal. Ponto. Não queríamos nada além disso nesse primeiro momento.

Um pouco mais maduro e menos nervoso do que na Austrália, um ano antes, eu fiz uma eliminatória bem sólida nos 100 metros peito,

---

[75] A Myrtha construiu piscinas de notável importância, que já sediaram algumas das mais importantes competições de natação mundiais. A execução de piscinas para essas competições é a prova concreta do alto nível tecnológico atingido no campo de projetação de piscinas pré-fabricadas. A Tecnologia Myrtha, além das tradicionais instalações de natação, consente a execução de piscinas temporárias, que, na ocasião de eventos importantes, como o Campeonato Europeu ou o Campeonato Mundial, podem ser instaladas em um estádio de esportes ou um centro de convenções, oferecendo ao mundo da natação a oportunidade de transformar essas competições em um espetáculo inesquecível com custos sustentáveis.

chegando na 15ª colocação geral (sexto na série) e passando para a semifinal. Um resultado para ser comemorado.

Campeonato Mundial 2001 – Fukuoka (JAP)

100 metros peito – Sétima série das eliminatórias

1º	Kosuke Kitajima	JAP	1min00s95
2º	Ed Moses	EUA	1min01s12
3º	Morgan Knabe	CAN	1min01s50
4º	Ryosuke Imai	JAP	1min02s21
5º	Simon Cowley	AUS	1min02s42
6º	**Eduardo Fischer**	**BRA**	**1min02s51**
7º	Elvin Chia	MAL	1min02s88
8º	Remo Lütolf	SUI	1min03s56

Eu havia feito uma parcial de 29s42, fechando a prova com 1min02s51, bem próximo da minha melhor marca, da seletiva realizada no Troféu Brasil. Além disso, era a primeira vez que eu chegava na frente do suíço Remo Lütolf, meu algoz desde a Dinamarca, em 1998.

Foi uma sensação espetacular, pois, logo na minha primeira participação em um Campeonato Mundial, eu havia me colocado entre os 16 melhores do planeta. Era realmente muito relevante na minha carreira. Se pensar que os adversários enfrentados nos Jogos Olímpicos eram praticamente os mesmos, eu poderia dizer que havia conseguido uma melhora de 16 colocações no "ranking mundial".

Para que você tenha uma ideia, o melhor resultado do Brasil nessa competição foi a oitava colocação conquistada pela Nayara Ribeiro, na final nos 1.500 metros livre.

Entre os homens, Gustavo Borges parou na semifinal, com a 12ª colocação, nos 100 metros livre. Da mesma forma, Rogério Romero também terminaria os 200 metros costas em 12º. Melhor do que eu, Alexandre Massura ficaria com a 13ª posição nos 50 metros costas. Depois deles, o meu resultado era o melhor da natação brasileira.

Contudo, eram atletas veteranos bem mais experientes do que eu, com muitas participações em torneios internacionais. Ainda assim, mesmo sendo um novato, eu terminei a competição com o quarto melhor resultado da equipe masculina do Brasil.

Isso apenas provaria que alcançar uma final em um Campeonato Mundial não era uma tarefa tão simples, devido ao altíssimo nível técnico. Por isso, a classificação para as semifinais havia sido muito comemorada por mim, pelo Ricardo e por toda a equipe.

Lembro-me de que, na saída da prova, ao passar pela zona mista, Romero tirou uma foto minha, reportando o resultado quase que imediatamente ao Brasil.

Campeonato Mundial 2011 – Fukuoka (JAP)

100 metros peito – Eliminatórias gerais

1. Roman Sludnov (RUS) – 1min00s40
2. Kosuke Kitajima (JAP) – 1min00s95
3. Ed Moses (EUA) – 1min01s12
4. Domenico Fioravanti (ITA) – 1min01s29
5. Morgan Knabe (CAN) – 1min01s50
6. Darren Mew (ING) – 1min01s93
7. Oleg Lisogor (UCR) – 1min02s03
8. Ryosuke Imai (JAP) – 1min02s21
9. Hugues Duboscq (FRA) – 1min02s34
10. Daniel Malek (CZE) – 1min02s38
11. Simon Cowley (AUS) – 1min02s42
12. Jarno Pihlava (FIN) – 1min02s49
13. Karoly Guttler (HUN) – 1min02s50
14. José Couto (POR) – 1min02s50
15. **Eduardo Fischer (BRA) – 1min02s51**
16. Max Podoprigora (AUT) – 1min02s52

Basicamente, todos os 16 atletas da semifinal já haviam feito história em seus países ou, pelo menos, viriam a fazer. Nessa seleta lista, havia atletas com medalhas em Campeonatos Mundiais e/ou Jogos Olímpicos. Talvez, eu, efetivamente, fosse o único desconhecido, sem nenhum resultado muito expressivo, a não ser pelo ouro em uma etapa brasileira da Copa do Mundo.

Esse dado não é uma justificativa, mas, sim, uma avaliação individual da minha performance. E, de fato, por ser o meu primeiro Mundial, eu estava muito feliz.

A semifinal não teria um desfecho tão positivo quanto aquele alcançado nas eliminatórias. Sem dúvida, eu senti a pressão de ter de nadar muito fortemente o tempo todo (a fim de buscar a classificação), enquanto outros podiam guardar um pouco do melhor.

O tempo de 1min03s08 não foi bom, confesso. Ainda que repetir o da classificatória não me ajudasse a avançar para a final, o objetivo é sempre nadar melhor. Eu teria de quebrar a barreira de 1min02s se quisesse um lugar na briga por medalhas, algo muito difícil naquele momento. Além disso, foi impressionante ver o russo Roman Sludnov nadando pela primeira vez na história abaixo de um minuto nos 100 metros peito em piscina longa e, com isso, estabelecer o incrível e novo recorde mundial.

Campeonato Mundial 2011 – Fukuoka (JAP)

100 metros peito – Semifinais

1. Roman Sludnov (RUS) – 59s94 (recorde mundial)

2. Ed Moses (EUA) – 1min00s55

3. Kosuke Kitajima (JAP) – 1min00s61

4. Oleg Lisogor (UCR) – 1min01s24

5. Morgan Knabe (CAN) – 1min01s25

6. Darren Mew (ING) – 1min01s47

7. Domenico Fioravanti (ITA) – 1min01s66

8. Hugues Duboscq (FRA) – 1min01s96

9. Jarno Pihlava (FIN) – 1min02s02

10. Daniel Malek (CZE) – 1min02s10

11. José Couto (POR) – 1min02s17

---

12. Karoly Guttler (HUN) – 1min02s18

13. Max Podoprigora (AUT) – 1min02s22

14. Simon Cowley (AUS) – 1min02s35

15. Ryosuke Imai (JAP) – 1min02s49

16. **Eduardo Fischer (BRA) – 1min03s08**

As provas de 50 metros borboleta, costas e peito seriam disputadas oficialmente pela primeira vez em um Campeonato Mundial de Esportes Aquáticos em piscina longa. Antes disso, não faziam parte do programa oficial desse tipo de torneio, assim como das Olimpíadas.

A minha expectativa para os 50 metros peito não era muito distinta daquela traçada para os 100. Eu precisava, primeiramente, me classificar para a semifinal para, depois, pensar em algo mais representativo.

A colocação não foi satisfatória e não posso dizer que o resultado foi excelente. Contudo, também não era possível classificá-lo como completamente ruim.

Afinal, sempre que nadamos para a melhor marca pessoal devemos ficar satisfeitos, pois, teoricamente, era o melhor resultado possível naquele momento.

Fechei a prova com 28s80, estabelecendo um novo recorde sul-americano. Essa seria a minha sexta quebra continental. Contudo, ainda que fosse a minha melhor marca pessoal, era insuficiente para avançar para a semifinal. Um misto de alegria e tristeza. Para completar, lá estavam os meus principais adversários: Morgan Knabe, Remo Lütolf, Patrik Isaksson, Jarno Pihlava e Hugues Duboscq. Todos já haviam cruzado o meu caminho algumas vezes e, mesmo ganhando deles na Copa do Mundo, dessa vez, não cheguei nem perto.

Campeonato Mundial 2011 – Fukuoka (JAP)

50 metros peito – Eliminatórias

1. James Gibson (ING) – 27s71

2. Ed Moses (EUA) – 27s82

3. Mark Warnecke (ALE) – 27s86

4. Oleg Lisogor (UCR) – 27s92

5. Roman Sludnov (RUS) – 27s98

6. Jarno Pihlava (FIN) – 28s18

7. Darren Mew (ING) – 28s22

8. Daniel Malek (CZE) – 28s22

9. Domenico Fioravanti (ITA) – 28s27

10. Patrik Isaksson (SUE) – 28s28

11. Morgan Knabe (CAN) – 28s44

12. Anthony Robinson (EUA) – 28s44

13. Hugues Duboscq (FRA) – 28s44

14. Vanja Rogulj (CRO) – 28s49

15. José Couto (POR) – 28s51

16. Remo Lütolf (SUI) – 28s55

17. Phil Rogers (AUS) – 28s65

18. Kosuke Kitajima (JAP) – 28s73

19. Ryosuke Imai (JAP) – 28s78

20. **Eduardo Fischer (BRA) – 28s80**

Restava, ainda, o revezamento medley e, dessa vez, diferentemente dos Jogos Olímpicos, tentei não criar muita expectativa. Mas isso não era simples, pois sempre que eu participava de uma prova com Gustavo Borges não tinha como não ficar emocionado.

Não fizemos uma prova boa e, apesar de eu ter melhorado mais de um segundo em relação à minha parcial de Sydney, com 1min02s25, o tempo total do time foi pior ainda do que na Olimpíada. Terminamos em 11º, com 3min42s74, sendo que a marca necessária para a final era de 3min40s84, feita pelo Japão. Mas foi uma melhora significativa. Primeiramente, porque a minha parcial se aproximava da barreira de 1min01s. Depois, porque, diferentemente de Sydney, eu não havia sido o elo mais fraco da corrente do revezamento.

Detalhe para o tempo de reação da troca do nado costas para o peito. Eu já conhecia um pouco a chegada do Massura, pois havíamos treinado algumas vezes nos Jogos Olímpicos. Por essa razão, me senti um pouco mais seguro para arriscar uma saída mais eficiente. Claro que eu não imaginava que seria tão arriscada. Acabei fazendo uma troca praticamente perfeita e negativa, de -0s01. E digo quase perfeita, pois o limite aceito pela regra era de -0s03.

BRASIL						3min42s74
Atleta	Idade	Tempo de reação	Distância	Parcial	Tempo final e acumulado	
Alexandre Massura	26	0s60	50m	27s49	27s49	
			100m	29s26	**56s75**	
Eduardo Fischer	**21**	**-0s01**	150m	28s63	1min25s38	
			200m	33s62	**1min59s00**	**1min02s25**
Fernando Alves	22	0s18	250m	24s86	2min23s86	
			300m	29s00	**2min52s86**	**53s86**
Gustavo Borges	28	0s39	350m	23s85	3min16s71	
			400m	26s03	**3min42s74**	**49s88**

Encerrada a competição, eu não podia reclamar dos meus resultados. Fiz uma natação bem sólida dentro daquilo que eu era capaz e saí de lá com uma semifinal e um recorde sul-americano. Para o primeiro Campeonato Mundial, eu estava feliz.

No nosso último dia no Japão, saímos para conhecer um pouco da cidade e até experimentamos o autêntico saquê, comprado em algum "boteco" nas proximidades do hotel.

No outro dia, antes de pegarmos o transporte que nos levaria ao aeroporto, passei em uma loja de presentes próxima ao hotel e adquiri uma réplica de uma espada samurai, que tenho até hoje como recordação pendurada na parede do escritório da minha casa.

Na época, antes do atentado às Torres Gêmeas, em 11 de setembro de 2001, as restrições de itens a bordo eram bem menos restritivas, de forma que pude levar a espada comigo como se fosse uma bagagem de mão durante todos os voos e escalas de retorno ao Brasil.

Antes do trágico atentado terrorista em Nova York, viajar com um artefato de metal que simulava uma arma branca não era muito problema para as companhias aéreas. Contudo, se transformou em algo completamente inconcebível nos dias de hoje. Atualmente, você não consegue entrar em um avião comercial se tiver um cortador de unhas na bagagem de mão.

De volta ao Brasil, eu estava muito empolgado com os resultados e a experiência que havia vivenciado. Pude competir contra os melhores do mundo, colocando meu nome entre os 16 melhores. Ainda, como bônus, conheci um país fantástico e sua magnífica cultura, o que marcou não só a minha vida esportiva, mas também a pessoal.

65

Depois de retornar do Mundial no Japão, eu já havia conquistado uma bagagem esportiva internacional bem expressiva para um moleque vindo do interior de Santa Catarina: Dinamarca, Argentina, Austrália, Alemanha, Suécia, França e Japão. Isso sem contar as escalas feitas até a chegada aos destinos finais. Em algumas oportunidades, o tempo de espera era tão grande que conseguíamos, inclusive, sair do aeroporto e dar uma volta no centro da cidade.

Se eu fosse investir recursos próprios para conhecer todos esses países, sem dúvida alguma, não seria possível, pois as viagens internacionais custavam (e ainda custam) muito dinheiro. Somente sob o ponto de vista desse privilégio, ao conhecer tantas culturas e pessoas diferentes, eu já podia considerar a minha trajetória esportiva (e pessoal) como um sucesso. De fato, eu já tinha muito orgulho de tudo o que havia conquistado.

O esporte é muito saudável e nos proporciona coisas boas. Isso é um fato incontestável. Talvez, os únicos pontos negativos do esporte de alto rendimento sejam a excessiva carga de treinamentos, o desgaste precoce do tecido musculoesquelético e as eventuais lesões que esse abuso pode acarretar ao atleta. Seja de forma aguda ou de dor crônica no futuro.

Mas, se colocarmos na balança os benefícios ao organismo, além da possibilidade bônus de conhecer o mundo, é fantástico! Eu não faria nada diferente daquilo que fiz se pudesse voltar ao passado. Aliás, existem estudos que dizem que os benefícios orgânicos gerais adquiridos pela prática de esporte de alto rendimento são muito mais positivos do que os eventuais danos músculo-esqueléticos, ósseos ou ligamentares. Como eu costumo dizer, é melhor conviver com alguma dor no ombro ou no joelho do que com aterosclerose, diabetes ou hipertensão. O esporte, comprovadamente, diminui os riscos dessas doenças.

Perceba que a atividade física proporcionada pelo esporte de alto rendimento aumenta a capacidade cardiorrespiratória, a força, a oxigenação cerebral e a diminuição aos riscos de doenças, como cânceres e outras citadas anteriormente. Assim, em um cômputo geral e final, posso concluir que as poucas lesões que eu tive não chegam nem sequer a ser pontos negativos.

Por outro lado, todas as outras vantagens trazidas pela atividade regular do esporte de alto rendimento eram, de fato, extremamente positivas e recompensantes. Não havia dúvidas de que eu estava apaixonado pela natação e adorando esse meio ao qual estava sendo introduzido dia após dia. Quanto mais eu competia, mais eu queria competir.

O circuito das Copas do Mundo, além de ser um excelente modelo de competição (eventos mais rápidos e dinâmicos), era uma fantástica oportunidade de vivenciar todos os benefícios trazidos pela prática do esporte. Competição, viagens, novas culturas e pessoas. Era sensacional!

Para o segundo semestre de 2001, além dos Jasc, que ainda se mostravam como um evento imperdível para mim, eu tive a oportunidade de participar de mais três etapas da Copa do Mundo.

A perna de Paris, no fim de janeiro de 2001 e na qual eu estive presente, era, na verdade, o encerramento do circuito do biênio 2000-2001. Assim, a etapa da qual eu participaria no Rio de Janeiro, em novembro de 2001, já marcava o início do ciclo 2001-2002.

Para esse novo circuito, devido aos bons resultados, eu poderia optar por outras etapas internacionais, de modo que, além da sediada pelo Brasil, eu ainda competiria em mais quatro mundo afora, separadas em blocos de duas.

Primeiramente, ainda em 2001, iria para Edmonton, no Canadá, juntamente com East Meadow, em Nova York, nos Estados Unidos, em novembro.

Depois, já passando para o ano seguinte, Impéria, na Itália, e novamente Paris, na França, a serem realizadas em janeiro de 2002.

Eu não poderia estar mais contente com o meu trabalho. Além de demonstrar evolução nas marcas pessoais e conquistar medalhas e títulos, estava aproveitando a possibilidade de viajar pelo mundo fazendo aquilo que eu mais gostava: competir.

Era um privilégio incomensurável que me tornava, além de um profissional de sucesso, uma pessoa muito feliz. Sim, se eu pudesse resumir toda a minha carreira de nadador em uma única palavra seria "felicidade".

Mas, antes de entrar de cabeça no circuito da Copa do Mundo, o segundo semestre se iniciaria com os Jasc, uma competição que eu sempre levava muito a sério, aproveitando para nadar bem, ajudar a cidade de Joinville e encarar como um excelente treino preparatório.

Os Jasc eram encarados como treino, pois ocorriam sempre antes de competições mais importantes e me permitiam nadar com força sem estar nas condições ideais de polimento e descanso. Ajudar a equipe de Joinville era, obviamente, um adicional. Afinal, eu também queria somar pontos em busca do título da modalidade.

Aqui, cabe uma ressalva importante. Logo em julho de 2001, na piscina do Clube de Regatas, em Santos, a Federação Aquática Paulista (FAP) realizou o Campeonato Paulista Júnior/Sênior de piscina curta (25 metros).

Nesse torneio, Marcelo Tomazini faria uma grande apresentação e, com excelentes performances, acabaria quebrando os meus dois recordes sul-americanos, além do dos 200 metros peito.

Tomazini faria 27s67, nos 50 metros peito (o recorde era de 28s00), e nos 100, com o tempo de 1min00s23, destruiria a minha marca, que era de 1min01s08. Eram grandes performances, que o colocavam em uma boa posição no ranking mundial. Contudo, isso apenas serviria de combustível para eu treinar ainda mais fortemente. Até mesmo porque isso não poderia ficar assim, e eu precisava reaver os meus recordes.

Diferentemente dos atletas federados em São Paulo, que tinham o Paulista bem no início do segundo semestre, no nosso caso, a segunda metade do ano se iniciaria somente em outubro, com a realização dos Jogos Abertos.

Apesar de não estar totalmente polido para os Jasc, seria a minha primeira chance de tentar recuperar o recorde continental dos 100 metros peito. Eu nadaria três provas individuais, 100 e 200 metros peito e 200 metros medley, e melhoraria as minhas marcas em todas. Infelizmente, mesmo fazendo bons tempos para a época de treinos, não eram suficientes para bater os tempos do Tomazini.

Inclusive, nos 100 metros peito, finalmente consegui romper a barreira de 1min01s, ficando mais próximo do recorde estabelecido pelo Marcelo, meses atrás, mas não o suficiente para recuperar o domínio sul-americano.

Nas três provas, eu trouxe a medalha de ouro para Joinville, estabelecendo novos recordes da competição em todas. Fechei os 100 metros peito para 1min00s62 e os 200, para 2min14s11. Nos 200 metros medley, fiz 2min08s24. Todos, obviamente, em piscina semiolímpica.

O tempo dos 100 metros peito era muito importante para aquele momento, pois me impulsionava um pouco mais para cima no ranking mundial. Era um bom resultado, tendo em vista que não estávamos no auge do polimento e o objetivo do semestre era a Copa do Mundo. Por essa razão, já pensávamos em melhorar a marca quando eu estivesse mais descansado, iniciando ali mesmo a busca incansável pelos históricos e emblemáticos 59 segundos.

Finalizados os Jasc com sucesso, o próximo objetivo, agora, era a etapa brasileira da Copa do Mundo e, depois, as internacionais que me foram ofertadas pela CBDA.

A etapa brasileira desse ano, pelo menos no nado peito, estava um pouco mais forte do que nas edições anteriores. Grandes astros olímpicos e mundiais, como Roman Sludnov, Oleg Lisogor, Jens Kruppa, Morgan Knabe e Terence Parking, estavam entre os adversários que nós, peitistas, teríamos de enfrentar.

No primeiro dia, como de praxe, eu nadaria os 50 metros peito. Com uma performance sólida nas eliminatórias, me classifiquei com o melhor tempo para a final, com 27s69, a apenas dois centésimos da marca continental feita pelo Tomazini, meses antes. Marcelo também se classificaria bem para a decisão, com 27s98.

Na final, mesmo encarando as grandes feras mundiais, fiz uma prova ainda melhor do que nas eliminatórias e, assim, belisquei a medalha de bronze[76].

A prova foi vencida pelo ucraniano Oleg Lisogor, com excepcionais 27s22, sendo que o recorde mundial pertencia a Mark Werneck, com 26s70.

---

[76] Link no QR CODE

Em segundo lugar, chegou o russo Sludnov, com 27s32. Eu bati na placa eletrônica na terceira posição, com o tempo de 27s67, igualando a marca continental feita pelo Marcelo, em julho. Aliás, Tomazini terminou na sexta colocação, com 28s12.

Copa do Mundo de Natação 2001-2022 – Rio de Janeiro (RJ)

50 metros peito – Final

Colocação	País	Atleta	Idade	Tempo
1	UCR	Oleg Lisogor	22	27s22
2	RUS	Roman Sludnov	21	27s32
3	**BRA**	**Eduardo Fischer**	**21**	**27s67**
4	RSA	Brett Petersen	25	27s.82
5	CAN	Morgan Knabe	20	28s13
6	BRA	Marcelo Tomazini	22	28s14
7	ALE	Jens Kruppa	25	28s28
8	BRA	Cesley Cruz	19	28s63

Apesar de não ter superado o recorde de maneira absoluta, era a minha primeira resposta desde que ele havia roubado a marca de mim. Essa passava a ser a sétima vez que eu melhorava (ou igualava) marcas continentais.

No outro dia, na prova de 100 metros peito, mais uma vez, tive uma etapa de classificação muito boa, passando para a final com o segundo melhor tempo, apenas a alguns centésimos do recorde sul-americano: 1min00s31.

Contudo, na final, não nadei bem e não melhorei a minha marca pessoal, terminando fora do pódio, em uma frustrante quarta colocação, com 1min00s85. Se tivesse repetido o tempo feito na parte da manhã, teria ficado com a medalha de prata, algo que me deixou bastante irritado comigo mesmo.

Sludnov, literalmente, colocou o terror na galera, vencendo a prova com excepcionais 58s76, um novo recorde da Copa do Mundo.

Copa do Mundo de natação 2001-2022 - Rio de Janeiro (RJ) 100 metros peito - Final			
1	RUS	Roman Sludnov	58s76
2	UCR	Oleg Lisogor	1min00s44
3	CAN	Morgan Knabe	1min00s52
4	**BRA**	**Eduardo Fischer**	**1min00s85**
5	BRA	Marcelo Tomazini	1min01s35
6	RSA	Brett Petersen	1min01s46
7	ALE	Jens Kruppa	1min02s44
8	BRA	Felipe Brandão	Desclassificado

Mesmo não estando plenamente satisfeito com os resultados, em razão das colocações, eles me credenciavam a optar por quais etapas internacionais gostaria de participar.

Assim, selecionamos as seguintes localidades dentro do circuito 2001-2002: Edmonton (CAN) e Nova York (EUA), em 2001, e, na sequência, em janeiro de 2002, Impéria (ITA) e Paris (FRA).

66

Uma vez escolhidas as etapas internacionais das quais gostaríamos de participar no circuito da Copa do Mundo, não havia muito mais o que fazer em termos de treinamento, pois a do Rio havia se encerrado em 18 de novembro e, menos de uma semana depois, no dia 24, já seria iniciada a de Edmonton, no Canadá.

Depois, logo na sequência, embarcaríamos para os Estados Unidos, para competir em Nova York, em 27 e 29 de novembro. Contando com a etapa carioca, seriam três coladas uma na outra.

Dessa forma, nos dias em que não estávamos viajando ou competindo, a única coisa que podíamos fazer nas piscinas eram séries de manutenção e descanso, pois tudo o que tinha de ser treinado até aquele momento já havia sido feito. Afinal, a parte anaeróbica (ou seja, de força e explosão), eu desempenharia durante as competições, provando a importância de nadar o máximo possível em alto rendimento.

Então, embarcamos para o Canadá com uma equipe formada por mim, Fabíola Molina, Rafael Gonçalves, vulgo Animal, e Rogério Romero.

Essa seria a minha primeira visita ao gelado país franco-britânico. E, realmente, estava muitíssimo frio! Foi em Edmonton que encarei o frio mais severo em toda a minha vida, quando, no período da noite, os termômetros registraram a temperatura de 17 graus Celsius negativos. Lembro-me de um certo fim de tarde, quando tentamos caminhar pelas ruas, mas o vento congelante nos fez desistir depois de cinco minutos. Corrermos para uma galeria de lojas próxima ao hotel.

Por falar em hotel, ficamos em um muito bom. Sem dúvida, era um dos mais confortáveis em que eu havia me hospedado até aquele momento da vida. O mais marcante era a banheira de hidromassagem, que tinha no entorno paredes de vidro, de modo que podíamos observar a neve caindo enquanto relaxávamos em uma água de mais de 40 graus. Outro ponto positivo era a cama "super king size", que tinha 2,05m de largura. Dava, tranquilamente, para dormir atravessado.

Para quem conhece o Canadá, sabe como todas as coisas são muito bem organizadas, chegando ao ponto de ser até um pouco inoportuno para nós, brasileiros, acostumados com uma certa desordem generalizada. Os horários eram seguidos religiosamente. Era até difícil compreender como tudo funcionava tão perfeitamente. O transporte era sempre no horário marcado e a estimativa de agendamento para início das provas ocorria exatamente como previsto e programado.

Outro grande diferencial para essa etapa de Edmonton, algo muito bacana e que nunca mais vi ser utilizado novamente em alguma competição, era que o melhor classificado nas eliminatórias tinha a possibilidade de escolher qual seria a música que tocaria no sistema de som da arena, no momento de entrada e apresentação dos atletas nas finais.

Ou seja, todos os atletas que avançavam para as finais na raia 4 (local destinado a quem faz a melhor marca nas eliminatórias) podiam escolher a canção que animaria a piscina naquele momento tão importante. Era fantástico e inovador. Dava ao atleta uma vantagem psicológica e um motivo adicional para nadar mais rapidamente nas eliminatórias.

Infelizmente, naquele ano, eu tinha o Morgan Knabe no meu encalço. Em ambas as provas das quais participei naquela etapa (50 e 100 metros peito), me classifiquei em segundo lugar, sempre atrás dele, concedendo ao canadense a chance de escolher qual música embalaria o parque aquático durante a apresentação dos finalistas do nado de peito.

Eu até mesmo cheguei a perguntar para a organização, antes das eliminatórias, se poderia mesmo escolher qualquer música, caso fosse contemplado com o benefício. O pessoal me respondeu que sim, contanto que na letra não houvesse palavrões ou dizeres ofensivos.

Todavia, como eu disse, tive um fim de semana prejudicado pelo meu amigo e algoz. Finalista olímpico em Sydney-2000, Knabe venceu tudo o que nadou naquela etapa: 50, 100 e 200 metros peito.

Apesar de ter sido um pouco ofuscado pelo nadador local, os meus resultados foram excepcionais, e saí de lá muito satisfeito com duas medalhas de prata e um recorde sul-americano.

No primeiro dia, por um erro de chegada, fiquei em segundo nos 50 metros peito por apenas dois centésimos, marcando 27s83 contra 27s81 do canadense.

		Copa do Mundo de Natação 2001-2022 – Edmonton (CAN) 50 metros peito – Final		
1	CAN	Morgan Knabe	27s81
2	**BRA**	**Eduardo Fischer**	**27s83**
3	ALE	Timo Lorenz	28s30
4	CAN	Andrew Dickens	28s64
5	CAN	Brad Mori	28s72
6	CAN	Michel Boulianne	28s95
7	CAN	Chad Thomsen	29s04
8	CAN	Trevor Brekke	29s19

No segundo dia, na final dos 100 metros peito, fiz uma prova muito boa e, em outra chegada apertada entre mim e o atleta do Canadá, novamente tive de me contentar com a medalha de prata, por apenas 25 centésimos.

Ainda assim, com 1min00s19, eu finalmente retomava o recorde sul-americano da prova, quebrado pelo Tomazini meses antes, e novamente passava a ter a hegemonia do nado peito na América Latina. Agora, era uma questão de pequenos acertos para quebrar a barreira histórica de 59 segundos em piscina semiolímpica.

Eu havia chegado tão próximo do Morgan que sabia ser possível nadar para essa marca. Era, realmente, apenas uma questão de tempo, com o perdão do trocadilho.

Copa do Mundo de Natação 2001-2022 – Edmonton (CAN) 100 metros peito – Final			
1	CAN	Morgan Knabe	59s94
2	**BRA**	**Eduardo Fischer**	**1min00s19**
3	ALE	Timo Lorenz	1min01s73
4	CAN	Andrew Dickens	1min02s30
5	CAN	Michel Boulianne	1min02s40
6	CAN	Chad Thomsen	1min02s56
7	CAN	Chris Stewart	1min02s94
8	CAN	Trevor Brekke	1min03s11

Foi a oitava quebra de uma marca continental na minha carreira. Nadar abaixo do minuto era um feito que nenhum atleta latino-americano havia conquistado, e eu queria ser o primeiro, a fim de colocar o meu nome na história da natação do Brasil e provar para todos e para mim mesmo que era possível. Era uma busca incansável.

O recorde do Tomazini era de 1min00s23 e, ao quebrar essa marca (1min00s19), eu mostrava uma evidente e muito boa evolução em relação ao tempo que havia feito na Copa do Mundo de Berlim, em janeiro daquele ano.

Lá, eu havia quebrado o recorde continental com 1min01s08. Agora, pouco mais de dez meses depois, melhorava em quase um segundo a minha marca pessoal. Pode parecer pouco, mas representava um progresso extraordinário para um nadador de alto rendimento. Mas eu precisava manter o foco e tentar o sub um minuto o mais rapidamente possível, afinal, o Tomazini também estava próximo e poderia fazer o tal 59s a qualquer momento. Mas eu, definitivamente, queria buscar antes.

Depois da competição, tivemos um dia de folga antes de partir rumo à próxima etapa, em East Meadow, Nova York (EUA), de modo que pudemos turistar um pouco por Edmonton. Tivemos o prazer de conhecer o maior shopping center do mundo (em 2001), assim como dar uma volta na maior montanha-russa indoor do planeta. Aproveitamos para comer em uma pizzaria local próxima ao shopping e nos demos o direito de tomar uma cerveja para comemorar os resultados. Além das minhas medalhas, Romero havia sido ouro nos 200 metros costas.

Finalizado o modo turista dessa etapa da Copa do Mundo, era hora de fechar as malas e rumar para o próximo compromisso.

A etapa nova-iorquina era muito bacana, pois os americanos sabem mesmo produzir eventos com uma organização impressionante. O fato de ser realizada no país com a natação mais forte do mundo também era um grande atrativo em termos técnicos. Infelizmente, essa etapa foi extinta da temporada em 2006, quando o circuito passou a ser realizado em um único ano, não mais no modelo antecessor quebrado em dois.

O Brasil foi com mais atletas dessa vez e, além do pessoal de Edmonton, outros que residiam na terra do Tio Sam se juntaram à equipe. Assim, o time seria formado pela "turma canadense" mais Fernando Scherer, Nayara Ribeiro e Rebeca Gusmão.

A etapa estava recheada de astros e estrelas, alguns já muito conhecidos, outros em plena ascensão. Ainda uma adolescente na época, Natalie Coughlin estava iniciando a trajetória que colocaria o nome dela na história da natação mundial, quebrando os recordes mundiais nos 100 e 200 metros costas, além de levar o ouro nos 50 metros livre e nos 100 metros borboleta. Natalie seria, em um futuro próximo, uma das mais vitoriosas nadadoras olímpicas dos Estados Unidos.

Além dela, a etapa ainda teria outras grandes performances. Martina Moravcova, Geoff Huegill, Anne Poleska, Franck Esposito, Neil Walker, Jason Lezak, Ed Moses e Jim Piper eram algumas das feras que estavam inscritas nessa fortíssima perna da Copa do Mundo.

A minha participação foi expressiva. Aliás, um dos principais sites de natação do mundo trazia o meu nome como um dos destaques da etapa. No swimmersworld.com [77], uma notícia colocava o meu nome em evidência para a etapa de East Meadow (a seguir, já transcrevo o trecho traduzido para o português):

---

[77] Link no QR CODE

Alguns dos melhores nadadores presentes na Copa do Mundo

Nado peito masculino:

Ed Moses (EUA), atual recordista mundial dos 100 e 200 metros peito; Eduardo Fischer (BRA), recordista da América do Sul nas duas primeiras Copas do Mundo de 2001; Jim Piper (AUS), que tem o segundo mais rápido 200 metros peito de todos os tempos.

Participar de uma etapa desse porte, com tantos outros grandes astros e estrelas da natação mundial, era um privilégio. Ser considerado um destaque por um site gringo especializado, fantástico. De fato, competir lado a lado com o atual recordista mundial dos 100 e 200 metros peito seria impressionante e gratificante.

Logo no primeiro dia, como de costume, eu participei dos 50 metros peito. Já no balizamento, percebi a participação de alguns futuros medalhistas olímpicos (Ed Moses, Brenton Rickard e Jim Piper). Não seria missão fácil.

Passei para a final com certa tranquilidade, marcando 28s25 e me sentindo confiante. Na verdade, eu sabia que muitos não estavam no auge da performance para aquela época do ano, então, era uma boa oportunidade para beliscar um pódio significativo para a minha carreira.

Naquele mesmo dia, à noite, na disputa por medalhas, fiz um bom duelo, de igual para igual, com o recordista mundial Ed Moses, perdendo o ouro por apenas 43 centésimos (27s53 x 27s96). Mas nem por isso fiquei decepcionado. Muito pelo contrário, a prata tinha um sabor dourado e foi muito comemorada por mim e pelos meus colegas de seleção brasileira.

Copa do Mundo de Natação 2001-2002 – Nova York (EUA)

50 metros peito – Final

1) Ed Moses (EUA) – 27s53

2) Eduardo Fischer (BRA) – 27s96

3) Mark Riley (AUS) – 28s08

4) Sergio Ferreyra (ARG) – 28s41

5) Brenton Rickard (AUS) – 28s64

6) Nathan Crook (AUS) – 28s77

7) Nicolas Stoel (AUS) – 29s08

8) Vladislav Polyakov (CAZ) – 29s23

Outro fato curioso foi a enxurrada de exames antidoping que nós, brasileiros, fizemos. Afinal, além das minhas medalhas, Romero e Scherer também haviam subido ao pódio e, por isso, acredito que os americanos desconfiaram dos resultados.

Eu tive de fazer xixi no potinho em três oportunidades: eliminatória e final dos 50 metros peito e na final dos 100. Em dois dias, realizei três testes. Eu não tinha dúvida de que havia gente desconfiada de mim. Contudo, isso não era problema. Sempre fui muito caxias nesse quesito.

Obviamente, passei, como sempre, limpo e ileso. Naquela época, eu mal tomava maltodextrina, nem sequer conhecia qualquer substância ilícita. Seguimos, então, com o meu humilde plano de participação.

No segundo dia, a missão era a prova dos 100 metros peito, e eu tinha a leve impressão de que seria um pouco mais difícil do que no dia anterior. Era a especialidade de muitos nadadores presentes naquela etapa. Ainda assim, consegui alcançar um bom resultado, mesmo que o tempo no placar não tenha sido muito expressivo. Mas, naquele momento, a colocação era mais relevante do que a marca do relógio, propriamente dita.

Claro que fiquei um pouco chateado, afinal, se repetisse o tempo feito no Canadá, eu teria ficado com a medalha de prata. Entretanto, foi mais uma de bronze comemorada por nós.

Copa do Mundo de Natação 2001-2002 – Nova York (EUA)

100 metros peito – Final

1) Ed Moses (EUA) – 1min00s14

2) Jim Piper (AUS) – 1min00s62

3) Eduardo Fischer (BRA) – 1min00s71

4) Mark Riley (AUS) – 1min00s98

5) Tony de Pellegrini (FRA) – 1min01s75

6) Vladislav Polyakov (CAZ) – 1min02s13

7) Nathan Crook (EUA) – 1min02s97

8) Nicolas Stoel (AUS) – 1min03s20

No fim, o Brasil retornou dos EUA com cinco medalhas nas bagagens. Duas minhas, duas do Xuxa e uma do Romero. Sem dúvida, uma expressiva participação do time, que ainda bateu na trave, em quarto lugar, mais três vezes, com Rafael Gonçalves (400 medley e 1.500 metros livre) e Rebeca Gusmão (50 metros livre).

O calendário nacional ainda teria o Troféu José Finkel, de 20 a 23 de dezembro. Contudo, com nove meses de salários atrasados por parte do Vasco e a inevitável ruína do projeto olímpico, optamos por não participar do evento, como forma de protesto ao calote desde março de 2001. Foi uma decisão difícil e controversa.

Na verdade, tudo o que estava acontecendo com o clube, com a natação do Brasil e comigo mesmo era triste e paradoxal. Digo isso porque, mesmo com a modalidade (e eu) evoluindo muito na temporada de 2000-2001, o projeto já estava no fundo do poço, sem condições de honrar os pagamentos aos atletas e nenhum recorde ou medalha poderiam consertar isso.

Aquele 2001 havia sido um grande ano para mim, com expressivos resultados internacionais, evolução técnica e psicológica. A decisão de não participar do Finkel, além de difícil de tomar, fazia com que a temporada terminasse de maneira estranha e depressiva. Afinal, além de não defender os meus títulos e resultados na última competição nacional do ano, eu me encontrava em uma posição delicada para o próximo, pois estava (praticamente) sem clube e não tinha um plano.

Como sempre fui um atleta focado nos treinos e nas competições, independentemente de dinheiro ou patrocínio, continuei tentando não deixar que esse episódio me abalasse. Mas confesso que abrir mão de defender o título de melhor do Brasil no nado peito não foi nada fácil.

Sem a minha presença, os 50 metros peito foram vencidos por Felipe Brandão dos Santos, com o tempo de 28s74, e os 100, por Tomazini, com 1min01s59. Ou seja, eles, que não tinham nada a ver com o meu protesto, aproveitaram para se sagrar campeões nacionais. Sim, com tempos um pouco aquém daqueles que eu vinha fazendo nas Copas do Mundo, mas, ainda assim, eram grandes nadadores e mereciam os títulos. O fato de o Finkel ter sido realizado de 20 a 23 de dezembro, às vésperas do Natal, não ajudava muito os atletas e as performances.

Eu estava em plena ascensão e evoluindo visivelmente. Contudo, alguns pontos de interrogação começavam a surgir, pois, na hora em que eu mais precisava do apoio financeiro, o clube me abandonava abruptamente. Levantar a cabeça e treinar, por mais difícil que fosse, era o que me restava fazer.

67

Ainda que 2001 tenha se encerrado de uma forma um pouco preocupante, no aspecto financeiro, no lado competitivo, havia sido muito bom, pois os resultados alcançados nos davam esperança de performances ainda melhores.

Eu procurava tentar não deixar as questões ruins me abalarem. Afinal, devido aos resultados do ano anterior, não tinha por que não achar que 2002 seria tão bom quanto (ou até mesmo melhor) que 2001.

Na verdade, nós nem podíamos nos dar ao luxo de ficar preocupados e deixar que isso prejudicasse os treinos, pois, como na temporada passada, havíamos optado pelas etapas da Copa do Mundo que ocorreriam logo no início do ano, já em 14 de janeiro, na Europa.

Novamente, não haveria férias, propriamente ditas, apenas um simples recesso de alguns dias do Natal até o Réveillon. Aliás, como você já pode ter percebido, essa seria uma rotina frequente na minha carreira pelos próximos cinco, seis anos.

Enquanto muitos preferiam não escolher essas etapas para poderem descansar no período de recesso de fim de ano, nós optaríamos por manter os treinos e o foco, visando perder o menos possível da condição física. Como todo mundo sabe, para melhorar o condicionamento são necessários meses de treino intenso. Para perder, bastam poucas semanas.

Assim, os nossos compromissos internacionais se iniciariam cedo e, em 10 de janeiro de 2002, embarcaríamos para duas etapas europeias: Itália e França.

Como a viagem seria no dia 10, não podíamos parar os treinos em dezembro. Assim, descansamos, de fato, somente dos dias 24 a 31, retornando, exatamente como no último ano, logo no primeiro dia do ano novo de 2002.

Não obstante, esse seria um ano especialmente importante para mim. Observando os meus resultados nas etapas da Copa do Mundo até ali, havia muitas expectativas. Afinal, em 2002, seria realizado o Campeonato Mundial de piscina curta, que ocorria a cada dois anos, nas contagens pares, ao contrário dos de longa, nos ímpares.

Eu havia finalizado 2001 entre os dez melhores do mundo em ambas as provas. Nos 50 metros peito, estava na nona colocação. Por essa razão, qualquer centésimo que pudesse melhorar me colocaria mais perto de uma possível final no Mundial, em abril.

Ranking mundial da Fina 2001 50 metros peito – Piscina de 25 metros				
Posição	Tempo	Nome	Ano de nascimento	País
1	26s90	Roman Sludnov	1980	RUS
2	27s22	Oleg Lisogor	1979	UCR
3	27s39	Arseni Maliarov	1979	RUS
4	27s40	Michael Fischer	1982	ALE
5	27s45	Domenico Fioravanti	1977	ITA
6	27s53	Ed Moses	1980	EUA
7	27s61	Hugues Duboscq	1981	FRA
8	27s66	Robert van der Zant	1975	AUS
9	**27s67**	**Eduardo Fischer**	**1980**	**BRA**
10	27s72	Morgan Knabe	1981	CAN

Perceba que, na época, não era tão simples e fácil consultar o ranking mundial. Até porque a Fina não possuía um site completo e de navegação intuitiva. Nós não conseguíamos consultar a nossa colocação no mundo com apenas alguns cliques, como hoje. Essa tecnologia e facilidade simplesmente ainda não existiam.

Assim, nos restava acompanhar os resultados das outras etapas da Copa do Mundo, a fim de estimar qual seria a posição no ranking.

Ranking mundial da Fina 2001				
100 metros peito – Piscina de 25 metros				
Posição	Tempo	Nome	Ano de nascimento	País
1	58s57	Roman Sludnov	1980	RUS
2	59s29	Ed Moses	1980	EUA
3	59s46	Michael Fischer	1982	ALE
4	59s53	Arseni Maliarov	1979	RUS
5	59s61	Morgan Knabe	1981	CAN
6	59s80	Hugues Duboscq	1981	FRA
7	1min00s00	Jim Piper	1981	AUS
8	1min00s05	Ryosuke Imai	1978	JAP
9	1min00s17	Jarno Pihlava	1979	FIN
10	**1min00s19**	**Eduardo Fischer**	**1980**	**BRA**
10	1min00s19	Dmitry Komornikov	1981	RUS

Mas, antes de pensar em uma final no Mundial, eu, primeiramente, precisava me classificar e ser convocado pela CBDA. Obviamente, dessa vez, nós estávamos otimistas e com reais chances, tendo em vista que a convocação seria com base nos resultados alcançados em 2001, combinada com o Campeonato Sul-Americano Absoluto.

Em 2002, o Mundial seria em Moscou, na Rússia, de 3 a 7 de abril. Até lá, tínhamos muitos azulejos para contar, motivo pelo qual era preciso pensar em uma etapa de cada vez. Nesse momento, o foco eram as duas pernas da Copa do Mundo, na Itália e na França.

Logo após o curto recesso de fim de ano, voltamos para os treinamentos na piscina do Joinville Tênis Clube em 1º de janeiro, naquele mesmo ambiente desértico e um tanto quanto depressivo já descrito aqui. Éramos apenas eu, na água, e o Ricardo, na borda acompanhando. Contudo, não demorou muito para eu me animar, pois, apenas uma semana depois, já estava de malas prontas para rumar em direção à

Europa. Eu já estava ficando craque em viagens internacionais, apreciando toda a logística.

Na época, fazíamos muitas viagens com a Varig[78], e o programa de milhagem da empresa se chamava Smiles[79].

Devido ao grande número de trajetos internacionais que havia feito nos últimos dois anos, eu acumulei um número significativo de milhas, avançando para a categoria Diamante. Isso me concedia alguns benefícios muito importantes quando se faz viagens internacionais, tais como acesso às salas VIP nos aeroportos e *upgrade* para a classe executiva. Sem dúvida, eram comodidades que ajudavam a tornar os itinerários menos cansativos.

Mas o que realmente me atraía era a possibilidade de conhecer pessoas das mais diferentes culturas. A quantidade de experiência e a troca de informações que um atleta adquiria nessas viagens era imensa, e eu estava ávido por tudo isso. Sem dizer que conhecer cidades famosas e turísticas era um "plus" que deixava as coisas ainda mais interessantes.

O nosso primeiro destino era Impéria, na Itália. É uma pequena cidade litorânea localizada na região da Ligúria, no norte da Itália, com cerca de 40 mil habitantes. A cidade ficava a aproximadamente 300 quilômetros de Milão, mas a apenas 85 de Nice, na França, e 70 de Monte Carlo, em Mônaco. Como Impéria não tinha aeroporto, e pousamos em Nice, o trajeto até a cidade sede seria por uma van, que nos levaria do Aeroporto de Nice até o destino final. Por essa razão, como ficava no caminho, foi possível passar por Mônaco e conhecer um pouquinho de Monte Carlo. Uma experiência fascinante.

---

[78] A Viação Aérea Rio-Grandense, mais conhecida como Varig, foi uma companhia aérea brasileira fundada em 1927, em Porto Alegre (RS), pelo alemão Otto Ernst Meyer. Foi uma das primeiras do país. Após anos promissores e de crescimento, em 2001, após os atentados de 11 de setembro, a aviação comercial foi atingida por uma crise, com reflexos no mundo inteiro. Nessa mesma época, foram fundadas e expandidas duas grandes concorrentes da Varig, a Latam Airlines Brasil e a Gol Linhas Aéreas Inteligentes. Em 14 de dezembro de 2006, a Varig recebeu a autorização da Agência Nacional de Aviação Civil para operar sob a razão social de VRG Linhas Aéreas, conhecida coloquialmente como a Nova Varig. Em 9 de abril de 2007, a VRG Linhas Aéreas foi comprada pela Gol Linhas Aéreas Inteligentes pelo valor de US$ 320 milhões.

[79] O Programa Smiles foi criado em 1994 como o programa de milhagem da Varig. A escolha bem-sucedida de parceiros, associada à oferta de promoções e produtos, como o cartão de crédito Smiles, consolidou-o como um programa de alta atratividade para clientes e parceiros. Atualmente, o Smiles é um dos maiores programas de coalizão do Brasil. Desde janeiro de 2013, a empresa Smiles S.A. é uma unidade de negócios independente, criada especialmente para gerir, administrar e operar com exclusividade o Programa Smiles. Dessa forma, além de continuar sendo uma importante ferramenta de relacionamento com os clientes GOL, o programa Smiles se amplia e passa a contar com novos parceiros nos mais variados segmentos.

Impéria era uma cidade tradicional, que tinha muitos habitantes idosos, motivo pelo qual havia um respeito muito grande à sesta.

A sesta é um breve período de descanso que ocorre no início da tarde, geralmente depois do almoço. Esse sono é uma tradição na Itália, particularmente naqueles locais onde o clima é quente. Assim, descobrimos que, das 12h às 14h, todos os estabelecimentos comerciais fechavam, pouquíssimas pessoas eram vistas na rua e quase nada funcionava. A cidade ficava um tanto quanto deserta. Era uma cultura curiosa e engraçada para nós, brasileiros.

Entretanto, um episódio engraçado dessa viagem, que eu sempre conto para todos quando alguém traz o tema sobre educação e preocupação parental, foi a ligação que recebi assim que chegamos no hotel em Impéria. Primeiramente, é preciso lembrar que ainda não havia Skype, WhatsApp, Facetime, smartphones ou coisa do gênero e espécie.

Nós mal tínhamos celular no Brasil, quiçá um aparelho habilitado para o exterior, e, por essa razão, ligar para casa era sempre um perrengue. Normalmente, comprávamos um cartão telefônico internacional, caminhávamos até um telefone público (o famoso orelhão) e gastávamos os créditos ligando para um número de prefixo 0800. Também dava para fazer ligações a cobrar, via Embratel, mas o custo não era muito atrativo.

Era normal, então, que ficássemos dois ou três dias sem contato com o Brasil, pois durante o itinerário, as escalas e as conexões, não havia como ligar ou enviar mensagens de texto. Assim, quando eu viajava para o exterior, me comprometia a dar notícias assim que chegasse ao destino e encontrasse um telefone público.

Mas, para a minha total surpresa, nós mal havíamos chegado e, assim que colocamos o pé no hotel em Impéria, o rapaz que trabalhava na recepção se aproximou e perguntou:

"Alguém aqui se chama Eduardo Fischer?"

Desacreditado que alguém pudesse me conhecer na Itália, com um certo receio do que poderia acontecer, ergui a mão com um pouco de medo e disse que eu era o tal Eduardo Fischer. O rapaz sorriu e disse que havia alguém na linha para falar comigo.

Não só eu, mas todo mundo achou estranho. Afinal, nós havíamos acabado de chegar no hotel. Naquele mesmo instante, ainda com as mochilas nas costas. Como alguém poderia saber que estávamos lá?

Quando peguei o telefone, na frente de todos da delegação, e disse "alô", uma voz peculiar ressoou do outro lado:

"Oi, Du! Aqui é o pai! Está tudo bem por aí? Chegaram bem?"

Sem saber o que fazer e com uma imensa vergonha, fiquei em silêncio por uns dez segundos, sem saber como me comportar. Notei Gustavo Borges me olhando curioso para saber quem havia ligado.

Nós estávamos em um grupo pequeno, de apenas quatro atletas e um técnico. Por mais besta que possa parecer, eu estava com vergonha do que todos pensariam quando soubessem que o meu pai estava me procurando desesperadamente. E nós mal havíamos feito o *check--in*. Hoje, sendo pai, eu entendo a preocupação dele. Mas admito que estava um pouco constrangido. Até porque eu não era mais criança, já tinha 21 anos.

Juro que pensei em mentir, desligar o telefone e dizer que foi engano. Mas não fiz isso. Respondi em um tom de voz bem diminuído, para ter certeza de que ninguém ouviria. Um esforço inútil, pois nós éramos as únicas pessoas na recepção do hotel.

Conversei um pouco com ele, explicando que estava tudo bem, mas que nós mal havíamos chegado e ainda estávamos com as malas nas mãos. Ele apenas disse que estava preocupado. Expliquei que eu não tinha tempo para falar muito, naquele momento, e retornaria em breve.

Obviamente, depois que eu desliguei, a galera veio me perguntar quem era e o que havia acontecido. E, para não perder a oportunidade, cheguei todo descolado, dizendo que o meu pai havia sido ninja em calcular o tempo de viagem e ligar para me dar um "alô".

No fim das contas, ninguém achou nada demais, deram apenas algumas risadas pela situação inusitada, e a suposta vergonha era coisa da minha cabeça, mesmo.

Hoje, como pai, repito, sei muito bem o que ele sentia. Queria apenas ouvir do filho que tudo estava bem e a viagem havia sido tranquila. Coisa de pai. Dá para compreender.

Enfim, retornando à competição, apesar de a organização do evento ter sido muito boa, com refeições adequadas, um hotel muito bom e bucólico à beira de uma encosta, transporte no horário e uma boa piscina, ainda assim, as coisas não começariam muito bem, no contexto da minha performance.

Talvez, pelo fato de não ter competido em dezembro, no Finkel, acredito que estava sem ritmo, e os resultados foram bem aquém do que esperava para a etapa italiana.

Também sabíamos que ela estava recheada de feras do nado peito, como Oleg Lisogor, Domenico Fioravanti, Michael Fischer, Davide Cassol, Emil Tahirovic e Jim Piper, mas isso não era desculpa para ficar fora do pódio em ambas as provas. Se eu repetisse os meus tempos do ano passado, me posicionaria entre os três primeiros nas duas.

Copa do Mundo de Natação 2001-2002 – Impéria (ITA)

50 metros peito – Final

1. Oleg Lisogor (UCR) – 26s96

2. Domenico Fioravanti (ITA) – 27s70

3. Olivier Vincenzetti (ITA) – 27s91

4. Davide Cassol (ITA) – 28s09

5. Michael Fischer (ALE) – 28s10

6. Matteo Cortesi (ITA) – 28s12

7. Eduardo Fischer (BRA) – 28s35

7. Nathan Crook (AUS) – 28s35

Copa do Mundo de Natação 2001-2002 – Impéria (ITA)

100 metros peito – Final

1. Oleg Lisogor (UCR) – 59s70

2. Dmitry Komornikov (RUS) – 1min00s07

3. Domenico Fioravanti (ITA) – 1min00s33

4. Olivier Vincenzetti (ITA) – 1min00s40

5. Davide Cassol (ITA) – 1min00s97

6. Maurizio Capone (ITA) – 1min01s44

7. Eduardo Fischer (BRA) – 1min01s48

8. Matteo Cortesi (ITA) – 1min01s57

Tenho recordação de não ter me sentindo muito bem um dia antes de iniciar a competição, indo dormir cedo com muitas dores no corpo. Não sei se isso, efetivamente, teve alguma influência no resultado, mas acabei amargurando dois frustrantes sétimos lugares.

De qualquer forma, não havia muito o que fazer. Tinha de aceitar que não havia nadado bem e precisava fazer algo diferente na etapa de Paris.

No fim da competição, ainda me sentindo meio cabisbaixo, recebi o convite do Gustavo Borges para jantar e tomar um vinho. Sim, por mais inusitado que isso possa parecer, foi sensacional! Afinal, era um gesto de um dos meus grandes ídolos na natação. Eu mal podia acreditar. Simplesmente inesquecível.

Aliás, salvo melhor juízo, acho que essa havia sido uma estratégia do treinador que acompanhava a seleção brasileira naquela ocasião, o grande Alberto Pinto, mais conhecido como Albertinho na comunidade aquática.

Percebendo que eu estava muito tenso, viabilizou e permitiu que eu tomasse essa taça de vinho. Sabe aquela famosa "vista grossa"? Ela sabia que, ao oferecer essa oportunidade a um garoto de 21 anos, estaria demonstrando muita confiança em mim, o que me faria ficar mais relaxado e confiante para a próxima etapa.

Hoje, não sei dizer se foi o vinho italiano ou a companhia do grande Gustavo, mas a estratégia funcionou perfeitamente. Em Paris, alguns dias depois, eu fui um nadador completamente diferente, mais focado e confiante.

Isso ficou visível na água, com uma postura mais agressiva e resultados mais expressivos do que aqueles feitos em Impéria, dias antes.

Tudo na vida é, de fato, um aprendizado. Depois dessa experiência, passei a compreender que quando o atleta está muito tenso, sente mais dificuldade de fazer uma boa performance. Assim, relaxar um pouco e tentar me esquecer de alguns episódios ruins era, às vezes, mais importante do que um bom treino.

Albertinho e Gustavo talvez tenham percebido que tudo o que eu precisava, naquele momento, era me esquecer dos resultados ruins da Itália. Afinal, foi em Paris que eu definitivamente escreveria o meu nome na história do nado peito do Brasil: tornar-me-ia o primeiro homem da América Latina a nadar os 100 metros em piscina semiolímpica abaixo de um minuto.

Ninguém havia conseguido isso. Na época, era uma marca importante e significativa, quase impossível de eu imaginar quando escolhi o nado de peito como meu principal estilo, em 1995. Em 25 de junho daquele ano, eu venci os 100 metros, no Campeonato Catarinense, com o tempo de 1min12s42.

Pouco menos de sete anos depois, em 19 de janeiro de 2002, eu quebraria uma barreira histórica e completaria a distância na Copa do Mundo, em Paris, em 59s90, estabelecendo um novo recorde continental. Um feito histórico. Naquele instante, sem dúvida, a jornada e os árduos treinos haviam valido a pena mais uma vez.

O mais peculiar dessa etapa francesa foi o fato de eu não ter subido ao pódio em nenhuma das duas provas que disputei, provando que nem sempre a medalha é o mais importante em uma competição. A realização pessoal, a quebra de uma barreira e a evidente evolução da minha natação eram os louros que eu havia conquistado e me deixavam extremamente satisfeitos, mesmo que não tivessem se traduzido em medalhas.

Se eu pudesse voltar no tempo, não trocaria os tempos por uma medalha. De fato, o que eu mais precisava, naquele momento, não era algo pendurado no peito, mas, sim, saber que podia melhorar a minha marca pessoal e evoluir como competidor.

Justamente por esses momentos que eu adoro tanto o esporte. A imprevisibilidade e a evidente necessidade de superação. Não treinamos somente para ganhar. Treinamos para tentar ser melhores do que no dia anterior. A vitória, nesse caso, será uma consequência natural do esforço e da dedicação.

Quando eu poderia imaginar que, após uma participação ruim na etapa anterior, tiraria da cartola o melhor tempo da minha vida apenas três dias depois? Realmente, foi memorável e, mesmo sem pódios, guardo as lembranças com muito carinho na minha mente e no meu coração.

Tudo começou nos 50 metros peito. Apesar de chegar na colocação mais ingrata do esporte de alto rendimento, o quarto lugar (o primeiro fora do pódio), dei o primeiro passo em busca da marca sub um minuto. Fechei a prova com o novo recorde continental, de 27s55 — nona vez que superei o recorde sul-americano.

Copa do Mundo de Natação 2001-2002 – Paris (FRA)

50 metros peito – Final

1) Ed Moses (EUA) – 26s74

2) Roman Sludnov (RUS) – 26s84

3) Hugues Duboscq (FRA) – 27s50

4) Eduardo Fischer (BRA) – 27s55

5) Morgan Knabe (CAN) – 27s60

6) Michael Fischer (ALE) – 28s01

7) Jim Piper (AUS) – 28s18

8) Nathan Crook (AUS) – 28s27

Nesse momento, entrei no radar dos outros nadadores do mundo e passei a ser um pouco mais conhecido. Os adversários, agora, me cumprimentavam no banco de controle, o que não ocorria antes.

Nas eliminatórias dos 100 metros peito, me recordo de nadar na última série. Assim, pouco antes de cair na água, já sabia mais ou menos qual tempo era necessário para avançar para a final. Todo mundo havia segurado um pouco, e a quarta melhor marca, até o momento, era do australiano Jim Piper, com 1min00s80. Por essa razão, eu sabia que não precisava dar o meu melhor para entrar na final e podia pensar em guardar um pouco de energia. De fato, mesmo nadando mais lentamente do que o usual, me classifiquei com o sétimo tempo, de 1min01s63.

Na final, eu estava confiante e me sentindo bem. O francês Hugues Duboscq estava do meu lado, na raia 6, e, sabendo que ele já havia feito 59 segundos, só pensava em chegar junto dele. Motivado pelo resultado dos 50 peito, fiz uma excelente natação nos 100 e, mesmo ficando em quinto lugar e fora do pódio, o tempo que vi no placar me deixou extasiado. Custei a acreditar quando olhei aquela tela. Mas, sim, lá estava: 59s90. O primeiro nadador da América do Sul a romper o minuto nos 100 metros peito. Hoje, é uma marca que pode até ser considerada como mediana, que muitos brasileiros já alcançaram. Mas, em 2002, era inédita e impressionante na natação latino-americana.

Foi a décima vez que eu superei um recorde continental, sendo essa, talvez, a mais especial da minha vida.

Houve muita comemoração na piscina com todos os colegas de equipe, inclusive o meu grande ídolo Gustavo Borges, que ficou muito feliz com o resultado. Surreal! Além da vibração local, houve muita repercussão positiva no Brasil. Sites esportivos noticiaram o feito, recebido com alegria pelos meus pais e amigos. Era, sem dúvida, uma marca expressiva para a natação do país.

Copa do Mundo de Natação 2001-2002 – Paris (FRA)

100 metros peito – Final

1) Roman Sludnov (RUS) – 58s08

2) Ed Moses (EUA) – 58s22

3) Morgan Knabe (CAN) – 59s34

4) Hugues Duboscq (FRA) – 59s78

5) **Eduardo Fischer (BRA) – 59s90**

6) Jim Piper (AUS) – 1min00s43

7) Tony de Pellegrini (FRA) – 1min01s26

8) Yohan Bernard (FRA) – 1min01s65

A CBDA faria a seguinte divulgação:

FISCHER QUEBRA A BARREIRA DO MINUTO E BATE NOVO RECORDE EM PARIS[80]

Copa do Mundo de Natação

Fischer quebra a barreira do minuto e bate novo recorde em Paris

O nadador Eduardo Fischer fez história em Paris. Ele é o primeiro sul-americano a quebrar a barreira do minuto nos 100m peito, em piscina curta. O brasileiro terminou em quinto lugar na etapa francesa da Copa do Mundo de Natação, neste sábado (19/1), com a marca de 59s90. O antigo recorde, também de Fischer, era de 1min00s19, conquistado na etapa canadense de Edmonton, deste mesmo circuito, em novembro de 2001.

---

[80] Link no QR CODE

  Finalizadas as etapas da Copa do Mundo, não poderíamos perder o *timing*. Era hora de regressar a Joinville e retomar os treinamentos o quanto antes. Afinal, a grande meta do ano ainda era o Mundial de Piscina Curta, em abril, na Rússia. Mas, para isso, precisaríamos, antes de tudo, passar pela seletiva brasileira, a fim de garantir a minha participação. A seleção sairia do Campeonato Sul-Americano Absoluto, em Belém do Pará.

68

Eu havia sido convocado para o Sul-Americano de 2002, em Belém, no Pará, pelos resultados obtidos no Troféu Brasil do ano anterior, quando estabeleci novos recordes continentais nas provas de 50 e 100 metros peito, com as marcas de 28s82 e 1min02s44, respectivamente.

Aliás, desde o TB de 2001, passando pelo Mundial no Japão e por diversas etapas da Copa do Mundo, nós tínhamos muitas boas expectativas para o ano, que nos davam ainda mais motivação para alcançar um resultado expressivo nessa competição continental.

De qualquer forma, eu estava em uma fase ascendente e ansioso para participar do meu segundo campeonato absoluto da América do Sul. Esse torneio passaria a ser muito importante na minha carreira, pois quase sempre era seletiva para alguma competição mais expressiva.

Nessa oportunidade, diferentemente da edição de dois anos atrás, na Argentina, eu chegaria como grande favorito nas provas de peito, sendo considerado por alguns jornalistas esportivos como a revelação da natação brasileira.

A receptividade do povo belenense foi extraordinária, como nunca havíamos visto em uma competição de natação no Brasil. Desde a chegada ao hotel, havia uma multidão de pessoas de plantão, esperando pelos nadadores da seleção, ansiosos pela oportunidade de um autógrafo ou uma foto.

Foi inesperado e até um pouco assustador. Afinal, necessitar de escolta policial para transitar entre o hotel e a piscina, definitivamente, não era usual. A torcida queria, literalmente, tirar pedaços da nossa roupa para guardar como recordação. Eu me lembro de ter tido duas peças rasgadas em meio ao frenesi da multidão que cercava a piscina e aguardava a passagem dos atletas entre os intervalos da competição.

Todos os dias, desde que chegamos em Belém, fosse para competir ou apenas treinar, a arquibancada estava sempre totalmente lotada de pessoas enlouquecidas pelos "astros e estrelas" da natação do Brasil. Era muito lindo de se ver e nos deixava extremamente orgulhosos.

Especialmente para mim, seria uma competição marcante. Não apenas pelo fato de ver a arquibancada lotada, mas em razão dos resultados. Eu conquistaria três medalhas de ouro, nos 50 e 100 metros peito e no revezamento 4 x 100 metros medley. Mas não somente isso: ainda quebraria dois recordes sul-americanos nas provas individuais.

Com os tempos de 28s58 e 1min02s43, eu registraria a nova melhor marca da América do Sul nos 50 e 100 metros peito, respectivamente. Chegava até mesmo parecer fácil. Eu estava tão bem treinado, determinado e focado, que quase toda queda na água era com direito a melhor marca pessoal.

No primeiro dia de competição, seria a vez dos 100 metros peito e, ao melhorar a minha marca em apenas um centésimo, eu não só venceria a prova, mas quebraria o recorde, levando a torcida presente na piscina à loucura.

Campeonato Sul-Americano 2002 – Belém (PA)				
100 metros peito – Final				
Col.	Atleta	País	Tempo	
1º	**Eduardo Fischer**	**BRA**	**1min02s43**	**RS**
2º	Marcelo Tomazini	BRA	1min04s08	
4º	Pablo Contursi	ARG	1min05s11	

Já no segundo dia, eu participaria dos 50 metros peito e do revezamento 4 x 100 metros medley. Para a minha total alegria e satisfação, mais duas medalhas de ouro e um novo recorde continental.

Campeonato Sul-Americano 2002 – Belém (PA)				
50 metros peito – Final				
Col.	Atleta	País	Tempo	
1º	**Eduardo Fischer**	**BRA**	**28s58**	**RS**
2º	Marcelo Tomazini	BRA	29s79	
3º	Gerardo Gimenez	VEN	30s09	

A competição foi toda transmitida ao vivo pelo SporTV, e eu tenho as gravações até hoje. O comentarista convidado, na época, era ninguém menos do que André Teixeira, atleta olímpico, em 1996, e medalhista pan-americano nos Jogos de Mar del Plata, em 1995, e ele não mediu esforços para conceder elogios as minhas performances. Eu me lembro de ter ficado tão lisonjeado e agradecido que, na primeira oportunidade em que pude dar uma entrevista ao vivo, durante a transmissão, fiz questão de agradecer pessoalmente ao André.

E eu estava fulgurante. Era visível e inegável. Com três medalhas de ouro penduradas no pescoço, estava entre as melhores performances da competição. Claro que não podia me comparar aos mestres Borges e Scherer, mas os resultados estavam sendo muito bem recebidos por toda a mídia esportiva. Afinal, fazia um bom tempo que um nadador de peito não trazia resultados tão expressivos para o Brasil.

Revendo as gravações dessa competição, era fácil constatar que eu estava um degrau acima dos adversários e evoluindo tecnicamente. Apesar de ser um garoto não muito alto (1,80m) e relativamente magrelo (72kg), não impressionando fisicamente nem um pouco, eu chamava atenção quando entrava na água, principalmente nos metros finais das provas, quando a qualidade técnica do meu nado era utilizada para vencer adversários mais altos e mais fortes do que eu.

Havia sido uma performance épica, para os meus parâmetros, e isso apenas me dava mais motivação e confiança para ir para Moscou, em meu primeiro Campeonato Mundial de piscina curta. Todos os meus esforços, agora, eram focados na Rússia. Nós achávamos que existiam boas chances de alcançar finais em ambas as provas para as quais eu estava convocado (50 e 100 metros peito).

69

Tenho grande convicção de que o melhor período da minha carreira esportiva ficou compreendido dos anos de 2000 a 2004. Foram cinco temporadas de muita progressão atlética, física e mental, nas quais alcancei muitos dos objetivos traçados por mim e pelos meus treinadores, resultando em um grande sucesso pessoal naquilo que me predispus a realizar.

Contudo, analisando retrospectivamente, acho que 2002 talvez tenha sido o mais especial. Não sei dizer exatamente o que me faz pensar assim, mas os resultados obtidos são um bom indício disso.

Depois de romper a barreira do minuto nos 100 metros peito, faturar muitas medalhas nas etapas da Copa do Mundo e me consagrar bicampeão continental, eu agora tinha a chance de buscar um lugar na final de um Campeonato Mundial de piscina curta, ou seja, me estabelecer entre os oito melhores do mundo. Claro que existia uma ambição maior, na qual eu sonhava com um pódio, mas isso ainda parecia um pouco distante da minha realidade, naquele momento.

A viagem para Moscou foi marcante em muitos aspectos. Entre eles, o fato de a equipe convocada estar recheada de pessoas extraordinárias, não apenas como atletas de alto rendimento, mas como pessoas do bem. Novamente, o Ricardo havia sido chamado e era muito bom contar com o Chefe lá comigo.

Quando chegamos no hotel oficial da competição, ficamos espantados. Era enorme e muito luxuoso. A área da recepção era gigantesca e contava com bares, lojas e até mesmo um cassino. Sim, anexo à recepção do hotel havia um cassino para a utilização dos hóspedes. Aliás, no fim da competição, no último dia antes de retornarmos para o Brasil, Raphael de Thuin foi jogar e acabou ganhando uma TV de plasma de 42 polegadas.

Apenas para você ter uma ideia, em 2002, quando as TVs de plasma começaram a ser comercializadas no Brasil, um aparelho de 42 polegadas custava em torno de R$ 20 mil.

Além de todas essas opções de entretenimento, outra coisa que nos chamava a atenção era uma grande quantidade de mulheres bonitas e bem vestidas ocupando os grandes sofás da recepção. Mais tarde, descobriríamos que se tratavam de "acompanhantes executivas" e que o serviço era devidamente legalizado e permitido. Cada local, uma cultura.

Enfim, além de atletas com referência mundial, como Gustavo Borges e Rogério Romero, o time ainda contava com excelentes nadadores que depois também seriam futuros grandes amigos e a base da seleção do Brasil por alguns anos. A equipe verde e amarela para o Mundial de 2002 era composta por:

MASCULINO	FEMININO
André Cordeiro	Amara Silva
Bruno Bonfim	Denise Oliveira
Caio Moretzsohn	Fabíola Molina
Carlos Jayme	Flavia Delaroli
Cleber Costa	Monique Ferreira
Eduardo Fischer	Nayara Ribeiro
Fernando Alves	Paula Baracho
Gustavo Borges	Poliana Okimoto
Hugo Duppré	Rebeca Gusmão
Marcelo Tomazini	Tatiana Lemos
Nicholas Santos	
Pedro Monteiro	
Raphael de Thuin	
Rodrigo Castro	
Rogério Romero	

Esse clima bacana de companheirismo que havia naquela competição, sem dúvida, foi muito importante para a minha evolução como atleta e pessoa. Eu me sentia parte do time, ainda que conhecendo pouco alguns dos colegas. No fim, por exemplo, quando resolvemos comemorar os resultados, estávamos quase todos juntos experimentando algumas tradicionais iguarias russas.

Apesar de a rotina de um campeonato de alto rendimento ainda ser encarada como novidade por mim, afinal, eu custava em acreditar que havia alcançado a honra de participar de um Mundial, eu já conseguia dar um pouco de crédito a mim mesmo e, às vezes, até me considerava um atleta experiente.

Até mesmo porque eu vinha de uma semifinal em Campeonato Mundial de longa e de uma temporada premiada com medalhas em etapas da Copa do Mundo. Além disso, chegaria em Moscou balizado com o quinto melhor tempo nos 50 metros peito e o décimo nos 100.

Aliás, esse balizamento (ou startlist[81], como também é conhecido) entregue à comissão no congresso técnico[82], um dia antes do início da competição, foi algo que nos chamou muito a atenção. Era impressionante chegar em um Campeonato Mundial credenciado à disputa por medalhas. Bastava olhar para a diferença entre mim e o terceiro melhor tempo no balizamento para percebermos que ir ao pódio era possível. Difícil, obviamente. Mas possível. A diferença do meu tempo de inscrição para o terceiro era de apenas 28 centésimos.

Balizamento do Campeonato Mundial de piscina curta – Moscou-2002:

---

50 metros peito

1. Oleg Lisogor (UCR) – 26s20

2. Daniel Malek (CZE) – 27s06

3. Remo Lütolf (SUI) – 27s27

4. Phil Rogers (AUS) – 27s52

5. **Eduardo Fischer (BRA) – 27s55**

6. Hugues Duboscq (FRA) – 27s56

7. Arseni Maliarov (RUS) – 27s59

8. Jarno Pihlava (FIN) – 27s63

---

[81] O startlist, ou lista de entradas (no português), era uma listagem entregue aos chefes de equipe de cada nação participante, com todos os atletas inscritos em cada uma das provas e seus respectivos tempos de inscrição. Esse tempo, quase sempre, era o que o atleta havia feito nas seletivas do seu país.

[82] Congresso técnico é uma reunião realizada às vésperas do início da competição, com os dirigentes e líderes de equipe de cada delegação (nação). A finalidade é confirmar a participação de cada delegação, definir detalhes do regulamento geral e, também, confirmar as inscrições de cada atleta.

9. Kosuke Kitajima (JAP) – 27s70

10. Vanja Rogulj (CRO) – 27s72

Quando batemos o olho nessa lista, na véspera do início da competição, percebemos que seria possível brigar pela final entre os oito colocados e por um lugar no pódio. Eu estava, inclusive, melhor balizado do que aquele que, um dia, seria um dos melhores nadadores de peito de toda a história: Kosuke Kitajima.

Eu me recordo de que, apesar de estar exultante, ao ver o meu nome entre os melhores do mundo, não fiquei mais nervoso ou preocupado. Pelo contrário, isso me deu mais motivação para cair na piscina e fazer o meu melhor.

Inevitável que o meu foco estivesse nos 50 metros peito depois de ver o startlist. Contudo, no balizamento dos 100, eu também estava bem colocado, novamente entre os dez melhores tempos de inscrição, e almejava passar para a final entre os oito melhores do mundo.

Vale ressaltar que esses tempos de inscrição, quase sempre, mas não necessariamente, se traduziam nos melhores de cada atleta, feitos nas seletivas dos seus países.

Contudo, essa previsão de resultado que víamos na inscrição poderia sofrer muitas alterações após a primeira queda na água, nas eliminatórias, justamente porque nem sempre os nadadores conseguiam repetir ou melhorar o tempo feito na classificação para aquela competição. Até os melhores do mundo poderiam estar em um dia ruim ou até mesmo terem errado o polimento. Isso, inclusive, se traduz em uma das belezas do esporte: ninguém vence de véspera.

Existiam, sim, os favoritos. Contudo, isso não queria dizer, obrigatoriamente, que eles sempre venceriam. Como diria um outro dito popular: o jogo só acaba quando termina.

Até mesmo porque, se olhássemos a lista de entrada dos 100 metros peito, eu, teoricamente, não conseguiria chegar em uma final, pois estava com o décimo melhor tempo:

100 metros peito

1. Oleg Lisogor (UCR) – 57s86
2. Kosuke Kitajima (JAP) – 58s80
3. Hugues Duboscq (FRA) – 59s24
4. Daniel Malek (CZE) – 59s51
5. Dmitry Komornikov (RUS) – 59s57
6. Jim Piper (AUS) – 59s58
7. Jarno Pihlava (FIN) – 59s69
8. Martin Gustafsson (SUE) – 59s78
9. José Couto (POR) – 59s81
10. **Eduardo Fischer (BRA) – 59s90**

Depois de feita a análise dos meus adversários e de extrairmos todas as informações possíveis em cima do balizamento, me restava cair na piscina para o reconhecimento do local de competição, como os blocos de partida, a temperatura da água e a aderência das placas eletrônicas para realização das viradas, entre outros detalhes.

A competição seria realizada no Complexo Esportivo Olimpiyskiy, a mesma piscina que havia sediado a natação nos Jogos Olímpicos de Moscou, em 1980. Era, indubitavelmente, um lugar sensacional, com uma excelente estrutura de parque aquático.

O Complexo Esportivo Olimpiyskiy se constituía em um centro de natação com uma piscina olímpica coberta, que havia sido construído com o propósito de sediar os Jogos Olímpicos de 1980. O parque aquático estava inserido no conjunto arquitetônico de mesmo nome, juntamente com a Arena Olimpiyskiy, nada mais, nada menos do que o Estádio Olímpico.

Durante a Olimpíada, esse parque aquático sediou a natação e os saltos ornamentais. O recinto era composto por uma piscina olímpica com capacidade para 7.500 pessoas na arquibancada e um tanque de saltos para mais 4.500, sendo as piscinas separadas apenas por uma divisória acústica.

De qualquer forma, conhecer o complexo e a piscina era muito importante. Fazíamos quase que inconscientemente um *checklist* básico para o reconhecimento do ambiente.

Tudo o que eu queria, na verdade, era cair na água e me sentir bem. Essa era a expressão-chave do momento, que eu almejava "ouvir" do meu cérebro repetidas vezes.

Parece bobagem, mas para nós, atletas de alto rendimento, a sensação de bem-estar sobre o ambiente e a condição física é muitíssimo importante. No fim das contas, nós sabíamos dizer muitas coisas sobre nós mesmos após os primeiros metros dentro da piscina.

E, para alívio (meu e do Ricardo), a primeira impressão foi extremamente positiva. Afinal, aquela piscina era precedida de uma fama particular. Era a mesmíssima onde a lenda russa Alexander Popov havia estabelecido um novo recorde do mundo nos 50 metros livre. Popov, em junho de 2000, nadando a seletiva russa para a Olimpíada de Sydney, fechou a prova e garantiu a classificação marcando incríveis 21s64. Recorde esse que perduraria por incríveis sete anos e oito meses.

Com todas essas variáveis favoráveis, além de uma boa colocação no balizamento e uma ótima sensação ao cair na água, não havia como não pensar que bons resultados nos esperavam.

O meu desafio inicial, logo no primeiro dia de competição, em 3 de abril, foi a prova dos 100 metros peito. Na ocasião, consideramos melhor nadá-la antes dos 50, pois era uma distância para a qual tínhamos menos expectativa. Então, podíamos testar algumas coisas.

E seria um excelente início de competição. Nadando na última série, ao lado do grande favorito, Oleg Lisogor, pude utilizá-lo como referência e terminei com a minha melhor marca pessoal, estabelecendo um novo recorde sul-americano e me classificando com o terceiro melhor tempo para as semifinais, com 59s64.

Campeonato Mundial de piscina curta 2002 – Moscou (RUS)
100 metros peito – Eliminatórias

Pos.	País	Atleta	TR	Parcial	Tempo
1	EUA	David Denniston	0s76	27s71	59s34
2	UCR	Oleg Lisogor	0s80	27s67	59s57
3	**BRA**	**Eduardo Fischer**	**0s77**	**28s39**	**59s64**
4	RUS	Dmitry Komornikov	0s82	28s78	59s79
5	FIN	Jani Sievinen	0s81	28s12	59s84
6	AUS	Phil Rogers	0s72	28s52	1min00s07
7	JAP	Kosuke Kitajima	0s70	28s29	1min00s08
8	FIN	Jarno Pihlava	0s75	28s08	1min00s09
9	RUS	Arseni Maliarov	0s86	28s56	1min00s19
10	AUS	Jim Piper	0s83	28s36	1min00s24
11	FRA	Hugues Duboscq	0s81	28s25	1min00s25
12	AUT	Patrick Schmollinger	0s90	28s28	1min00s43
13	CZE	Daniel Malek	0s86	28s74	1min00s57
14	SUE	Martin Gustafsson	0s78	28s45	1min00s58
15	POR	José Couto	0s83	28s52	1min00s63
16	AUT	Maxim Podoprigora	0s91	28s94	1min00s77

Foi nesse momento que percebemos que a competição havia ficado efetivamente séria. Eu deixava de ser um mero coadjuvante desconhecido para ingressar em um seleto grupo da elite mundial. Obviamente, ainda havia um grande caminho a percorrer até a final e uma possível chance de disputar uma medalha, mas, de qualquer forma, passei a ser notado pelos adversários, que, alguns meses antes, mal sabiam quem eu era.

Talvez, seja por isso que 2002 tenha sido um ano tão marcante para mim. A sensação de cair na piscina, melhorar uma marca pessoal, quebrar o recorde da América Latina e me classificar para a semifinal do Mundial, entre os três melhores, era fantástica.

Mas, como eu disse, ainda havia um enorme e árduo caminho até a final. A comemoração não poderia durar muito, tínhamos de voltar o foco para a competição e, principal e exclusivamente, a semifinal. Um degrau de cada vez.

Pois bem, acredito que esse excesso de confiança após as eliminatórias pode ter me "traído", prejudicando um pouco a performance da semifinal. Pensar que a terceira melhor colocação na primeira etapa poderia me garantir em uma final foi um grande erro e me faria passar por um grande susto. Por muito pouco, não fiquei fora da decisão.

Apesar dos pesares, ainda que o resultado tenha sido pior, foi suficiente para me colocar exatamente na oitava e última vaga. A despeito do espanto, hoje percebo que foi positivo, pois me colocou de volta à realidade de um Campeonato Mundial, no qual nunca algo está garantido.

Campeonato Mundial de piscina curta 2002 – Moscou (RUS) 100 metros peito – Semifinais					
Pos.	País	Atleta	TR	Parcial	Tempo
1	FIN	Jarno Pihlava	0s74	27s80	59s09
2	UCR	Oleg Lisogor	0s77	27s88	59s12
3	EUA	David Denniston	0s78	27s65	59s15
4	JAP	Kosuke Kitajima	0s72	28s35	59s21
5	RUS	Dmitry Komornikov	0s81	28s52	59s57
6	AUS	Jim Piper	0s85	28s09	59s68
7	RUS	Arseni Maliarov	0s87	27s92	59s70
8	**BRA**	**Eduardo Fischer**	**0s78**	**28s25**	**59s71**

Apesar do susto, eu havia conseguido um lugar na final, o primeiro grande objetivo na competição. Além disso, havia deixado grandes atletas, finalistas olímpicos, para trás, tal como Phil Rogers e Jani Sievinen.

Um grande passo havia sido dado, quebrando, inclusive, muitos paradigmas, como a primeira final no nado peito em Campeonatos Mundiais para o Brasil desde José Fiolo[83].

José Sylvio Fiolo (Campinas, 2 de março de 1950) é um ex-nadador brasileiro, recordista mundial dos 100 metros peito em 1968. Seu maior feito ocorreu em 12 de fevereiro de 1968, aos 17 anos, quando, sozinho na piscina, mas na frente de uma multidão na arquibancada do Clube de Regatas Guanabara, quebrou o recorde mundial dos 100 metros peito, com o tempo de 1min06s4.

No mesmo ano em que quebrou o recorde mundial, Fiolo foi aos Jogos Olímpicos da Cidade do México e chegou em quarto lugar na mesma prova, a melhor colocação de um nadador de peito até hoje na história do Brasil.

Feito o devido crédito ao talvez melhor peitista que o Brasil já teve, voltamos a Moscou.

Apesar da classificação para a final, de nenhuma forma estávamos satisfeitos. Agora que chegamos na grande decisão, queríamos mais. Queríamos, sim, uma medalha. Sabíamos que seria difícil, mas, como eu já disse, não impossível.

Era hora de descansar, ter um boa noite de sono, focar onde havia possibilidade de melhorar e mirar na melhor performance pessoal possível, acreditando que isso seria suficiente para me levar ao pódio.

No outro dia, à noite, de volta à piscina para o aquecimento das finais, a tensão havia se elevado consideravelmente. Afinal, eu deveria nadar ainda melhor do que nas eliminatórias, se quisesse sonhar com uma medalha.

E foi justamente no banco de controle da prova, quando estava me preparando para nadar a grande final dos 100 metros peito, que ocorreu um fato inusitado e assustador, do qual jamais vou me esquecer.

Na época, eu tinha dois trajes diferentes da Arena. Um era o macaquinho, que ia até a altura dos joelhos. Esse era um pouco mais antigo

---

[83] Links nos QR CODES

e usado, que eu havia escolhido para os 100 metros peito, guardando o outro, mais novo, para os 50.

O mais novo era um bodysuit (completo), sem mangas, mas que se estendia até os tornozelos. Na medida que eu tinha preferência pelo completo, optei por preservá-lo, guardando-o para os 50 metros peito, na qual eu estava melhor ranqueado.

O fechamento de ambos os trajes era feito nas costas, com um zíper que ia até a nuca, onde havia um gancho para dar a segurança de que esse zíper não abrisse durante o movimento do nado.

A ordem do dia era: semifinal dos 50 metros livre masculino, final dos 100 metros costas feminino e, então, a minha prova, a final dos 100 metros peito masculino.

Pois bem. No momento em que foram encerrados os 50 metros livre, havia apenas a final dos 100 metros costas feminino até que eu fosse chamado. Foi então que me levantei e pedi para o Marcelo Tomazini fechar o meu traje. Aliás, ele havia ido comigo ao banco de controle somente para me ajudar nisso.

Então, Tomazini veio até a minha direção, puxou o zíper e disse:

— Fischer, fodeu!

— Como assim "fodeu"? — perguntei.

— Brother, o zíper do seu traje arrebentou!

Na mesma hora, eu respondi:

— Tomaza, cara, para de brincadeira e fecha logo esse negócio aí!

Então, a conversa continuou:

— Brother, não estou zoando, não, feioso[84]. Arrebentou mesmo!

— Porra, Tomaza! Para com isso, feio! Fecha logo o traje aí, a minha prova está chegando!

— Feio, é sério, cara! Olha isso...

Foi quando, então, ele colocou a mão na frente do meu rosto e eu pude perceber que estava segurando o tal zíper. Ele não estava brincando.

Foram cinco segundos de silêncio até que eu, finalmente, conseguisse dizer:

— Velho, fodeu mesmo! O que eu faço agora?

Eu não tinha outro traje ali comigo. O outro havia ficado no hotel. Eram acessórios muito caros e não tínhamos muitos à disposição. Eu

---

[84] Era comum nós nos chamarmos, um ao outro, por "feio" ou "feioso".

nem sequer tinha uma sunga naquele momento, pois costumava ir para o banco de controle apenas com uma toalha e a roupa no corpo por cima do traje.

Para meu total desespero, Tomazini também não tinha nenhum traje ou sunga com ele. Foi quando, por mímica, eu tentava explicar a situação para os técnicos na arquibancada, obviamente sem qualquer sucesso.

Nesse momento, o argentino José Meolans passava pelo banco de controle, depois de disputar a semifinal dos 50 metros livre, com o traje que havia utilizado para nadar a prova, minutos antes. Era uma bermuda da Arena, do mesmo material do traje com o qual eu estava acostumado.

Meolans era um hermano gigante, de 1,96m (lembrando que eu tinha 1,80m), mas pedir a bermuda emprestada para ele era a única saída que eu tinha para aquela situação emergencial.

Eu conhecia um pouco o Meolans dos Campeonatos Sul-Americanos dos quais havia participado, mas estávamos longe de ser amigos. Arranhando um "portunhol" muito tosco, tentei explicar a situação para ele, implorando para que me emprestasse o traje que havia acabado de usar.

Meio sem entender nada, o gigante argentino apenas gesticulou com os ombros, colocou uma toalha na cintura, tirou a bermuda de competição e me entregou, ainda um pouco úmida.

Só deu tempo de eu esboçar um "gracias" e correr para os fundos do banco de controle, tentando tirar o meu traje arrebentado e vestir aquele que eu havia conseguido emprestado.

Eu tinha de ser muito rápido, pois a prova era a próxima e os meus adversários já estavam perfilados para o encaminhamento aos blocos de partida.

No momento, devido à adrenalina, eu nem me dei conta de que o tamanho do traje do José era muito maior do que eu costumava usar, e a bermuda, que normalmente ficava dois dedos acima do joelho, estava dois dedos abaixo. Puxei-a um pouco para cima, no intuito de não ficar incômodo nos joelhos, e parti em direção ao bloco.

O traje de compressão, que deveria estar justo no meu corpo, na verdade estava folgado, devido à diferença de altura e musculatura entre mim e o gigante argentino.

Apesar de todos os percalços, no fundo, eu estava aliviado de conseguir me dirigir ao bloco de partida devidamente vestido.

Antes de conseguir a bermuda, cheguei a pensar em pedir para o árbitro interromper a competição para eu me trocar, sem saber se isso era possível pela regra. Por sorte, não foi necessário e eu estava pronto para nadar a primeira final de um Mundial da minha carreira. Até mesmo porque descobrimos mais tarde que o árbitro não pode interromper o andamento da competição e aguardar um nadador "arrumar um traje". Se eu não estivesse trajado, atrás do bloco, no momento da prova, eu seria desclassificado.

Parando para pensar agora, mais de 20 anos depois, fico impressionado ao me relembrar desse fato. Tudo isso tinha de acontecer justamente na minha primeira final? Estaria eu sentindo na pele a famosa Lei de Murphy[85]? Bom, de fato, por estar bem preparado, nem mesmo um imprevisto tão grande quanto aquele pôde me impedir de fazer um bom resultado. A pergunta que fica é: será que eu teria nadado melhor se não fosse o episódio do traje?

Não sei e jamais saberei. Mas fiz uma natação bem consistente e, ao melhorar a minha marca pessoal e quebrar o recorde continental mais uma vez, bati no placar como o tempo de 59s60, me consagrando o sexto melhor nadador de peito do mundo em piscina curta.

Campeonato Mundial de piscina curta 2002 – Moscou (RUS) 100 metros peito – Final					
Pos.	País	Atleta	TR	Parcial	Tempo
1	UCR	Oleg Lisogor	0s77	27s28	58s33
2	JAP	Kosuke Kitajima	0s66	28s13	59s10
3	FIN	Jarno Pihlava	0s73	27s82	59s22
4	RUS	Dmitry Komornikov	0s80	28s42	59s32
5	EUA	David Denniston	0s77	27s79	59s39
6	**BRA**	**Eduardo Fischer**	**0s75**	**28s28**	**59s60**
7	AUS	Jim Piper	0s83	28s04	59s71
8	RUS	Arseni Maliarov	0s86	27s85	59s83

---

[85] Lei de Murphy é um adágio ou epigrama da cultura ocidental que normalmente é citada como "qualquer coisa que possa ocorrer mal, ocorrerá mal, no pior momento possível". Ela é comumente citada (ou abreviada) "se algo pode dar errado, dará".

Realmente, não podíamos classificar o resultado como ruim. Longe disso. Afinal, era uma colocação de respeito e que colocava o nado de peito de volta ao ranking mundial desde os estupendos resultados do Fiolo, nas décadas de 60 e 70.

Além da honrosa sexta colocação, eu havia melhorado o tempo em relação às eliminatórias e, de novo, estabelecido uma nova marca continental, ficando distante apenas 39 centésimos da medalha de bronze.

Ao mesmo tempo que essa diferença era positiva, pois provava que estávamos próximos da medalha, era, por outro olhar, um pouco frustrante, pois me fez perder o pódio por muito pouco.

Na verdade, olhando de outro ângulo, o do alto rendimento, esses 39 centésimos nem eram tão pouco assim. Poderiam parecer pouco, mas sabíamos que, para melhorar, teríamos de treinar muito mais do que já havíamos treinado até aquele momento, para, então, chegar no tão sonhado pódio.

Entretanto, não era momento para desanimar. Ainda teríamos os 50 metros peito, e poderia ser essa a minha chance de redenção.

70

Depois do bom resultado nos 100 metros peito, a expectativa para os 50 era ainda maior. Muito maior do que aquela que tínhamos apenas olhando o startlist. Até porque se eu estava balizado como o décimo melhor nos 100 e acabei terminando em sexto, parecia lógico pensar que ganharia algumas posições em relação ao tempo de inscrição nos 50.

Entrei na eliminatória confiante e um pouco nervoso para aquele momento, um dos mais importantes da minha carreira, até então. Eram oito séries, e eu estava na sétima, na raia 5. Ou seja, o quinto melhor tempo de inscrição.

Quando a prova chegou para mim, o melhor tempo havia sido feito na quinta série pelo americano David Denniston, com 27s55. Ou seja, bastava eu igualar a minha melhor marca para praticamente garantir o avanço para as semifinais entre os 16 melhores.

Na verdade, fiz melhor do que isso. Nadei abaixo da minha marca pessoal, vencendo a série e cravando um novo recorde sul-americano, com 27s51. Naquele instante, eu era o melhor da prova, antes da última bateria e, por isso, já estava classificado para a semifinal, bastando apenas acompanhar para saber em qual raia eu nadaria à tarde.

No fim da oitava série, para a minha grata surpresa, eu havia passado para a semifinal com o segundo melhor tempo no geral, atrás apenas do recordista mundial e favorito para o ouro, Oleg Lisogor. Era um sentimento fantástico. Daí em diante, eu já podia me considerar um dos favoritos ao pódio.

Campeonato Mundial de piscina curta 2002 – Moscou (RUS) 50 metros peito – Eliminatórias				
Pos.	Atleta	País	TR	Tempo
1	Oleg Lisogor	UCR	0s77	27s49
2	**Eduardo Fischer**	**BRA**	**0s81**	**27s51**
3	Arseni Maliarov	RUS	0s86	27s55
3	David Denniston	EUA	0s77	27s55
5	José Couto	POR	0s76	27s60
6	Kosuke Kitajima	JAP	0s68	27s70
7	Mladen Tepavcevic	SER	0s84	27s76
8	Hugues Duboscq	FRA	0s76	27s80
9	Phil Rogers	AUS	0s75	27s94
10	Patrik Schmollinger	AUT	0s80	27s96
11	Daniel Malek	CZE	0s84	27s99
12	Remo Lütolf	SUI	0s86	28s12
13	Morten Nystrom	NOR	0s79	28s13
13	Liang Zhang	CHN	0s72	28s13
15	Jens Johansson	SUE	0s83	28s14

Era óbvio que ainda havia muito pela frente até a final, e o resultado da eliminatória, apesar de muito satisfatório, não garantia absolutamente nada. Agora, eu precisava me alimentar bem e descansar.

De volta à piscina para o aquecimento das semifinais, a tensão havia se elevado consideravelmente. Eu deveria repetir a boa performance da manhã para buscar a vaga na final. Para brigar por uma medalha, eu, primeiramente, tinha de passar para a etapa seguinte.

A minha era a primeira das duas semifinais [86] e eu sabia que tinha de ao menos chegar entre os três primeiros para ter uma boa chance de avançar. Todos devidamente apresentados, subimos no bloco para a largada. Lembro-me de não ter feito uma boa filipina inicial e não ter passado os primeiros 25 metros na frente (acho que virei em terceiro). Quando me dei conta disso, tratei de dizer para mim mesmo que eu tinha de fazer um bom fim de prova para ganhar ao menos uma posição.

Os meus músculos receberam o recado e eu tive uma explosão nos últimos 15 metros. Já próximo da parede, percebi que havia dominado a prova e estava na frente do americano da raia 5 ao meu lado. Com uma chegada perfeita, toquei em primeiro no placar, estabelecendo, de novo, um novo recorde continental e ficando a apenas dez centésimos do recorde do campeonato.

Depois de perceber que eu havia vencido a série e praticamente garantido vaga na final, fiquei olhando para o telão com os resultados por uns cinco segundos, assimilando o que havia conquistado. Nesse momento, mesmo sabendo que não tinha feito uma saída muito boa, me dei conta de que era a melhor prova da minha vida. O tempo de 27s23 era muito expressivo e, definitivamente, me colocava entre os melhores nadadores de peito do mundo.

Na segunda semifinal, Lisogor tratou de fazer o que eu não havia conseguido e quebrou o recorde do campeonato, com 26s86. Mas nem mesmo isso poderia reduzir a minha felicidade. Até porque a minha vaga na final estava garantida e eu havia tido a melhor performance da minha vida.

---

[86] Link no QR CODE

Campeonato Mundial de piscina curta 2002 – Moscou (RUS) 50 metros peito – Semifinais				
Pos.	Atleta	País	TR	Tempo
1	Oleg Lisogor	UCR	0s80	26s86
2	**Eduardo Fischer**	**BRA**	**0s75**	**27s23**
3	Remo Lütolf	SUI	0s80	27s44
4	David Denniston	EUA	0s84	27s46
5	Hugues Duboscq	FRA	0s77	27s50
6	Arseni Maliarov	RUS	0s83	27s51
7	José Couto	POR	0s71	27s55
8	Kosuke Kitajima	JAP	0s64	27s57

Com esse resultado, a responsabilidade apenas aumentava. O que antes era uma busca por uma vaga na final do Mundial agora era a expectativa de uma medalha. De fato, a brincadeira havia ficado bem mais séria.

O clima da competição (e do time) era tão positivo que a eventual ansiedade de esperar até a tarde do dia seguinte para nadar a final nem sequer apareceu. Eu estava, curiosamente, tranquilo e parecia saber exatamente o que precisava fazer na final. Mesmo sendo a segunda vez na minha vida como finalista de Campeonato Mundial, eu estava conseguindo me manter psicologicamente controlado e seguro.

Depois de ter uma manhã de folga, apenas relaxando um pouco na piscina e acompanhando os outros brasileiros nas suas provas, o grande momento havia chegado.

Eu estava, como disse, confiante e tranquilo. Até o momento da chamada da prova. Nesse instante, acho que caiu a ficha de estar em uma final de Mundial e comecei a pensar que qualquer resultado que não fosse uma medalha deixaria todos, inclusive eu mesmo, decepcionados. Havia muita gente torcendo por mim naquele momento, inclusive um dos meus ídolos, Gustavo Borges, e eu não podia decepcioná-los justamente agora.

No fundo, eu estava mirando na medalha de prata. Lá no fundo, sendo realista, sabia que vencer o Oleg seria uma missão extremamente complexa. Era mais de meio segundo de diferença em uma prova de 50 metros. Quem vive ou viveu na natação de alta performance sabe o quanto isso representa.

Obviamente, nada é impossível, principalmente no esporte, mas eu tinha consciência do que deveria e poderia desempenhar.

Mas lá estava eu, do outro lado do planeta, entre os melhores nadadores do mundo. Um simples garoto do interior de Santa Catarina, forjado em um clube pequeno, dentro de uma piscina descoberta e de aquecimento precário, sendo chamado para a raia 5 da grande final do Mundial de Natação[87].

Nesse instante, impossível dizer que não comecei a sentir frio na barriga. Eu estava ali, aguardando a autorização do árbitro para subir no bloco para aquele momento, que era o dia mais importante da minha carreira esportiva. Afinal, havia pessoas em todo o Brasil contando com uma medalha e isso é algo difícil de ignorar.

Logo nos primeiros 25 metros, percebi que a ansiedade havia atrapalhado a minha prova e confesso que cheguei a pensar, durante a virada, que havia arruinado as chances de subir no pódio. Explico.

Nas duas vezes anteriores que nadei a prova (eliminatória e semifinal), eu havia sido consistente no número de braçadas, fazendo oito movimentos nos primeiros 25 metros e 11 nos 25 finais. Com esse número, eu havia perfeitamente encaixado as viradas e chegadas nas eliminatórias e na semifinal.

Aliás, essa era uma virtude que eu tinha. Conseguia contar o número de movimentos em qualquer ocasião de treino ou competição. O que era muito útil para saber como estava o meu ritmo, mas, principalmente, para saber quando virar ou chegar.

Em ambas as ocasiões, a virada e a chegada haviam sido ótimas, ou seja, a última braçada se encaixava perfeitamente ao toque na parede.

---

[87] Link no QR CODE

Algo que ficou marcado, pois eu estava me comportando como um relógio, sabendo automaticamente o momento de executar os fundamentos.

Contudo, na final, muito provavelmente em razão da ansiedade, aumentei sem perceber a frequência do ciclo de braçadas e, assim, reduzi a amplitude. Depois da filipina, quando completei o oitavo ciclo de movimentos (braçada e pernada), percebi que a parede ainda não estava ao alcance perfeito das minhas mãos para a virada. Ou seja, faltava um pouco para tocar a parede.

E foi nessa exata fração de segundo que consegui pensar em inúmeras coisas, e a primeira, de imediato, foi avaliar se deveria realizar mais um movimento ou apenas esperar até a borda chegar, para então virar.

Sabemos que tudo no esporte é treinável, inclusive essas situações adversas, e por essa razão o atleta deve estar preparado para tomar a melhor decisão possível o mais rapidamente que conseguir. Contudo, é mais fácil falar do que fazer. Até porque "treino é treino, jogo é jogo".

A decisão que eu tomei, naquela fração de segundo, foi a de não realizar mais um movimento, mas, sim, deslizar e esperar a parede para virar. Pensei nisso, pois, assim, não deixaria o quadril cair (afundar) e manteria o alinhamento na água para não perder tempo. Não é uma decisão fácil e racional. O *timing* para refletir sobre esse julgamento é ínfimo, e o atleta conta muito mais com o instinto do que com a razão propriamente dita.

Apesar disso, mesmo achando que a opção pelo deslize era a melhor, confesso que, enquanto fazia a virada, no mesmo momento tinha certeza de que havia perdido a chance de subir no pódio.

Apesar de isso ter ocorrido, como eu disse, em uma fração de segundo e há muitos anos, a lembrança é tão vívida na minha mente que consigo me lembrar como se fosse ontem. É impressionante como a mente humana e a memória funcionam maravilhosamente bem.

Logo depois de finalizar a filipina, depois da virada, já achando que a prova estava completamente comprometida, consegui ver o ucraniano meio corpo à frente. Foi quando mudei totalmente o *mindset* e, em vez de pensar no Lisogor ganhando a prova, pensei em chegar o mais perto possível dele, em segundo lugar. Falei para mim mesmo: "Esquece tudo, cara, e acelera o máximo que puder".

Então, renunciei a uma natação racional e à contagem de movimentos que sempre fazia naturalmente, olhei para a frente e acelerei. Eu sabia que estava atrás e precisava chegar antes do americano da raia 6. Eu conseguia perceber que ele estava em vantagem.

Acelerando bem no fim da prova e fazendo uma boa chegada, percebi que apenas o ucraniano havia chegado na minha frente.

Quando toquei na placa, já sabendo que não havia ficado com o ouro, olhei para o placar eletrônico e tive um misto de alívio e decepção. Aliviado porque, mesmo errando a virada, o meu nome era exibido na terceira posição, garantindo a minha primeira medalha em um Campeonato Mundial.

Por outro lado, estava um pouco decepcionado, pois logo percebi que o atleta de Portugal, que nadava na raia 1, havia chegado na minha frente por apenas quatro centésimos. Ou seja, o erro na virada havia me custado a medalha de prata.

Justamente quando eu precisava fazer a melhor prova da minha vida, cometi um equívoco nos fundamentos, fazendo com que perdesse a prata e um possível novo recorde sul-americano.

Campeonato Mundial de piscina curta 2002 – Moscou (RUS) 50 metros peito – Final				
Pos.	*Atleta*	*País*	*TR*	*Tempo*
1.	Oleg Lisogor	UCR	0s78	26s42
2.	José Couto	POR	0s72	27s22
3.	**Eduardo Fischer**	**BRA**	**0s73**	**27s26**
4.	Remo Lütolf	SUI	0s81	27s34
5.	Arseni Maliarov	RUS	0s80	27s40
6.	Kosuke Kitajima	JAP	0s65	27s44
7.	Hugues Duboscq	FRA	0s75	27s46
8.	David Denniston	EUA	0s73	27s70

Entretanto, esporte de alto rendimento é assim mesmo. Erros e acertos fazem parte e sempre vão acompanhar qualquer atleta, não importa quão bem treinado esteja. Ninguém está livre de equívocos e imprevistos. Até os melhores da história já falharam algum dia. Aliás, se eles foram os melhores, isso aconteceu justamente porque, um dia, vacilaram. Ninguém chega ao topo sem erros. Os deslizes nos ensinam a ser melhores.

Obviamente, treinamos muito para não errar, mas, ainda assim, somos suscetíveis a esses momentos. Somos todos seres humanos, não infalíveis.

Contudo, passado esse sentimento confuso logo após a prova, entrei em uma reflexão sobre toda a minha jornada até aquela medalha, e não poderia me furtar de ficar orgulhoso e feliz pelo feito. Mesmo não melhorando a marca da semifinal, o tempo havia sido muito bom (27s26) e eu tinha inúmeras razões para comemorar.

Logo depois da cerimônia de premiação, participei da minha primeira entrevista coletiva de imprensa em outra língua e, com um inglês tímido, respondi um repórter dizendo que estava muito feliz com o resultado, mas que era possível nadar um pouco melhor se não tivesse errado a virada.

Todavia, para o meu primeiro Mundial de curta, a experiência havia sido fantástica. Nesse momento, Oleg Lisogor, que presidia a mesa como novo recordista do campeonato, olhou para mim e disparou, espantado:

"Este é o seu primeiro Campeonato Mundial? Muito bom! Parabéns!"

Foi nesse instante que realmente percebi que não havia motivo para qualquer decepção. Fiz o meu melhor, quebrando muitos paradigmas, trazendo para casa uma linda e honrosa medalha de bronze, que exibo na minha residência emoldurada em um quadro até os dias de hoje.

Depois do recorde mundial de José Fiolo, em 1968, esse era o melhor resultado de um nadador de peito brasileiro.

Passada a euforia e depois de algumas entrevistas para as mídias local e brasileira (via telefone), eu ainda tinha mais um compromisso: o revezamento 4 x 100 metros medley.

A comissão técnica optou por preservar os dois medalhistas, colocando nas eliminatórias o Tomazini, para nadar peito no meu lugar, e o Carlos Jayme, no lugar do Gustavo Borges. Julgaram que seria seguro para garantir uma classificação para a final. E, de fato, foi. O time passou com o sétimo melhor tempo das eliminatórias.

Na final, todos nadaram bem, mas, ainda assim, ficamos um pouco distantes do pódio, na sétima colocação. Eu encerraria a minha participação com uma parcial muito boa de 59s05, quase entrando na casa dos 58 segundos.

	BRA				3min35s59	
Atleta	**Tempo de reação**	**Dist.**	**Parcial**	**Acumulado**		
Cleber Costa	–	50m	26s40	26s40	54s96	Costas
		100m	28s56	**54s96**		
Eduardo Fischer	0s30	150m	27s82	1min22s78	59s05	Peito
		200m	31s23	**1min54s01**		
Fernando Alves	0s06	250m	24s15	2min18s16	52s84	Borboleta
		300m	28s69	**2min46s85**		
Gustavo Borges	0s29	350m	23s25	3min10s10	48s74	Crawl
		400m	25s49	**3min35s59**		

No dia seguinte, o fotógrafo da CBDA, Satiro Sodré, já eleito o melhor do mundo especializado em natação, nos levou até a Praça Vermelha, onde eu e o Gustavo Borges, os dois medalhistas do Brasil, posamos para uma clássica foto de ushanka[88] na cabeça com as nossas medalhas.

A foto acabaria estampando muitos jornais esportivos no Brasil e resumia a participação do país na Rússia: a prata do Gustavo, nos 200 metros livre, e o bronze do Fischer, nos 50 metros peito. Realmente, eu estava muito orgulhoso de mim mesmo. O sorriso na foto provava isso.

---

[88] A ushanka é uma espécie de gorro, típico da Rússia, especialmente para proteção da cabeça durante o rígido inverno do país, confeccionado com a pele de animais como a zibelina. Ushanka, muitas vezes, é traduzido na língua inglesa usando uma outra palavra relacionada, shapka, que significa "chapéu" em russo. Em uma tradução literal, porém, ushanka seria algo como "chapéu com orelhas".

71

Parafraseando o Homem-Aranha, personagem famoso e querido dos quadrinhos e filmes, "com grandes resultados, vêm grandes responsabilidades". Isso quer dizer que chegar ao topo é difícil, mas se manter lá é muito mais. Agora, todos me olhavam como uma referência no nado peito. Todos queriam me vencer. Contudo, apesar de tudo isso, vivenciaríamos algumas boas oportunidades.

De fato, eu era inexperiente no mundo do "business". Por outro lado, mesmo com pouca experiência, algo que eu já compreendia, com 22 anos, era a necessidade de transformar bons resultados em cifras.

Não acho que o foco do atleta deva ser grana e juro que, para mim, isso sempre foi uma consequência. Mas, de qualquer forma, saco vazio não para em pé.

Para melhorar as minhas marcas e evoluir no ranking mundial, precisaríamos inovar, treinar mais e procurar melhores condições. Para isso, teríamos de estudar e contar com profissionais capacitados, assim como adquirir produtos de melhor qualidade. Tudo isso, evidentemente, custava dinheiro.

Claro que, a despeito da paixão pelo esporte, nadar era a minha profissão e eu nunca vi nada de errado em ganhar dinheiro com o trabalho honesto. Pelo contrário, isso era indispensável, também, para a estabilidade emocional.

Como eu disse, errado é o atleta fazer do dinheiro o foco principal, pois isso pode atrapalhar na tomada de algumas decisões. Afinal, o treino árduo e diário, juntamente com a busca pelo melhor resultado, deve estar sempre em primeiro lugar, mesmo que em detrimento de um melhor contrato financeiro.

Dito isso, o presidente da CBDA na época, Coaracy Nunes Filho, me chamou para uma conversa a portas fechadas, alegando que havia um assunto muito importante para tratar comigo.

Sem rodeios e com pouca falação, me disse que, em razão do meu grande resultado em Moscou, eu ganharia um prêmio de R$ 3 mil e, posteriormente, assinaria contrato para receber uma ajuda de custo, no montante de R$ 1,5 mil mensais. Essa bolsa seria paga com a verba do principal patrocinador da natação brasileira, os Correios (Empresa Brasileira de Correios e Telégrafos).

Até aí, tudo bem. Aliás, tudo muito bem.

Eu nunca havia ganhado nenhum prêmio em dinheiro por performance e o meu salário mensal, na época, era de mais ou menos R$ 2 mil. Depois de sair do projeto olímpico do Vasco, por falta de pagamento, passei a receber um auxílio do governo de Santa Catarina, viabilizado pelo então governador do estado, Esperidião Amin.

Então, apesar de não ser o prêmio do ano, esse valor não deixava de ser bacana e importante. Comparando com o salário-mínimo daquele ano, de R$ 200, era 15 vezes maior.

Muito? Pouco? Tire a sua conclusão. Em 2002, o terceiro colocado no torneio de Roland Garros, de tênis, levou um prêmio aproximado de US$ 300 mil.

Mas, voltando à minha modesta quantia (cem vezes menor), o problema (se é que posso chamar assim) começou quando Coaracy Nunes Filho me disse que eu deveria guardar sigilo absoluto sobre o prêmio e a ajuda de custo dos Correios.

Apesar de ingênuo e de estar muito feliz com o reconhecimento, lá no fundo, alguma coisa me perturbava: "Por que diabos eu deveria manter segredo a respeito de uma premiação que havia ganho de forma justa e honesta?"

E ainda fui além nos pensamentos. "O patrocínio não é de uma empresa pública? Sendo assim, não seria mais correto que os valores fossem divulgados e de conhecimento de todos?"

Confesso que, naquele momento, eu deveria ter me posicionado contra esse pedido, explicando ao presidente que não iria (e não deveria) guardar sigilo de algo que era meu por direito.

Não bastasse isso, como eu disse, a verba dos Correios era pública. Esses pagamentos deveriam ser divulgados em balanço auditado e, posteriormente, postados no *Diário Oficial*. Mas, na época, eu não tinha todas essas informações e conhecimento legal e, por isso, me silenciei.

De fato, até com receio de não receber nada, fiquei quieto. E hoje, olhando retrospectivamente, lamento por isso.

Na época, apenas acenei com a cabeça e confirmei que concordava com o tal sigilo absoluto. Não que isso possa justificar a minha conduta, mas eu era novo, precisava do dinheiro e não estava em posição de exigir ou barganhar. Sem dizer que a forma como o presidente pedia era um tanto quanto intimidadora.

Hoje, imagino quantos outros atletas ele colocou na parede dessa forma e com essa conversa. O quanto recebiam menos do que mereciam, apenas pela decisão arbitrária de uma única pessoa. Era tudo muito estranho, no mínimo.

Ocorre que, anos depois, ao ver esse cidadão preventivamente preso durante um processo criminal[89] (chegarei lá no momento oportuno), consigo compreender que esse modo esdrúxulo de ação e intimidação, feita de maneira extremamente ameaçadora, tinha objetivos nada ortodoxos e bastante escusos.

Enfim, aceitei o prêmio e o contrato mensal de bom grado, sabendo que, no fundo, eu era realmente merecedor, ainda que o sigilo tivesse se transformado em um fantasma que me assombrava o tempo todo. De qualquer forma, foi nesse instante, 16 anos antes da prisão dele, que comecei a desconfiar da forma como algumas coisas eram conduzidas na Confederação, principalmente naquilo que dizia respeito às questões financeiras e à (falta de) transparência dessas operações.

Contudo, o meu trabalho era nadar. A fiscalização da CBDA não devia recair sobre os meus ombros. Na verdade, eu tinha talento, dedicação, foco e comprometimento com o esporte, não com eventuais avaliações sobre questões legais ou burocráticas. Pode até soar como desculpa esfarrapada, mas essa responsabilidade não poderia (e não pode) ser jogada no colo dos atletas. Não era, nem deveria ser a nossa função.

Com o passar do tempo, houve muitos questionamentos. E retaliações. Vivenciei casos emblemáticos com indícios sobre a má administração do dinheiro público. Travei alguns embates que muitos não quiseram enfrentar, por medo. Algo até compreensível, mas lamentável. Mas isso só ocorreria depois, quando eu passaria a me tornar uma pessoa mais madura e consciente do mundo ao meu redor.

Naquele momento, em abril de 2002, eu não tinha como deixar uma questão administrativa roubar a minha energia vital e esportiva. Eu tinha ambições e metas a serem cumpridas e queria treinar sem preocupações para tentar alcançá-las. E assim, infelizmente, eu segui, calado e em busca dos meus próximos objetivos.

---

[89] Operação Águas Claras, processo n.º 0003030-12.2017.4.03.6181.

72

Apesar das muitas dúvidas institucionais que começavam a pairar nos meus pensamentos a respeito da suposta falta de idoneidade da entidade nacional dos esportes aquáticos, confesso que, em um primeiro momento, não gastei muita energia com essa questão.

Afinal, eu precisava continuar treinando fortemente, mantendo o foco no grande objetivo a longo prazo. Ainda havia muitos detalhes para melhorar, a fim de alcançar o índice olímpico para os Jogos de Atenas-2004.

Contudo, enquanto a próxima Olimpíada não chegava, 2002 havia sido muito gentil comigo. Em tudo. Praticamente, a totalidade das nossas metas e daquilo que nos propusemos a alcançar, conseguimos conquistar.

O ano se iniciou com as etapas da Copa do Mundo, na Itália e na França, nas quais quebrei a barreira do minuto nos 100 metros peito. Na sequência, vieram os excelentes resultados no Sul-Americano de Belém e, logo depois, a excelente conquista da medalha de bronze no Mundial de piscina curta, em Moscou (RUS).

Tudo estava indo muito bem e, depois do principal objetivo do ano finalizado com sucesso, bastava continuar na mesma vibração, treinando muito em busca do índice olímpico e do objetivo da classificação para a minha segunda edição dos Jogos.

De fato, depois de Moscou, não havia nenhum evento marcado que pudesse ter mais relevância. Contudo, nem por isso deixávamos de levar a sério os compromissos. Dentro do planejamento do ano, ainda teríamos, pelo menos, mais oito competições:

- Torneio Fita Azul, em Lages (SC), em 26 de abril.
- Troféu José Finkel, em Santos (SP), em 1º de maio.
- Campeonato Catarinense Absoluto, em Florianópolis (SC), em 18 de maio.

- Campeonato Catarinense de Inverno, em Florianópolis (SC), em 20 de junho.

- Troféu HSBC Mercosul, em Curitiba (PR), em 18 de agosto.

- Campeonato Estadual, em Florianópolis (SC), em 7 de setembro.

- Troféu Brasil, em Brasília (DF), em 21 de setembro.

- Copa do Mundo da Fina 2002-2003, no Rio de Janeiro (RJ), em 16 de novembro.

Era um calendário extenuante, mas, ao mesmo tempo, necessário. Precisávamos participar de muitos eventos e muitas competições, justamente para melhorar os fundamentos e nos tornar cada vez mais experientes na arte de competir.

Obviamente, a convocação para a Copa do Mundo estava condicionada a bons resultados no Finkel e no Troféu Brasil, mas, depois do que havíamos conquistado até o momento, estávamos confiantes de que isso aconteceria.

Aliás, esse era o principal motivo pelo qual queríamos cravar boas marcas em ambos os campeonatos nacionais absolutos (Finkel e Troféu Brasil).

De qualquer forma, da mesma maneira como havia se iniciado, 2002 foi seguindo o curso de forma maravilhosa e inesquecível. Era praticamente um bom resultado na sequência do outro.

Desses eventos listados, o lugar mais alto do pódio se repetiu reiteradas vezes, sempre com marcas muito expressivas. Contudo, acredito que vale a menção em duas provas em especial.

No Finkel, realizado logo na sequência do Mundial, em maio, em Santos, eu depositaria, pela primeira vez na vida, comprometimento completo na prova dos 200 metros peito.

Como vínhamos de resultados expressivos e, teoricamente, não tínhamos nada a perder, foi uma decisão estratégica e em conjunto: nadar os 200 metros peito bem intensamente, iniciando a competição de uma maneira com a qual não estávamos acostumados.

Normalmente, como você já percebeu, eu não colocava força total nos 200 metros peito. Primeiramente, porque não gostava da prova. Confesso e não nego. Segundo, porque os objetivos estavam sempre nos eventos de velocidade (50 e 100 metros).

Depois de voltar a competir por Joinville e não fazer mais parte de um grande clube, como Minas ou Vasco, por questões financeiras, chegávamos nas cidades onde seriam realizados os torneios sempre na véspera ou no próprio dia da minha primeira prova, justamente para poupar custos com diárias de hotéis. Naquela oportunidade, estaríamos em Santos na manhã do mesmo dia em que se iniciaria a competição. O Finkel teria a largada na tarde de 30 de abril, com as eliminatórias da primeira etapa, incluindo os 200 metros peito.

Não tínhamos nenhuma expectativa para essa prova, pois não estávamos buscando nada específico nela, como algum índice ou algo do gênero. A intenção era entrar no clima da competição, mas, dessa vez, com força total, procurando fazer a minha melhor marca pessoal.

Por isso, fui muito relaxado para a piscina de competição naquela tarde, pensando apenas na sensibilidade do nado. Na natação, se sentir bem dentro da água logo na primeira queda tem um enorme valor psicológico para o atleta de alto rendimento. Quando isso acontece, elevamos a autoconfiança.

O meu melhor tempo nos 200 metros peito havia sido feito nos Jasc de 2001, quando quebrei o recorde da competição com a marca de 2min14s11. O objetivo era tentar nadar melhor do que isso na final que seria realizada na manhã do outro dia. Contudo, para entrar nela, eu precisava nadar bem próximo do meu melhor, pois sabíamos que algo acima de 2min15s50 significaria risco de não pegar a final A.

Enfim, fui para as eliminatórias completamente descompromissado, objetivando nadar para um tempo próximo do meu melhor, buscando um lugar na final.

Ocorre que eu estava na segunda série, de seis programadas. Por isso, não podia vacilar e nadar fracamente, pois não teríamos a referência dos outros competidores. Resumindo, eu tinha de vencer a bateria com um bom tempo.

Como o Henrique Barbosa estava na minha série e era um excelente nadador de 200 metros peito, a meta era chegar na frente dele. Contudo, ele estava na raia 1 e eu, na 7. Ou seja, em extremidades da piscina totalmente opostas, o que dificultava usá-lo como referência. Foi então que decidi nadar do meu jeito, passando os primeiros 100 metros mais tranquilos e procurando forçar no fim.

Para a nossa surpresa (minha e do Ricardo), sem qualquer dificuldade aparente, venci a bateria e marquei o melhor tempo da minha vida, cravando 2min13s53, com uma passagem de 1min03s nos primeiros 100 metros, me classificando para a final com o melhor tempo geral.

Uma surpresa não só para mim, mas para todos. Marcelo Tomazini, o grande favorito para o ouro e detentor do recorde sul-americano (2min10s79), havia se classificado com a quarta melhor marca, com 2min15s15, e veio perguntar para mim o que havia acontecido, em um tom irônico e cômico, obviamente. Lembro-me de ele ter dito: "Caraca, feioso! Que coisa foi essa? Está virando nadador de 200, agora, é?"

Contudo, mesmo brincando, eu tinha certeza de que ele não venderia barato a disputa pela medalha de ouro na manhã seguinte.

Troféu José Finkel 2002 – Santos (SP) 200 metros peito – Eliminatórias			
1º	Eduardo Fischer	JTC (SC)	2min13s53
2º	Alan Nagaoka	Pinheiros (SP)	2min14s84
3º	Fábio Mauro	Pinheiros (SP)	2min14s99
4º	Marcelo Tomazini	Minas TC (MG)	2min15s15
5º	Henrique Barbosa	Minas TC (MG)	2min15s42
6º	Antônio Henrique	São José (SP)	2min16s05
7º	José Belarmino de Souza	Unisanta (SP)	2min16s39
8º	Fernando Biazzoto	Unisanta (SP)	2min16s52

Sim, o resultado saiu de forma tão natural que já estávamos pensando na possibilidade de disputar o lugar mais alto do pódio. Havíamos ficado muito satisfeitos, pois, além de uma excelente marca, eu saí da piscina com aquela sensação de que havia sido fácil e ainda tinha lenha para queimar na final.

No fim do dia, eu disse para o Ricardo: "Chefe, foi fácil, cara! Acho que consigo nadar uns dois ou três segundos melhor do que isso e tenho condições de ganhar a prova".

Dormimos em cima desse pensamento.

No outro dia, era feriado de 1º de maio, o Dia do Trabalhador, e aniversário do meu pai. Seria um presente e tanto pegar essa medalha. Fomos, então, para a final.

Nas eliminatórias, a parcial dos primeiros 100 metros havia sido na casa de 1min03s, e sabíamos que, para ganhar a prova, era preciso passar com um pouco mais de força do que isso, talvez, algo como 1min02s, visando me aproximar do recorde sul-americano.

Contudo, para o meu desespero, a falta de experiência nessa distância específica acabaria sendo crucial para a determinação do resultado final. Como antecipado, julgávamos ser necessário fazer os primeiros 100 metros mais rapidamente do que na eliminatória. Mas não tanto.

Fato é que, acostumado com as provas mais curtas e rápidas, acabei queimando excessivamente a passagem, iniciando os primeiros 100 metros com muito mais intensidade do que deveria. Passei com o tempo de 1min01s83, abrindo uma larga vantagem para os outros competidores, mas já sabendo que isso comprometeria o meu final.

Na natação de alto rendimento, uma prova de 200 metros mal distribuída, invariavelmente, vai cobrar o seu preço mais cedo ou mais tarde. Logo na virada dos 150 metros, quando iniciei os últimos 50, o meu corpo já apresentava sinais de fadiga extrema e eu estava morrendo.

Faltavam apenas duas piscinas de 25 metros, mas eu não sabia se chegaria ao fim. A acidose metabólica[90] fazia com que o meu corpo começasse a falhar.

Ao me aproximar da parede para a última virada, com apenas 25 metros para fechar a prova, eu já me arrependia de ter feito os primeiros 100 com tanta força e sabia que o Tomazini estava vindo com tudo à caça da medalha de ouro.

Eu estava na raia 4 e o Tomazini, na 6. Então, na última virada, como de costume, eu respirava olhando para a esquerda, justamente para as raias que vinham depois da minha, inclusive a dele.

E foi justamente nesse momento, da respiração durante a última virada, que me desesperei e percebi que a vitória estava sob risco. Como se fosse em câmera lenta, pude ver com clareza o Tomazini virando junto comigo naquela última parcial. Na verdade, não era em câmera lenta, não. Eu me recordo de o tempo ter "parado" por uma fração de segundo.

---

[90] Momento em que a produção de ácido lático excede a capacidade de remoção. Esse desequilíbrio provoca um acúmulo progressivo desse ácido lático, ocorrendo a acidose metabólica, cujos efeitos são bem conhecidos pelos praticantes de exercício de alto rendimento, causando extremo desconforto e sensação de fadiga, levando o corpo à falha e a uma eventual necessidade de interromper o exercício.

Primeiramente, porque, de tão esgotado, a mecânica da virada foi bem mais lenta do que a usual. Depois, pelo simples fato de muitas coisas passarem pela minha cabeça, sendo uma delas: "Ferrou! Eu vou perder essa prova!"

Naquele instante, naquela fração de segundo, a minha mente e o meu corpo foram vencidos pelo cansaço. A exaustão e a dor eram tão grandes que eu sabia que seria impossível segurar o ataque final do meu grande adversário. Confesso, com certa vergonha, que entreguei a luta naquele instante. Dito e feito: para meu desgosto, Tomazini me atropelou nos últimos 25 metros da prova e bateu em primeiro lugar, com novo recorde sul-americano.

Troféu José Finkel 2002 – Santos (SP) 200 metros peito – Final			
1º	Marcelo Tomazini	Minas TC (MG)	2min10s79
2º	**Eduardo Fischer**	**JTC (SC)**	**2min11s34**
3º	Antônio Henrique	São José (SP)	2min14s66
4º	Fernando Biazzoto	Unisanta (SP)	2min14s95
5º	Fábio Mauro	Pinheiros (SP)	2min15s10
6º	Alan Nagaoka	Pinheiros (SP)	2min15s27
7º	José Belarmino de Souza	Unisanta (SP)	2min15s31
8º	Henrique Barbosa	Minas TC (MG)	2min15s49

Obviamente, mérito do Tomazini, que, em uma prova mais inteligente e mais bem distribuída, soube dosar corretamente para chegar na frente mesmo estando mais de um corpo de desvantagem nos primeiros 100 metros.

Eu não conseguia assimilar muito bem o que havia acontecido, pois estava completamente estafado. Mas, apesar de tudo, o resultado havia sido bom. Eu conquistei a medalha de prata em uma prova na qual não era especialista, feito a minha melhor marca pessoal (2min11s34) e ainda, de quebra, assumido a segunda colocação no ranking nacional dos 200 metros peito.

Acredito que tenha sido uma das competições na qual eu tenha sentido mais dor em toda a vida. Em um determinado momento, achei que ia apagar e precisei da ajuda de outras pessoas para sair da piscina. Realmente, levei o meu corpo ao extremo naquele dia.

De qualquer forma, apesar da derrota e da dor quase insuportável, nós tínhamos muito para comemorar. Além de um ótimo resultado, foi um aprendizado que eu levaria comigo por muitos anos. Aliás, há quem diga que as melhores lições da vida aprendemos na dor e na derrota.

Eu ainda encerraria esse Finkel com duas vitórias, nos 50 e 100 metros peito, com uma boa e considerável vantagem sobre os adversários, novamente me consolidando como o melhor nadador do Brasil nesse estilo.

Troféu José Finkel 2002 (25m) – Santos (SP) 50 metros peito – Final			
1º	**Eduardo Fischer**	JTC (SC)	27s89
2º	Diego Salgueiro	Unaerp (SP)	28s43
3º	Marcelo Tomazini	Minas TC (MG)	28s54
4º	Henrique Barbosa	Minas TC (MG)	28s58
5º	Alan Pessotti	Vasco (RJ)	28s83
6º	Cesley Cruz	Flamengo (RJ)	28s84
7º	Felipe Brandão	AEAA (RJ)	29s11
8º	Danilo Carrega	Pinheiros (SP)	29s16

Nos 100 metros peito, inclusive, eu nadei abaixo do minuto pela primeira vez em solo brasileiro, algo que ninguém havia feito, ainda. Além disso, era uma vantagem de mais de um segundo sobre o segundo colocado. Definitivamente, um resultado e tanto.

	Troféu José Finkel 2002 (25m) – Santos (SP)			
	100 metros peito – Final			
1°	**Eduardo Fischer**	JTC (SC)	1min00s16	**59s94 (eliminatórias)**
2°	Henrique Barbosa	Minas TC (MG)	1min01s41	
3°	Marcelo Tomazini	Minas TC (MG)	1min02s15	
4°	Caio Prado	Paulinense (SP)	1min02s73	
5°	Diego Salgueiro	Unaerp (SP)	1min02s78	
6°	George Albuquerque	Flamengo (RJ)	1min03s52	
7°	Felipe Brandão	AEAA (RJ)	1min03s61	
8°	Cristian Soldano	Unaerp (SP)	1min03s74	

Havíamos concluído mais uma etapa do objetivo com muitos méritos e continuávamos no caminho certo, sempre mirando na frente, no índice olímpico para Atenas-2004.

Dentre essas competições que listei e em meio a tantos bons resultados em 2002, há outro grande evento que vale uma menção especial, em razão dos recordes por mim estabelecidos. Seria o Troféu Brasil, em Brasília.

Seria um TB um tanto quanto atípico. Disputado na piscina olímpica do Departamento de Educação Física, Esporte e Recreação (Defer), fugia um pouco dos padrões com os quais estávamos acostumados. Eu me refiro a seletivas realizadas sempre no Rio de Janeiro, ao nível do mar e com umidade e temperatura em condições normais.

Eu morava em Joinville, uma das cidades mais úmidas do Brasil. A Capital Federal, Brasília, era o oposto. Não fosse somente isso, a piscina, definitivamente, não era boa. Eu me lembro de que os comentários eram pejorativos e os resultados dos nadadores refletiam isso. Ninguém estava nadando bem. Pelo contrário, foi uma enxurrada de resultados abaixo da média.

A prova disso foi que, com exceção dos meus, não houve nenhuma quebra de recorde na competição. Nem de campeonato, nem brasileiro, muito menos sul-americano.

Mas o ano estava sendo tão especial para mim que, mesmo competindo em um local muito seco para os meus padrões e em uma piscina de qualidade questionável, fui o único nadador que, além de melhorar as marcas, quebrou dois recordes sul-americanos: 28s31, nos 50 metros peito, e 1min02s33, nos 100.

Troféu Brasil 2002 – Brasília (DF) 50 metros peito – Final				
1º	**Eduardo Fischer**	JTC (SC)	28s47	28s31 (eliminatória)
2º	Henrique Barbosa	Minas TC (MG)	28s99	
3º	Guilherme Belini	São José (SP)	29s43	
4º	Diego Salgueiro	Unaerp (SP)	29s58	
5º	Felipe Brandão	AEAA (RJ)	29s67	
6º	Marcelo Tomazini	Minas TC (MG)	29s70	
7º	Luís Júnior	Flamengo (RJ)	29s72	
8º	Cristian Soldano	Unaerp (SP)	29s98	

O tempo dos 100 metros peito (1min02s33), inclusive, nos deixava muito esperançosos, visto que era uma marca próxima ao suposto e projetado índice olímpico para Atenas-2004 (1min01s91).

Era normal pensar que, se em uma piscina ruim, em condições não ideais, eu havia feito uma marca próxima à do índice para o Jogos, seria plausível chegar ao tempo mínimo em uma competição com melhor qualidade.

Troféu Brasil 2002 – Brasília (DF) 100 metros peito – Final			
1º	Eduardo Fischer	JTC (SC)	1min02s33
2º	Henrique Barbosa	Minas TC (MG)	1min03s20
3º	Marcelo Tomazini	Minas TC (MG)	1min04s68
4º	Alan Nagaoka	Pinheiros (SP)	1min05s94
5º	Thiago Pereira	Minas TC (MG)	1min06s12
6º	Augusto Celso	Ecus (SP)	1min06s22
7º	Felipe Brandão	AEAA (RJ)	1min07s23

Esses resultados me levaram à conquista de dois importantes troféus. Eu fiquei em primeiro lugar no prêmio de eficiência (maior pontuação individual), inclusive, na frente da campeã olímpica ucraniana Yana Klochkova[91] (que representava o Minas, na ocasião). Também obtive o melhor índice técnico, apenas um ponto à frente de um dos meus ídolos, Fernando "Xuxa" Scherer.

Troféu Brasil 2002 – Brasília (DF) Troféu eficiência		
1	Eduardo Fischer	210 pontos
2	Yana Klochkova	171 pontos
3	Pamela Hanson	143 pontos
4	Fernando Scherer	140 pontos
5	Thiago Pereira	123,5 pontos

[91] Yana Oleksandrivna Klochkova (7 de agosto de 1982) é uma ex-nadadora ucraniana. Conquistou cinco medalhas em duas Olimpíadas, sendo quatro de ouro. As medalhas douradas foram conquistadas nas seguintes provas: 200 e 400 metros medley, em Sydney-2000 e Atenas-2004. Em Sydney, levou, ainda, a prata nos 800 metros livre. Klochkova também tem dez títulos no Campeonato Mundial e 19 no Europeu. Em 2004, foi agraciada com a medalha de Heroína da Ucrânia e considerada a Nadadora do Ano pela conceituada revista *Swimming World*.

Troféu Brasil 2002 – Brasília (DF) Índice técnico		
1	**Eduardo Fischer**	**954**
2	Fernando Scherer	953
3	Mariana Brochado	939
4	Kaio Márcio Almeida	937
5	Carlos Jayme	934
5	Gustavo Borges	930

No fim dessa jornada de sete competições, eu estava mais experiente, mais confiante, mais forte e mais bem preparado. A minha mente estava no lugar certo. Eu tinha confiança para nadar a qualquer momento e em qualquer lugar. Acho que 2002 foi, efetivamente, o meu auge, tanto física como psicologicamente.

Foi um ano para guardar na memória e no coração, pois me trouxe muitas alegrias. E, para a minha grata surpresa, ainda me presentearia com mais uma premiação especial.

Um prêmio que viria para coroar o ano espetacular que tínhamos vivenciado e seria, sem dúvida, o ápice da honraria esportiva para complementar a minha carreira esportiva, até aquele momento.

Com surpresa e orgulho, fui escolhido pelo Comitê Olímpico Brasileiro (COB) o melhor atleta da natação em 2002, agraciado com o honorífico troféu do Prêmio Brasil Olímpico[92].

---

[92] O Prêmio Brasil Olímpico foi instituído em 1999 pelo Comitê Olímpico do Brasil, escolhendo os melhores atletas do país nas modalidades olímpicas e paralímpicas.

73

Antes de receber o belíssimo troféu no evento de gala do Prêmio Brasil Olímpico, em dezembro de 2002, eu ainda nadaria mais uma competição importante. Seria a etapa brasileira da Copa do Mundo de 2002-2003, em 17 e 18 de novembro.

Como todos os eventos dos quais participei no ano, seria mais uma competição boa e especial, finalizando a temporada com duas medalhas internacionais.

Conquistei um ouro, nos 50 metros peito (27s72), e uma prata, nos 100 (1min00s65), resultados muito expressivos para a fase de treinamento.

Copa do Mundo 2002-2003 – Rio de Janeiro (RJ) 50 metros peito – Final			
1º	**Eduardo Fischer**	**BRA**	**27s72**
2º	Hugues Duboscq	FRA	27s89
3º	Brenton Rickard	AUS	27s99
4º	Martin Gustafsson	SUE	28s26
5º	Diego Salgueiro	BRA	28s50
6º	Cesley Cruz	BRA	28s61
7º	Felipe dos Santos Brandão	BRA	28s82
8º	Henrique Barbosa	BRA	DSQ

Eram resultados significativos, tendo em vista que eu havia enfrentado grandes atletas, como Hugues Duboscq, futuro medalhista de bronze nos Jogos Olímpicos de Atenas-2004, e Brenton Rickard, prata em Pequim-2008, e isso nos dava muita moral para continuar trabalhando fortemente na busca por melhores resultados e pela tão sonhada final olímpica.

Copa do Mundo 2002-2003 – Rio de Janeiro (RJ) 100 metros peito – Final			
1º	Hugues Duboscq	FRA	1min00s28
2º	**Eduardo Fischer**	**BRA**	**1min00s65**
3º	Martin Gustafsson	SUE	1min00s91
4º	Brenton Rickard	AUS	1min01s01
5º	Marcelo Tomazini	BRA	1min01s94
6º	Felipe Lima	BRA	1min02s80
7º	Felipe dos Santos Brandão	BRA	1min03s21
8º	Henrique Barbosa	BRA	Desclassificado

Curioso, também, rever, nos dias de hoje, os resultados dessa competição e perceber que o futuro campeão olímpico dos 50 metros livre em Pequim-2008, Cesar Cielo, ainda estava escalando rumo ao topo. Nessa mesma Copa do Mundo, Cielo, com apenas 15 anos, nadou a referida prova para o tempo de 23s22, chegando na 24ª colocação.

Claro, na época, ainda era um adolescente, mas isso apenas prova que o campeão pode estar em qualquer lugar, bastando apenas muito treino e muita dedicação. Afinal, seis anos depois, ele sairia da piscina na China com uma medalha de ouro histórica no peito.

Outra curiosidade semelhante foi ver o futuro medalhista de bronze no Mundial de longa Felipe Lima, com apenas 17 anos, chegando na sexta colocação nos 100 metros peito. Se fizermos um comparativo com a minha carreira, você vai se lembrar de que, em 1998, com 18 anos, eu havia chegado na sétima colocação nessa prova em uma Copa do Mundo. Sem dúvida, era algo bem parecido, sendo possível prever que Lima viria a ser um excelente nadador de peito em alguns anos.

Enfim, depois de tantas competições, viagens e agenda lotada, os excelentes resultados alcançados em 2002 foram muito bem reconhecidos, tendo o COB me escolhido como o melhor nadador do Brasil naquele ano.

Eu não poderia me sentir mais honrado. Era, afinal, uma felicidade extrema e incomensurável o recebimento desse título, pois ele estava sendo disputado entre atletas bem mais gabaritados do que eu e com currículos muito mais extensos e grandiosos, tais como as lendas Gustavo Borges e Fernando Scherer.

Ora, como não poderia me orgulhar? No momento em que eu soube da escolha do COB, era inegável imaginar e constatar que eu havia me inserido em um rol de nadadores especiais no país. Justamente porque, antes de mim, os atletas que haviam sido selecionados tinham resultados muito mais expressivos e importantes, inclusive medalhas olímpicas no histórico (como, novamente, Fernando Scherer e Edvaldo Valério).

De fato, era o pódio mais alto que eu poderia ter conquistado naquele maravilhoso ano. Era como dizer: "OK, nós temos lendas da natação do Brasil, mas você, Eduardo, com todos os resultados, provou ser digno da escolha do melhor atleta do país na temporada de 2002".

Já imaginou isso? Pois, então, naquele momento, nem eu. Foi inevitável voltar no tempo e pensar nos anos 90 e na piscina do Joinville Tênis Clube. Como, quando e por que eu havia conquistado isso? Era uma pergunta meio retórica, pois eu sabia a resposta: com muito treino e muita dedicação.

Realmente, eu havia conseguido sair da piscina do JTC para viajar o mundo e voltar para casa com essa honraria na bagagem. Era, definitivamente, a cereja do bolo para aquele ano repleto de excelentes resultados.

A festa de gala da premiação foi inesquecível: salão lotado de estrelas e astros do esporte olímpico do Brasil, cada qual em sua modalidade e especialidade, e, dentre todos aqueles grandes nomes, gente como Daniele Hypolito (ginástica), Maurren Maggi (atletismo), Janeth Arcain (basquete), Nalbert (vôlei), Adriana Behar (vôlei de praia), Ronaldo (futebol), Robert Scheidt (vela), Sebastian Pereira (judô), entre outros. E eu também estava lá, colocando o nome na história do esporte olímpico verde e amarelo.

É um prêmio do qual jamais vou me esquecer, que não pode ser apagado dos registros esportivos nacionais. Felicidade! Essa era a palavra que me resumia naquele inesquecível 17 de dezembro de 2002.

Além do fantástico troféu, tive o orgulho de colocar o meu nome entre os 10 melhores do ranking mundial em piscina curta.

Ranking mundial da Fina 2002 – 50 metros peito					
Rank	Tempo	Nome	Ano de nascimento	País	Tempo feito em:
1	26s20	Oleg Lisogor	1979	UCR	Copa do Mundo
2	26s28	Ed Moses	1980	EUA	Copa do Mundo
3	26s54	Roman Sludnov	1980	RUS	Copa do Mundo
4	27s22	José Couto	1978	POR	Mundial de curta
5	**27s23**	**Eduardo Fischer**	**1980**	**BRA**	**Mundial de curta**
6	27s34	Remo Lütolf	1980	SUI	Mundial de curta
7	27s40	Arseni Maliarov	1979	RUS	Mundial de curta
8	27s44	Kosuke Kitajima	1982	JAP	Mundial de curta
9	27s46	Hugues Duboscq	1981	FRA	Mundial de curta
9	27s46	David Denniston	1978	EUA	Mundial de curta

Ranking mundial da Fina 2002 – 100 metros peito					
Rank	Tempo	Nome	Ano de nascimento	País	Tempo feito em:
1	57s47	Ed Moses	1980	EUA	Copa do Mundo
2	57s73	Roman Sludnov	1980	RUS	Copa do Mundo
3	57s86	Oleg Lisogor	1979	UCR	Copa do Mundo
4	59s09	Jarno Pihlava	1979	FIN	Mundial de curta
5	59s10	Kosuke Kitajima	1982	JAP	Mundial de curta
6	59s15	David Denniston	1978	EUA	Mundial de curta
7	59s24	Hugues Duboscq	1981	FRA	Copa do Mundo
8	59s32	Dmitry Komornikov	1981	RUS	Mundial de curta
9	59s34	Morgan Knabe	1981	CAN	Copa do Mundo
10	59s58	Jim Piper	1981	AUS	Copa do Mundo
11	**59s60**	**Eduardo Fischer**	**1980**	**BRA**	Mundial de curta

E foi com essa moral elevada que eu encerraria um dos melhores anos da minha vida. Cheio de motivação e confiança para iniciar uma temporada que teria Jogos Pan-Americanos, o primeiro grande passo para a busca de mais um grande objetivo: a minha segunda participação olímpica.

74

Todas as fichas do primeiro semestre de 2003 estavam sendo depositadas no Troféu Brasil, na primeira semana de maio. Afinal, a competição seria seletiva não só para os Jogos Pan-Americanos, mas também para o Mundial de Esportes Aquáticos em Barcelona (ESP), na piscina longa, que, apesar de não ser o nosso principal foco, seria muito importante.

Parece estranho dizer que o Mundial não era o foco. Talvez, tenha sido uma escolha errada priorizar o Pan e a busca pelo índice olímpico, em detrimento do Mundial. Há quem diga que isso é um absurdo. Mas eu era novo e meio inexperiente. Achava que, para conseguir o que queria, teria de dar um único tiro certeiro. E foi assim que planejamos. Certo ou errado, não sei, mas foi assim.

Como eu não estava mais representando nenhum clube grande, não havia a obrigação de nadar a prova dos 200 metros peito ou o revezamento 4 x 100 metros medley, o que me dava um pouco mais de liberdade para focar nos 100 metros peito e na busca pelo índice olímpico. Claro, o lado negativo era que eu perdia acesso àquela estrutura de equipe multidisciplinar (massagista, fisioterapeuta, biomecânico, entre outros) ofertada pelos grandes.

De qualquer forma, a competição havia começado muito bem. Logo na minha primeira queda na água, estabeleci um novo recorde sul-americano nos 50 metros peito (28s30), criando uma boa expectativa para os 100.

Ainda que essa segunda prova fosse o grande e principal objetivo, nadar bem os 50 era sempre importante, pois aumentava a autoestima. Contudo, não me classificava para nenhuma seleção, pois, apesar de ser uma prova oficial no Mundial, não existia no programa do Pan-Americano ou da Olimpíada.

Na final, apesar de não repetir o tempo das eliminatórias, fui capaz de garantir a medalha de ouro e, novamente, trazer o título de campeão nacional absoluto para Joinville.

Troféu Brasil 2003 – Rio de Janeiro (RJ) **50 metros peito – Final**				
1º	**Eduardo Fischer**	**JTC (SC)**	**28s71**	**28s30 (elim.)**
2º	Felipe Brandão	AEAA (RJ)	29s18	
3º	Felipe Lima	Pinheiros (SP)	29s28	
4º	Henrique Barbosa	Minas TC (MG)	29s30	
5º	Cesley Cruz	Aquática XXI (PR)	29s46	
6º	Cristian Soldano	Corinthians (SP)	29s62	
7º	Renan Rossin	Unaerp (SP)	29s76	
8º	Felipe Travesso	Minas TC (MG)	29s95	

Mantendo essa boa vibe, logo nas eliminatórias dos 100 metros peito, o resultado saiu como esperávamos, cravando no placar um tempo que igualava o meu recorde sul-americano, feito no Troféu Brasil do ano anterior, em Brasília, com 1min02s33, marca essa bem abaixo do índice mínimo exigido para a convocação ao Pan.

De fato, com esse resultado, diferentemente do que havia ocorrido quatro anos antes, na seletiva do Pan de Winnipeg, eu praticamente garantia a minha convocação para os Jogos Pan-Americanos de Santo Domingo, tendo em vista que os índices eram tempos que correspondiam ao quarto lugar da edição canadense, em 1999. No caso dos 100 metros peito, esse índice correspondia ao tempo de 1min03s72, feito pelo Marcelo Tomazini ao chegar, justamente, na quarta colocação em Winnipeg.

Na verdade, a única forma de eu perder a vaga para o Pan e para o Mundial seria se dois atletas chegassem na minha frente na final, marcando tempos abaixo do recorde que eu havia recém-igualado. Ou seja, era muito difícil não confirmar a minha convocação para as duas competições internacionais mais importantes do ano.

Traçando um paralelo com a tentativa de índice de quatro anos antes, sem dúvida, eu estava em uma condição completamente diferente. Lá, eu havia ficado muito próximo do índice nas eliminatórias (1min03s77 x 1min03s73) e me vi obrigado a fazer o tempo na final. Dessa vez, eu já tinha o tempo necessário com folga antes mesmo da tentativa seguinte, na briga pelas medalhas.

Apesar de não ter conseguido melhorar o tempo na final, a nossa avaliação foi muito positiva, pois eu havia conseguido classificação para o Pan e para o Mundial, com uma marca que representava a possibilidade de quebrar a barreira de 1min02s em um desses eventos.

Aliás, tudo estava saindo como o programado, pois, no planejamento, a meta era alcançar a classificação olímpica para Atenas-2004, justamente, durante a disputa do Pan-Americano de Santo Domingo. Até porque os índices apenas seriam validados se feitos no Mundial ou no Pan. Não havia nenhum motivo para desespero e tudo caminhava dentro do projetado.

Ou seja, olhando para o tempo feito nas eliminatórias do Troféu Brasil, apenas 41 centésimos me separavam da minha próxima Olimpíada, e eu não tinha a menor intenção de deixar esse quase meio segundo me vencer.

Finalizado o Troféu Brasil, a seleção brasileira que representaria o país na República Dominicana estava formada e devidamente convocada. Como era um time muito bacana, repleto de pessoas formidáveis e interessantes, faço a devida menção de todos os integrantes:

Seleção brasileira para os Jogos Pan-Americanos de 2003	
MASCULINO	FEMININO
Bruno Bonfim	Ana Carolina Muniz
Carlos Jayme	Flavia Delaroli
Diogo Yabe	Ivi Monteiro
Eduardo Fischer	Joanna Maranhão
Felipe May	Marcella Amar
Fernando Scherer	Mariana Brochado
Gabriel Mangabeira	Monique Ferreira
Henrique Barbosa	Nayara Ribeiro
Jáder Souza	Patrícia Comini
Kaio Márcio Almeida	Paula Baracho
Luiz Lima	Rebeca Gusmão
Marcelo Tomazini	Talita Ribeiro
Paulo Maurício Machado	Tatiana Lemos
Pedro Monteiro	
Rafael Mósca	
Rodrigo Castro	
Rogério Romero	
Thiago Pereira	

Antes de embarcar para Santo Domingo, a seleção, formada praticamente pelo mesmo time mostrado anteriormente, com algumas pequenas inclusões, tinha pela frente o Campeonato Mundial de Esportes Aquáticos, em Barcelona, na Espanha. A orientação que recebemos da CBDA era no sentido de que poderíamos priorizar o Pan, mesmo que em detrimento de um melhor resultado no Mundial.

O Mundial se encerraria em 27 de julho e o Pan se iniciaria em 11 de agosto. Na medida em que precisávamos estar em Santo Domingo pelo menos três dias antes do início (8 de agosto), eram apenas 12 dias entre uma competição e outra. Definitivamente, não queríamos correr o risco de um erro no polimento, razão pela qual optamos por competir no Mundial "pesados[93]". Naquele ano, o Pan e a busca pelo índice olímpico eram mais importantes do que um bom resultado no Mundial. Pensando bem, hoje, não sei se tomamos a decisão mais acertada, como já dito. Acho que seria possível nadar muito bem o Mundial e o Pan. Inclusive, penso que daria para fazer uma semifinal em Barcelona, sem prejudicar o índice olímpico e a medalha no Pan. Mas não adianta, agora, ser "engenheiro de obra pronta". A decisão, na época, foi passar por cima do Mundial. Certo ou errado, foi o que fizemos.

Aliás, quando existem duas competições importantes tão próximas uma da outra, acaba sendo natural que o atleta priorize uma delas para fazer o melhor resultado.

Assim, no meu caso, a liberdade que a CBDA nos concedeu foi ao encontro do nosso planejamento. O foco era, efetivamente, tentar o melhor resultado no Pan, utilizando o Mundial como uma espécie de competição preparatória. Eu sei, parece meio absurdo não priorizar o Mundial e não é que eu não tentaria fazer o melhor, mas, de fato, seria mais difícil extrair esse melhor sem o devido polimento.

Apesar de amargar o 23º lugar nos 100 metros peito, com o tempo de 1min02s80, e o 21º nos 50, com 28s67, tudo fazia parte de um plano maior. Nós sabíamos que o foco estava programado para duas semanas depois, justamente no Pan-Americano. Mas confesso que piorar o resultado de Fukuoka-2001 não foi nada agradável. No Japão, eu havia chegado à semifinal em ambas as provas e, na Espanha, infelizmente, parei nas eliminatórias.

---

[93] Competir pesado significa não ter finalizado o polimento, razão pela qual, geralmente, os resultados não são os melhores possíveis nesse momento.

Campeonato Mundial 2003 – Barcelona (ESP) 100 metros peito – Eliminatórias			
1	JAP	Kosuke Kitajima	1min00s20
2	ING	James Gibson	1min00s74
3	CAN	Morgan Knabe	1min01s19
4	FRA	Hugues Dubocq	1min01s35
5	AUS	Brenton Rickard	1min01s37
6	UCR	Oleg Lisogor	1min01s40
7	EUA	Brendan Hansen	1min01s47
8	EUA	Ed Moses	1min01s51
9	RUS	Roman Ivanovsky	1min01s78
10	FIN	Jarno Pihlava	1min01s79
11	ALE	Mark Warnecke	1min01s86
12	SUE	Martin Gustafsson	1min01s90
13	ING	Darren Mew	1min01s96
14	CAN	Michael Brown	1min02s00
15	SLO	Emil Tahirovic	1min02s14
16	ITA	Domenico Fioravanti	1min02s28
17	HUN	Károly Guttler	1min02s35
18	HUN	Richard Bodor	1min02s37
19	NOR	Morten Nystrom	1min02s50
20	ALE	Reiner Schneider	1min02s54
21	RUS	Dmitry Komornikov	1min02s57
22	CZE	Daniel Malek	1min02s78
23	**BRA**	**Eduardo Fischer**	**1min02s80**

Campeonato Mundial 2003 – Barcelona (ESP)
50 metros peito – Eliminatórias

1	ING	James Gibson	27s54
2	HUN	Mihaly Flaskay	27s84
3	UCR	Oleg Lisogor	27s85
4	ALE	Mark Warnecke	27s96
5	SLO	Emil Tahirovic	27s97
6	FIN	Jarno Pihlava	28s04
7	AUS	Brenton Rickard	28s13
7	ITA	Alessandro Terrin	28s13
9	ALE	Jens Kruppa	28s18
10	SLO	Matjaz Markic	28s19
11	EUA	Ed Moses	28s25
12	ING	Darren Mew	28s27
13	NOR	Morten Nystrom	28s32
14	HUN	Károly Guttler	28s34
15	SER	Mladen Tepavcevic	28s42
16	CAN	Morgan Knabe	28s44
16	SUI	Remo Lütolf	28s44
18	SUE	Martin Gustafsson	28s51
19	AFS	Christopher Stewart	28s54
20	AUS	Jim Piper	28s61
21	**BRA**	**Eduardo Fischer**	**28s67**

Sim, ao fim da competição em Barcelona, havia um pequeno sentimento de frustração por não ter passado das eliminatórias, ainda mais sabendo que as minhas melhores marcas me levariam, pelo menos, às semifinais. Mas a decisão havia sido tomada, não podíamos mudar isso ou nos desviar do objetivo.

Como eu disse, olhando retrospectivamente, acredito que eu poderia, sim, ter nadado as duas competições para o meu melhor, sem interferir no resultado ou na busca pelo índice olímpico. Mas falar agora é fácil. Na época, nós achávamos que, para reduzir aquele meio segundo e me classificar para os Jogos Olímpicos de Atenas, eu precisava estar na melhor condição. Não havia margem para erro. Era quase que uma tentativa especial, com polimento e descanso certos.

Uma mudança nesse planejamento de treinos e polimento poderia acarretar uma performance não ideal e, consequentemente, a não classificação antecipada para a Olimpíada. Por essa razão, optamos por não competir no Mundial na melhor condição possível, de forma a priorizar um bom resultado no Pan.

Enfim, esse era o plano, e não havia tempo para ficar me lamentando, mas, sim, aceitar os resultados em Barcelona e partir para Santo Domingo em busca do tão sonhado índice para os Jogos de Atenas-2004.

Passado o Mundial, chegamos na capital da República Dominicana para a minha primeira participação em um torneio pan-americano. Era muito empolgante.

Vamos combinar, eu já era "escolado". Tinha no currículo uma experiência olímpica, a participação em um Campeonato Mundial de longa e, inclusive, uma medalha no Mundial de curta. Eu não era calouro, tampouco ingênuo. Contudo, era o meu primeiro Pan. Além disso, era seletiva olímpica. Eu estaria mentindo se dissesse que não estava nervoso e ansioso.

Entretanto, eu já sabia qual era o desafio e o que eu deveria fazer. Sabia, também, a métrica do sucesso para ir aos Jogos Olímpicos. Faltava apenas saber se eu teria sucesso na execução do trabalho.

Na verdade, algo que descobri com a experiência competitiva foi que, quando estamos bem treinados e focados, colocar as coisas em perspectiva e de forma bem objetiva torna o desafio mais factível de ser vencido. Por essa razão, além da confiança de saber que eu estava bem preparado, materializar a meta me ajudava.

Ou seja, para eu ir para a minha segunda Olimpíada, eu deveria nadar abaixo de 1min01s92. Eu já sabia exatamente em qual momento (além do fundamento) da prova eu deveria melhorar, a fim de reduzir aqueles 41 centésimos que me faltavam.

A minha prova seria a segunda do programa, ou seja, logo no primeiro dia de competição. Além de todas as questões pessoais, o resultado poderia ter grande expressividade para o time, pois, talvez, fosse a primeira medalha masculina do Brasil na natação no Pan de 2003.

Ser o primeiro a disputar uma medalha em uma competição tão importante tem o lado bom e o lado ruim. Bom, porque resolve logo toda a ansiedade, não precisa aguardar o momento vendo os colegas competindo. Ruim, porque não dá muito tempo para analisar a competição, a logística, a piscina e o ambiente.

Contudo, como o esporte me ensinou ao longo dos anos, quem quer vencer não pode escolher data ou adversário, apenas deve fazer o melhor possível dentro das condições ofertadas.

Logo pela manhã, nas eliminatórias, eu sabia que não precisaria fazer o meu melhor tempo para avançar à final entre os oito melhores. Fizemos uma análise minuciosa do balizamento e tínhamos consciência de que uma natação na casa de 1min03s era suficiente para garantir uma vaga na briga pelas medalhas.

Claro que o ideal não seria arriscar muito, então, a estratégia era guardar um pouco de energia, nadando a prova para alguma coisa um pouco abaixo desse tempo de corte pré-definido pela lista de inscritos.

Com isso em mente, na medida que eu estava me sentindo muito bem, foi relativamente tranquilo nadar a eliminatória sem dar o gás total, fechando a minha série com 1min02s77, passando para a final com o terceiro melhor tempo, apenas atrás dos dois americanos, Mark Gangloff e Jarrod Marrs (1min02s04 e 1min02s15). Até o momento, tudo estava sob controle e eu me sentia confiante.

E foi então, no aquecimento para a final, que aconteceu algo muito peculiar comigo e com o meu treinador, Ricardo. Normalmente, em todos os meus anos de natação competitiva, a média de distância que eu nadava nos aquecimentos ficava na casa de 1,5 km, entre aquecimento, educativos, tiros curtos e soltura. Contudo, naquela noite, eu pulei na piscina para fazer o aquecimento para a final, nadei os primeiros 300 metros e, então, pedi para o Ricardo marcar um tiro de 25 metros. Subi no bloco, me preparei e fiz o tal tiro para o tempo de 12s85.

Naquele instante, percebi que estava completamente preparado e qualquer coisa que eu fizesse a mais na piscina, antes da prova, apenas me prejudicaria.

Saí da água e disse: "Ricardo, estou me sentindo bem. Chega de aquecimento". O Chefe até ficou meio espantado, pois era algo completamente fora da nossa rotina, e acho que ele estava interpretando aquilo como nervosismo.

Mas não era. Na verdade, eu estava me sentindo pronto. Só queria colocar o traje de competição e aguardar o momento para cair na piscina e fazer o meu melhor. Até porque, para me classificar para Atenas, apenas esse melhor interessava.

Saí da piscina muito antes do tempo que normalmente encerrava o aquecimento, troquei a roupa, peguei os óculos e fui para o banco de controle me concentrar e aguardar a chamada para a prova.

Eu não levei touca. Nessa competição, optei por não usar o acessório, mas, sim, rapar completamente a cabeça (inclusive, com uso de uma lâmina), pela primeira vez na vida e para ter a melhor hidrodinâmica possível dentro da água. Aliás, rapar o cabelo gera uma sensação muito boa na piscina. Quando entrei nela, parecia que a minha cabeça pesava uns dois quilos a menos, dando uma convicção de que isso me faria nadar mais rapidamente.

Enfim, foi a forma que eu encontrei para fazer algo diferente (passar a lâmina na cabeça), no intuito de buscar a melhor performance possível naquele momento tão importante da carreira.

O grande momento se aproximava. Eu sabia que era possível disputar uma medalha, talvez até de prata, mesmo com os americanos sendo os favoritos. Eu sabia, também, que havia condições de fazer o índice olímpico.

Eu estava na raia 3 e, depois de apresentado, ergui os braços para saudar o público e aqueles que estavam torcendo por mim pela televisão[94], sabendo que a hora de fazer o meu melhor finalmente havia chegado.

---
[94] Link no QR CODE

Entrei na água decidido a fazer a estratégia de sempre: parcial de 50 metros, a primeira metade da prova, um pouco mais controlado para, depois, voltar os últimos 50 acelerando o máximo possível.

Passei a primeira metade em segundo lugar, com 29s05, mas, logo nos primeiros metros do retorno, me vi sendo atacado pelo americano da raia 5, Jarrod Marrs, e pelo canadense da 2, Scott Dickens, além de observar que o outro americano, Mark Gangloff, colocava uma sólida vantagem sobre nós.

Comecei a imprimir um ritmo mais forte nos últimos 25 metros, justamente para tentar me livrar do atleta do Canadá que estava do outro lado, na raia 2. Contudo, não percebi que a disputa pela prata com o Marrs, na raia 5, estava muito acirrada.

Nos metros finais, deixei o canadense para trás, me consolidando na terceira posição. Mas, ao prestar atenção na raia 2, acabei perdendo o foco do americano da 5 e, por muito pouco, na batida de mão, não consegui a medalha de prata, fechando na terceira colocação com a marca de 1min01s88 (32s83 nos últimos 50 metros).

Contudo, quando toquei no placar, olhei imediatamente para o resultado exibido no telão para confirmar se havia, realmente, ficado entre os três primeiros. Estava ansioso e com dificuldade de compreender os resultados exibidos no placar eletrônico. Finalmente, depois de alguns segundos, percebi que havia ficado com a medalha de bronze, sem assimilar muito bem os tempos.

Desviei rapidamente o olhar para o local onde a equipe brasileira estava concentrada, na torcida. Percebi que o Tomazini gesticulava muito e apontava freneticamente para o placar. Quando voltei a atenção ao resultado, finalmente entendi o que ele estava tentando me mostrar: eu havia completado a prova abaixo do índice olímpico. A marca final estampada na tela: 1min01s88.

Jogos Pan-Americanos 2003 (50m) – Santo Domingo (DOM) 100 metros peito – Final		
Colocação	Atleta	Tempo
1	Mark Gangloff (EUA)	1min00s95
2	Jarrod Marrs (EUA)	1min01s71

3	**Eduardo Fischer (BRA)**	**1min01s88 (RS)**
4	Scott Dickens (CAN)	1min02s13
5	Henrique Barbosa (BRA)	1min02s81
6	Alfredo Jacobo (MEX)	1min03s44
7	Juan Vargas (CUB)	1min03s55
8	Matthew Mains (CAN)	1min03s65

Então, a minha ficha caiu. Comecei a gritar enlouquecidamente! Depois de tantos treinos, de tantas tentativas, dores e sofrimento, eu, finalmente, havia alcançado o objetivo mais importante da minha vida até aquele momento.

Fiz um tempo cinco centésimos abaixo do índice olímpico, quase meio segundo abaixo da minha melhor marca, cravando um novo recorde sul-americano e me tornando o primeiro latino-americano da história a nadar os 100 metros peito abaixo de 1min02s na piscina longa.

E gritei! Gritei muito! Na verdade, era tanta comemoração que até os adversários americanos, que haviam chegado na minha frente, estranharam. Como podia o terceiro colocado vibrar mais do que o primeiro? Acho que pensaram: "Nossa, imagine se ele tivesse ganhado".

Mas o fato é que, naquele momento, eu havia, realmente, ganhado. Não a prova, não o ouro. Mas a superação do meu desafio pessoal e a conquista do objetivo. Por essa razão, eu me sentia um verdadeiro vencedor. Naquele momento, todos os treinos, todo o esforço e toda a dedicação faziam sentido.

Eu não poderia estar mais feliz. Era a minha primeira medalha pan-americana (e do Brasil naquela edição), a minha melhor marca, o novo recorde continental e, de quebra, o índice olímpico.

Era uma das sensações mais prazerosas do mundo. E não importava que a marca era apenas a 14ª melhor do planeta. Para mim, naquele exato momento, era o melhor resultado possível. E tudo fazia sentido.

Saindo da piscina, eu já imaginava como seria a jornada até Atenas. Eu não via a hora de comemorar o resultado e voltar para os treinos. A partir daquele instante, o objetivo já era imediatamente outro: a final olímpica, e eu faria de tudo para chegar nela.

Mas o Pan não havia terminado naquela inesquecível prova. Havia, ainda, o revezamento 4 x 100 metros medley e, por mais que soubéssemos que seria difícil vencer os americanos, não poderíamos vacilar, pois os canadenses tinham um time bem consistente.

Depois de presenciar muitas vitórias ao longo dos próximos dias, como o sétimo ouro do Fernando Scherer em Pan-Americanos e a incrível vitória do Rogério Romero nos 200 metros costas, eu esperava ansiosamente pela última prova do programa.

No 4 x 100 metros medley, tivemos uma disputa acirrada com os canadenses, decidida apenas na última braçada de Gustavo Borges [95], levando o nosso time à medalha de prata por dez centésimos.

Com uma parcial razoável de peito (1min01s57), ajudei o Brasil a cravar um novo recorde sul-americano, com um tempo melhor do que aquele que o time havia alcançado para conquistar o ouro em Winnipeg-1999. Com ele, inclusive, superamos o índice olímpico para o 4 x 100 metros medley, carimbando a participação da equipe em Atenas. E, dessa maneira, encerrei a participação no meu primeiro Pan com duas medalhas, uma de prata e uma de bronze, além de dois recordes continentais e dois índices olímpicos.

Mas não era só isso. Com esses resultados, eu tinha a certeza de que ainda viveria muitas experiências fantásticas nesse esporte maravilhoso.

Posição	País	Atletas	Parciais	Tempo
1	EUA	Peter Marshall		3min37s27
		Mark Gangloff	1min00s89	
		Ben Michaelson		
		Nick Brunelli		

---

[95] Link no QR CODE

2	**BRA**	Paulo Machado		3min40s02 (RS)
		Eduardo Fischer	**1min01s57**	
		Kaio Almeida	53s53	
		Gustavo Borges	49s09	
3	**CAN**	Sean Sepulis		3min40s12
		Scott Dickens	1min01s82	
		Chad Murray		
		Matt Rose		

Agora, a próxima meta seria muito mais árdua, como sempre era ao fim de um ciclo e da obtenção de um objetivo. E, para isso, eu necessariamente precisaria continuar batalhando, dia após dia, treino após treino, braçada após braçada, na certeza de que faria sempre o meu melhor, independentemente do resultado final.

75

Praticar um esporte olímpico (ou amador, como algumas pessoas preferem chamar) é um tanto quanto ingrato no Brasil. Somos o país do futebol, então, há muito dinheiro e muita mídia para essa única modalidade, restando pouco para todas as demais.

A iniciativa privada, de um modo geral, não tem muito interesse nos olímpicos, a não ser às vésperas dos Jogos, e não há políticas públicas eficientes para auxiliar na formação e no desenvolvimento dos esportes amadores no nosso país. A verba federal para isso até existe, mas ainda peca no formato de distribuição e aplicação.

Finalizado o Pan e com o passaporte para Atenas praticamente carimbado, ao chegar em Joinville, houve uma recepção mais do que especial para mim.

No aeroporto, havia um caminhão do Corpo de Bombeiros me aguardando para um desfile em carro aberto no Centro da cidade. Algo inusitado, extraordinário e empolgante, mas, sem dúvida, um pouco assustador. Eu não tinha muita noção do tamanho das minhas conquistas até então. Eu era o primeiro atleta olímpico da cidade e o melhor nadador que Joinville já havia produzido. Por isso, de fato, estava escrevendo um pedacinho importante da história esportiva da minha linda cidade natal.

Foi inesquecível! Sabe aquele tipo de coisa que você só havia visto na TV acontecendo apenas com pessoas superimportantes, tipo Ayrton Senna? Pois, então. Algo similar estava acontecendo comigo.

E lá fomos, com todos os meios jornalísticos possíveis e existentes da cidade (rádios, jornais, emissoras de TV, sites esportivos, entre outros), em um surpreendente cortejo, passando pelo Centro, cumprimentando todos os joinvilenses e exibindo, com muito orgulho, as minhas duas medalhas recém-conquistadas em Santo Domingo, dias antes.

Nessa época, eu já havia contratado o meu antigo colega de treinos Luís Fusinato como assessor de imprensa. Ele havia se graduado em Jornalismo e entendia do esporte por já tê-lo praticado. Esse fato ajudava muito na hora de agendar entrevistas e marcar compromissos. Foi uma parceria bacana, e sou grato ao Luís. Nesse retorno de Santo Domingo, ele ajudou muito na logística e na organização.

Era possível perceber que algumas pessoas não faziam ideia do que estava acontecendo. "Quem era aquele garoto?" Em uma cidade não acostumada com resultados muito expressivos no esporte olímpico, acho que nunca um atleta local havia recebido tamanha honraria. Era, com certeza, algo inédito, não só para mim, mas para a própria Joinville. Ainda assim, me lembro de que a receptividade foi muito bacana, mesmo as pessoas não tendo muita noção do que eu havia conquistado.

Contudo, passada a euforia pelos resultados e pela classificação olímpica, a preocupação era em saber como executaríamos o planejamento rumo aos Jogos de Atenas, no ano seguinte. Teríamos condições estruturais e financeiras para fazer tudo o que gostaríamos no programa de treinos? Eram dúvidas pertinentes, que nos levavam a algumas reflexões e alguns debates sobre possíveis patrocinadores.

Ainda assim, mesmo vivenciando dificuldades financeiras em relação a clubes e salários, a classificação para a Olimpíada teve papel fundamental para a realização de campanhas publicitárias importantes. Esse tipo de contrato, geralmente fechado em valor fixo e único, seria de primordial importância na minha carreira.

Tanto a campanha do Citroën C3[96], como os comerciais feitos para as faculdades Iesville[97] e FCJ [98] tiveram um significado muito especial para mim, pois me davam certeza de que o trabalho e os resultados estavam sendo percebidos pela comunidade e pelos empresários locais.

---

[96] Link no QR CODE
[97] Link no QR CODE
[98] Link no QR CODE

76

Passear em um carro de bombeiros era muito bacana, mas não me dava o retorno monetário que eu precisava. De fato, havia dúvidas sobre o futuro. Como iríamos conseguir o auxílio financeiro ideal para treinar com excelência e tranquilidade? Qual era o plano, nesse sentido? Infelizmente, sem muita experiência nesse quesito, nos vimos perdidos e sem rumo, não sabendo exatamente qual a saída para esse impasse.

Foi quando recebi a ligação do então presidente da Confederação Brasileira de Desportes Aquáticos, Coaracy Nunes Filho, "alegremente" informando que os meus problemas haviam sido solucionados e eu não precisava fazer absolutamente nada, pois tudo estaria acertado para que conseguisse exatamente o que precisava para fazer a melhor preparação olímpica possível.

O que vou contar a seguir, talvez, seja o episódio mais triste e revoltante de toda a minha carreira. Indigesto e humilhante, com repercussões negativas imediatas e que levou todos a terem interpretações equivocadas sobre mim. Mas a minha atitude, ainda que mal interpretada, hoje é motivo de orgulho para mim, pois sei que agi da forma certa, de maneira justa e, se pudesse voltar no tempo, não teria uma conduta diferente.

Apesar disso, é um episódio que desrespeita o esporte e as pessoas de bem. Que me levou a algumas perdas de oportunidades financeiras e, talvez, até de uma melhor performance. Mas que, ao fim, apesar de tudo, foi um dos principais aprendizados da minha vida.

Poucas pessoas sabem a verdade sobre esse fato. Eu nunca contei a história toda de forma pública, a não ser a alguns poucos amigos e familiares, sempre de maneira informal. Pela primeira vez, vou revelar como enfrentei um dirigente autoritário, um sistema supostamente corrupto e uma potencial e hipotética enganação ao poder público da cidade de Joinville.

Tudo começou com a ligação do presidente da CBDA:

"Fischer, meu querido! Como você está?"

Pensando hoje, nesse exato momento eu já deveria ter suspeitado de alguma coisa errada. O sujeito nunca havia me ligado, e já eram quase quatro anos servindo a seleção brasileira.

Enfim, a conversa continuou com ele me perguntando de quanto eu precisava para a minha preparação olímpica visando uma possível final na Grécia, no próximo ano.

Lembro-me como se fosse ontem. Eu fiz uma conta de padeiro na cabeça, com aquilo que despendia mensalmente em treinos, treinadores, material, suplementos, transporte, alimentação e outras coisas. Somei tudo, arredondei, dividi por 12 e disse:

"Eu preciso de R$ 5 mil mensais, Coaracy. Em um ano, preciso de aproximadamente R$ 60 mil. Creio que isso seja suficiente para pagar as minhas despesas pessoais e os meus treinadores, Ricardo e Armando".

Não houve contestação, argumentação ou qualquer pedido de descrição a respeito do valor proposto. Ele apenas consentiu e disse que a ideia era fazer uma parceria entre a CBDA e a Prefeitura de Joinville, com o intuito de o poder público municipal repassar esse valor à Confederação. Esta, então, administraria a verba e me pagaria mensalmente.

Ouvindo-o falar, a cada explicação a ideia parecia mais atraente e interessante. Para ser bem sincero, era quase perfeita. Eu não precisaria apresentar um projeto ou algo do gênero. A "minha" Confederação ficaria responsável e encarregada de fazer tudo. Caso a CBDA fechasse a parceria, faria a triangulação entre o município, ela própria e o atleta. Todos sairiam ganhando. Pelo menos, era isso que eu achava na minha enorme ingenuidade.

Afinal, a CBDA ajudaria o seu atleta a ter uma boa preparação e mais possibilidade de êxito nos Jogos Olímpicos. A prefeitura investiria em um esportista local de forma lícita (é muito difícil o poder público repassar verbas para pessoas físicas), utilizando isso como marketing positivo, e eu teria o suporte financeiro para custear a minha preparação e os meus treinadores. Muito bom, não é? Bom, ledo engano.

Aliás, tudo começou a ficar um pouco estranho quando Coaracy disse que prepararia o projeto para apresentar ao prefeito, marcando uma reunião presencial na sede do Poder Executivo de Joinville, e que eu não precisaria participar, pois "assim seria melhor".

A princípio, eu tinha confiança na lisura do presidente (pelo menos, deveria ter), tendo em vista que ele estava no cargo desde 1988, com relativo e expressivo sucesso (vide os resultados do período, protagonizados por dois grandes campeões, Gustavo Borges e Fernando Scherer), razões pelas quais optei em dar o devido crédito a ele, julgando que sabia o que estava fazendo.

Dito e feito. Algumas semanas depois, recebemos uma ligação com a confirmação da conclusão da minuta do projeto e a data agendada para uma reunião com o prefeito de Joinville na sede do Executivo municipal, que, por coincidência, ficava exatamente ao lado do clube onde eu treinava.

No dia marcado para o encontro, às 10h, me recordo de que treinamos mais cedo, com uma metragem menor do que a usual, para estar prontos com antecedência para a tão aguardada reunião.

Ocorre que, quando eram 10h15 (e, nesse momento, já tensos — o Ricardo estava comigo —, pensando que o presidente da CBDA não viria), recebi uma ligação do Coaracy, informando que já estava no local aguardando ser recebido pelo então prefeito, Marco Tebaldi, e que eu não precisava comparecer nem me preocupar.

Foi então que eu disse que eu e o Ricardo gostaríamos de participar da reunião, justamente para explicar as nossas necessidades e os nossos objetivos até Atenas-2004.

Coaracy desconversou, dizendo que isso não era necessário, sendo, inclusive, "ruim para a minha imagem" participar da referida reunião. Era uma "exposição desnecessária" e "era melhor que eles falassem a sós sobre o projeto, sendo que o meu comparecimento poderia ser prejudicial para a negociação do projeto e dos valores envolvidos".

Confesso que, naquele instante, dei razão ao presidente, pois parecia coerente o fato de eu não me fazer presente em uma reunião que apenas discutiria questões financeiras próprias. Juro que não tive nenhum tipo de desconfiança e considerei uma orientação salutar.

Dessa forma, a nossa única opção era aguardar, ansiosamente, o encerramento da reunião. Ficamos no clube, na área da piscina, onde tínhamos vista para o prédio da prefeitura, a todo momento imaginando o que estaria acontecendo lá dentro e se o Coaracy realmente conseguiria fechar a parceria, o patrocínio tão importante para mim e a nossa preparação olímpica.

Já eram 13h30 quando recebi outra ligação. Era o presidente Coaracy, informando que a reunião havia sido um sucesso, que o projeto estava aprovado e, logo no início de 2004, eu passaria a receber o valor que havia pedido, ou seja, R$ 5 mil por mês.

Ele finalizou dizendo que já estava no aeroporto, aguardando o voo de volta para o Rio de Janeiro. Achei muito estranho o fato de não ter ido falar pessoalmente comigo, contudo, a notícia havia sido tão boa que isso não importava mais. Afinal, a minha preparação para os Jogos estava garantida, pelo menos no quesito financeiro. Mas analisando hoje, friamente, concluo: qual presidente de confederação vai até a cidade natal de um dos "seus" atletas e não se encontra com ele? No mínimo, uma atitude estranha e um tanto quanto deselegante.

Contudo, não tinha como não comemorar. Quem conhece a realidade do esporte olímpico no Brasil sabe como é difícil conseguir grana para preparação, e não era todo dia que você recebia uma notícia de um novo patrocinador, principalmente quando esse patrono estava disposto a custear a integralidade das minhas despesas com o treinamento rumo ao Jogos Olímpicos de Atenas-2004.

77

Encerrado o ano, além de toda a expectativa e ansiedade para o início da preparação olímpica, era inevitável ter quase o mesmo sentimento em relação ao patrocínio firmado pelo presidente da CBDA com a Prefeitura de Joinville.

Ocorre que, passados janeiro e fevereiro, eu ainda não havia recebido nenhuma informação de ninguém, tampouco qualquer repasse de valores, e isso estava me deixando apreensivo.

E não era para menos. Afinal, eu havia acertado um valor mensal para repassar aos meus treinadores, Ricardo e Armando, e ficava muito chato obrigá-los a trabalhar de graça. Mesmo que fosse um orgulho treinar um atleta olímpico, eles também tinham contas para pagar.

De qualquer forma, eu nem esperei chegar no fim de março e comecei a questionar a CBDA sobre a parceria com a prefeitura. O presidente não me atendia, e a informação que eu recebia era de que eles precisavam aguardar um retorno do município catarinense.

Foi quando comecei a ligar na prefeitura para entender a questão e o porquê do atraso. Descobri que esse patrocínio e essa parceria dependiam da aprovação de uma lei na Câmara de Vereadores para, então, surtir o efeito que eu desejava, com o Poder Executivo pagando os valores pactuados com a CBDA.

Impressionado com o fato de eu ser o "objeto" exclusivo para a sanção de uma lei, fui em busca da referida norma, a fim de saber se ela já havia sido aprovada e qual o seu efetivo teor.

Assim, para a minha ingrata surpresa, quando tive acesso à referida lei e passei a ler seu conteúdo, imediatamente fiquei assustado com as disposições descritas nos artigos. E comecei a ficar irritado com aquilo que estava vendo.

Era uma lei simples, de parcos cinco artigos, que autorizavam o poder público municipal de Joinville a, e reproduzo aqui o texto, "celebrar

Contrato Especial de Patrocínio do Projeto Eduardo Fischer – Olimpíadas 2004, com a Confederação Brasileira de Desportos Aquáticos – CBDA".

Até aí, tudo bem, e confesso que fiquei até lisonjeado por haver uma lei com o meu nome. Contudo, quando passei a ler o Artigo 3º, parecia que o chão estava implodindo abaixo dos meus pés.

A lei dizia que "o município de Joinville repassará à Confederação Brasileira de Desportos Aquáticos - CBDA o montante de R$ 107.060 em oito parcelas mensais de R$ 13.382,50, no período de 30 de janeiro de 2004 a 30 de agosto de 2004". Veja a seguir a reprodução do documento:

LEI Nº 4934
(Revogada pela Lei nº 5027/2004)

AUTORIZA O EXECUTIVO MUNICIPAL A CELEBRAR CONTRATO ESPECIAL DE PATROCÍNIO DO PROJETO EDUARDO FISCHER - OLIMPÍADAS 2004, COM A CONFEDERAÇÃO BRASILEIRA DE DESPORTOS AQUÁTICOS - CBDA.

O Prefeito Municipal de Joinville, no exercício de suas atribuições, faz saber que a Câmara de Vereadores de Joinville aprovou e ele sanciona a presente Lei:

Art. 1º Fica o Executivo Municipal autorizado a celebrar Contrato Especial de Patrocínio do Projeto Eduardo Fischer - Olimpíadas 2004, com a Confederação Brasileira de Desportos Aquáticos - CBDA.

Art. 2º O Contrato Especial de Patrocínio, mencionado no art. 1º, tem por objeto contribuir para a adequada preparação do atleta joinvilense Eduardo Fischer, visando os Jogos Olímpicos de Atenas - 2004.

Art. 3º O Município repassará à Confederação Brasileira de Desportos Aquáticos - CBDA o montante de R$ 107.060.00, (cento e sete mil e sessenta reais), em 8 (oito) parcelas mensais de R$ 13.382,50 (treze mil, trezentos e oitenta e dois reais e cinqüenta centavos), no período de 30 de janeiro de 2004 a 30 de agosto de 2004.

Eu estava com dificuldades de compreender por que a lei falava em R$ 107 mil quando, na verdade, eu havia pedido "apenas" R$ 60 mil. O que seria feito com os outros R$ 47 mil restantes?

Ou seja, 44% do valor informado na lei teria qual destinação, senão ao meu projeto olímpico? A lei levava o meu nome. Como eu poderia compactuar com um valor que não seria repassado a mim em sua integralidade?

Logo, comecei a imaginar o que as pessoas pensariam de mim, sabendo que eu seria, supostamente, contemplado com mais de 445 vezes o valor de um salário-mínimo, mas que boa parte desse montante não seria destinada para a minha preparação olímpica.

Como eu havia pedido um valor, mas, na verdade, receberia outro? Qual seria a destinação do restante?

Caso eu recebesse o integral, e aqui estou fazendo uso de um grande "se", ganharia algo a mais do que precisava. Contudo, eu duvidava muito que os R$ 107 mil seriam repassados, pois o Coaracy já havia me dito que eu receberia exatamente o que havia pleiteado (R$ 5 mil por mês).

Detalhe: mais para a frente, eu ainda seria surpreendido com outros valores, por outra fonte. Em breve, alguns parágrafos a seguir, vou explicar melhor e você vai entender o que eu estou dizendo aqui.

Fui para casa naquele dia completamente transtornado. Não disse nada para ninguém e passei a noite inteira tentando digerir a inusitada informação, sem saber o que fazer. Mas, mesmo que soubesse qual conduta tomar a respeito do assunto, será que deveria fazer alguma coisa? Eu estaria pronto para as eventuais consequências?

No outro dia, pela manhã, após o treino, conversei um pouco sobre o assunto com o Ricardo, omitindo algumas coisas, justamente para tentar pescar a opinião dele, se eu deveria fazer algo sobre a questão. Confesso que acabei excluindo grande parte da descoberta, mas concluí que, se houvesse algo diferente daquilo que acordamos com a CBDA, tínhamos o direito de entender o que seria feito pela entidade.

Então, liguei para o Coaracy questionando a demora no repasse e por que a lei falava em valores superiores àqueles que eu havia pedido. Nas respostas, um discurso consistente, mas nem um pouco convincente.

Segundo o presidente, o valor "adicional" era para custear as ações internacionais, como os *"training camps"* e os eventos preparatórios.

Contudo, isso logo me causou estranheza. Afinal, essa verba já existia e era fornecida pelo principal patrocinador da CBDA, os Correios, por meio de um contrato anual no montante aproximado de R$ 6 milhões, projetados para 2004[99].

Ou seja, independentemente da efetivação da parceria entre o município de Joinville e a CBDA, pelo contrato principal firmado com os Correios, eu já teria direito e condições de participar de todos os

---

[99] O jornalista Julian Romero fez um estudo minucioso sobre todos os contratos entre os Correios e a CBDA, de 1993 a 2017, publicando o referido estudo no site "MUDA CBDA" (https://www.mudacbda.com.br/). Esses documentos analisam e trazem o detalhamento de todos os contratos, um por um, informando valores e contrapartidas. Por fim, ele concluiu que: "Com toda essa exposição, concluo que o patrocínio com os Correios é um bom negócio para a CBDA. Nada menos do que R$ 158 milhões foram gastos pelos Correios na CBDA desde junho de 1993, tudo sem aplicação de uma correção monetária precisa".

eventos preparatórios para os Jogos Olímpicos de 2004. Esse valor já estava separado e devidamente empenhado.

Como essa explicação não me convenceu, o presidente começou a ficar nervoso e acabou dizendo que, no valor da parceria, havia uma parte mensal referente ao serviço prestado pelo diretor de natação na elaboração do programa olímpico.

Bingo! Naquele momento, a ficha caiu. A CBDA estava supostamente tentando receber uma parcela do meu contrato, licitamente ou não, criando uma justificativa que parecia plausível e justa, mas que nada mais era do que uma possível simulação. Ou seja, parecia uma suposta tentativa de fraude.

Então, comecei a pensar comigo mesmo: "Por que eu deveria repassar uma parte do meu patrocínio à CBDA? Pela elaboração de um projeto e um planejamento olímpico? Como assim?" A Confederação já recebia valores dos patrocinadores para "organizar" a natação de alto rendimento.

Por fim, aquilo não fazia o menor sentido, pois quem havia elaborado o meu planejamento olímpico foram os meus treinadores, Ricardo Gebauer e Armando Bomfim, sem qualquer participação ou orientação direta da CBDA.

Aliás, ainda que houvesse auxílio por parte da diretoria da entidade, isso era uma obrigação da Confederação, pela lei. Não cabia ao município de Joinville repassar um eventual valor adicional à CBDA. Esse não era o propósito daquela verba pública nem o escopo da Lei Municipal, mas, sim, custear a preparação olímpica do atleta Eduardo Fischer.

De qualquer forma, mesmo eu não estando convencido, encerramos a ligação. De um lado, Coaracy achando que o assunto estava resolvido. Afinal, ele acreditava que eu jamais faria qualquer questionamento sobre os valores. De outro, eu, com a certeza de que a questão estava longe de ter um final feliz. De fato, se eu continuasse com os questionamentos, teria muito a perder.

Ainda sem receber nada, mastiguei o assunto por alguns dias, sem conseguir uma digestão perfeita. Aquilo, efetivamente, me doía e eu sentia que não poderia deixar a questão passar em branco. Tinha a convicção de que algo deveria ser feito.

Foi então que entrei em contato com o jornalista esportivo Guilherme Roseguini. Atualmente, ele é um renomado profissional, prestando serviços à Rede Globo de Televisão, produzindo reportagens especiais sobre os mais diversos assuntos e curiosidades esportivas. Na época, Guilherme trabalhava na *Folha de S.Paulo*, talvez o jornal (impresso e on-line) mais conhecido e importante do país. Ao entrar em contato com ele, expliquei a situação e disse que não conseguiria ficar calado vendo tudo o que estava acontecendo. Não era certo. Nem comigo, nem com a Prefeitura de Joinville, tampouco com os cidadãos joinvilenses e o esporte nacional.

Ele nunca disse isso de forma expressa, mas suponho que tenha ficado contente com o "furo" de reportagem, pois era uma notícia que renderia um grande debate acerca de muitos assuntos, não apenas esportivos, tais como a ética e a moral política. Ou seja, era uma manchete facilmente vendável.

Depois de conversar com Roseguini, a "bomba" viria no dia seguinte. Em 21 de março de 2004, a *Folha* publicaria a seguinte notícia: "CBDA põe pedágio em patrocínio público"

Bum! Ao ler aquilo, era possível imaginar o barulho da bomba caindo dentro da sala do Coaracy, no Rio de Janeiro. Não tinha como não ser avassalador e bombástico. Segundo a matéria, era talvez a verificação de que a Confederação estava supostamente arquitetando um esquema para levar algum tipo de vantagem financeira, estipulando um valor (chamado de "pedágio" pelo jornalista) para intermediar o patrocínio entre as prefeituras e os atletas olímpicos.

O texto da matéria foi exatamente este[100] (e não se assuste com os valores. Na sequência, eu vou explicar):

NATAÇÃO

CBDA põe pedágio em patrocínio público
GUILHERME ROSEGUINI

Confederação contata prefeitura e alavanca R$ 26 mil mensais para Eduardo Fischer, mas fica com 66% do valor

---

[100] Link no QR CODE

As primeiras cifras assustaram Eduardo Fischer. Em janeiro, o nadador soube que havia obtido um contrato mensal de patrocínio que ultrapassava os R$ 26 mil, uma proeza na austera realidade do esporte olímpico do Brasil.

Animado, o atleta fez planos ambiciosos para a Olimpíada de Atenas, em agosto. Mas não demorou para se decepcionar.

Fischer descobriu que a Confederação Brasileira de Desportos Aquáticos gerenciará toda a verba. Mais: ficará com 66% do valor.

O dinheiro do patrocínio vem de um acordo entre a Prefeitura de Joinville, cidade onde o atleta nasceu e treina até hoje, e o governo de Santa Catarina.

Cada parte deve desembolsar oito parcelas mensais de R$ 13.382,50 para ajudar o nadador de 23 anos, recordista continental dos 100m peito e uma das principais revelações das piscinas.

Só que, dos R$ 26.765,00 depositados a cada mês, a entidade que coordena os esportes aquáticos no Brasil vai tomar R$ 17.765,00 para cobrir "outros gastos com o atleta". Fischer recebe um salário de R$ 6.000, e seu técnico, Ricardo Carvalho, os R$ 3.000 restantes.

"O valor que sobra para mim é muito ínfimo em relação ao total. Por que o dinheiro precisa ir para a CBDA?", questiona o atleta.

O estranhamento só aumenta quando se constata que o projeto de Joinville foi concebido, escrito e encaminhado à cidade catarinense pela própria confederação.

O contrato, a que a Folha teve acesso, começou a ser lucubrado em outubro do ano passado.

Na época, Coaracy Nunes Filho, presidente da CBDA, procurou Antônio Lennert, diretor da Fundação Municipal de Esportes de

Joinville. Ofereceu ao catarinense um projeto para que a cidade auxiliasse Fischer na preparação para a Olimpíada da Grécia.

O valor inicial do projeto era de R$ 238.120,00. A prefeitura julgou o montante alto demais, reduziu-o para R$ 214.120,00 e combinou de dividir os gastos com o governo do Estado. Cada um, portanto, arcaria com R$ 107.060,00.

No âmbito estadual, o patrocínio ainda não foi normatizado. Em Joinville, o projeto já foi aprovado na Câmara e virou a lei número 4.934, do dia 2 de março.

Fischer, assim, pode começar a receber já na próxima semana. Mas ainda quebra a cabeça para tentar entender o que será feito com a parte da CBDA.

"Eles dizem que o dinheiro é meu, que eu posso pegar quando precisar. Só que eu estou precisando dele agora. Não quero e não posso esperar", conta o competidor, que não foi consultado na elaboração do documento.

No texto, a confederação detalha mês a mês como utilizará a verba retida. São despesas com "análises biomecânicas", "apoio médico local" e gastos com participação do nadador em eventos nacionais e internacionais.

"Nós não ficamos com nada, absolutamente nada. Toda a verba que chega é revertida para o Fischer", explica Coaracy.

A confederação, contudo, já possui outras fontes de dinheiro para investir em infraestrutura, treinamento e participação de seus nadadores em torneios.

Do Comitê Olímpico Brasileiro, a CBDA arrecada 4% do montante repassado às confederações pela Lei Piva. Em 2003, esse valor correspondeu a R$ 1,5 milhão.

Além disso, a entidade levou outros R$ 5 milhões no ano passado da parceria que mantém com os Correios desde 1991.

"Outros nadadores da seleção brasileira que não têm patrocínio ou apoio de prefeituras também vão fazer os mesmos exames, as mesmas viagens, e nem por isso terão dinheiro descontado. A CBDA tem outras fontes para bancar essas coisas", diz Fischer.

O fato que mais chama a atenção no contrato do nadador é um "auxílio financeiro" mensal destinado a Ricardo Moura, diretor técnico de natação da CBDA.

Apesar de viver no Rio, onde fica a sede da entidade, e não acompanhar a rotina diária do catarinense, ele vai levar R$ 1.200, metade da Prefeitura de Joinville e metade do governo do Estado.

"Meu técnico e preparador físico trabalham de graça há pelo menos um ano. Não tenho como pagá-los. Se o patrocínio será mesmo utilizado comigo, quero ao menos R$ 6.000 de cara para pagar os atrasados", diz o atleta.

Apesar dos protestos, a confederação mantém sua posição. Segundo Coaracy, existem dois outros contratos semelhantes aos de Fischer para serem fechados.

O primeiro foi encaminhado ao governo de Pernambuco, em benefício de Joanna Maranhão, recordista brasileira nos 400m medley. O outro foi produzido para o amapaense Jader Souza, do quarteto que levou ouro no 4 x 100m livre no Pan de Santo Domingo.

Aqui, então, o ponto que eu levantei anteriormente: se você se lembrar bem, eu disse que havia visto o texto da lei (que reproduzi aqui, inclusive) e que, nele, estava previsto o pagamento de R$ 107.060,00 em oito parcelas mensais de R$ 13.382,50, no período de 30 de janeiro de 2004 a 30 de agosto de 2004, saindo dos cofres da Prefeitura de Joinville.

No entanto, na matéria publicada pela *Folha*, os valores aparecem em dobro, dizendo que o governo de Santa Catarina faria o mesmo, ou seja, também contribuiria com outras oito parcelas mensais de R$

13.382,50, totalizando R$ 26.765 a cada 30 dias, com o valor final do "Projeto Eduardo Fischer" atingindo a casa dos R$ 214.120.

Pasme, essa informação era novidade até mesmo para mim! Confesso não ter falado depois com o jornalista a respeito da publicação, mas, no texto, ele diz ter tido acesso ao contrato original. Coisa que eu, na época, não tive. Seja pela minha falta de habilidade de ir atrás disso, pela forma "misteriosa" que a CBDA tratava o assunto ou até mesmo pela perplexidade de tudo o que estava acontecendo, pois eu já estava desnorteado tentando entender todo o imbróglio entre o meu repasse e o que a Confederação iria reter para ela.

O único documento ao qual eu tive acesso foi a Lei Municipal de número 4.934, referente ao compromisso que a Prefeitura de Joinville havia firmado. E, como se pode imaginar, naquela época, não se pesquisava textos assim com meia dúzia de cliques em um site on-line bonitinho e acessível a qualquer cidadão. O buraco era mais embaixo e era necessário ir até o órgão público responsável, a Câmara de Vereadores ou a prefeitura, pedir os "Diários" e fazer uma investigação. Penso que, quando foi checar a matéria, o Roseguini tenha feito isso de maneira mais ampla e, assim, descoberto toda a operação.

Diário Oficial on-line? Bem, como dito, isso pode ser fácil de ser encontrado e pesquisado nos dias atuais, mas, em 2004, não. Aliás, segundo matéria da própria página do governo catarinense, e reproduzo aqui o texto, "foi em 2011 que o primeiro DOE *[Nota do autor 1: sigla para "Diário Oficial"]* eletrônico foi gerado e, a partir daí, uma nova maneira de comunicar as ações do Governo teve início.

Arlene *[Nota do autor 2: Natália Cordeiro, gerente da publicação na época em que este livro foi publicado]* ressalta que a chegada da tecnologia auxiliou não só o trabalho da equipe que realizava o Diário, mas, principalmente, a transparência com a população. 'Com o Diário online é muito mais rápido o acesso à informação. Hoje, unimos a tecnologia e a inovação com responsabilidade e transparência'".

Isso, como dito, no âmbito do estado. Para a cidade de Joinville, a digitalização veio ainda mais tarde, segundo informa o site da Prefeitura: "O Diário Oficial Eletrônico do Município de Joinville é o veículo oficial de publicação e foi instituído pela Lei nº 7.762, de 3 de julho de 2014, regulamentado pelo Decreto nº 22.752, de 11 de julho de 2014, e normatizado pela Instrução Normativa Conjunta SEI nº 07/2014, de 10 de julho de 2014".

Ou seja, como pode perceber, o acesso à informação não era tão simples assim. A coisa melhorou substancialmente depois que a tecnologia estava mais desenvolvida e, principalmente, acessível para mais pessoas.

Enfim, voltando aos estilhaços da bomba, ao tomar conhecimento da publicação da matéria, eu já sabia que seria uma questão de tempo até o meu telefone tocar. E, logo pela manhã do dia 21, no caminho para o primeiro treino, o celular começou a piscar, indicando no visor um número desconhecido com prefixo 21 (Rio de Janeiro, cidade onde está a sede da CBDA).

Não havia dúvidas de que era o presidente Coaracy e, por essa razão, me fiz de desentendido e atendi o telefonema com um simples:

— Alô?

Do outro lado, constatei o evidente nervosismo na voz que emanava:

— Fischer!

Era impossível não identificar quem era o interlocutor do outro lado da ligação. Eu sabia muito bem que era o Coaracy, e ele não parecia nada amistoso. Por isso, continuei bancado o desentendido, e respondi:

— Sim. É ele que está falando.

Ele não teve papas na língua e foi diretamente ao ponto:

— Escuta aqui, seu moleque! Quem você pensa que é? Com quem você acha que está lidando?

Continuei dando uma de "louco":

— Como assim, Coaracy? Eu não sei sobre o que o senhor está falando.

Ele foi ficando cada vez mais enfurecido.

— Que história é essa de dizer que a CBDA estaria roubando dinheiro da Prefeitura de Joinville? Que merda é essa?

Respirei fundo e respondi:

— Coaracy, eu não disse isso, mas se a carapuça lhe serviu, não posso fazer nada. Quero apenas receber o meu patrocínio e me preparar para os Jogos Olímpicos com tranquilidade, conforme combinamos.

Um segundo depois de terminar essa frase, eu sabia que havia ultrapassado uma linha, um limite. E, agora, não tinha mais volta. Eu podia, quase que literalmente, "vê-lo" ficando vermelho de raiva, juntamente com as veias saltando na região do pescoço. Então, ele descarregou:

— Escuta aqui, seu moleque, filho de uma puta! Quem você pensa que é? Eu vou acabar com você! Você nunca mais vai conseguir nada com a natação na sua vida...

Antes que ele pudesse continuar, interrompi e disse:

— Coaracy, não estou lhe faltando com respeito. Agora, se o senhor continuar me ofendendo, serei obrigado a desligar o telefone.

Ele continuou gritando e esbravejando, e como eu sou um homem de palavra, desliguei.

Tenho de confessar: lá no fundo, mesmo com muito medo de tudo aquilo, tive um enorme prazer em ter enfrentado aquele mandatário e falado exatamente o que queria. Depois de desligar o celular, foi impossível não dar um prazeroso sorriso de canto de boca.

Contudo, não se passaram nem dez segundos e o meu telefone tocou de novo. Foi inevitável: o sorriso sumiu imediatamente e foi substituído por uma expressão de tensão. Se eu pudesse me ver, diria que estava "me cagando de medo".

Não deu tempo nem de eu dizer "alô" novamente:

— Seu moleque, filho da puta! Eu vou acabar com a sua carreira! A partir de hoje, você não terá mais nada da CBDA, e eu vou cortar a sua bolsa dos Correios, pois você nunca mais conseguirá nada com a natação.

Ele continuou falando, mas confesso que não estava mais ouvindo. Então, arrematei:

— Coaracy, você continua me ofendendo. Então, acho que não podemos mais conversar.

Ele voltou a esbravejar, mas eu não estava mais prestando atenção. Só me restava deixá-lo falando sozinho e desligar o telefone, mais uma vez, na cara dele.

Foi o que fiz. Não houve mais retorno.

O meu único arrependimento? Não ter gravado a conversa. Afinal, tudo o que estou relatando é a minha palavra, não tenho testemunhas. Mas, ao mesmo tempo, eu não tinha (e continuo não tendo) motivos para mentir. Coaracy já não está mais entre nós, faleceu em maio de 2020. Ficam, aqui, os meus sentimentos aos familiares que perderam um ente querido, mas eu apenas estou relatando fatos que ocorreram comigo. A morte dele não poderia simplesmente apagar o dano que me foi causado.

Não apenas isso, não tenho nada a ganhar (ou perder) ao fabricar uma história inverídica. Não tenho qualquer outro motivo para inventar algo que não tenha acontecido.

De fato, já me afastei há muito tempo do esporte competitivo, como atleta, e não busco uma reparação financeira ou holofote na mídia. A minha única intenção é contar para as pessoas o que realmente ocorreu.

Aliás, quem conheceu bem o senhor Coaracy sabe que esse comportamento explosivo e mal-educado era uma conduta reiterada e esperada da parte dele. Muita gente já havia vivenciado algo semelhante. As pessoas sabem que, em inúmeras vezes, ele reagiu assim.

Ainda que já tenham se passado quase 20 anos, eu me lembro de muitos detalhes daquele fatídico dia. Nunca relatei o teor dessa conversa a ninguém, com exceção da minha família e de poucos amigos. Não tinha, na época, e não tenho agora interesse em pleitear uma eventual reparação de danos ou encaminhar alguma representação ao Ministério Público. Afinal, ele já cumpriu parte da pena pelos crimes pelos quais foi processado e julgado[101].

Se eu realmente quisesse isso, já teria feito há muito tempo. Não obstante, é provável que qualquer eventual demanda judicial ou administrativa já tenha prescrito e seja descabida. Mas essa nunca foi a minha intenção. Na verdade, a ideia de escrever este livro nasceu com a vontade de contar um pouco sobre a minha carreira e a minha história esportiva. Ponto. Nada mais, nada menos.

A vontade de redigir esta autobiografia ficou mais aguçada com a chegada do meu filho, Pedro Henrique, ao mundo. Quando ele nasceu, eu já não era mais um atleta profissional de alto rendimento. Então, ele não me viu competir. Não pôde presenciar o pai fazendo uma das coisas que mais amou na vida. Além de vídeos e fotos, quero que ele saiba tudo o que passei para me tornar a pessoa que sou hoje, para que, então, possa entender que desistir nunca é uma opção.

A verdade é que eu sempre quis que ele soubesse exatamente como foi a minha trajetória de atleta. E não só as vitórias e derrotas em competições. Mas tudo o que envolve o sonho olímpico em um país que não privilegia o esporte olímpico.

Por meio deste livro, ele poderá conhecer a fundo as minhas dificuldades e os meus desafios. Assim como os meus erros e os meus acertos. Ele poderá perceber que a vida é feita de deslizes, mas também saberá que a persistência e a compreensão das nossas falhas são o caminho para o aprendizado e a construção do caráter.

Ninguém vai acertar sempre na vida. Assim como não há nenhuma pessoa que só vença. A derrota faz parte da jornada, e todos vamos vivenciá-la em algum momento. Isso é um fato inconteste. Mas, por outro

---

[101] Processo n.º 00028570420174030000 – Vara São Paulo/SP
Processo n.º 0002857-04.2017.4.03.0000 - TRF3 - Processo do TRF 3ª Região
Superior Tribunal de Justiça STJ - HABEAS CORPUS: HC 397760 SP 2017/0096195-7

lado, o verdadeiro vencedor está implícito em quanto o ser humano está disposto a suportar para, então, continuar tentando, sem desistir.

Isso é o que transforma alguém em campeão. Afinal, nem sempre quem chega na frente vence. E nem sempre a derrota é o fim. No meio desses dois extremos, há inúmeros aprendizados e inúmeras memórias, que são, às vezes, mais marcantes do que uma medalha ou um recorde quebrado. Sem parecer clichê ou piegas, mas é nas adversidades que aprendemos a ser melhores.

E é exatamente por isso que me considero um vencedor. Posso não ter uma medalha olímpica e não estou entre os dez melhores nadadores da história do Brasil. Contudo, me considero uma pessoa bem-sucedida, pois aprendi com os meus erros, nunca desisti de tentar ser melhor e, hoje, posso educar o meu filho de cabeça erguida.

Enfim, não contei tudo isso para me transformar em uma "vítima do sistema" e terceirizar uma eventual culpa pelos meus insucessos. Longe disso.

Na verdade, contei todo esse episódio, simplesmente, para explicar por que o valor mensal do meu patrocínio individual dos Correios não foi depositado na minha conta bancária no mês subsequente. Sim, na mesma hora em que desligamos o telefone, a minha ajuda de custo mensal foi cortada.

Definitivamente, Coaracy não estava blefando. Ele faria de tudo para, nas palavras dele, "acabar comigo", e eu deveria estar preparado, pois as retaliações estavam apenas começando.

De qualquer forma, muito tempo depois, quando o Ministério Público Federal investigou algumas operações pouco transparentes na CBDA, abrindo uma investigação para apurar os fatos[102], acabei sendo chamado como testemunha no processo para explicar, em detalhes, o que havia sido veiculado pela notícia da *Folha de S.Paulo*.

Para corroborar que não tenho nenhuma intenção de mentir nesta obra, o mesmo episódio foi descrito por mim dentro do processo. E, na condição de testemunha, eu jamais poderia mentir, sob pena das sanções legais.

Mas, voltando a 2003, o Ministério Público Estadual também não gostou muito do que leu na *Folha* e buscou mais informações comigo e com o prefeito da época, Marco Tebaldi.

---

[102] Operação Águas Claras: https://oglobo.globo.com/esportes/policia-federal-prende-presidente-da-cbda-em-operacao-contra-desvio-de-verbas-21169486.

Assim, logo imaginei que o prefeito de Joinville não estaria nada satisfeito com as minhas declarações. Afinal, ele parecia ser um terceiro de boa-fé nessa história toda. Só que, agora, o nome dele estava sendo citado em um procedimento do Ministério Público local.

Eu realmente acredito que Marco Tebaldi imaginou que todo o valor seria destinado à minha preparação olímpica, até porque a descrição do projeto era bem consistente. Ele não tinha como saber quanto eu havia pedido ao Coaracy. Para todos os efeitos, o montante que o atleta Eduardo Fischer e os seus treinadores precisavam era, realmente, de R$ 107 mil, descritos na lei — e, aqui, não entro nem sequer no mérito envolvendo os valores que, segundo a matéria da *Folha de S.Paulo*, ainda seriam complementados pelo governo catarinense.

Algumas semanas depois, cheguei a depor para o Ministério Público (não tenho conhecimento se o prefeito foi ouvido) e contei tudo exatamente como descrevo neste livro, sendo essa mais uma prova de que não estou mentindo. Afinal, não seria inteligente da minha parte não contar a verdade ao MP justamente quando a lisura do próprio prefeito estava em jogo.

Exatamente por causa disso, das enormes proporções e dos desdobramentos que o caso tomou, além de verificados os indícios de uma possível fraude, o Executivo e o Legislativo municipais joinvilenses não tiveram outra opção senão revogar a "Lei Eduardo Fischer", de número 4.934/04, e colocar fim à parceria que seria criada.

Na verdade, além dos indícios da suposta fraude, a lei foi revogada a pedido da própria CBDA (aqui, leia-se Coaracy), por meio do ofício de número 360/2004, ao qual nunca tive acesso. Mas, conforme a redação do artigo 1º da lei que revogou o meu patrocínio, essa seria a justificativa da negação.

Ou seja, um pedido expresso da CBDA, na tentativa de demonstrar que a entidade e o seu presidente eram sérios. Mas tudo isso, na verdade, configurava mais uma manobra de retaliação do Coaracy a mim. Sim, a confederação não auferiu vantagem financeira com esse projeto, mas, por outro lado, eu fiquei sem o patrocínio e não recebi nenhuma parcela do valor pactuado.

Dessa forma, em 17 de junho de 2004, apenas quatro meses após a publicação da lei que concedeu o patrocínio ao atleta Eduardo Fischer, foi promulgada a Lei Municipal n.º 5.027/04, que revogava a Lei 4.934/04 e colocava um fim no custeio do município de Joinville à minha preparação olímpica. Veja, a seguir, o documento:

LEI Nº 5027/2004 de 17/06/2004

REVOGA A LEI Nº 4.934, DE 02 DE MARÇO DE 2004, QUE AUTORIZOU O EXECUTIVO MUNICIPAL A CELEBRAR CONTRATO ESPECIAL DE PATROCÍNIO DO PROJETO EDUARDO FISCHER - OLIMPÍADAS 2004, COM A CONFEDERAÇÃO BRASILEIRA DE DESPORTOS AQUÁTICOS - CBDA.

O Prefeito Municipal de Joinville, no exercício de suas atribuições, faz saber que a Câmara de Vereadores de Joinville aprovou e ele sanciona a presente Lei:

Art. 1º Fica revogada a Lei nº 4.934, de 02 de março de 2004, que autorizou o Executivo Municipal a celebrar Contrato Especial de Patrocínio do Projeto Eduardo Fischer - Olimpíadas 2004, com a Confederação Brasileira de Desportos Aquáticos - CBDA, em decorrência do Ofício nº 360/2004 - RSV, da referida Entidade.

Art. 2º Esta lei entra em vigor na data de sua publicação.

Prefeitura Municipal de Joinville, 17 de junho de 2004.

MARCO ANTÔNIO TEBALDI
Prefeito Municipal

Eu deveria estar orgulhoso e feliz, pois ajudei a impedir uma suposta tentativa de fraude. Contudo, estava triste e arrasado. Era o fim do suporte financeiro que eu precisava para a minha preparação. Apesar de parecer que a questão havia se encerrado com a revogação da parceria, eu ainda teria de enfrentar muitos outros reflexos da minha decisão de procurar a imprensa e contar toda a verdade dos fatos.

Não demorou muito para eu perceber que, na verdade, essa história estava longe do fim. E, para piorar, não parecia que o prognóstico era favorável. Muito pelo contrário, eu sabia que aquela decisão ainda me assombraria por um bom tempo.

Agora, mais do que nunca, eu me sentia obrigado a dar uma resposta na piscina, com bons resultados. Afinal, se quisesse me manter na seleção brasileira, eu deveria ser o melhor. Caso contrário, estaria à mercê de critérios subjetivos que, provavelmente, me excluiriam de qualquer convocação futura.

78

Antes de contar um pouco mais sobre o ano de 2004, assim como a respeito dos desdobramentos do fatídico embate entre mim e o presidente da CBDA, abro um parêntese para relatar sobre algumas competições de 2003, em especial, os Jogos Abertos de Santa Catarina, na cidade de Blumenau.

Para a compreensão da cronologia dos acontecimentos, os Jasc de 2003 foram realizados entre o primeiro contato do Coaracy comigo e o fim trágico da parceria entre a prefeitura e a CBDA. Ou seja, eu ainda estava na fase eufórica com a possibilidade de ter fechado um grande patrocínio com a Prefeitura de Joinville, a fim de ter uma ótima preparação olímpica.

Como eu não fazia ideia do que estava acontecendo nos bastidores, achava que tinha encontrado uma forma de fazer a minha preparação com tranquilidade e tudo ficaria bem na jornada rumo aos Jogos de Atenas-2004.

Com esse nível de felicidade e tranquilidade, fomos a Blumenau participar daquela que era a minha nona aparição em Jogos Abertos de Santa Catarina. Como já descrevi em capítulos anteriores, era uma competição muito importante para mim, pois, além de ser o marco inicial da minha carreira competitiva e da minha projeção estadual no esporte, fazia com que eu estivesse com os meus amigos de treino de Joinville em um time unido e em busca do título.

Havia uma rivalidade exacerbada entre os atletas das diferentes cidades participantes, especialmente com os do município de Florianópolis, pois eles eram, geralmente, os favoritos. Ninguém gostava de perder a competição, muito menos para os Manezinhos da Ilha[103].

Mas, nesse ano, fomos para ganhar. Perder o título geral, no masculino, não era uma opção. No início do ano, eu havia conseguido trazer dois grandes amigos do Paraná para treinar e se federar pela Federação

---

[103] Termo popularmente utilizado para designar os nativos de Florianópolis, capital de Santa Catarina.

Aquática de Santa Catarina (Fasc), justamente visando a participação deles nos Jasc de 2003.

Leonardo Galvão e Jaime Sumida eram grandes amigos que a natação havia me dado. Como estavam sem patrocinadores na cidade deles, Curitiba, o meu convite viria a calhar, posto que Joinville estava disposta a fornecer uma ajuda de custo a ambos.

Galvão era um expoente em seu estado no nado borboleta e Sumida, no costas. Comigo e o Paulo Horst (crawl), nós havíamos fechado um excelente time, principalmente no revezamento 4 x 100 metros medley.

Os Jogos Abertos eram uma competição que permitia a participação exclusiva de atletas catarinenses natos ou, se não nascidos no estado, que estivessem filiados e federados à Fasc no ano anterior.

Como Léo e Jaime haviam se federado pela nossa entidade catarinense e viajavam de Curitiba toda semana para treinar com a equipe em Joinville, nenhuma regra estava sendo infringida. A participação deles estava respaldada pelo regulamento da competição. Ainda que tenhamos nos insurgido contra essa sistemática em 2001 (lembra-se do protesto "100% Santa Catarina"?), a regra foi modificada para permitir essa exceção de filiação dos atletas de fora, desde que federados localmente.

Para ajudar ainda mais a equipe, eu estava em um momento muito bom. Não havia nenhuma possibilidade de não nadar bem naquela competição. Recém-classificado para os Jogos Olímpicos do ano seguinte, com um contrato de patrocínio supostamente fechado para a próxima temporada, eu estava pronto para nadar as quatro provas nas quais estava inscrito e vencer todas. O meu programa seria, nesta ordem: 200 metros peito, 100 metros peito, 200 metros medley e 4 x 100 metros medley. Como esperado, foram quatro provas, quatro medalhas de ouro e quatro recordes da competição.

Em todas as provas individuais, fiz as minhas melhores marcas, inclusive quebrando o recorde continental nos 100 metros peito, algo inédito em Jogos Abertos de Santa Catarina. Aliás, o tempo feito nos 200 metros peito, 2min10s65, apesar de não ser um novo recorde sul-americano, chegava muito perto disso e acabaria sendo o melhor daquela temporada de 2003 no Brasil.

Essa marca dos 200, inclusive, é o recorde da natação dos Jasc mais antigo da história e persiste até os dias de hoje, ainda como o recorde do campeonato. Lá se vão mais de 20 anos e, até agora, ninguém superou a marca (lembrando que publico a primeira edição deste livro em 2023).

Eu me lembro cristalinamente da sensação que tive nessa competição. Era mágico, pois, após o sinal de largada do árbitro, em todas as provas que nadei, eu tinha certeza de que performaria muito bem. Eu sempre chegava ao fim de cada uma delas acelerando, com força total, sabendo que estava nadando abaixo do recorde.

Na segunda etapa, nadaria os 200 metros medley, com apenas dez minutos de intervalo para os 100 metros peito. Primeiramente, quebrei o recorde continental nos 100 metros peito, com o tempo de 59s30, e, na sequência, o recorde da competição nos 200 metros medley, com 2min05s82. O tempo dos 100 metros peito era, inclusive, melhor do que a minha marca feita no Mundial de 2002, quando fiquei com a sexta colocação. Era, de fato, incrível para os parâmetros dos Jasc.

Resumindo, no dia inicial, foram os 200 metros peito, com recorde da competição, marcando 2min10s65 (melhor tempo do Brasil na temporada). No segundo dia, duas provas seguidas, marcando novo recorde sul-americano nos 100 metros peito (59s30) e recorde de campeonato nos 200 metros medley (2min05s82). E, para fechar com chave (e medalha) de ouro, no último dia, ajudei a equipe de Joinville a bater mais um recorde, nadando o 4 x 100 metros medley com a parcial de peito de 59s65.

Obviamente, fomos campeões gerais naquele ano e levamos o troféu no masculino. Não tinha como ser diferente, afinal, além dos meus excelentes resultados, contei com a ajuda de toda a equipe e dos meus colegas vindos de Curitiba, que também foram contagiados pelas minhas performances, cravando grandes tempos.

As recordações dessa competição são maravilhosas. Não só em termos de resultados, mas amizade, união, espírito de equipe e cumplicidade. Até mesmo dormir no chão empoeirado de uma escola municipal havia sido divertido.

Enfim, passados os Jogos Abertos, muito feliz pelos resultados pessoais e pelo troféu por equipes, ainda teríamos muitos compromissos para o segundo semestre.

Mas o objetivo já estava focado em Atenas. Mesmo antes da última seletiva olímpica. Não conseguíamos imaginar dois atletas brasileiros nadando os 100 metros peito abaixo de 1min01s88 nas próximas classificatórias. E somente assim eu perderia a vaga. Não era questão de desmerecer os adversários, mas não era o que achávamos que ocorreria.

Contudo, mesmo com o foco nos Jogos Olímpicos, havia mais compromissos no segundo semestre de 2003 que precisavam ser honrados. Ou por obrigação com os patrocinadores e a cidade de Joinville ou como forma de preparação e treinamento. Assim, mesmo de ressaca pós-Pan-Americano, até o fim do ano ainda tínhamos um calendário relativamente cheio:

- Troféu José Finkel, em Santos (SP).
- Campeonato Sul-Brasileiro, em Florianópolis (SC).
- Campeonato Catarinense, em Florianópolis (SC).
- Copa do Mundo da Fina, em Durban (AFS).

Efetivamente, competir também era treinar. No fim do ano, era um pouco mais cansativo e os torneios se acumulavam. Confesso que, às vezes, dava vontade de não participar de alguns, mas faziam parte do plano maior. Rumo aos Jogos, sempre tentando fazer o melhor resultado possível em cada momento.

79

O Troféu José Finkel de 2003 foi meio depressivo. Pelo menos, para a seleção brasileira que vinha do Mundial, em Barcelona, e do Pan, na República Dominicana, a competição em Santos não tinha muitos atrativos e não seria base para nenhuma convocação. Para complicar ainda mais, a piscina da Unisanta, definitivamente, não era das melhores para competir.

Diferentemente do que normalmente ocorria, dessa vez, o Finkel seria em longa, talvez por ser ano pré-olímpico. Mas missão dada é missão cumprida. Eu nadei apenas os 50 e 100 metros peito e, apesar de marcar tempos bem aquém do que havia feito no primeiro semestre, defendi os meus títulos de campeão brasileiro.

Troféu José Finkel 2003 (50m) – Santos (SP) 50 metros peito – Final			
1º	**Eduardo Fischer**	JTC (SC)	**29s31**
2º	Rogério Karfunkelstein	Botafogo (RJ)	29s33
3º	Felipe Brandão	AEAA/PMC (RJ)	29s57
4º	Felipe Lima	Pinheiros (SP)	29s57
5º	Felipe Travesso	Minas TC (MG)	29s73
6º	Cristian Soldano	Corinthians (SP)	30s15
7º	Diego Salgueiro	Pinheiros (SP)	30s18
8º	Henrique Barbosa	Minas TC (MG)	30s23

Troféu José Finkel 2003 (50m) – Santos (SP) 100 metros peito – Final			
1º	**Eduardo Fischer**	**JTC (SC)**	**1min03s70**
2º	Henrique Barbosa	Minas TC (MG)	1min03s75
3º	Marcelo Tomazini	Minas TC (MG)	1min04s02
4º	Felipe Brandão	AEAA/PMC (RJ)	1min04s23
5º	Felipe Lima	Pinheiros (SP)	1min04s30
6º	Rogério Karfunkelstein	Botafogo (RJ)	1min04s67
7º	Cristian Soldano	Corinthians (SP)	1min05s61
8º	George Albuquerque	Flamengo (RJ)	1min06s32

Uma das coisas bacanas desse Finkel foi que o cartaz de divulgação da competição havia sido feito com as imagens dos atletas medalhistas em Santo Domingo. Uma arte bem diferente, um tanto quanto inédita no Brasil, interessante e bacana para a difusão de um campeonato nacional. Obviamente, havia uma foto minha. Então, peguei um deles, que estava colado em uma das paredes, e levei para casa para emoldurar e transformar em quadro. Até hoje, está pendurado na casa dos meus pais, no quarto que era meu quando eu morava lá. Memórias inesquecíveis.

Enfim, depois de nadar algumas provas em "casa" (Florianópolis fica a apenas 120 km de Joinville), era hora de viajar para fora do país novamente, visando disputar mais uma Copa do Mundo. Dessa vez, o destino era a África do Sul, local que eu iria pela primeira vez.

Durban é uma cidade litorânea muito, mas muito bonita. Para quem não sabe, a África do Sul é um país completamente diferente dos outros do continente africano e possui um IDH (Índice de Desenvolvimento Humano — ou socioeconômico) muito superior ao dos vizinhos.

De qualquer forma, estávamos muito empolgados para conhecer um continente novo, novas culturas e pessoas. Essa parte do esporte de alto rendimento sempre fazia com que eu me sentisse uma pessoa muito afortunada. Viajar e conhecer o mundo foi, talvez, um dos maiores e melhores legados que o esporte me deixou. Sem dúvida, uma contrapartida que não tinha preço.

Para melhorar ainda mais, o hotel oferecido pela organização do evento ficava de frente para o mar, e a orla da região era toda acompanhada por um calçadão muito bem cuidado, que nos permitia passear a pé para conhecer melhor os arredores. Como chegamos uns dias antes de a competição começar, era possível tirar algumas horas para dar uma volta entre os treinos.

O parque aquático também era muito bonito e bem equipado. Contava com uma piscina interna e coberta, na qual seria realizada a competição, e outra externa, que utilizávamos para soltura e treinamento.

Dessa vez, motivados pelo bom resultado nos 200 metros peito no Finkel do ano anterior, optamos por nadar as três provas de peito (50, 100 e 200 metros), diferentemente de apenas duas, como normalmente vínhamos fazendo nas etapas da Copas do Mundo.

Assim, no primeiro dia, eu nadaria os 50 e 200 metros peito e, no segundo, os 100. E, para a nossa grata surpresa, fui bem nas três provas, subindo ao pódio em todas. Aliás, a medalha de prata nos 200 metros peito foi totalmente inesperada.

Depois de mais de um ano, voltei a enfrentar o campeão mundial Oleg Lisogor. Nessa oportunidade, eu já tinha a liberdade de trocar alguns tímidos cumprimentos com ele e, eventualmente, perguntar como ele estava. Essa troca de experiências, por mais que possa parecer simples para muita gente, era muito interessante para mim.

Outros dois grandes atletas que conheci nessa etapa foram as lendas da natação sul-africana Ryk Neethling[104] e Roland Schoeman[105].

Ambos eram velocistas natos e se tornariam campeões olímpicos em Atenas-2004, quebrando o recorde mundial no histórico revezamento 4 x 100 metros livre [106].

---

[104] Ryk Neethling (Bloemfontein, 17 de novembro de 1977) é um nadador sul-africano, campeão olímpico no 4 x 100 metros livre em Atenas-2004. Foi o primeiro sul-africano a participar de quatro edições sucessivas dos Jogos.

[105] Roland Mark Schoeman (Pretória, 3 de julho de 1980) é um nadador sul-africano, campeão olímpico nos Jogos de Atenas-2004. Conquistou uma medalha de ouro, duas pratas e um bronze nos Jogos da Commonwealth e estabeleceu novos recordes sul-africanos nos 100 metros livre (48s69), 50 metros livre (22s04), 100 metros borboleta (52s73) e 50 metros borboleta (23s65s). Seus resultados mais relevantes foram as três medalhas olímpicas em 2004: ouro no 4 x 100 metros livre, prata nos 100 metros livre e bronze nos 50 metros livre. Schoeman foi votado o melhor atleta masculino da África em 2004.

[106] Link no QR CODE

Eram dois atletas muito educados e solícitos, e pude, ao longo dos anos, estabelecer uma relação muito bacana com eles, principalmente com o Schoeman, que, por ser um excelente velocista, acabava nadando a prova dos 50 metros peito nas etapas das Copas do Mundo. Inclusive, no fim dessa edição, ele me presenteou com a touca dele, que tinha estampada a bandeira da África do Sul e o sobrenome dele. Até hoje, tenho guardada como recordação de um amigo campeão olímpico.

De fato, seria uma etapa muito marcante na minha carreira, pelos bons resultados e, principalmente, por conhecer um país novo e pessoas fantásticas.

	Copa do Mundo 2003-2004 (25m) – Durban (AFS) 50 metros peito – Final		
1º	Oleg Lisogor	UCR	26s97
2º	Roland Schoeman	AFS	26s99
3º	**Eduardo Fischer**	**BRA**	**27s63**
4º	Kurt Muller	AFS	27s79
5º	Brett Petersen	AFS	28s23
6º	Terence Parkin	AFS	28s38
7º	Louis Lotter	AFS	28s46
8º	Michiel du Toit	AFS	29s03

Copa do Mundo 2003-2004 (25m) – Durban (AFS) 200 metros peito – Final			
1º	Terence Parkin	AFS	2min10s12
2º	**Eduardo Fischer**	**BRA**	**2min11s49**
3º	Neil Versfeld	AFS	2min12s59
4º	Michiel du Toit	AFS	2min13s77
5º	Matthew Josephson	AFS	2min17s58
6º	Jay Badenhorst	AFS	2min18s94
7º	Nathan Avery	AFS	2min19s23
8º	Byron Fergusson	AFS	2min19s27

Copa do Mundo 2003-2004 (25m) – Durban (AFS) 100 metros peito – Final			
1º	Oleg Lisogor	UCR	59s69
2º	**Eduardo Fischer**	**BRA**	**1min00s43**
3º	Kurt Muller	AFS	1min00s75
4º	Terence Parkin	AFS	1min00s90
5º	Neil Versfeld	AFS	1min01s94
6º	Michiel du Toit	AFS	1min02s17
7º	Louis Lotter	AFS	1min03s09
8º	Brett Petersen	AFS	1min03s41

O terceiro colocado nos 200 metros peito, Neil Versfeld, também se tornaria um grande amigo. Posteriormente, após se aposentar da natação competitiva, Neil se tornou o técnico chefe do time da Universidade da Georgia (EUA) e acabou vindo algumas vezes ao Brasil para acompanhar um atleta canarinho que treinava em Atlanta. Versfeld ainda seria nono colocado nos 200 metros peito nos Jogos Olímpicos de Pequim-2008. Um excelente resultado.

Outra curiosidade interessante é o fato de que o campeão dos 200 metros peito, Terence Parking, medalhista de prata nos Jogos Olímpicos de Sydney-2000, na mesma prova, é surdo. Aliás, o único atleta surdo da história a figurar na elite no ranking mundial da Fina.

Finalizada a competição, novamente tínhamos a sensação boa de dever cumprido e objetivos alcançados na temporada de 2003 e isso era muito bom, pois o ano olímpico estava chegando e precisávamos estar motivados para cumprir todo o planejamento para Atenas-2004 da melhor forma possível. Claro, teríamos de lidar com a questão da CBDA e isso não seria nada fácil.

80

Apesar de todas as preocupações relacionadas ao projeto da CBDA, o ano olímpico de 2004 se iniciaria muito bem. Novamente, havíamos retornado aos treinos logo no início de janeiro, reduzindo consideravelmente as supostas férias de verão. Isso já se tornava um padrão, de modo que eu nem me importava mais. Perder alguns dias na praia, definitivamente, não era um fardo, pois estávamos mirando em algo muito mais importante.

Sem dúvida, a temporada tinha um tempero especial. Era o ano dos Jogos Olímpicos de Atenas, a minha segunda participação nesse evento, aquela para a qual eu havia me preparado para buscar a cobiçada vaga na final.

Mas, antes de cair na água para as eliminatórias dos 100 metros peito em Atenas, programadas para 14 de agosto, nós teríamos Copa do Mundo, Sul-Americano, Troféu José Finkel, treinamento em altitude, etapa do Circuito Mare Nostrum, Evento-Teste, aclimatação em Portugal e, então, a entrada na Vila Olímpica.

Ufa! Essa jornada de eventos e competições fazia parte de um plano para eu chegar na Grécia pronto. Não só para fazer a melhor marca, mas para entrar na final entre os oito melhores do mundo.

Infelizmente, todo esse planejamento seria parcialmente comprometido por algo completamente alheio às nossas vontades. Uma peça do destino, talvez, algo que mudaria alguns paradigmas. Contudo, antes desse evento um tanto quanto catastrófico, que vou contar em breve, deveríamos seguir o curso do planejamento, da mesma forma que vínhamos fazendo com méritos nos últimos quatro anos.

Logo no início de fevereiro, nos dias 7 e 8, o Brasil sediaria a oitava (e última) etapa da Copa do Mundo 2003-2004. O circuito havia se iniciado na Coreia do Sul, em novembro de 2003. Eu já havia participado da terceira perna, em dezembro do ano anterior, na África do Sul, com excelentes resultados. Aliás, boa parte dos atletas já garantidos para os

Jogos Olímpicos também estavam utilizando a Copa do Mundo como forma de treino. Ainda que fosse em piscina curta, competir em alto rendimento era importante.

A etapa brasileira seria no Rio de Janeiro e contava com a participação de outros dois atletas que estavam em preparação e nadariam os 100 metros peito em Atenas-2004: Mark Gangloff (EUA) e Hugues Duboscq (FRA).

Obviamente, ninguém sabia disso, ainda, mas eu estaria frente a frente com o terceiro e o quarto colocados dessa prova nos Jogos Olímpicos que estavam por vir em alguns meses.

Assim como em Durban, optamos por nadar as três provas de peito, focando no treinamento de base específico. Obtive resultados positivos, conquistando mais três medalhas, aumentando consideravelmente a minha coleção nesse importante circuito internacional.

O destaque nessa etapa ficou para os 100 metros peito [107], nos quais, de forma incontestável, conquistei a medalha de ouro em frente a uma torcida gigantesca e inflamada no parque aquático do Centro Esportivo Miécimo da Silva[108].

---

[107] Link no QR CODE

[108] O Centro Esportivo Miécimo da Silva (CEMS), inaugurado em 1982, serviu como referência para eventos esportivos nacionais e internacionais a partir de 2003, quando sediou o Campeonato Sul-Americano de vôlei. Na época, a Prefeitura do Rio investiu na reforma da pista para obter a homologação da Associação Internacional das Federações de Atletismo. Com isso, o Miécimo se tornou, em 2004, o único centro esportivo da cidade e o terceiro do país certificado para sediar competições internacionais. Ainda em 2004, o complexo recebeu os melhores nadadores do mundo para a última etapa da Copa do Mundo de Natação.

Copa do Mundo 2003-2004 (25m) – Rio de Janeiro (BRA)
50 metros peito – Final

1°	Mark Gangloff	EUA	27s63
2°	**Eduardo Fischer**	**BRA**	**27s65**
3°	Jing Tao Bao	CHN	27s75
4°	Hugues Duboscq	FRA	27s98
5°	Aleksander Hetland	NOR	28s23
6°	Felipe Lima	BRA	28s45
7°	Felipe dos Santos Brandão	BRA	28s58
8°	Rogério Karfunkelstein	BRA	28s68

Copa do Mundo 2003-2004 (25m) – Rio de Janeiro (BRA)
100 metros peito – Final

1°	**Eduardo Fischer**	**BRA**	**1min00s11**
2°	Jing Tao Bao	CHN	1min00s34
3°	Mark Gangloff	EUA	1min00s36
4°	Hugues Duboscq	FRA	1min00s45
5°	Marcelo Tomazini	BRA	1min01s78
6°	Felipe dos Santos Brandão	BRA	1min02s10
7°	Rogério Karfunkelstein	BRA	1min02s32
8°	Felipe Lima	BRA	1min02s67

Copa do Mundo 2003-2004 (25m) – Rio de Janeiro (BRA) 200 metros peito – Final			
1º	Hugues Duboscq	FRA	2min12s19
2º	**Eduardo Fischer**	**BRA**	**2min12s48**
3º	Marcelo Tomazini	BRA	2min13s26
4º	Johannes Neumann	ALE	2min14s23
5º	Rory Comerford	AUS	2min14s87
6º	Anders Wold	NOR	2min15s33
7º	Olivier Vincencetti	ITA	2min15s80
8º	Lars Erik Daehli	NOR	2min18s35

Efetivamente, eram resultados para nos deixar bem animados. Ganhar do Tomazini nos 200 metros peito e chegar na frente de dois favoritos ao pódio olímpico era animador. Claro, ainda era muito cedo para um julgamento acerca das chances olímpicas e, como eu disse, eram marcas e resultados alcançados em um evento realizado em piscina curta, quase um esporte diferente se comparado à longa. Contudo, era um ótimo combustível para a moral e a autoestima.

Tudo parecia caminhar muito bem no início do ano olímpico. Mas era cedo para comemorar. Logo depois do Sul-Americano, vivenciaríamos algo não esperado.

81

A lei que revogou a parceria entre a CBDA e a Prefeitura de Joinville, visando viabilizar um patrocínio para a minha preparação olímpica, foi publicada em junho de 2004. Contudo, antes disso, o relacionamento com a entidade, especialmente com o presidente, já estava seriamente estremecido. Afinal, a matéria do jornalista Guilherme Roseguini já havia sido publicada pela *Folha de S.Paulo* e não tinha como o pessoal do Rio de Janeiro não ficar irritado com as suposições.

Independentemente de todo o imbróglio entre mim e a CBDA, que acabaria respingando, inclusive, na prefeitura joinvilense, eu já estava classificado para os Jogos Sul-Americanos de Maldonado, no Uruguai, marcados para 25 a 28 de março de 2004.

A matéria veiculada pela *Folha* e o embate telefônico com Coaracy Nunes Filho ocorreram em 21 de março de 2004, ou seja, às vésperas de embarcarmos para o Uruguai. Inevitável eu estar um pouco tenso e, no fundo, torcendo para não o encontrar por lá, pois seria uma situação um tanto quanto incômoda.

Mas, de qualquer forma, eu estava focado e vinha treinando muito bem. Apesar de "pesado", termo que usamos quando estamos em uma fase de treinamento muito forte, que antecede o polimento, a expectativa era fazer um bom resultado em Maldonado.

Nesse tipo de competição, muitas vezes, vencer é mais importante do que fazer um bom tempo. Não fosse só isso, era importante defender o meu título de bicampeão sul-americano dos 50 e 100 metros peito (de Mar Del Plata-2000 e Belém-2002). Manter a hegemonia e vencer ambas as provas seria uma boa resposta para toda aquela celeuma.

Em 24 de março, às vésperas do início da competição (e do meu aniversário), Guilherme Roseguini publicaria outra matéria [109], contando que a CBDA teria visto os meus atos como uma "traição" e, por isso, "desistiria da parceria com o município de Joinville". Não seria fácil comemorar os meus 24 anos com essa novidade.

---

[109] Link no QR CODE

Para total desânimo do Coaracy (sim, eu suponho que ele estava torcendo contra mim), acabei trazendo para casa resultados ainda melhores do que esperava. Eu não só venci os 50 e 100 metros peito, como também conquistei a medalha de ouro nos 200 metros peito e no revezamento 4 x 100 metros medley. Um aproveitamento de 100%: quatro provas nadadas e quatro lugares mais altos do pódio.

Cabe ressaltar que eu ainda seria convocado para o Sul-Americano de 2006, em Medellín, na Colômbia, vencendo os 100 metros peito e me consagrando tetracampeão da América do Sul na prova. Um feito que poucos brasileiros conquistaram até hoje.

Voltando a Maldonado, com aquele aproveitamento, fui escolhido o melhor atleta da competição. Inevitável ser alvo de muitas reportagens, muitas entrevistas e muitos elogios feitos pela mídia esportiva de todo o Brasil.

	Sul-Americano 2004 (50m) – Maldonado (URU) 50 metros peito – Final
1º	**Eduardo Fischer**	BRA	29s26
2º	Walter Arciprete	ARG	29s31
3º	Felipe Brandão	BRA	22s42

	Sul-Americano 2004 (50m) – Maldonado (URU) 100 metros peito – Final
1º	**Eduardo Fischer**	BRA	1min03s63
2º	Walter Arciprete	ARG	1min04s47
3º	Ramiro Palmar	VEN	1min05s17

Sul-Americano 2004 (50m) – Maldonado (URU) 200 metros peito – Final			
1º	**Eduardo Fischer**	**BRA**	**2min18s66**
2º	Leopoldo Andara	VEN	2min24s68
3º	Ramiro Palmar	VEN	2min25s29

Como havia sido retaliado pela CBDA e perdido o meu apoio individual, eu, propositalmente, desobedeci a orientação dada a todos os atletas de sempre colocar o boné dos Correios, o patrocinador principal da seleção, em todas as aparições, tais como pódios e entrevistas. Seria a forma de rebater e combater tudo o que o Coaracy estava fazendo contra mim.

Esse fato acabou chegando ao conhecimento do pessoal do marketing dos Correios, que, compreensivelmente, não estava muito satisfeito com a minha atitude.

Com isso, já de volta ao Brasil, não demorou muito para eu receber uma ligação de uma pessoa ligada ao marketing da empresa. Uma pessoa muito educada, que me parabenizou pelos excelentes resultados em Maldonado, mas que gostaria de entender por que eu não estava usando o uniforme completo com a logo do principal patrocinador da natação durante as aparições na televisão e no pódio.

A pessoa ainda complementou, dizendo que não compreendia o motivo da minha atitude, pois, inclusive, eu recebia uma ajuda de custo individual e uma das contraprestações dessa bolsa era, justamente, usar o uniforme completo.

Foi então que eu disse que não havia vestido o boné porque o meu patrocínio individual havia sido cortado. Houve uma pausa de alguns segundos. Na sequência, a moça pareceu espantada, pois tinha na frente dela uma relação de atletas agraciados com essa ajuda de custo e o meu nome estava na referida lista.

Então, respondi que ela deveria entrar em contato com o senhor Coaracy, pois, desde o mês passado, eu não recebia mais o auxílio pecuniário, o que, inclusive, estaria supostamente garantido, por meio de contrato, para ocorrer até setembro de 2004. Ou seja, até os Jogos Olímpicos de Atenas. Dito isso, a pessoa agradeceu as informações, pediu desculpa pelo mal-entendido e desligou.

Coincidentemente (ou não, tire a sua conclusão), alguns dias depois da ligação dos Correios, o meu celular tocou com o indicativo de uma chamada vinda do Rio de Janeiro. Com certo receio e aguardando o pior, atendi.

— Fischer, meu querido! Tudo bem com você? É Coaracy quem está falando.

Confesso que não estava entendendo nada. O cara estava falando comigo como se fôssemos melhores amigos e se nada tivesse acontecido dois meses atrás. Mas, enfim, resolvi entrar na dança e ser o mais educado possível.

— Oi, presidente. Eu vou bem, e o senhor?

— Tudo ótimo! Fischer, olha só... Eu sei que tivemos as nossas desavenças, mas quero dizer que não guardo nenhum rancor.

Fui pego com as calças na mão. Não tinha como não concordar e dançar no mesmo ritmo.

— Ahhh... Tudo bem, Coaracy! Eu também não.

— Pois então, Fischer, eu estou ligando para dizer que quero deixar os nossos problemas para trás, me esquecer do que passou. Sabe, foi tudo um mal-entendido, não podemos prejudicar a sua relação com a CBDA.

— Que bom, Coaracy! Fico feliz! ("Eu acho", sussurrei baixinho).

— Então, meu querido, eu quero dizer que nós vamos voltar a pagar o seu patrocínio individual dos Correios. Na verdade, vamos até aumentar o valor, pois você é um atleta em quem estamos apostando para um bom resultado nos Jogos Olímpicos.

— Sério, Coaracy? Nossa, que notícia boa! (Juro que tentei não parecer sarcástico ou irônico).

— Então, vamos fazer assim: esquecemos de tudo o que passou e voltamos a repassar o seu patrocínio individual dos Correios. Mas, daí, você tem de se comprometer com o patrocinador, né, Fischer! Pode ser?

— Hummm, entendi... Tá bom, presidente. Tudo bem!

— Ótimo! Nós vamos pagar o mês que está em atraso e, a partir deste, o seu valor passará de R$ 2 mil para R$ 3 mil mensais. OK, Fischer?

Foi duro! Eu sabia que era supostamente um cala-boca, e ele sabia que eu estava do lado mais fraco da corda naquele cabo de guerra. Eu precisava da grana.

Assim, eu não tinha saída. Não naquele momento. Sem pensar muito, pois não queria entrar em outra queda de braço na qual perderia, concordei.

— OK, presidente. Estou de acordo.

— Ótimo, meu querido! O pessoal vai entrar em contato para finalizar tudo, tá bom? Um abraço!

— Obrigado, presidente. Um abraço. (Foi só o que consegui responder).

E assim a ligação se encerrou. Mas eu não sabia como deveria me sentir: um lixo de pessoa, por ter aceitado aquele "bônus-fica-quieto", ou feliz, por receber um patrocínio que realmente merecia, pelos meus resultados.

Eu precisava do suporte financeiro. Tinha de pagar os meus treinadores, a academia, os suplementos, a gasolina do carro...

Por fim, descobrimos que a vida de atleta não era composta apenas de preocupações sobre treinos e competições. Havia coisas envolvidas que não eram gratuitas. Sem contar que, deixando todas as despesas operacionais de lado, era justo que eu recebesse algo para mim, como um salário. Afinal, eu estava trabalhando e precisava ter algo que pudesse guardar para o futuro.

82

Ser atleta de alto rendimento, no Brasil, não é missão fácil. E fica ainda mais complicada quando o esportista opta por ficar na cidade natal, fora do eixo Rio-São Paulo, representando um clube pequeno e sem um histórico sólido e tradição no esporte competitivo internacional. Adicione a esse contexto a falta de um grande patrocinador e estaremos muito próximos da minha realidade.

Tudo isso que descrevi, por si só, já demonstra um obstáculo gigantesco para a preparação olímpica de um atleta. Contudo, como um grande amigo e mentor já havia me dito: "Nada está tão ruim que não possa piorar".

Seguindo o contexto dessa máxima, eu ainda enfrentaria mais um teste para as minhas inabaláveis perseverança e resiliência esportiva.

Era uma quinta-feira, 8 de abril de 2004, véspera do feriado da Sexta-Feira Santa. Ou seja, um dia como outro qualquer na minha preparação. Eu havia terminado o segundo treino de piscina do dia e voltado para a casa dos meus pais (nessa época, eu ainda morava com eles) para comer alguma coisa e descansar. Afinal, apesar de ser feriado, o treino na sexta-feira seria normal.

Cheguei em casa, varado de fome, como de costume, e logo corri para a cozinha para preparar um lanche. Entretanto, de forma não costumeira, imediatamente após terminar de comer, comecei a ter uma dor abdominal, uma cólica intestinal instantânea. Tentei ir ao banheiro para ver se esse era o motivo das intensas dores.

Mas fiquei nessa, indo e voltando do banheiro, sem fazer nada. Ainda assim, as cólicas e dores permaneciam. Foi quando resolvi tomar um analgésico e ir para a cama mais cedo (19h), procurando descansar, na tentativa de acordar melhor para o treino do outro dia.

Às 3h da madrugada, de forma abrupta, a dor me acordou. De novo, cólicas intestinais muito fortes e ainda sem sucesso para evacuar. Em alguns momentos, era uma dor muito intensa, quase incapacitante, que me fazia deitar em posição fetal no chão no banheiro. Mesmo assim, optei por não perturbar os meus pais no meio da madrugada em razão de uma "simples dor de barriga".

Consegui me arrastar de volta para a cama e, deitado, tentei suportar as cólicas até o dia clarear, para então pedir ajuda. Logo que amanheceu, às 6h, fui até o quarto dos meus pais dizendo que não estava me sentindo bem.

Eles sugeriram que eu ligasse para o meu irmão, que, nessa época, já era um médico formado e com especialização em cirurgia geral. Ele achou os sintomas estranhos e pediu para que os meus pais me levassem até o pronto-socorro do hospital para a realização de exames.

Dei entrada na emergência do Hospital Dona Helena, em Joinville, "uivando de dor", razão pela qual o médico plantonista logo me prescreveu algum tipo de analgésico endovenoso. Depois de muitos exames clínicos, não havia um diagnóstico preciso para o meu quadro, razão pela qual foi requerida uma ultrassonografia para certificar ou descartar um eventual caso mais grave.

E como desgraça pouca é bobagem e geralmente não vem sozinha, na medida que todos os exames físicos, laboratoriais e clínicos não apontavam para um quadro de inflamação do apêndice, na troca do plantão, a enfermagem acabou liberando uma dieta normal. Ou seja, às 12h30, de 9 de abril de 2004, me serviram o almoço completo.

Como eu estava faminto, em jejum desde as 19h do dia anterior e os analgésicos já haviam feito efeito, almocei como um animal selvagem, não deixando nem a gelatina de sobremesa passar batida. Na sequência, alguém veio me buscar para me encaminhar ao exame de imagem.

O exame mal se iniciou e logo percebemos o quanto Murphy tinha razão. Não foi preciso muito esforço do radiologista para verificar que o meu apêndice estava bastante alterado, sugerindo uma apendicite aguda, que deveria ser operada de maneira imediata.

Nesse momento, eu já estava desesperado. Entretanto, para piorar ainda mais a situação, não podia ir diretamente para a mesa de cirurgia. Como havia acabado de almoçar, pelo equívoco da prescrição na troca do plantão, seria necessário aguardar, no mínimo, oito horas de jejum para que então eu pudesse ser encaminhado ao centro cirúrgico no intuito de os médicos realizarem a retirada do apêndice.

O fato de eu ter de esperar pelo jejum parecia ser completamente insignificante. Quando o cirurgião, o doutor Ricardo Lemos, meu amigo até hoje, entrou na sala e disse que eu precisava passar por um procedimento cirúrgico para a retirada do órgão, desabei a chorar.

Como uma criança que perde o brinquedo favorito, eu chorava copiosamente. Soluçava e apenas conseguia concluir que havia, naquele momento, perdido toda a preparação para os Jogos Olímpicos de Atenas.

Afinal, lá estava eu, com uma cirurgia agendada para as 20h, de 9 de abril de 2004, sendo que a minha prova nos Jogos Olímpicos estava marcada para as 11h da manhã, de 14 de agosto de 2004, no horário da Grécia.

Ou seja, pouco mais de quatro meses (127 dias, para ser mais exato) entre a cirurgia e a minha eliminatória olímpica dos 100 metros peito. Podia até parecer muito, mas não era. Além disso, eu não tinha ideia de qual seria o tempo de recuperação e quanto tempo teria de ficar sem entrar na piscina. Nada que o médico dissesse me faria entender que a Olimpíada não estava comprometida. A única coisa que passava pela minha cabeça era que eu havia perdido a competição da minha vida.

O médico, percebendo o meu desespero, tentava me explicar que seria uma cirurgia por videolaparoscopia, ou seja, um procedimento bem menos invasivo, que reduzia exponencialmente o prazo de repouso e recuperação. Mas nem isso me acalmava e eu mal conseguia prestar atenção, pois apenas pensava que o momento mais importante da minha carreira acabava de ser dizimado.

Passadas as oito horas do jejum, no caminho para o centro cirúrgico, deitado na maca e vendo as luzes brancas passar em intervalos (tipo filme de terror ou drama), eu só pensava no pior. Achava que a minha carreira havia se encerrado definitivamente, eu jamais voltaria a competir em alto rendimento. Sim, concordo que era uma resposta exagerada para uma cirurgia relativamente simples. Mas o fato da proximidade dos Jogos Olímpicos e de eu nunca ter me submetido a um procedimento como aquele, antes, fazia tudo ficar pior.

A cirurgia correu bem e, no mesmo dia, à noite, saí da recuperação e fui para o quarto. Mesmo assim, a sensação não era das melhores. Eu ainda estava grogue, com muitas dores abdominais e a sensação de que um caminhão havia passado por cima de mim. Seria, de fato, uma madrugada ruim.

No outro dia de manhã, eu queria ir para casa. Estava agoniado. Queria a alta hospitalar para me deitar na minha cama e saber quando poderia voltar a nadar. Era só no retorno aos treinos que eu pensava. Mas o doutor Lemos não me deu alta, é claro. Nem poderia, pois o protocolo é de 48 horas recebendo antibiótico pela via endovenosa. Tive de passar mais uma noite no hospital, recebendo alta em 11 de abril, à tarde, quando já não sentia mais tanta dor.

O médico me explicou como havia sido a cirurgia, como o meu corpo havia reagido nesses dois dias e que seria necessário repouso absoluto por, pelo menos, 15 dias. Nesse momento, eu quase surtei. Ele pediu para eu retornar ao consultório dele em 7 dias. Tentei dizer que não poderia ficar 15 dias sem treinar e precisava voltar a nadar antes disso, pois a minha carreira dependia disso. Ele não deu muita atenção, mas me liberou com a prescrição de antibióticos e analgésicos.

Cinco dias após a alta hospitalar, já me sentindo um galo-cinza[110], retornei ao consultório do doutor Ricardo Lemos. Ao me ver, ele estranhou um bocado. Primeiramente, porque havia dito para eu retornar em 7 dias, não 5. Depois, porque, sinceramente, ele não me esperava antes de 15 dias, achando que eu ainda teria dores para me movimentar.

Mas entrei no consultório e disse:

— Doutor, eu já estou zero bala! Pode me liberar para treinar?

Foi quando ele, categoricamente, disse que não. Era impossível eu voltar aos treinos com tão pouco tempo de recuperação e uma tentativa precoce poderia me causar uma hérnia. Ficamos debatendo por algum tempo, eu perguntando o quão ruim poderia ser essa tal hérnia e ele dizendo que eu não poderia voltar aos treinos, ainda.

Por fim, já de saco cheio com a minha insistência, ele disse que só me liberaria se eu deitasse no chão do consultório dele e fizesse 60 abdominais sem parar, sem dor e sem limitações.

Dito e feito. Sem pensar, fui para o solo e comecei a fazer as tais 60 abdominais, com um sorriso maroto no rosto. Ele até tentou me parar, mas não obedeci. Confesso que não senti nada, mas, mesmo que tivesse sentido, jamais falaria para ele.

Então, no outro dia, apenas 7 dias após a alta hospitalar e 9 após a cirurgia, eu estava na piscina retornando de forma leve e cadenciada os treinamentos com foco nos Jogos Olímpicos. Não era fácil, pois eu tinha muito medo de alguma coisa romper "lá dentro", não tinha nenhuma segurança para nadar com força.

Hoje, olhando retrospectivamente, vejo que não agi corretamente. Fui precipitado e inconsequente. Mas, por sorte ou por ter uma boa musculatura abdominal, não houve qualquer consequência desse retorno precoce. Contudo, naquele momento, para a minha paz de espírito e o meu treinamento psicológico, esse retorno antecipado era extremamente necessário e positivo.

Afinal, somente depois de ter certeza de que havia vencido aquele obstáculo é que eu teria confiança para retornar aos treinos e a convicção de que seria possível competir bem em Atenas, mesmo após esse infortúnio contratempo.

---

[110] Gíria utilizada para chamar pessoas ativas e extrovertidas. Ao contrário de bisnaga, o galo-cinza gosta de sair à noite e beber. Há um abismo que separa os galos-cinzas dos bisnagas e esse abismo é a humanidade. Na mitologia grega, galos-cinzas seriam considerados semideuses.

83

Passado o susto da cirurgia da retirada do apêndice, voltei o mais rapidamente possível aos treinos, tanto na água, como na musculação. Claro, no início, havia sempre um pouco de receio e, para ser sincero, não sei até hoje dizer o quanto isso influenciou a minha preparação olímpica. Fato é que tive uma perda. Além dos nove dias em que não treinei, houve aquele período em que tinha medo de colocar 100% de força e, por isso, contabilizo como parcialmente perdidos.

Logo em 8 de maio de 2004, menos de um mês após o procedimento, eu participei da minha primeira competição pós-cirurgia, o Troféu Brasil, no Rio de Janeiro, última seletiva para os Jogos de Atenas. Mas ainda não estava me sentindo completamente preparado e confiante e sabia que não poderia esperar bons resultados.

De fato, seria uma competição decepcionante. Até um pouco compreensível, tendo em vista tudo o que eu havia passado poucos dias atrás, mas, ainda assim, decepcionante.

Acabei perdendo os títulos de campeão brasileiro para Felipe Brandão (50 metros peito) e Henrique Barbosa (100 metros peito) em ambas as provas que disputei, ficando com o bronze nos 50 (29s09) e a prata nos 100 (1min03s17). Henrique ainda chegaria próximo ao índice olímpico nas eliminatórias dessa segunda, com o tempo de 1min02s02, mas, infelizmente, o Brasil acabaria levando apenas um nadador de peito para a Grécia.

Era difícil continuar com o sonho da final olímpica, depois de todos os percalços pelos quais eu havia passado e o pífio resultado no Troféu Brasil. Mas eu precisava confiar no planejamento, como sempre fazia. Agora não era a hora de duvidar.

De qualquer forma, a programação da seleção brasileira era embarcar para o treinamento de altitude, em Sierra Nevada, na Espanha, em 12 de maio, logo após o TB. Depois, participar do Circuito Mare Nostrum[111], na etapa de Canet-en-Roussillon (FRA), e, na sequência, ir até Atenas para o Evento-Teste Olímpico, de 9 a 12 de junho.

Mas, como eu havia me submetido a um procedimento cirúrgico faltando menos de um mês até a data do embarque para Sierra Nevada, optamos por ficar no Brasil, treinando normalmente no Joinville Tênis Clube para, então, encontrar o restante do time na França, em 4 de junho, visando a participação do Mare Nostrum e, posteriormente, no Evento-Teste.

Assim, permanecemos no Brasil em recuperação, visando voltar à forma que eu estava antes da cirurgia. Passadas algumas semanas, cheguei na França já me sentindo bem melhor do que estava no Troféu Brasil. Seja pela fase de treinamento ou pela plena recuperação da cirurgia, fato é que o resultado em Canet já seria melhor do que aqueles feitos um mês atrás.

Acabei ficando com a quarta colocação nos 200 metros peito, com 2min18s69, e com a medalha de bronze nos 100, com o tempo de 1min02s79, atrás apenas do ucraniano Oleg Lisogor e do australiano Jim Piper.

Sem dúvida, aquela medalha na etapa do Mare Nostrum, enfrentando atletas mais bem ranqueados do que eu, foi muito importante para a retomada da confiança. Desde a cirurgia, passando pelo Troféu Brasil, eu ainda não tinha certeza de que conseguiria nadar bem em Atenas. Mas, depois da etapa de Canet, isso começou a mudar e agora o que eu mais queria era ir para Grécia e conhecer o palco onde iríamos nos apresentar nos Jogos Olímpicos.

---

[111] Mare Nostrum é uma série de competições de natação com três encontros ao redor do Mar Mediterrâneo (Barcelona, Mônaco e Canet-en-Roussillon), organizados pelas federações locais de cada país sede e realizados todos os anos em junho.

84

Esse Evento-Teste era uma competição amistosa realizada na piscina olímpica oficial, com o propósito de testar as instalações, os placares eletrônicos e a logística. Alguns países foram convidados, e o Brasil era um deles.

Seria uma oportunidade incrível, e eu estava muito empolgado com a possibilidade de conhecer a piscina olímpica antes mesmo de os Jogos se iniciarem. O objetivo era, sim, competir com força, mas também continuar os treinamentos. Afinal, ainda faltava um mês para o início da Olimpíada.

Era uma competição simples, de quatro dias e algumas poucas provas. Começaria em 9 de junho. As eliminatórias estavam marcadas sempre para as 9h e as semifinais e finais a partir das 18h (hora local). Exatamente como estava previsto para os Jogos Olímpicos.

Os principais países que estavam presentes eram Grã-Bretanha, Israel, Polônia, China, Eslovênia e Grécia. Eu nadaria os 100 metros peito, na primeira etapa, e o meu principal adversário era o britânico James Gibson.

Acabei ficando com a medalha de prata, com o tempo de 1min02s80, perdendo apenas para o inglês. Contudo, simular uma cerimônia de premiação olímpica havia sido uma experiência fantástica, que, apesar de distante da realidade, chegava a dar um frio na barriga só de imaginar como seria de verdade.

Depois de encerrado o evento, tivemos um dia de folga e passeamos um pouco por Atenas, com o privilégio de visitar o maior cartão postal da cidade: o Parthenon. Algo indescritível. Uma lembrança que ficará na minha memória enquanto eu estiver vivo. Sem dúvida, um privilégio de poucos brasileiros, que foi ofertado a mim pelo esporte, como bônus da classificação olímpica.

O Parthenon foi um templo dedicado à deusa grega Atena, construído no século 5 antes de Cristo, na Acrópole de Atenas, na Grécia

Antiga, por iniciativa de Péricles, governante da cidade. Foi projetado pelos arquitetos Calícrates e Ictinos e decorado, em sua maior parte, pela oficina do escultor Fídias. Passear por lá era como voltar no tempo e ter uma aula sobre a história da humanidade.

Depois de turistar, era hora de retornar. Ficaríamos mais alguns dias no Brasil treinando para, em 1º de agosto, embarcar rumo a Portugal, para a aclimatação no Centro Olímpico de Rio Maior.

85

O Centro de Alto Rendimento de Rio Maior era um local específico para treinamento de equipes em preparações especiais e contava, além de ótimas instalações, com um belo alojamento, quartos confortáveis e bem equipados, serviço de cozinha para alimentação e refeitório.

O complexo de piscinas era constituído por instalações modernas, funcionais e energeticamente eficientes. Havia duas piscinas cobertas, uma de 25 metros e outra de 50, nas quais treinaríamos, além de dois tanques, um de saltos e um de aprendizagem para o nado artístico.

A piscina olímpica dispunha de equipamento para gravação em vídeo com alta definição e captação de imagens subaquáticas, além de placar eletrônico com sensores de saída para treinamentos de troca em revezamentos e treinos de reação em partida.

Ficaríamos duas semanas por lá, focados nos preparativos finais, treinando em conjunto, motivando uns aos outros, respirando natação para o nosso objetivo principal.

Eu me recordo até hoje da primeira reunião geral da equipe. Muitas coisas foram ditas, mas uma imagem ficou na minha cabeça e permanece nitidamente até hoje.

Projetaram uma foto da piscina olímpica, quase finalizada para o início da competição, e nos disseram: "Esse será o palco de vocês. Esse é o foco. Guardem essa imagem nas suas mentes, pois será nesse local onde vocês terão de dar o melhor resultado das suas vidas".

Foi uma imagem tão importante para mim que, duas semanas depois, quando chegamos pela primeira vez na piscina olímpica após iniciados os Jogos, procurei achar o local de onde aquela foto havia sido tirada para bater uma similar, a fim de eternizar a imagem e guardar no meu arquivo pessoal.

Até hoje, uso essa foto em palestras para mostrar qual era a expressão visual do meu objetivo olímpico, em 2004:

Voltando ao período em Rio Maior, os treinamentos fluíam muito bem, eu me sentia cada dia melhor e mais bem preparado para o melhor resultado. Estávamos confiantes de que a final olímpica seria uma meta possível.

Apesar de o meu treinador, Ricardo, não ter sido convocado para os Jogos, pois as vagas eram limitadas, ele pôde me acompanhar em Rio Maior. Algo muito importante na minha reta final de preparação.

O polimento estava sendo bem ministrado por ele. A presença na borda da piscina havia sido fundamental para aquela dose extra de confiança e motivação.

Terminado o período de aclimatação em Portugal, partimos para Atenas, na Grécia, o berço dos Jogos Olímpicos.

Equipe de natação do Brasil nos Jogos Olímpicos de Atenas-2004 (23 convocados):

Masculino

Bruno Bonfim - 4 x 200m livre

Carlos Jayme - 4 x 100m livre / 4 x 200m livre

Diogo Yabe - 200m medley

Eduardo Fischer - 100m peito / 200m peito / 4 x 100m medley

Fernando Scherer - 50m livre

Gabriel Mangabeira - 100m borboleta / 4 x 100m medley

Gustavo Borges - 100m livre / 4 x 100m livre

Jáder Souza - 4 x 100m livre / 4 x 100m medley

Kaio Márcio de Almeida - 100m borboleta / 200m borboleta

Lucas Salatta - 400m medley

Paulo Maurício Machado - 4 x 100m medley

Rafael Mósca - 4 x 200m livre

Rodrigo Castro - 200m livre / 4 x 100m livre / 4 x 200m livre

Rogério Romero - 200m costas

Thiago Pereira - 200m medley / 400m medley

Feminino

Flavia Delaroli - 50m livre / 4 x 100m livre

Joanna Maranhão - 400m medley / 4 x 200m livre

Mariana Brochado - 4 x 200m livre

Monique Ferreira - 4 x 200m livre

Paula Baracho Ribeiro - 4 x 200m livre

Rebeca Gusmão - 50m livre / 4 x 100m livre

Renata Burgos - 4 x 100m livre

Tatiana Lemos - 4 x 100m livre

86

Dessa vez, ao entrar na Vila, eu já era um veterano. Ou, no jargão popular, um gato escaldado. Aquela loucura de estar pela primeira vez naquele ambiente, como havia acontecido em Sydney, já não existia mais. Dessa vez, eu estava preparado.

A Vila grega era muito diferente da australiana. Em Sydney, nós ficávamos em casas, um ambiente um pouco mais acolhedor e aconchegante. Em Atenas, eram pequenos prédios de três andares, com quatro apartamentos por andar, um pouco mais simples e informais, mas longe de serem desconfortáveis. Eram apartamentos satisfatórios, não tínhamos do que reclamar.

Como prometido desde o momento do alcance do índice, em Santo Domingo, eu não havia mais cortado o cabelo. A barba, que nunca foi vasta, eu apenas aparava. Por isso, estava bem cabeludo e, logo na véspera de iniciar a competição, cortei tudo passando a máquina zero, como no Pan-Americano. Chame de superstição, se quiser, mas, para mim, era apenas uma questão de manter as estratégias que haviam dado certo.

O ambiente na Vila era muito bom. O refeitório era ótimo e contava com uma grande variedade de pratos, desde a cozinha mais "normal" e internacional até pratos mais específicos, como os chineses e japoneses.

A prova dos 100 metros peito era logo no primeiro dia de competição e, por essa razão, mais uma vez, não tive permissão para participar da cerimônia de abertura. Vi um pouco pela televisão do apartamento, mas não fui longe, pois era fundamental dormir cedo e descansar para o dia mais importante da minha carreira.

Deu para jogar algumas partidas de truco durante a transmissão da cerimônia. O meu parceiro era sempre o Rogério Romero e os nossos "fregueses", Fernando Scherer e Gustavo Borges. Se, na natação, eu nem cheguei perto dos resultados deles, no truco era um massacre. Uma vitória atrás da outra. Eles podem até negar, pois atletas de alto rendimento não gostam de confirmar as derrotas, mas, no carteado, eu detonava.

Dessa vez, diferentemente da primeira participação olímpica, eu pude pagar as passagens aéreas e a hospedagem dos meus pais e levá-los até a Grécia para me assistirem *in loco*. Eles me encontraram em Atenas logo depois da minha chegada, mas estavam hospedados em um hotel bem simples, no Centro da cidade. Contudo, puderam me visitar na Vila Olímpica depois que o COB conseguiu um *"day pass"* para eles entrarem, passando uma tarde inteira comigo.

Aliás, sobre a ida dos meus pais, existe uma história engraçada. Para ajudar a custear a viagem, eles encomendaram com a empresa Water Planet, do amigo Gilberto Bastos, 50 camisetas verde e amarelas com a palavra "Brasil" bem grande nas costas. Como não tinham nenhum ingresso, a ideia era montar um "varal" improvisado na frente do parque aquático, exibir as camisetas e vendê-las por um valor estimado de 20 euros cada, no intuito de angariar alguma grana para comprar os bilhetes de cambistas.

Quem montou a arte e a confecção das camisetas foi o próprio Gilberto, da Water Planet, que, mais tarde, viria a ser a fornecedora oficial de roupas para a seleção brasileira. O preço de custo de cada camiseta seria de R$ 15 e, por isso, se conseguissem vender pelo valor esperado, pagariam o investimento e lucrariam um pouco.

Mas os meus pais não eram comerciantes. Então, era normal terem um pouco de vergonha ao oferecer as peças para o público. Contudo, com um jeitinho mais modesto e sem falar nem uma palavra sequer em inglês (ou, pior, grego), a minha mãe foi timidamente abordando pessoas.

O que começou devagar logo foi se espalhando, e os meus pais passaram a ficar conhecidos como "the brazilians with the coolest t-shirts" (na tradução, "os brasileiros com as camisetas mais legais").

Como a minha mãe sempre dizia, os gringos amam o Brasil e as nossas cores e não tinha como não gostarem das camisetas. No fim, eles venderam todas. Algumas, no início, foram comercializadas pelos tais 20 euros. Mas, conforme o dia da minha prova ia se aproximando, para torrar o estoque, venderam o restante por 15 euros cada. Mas, tendo em vista que pagaram R$ 15 reais por peça, tenho de admitir que a empreitada foi um sucesso.

Com essa grana, compraram os ingressos mais baratos que acharam, a fim de assistirem às eliminatórias dos 100 metros peito. Eram lugares péssimos! Bem no alto, na última fileira da arquibancada, embaixo do sol grego escaldante de 35 graus.

Confesso que deu um pouco de dor no coração. Eles lá em cima, no sol, naquele lugar ruim e de péssima visibilidade da piscina. Mas acho que era coisa da minha cabeça, pois eles estavam curtindo ao máximo, vendo o filhote deles participar da competição mais importante do mundo, saindo do interior para figurar entre os melhores atletas do planeta.

Apesar de eu estar me sentindo bem, confesso que essa preocupação extra com os meus pais não era das melhores, mas tentei tirar isso da cabeça e focar na natação para dar a eles muito orgulho.

A minha prova era a quinta do dia, depois dos 400 metros medley masculino, dos 100 metros borboleta feminino, dos 400 metros livre masculino e dos 400 metros medley feminino. No medley masculino, Thiago Pereira e Lucas Salata, estreantes em Jogos Olímpicos, tiveram resultados que não foram suficientes para levá-los até a final e terminaram na 17ª e na 19ª posições, respectivamente. Nos 400 metros livre, Bruno Bonfim terminou com a 34ª colocação. Já nos 400 metros medley feminino, Joanna avançaria, de forma extraordinária, para a final.

Até aquele momento, então, nenhum brasileiro, entre os homens, havia passado das eliminatórias, algo que elevava a minha ansiedade, que havia se iniciado lá pelas 8h, quando cheguei na piscina.

No banco de controle (ou balizamento), ou seja, aquela famosa salinha de espera sobre a qual tanto se fala na TV, eu podia acompanhar os resultados por uma televisão e logo percebi que os resultados não estavam tão bons como eu imaginava. Se eu conseguisse melhorar um pouco a minha marca pessoal, teria boas chances de passar para as semifinais.

Na série anterior à minha, o japonês Kosuke Kitajima havia acabado de quebrar o recorde olímpico do italiano Domenico Fioravanti, batendo no placar com o tempo de 1min00s03. Tive apenas alguns segundos para admirar o feito do japonês até que a minha hora chegasse. O fiscal da prova gritou "heat eight" (na tradução, "oitava série") e nos dirigimos para a porta de entrada da piscina.

Eu estava balizado na raia 1 da última série, que contava com o americano e atual recordista mundial, Brendan Hansen, na raia 4. Ao meu lado, na 2, estava o canadense Scott Dickens, que eu já conhecia do Pan-Americano. Além disso, o meu algoz em Moscou, no Mundial de piscina curta, Oleg Lisogor, estava na 3. Meu amigo Morgan Knabe, na 5, e completavam a série outras feras, como Jim Piper (AUS), Jens Kruppa (ALE) e Alexander Oen (NOR). Era uma série com atletas muito fortes.

Entramos em fila, da raia 8 até a minha. Logo, ao chegar na baliza, tirei a camiseta e dei os meus tradicionais saltos escolhendo as pernas no ar, no intuito de ficar ligado e fazer o sangue circular.

Todas as atenções estavam voltadas para a raia 4, do Brendan Hansen, pois, como dito, ele era detentor do recorde mundial, com 59s30. Mas o Kitajima havia acabado de cravar um novo recorde olímpico. Iria o americano nadar com força total para roubar a marca do rival? Ou apenas o suficiente para se classificar?

Enquanto isso, para mim e os meus pais, lá em cima da arquibancada, isso pouco importava, pois o foco era nadar bem e tentar chegar, pelos menos, entre os quatro primeiros da série.

Subi no bloco, admito, bem nervoso.

"Às suas marcas..."

E, então, ouvi o sinal de partida. Entrei na água, caprichei na filipina e, quando dei a primeira braçada, percebi que estava bem posicionado, o que me fazia concluir que havia feito um bom começo. Agora, o objetivo era passar com força e não ficar muito para trás nos primeiros 50 metros. Com esse pensamento, passei em quarto lugar, com 28s83.

Mas a prova seria definida na volta. O objetivo era segurar o ritmo nos primeiros 35 metros, tentando acelerar nos 15 finais. E foi isso que eu fiz. Fui crescendo nos últimos metros e, mesmo cansado, evitei a ameaça dos atletas que vinham na minha cola.

Mantendo um bom ritmo no finalzinho, cheguei bem e bati no placar na quarta colocação, com o tempo de 1min01s84, novo recorde sul-americano.

Olhei para o placar e comemorei. Olhei para a comissão técnica do Brasil e vi todos vibrando, também, o que me dava indícios de que eu havia passado para as semifinais. Olhei para cima, nos últimos assentos da arquibancada, e vi os meus mais com os braços erguidos. Que imagem maravilhosa.

Devagarzinho, fui saindo da piscina, com os olhos grudados no placar, aguardando o resultado oficial para saber quem eram os 16 melhores que avançariam para a semifinal olímpica.

Então, antes mesmo de pegar a minha credencial e me dirigir para a zona mista, pude ver no placar os 16 nomes. Foi quando enxerguei o meu na 11ª colocação. Era uma posição satisfatória, que me colocava em condição de acreditar que o sonho da final poderia ser realizado.

A primeira fase havia sido concluída com satisfação. Sim, eu podia me dar ao luxo de comemorar um pouco.

Foi automático. Quando tive certeza da classificação, olhei para o topo da arquibancada, mais uma vez, e pude ver, bem de longe, os meus pais pulando de alegria, rodando no ar uma bandeira brasileira com o maior orgulho do mundo que um pai e uma mãe podem ter. Foi uma sensação inesquecível.

Olympic Aquatic Centre
Ολυμπιακό Κέντρο Υγρού Στίβου
Centre Olympique Aquatique

ATHENS 2004
14 AUG 2004
11:57

Swimming
Κολύμβηση / Natation
Men's 100m Breaststroke
100μ. Πρόσθιο Ανδρών / 100m. Brasse Hommes
Heats
Προκριματικοί / Séries

Results Summary
Συγκεντρωτικά Αποτελέσματα / Résumé des résultats

WR	59.30	27.93	HANSEN Brendan	USA	Long Beach (USA)		8 JUL 2004
OR	1:00.46	28.91	FIORAVANTI Domenico	ITA	Sydney (AUS)		17 SEP 2000

Heats — Event No. 5

Rank	Heat	Lane	Name	NOC Code	R.T.	50m	Time	Time Behind
1	7	4	KITAJIMA Kosuke	JPN	0.70	28.46	1:00.03 / 31.57	OR
2	8	4	HANSEN Brendan	USA	0.69	28.71	1:00.25 / 31.54	0.22
3	6	5	GANGLOFF Mark	USA	0.71	28.57	1:00.81 / 32.24	0.78
4	6	4	MEW Darren	GBR	0.80	28.69	1:00.89 / 32.20	0.86
5	7	3	GIBSON James	GBR	0.77	28.42	1:00.99 / 32.57	0.96
6	7	5	DUBOSCQ Hugues	FRA	0.78	28.66	1:01.15 / 32.49	1.12
7	6	1	POLYAKOV Vladislav	KAZ	0.76	28.81	1:01.16 / 32.35	1.13
8	8	7	KRUPPA Jens	GER	0.85	28.57	1:01.19 / 32.62	1.16
9	8	3	LISOGOR Oleg	UKR	0.80	28.67	1:01.21 / 32.54	1.18
10	6	3	SLUDNOV Roman	RUS	0.83	29.15	1:01.65 / 32.50	1.62
11	8	1	FISCHER Eduardo	BRA	0.77	28.83	1:01.84 / 33.01	1.81
12	6	6	BODOR Richard	HUN	0.75	29.48	1:01.91 / 32.43	1.88
13	7	7	PIHLAVA Jarno	FIN	0.74	29.16	1:01.99 / 32.83	1.96
14	7	6	van VALKENGOED Thijs	NED	0.78	29.33	1:02.03 / 32.70	2.00
15	6	2	KOMORNIKOV Dmitry	RUS	0.89	29.57	1:02.05 / 32.48	2.02
16	7	1	KOLONKO Rene	GER	0.86	28.90	1:02.09	2.06

2	8	4	Brendan Hansen	United States	1:00.25	Q
8	8	7	Jens Kruppa	Germany	1:01.19	Q
9	8	3	Oleg Lisogor	Ukraine	1:01.21	Q
11	8	1	Eduardo Fischer	Brazil	1:01.84	Q
18	8	5	Morgan Knabe	Canada	1:02.13	
19	8	6	Scott Dickens	Canada	1:02.16	
19	8	2	Jim Piper	Australia	1:02.16	
21	8	8	Alexander Dale Oen	Norway	1:02.25	

87

Saindo da piscina, iniciei os preparativos de recuperação, pensando na semifinal de mais tarde. Nesse ponto, acho que cometi um equívoco. Em vez de apenas soltar um pouco na piscina de apoio e então retornar à Vila Olímpica, fiquei esperando a minha vez para uma massagem. Ocorre que havia muita gente na fila, e fiquei lá até depois das 12h30.

Com essa demora, acabei chegando na Vila para almoçar depois das 13h30, ficando muito tempo sem me alimentar, o que desencadeou uma forte dor de cabeça. Apenas anos depois fui descobrir que se tratava, na verdade, de uma enxaqueca, e que analgésicos comuns não seriam suficientes.

Eu nunca disse isso para ninguém. Primeiramente, porque não sabia que tinha essa doença. Depois, porque não queria que as pessoas pensassem que eu estava dando uma desculpa esfarrapada para um eventual resultado negativo. Naquela tarde, que antecedia as semifinais, sem conseguir descansar devido a essa enorme dor de cabeça, cheguei a tomar seis comprimidos de dipirona (ou seja, quase três gramas), em uma tentativa desesperada de aliviar a crise, que me causava náusea e fotossensibilidade.

Apenas em 2006, depois que comecei a namorar a Roberta, minha futura esposa, foi que ela me deu o diagnóstico de enxaqueca, pedindo que eu procurasse um neurologista. Após uma ressonância magnética de crânio, o especialista cravou a suspeita da Dr.ª Roberta.

A enxaqueca é uma doença neurológica, genética e crônica, cuja principal característica é a dor de cabeça latejante, em um ou nos dois lados. Entre os muitos sintomas dessa condição, além da excessiva dor, estão a sensibilidade à luz, a cheiros e ao barulho, náuseas e vômitos.

Naquela tarde, antes de ir para o Complexo Aquático Olímpico, com exceção dos vômitos, eu vivenciei todos esses sintomas e não fazia ideia de que era uma enxaqueca. Também não procurei o departamento médico, pois, como disse, achava que as pessoas pensariam que eu estava inventando ou criando uma desculpa. De fato, os três gramas de dipirona haviam aliviado um pouco a dor, mas eu ainda tinha náuseas e sensibilidade à luz forte. No verão grego, era difícil fugir da luz do sol.

Peguei o transporte para a piscina tentando fechar os olhos e cochilar durante todo o trajeto, no intuito de vencer aquele episódio. Ao chegar lá, eu me sentia um pouco melhor, mas ainda não totalmente recuperado.

Os meus pais, certos de que eu tinha boas chances de passar para a final, compraram, dessa vez, ingressos bem mais caros, na primeira fileira de assentos da arquibancada, próximos da piscina. Queriam ver o filhão de perto.

Então, fiz toda a minha rotina de aquecimento e preparação. Consegui dar "oi" para os meus pais e parti para a minha preparação mental de sempre. Mas ela estava prejudicada. Eu não conseguia ignorar a péssima tarde que havia enfrentado com aquela dor de cabeça. Confesso que perdi um pouco do foco e da confiança.

Dirigi-me para o banco de controle, um tanto quanto abatido, apesar de, naquele momento, já não ter mais nenhuma dor ou náusea. Mas o meu estado psicológico estava abalado. Eu mal havia prestado atenção no recorde olímpico quebrado pelo Brendan Hansen, na primeira série. A minha era a segunda, a mesma do Kosuke Kitajima.

Ainda consegui soltar um sorriso quando a câmera passou me filmando na raia 7 [112], anunciando o meu nome. No fundo, eu queria passar uma imagem boa para todos no Brasil, pois, se algo desse errado, esse seria meu último "retrato olímpico".

Era difícil, mas eu precisava achar uma forma de me esquecer do episódio vivenciado algumas horas antes e focar na prova. Os meus pais estavam lá, oras, e eu não podia decepcioná-los.

Mas não foi possível. Não consegui ter um bom rendimento e, com uma parcial bem mais fraca do que pela manhã (29s20), fechei a prova em oitavo lugar na minha série, com o tempo de 1min02s07, muito ruim para mim, naquele estágio. Dessa forma, acabava o meu sonho de uma final olímpica, amargando a 15ª colocação final.

---

[112] Link no QR CODE

Olympic Aquatic Centre
Ολυμπιακό Κέντρο Υγρού Στίβου
Centre Olympique Aquatique

ATHENS 2004
14 AUG 2004
20:32

Swimming
Κολύμβηση / Natation

Men's 100m Breaststroke
100μ. Πρόσθιο Ανδρών / 100m. Brasse Hommes

Semifinals
Ημιτελικοί / Demi-Finales

Results Summary
Συγκεντρωτικά Αποτελέσματα / Résumé des résultats

WR	59.30	27.93 HANSEN Brendan	USA	Long Beach (USA)		8 JUL 2004	
OR	1:00.03	28.46 KITAJIMA Kosuke	JPN	Athens (GRE)		14 AUG 2004	

Semifinals   Event No. 5

Rank	Heat	Lane	Name	NOC Code	R.T.	50m	Time	Time Behind
1	1	4	HANSEN Brendan	USA	0.74	28.27	1:00.01 31.74	OR
2	2	4	KITAJIMA Kosuke	JPN	0.72	28.41	1:00.27 31.86	0.26
3	1	5	MEW Darren	GBR	0.78	28.48	1:00.83 32.35	0.82
4	2	5	GANGLOFF Mark	USA	0.75	28.86	1:01.07 32.21	1.06
4	2	2	LISOGOR Oleg	UKR	0.81	28.61	1:01.07 32.46	1.06
4	2	3	GIBSON James	GBR	0.82	28.34	1:01.07 32.73	1.06
7	1	3	DUBOSCQ Hugues	FRA	0.75	28.65	1:01.17 32.52	1.16
8	2	6	POLYAKOV Vladislav	KAZ	0.79	28.80	1:01.36 32.56	1.35
9	1	2	SLUDNOV Roman	RUS	0.81	29.02	1:01.54 32.52	1.53
10	1	6	KRUPPA Jens	GER	0.83	28.89	1:01.68 32.79	1.67
11	1	8	KOLONKO Rene	GER	0.87	29.08	1:01.82 32.74	1.81
12	2	8	KOMORNIKOV Dmitry	RUS	0.89	29.33	1:01.83 32.50	1.82
13	2	1	PIHLAVA Jarno	FIN	0.82	28.96	1:01.86 32.90	1.85
14	1	7	BODOR Richard	HUN	0.76	29.30	1:01.88 32.58	1.87
15	2	7	FISCHER Eduardo	BRA	0.81	29.20	1:02.07 32.87	2.06
16	1	1	van VALKENGOED Thijs	NED	0.79	29.22	1:02.36 33.14	2.35

Era uma decepção gigantesca. E não havia como não ficar muito chateado. Tantos dias para eu ter uma crise de enxaqueca, por que tinha de ser justamente no da semifinal olímpica? Mas eu já nem pensava mais na enxaqueca, pensava que não havia sido competente.

Logo que saí da piscina, consegui ver os meus pais em uma grade que separava a zona mista[113] da saída dos nadadores. Fui ao encontro deles e os abracei o mais fortemente que pude. Foi quando desabei em lágrimas. Eu literalmente soluçava. Chorava e tentava pedir desculpa pelo resultado e pelo desapontamento que eu havia causado a eles.

Eu estava inconsolável. A minha mãe ainda levantou o meu rosto e disse para eu não ficar triste, pois estava entre os melhores do mundo. Falou, ainda, que eles tinham muito orgulho de tudo o que eu havia conquistado. Sim, a minha mãe tinha razão, mas, naquele momento, não era assim que eu encarava o resultado.

Não consegui dar entrevista na zona mista. Passei reto e achei um canto para chorar mais um pouco. De fato, aquele foi um dia muito triste.

---

[113] Zona mista é uma área de um estádio ou local esportivo onde repórteres e atletas podem se encontrar diretamente após um evento esportivo para conversas, tirar dúvidas e entrevistas curtas.

88

Passadas 24 horas, eu precisava me recompor. Apesar de achar que o sonho da final olímpica havia acabado, eu ainda possuía duas provas para nadar.

Nadei os 200 metros peito no dia 17, três depois da semifinal dos 100. Fui capaz de fazer a melhor marca da minha carreira até aquele momento, fechando a prova com 2min16s04, na 24ª colocação e fora das semifinais.

Eduardo Fischer	BRA	2min16s04
Distância	Parcial	Tempo final
50m	30s73	30s73
100m	34s09	1min04s82
150m	35s03	1min39s85
200m	36s19	2min16s04

Por fim, no dia 20, tínhamos o revezamento 4 x 100 metros medley. Diferentemente do Pan, o time não estava nem um pouco motivado, pois todos os integrantes estavam decepcionados com as marcas individuais.

Amargamos um resultado bem aquém das expectativas e fechamos a prova na 15ª colocação, ficando bem longe da final, com o tempo de 3min44s41, sendo o meu parcial de peito de 1min02s58 (pior ainda do que na semifinal).

BRA	3min44s41			
Atleta	TR	Distância	Parcial	Tempo total
Paulo Machado	0s63	50m	28s20	28s20
		100m	29s13	57s33
Eduardo Fischer	**0s29**	**150m**	**28s86**	**1min26s19**
		200m	**33s72**	**1min59s91**
Kaio Marcio Almeida	0s28	250m	24s91	2min24s82
		300m	28s61	2min53s43
Jader Souza	0s49	350m	24s44	3min17s87
		400m	26s54	3min44s41

Apesar de ter feito as minhas melhores marcas em ambas as provas, infelizmente, o meu sonho de uma final olímpica em Atenas havia sido frustrado e encerrado. Contudo, eu precisava me sentir positivo. Afinal, era jovem, com apenas 24 anos, e tudo indicava que tinha reais chances de treinar mais quatro anos e me classificar para os Jogos de Pequim, em 2008. Lá, eu poderia novamente buscar o meu sonho.

Obviamente, mesmo tendo um grande revés no primeiro dia de competição, continuei comparecendo todos os dias para torcer para os meus colegas em suas respectivas finais: Joanna Maranhão (quinto lugar nos 400 metros medley), Gabriel Mangabeira (sexto nos 100 metros borboleta), Thiago Pereira (quinto nos 200 metros medley), Flávia Delaroli (oitavo nos 50 metros livre) e as meninas do 4 x 200 metros livre, Joanna Maranhão, Monique Ferreira, Mariana Brochado e Paula Baracho (elas terminaram em sétimo).

Mesmo que o Brasil não tenha conquistado medalhas nessa edição dos Jogos, foram resultados espetaculares. Aliás, Thiago Pereira se manteria entre os melhores do mundo por muito tempo e, oito anos depois, se consagraria vice-campeão olímpico em Londres-2012, superando, inclusive, o melhor nadador da história, o americano Michael Phelps.

Ao fim da natação na Grécia, tive o privilégio e a oportunidade de ficar na Vila por alguns dias a mais, passeando com os meus pais por Atenas e conhecendo mais daquele país incrível e sua maravilhosa história e cultura.

Visitamos a área antiga, o Parthenon, praças e museus. Passeamos de barco pela famosa ilha de Mykonos e ainda experimentamos o autêntico churrasco grego, o gyros. Prato tradicional da Grécia, o gyros é um sanduíche que combina lascas de cordeiro assado com batatas fritas, salada e molho de iogurte, tudo enrolado em pão sírio.

Por fim, ainda tivemos a oportunidade de ir ao ginásio de vôlei e presenciar, de perto e ao vivo, o jogo entre Brasil e Itália. Uma experiência inesquecível.

Apesar de uma certa frustração com o meu resultado pessoal, a ida a Atenas foi uma experiência fantástica em inúmeros sentidos. Foi um orgulho estar entre os 16 melhores do mundo na competição esportiva mais importante da humanidade.

De qualquer maneira, eu tinha de aprender que o mundo e a minha carreira não haviam acabado naquele 14 de agosto de 2004, até mesmo porque não dava para rotular uma semifinal em Jogos Olímpicos como um resultado péssimo. Apenas não havia sido excelente, pois não cheguei à tão esperada final. Por isso mesmo, ao retornar para o Brasil, o objetivo era superar o ocorrido, seguir em frente com os treinos e focar nos compromissos que ainda restavam para o ano, principalmente, o Campeonato Mundial de piscina curta, em Indianápolis, nos Estados Unidos.

89

Não é novidade para ninguém que os americanos sabem produzir, organizar e implementar eventos fantásticos. E não teria motivo para ser diferente no Mundial de piscina curta de 2004, em Indianápolis. Aliás, estávamos ansiosos para competir nos Estados Unidos, pois a primeira experiência havia sido incrível (Copa do Mundo de 2001-2002, em Nova York) e não esperávamos nada menos do que aquilo nesta oportunidade.

A piscina seria uma Myrtha temporária, como de costume, já utilizada em outras edições. Até aí, tudo bem, nada de muito diferente. Contudo, para a nossa surpresa e enorme satisfação, a piscina seria instalada dentro do ginásio[114] do Indiana Pacers, time de basquete da NBA.

Para alguém como eu, que adorava a NBA, era praticamente um sonho. O fato de participar de um Campeonato Mundial, por si só, já era espetacular, mas competir em um evento desses em uma piscina temporária especialmente construída dentro de um ginásio da liga americana de basquete, sem dúvida, era sensacional e sem precedentes.

A piscina ficaria dentro do Gainbridge Fieldhouse, originalmente chamado de Conseco Fieldhouse, uma arena coberta localizada no Centro de Indianápolis, servindo como a casa do Indiana Pacers[115] e do Indiana Fever, este da WNBA, a liga feminina.

As refeições seriam feitas no próprio Gainbridge Fieldhouse, em uma praça de alimentação feita especialmente para o evento. Ainda

---
[114] Links nos QR CODES
[115] Indiana Pacers é um time americano de basquete profissional, membro da NBA desde 1976, e com sede na cidade de Indianápolis.

ficaríamos hospedados em um hotel anexo ao complexo, de forma que, em razão da proximidade e da logística, era possível fazer tudo (treinar, competir, se alimentar e descansar) sem a necessidade de transporte motorizado.

Eu vinha de resultados muito positivos no último Mundial de curta, em Moscou, quando trouxe na bagagem a medalha de bronze nos 50 metros peito e a sexta colocação nos 100. A expectativa era muito boa, mesmo eu estando ainda um pouco decepcionado com o resultado nos Jogos Olímpicos.

Novamente, como havia feito dois anos antes, na Rússia, eu nadaria três provas: 50 e 100 metros peito e o revezamento 4 x 100 metros medley.

O programa se iniciava com os 100 metros peito, e logo passei para a semifinal com certa tranquilidade, na quinta colocação entre os 16 melhores, marcando 1min00s19.

Tudo parecia estar sob controle, pois a minha sensação era que havia feito uma prova tranquila, apenas buscando a classificação. Então, voltamos para o hotel, visando descansar para a etapa da noite.

Na semifinal, naquele mesmo dia, uma grata surpresa. Nadando na primeira série, fiz uma prova muito boa e bem distribuída, culminado com um fim caprichado. Acabei vencendo a bateria, com 59s66.[116] Com esse resultado, eu praticamente garantia a vaga na final, repetindo o feito de dois anos antes. Nós realmente estávamos muito felizes.

Finalizada a segunda semifinal, passei para a final com o terceiro melhor tempo e boas chances de ir em busca de um lugar no pódio, podendo melhorar consideravelmente a colocação obtida em Moscou-2002. Para alegria geral do time, Henrique Barbosa também avançou, e o Brasil teria dois integrantes na briga por medalhas.

---

[116] Link no QR CODE

Campeonato Mundial 2004 (25m) – Indianápolis (EUA) 100 metros peito – Semifinal				
1º	Brendan Hansen	EUA	58s46
2º	Mike Alexandrov	BUL	59s57
3º	**Eduardo Fischer**	**BRA**	**59s66**
4º	Vladislav Polyakov	CAZ	59s71
5º	Brenton Rickard	AUS	59s81
6º	Henrique Barbosa	BRA	1min00s09
7º	Mark Riley	AUS	1min00s10
8º	Aleksander Hetland	NOR	1min00s34

Conversei com a comissão técnica sobre a prova, a fim de saber as parciais e descobrir onde haveria espaço para redução de alguns centésimos. Dormimos em cima dessas informações e do bom resultado, analisando todas as variáveis possíveis no intuito de aprimorar o tempo final, em busca da cobiçada medalha.

Nós sabíamos que, para chegar ao pódio, seria preciso nadar melhor do que na semifinal. E assim eu fiz, mas não contava com uma performance tão expressiva do atleta do Cazaquistão.

Infelizmente, mesmo melhorando a marca na final (59s53[117]), tive de amargar a colocação mais ingrata do esporte de alto rendimento, a quarta, ficando fora do pódio por apenas 46 centésimos.

---
[117] Link no QR CODE

Campeonato Mundial 2004 (25m) – Indianápolis (EUA) 100 metros peito – Final			
1º	Brendan Hansen	EUA	58s45
2º	Brenton Rickard	AUS	58s64
3º	Vladislav Polyakov	CAZ	59s07
4º	**Eduardo Fischer**	**BRA**	**59s53**
5º	Mike Alexandrov	BUL	59s83
6º	Mark Riley	AUS	1min00s08
7º	Henrique Barbosa	BRA	1min00s33
8º	Aleksander Hetland	NOR	DSQ

De qualquer forma, não era momento para ficar lamentando. Fiz tudo o que era possível, melhorando as marcas em cada etapa, finalizando a prova em uma melhor colocação do que na última edição. Assim, era hora de não me abalar com o fato de não ter alcançado o pódio e engolir a frustração, pois eu ainda teria mais duas chances de beliscar uma medalha.

Nas eliminatórias dos 50 metros peito, logo descobri que, novamente, seria preciso nadar mais rapidamente do que em Moscou. Ainda assim, era necessário pensar em um degrau após o outro. Passei com folga para a semifinal, na quinta colocação, com 27s62. Henrique também avançou, na 14ª colocação, com 28s12.

Na semifinal, um pouco mais nervoso do que nos 100 metros, talvez por ser uma prova na qual eu vinha de medalha na edição passada, mesmo sendo bem apertado, consegui avançar para a final, com a sétima marca (27s66). Contudo, olhando os resultados, passei a ter uma boa convicção de que bastava repetir o tempo de Moscou para, novamente, subir ao pódio.

Campeonato Mundial 2004 (25m) – Indianápolis (EUA) 50 metros peito – Semifinal			
1º	Brendan Hansen	EUA	27s24
2º	Stefan Nystrand	SUE	27s44
3º	Mike Alexandrov	BUL	27s45
4º	Brenton Rickard	AUS	27s46
5º	Mark Riley	AUS	27s47
6º	Mark Warnecke	ALE	27s56
7º	**Eduardo Fischer**	**BRA**	**27s66**
8º	Matjaz Markic	SLO	27s67

Apesar de classificado em sétimo, eu estava bem confiante e tinha a convicção de que era possível melhorar o tempo da semifinal e brigar pela medalha.

Entrei na prova no canto, na raia 1, disposto a chegar entre os três primeiros. Eu sabia que era possível melhorar o meu tempo, inclusive chegando perto do recorde sul-americano. Achava que, se assim fizesse, teria a chance do pódio. E pouco importava o fato de estar na raia do canto. Eu estava determinado a ir para cima dos gringos.

Entretanto, mesmo tendo uma boa performance, melhorando o tempo em quase meio segundo (27s38), novamente amarguei a pior colocação possível para aquele momento, o quarto lugar. De fato, em uma disputa tão rápida e decidida nos mínimos detalhes, tudo pode acontecer. Para o bem e para o mal.

Campeonato Mundial 2004 (25m) – Indianápolis (EUA) 50 metros peito – Final			
1º	Brendan Hansen	EUA	26s86
2º	Brenton Rickard	AUS	27s09
3º	Stefan Nystrand	SUE	27s28
4º	**Eduardo Fischer**	**BRA**	**27s38**
5º	Mark Warnecke	ALE	27s40
6º	Mark Riley	AUS	27s51
7º	Mike Alexandrov	BUL	27s55
8º	Matjaz Markic	SLO	27s62

Diferentemente do resultado nos 100 metros peito, quando, apesar de ficar sem medalha, eu estava relativamente satisfeito, nos 50, não era possível dizer a mesma coisa. Aliás, nem de perto.

Dessa vez, eu estava realmente frustrado. Olhava para o placar, inconsolável, esperando que alguma coisa pudesse mudar, talvez uma desclassificação ou um erro do sistema. Mas nada disso aconteceu.

Apenas o fato de chegar na quarta colocação já era algo para deixar qualquer atleta chateado, mas quando você olha para o tempo e percebe que, caso tivesse simplesmente igualado a sua melhor marca pessoal estaria com a medalha de bronze no peito, a frustração bate em dobro.

Nesse sentido, não havia ninguém para dividir a culpa comigo. Apenas eu, exclusivamente eu, era o responsável por aquele resultado. Obviamente, a quarta colocação em um Campeonato Mundial não é um resultado decepcionante. Muitas pessoas lutam a vida toda para chegar lá e não conseguem. Mas, quando você percebe que a possibilidade do pódio era real e dependia somente do seu esforço, bate, sim, um sentimento de decepção.

Dois anos antes, na Rússia, eu havia nadado duas vezes para marcas abaixo do bronze no Mundial de 2004 (27s23 e 27s26). Era uma dura realidade para engolir.

Um tanto quanto cabisbaixo, eu precisava achar forças para superar aquele revés, pois a equipe do 4 x 100 metros medley precisava de mim em boas condições para pensar em pódio. E, ao contrário dos outros Mundiais, dessa vez, eu era o mais experiente do quarteto.

Com 24 anos, tinha sete a mais do que Guilherme Guido e Cesar Cielo e cinco a mais do que Kaio Márcio Almeida. Na condição de componente mais experiente, eu não poderia passar o meu descontentamento pessoal para os outros. Além disso, era mais uma chance de buscar uma medalha.

Contudo, mesmo com todo mundo do time fazendo boas provas, eu sentiria, mais uma vez, o gosto amargo da quarta colocação, ficando atrás da Rússia por menos de um segundo.

Campeonato Mundial (25m) – Indianápolis (EUA) 4 x 100 metros medley – Final		
1	Estados Unidos	3min25s09
2	Austrália	3min29s72
3	Rússia	3min32s11
4	**Brasil**	**3min33s02**

Brasil	3min33s02					
Atleta	Idade	TR	Dist.	Parcial	Acumulado	Tempo
Guilherme Guido	17	0s79	50m	26s07	26s07	
			100m	27s60	53s67	53s67
Eduardo Fischer	**24**	**0s22**	**150m**	**27s67**	**1min21s34**	
			200m	**31s74**	**1min53s08**	**59s45**
Kaio Márcio Almeida	19	0s39	250m	24s17	2min17s25	
			300m	27s91	2min45s16	52s08
Cesar Cielo	17	0s29	350m	22s41	3min07s57	
			400m	25s45	3min33s02	47s86

Três provas. Três vezes na quarta colocação. Se não fosse trágico, eu diria que poderia até pedir uma música em um certo programa dominical. Piadinhas à parte, não era fácil de assimilar e, apesar de estar em ótima forma, nadando muito bem, de igual para igual com os melhores do mundo, era difícil sair feliz ou satisfeito da competição.

Assim como nos Jogos Olímpicos, nos quais eu faria a minha melhor marca pessoal, mas ficara fora da final, algo similar ocorreu no Mundial. Eu havia ficado muito perto do pódio nas três ocasiões e, mesmo nadando bem, não foi suficiente.

No retorno, em vez de muita festa, como em Moscou, não haveria uma recepção tão pomposa. Eu nem queria. Sentia que havia decepcionado toda a cidade de Joinville. Restava explicar o que havia vivido por lá para alguns repórteres e logo voltar para a rotina de treinos.

90

Não tive muito tempo para lamentar e, apenas cinco dias depois de chegar em Joinville, já iria para Florianópolis competir no Torneio Sul-Brasileiro. Lá, conquistei o ouro nos 50 metros peito, com o tempo de 27s30. No fundo, era muito triste e frustrante fazer uma marca melhor agora do que uma semana antes, no Mundial. Coisas do esporte, que, às vezes, são difíceis de explicar.

Mas o ano ainda não havia terminado e, apesar de já ter participado de muitos eventos, eu ainda tinha mais compromissos internacionais com a seleção brasileira. Era competindo que eu poderia acertar os erros e aprender a ser um nadador melhor.

Depois do compromisso na capital, retornamos para Joinville a fim de fazer um trabalho de manutenção, pois, dentro de um mês, embarcaríamos para o outro lado do globo para participar de duas etapas da Copa do Mundo, em Melbourne (AUS) e Daejeon (COR).

E lá fomos nós. Não era uma viagem qualquer, mas, sim, uma jornada que somente teria fim do outro lado do planeta, na Austrália. Apesar de tudo, eu ainda gostava muito de viajar, conhecer lugares novos e aprender mais sobre outras culturas.

Melbourne é uma cidade fantástica. Talvez, esteja na lista das cinco mais incríveis que já visitei. E, para facilitar o momento turístico, meu amigo e companheiro de time Felipe May Araújo residia por lá, se tornando o guia especial do time do Brasil.

Os resultados até foram satisfatórios, levando em consideração os efeitos do fuso horário. Nessas Copas do Mundo, não era possível chegar com tantos dias de antecedência e a adaptação era sempre um pouco mais difícil.

Copa do Mundo 2004 (25m) – Melbourne (AUS) **50 metros peito – FINAL**			
1º	Brenton Rickard	AUS	27s36
2º	Mark Riley	AUS	27s54
3º	**Eduardo Fischer**	**BRA**	**27s93**

Copa do Mundo 2004 (25m) – Melbourne (AUS) **100 metros peito – FINAL**			
1º	Brenton Rickard	AUS	59s19
2º	Jim Piper	AUS	1min00s18
3º	Mark Riley	AUS	1min00s23
4º	**Eduardo Fischer**	**BRA**	**1min00s59**

Terminada a etapa australiana, partimos para a Coreia do Sul para nadar em Daejeon. Apesar de não ser uma cidade tão incrível como Melbourne, conhecer a cultura sul-coreana foi singular e inesquecível. Era sempre interessante analisar o comportamento de um povo com educação e cultura totalmente diferentes das nossas. Eu adorava essa experiência. Inclusive, meio sem saber, até carne de cavalo e, pasme, cachorro eu experimentei. Cada local, definitivamente, é uma cultura.

Lembro-me de que, no primeiro dia, chegando à noite no hotel em Daejeon, fomos até o restaurante para jantar, pois fazia parte do pacote que a Fina oferecia. Todos nós demos muitas voltas no buffet, mas estava difícil achar algo que parecesse gostoso ou digesto. Tudo era muito estranho e diferente, e o cheiro, nada agradável. Então, como atleta mais experiente do grupo, sugeri que, naquela noite, nós quebrássemos o protocolo. Saímos do hotel e fomos para a rua, no intuito de avistar o "M" amarelo em forma de arcos. Sim, achamos um McDonald's e, sem nenhum remorso, jantamos Big Macs e batatas fritas. Confesso que foi delicioso.

Na medida que estávamos um pouco melhor adaptados ao fuso horário e pelo fato de se tratar de uma etapa um pouco mais fraca do que a anterior, pois tinha menos atletas da elite mundial, optamos por nadar também os 200 metros peito, além de, claro, as tradicionais provas de 50 e 100 metros peito.

Copa do Mundo 2004 (25m) – Daejeon (COR) 50 metros peito – Final			
1º	Seung Hun You	COR	27s56
2º	**Eduardo Fischer**	**BRA**	**27s83**
3º	Marco Gonzalez	MEX	28s51

Copa do Mundo 2004 (25m) – Daejeon (COR) 100 metros peito – Final			
1º	Seung Hun You	COR	1min00s01
2º	**Eduardo Fischer**	**BRA**	**1min00s30**
3º	Andreas Loesel	ALE	1min01s42

Copa do Mundo 2004 (25m) – Daejeon (COR) 200 metros peito – Final			
1º	Neil Versfeld	AFS	2min10s76
2º	**Eduardo Fischer**	**BRA**	**2min11s26**
3º	Seung Hun You	COR	2min11s88

Assim, em 3 de dezembro de 2004, eu oficialmente encerrava a temporada com três medalhas de prata na Copa do Mundo, todas nesta perna asiática. Resultados proveitosos, ainda mais pelo fato de que eu vinha acumulando medalhas nessa competição e já figurava como o segundo brasileiro com mais medalhas nela, atrás apenas do multicampeão Gustavo Borges.

Era hora de retornar e descansar um pouco mais do que as férias dos últimos quatro anos. Afinal, o meu corpo estava pedindo repouso, pois começava a dar sinais de cansaço extremo e suspeita de microlesões musculares. Eu havia passado praticamente quatro anos treinando intensamente, competindo e viajando pelo Brasil e o mundo. Talvez, fosse hora de tirar um pouco o pé do acelerador para não ter consequências mais graves em um futuro próximo. Contudo, essa desaceleração parecia um pouco mais difícil de aplicar do que pensávamos.

91

Em dezembro de 2004, eu encerraria o curso de Direito com a apresentação do meu TCC, cujo título foi "O doping no desporto não profissional e as legislações correlacionadas". Aproveitei para falar sobre algo que eu vivenciei de perto no esporte de alto rendimento, traçando um paralelo com as leis brasileiras, como o Código Civil e Penal, por exemplo. Parecia inteligente abordar algo que eu dominava (não se esqueça de que me submeti a muitos testes antidoping de 2001 a 2004). E, de fato, o papel foi um sucesso. Com louvores, recebi 9,5 de nota final e, com ela, a permissão e a garantia de receber o diploma de bacharel em Direito na colação de grau que ocorreria em fevereiro de 2005.

Como eu já havia terminado o curso e sido aprovado no TCC, sabia que estava apto a prestar o exame da Ordem dos Advogados do Brasil, em maio do ano seguinte ao da conclusão (2005). Aliás, eu estava muito, mas muito orgulhoso do meu feito. Mesmo em plena preparação olímpica, conciliei os estudos com o árduo treinamento ao qual me submeti e obtive êxito em ser aprovado na faculdade.

Não sei se algum outro atleta olímpico brasileiro passou por isso. Digo, no mesmo ano dos Jogos, finalizar o curso superior com a apresentação do TCC. Se houve, com certeza, não foram muitos. Considero essa conquista um grande feito no meu currículo. Depois da insistência do meu pai de focar nos estudos, mesmo que de forma "secundária", eu percebi a importância de finalizar o ciclo do ensino superior.

Mas ter "apenas" o canudo não me parecia suficiente. Eu precisava da carteirinha da OAB, mesmo sabendo que não a utilizaria pelos próximos quatro anos. Afinal, a meta era a busca pela terceira Olimpíada, em Pequim, na China.

Por mais que eu soubesse que não exerceria o ofício de advogado, me parecia mais inteligente tentar a prova logo no início de 2005, após a colação de grau. Primeiramente, porque a matéria estava mais fresca na minha mente. E, depois, porque quanto mais eu me aproximasse da próxima seletiva, em 2008, menos tempo teria para estudar.

Assim, para não perder o embalo do fim da faculdade, em janeiro de 2005, eu me inscrevi em um cursinho preparatório para o exame da Ordem de maio de 2005. Eram aulas diárias à noite, das 19h às 22h, em pleno verão brasileiro de quase 40 graus.

O curso foi ministrado e organizado por um professor da faculdade na qual me formei, o doutor Rogério Zuel Gomes. O local era uma sala do Colégio Bom Jesus, que, na época, não tinha ar-condicionado. Por isso, permanecer ali todas as noites, depois de treinos exaustivos, com um calor quase insuportável, não foi nada fácil. Mas foi de extrema importância.

Como previsto, quase tudo o que vimos no curso caiu na prova. Na primeira fase, contei com a "sorte", pois, apesar de acertar apenas 39 questões, uma seria anulada por um recurso, elevando o meu score final para 40 pontos e, com isso, garantindo o avanço para a segunda fase.

Para quem não sabe, a primeira fase do exame da Ordem conta com 80 questões objetivas (de marcar "x"), sendo que o bacharel deve acertar ao menos 50% para passar para a segunda etapa. Esta se apresenta como uma prova subjetiva, com três questões discursivas valendo três pontos. Por fim, há a necessidade da elaboração de uma peça judicial (petição inicial) com base em um problema hipotético proposto.

Nessa fase subjetiva e discursiva, eu me saí muito bem e fui aprovado com nota 10. Para o meu alívio, a preocupação com o exame não comprometeria a preparação para Pequim-2008 e já era um ótimo caminho visando a minha futura transição do esporte para a "vida normal".

Eu realmente acho que, nessa parte da minha carreira como profissional de Direito, fui muito inteligente e bem-sucedido. Tomei a decisão correta em focar na prova logo depois da graduação, em um ano pós-olímpico. Depois dessa aprovação na Ordem, eu poderia, sem dúvidas, treinar mais tranquilamente, sabendo que já tinha habilitação para advogar caso fosse necessário. Ponto para mim. E para o meu pai.

92

A temporada de 2005 se iniciaria com mais uma etapa da Copa do Mundo, dessa vez em Belo Horizonte, onde conquistei duas medalhas de prata: nos 50 (27s86) e 100 metros peito (1min00s30). Uma etapa muito bacana, pois lotou a arquibancada do Minas Tênis Clube, com muitas pessoas torcendo e admirando as performances. Recordo-me de distribuir acenos e sorrisos aos presentes, sempre carinhosamente retribuídos.

Houve muitas entrevistas ao vivo para o SporTV, com direito a aparição no "Globo Esporte", programa televisivo da maior rede do Brasil, que ia ao ar sempre no horário do almoço. Mesmo achando que eu havia decepcionado o Brasil com os resultados em Atenas e Indianápolis, eu ainda recebia muitos feedbacks positivos da torcida. Era, realmente, gratificante e reconfortante.

O restante do ano ainda seria relativamente regular e, apesar de eu ter feito 1min01s95 na eliminatória dos 100 metros peito no Troféu Brasil daquele ano, em piscina de 50 metros, uma forte gastroenterite me tirou da final e, consequentemente, da convocação para a seleção brasileira do Mundial de Esportes Aquáticos de piscina longa, em Montreal, no Canadá.

Nas temporadas de 2005 e 2006, eu passaria a defender a bandeira da Unisanta (Universidade Santa Cecília), de Santos (SP), e confesso que até hoje me sinto em certa dívida com eles. Depois de Atenas, o clube me contratou como uma esperança de grandes resultados, pois a expectativa era elevadíssima. Entretanto, as dores e as lesões nunca me permitiram trazer para a cidade paulista os resultados que merecia e esperava. Houve um bom investimento em mim, e eu achava (ainda acho) que fiquei aquém do que poderia ter desempenhado.

Ainda assim, viajei novamente para o outro lado do mundo para participar de mais algumas etapas da Copa do Mundo e consegui medalhas na Coreia do Sul. Nessa viagem, entretanto, ocorreria um fato muito inusitado, que talvez tenha sido o embrião da minha atuação como dirigente, muitos anos depois.

Antes de conquistar essas medalhas, a primeira etapa na qual eu nadaria seria na Austrália, em Sydney, na mesma piscina onde havia feito o meu debute em Jogos Olímpicos, em 2000. A equipe era composta por mim, Felipe Lima, Lucas Salata e Kaio Márcio Almeida, vindos do Brasil, e Daniel Mendes e Felipe Araújo, residentes na Austrália.

No primeiro dia, logo depois da chegada, Felipe não estava se sentindo bem e me procurou para relatar esse fato. Então, preocupado, me dirigi até o quarto dele para conversar e entender quais eram os sintomas. Quando cheguei lá, o rapaz, na época com 20 anos, estava suando frio e ardendo em febre.

A pessoa que nos acompanhava como membro da comissão técnica não falava bem inglês e demonstrou um pouco de dificuldade de articular a ajuda médica para o Felipe. Percebendo isso, como veterano, resolvi chamar a responsabilidade para mim e saí em busca de um médico para atender o companheiro de seleção.

Depois de alguns contatos com a recepção do hotel e a organização do evento, consegui um médico para ir até o quarto do Lima, no intuito da realização de um exame médico e uma avaliação mais minuciosa sem que ele precisasse sair da cama, pois estava bem debilitado. Isso foi por volta de 14h. Não demorou muito para o doutor constatar que Felipe estava com uma forte infecção bacteriana na garganta (amigdalite) e precisava urgentemente de antibióticos. Contudo, diferentemente do Brasil, não era tão fácil comprar essa medicação na Austrália.

Vale ressaltar que no Brasil, até 2010, bastava ir à farmácia e pedir qualquer remédio dessa classe que o estabelecimento comercial tinha permissão para vender sem qualquer necessidade de prescrição médica. Era simples, fácil e rápido.

Na Austrália, havia regras muito rígidas para a comercialização de antibióticos e, aparentemente, quando se tratava de estrangeiros, a norma era ainda mais rigorosa. No caso, eu não poderia simplesmente ir em uma farmácia com a prescrição em mãos e comprar o remédio para o Felipe. Ele precisava estar junto, apresentar o passaporte e assinar um termo. Para piorar, em 2005, não havia aplicativos e serviços on-line como Waze, Uber ou Google Maps na palma da mão. Tive de descobrir qual era a drogaria mais próxima, conseguir um transporte e levar um garoto ardendo em febre comigo.

Depois de um certo perrengue, às 19h, obtivemos êxito em chegar na farmácia e adquirir o antibiótico que o médico havia prescrito. Iniciamos o tratamento imediatamente e, três dias depois, Felipe já se sentia muito melhor, sendo capaz, inclusive, de nadar as suas provas e avançar até as finais.

Confesso que me senti muito bem com o papel de "chefe de equipe" que havia abruptamente assumido. Fiquei feliz por ajudar um colega de time e amigo. Senti na pele como era ser chefe de delegação de um time em uma competição internacional. Sem dúvida, um aprendizado que serviu para que eu evoluísse como atleta, pessoa e dirigente, o que me tornaria 13 anos depois.

Felipe melhorou tanto que, na etapa seguinte, na Coreia, acabou me vencendo (acho que pela primeira vez) em ambas as provas dos 50 e 100 metros peito, voltando para casa com as medalhas de prata nas duas.

Finalizei as etapas com o quarto lugar nos 50 metros peito (27s76) e o quinto nos 100 (1min00s59), na Austrália, e o bronze nos 50 (27s55) e nos 100 (1min00s44), na Coreia. Bons resultados para o começo do ano.

Copa do Mundo 2004-2005 (25m) – Melbourne (AUS) 50 metros peito – Final			
1º	Brenton Rickard	AUS	27s34
2º	Christian Sprenger	AUS	27s58
2º	Mark Riley	AUS	27s58
4º	**Eduardo Fischer**	**BRA**	**27s76**
5º	Felipe Lima	BRA	27s88
6º	Jim Piper	AUS	28s23
7º	Rene Paccagnan	AUS	28s37
8º	Robert Mcdonald	AUS	28s43

Copa do Mundo 2004-2005 (25m) – Melbourne (AUS) 100 metros peito – Final			
1º	Christian Sprenger	AUS	59s58
2º	Brenton Rickard	AUS	59s89
3º	Jim Piper	AUS	1min00s02
4º	Mark Riley	AUS	1min00s16
5º	Alessandro Terrin	ITA	1min00s35
6º	**Eduardo Fischer**	**BRA**	**1min00s59**
7º	Robert McDonald	AUS	1min01s76
8º	Luke Trickett	AUS	1min02s25

Copa do Mundo 2004-2005 (25m) – Daejeon (COR) 50 metros peito – Final			
1º	Brenton Rickard	AUS	27s47
2º	Felipe Lima	BRA	27s51
3º	**Eduardo Fischer**	**BRA**	**27s55**
4º	Yuta Suenaga	JAP	28s27
5º	Sun Jae Kim	COR	28s68
6º	Min Feng	CHN	28s74
7º	Zhi Xie	CHN	29s25
8º	Keun Min Jin	COR	29s43

Copa do Mundo 2004-2005 (25m) – Daejeon (COR) 100 metros peito – Final			
1º	Brenton Rickard	AUS	59s70
2º	Felipe Lima	BRA	1min00s14
3º	**Eduardo Fischer**	**BRA**	**1min00s44**
4º	Yuta Suenaga	JAP	1min00s48
5º	Ryosuke Yonehara	JAP	1min00s62
6º	Zhi Xie	CHN	1min01s11
7º	Daisuke Kimura	JAP	1min02s40
8º	Sun Jae Kim	COR	1min03s23

Ao retornar para o Brasil, ainda teríamos alguns compromissos com a Unisanta, como o Campeonato Paulista e o Troféu Daltely Guimarães.

93

Entretanto, como já sinalizado anteriormente, a temporada de 2005, assim como as seguintes, de 2006 e 2007, foi muito complicada e marcada por lesões. Nos últimos quatro anos, eu havia me submetido a uma rotina de treinamentos extremamente exaustivos, com um elevado volume, assim como participado de um alto número de competições, dentro e fora do Brasil.

Acredito que essa enorme carga física e psicológica à qual eu havia consciente e propositalmente me sujeitado, especialmente nos quatro anos mais recentes, teve influência direta nas minhas lesões musculoesqueléticas. Passei a sentir dores na região da virilha e, por diversas vezes, tive limitações físicas e mentais para desempenhar melhor.

Por essas razões, 2005 não havia sido tão bom quanto o antecessor, sendo esse o primeiro sinal de que meu corpo talvez estivesse chegando no limite, precisando de um pouco mais de descanso. Mas 2006 se iniciaria, como sempre, com competições muito importantes. Em março, o Sul-Americano Absoluto e, em abril, o Mundial de piscina curta, em Xangai (CHN).

Assim, na temporada de 2006, a minha segunda na Unisanta, à base de muitos analgésicos e anti-inflamatórios, conquistei o quarto título continental consecutivo, em Medellín, na Colômbia, vencendo Felipe Lima por apenas um centésimo nos 100 metros peito.

Poucos nadadores brasileiros haviam conseguido o feito de ser quatro vezes consecutivas campeões continentais. Era uma honraria um tanto quanto rara e, mesmo com dores e uma performance um pouco abaixo da esperada, estávamos contentes.

Logo na sequência, viajei novamente para o outro lado mundo, pois estava convocado para o Campeonato Mundial de piscina curta, em Xangai, na China, marcado para 5 a 9 de abril.

Apesar de ter conquistado três bons resultados na edição de 2004, nos Estados Unidos, mesmo com a falta de medalhas, dessa vez, eu não teria o mesmo privilégio de chegar às finais e disputar pódios.

Com tempos bem piores dos que podia mostrar, fiquei na 22ª colocação nos 100 metros peito, com 1min00s53. Já nos 50, apesar de avançar para a semifinal, finalizei na 16ª colocação, marcando 27s58, muito aquém do meu bronze de quatro anos antes, na Rússia, quando obtive o tempo de 27s23. Nesse momento, alguns rumores sobre o fim da minha carreira começaram a rolar nos bastidores. E confesso que, nos meus pensamentos, eu já tinha dúvidas se conseguiria chegar de maneira competitiva para a próxima seletiva olímpica.

Depois, vieram os campeonatos nacionais e, até o segundo semestre de 2007, eu não conseguiria mais nadar abaixo de 1min02s nos 100 metros peito em piscina de 50 metros, sofrendo com dores e uma inadvertida intoxicação de um remédio chamado Prexige[118]. Medicamento esse que foi proibido pela Agência Nacional de Vigilância Sanitária (Anvisa) em 2008, por causar danos hepáticos.

Em 2006 e 2007, fiz uso contínuo do Prexige, usando 400mg por dia por meses. Tomei caixas e caixas do medicamento, pois era o mais indicado, na época, e as dores na região da virilha e do púbis se intensificavam cada vez mais, conforme o acúmulo de treinos. Justamente por isso, passei a ter cada vez mais dificuldades de competir bem e fazer o treinamento na intensidade certa e necessária.

O problema, que depois foi diagnosticado como uma osteíte púbica ou pubalgia (doença que afeta os tendões do músculo reto abdominal e adutores, assim como as articulações próximas à parte da frente da bacia), me levaria a ter dificuldades até mesmo para caminhar, não me permitindo alcançar os resultados esperados e necessários.

Em razão das performances um tanto quanto desastrosas, a Unisanta optou por não renovar o meu contrato e, em 2007, eu trocaria novamente de bandeira, sendo abraçado pelo Esporte Clube Pinheiros, talvez o clube com o maior número de nadadores olímpicos no Brasil em toda a história. O clube investia (e ainda investe) muito nas modalidades olímpicas e tem tradição centenária na natação, sendo,

---

[118] A venda e a distribuição do anti-inflamatório Prexige (lumiracoxibe) foram suspensas em todo o Brasil pela Agência Nacional de Vigilância Sanitária (Anvisa). Inicialmente, a proibição foi feita em São Paulo, em 19 de julho, por provocar danos colaterais graves, como infarto, hepatite, hemorragias e pancreatite. Depois, a proibição se estendeu a todo Brasil, com a decisão de cancelar o registro do medicamento nas apresentações de 100 mg, indicado para uso contínuo, e suspensão por 90 dias da comercialização do medicamento de 400 mg, que costuma ser utilizado por pacientes com problemas agudos.

juntamente com o Minas Tênis Clube, um dos mais vitoriosos do esporte aquático brasileiro.

O Pinheiros foi muito compreensivo com os meus problemas físicos e sempre deixou o corpo médico e fisioterápico à disposição. Além disso, a comissão técnica sabia que, para mim, era muito arriscado e difícil nadar a prova de 200 metros peito e por vezes me dispensava dela. Foi lá que estreitei ainda mais a relação com o grande treinador Alberto Pinto (lembra-se do episódio do vinho antes da etapa de Paris?).

Na época, apesar de ser muitíssimo conceituado, ele ainda não havia alcançado o ápice como profissional da natação do Brasil (mais tarde, levou seus atletas ao pódio olímpico), mas, sem dúvida, já era considerado um dos melhores do país, se não o melhor.

Albertinho acabou se tornando um bom amigo e um conselheiro de grande valia para a vida futura. A experiência dele com muitos atletas diferentes me fez compreender um pouco mais da psicologia esportiva, algo que apliquei, anos depois, como gestor.

De qualquer forma, com o agravamento da osteíte púbica, não nadei bem nas seletivas para o Pan-Americano de 2007, no Rio de Janeiro, e, consequentemente, não alcancei o índice de participação, perdendo a vaga para Henrique Barbosa e Felipe Lima. Sendo que este segundo cravou o recorde sul-americano na última tentativa.

O Pan de 2007 estava sendo muito aguardado por todos, pois seria realizado em casa e serviria como teste definitivo para provar que o Rio de Janeiro tinha condições e estrutura para, um dia, sediar os Jogos Olímpicos. A organização havia construído um maravilhoso parque aquático para realizar as competições de natação, nado artístico e saltos ornamentais.

Aliás, essa instalação é, ainda hoje, composta por uma das melhores piscinas de competição do país. Estou me referindo ao Parque Aquático Maria Lenk[119].

De fato, 2006 e 2007 foram dois anos muito complicados para a minha carreira esportiva, pois eu havia perdido a hegemonia como melhor nadador de peito do Brasil e ficado fora das mais importantes competições internacionais.

---

[119] Maria Emma Hulga Lenk Zigler foi a principal nadadora brasileira, tendo sido a única mulher do país a ser introduzida no Hall da Fama Internacional de Natação, em Fort Lauderdale, na Flórida (EUA). Maria Lenk foi a primeira nadadora brasileira a estabelecer um recorde mundial e deu ao Flamengo muitos títulos importantes.

Inclusive, muitos diziam que Eduardo Fischer havia se tornado uma "bananeira que já deu cacho" e que a minha carreira esportiva havia terminado. Com tantas dores e resultados bem abaixo dos esperados, eu estava quase concordando com o senso comum e já começava a achar que o índice olímpico para Pequim-2008 era praticamente impossível de ser alcançado.

Apesar disso, no fim de 2007, voltei a esboçar uma reação, obtendo algumas marcas um pouco mais expressivas. Talvez, pelo fato de ter ficado fora do Pan e do Mundial de piscina longa, também em 2007, a minha agenda de compromissos e competições havia sido reduzida consideravelmente, o que me levava automaticamente a uma carga e uma intensidade de treinos um pouco menor, abrindo a possibilidade de recuperação do meu corpo.

Assim, no Troféu José Finkel de 2007, na piscina longa, eu cravei 1min01s91 nos 100 metros peito, depois de ficar mais de três anos sem nadar para uma marca próxima à do meu resultado olímpico de Atenas. Ainda no fim do ano, venci a etapa brasileira da Copa do Mundo, marcando 59s89 nessa prova (não se esqueça nunca de que esse torneio é disputado em piscina de 25 metros).

Copa do Mundo 2006-2007 (25m) – Belo Horizonte (MG) 50 metros peito – Final			
1º	Johannes Zandberg	AFS	27s37
2º	**Eduardo Fischer**	**BRA**	**27s62**
3º	Felipe Lima	BRA	27s67
4º	Roland Schoeman	AFS	27s80
5º	Marcelo Tomazini	BRA	27s95
6º	Felipe Brandão	BRA	28s13
7º	Jonas Andersson	SUE	28s51
8º	Henrique Barbosa	BRA	Desclassificado

Copa do Mundo 2006-2007 (25m) – Belo Horizonte (MG) 100 metros peito – Final			
1º	**Eduardo Fischer**	**BRA**	**59s89**
2º	Henrique Barbosa	BRA	1min00s04
3º	Dmitry Komornikov	RUS	1min00s56
4º	Marcelo Tomazini	BRA	1min01s06
5º	Jonas Andersson	SUE	1min01s28
6º	Stanislav Lakhtyukhov	RUS	1min01s35
7º	Felipe França	BRA	1min01s64
8º	Felipe Brandão	BRA	1min01s97

Com esse ouro e essa prata, eu me firmava como o segundo mais bem-sucedido nadador brasileiro, no quesito número de medalhas, em Copas do Mundo, alcançando, no fim de 2007, a marca de 29 pódios[120] (depois, finalizaria a carreira com 33), atrás apenas de Gustavo Borges.

Medalhas conquistadas em etapas da Copa do Mundo da Fina				
Ordem	Medalha	Prova	Local	Data
1	Ouro	50m peito	Rio de Janeiro (BRA)	27/11/1999
2	Bronze	100m peito	Rio de Janeiro (BRA)	28/11/1999
3	Ouro	50m peito	Rio de Janeiro (BRA)	11/11/2000
4	Ouro	100m peito	Rio de Janeiro (BRA)	12/11/2000
5	Bronze	50m peito	Rio de Janeiro (BRA)	17/11/2001
6	Prata	50m peito	Edmonton (CAN)	23/11/2001
7	Prata	100m peito	Edmonton (CAN)	24/11/2001

---

[120] Disponível em: https://www.worldaquatics.com/athletes/1014853/eduardo-fischer/medals.

Medalhas conquistadas em etapas da Copa do Mundo da Fina				
Ordem	Medalha	Prova	Local	Data
8	Prata	50m peito	Nova York (EUA)	27/11/2001
9	Bronze	100m peito	Nova York (EUA)	28/11/2001
10	Ouro	50m peito	Rio de Janeiro (BRA)	15/11/2002
11	Prata	100m peito	Rio de Janeiro (BRA)	17/11/2002
12	Prata	100m peito	Durban (AFS)	6/12/2003
13	Prata	200m peito	Durban (AFS)	7/12/2003
14	Bronze	50m peito	Durban (AFS)	5/12/2003
15	Ouro	100m peito	Rio de Janeiro (BRA)	8/2/2004
16	Prata	50m peito	Rio de Janeiro (BRA)	7/2/2004
17	Prata	200m peito	Rio de Janeiro (BRA)	7/2/2004
18	Bronze	50m peito	Melbourne (AUS)	26/11/2004
19	Prata	50m peito	Daejeon (COR)	2/12/2004
20	Prata	200m peito	Daejeon (COR)	2/12/2004
21	Prata	100m peito	Daejeon (COR)	3/12/2004
22	Prata	50m peito	Belo Horizonte (MG)	19/2/2005
23	Prata	100m peito	Belo Horizonte (MG)	20/2/2005
24	Bronze	50m peito	Daejeon (COR)	24/11/2005
25	Bronze	100m peito	Daejeon (COR)	25/11/2005
26	Ouro	50m peito	Belo Horizonte (MG)	11/2/2006

Medalhas conquistadas em etapas da Copa do Mundo da Fina				
Ordem	Medalha	Prova	Local	Data
27	Prata	100m peito	Belo Horizonte (MG)	12/2/2006
28	Ouro	50m peito	Belo Horizonte (MG)	24/11/2007
29	Prata	100m peito	Belo Horizonte (MG)	25/11/2007
30	Bronze	100m peito	Belo Horizonte (MG)	12/10/2008
31	Bronze	50m peito	Singapura (SIN)	1/11/2008
32	Bronze	100m peito	Singapura (SIN)	2/11/2008
33	Bronze	100m peito	Durban (AFS)	17/10/2008

De fato, em dezembro de 2007, era possível ver uma luz no fim do túnel em direção a Pequim.

94

Se quisesse ter alguma chance de disputar a vaga olímpica em Pequim-2008, eu teria de descobrir como achar uma cura para o meu corpo e, consequentemente, a minha mente. Naquele momento, admito que me faltava, talvez pela primeira vez, a confiança necessária.

Abalado com as dores e a incapacidade de alcançar bons resultados nas duas temporadas anteriores, eu não tinha a mesma autoestima do Fischer de 2002 e parecia ser impossível superar as armadilhas que a minha própria mente arquitetava contra mim.

Somente com "mens sana in corpore sano[121]", eu poderia voltar a treinar com força, buscando ser novamente o nadador que havia chegado à semifinal olímpica, quatro anos antes.

Assim, iniciamos 2008 atrás de possíveis soluções para a minha lesão no púbis, e o primeiro passo seria realizar um exame de imagem, uma ressonância magnética, dos membros inferiores, para saber exatamente o tamanho e a gravidade do problema. Além de descobrir como, eventualmente, tratá-lo.

Para aumentar ainda mais a desesperança, o resultado não havia sido nada animador. Uma pequena porção do osso do meu púbis estava com sinais de necrose e baixíssima (ou nenhuma) irrigação sanguínea. De fato, era isso que desencadeava as fortíssimas dores e as limitações físicas.

Então, procuramos muitos médicos e fisioterapeutas, em busca de uma forma de consertar aquela condição. Alguns nem sequer tinham uma resposta exata sobre qual era o melhor tratamento ou a melhor abordagem. Outros afirmaram taxativamente que a única solução seria cirúrgica, sendo que eu deveria me submeter a um procedimento minimamente invasivo, por vídeo, para realizar um uma raspagem da porção necrosada do púbis para que o osso tivesse a possibilidade de se regenerar.

---

[121] Do poeta romano Juvenal, em latim. Na tradução livre para o português, "mente sã em corpo são".

Eu não queria "ir para a faca", pois sabia que essa opção me deixaria por semanas de molho e sem treinos na água e na academia. Foi então que aceitei visitar um fisioterapeuta especializado em osteopatia[122], que havia chegado há poucos anos em Joinville e atendia na clínica do doutor Niso Eduardo Balsini. Sim, se você estiver se perguntando se há uma ligação, ela existe.

Niso Eduardo Balsini era filho do médico que havia descoberto e curado a minha tuberculose óssea, há mais de 25 anos. Seria destino ou acaso? Não sei, mas eu estava disposto a tentar qualquer forma de medicina alternativa.

Jean Romagnoli era o nome do fisioterapeuta. Parecia ser um cara muito confiante, simples e simpático, vindo do interior do Paraná.

A primeira coisa que Jean me instruiu foi que eu parasse de contaminar o meu organismo com medicamentos analgésicos e anti-inflamatórios, pois isso estaria, supostamente, me intoxicando e reduzindo a capacidade de recuperação natural.

Segundo ele, eu tinha uma "rotação" no quadril (não sei se esse foi o termo técnico que utilizou) que fazia com que a estrutura da bacia pressionasse o púbis, fazendo com que a irrigação de sangue naquela região fosse prejudicada e, consequentemente, causando a necrose apontada pelo exame de imagem.

Inicialmente, Jean me atenderia duas vezes por semana, promovendo manobras e exercícios para uma reeducação postural do quadril, intercalando sessões de acupuntura de vez em quando. Confesso que, pragmático e cético como era (e sou), não havia colocado muita fé no tratamento. Mas estava à beira do desespero, sem qualquer alternativa. Por isso, apostei e acreditei nele.

Para a minha grata surpresa, depois de dez sessões, eu, quase que miraculosamente, não tinha mais dores. Era próximo ao inacreditável. Afinal, havia chegado ao ponto de me esquecer de como o esporte e os treinos podiam ser maravilhosos. Nos últimos anos, nadar estava sendo um fardo, pois era sempre feito com extremo desconforto e muitas dores.

De repente, eu havia voltado com força total aos treinos de piscina e conseguia nadar sem medo ou desconforto. Eu estava, de uma certa

---

[122] Osteopatia é uma prática de medicina alternativa que consiste na utilização de técnicas de mobilização e manipulação das articulações e dos tecidos moles. Osteopatas alegam que esses procedimentos ajudam o corpo a se curar sozinho. O termo osteopatia é derivado do grego antigo: osteon (osso) e pathos (dor, sofrimento).

maneira, redescobrindo o prazer de nadar. Fazia muito tempo que não terminava uma sessão com alegria, sentimento de realização e sem dores.

Invariavelmente, passei a me sentir cada dia mais confiante e melhor. Sim, eu podia dizer que o Jean havia me curado. E havia feito isso sem qualquer método invasivo, procedimento cirúrgico ou medicação. Segundo ele, o organismo tem um poder de cura natural fantástico e apenas precisávamos dar a ele uma "mãozinha".

Eu tinha tranquilidade em usar o termo "cura", pois, em uma segunda ressonância magnética, feita posteriormente ao tratamento osteopático do Jean, o laudo final trazia uma conclusão impressionante: sem indícios de necrose na região do púbis.

Por tudo isso, fui (e sou) extremamente grato ao Jean e, sempre que podia, indicava e divulgava o trabalho dele. Inclusive, Jean acabou acompanhando a seleção brasileira muitas vezes, tratando de atletas importantes, como o campeão olímpico Cesar Cielo.

95

Passada essa fase complicada, que foi a tônica dos dois anos mais recentes da minha carreira, e vencida a lesão, passamos a correr (ou nadar, para ser mais preciso) atrás do prejuízo. O tempo urgia e era exíguo. Afinal, a seletiva olímpica estava marcada para maio de 2008, apenas a pouco mais de um mês a contar da minha completa melhora.

Antes da seletiva, contudo, eu estava convocado para defender o Brasil no meu quarto Campeonato Mundial de piscina curta. Depois de duas boas participações, em 2002 e 2004, a edição de 2006 havia sido péssima, e essa poderia ser uma boa oportunidade para eu me recuperar.

Entretanto, eu tinha pouco tempo de treino estando completamente saudável. O Mundial estava marcado para 9 de abril de 2008, em Manchester, na Inglaterra, e o meu resultado com o tratamento feito na osteopatia havia se finalizado em março.

Para complicar o que já era o retorno de um período conturbado, afinal, "uma desgraça nunca vem sozinha", eu pousaria na Inglaterra, mas a minha mala não. A companhia aérea não fazia a menor ideia de onde a bagagem estava e era uma situação muito desconfortável. Eu estava apenas com a roupa do corpo e uma mochila de mão, que continha um óculos de natação e uma sunga.

Sem vestimentas adicionais e trajes de competição, tive de ir ao shopping comprar roupas e pedir aos colegas sungas, bermudas ou macacões emprestados. A minha mala chegaria apenas quatro dias depois do pouso, ou seja, depois de o evento já ter se iniciado. Eu não teria, mesmo, tranquilidade para performar como gostaria.

A competição começou com os 100 metros peito e, para a minha infelicidade, fiquei fora da semifinal por apenas um centésimo. Isso mesmo. Amarguei a 17ª colocação, com o tempo de 1min00s07, contra 1min00s06 feito pelo último classificado para a etapa seguinte.

Campeonato Mundial 2008 (25m) – Manchester (ING) 100 metros peito – Eliminatórias			
1	NZL	Glenn Snyders	58s67
2	BUL	Mike Alexandrov	58s70
3	EUA	Mark Gangloff	58s78
4	EUA	Ryan Lochte	58s98
5	AFS	Cameron Van Der Burgh	59s26
6	ING	James Gibson	59s29
7	UCR	Igor Borysik	59s30
8	HOL	Robin Van Aggele	59s34
9	UCR	Oleg Lisogor	59s47
10	NOR	Alexander Dale Oen	59s62
11	SLO	Damir Dugonjic	59s64
12	RUS	Sergei Geibel	59s65
13	NOR	Aleksander Hetland	59s89
14	BRA	Felipe França	59s93
15	ESP	Borja Iradier	1min00s04
16	HOL	Thijs Van Valkengoed	1min00s06
17	**BRA**	**Eduardo Fischer**	**1min00s07**

Mas eu havia nadado sem dor e isso já era algo muito, mas muito, positivo. E, com esse sentimento, fui para a prova dos 50 metros peito.

Dessa vez, não queria correr riscos e fui com tudo o que tinha. Marquei 27s39 e passei para a próxima fase (semifinal) com o 12º tempo. Desde 2004, eu não fazia um tempo abaixo de 27s50 e isso era, sim, motivo de comemoração. A confiança havia aumentado e eu sentia que poderia nadar melhor.

Campeonato Mundial 2008 (25m) – Manchester (ING) 50 metros peito – Eliminatórias				
1	SLO	Damir Dugonjic	26s90	
2	AFS	Cameron Van Der Burgh	26s99	
3	UCR	Oleg Lisogor	27s03	
4	EUA	Mark Gangloff	27s10	
5	NOR	Alexander Dale Oen	27s13	
6	ITA	Alessandro Terrin	27s14	
7	NZL	Glenn Snyders	27s21	
8	NOR	Aleksander Hetland	27s23	
9	HOL	Robin Van Aggele	27s27	
10	EUA	Ryan Lochte	27s34	
11	BRA	Felipe França	27s36	
12	**BRA**	**Eduardo Fischer**	**27s39**	**27s20 na SF**
13	ING	James Gibson	27s42	
14	SLO	Emil Tahirovic	27s46	
15	AFS	Johannes Zandberg	27s47	
16	UCR	Igor Borysic	27s48	

Fui determinado para a semifinal e, logo que bati na parede, vi o tempo de 27s20 no placar e fiquei extasiado: novo recorde sul-americano. E, ainda por cima, parecia haver boas chances de ser uma performance que me colocaria na final.

Mas a emoção e a comemoração não duraram muito tempo. Alguns segundos depois, enquanto eu ainda caminhava em direção à zona mista, vi no placar três letrinhas ao lado do meu nome que me levaram do céu ao inferno: DSQ.

Essa sigla significa "DISQUALIFIED" ("desclassificado", em português), sugerindo que eu havia feito algo contrário à regra.

Fiquei desesperado, pois não me recordava de ter cometido algum erro e pedi para a comissão técnica perguntar à arbitragem qual era o motivo da minha desclassificação. Segundo eles, eu havia feito uma pernada irregular na filipina da virada dos 25 metros.

Na época, não havia VAR (assistente de vídeo) e eu pouco poderia argumentar aos árbitros em um recurso. Por esse motivo, não recorremos. Hoje, vejo que foi um erro, mas não recorremos.

Em um vídeo que vi depois, retirado da transmissão oficial da televisão, deu para ver que o meu pé se mexeu um pouquinho antes da filipina e talvez isso tenha feito o árbitro acreditar que era um movimento irregular. De fato, era muito sutil, e eu deveria ter recorrido, mas não o fiz. De qualquer forma, ali se encerrou a minha participação no Mundial, triste pela desclassificação, mas feliz pelo tempo e, principalmente, por competir sem dores.

96

Retornando ao Brasil, não havia muito tempo até o início da seletiva olímpica e, com uma preparação longe da ideal, fomos para o Rio de Janeiro em busca de algo que parecia muito distante e quase impossível: a convocação para a minha terceira Olimpíada.

O índice era de 1min01s57. A melhor marca que eu já havia feito, até então, permanecia a das eliminatórias dos Jogos de Atenas: 1min01s84. Ou seja, era um tempo de quatro anos antes. Desde lá, eu havia nadado apenas uma vez abaixo de 1min02s, no Troféu Brasil de 2005, em Belo Horizonte. De fato, o cenário não me favorecia.

Obviamente, além de não realizar um ciclo de treinos no formato ideal, as energias mental e psicológica também não eram as mais adequadas, e eu já não portava aquela usual confiança que normalmente carregava.

Ocorre que, para a minha surpresa e de muitas pessoas presentes, a prova dos 100 metros peito na seletiva olímpica de 2008 acabou se tornando histórica e comentada até os dias de hoje. O nado peito no Brasil vinha em evidente evolução. Muitos nomes, uns mais novos e outros já conhecidos, haviam se destacado nesse ciclo olímpico de 2004 a 2008.

Henrique Barbosa, que já vinha tendo grandes resultados até mesmo antes desse ciclo, havia alcançado o índice olímpico para Pequim em duas outras seletivas e chegava no TB de 2008 na condição de favorito. Felipe Lima havia se destacado muito nos anos de 2006 e 2007. Já Felipe França era um pouco mais novo, mas demonstrava boa evolução e reais condições de alcançar a marca. Tinha, também, o jovem Tales Cerdeira, na época com 21 anos, que, apesar de especialista nos 200 metros, não podia ser descartado.

Por fim, correndo por fora, havia eu. O "veterano" de 28 anos e com duas participações olímpicas, mas que não vinha nadando bem nos últimos três anos, apresentando sinais de fim de carreira e deixando a ideia de que não conseguiria fazer frente à nova geração.

Naquela ocasião, as eliminatórias eram à tarde/noite, com as finais no outro dia, na parte da manhã. Isso havia sido feito no intuito de buscar equivalência ao fuso horário chinês, para que os atletas já fossem se acostumando com a rotina.

A título de curiosidade, geralmente, as melhores performances esportivas são alcançadas nos períodos vespertino ou noturno. Há estudos, inclusive, afirmando que o horário ideal para o ser humano ter o melhor desempenho esportivo é das 18h às 20h. Mas isso, claro, pode variar de pessoa para pessoa, já que cada um tem suas preferências, seus hábitos e suas rotinas.

Então, era muito provável que a disputa pelo índice e pelas duas vagas olímpicas se iniciaria logo nas eliminatórias, pois todos queriam ter duas chances de fazer o melhor tempo possível.

Para contextualizar: eram duas vagas. Os atletas deveriam nadar abaixo do índice (1min01s57) e, caso mais de dois conseguissem, os dois melhores tempos, feitos em qualquer etapa das três seletivas, seriam convocados.

As seletivas eram: o Pan-Americano do Rio de Janeiro, em setembro de 2007, o Torneio Open CBDA, em dezembro de 2007, e, por fim, o Troféu Brasil, em maio de 2008. Henrique Barbosa já tinha provisoriamente uma das vagas, pois havia feito 1min01s47 nas semifinais do Pan.

Enfim, voltando para a última seletiva, no Troféu Brasil de 2008, os 100 metros peito estavam compostos por três séries. Eu nadaria na primeira. Felipe Lima, na segunda e, na terceira, Henrique Barbosa e Felipe França.

Eu não tinha a menor noção de como desempenharia, mas sabia que precisava fazer algo que há muito tempo não conseguia: nadar para a minha melhor marca pessoal. Então, optei por mudar a estratégia que normalmente utilizava e resolvi passar a primeira parcial (os primeiros 50 metros) com bem mais força do que o habitual. Até mesmo porque não teria a referência de nenhum dos outros três possíveis candidatos ao índice, pois eles estavam em baterias diferentes.

Então, nadando na primeira [123], fui para o tudo ou nada. Eu não podia me dar ao luxo de guardar energia na primeira metade da prova, pois isso poderia me custar centésimos preciosos. Comecei com força, fazendo uma passagem muito mais rápida do que normalmente fazia

---

[123] Link no QR CODE

(28s52[124]), e, logo depois da virada, torcendo para que o meu corpo não entrasse em colapso.

Dessa forma, enquanto eu nadava os últimos 50 metros, apenas pensava em uma coisa: "Não morre agora, Eduardo! Não morre agora!"

Consegui manter um bom estilo de nado, com fluidez e força, até mais ou menos os 90 metros. Já conseguia ver de perto o placar e o meu destino. Faltavam dez metros. Dez míseros metros, que me separavam da alegria do índice ou da decepção de ficar fora da disputa pela vaga olímpica.

Contudo, foram dez metros de muita dor, nos quais um pequeno filme passou pela minha cabeça. Em uma fração de segundo, me lembrei do Pan-Americano de 2003, dos treinos pesados e das dores. Pensei, também, na minha família e na Roberta. O que eu falaria para eles se não alcançasse o índice? Por que eu não havia dado atenção à lesão antes? Desse instante em diante, foi só na raça, na vontade e no sofrimento.

Joguei, em um último esforço descomunal, a última braçada em direção à parede. Segurei na borda. Esperei meio segundo. Tirei os óculos e só então criei coragem para olhar para o placar eletrônico no lado oposto da piscina.

Quando vi o meu tempo estampado, 1min01s49, cerrei o punho e gritei. Então, saí da piscina, subi no bloco e, olhando para o Ricardo, meu treinador, e o Jean, o fisioterapeuta, apontei para a tatuagem dos anéis olímpicos que havia no meu braço, feita quatro anos antes. Eu queria dizer para eles que, mesmo com muitos duvidando de nós, havíamos conseguido.

Superação e alívio! Esse era o misto das emoções que corriam nas minhas veias. Parecia que uma tonelada de preocupações e aflições haviam sido retiradas dos meus ombros e o meu dever estava cumprido.

De fato, eu não sabia se conseguiria garantir a convocação olímpica com aquela marca, pois os outros atletas que tinham chance ainda

---

[124] O meu melhor tempo na prova de 50 metros peito, na época, era de 28s21, de forma que essa parcial era praticamente (supostamente) 100% da minha capacidade, sem saber se sobraria energia para a outra metade da prova.

nadariam. Mas o meu objetivo, para aquele dia específico, eu havia alcançado. Por isso, não tinha como não comemorar. A minha meta estava cumprida e, enquanto o tempo de 1min01s49 era mostrado ao lado do meu nome no placar, até as próximas séries acabarem, eu estava classificado.

Eu me lembro de ter esbravejado e contraído cada fibra de músculo que existia no meu corpo — pelo menos as que sobraram e ainda não haviam colapsado. Eu sabia que havia rumores sobre eu estar em fim de carreira, como disse, e, naquele momento, provei para eles que ainda restava uma bala na agulha. Eu não estava morto.

De repente, a adrenalina começou a diminuir, passei a sentir dor e vontade de chorar. Meu companheiro de treino naquele ciclo, Itamar Schmitz, que nadou aquela prova na raia ao lado, veio ao meu encontro e me deu um abraço. Um abraço verdadeiro, sabe? Aquele que diz muitas coisas sem ninguém falar nada. O sonho dele também era fazer o índice olímpico, um dia. Mas, naquele momento, ele se esqueceu disso e apenas ficou feliz pela minha vitória. Obrigado, Itamar! Se eu nunca lhe agradeci, saiba que sou grato e jamais me esquecerei daquele momento.

Lembro-me de que, na sequência dessa enxurrada de emoções, o repórter da TV Globo veio me entrevistar. Na resposta, eu já deixava claro que me classificar com aquele resultado seria muito difícil, pois todos estavam bem naquele Troféu Brasil e em busca da vaga olímpica (inédita para os outros três atletas que citei, diga-se de passagem).

De fato, essa era apenas uma parte do necessário para eu garantir o carimbo no meu passaporte para a China e os meus terceiros Jogos Olímpicos. Agora, eu teria de "torcer" para ninguém nadar abaixo do meu tempo, caso contrário, estaria fora. Eram apenas duas vagas, e a primeira já estava com o Henrique, pelo tempo feito no Pan (1min01s47), melhor do que o meu. Apenas dois centésimos, mas melhor.

Pasme: há quem diga que se classificar para os Jogos Olímpicos é fácil.

Bom, logo na segunda série, a próxima depois da minha, veio o primeiro banho de água fria. Felipe Lima venceu a bateria cravando 1min01s21. Como Henrique Barbosa já havia feito um tempo melhor do que o meu em outra competição, naquele momento, eu já não estava mais convocado. Inevitavelmente, as minhas chances foram reduzidas drasticamente.

Então, na terceira e derradeira série, a minha alegria seria quase que completamente dizimada. Ao fim da bateria, eu concluí que a minha chance de classificação olímpica passou a ser altamente improvável. Henrique fez um tempaço. Venceu com 1min00s79, o novo recorde continental. E não apenas Henrique, mas Felipe França também nadou abaixo do índice, entrando na briga com o segundo melhor tempo (1min01s17). Naquele momento, Henrique e França eram os olímpicos.

Claro, ainda havia a final. E eu realmente tinha mais uma chance para nadar abaixo desses tempos e garantir a vaga. Mas, pelo esforço que havia feito na eliminatória e pelo fato de as finais serem de manhã, eu sentia que Pequim estava mais distante do que os 17.321 quilômetros entre o Rio de Janeiro e a capital chinesa.

Realmente, nada mudou na final e todos pioraram as marcas individuais. Por essa razão, a convocação seria feita com base nos tempos alcançados nas eliminatórias.

Henrique Barbosa e Felipe França seriam os nadadores de peito que representariam o Brasil nos Jogos Olímpicos de Pequim-2008. E se encerrava, naquele momento, a minha odisseia em busca da vaga para a minha terceira Olimpíada.

Troféu Brasil 2008 (50m) – Seletiva olímpica – Rio de Janeiro (RJ) 100 metros peito – Eliminatórias			
1º	Henrique Barbosa	Pinheiros	1min00s79
2º	Felipe França	Pinheiros	1min01s17
3º	Felipe Lima	Unisanta	1min01s21
4º	**Eduardo Fischer**	**Pinheiros**	**1min01s49**

Por essa razão, contei, no início deste capítulo, que essa prova foi histórica. E ainda é comentada nos bastidores até os dias de hoje. Foram quatro índices olímpicos em uma única disputa. Ou seja, uma das seletivas mais fortes e acirradas da natação do Brasil.

Nunca, repito, nunca, na história da natação brasileira isso havia acontecido. Nenhuma seletiva nacional havia contado com quatro atletas nadando abaixo do índice olímpico. Aliás, até hoje, quando escrevo este livro, salvo melhor juízo, acho que isso nunca mais voltou a acontecer no país.

Por isso, eu me sinto responsável por jamais deixar essa história e os seus nobres personagens ser esquecida. Cabe a mim, também, eternizar esse importante dia nestas páginas. Quem sabe, daqui a muitos anos, outros nadadores de peito farão comentários sobre a prova que teve quatro brasileiros nadando abaixo do índice olímpico. Pretensão minha? Não sei. Mas eu tenho orgulho do que nós conquistamos juntos naquele dia, fazendo algo inédito na história da natação brasileira.

Por fim, no fundo, mesmo feliz por ter ressurgido das cinzas, como uma Fênix, eu também estava muito triste. Mesmo com todo aquele esforço, o meu resultado não havia sido suficiente para me classificar para os Jogos Olímpicos. Era quase paradoxal.

De qualquer forma, para encerrar este capítulo tão importante da minha vida, reproduzo um texto escrito um dia depois da prova pelo amigo Plínio Rocha. Um jornalista de grande renome, que escrevia e editava o jornal esportivo *LANCE!*, na época. O texto me emocionou de tal forma que me levou às lágrimas. Plínio tem um dom muito especial de captar momentos esportivos como ninguém, os traduzindo em palavras singelas e perfeitamente semeadas.

COLUNA NA RAIA

INESQUECÍVEL

Plínio Rocha
Publicado em 13/5/2008
Fonte: Best Swimming

O esporte é uma coisa legal pelos momentos que proporciona, principalmente. Resultados, índices e medalhas são legais, claro, mas existem alguns fatos que quase passam despercebidos. Mas nunca por todo mundo.

Pois foi nos 100m peito masculino o momento que mais me marcou no Troféu Maria Lenk que definiu quem iria para a Olimpíada de Pequim.

A prova foi a melhor da história da natação brasileira. E você vai dizer que o meu destaque será o muito bom tempo de Henrique Bar-

bosa, certo? De fato, foi histórico, uma performance "de homem", como ele mesmo me disse. Mas não é aí que eu quero chegar.

Você vai dizer, então, que me refiro a Felipe França, um garoto que nunca nem sequer foi campeão brasileiro, de nenhuma categoria, e agora vai estrear na seleção brasileira justamente numa Olimpíada. Meu ponto ainda não é esse, ainda que eu reconheça a evolução impressionante desse atleta, extremamente forte e que ainda pode melhorar muito.

A conclusão, então, é que Felipe Lima será meu destaque, por ter nadado para o índice, também, e perdido a vaga numa disputa acirradíssima com os rivais, certo? Também não.

O mais legal nos 100m peito foi ver Eduardo Fischer nadar. Depois de sua série, na tarde de sábado, quando fez o índice olímpico (1min01s49), não há quem não tenha ficado emocionado. Pela maneira como ele saiu da piscina, como vibrou, como gritou, como comemorou, como estava feliz com aquilo que havia obtido.

E não, caro leitor, ele não estava comemorando uma classificação precoce, como muita gente interpretou. Muito pelo contrário. Fischer saiu da piscina extremamente consciente de que o tempo não era suficiente para garantir uma vaga na equipe que viajará para Pequim.

Por que, então, aquela euforia toda, você pode perguntar?

Porque Fischer tem sangue correndo nas veias. Porque sabe das dificuldades que atravessou, e tem atravessado, para continuar competindo da maneira que está. Um cara de 28 anos, que não melhorava os tempos há quatro e está tendo de conviver com o sentimento que talvez seja o pior para um atleta, o de perceber que não consegue repetir as performances que fizeram dele o peitista mais premiado da história deste país.

Foi bonito vê-lo emocionado. Não tem como falar diferente disso. Foi legal vê-lo apontar para a tatuagem olímpica que tem no braço, *mostrando que sonha com isso, ainda, sim, senhor. E só sonha porque já esteve lá, e sabe que estar lá é a sensação mais maravilhosa que o esporte pode ter proporcionado. E só sonha, mais ainda, porque acredita que pode se dar a esse privilégio.*

O sujeito é um campeão. Sempre será.

Realmente, ao fim da seletiva olímpica, nós não sabíamos como seria o futuro. O planejamento ainda não havia sido traçado para depois daquela competição. Até mesmo porque, pela primeira vez em muito tempo, não sabíamos quais seriam os objetivos. Diferentemente de quatro anos antes, quando a classificação para Atenas nunca havia sido uma dúvida, para Pequim, as lesões e os resultados abaixo do esperado não nos permitiam ter a mesma certeza.

Agora, sabendo que os Jogos não eram mais uma das metas, seria o momento para repensar todo o plano, as metas e o ciclo de treinos. A cura da lesão havia, realmente, me dado um novo ânimo, mas será que seria suficiente para iniciar um ciclo de mais quatro anos visando Londres-2012?

Eu não tinha a resposta para essa pergunta, mas naquele momento, em 2008, eu ainda passaria algumas madrugadas "me torturando" na frente da televisão, assistindo ao vivo à natação nos Jogos Olímpicos de Pequim, extremamente triste por não ter tido êxito em me classificar para aquela fantástica competição.

97

Passadas a adrenalina e a pressão envolvidas na seletiva olímpica de 2008, a pergunta que ficaria um bom tempo ressoando na minha mente era: eu teria condições físicas, psicológicas e financeiras para mais um ciclo olímpico? A pergunta era válida e muito importante para eu definir o que faria na vida. Não só esportiva, mas pessoal e profissional (já pensando em uma eventual transição para a advocacia).

De fato, a resposta não foi imediata, porque eu realmente não sabia. Contudo, com a chegada da era dos trajes tecnológicos, a decisão começou a ficar um pouco mais clara.

Em 2008, já tínhamos trajes "parcialmente não-têxteis", produzidos e utilizados em larga escala. Digo "parcialmente", pois, na verdade, eram, sim, de tecido, como aqueles que já utilizávamos nos anos anteriores, mas com o diferencial da adição de algumas partes em material tecnológico emborrachado, fabricados e comercializados exclusivamente pela Speedo, batizados de FastSkin LZR (abreviação de "lazer", que, por estar em inglês, era o equivalente a "laser" em português).

Aliás, o tal do Fastskin LZR fez um sucesso estratosférico nos Jogos de Pequim e, salvo melhor juízo, acredito que todas as campeãs e todos os campeões olímpicos estavam trajando a vestimenta naquela edição, fosse apenas a calça ou a roupa de corpo inteiro.

Houve, até mesmo, uma enxurrada de quebras de recordes, olímpicos e mundiais. Com isso, se desencadeou uma série de discussões sobre se os trajes eram algo legal (ou, para alguns, até mesmo moral) ou se deveriam ser banidos.

Inicialmente, confesso que eu achava uma evolução natural do esporte. Não tínhamos como impedir, tal qual uma bicicleta que fica mais leve e mais aerodinâmica entre um ciclo e outro.

Contudo, depois de pensar bem no assunto, inclusive com o surgimento de outros trajes, passei a perceber que a disputa estava ficando entre aqueles que tinham o melhor equipamento, não mais em quem tinha mais talento e havia treinado melhor, pois a diferença entre a natação sem e com as novas roupas era realmente acentuada.

Não dá para afirmar com certeza absoluta, mas era quase impossível um nadador desprovido do traje de borracha vencer um que estivesse usando a vestimenta especial. Já não havia mais dúvidas de que isso realmente trazia vantagem de performance, auxiliando na flutuabilidade do atleta.

Inclusive, logo depois da seletiva olímpica, em uma competição regional, eu ainda quebraria o recorde continental mais uma vez em piscina semiolímpica, nadando os 100 metros peito para 59s04.

Já no fim de 2008, mirando na temporada de 2009, uma empresa italiana chamada Jaked[125] lançou um traje que era basicamente feito, em sua totalidade, com o mesmo tecido tecnológico emborrachado existente nas placas de poliuretano do LZR. Trocando em miúdos, era como uma roupa de borracha (tipo aquelas de surf), só que muito mais fina, mais leve e com mais compressão.

Quando tivemos acesso aos tais equipamentos da Jaked, foi impressionante. Logo nos primeiros testes, todos passaram a nadar para as melhores marcas. Era como se o traje tivesse realçado qualidades dos nadadores e, no meu caso, me ajudasse a manter a boa técnica e posição do nado que eu já possuía durante toda a prova.

Afinal, a borracha (poliuretano) ajudava para que permanecêssemos próximos à superfície da água (ou seja, mais flutuação), fornecendo mais facilidade para o deslize, reduzindo a necessidade do esforço. De repente, eu voltei a sentir a mesma facilidade em nadar de seis anos antes. Por essa razão e ao melhorar as minhas marcas pessoais novamente, de repente, passei a ter esperanças em busca de uma terceira classificação olímpica.

Na medida que nem todos os nadadores tinham a mesma melhora de tempo com os trajes da Jaked e, inclusive, alguns até pioravam as marcas pessoais, eu passei a acreditar que não era apenas isso que me ajudava, mas, sim, a minha capacidade de me adaptar à nova tecnologia.

A temporada de 2009 foi, então, extremamente marcante. Eternizada pela entrada no mercado de inúmeros trajes tecnológicos embor-

---

[125] Jaked é uma empresa italiana especializada na fabricação de trajes de banho. Dois anos após a sua criação, a marca virou notícia quando a aprovação de alguns dos seus trajes gerou debate. A marca foi criada em 2007 por Francesco Fabbrica, em colaboração com Luciano Cimmino, que já possuía outras marcas de roupas. O nome Jaked é construído a partir da primeira sílaba dos dois filhos de Fabbrica: Giacomo e Edoardo (em inglês Jack e Edward, daí Jaked). No fim de 2008, a empresa assinou um contrato de parceria com a Federação Italiana de Natação.

rachados, mas, principalmente, pela aniquilação de muitos e muitos recordes mundiais.

Ao perceber uma oportunidade, outra empresa italiana, a Arena, não ficou para trás. Logo depois do lançamento do J01 da Jaked, a Arena soltou no mercado internacional seu maiô concorrente, chamado de X-Glide. Esse é, até hoje, considerado por muitos como o melhor e mais rápido traje já existente e inventado na história da natação mundial.

Contudo, a busca por medalhas e recordes saiu completamente do controle. Os nadadores e as nadadoras passaram a ter a brilhante ideia de usar dois (ou até três) trajes simultaneamente, um por cima do outro. Ora, se não havia fiscalização ou regra que proibisse, era fácil chegar à conclusão de que não havia nenhum problema em fazer isso. Como dizem os operadores de Direito: "Tudo aquilo que não é proibido passa a ser permitido[126]".

O caso mais emblemático foi o recorde mundial estabelecido pelo francês Amaury Leveaux, nos 100 metros livre, no Campeonato Europeu, em 13 de dezembro de 2008. Em piscina de 25 metros, fez o tempo absurdo de 44s94. Marca essa que persistiu inalcançável por 13 anos.

Reza a lenda, inclusive de fontes seguras, que Leveaux estaria usando dois trajes Arena X-Glide, um por cima do outro, dando a ele uma vantagem descomunal sobre os adversários. Contudo, polêmicas à parte, mesmo após o banimento das roupas tecnológicas, nenhum recorde foi deletado, como muitos sugeriram na época.

Inclusive, de posse desse traje da Jaked, eu ainda quebraria mais uma vez o recorde sul-americano em piscina curta, com o tempo de 58s14, no Torneio Sul-Brasileiro de 2009, em Florianópolis, na piscina do Clube Doze de Agosto [127].

Nesse momento, toda a comunidade aquática mundial estava alinhada e compreendeu que a invenção deveria ser banida. Os dias estavam contados, e a Fina logo passou a estabelecer limites e regras

---

[126] Princípio da legalidade.
[127] Link no QR CODE

específicos e progressivos, de modo que, em 2010, os referidos "maiôs de borracha" seriam extirpados da modalidade.

Ainda assim, a temporada de 2009 foi boa para mim, tanto em piscina curta, como na longa. Eu me adaptei muito bem ao traje e melhorei todas as minhas marcas pessoais. Mas acabei ficando fora do Mundial de Roma, perdendo a vaga para João Gomes Júnior nos 100 metros peito por apenas dois centésimos (1min00s45 x 1min00s47).

De qualquer forma, os meus resultados foram relevantes o suficiente para me classificar para o Torneio Pan-Pacífico[128] de 2010, nos Estados Unidos. Para essa competição, todos já estavam cientes de que os trajes de poliuretano não seriam permitidos, apenas as bermudas de tecido.

Independentemente disso, eu estava empolgado novamente. A melhora das minhas marcas havia me trazido confiança e eu achava que continuaria nadando bem mesmo depois da exclusão dos trajes. Estava disposto a encarar, então, mais um ciclo olímpico até Londres-2012.

Contudo, em 2010, eu já não era mais um jovem e, com 30 anos, teria de entrar em uma estatística muito pequena de atletas com êxito em âmbito olímpico. Menos de 2% dos que subiram ao pódio em todas as edições dos Jogos, na história, tinham 30 anos ou mais. Realmente, era um número que não trazia esperança. E eu perceberia que, na prática, treinar bem e me recuperar entre uma sessão e outra era muito mais difícil.

Afinal, a estatística citada anteriormente meio que atestava que, sendo um nadador nessa idade, eu já era considerado "velho" para o esporte. Para dificultar ainda mais as minhas chances de êxito, naquele ano, eu já estava trabalhando em meio período em um grande escritório de auditoria, o Martinelli Auditores. Até porque, ao ficar noivo da Roberta e iniciar os preparativos para o futuro casamento, tinha de pensar em um plano B, imaginando que talvez a minha carreira de atleta não duraria por muito mais tempo. Por isso, eu precisava me inserir no mercado de trabalho o quanto antes.

---

[128] O Campeonato Pan-Pacífico de Natação é um evento que foi realizado pela primeira vez em 1985. Foi fundado como uma alternativa aos Campeonatos Europeus, para aqueles países que não podiam nadar nesses torneios. O encontro foi fundado pelas federações de natação das nações banhadas pelo Oceano Pacífico: Austrália, Canadá, Japão e Estados Unidos. Como parte do regulamento, a realização do encontro deveria ser rotativa entre essas quatro nações. Inicialmente, foi aberto a todos os países que faziam fronteira com o Oceano Pacífico. Desde então, foi expandido para convidados, como Brasil e África do Sul. É considerada uma das competições internacionais de natação mais difíceis fora de Jogos Olímpicos, Campeonatos Mundiais e Europeus.

Apesar de ter o diploma de bacharel em Direito e a habilitação de advogado pela OAB/SC, eu não tinha experiência. Precisava aprender a ser um bom advogado na prática. Afinal, provavelmente, esse seria o meu ganha-pão no futuro próximo.

Na área que eu queria seguir na advocacia, o Direito Tributário, eu precisava compreender melhor as questões contábeis e fiscais que envolvem o complexo sistema tributário brasileiro. Por isso, vivenciar na prática e no dia a dia a contabilidade fiscal era uma excelente forma. Daí, a ideia de estagiar em escritório de auditoria me parecia importante, mais até do que em um de advocacia, pois uma das funções do auditor é, efetivamente, verificar eventuais falhas nos procedimentos fiscais das empresas. Por isso, sou muito grato ao tio da minha esposa, o doutor Nereu Martinelli, que me deu a oportunidade de trabalhar na sua empresa e aprender muitas coisas que utilizo até hoje no meu ofício como advogado tributarista.

Dessa forma, treinando apenas um período por dia e sem o mesmo foco de quando era mais jovem, era de se esperar que os resultados não fossem tão expressivos. Dito e feito.

Apesar de o Pan-Pacífico ter sido uma boa competição, acabei não conseguindo melhorar (ou repetir) as marcas que havia feito um ano antes com os trajes tecnológicos. Finalizei a participação nos 100 metros peito com o tempo de 1min01s90, sem me classificar para a final.

Depois do Pan-Pac, como é chamado, eu ainda participei de todos os campeonatos nacionais e de algumas etapas da Copa do Mundo, obtendo resultados relativamente bons, com direito a algumas medalhas no circuito. De qualquer forma, ainda assim, não eram muito animadores e, por essa razão, a ideia de tentar mais uma seletiva olímpica ficava cada vez mais distante.

Na verdade, eu já havia perdido um pouco o "tesão" pelos treinos e pelas competições. Com o casamento marcado e a vontade de iniciar uma família ao lado da Roberta, definitivamente, o meu foco havia mudado. Antes, era atenção total ao esporte e à busca por melhores resultados. Agora, a dedicação era dividida com o trabalho e os projetos com a minha futura esposa.

98

Antes de os trajes serem abolidos, um episódio, em 2009, me trouxe muitas preocupações desnecessárias, me levando a compreender que desafiar a estrutura da política esportiva do nosso país, definitivamente, não era uma tarefa que podia ser feita sem consequências.

Naquele ano, as Forças Armadas Brasileiras, particularmente o Exército, publicaram uma portaria e iniciaram uma campanha para formação de atletas de alto rendimento como "sargentos temporários", para ter uma participação com boa representatividade nos 5º Jogos Mundiais Militares[129], realizados no Rio de Janeiro, em abril de 2011.

Assim, os nadadores de alto rendimento do Brasil que tinham intenção de defender o Exército Brasileiro nos Jogos Mundiais Militares deveriam ir ao Rio de Janeiro, no Quartel Militar da Urca, mais especificamente na Escola de Educação Física do Exército (EsEFX), para se submeter ao processo seletivo.

Como a bolsa mensal oferecida aos sargentos do Exército para aquela função era de R$ 2,5 mil, imaginei que seria interessante aderir ao esporte militar, defender o meu país em uma competição e, ainda por cima, receber um bom salário para isso.

Então, arrumei a mala e voei até o Rio, confiante de que tinha condições de ficar com a vaga para os 50 e/ou 100 metros peito. Chegando na Urca de manhã, logo descobri que o processo seletivo se prolongaria até o fim do dia e nos submeteríamos a muitas avaliações, como entrevistas, testes físicos, médicos e psicotécnicos.

Para cada avaliação havia uma pontuação e, no somatório, os atletas mais bem ranqueados ficariam com a vaga de sargento temporário.

---

[129] Os Jogos Mundiais Militares de 2011, oficialmente denominados 5º Jogos Mundiais Militares do CISM, foram um evento multiesportivo militar realizado de 16 a 24 de julho, no Rio de Janeiro. Mais de 5.650 atletas, de 88 países, competiram em 20 modalidades. O Brasil foi representado por 268 atletas em todas elas. Foi a primeira vez que o evento foi realizado em um país do continente americano. Os Jogos Militares são o quarto maior evento multiesportivo do mundo, perdendo apenas para os Jogos Olímpicos, os Jogos Paralímpicos e a Universíada.

As posições estavam separadas por estilo e prova e, se não me engano, havia uma vaga específica para os 100 metros peito.

O tempo e o respectivo ranking mundial do atleta eram os quesitos que tinham mais peso na pontuação. Até o primeiro semestre de 2009, depois do Troféu Brasil e antes do Mundial de Roma, eu estava em quinto no ranking da Fina, com a marca de 1min00s47 (em piscina de 50 metros).

Men 100m Breaststroke Rankings

Rank	Country	Name	Age*	Time	Points
1	UKR	Igor BORYSIK	25	58.67	
2	BRA	Henrique BARBOSA	24	59.03	
3	BRA	Joao GOMES JUNIOR	23	1:00.40	
4	ESP	Melquiades ALVAREZ	20	1:00.45	
5	BRA	Eduardo FISCHER	29	1:00.47	
6	BRA	Felipe FRANCA SILVA	21	1:00.53	
7	BRA	Tales CERDEIRA	22	1:01.12	
8	BRA	Felipe LIMA	24	1:01.34	

Dessa forma, logo no início, eu já largava com uma boa pontuação. Além disso, na sequência das avaliações, eu parecia estar indo muito bem, sempre recebendo feedbacks positivos dos majores que estavam à frente do programa e do processo seletivo.

Contudo, no fim do dia, quando fui conversar com os médicos a respeito dos exames e da avaliação cardiológica, recebi a notícia de que estava desclassificado, pois tinha uma cardiopatia (hipertrofia cardíaca) inconsistente com a realização de atividade física de alta intensidade. Inclusive, eu me recordo do médico dizendo algo do qual jamais vou me esquecer:

"Eduardo, você deve parar de nadar imediatamente. Se continuar treinando e competindo nessa intensidade, existe um grande risco de óbito".

Aquilo soou como uma bomba. Como assim? Risco de morte? Cardiopatia? Eu havia treinado e competido a vida inteira, sempre realizando todos os exames necessários e nunca ninguém me disse nada. Aliás, eu nunca havia sentido nada. Aquele não era o meu primeiro exame cardiológico. Eu já havia feito mais de uma dezena durante a carreira.

O médico não se aprofundou. Disse, apenas, que o meu coração estava aumentado e isso era um enorme risco para a minha saúde, se eu continuasse praticando atividade física competitiva de alto rendimento. Tentei explicar que sabia do leve aumento do tamanho do meu coração, mas que isso era fisiológico e avaliado anualmente sem qualquer repercussão negativa.

De fato, eu realmente tinha o que chamamos de "coração de atleta", que nada mais é do que o aumento do órgão em razão de uma hipertrofia muscular, mas que, quando preservadas todas as funções hemodinâmicas e os outros marcadores, não oferece nenhum risco, muito menos contraindicação à atividade física intensa.

De qualquer forma, independentemente dos meus argumentos ou de testes prévios, esse seria o parecer final do médico, e eu estaria desclassificado do processo seletivo.

Completamente arrasado, não apenas por ter perdido a vaga, mas pela ideia de ter de parar de praticar atividade física, voltei para Joinville decidido a entender se as conclusões do médico do Exército eram, efetivamente, a minha sentença de morte.

Para isso, marquei consultas com três cardiologistas de clínicas distintas: os doutores Rubens Vaz Feijó, Nelson Colares e Conrado Roberto Hoffmann. Agendei todo tipo de exame possível: eletrocardiograma, holter 24 horas, ecocardiograma, ultrassonografia do coração, teste ergométrico de esforço máximo, entre outros.

Depois de fazer tudo e me consultar com os três profissionais, todos concluíram que eu não tinha nenhuma doença cardíaca. Meu coração era extremamente saudável (apesar de um pouco aumentado, em razão do histórico esportivo) e eu poderia praticar atividades físicas intensas sem nenhum tipo de restrição. Eu me recordo de que um deles ainda disse, em tom irônico:

"Fischer, obviamente, um dia, você vai morrer. Mas eu poderia apostar uma boa grana que não vai ser do coração. Melhor do que isso, só nascendo de novo. Fique tranquilo!"

Claro, eu estava muito feliz com os resultados dos exames e o parecer dos médicos. O fato de saber que não precisaria abandonar o esporte e não morreria do coração de repente, realmente, havia sido uma notícia muito boa.

Mas eu ainda estava indignado com a afirmação do médico do Exército e a minha desclassificação abrupta do processo seletivo. Por essa razão, peguei um termo assinado pelos três cardiologistas, juntamente com os laudos dos exames, concluindo que eu não tinha cardiomiopatia hipertrófica ou qualquer outra doença que me impedisse de praticar atividades físicas intensas.

De posse desses documentos, redigi um recurso, coloquei tudo dentro de um envelope e enviei pelos Correios para o departamento responsável pelo processo seletivo de sargento temporário. Mas, como esperado, esse recurso foi indeferido, e eu permaneci desclassificado.

Eventualmente, mesmo muito chateado, acabei me conformando. Mas, durante muito tempo, me perguntei o que teria motivado aquela desclassificação e o indeferimento do recurso.

Muitos anos depois, em 2017 ou 2018, não me recordo com precisão, de passagem pelo Rio de Janeiro, coincidentemente esbarrei com um dos responsáveis por aquele projeto de sargentos temporários de 2009. Lembro-me de que era um sujeito muito educado, simpático e solícito, razão pela qual, apesar do resultado do processo seletivo, eu guardava alta estima por ele.

Exatamente por isso, fui extremamente cordial, o cumprimentei e puxei conversa sobre a vida e outras amenidades. De repente, ele mudou o rumo do papo e disse que precisava me contar uma coisa. Algo que ele, há muito tempo, queria ter me revelado, mas não havia tido oportunidade. E era justamente sobre o processo seletivo de 2009.

Ele falou que lamentava por eu ter sido desclassificado. Que eu era um cara bacana e ele gostaria de ter trabalhado comigo. Continuou dizendo que, na época, o Exército precisava do aval e do apoio da CBDA para que o projeto funcionasse e os atletas tivessem as autorizações necessárias para realizar os treinamentos e as competições.

Então, sem eu ter perguntado nada, ele me justificou que o único motivo para eu ter sido desclassificado havia sido em razão de um pedido expresso do presidente da CBDA, Coaracy Nunes Filho. Eu fiquei atônito quando ele disparou:

"Fischer, o Coaracy nos disse, na época, que, caso quiséssemos contar com o aval e o apoio da CBDA, havia uma única condição. Ele foi categórico em nos dizer que, para a CBDA endossar o projeto, havia um único atleta que não deveria, de forma alguma, ingressar no programa. E esse atleta era você".

Fiquei espantado, claro, mas por cerca de dez segundos, no máximo. Logo depois, percebi que isso não era surpresa alguma. Era, de fato, até mesmo esperado. Esse tipo de manipulação política e suja era algo que eu já havia vivenciado. Não poderia achar que seria diferente agora. Apenas agradeci pela franqueza e, educadamente, me despedi e desejei o melhor para ele.

Se aquilo fosse realmente verdade, partindo do pressuposto que era apenas um relato pessoal de alguém envolvido no processo, sem qualquer forma de comprovação documental, algumas coisas passavam a fazer um pouco mais de sentido. Muitos e muitos anos depois, eu podia, ao menos, eliminar esse fantasma que, às vezes, ainda me atormentava. No fundo, sempre achei que algo de estranho havia acontecido, mas era muito pretensioso da minha parte achar que pudesse haver alguma "conspiração" contra a minha pessoa naquele momento. Eu, naturalmente, pela idade e pela redução de resultados expressivos, já era quase uma "carta fora do baralho". Talvez, mesmo sem aquela desclassificação, poderia ser que eu nem ficasse entre os selecionados.

A lição que ficou? Questionar, discordar e enfrentar pessoas de perfil autoritário e em postos de gestão quase sempre leva a consequências desagradáveis. E nunca devemos duvidar que as retaliações são uma prática comum na política esportiva. Por outro lado, a satisfação e o orgulho de lutar pelo que achamos ser certo nunca será em vão e jamais se tornará "démodé". Não importa a época.

99

Depois de um ano conturbado na minha vida esportiva, pessoalmente, eu estava realizado. Em outubro de 2010, eu e a Roberta nos casamos. Foram uma cerimônia e uma festa maravilhosas, repletas de familiares e amigos.

Celebramos, dançamos e brindamos. Brindamos muito! Havia espumante à vontade. Definitivamente, a festa não acabaria por falta de drinques. Eram 6h30 da manhã e eu estava pedindo para o segurança nos deixar mais um pouco na festa e não fechar as portas do clube.

Obviamente, depois de mais de dez anos juntos, eventualmente há desentendimentos e discussões. Mas, na grande maioria do tempo, a relação é harmoniosa e sou muito feliz e grato por ter encontrado uma pessoa como a Beta. Sabe quando alguém te faz um ser humano melhor? Então, essa é a sensação que tenho. Aprendi muitas coisas importantes com a minha esposa.

Mas o casamento, além das muitas alegrias, traz uma série de outras novas obrigações e novos desafios. Construir uma experiência profissional na advocacia era um desses desafios que eu precisava encarar e eu estava disposto a dar o meu melhor, justamente para que a transição do esporte para o Direito fosse bem-sucedida.

Aliás, com o matrimônio, nós não apenas iniciamos uma nova família, mas também incorporamos outras ao núcleo que se inicia com o enlace na frente do altar. Dessa forma, eu não poderia deixar de mencionar as pessoas que passaram a ser a minha família após o nosso compromisso matrimonial.

A Fernanda, irmã da Beta e, obviamente, minha cunhada, se casou com o Rodrigo Amorim, gerando um menino chamado João Vítor Martinelli Amorim. Talvez, o melhor amigo do nosso filho, Pedro Henrique. Ambos são filhos únicos, mas se gostam tanto que costumamos dizer que são "primos-irmãos".

Minha outra cunhada, Gabriela Maia, se casou com meu irmão, Carlos, e juntos trouxeram ao mundo duas lindas e muito queridas crianças: Ana Júlia Maia Fischer e Arthur Maia Fischer. Eles, assim como o João Vítor, têm uma maravilhosa relação com o Pedro e se adoram de paixão.

Além dos meus pais, exaustivamente mencionados neste livro, até porque merecem e têm grande parcela de contribuição na minha vida esportiva, ao me casar com a Roberta, acabei adquirindo "pais" adicionais e posso dizer que tenho uma relação excepcional com o meu sogro e a minha sogra, o senhor Carívio Santo Martinelli e a senhora Rita de Cássia Oliveira Martinelli.

Mencionar essas pessoas neste livro que conta a minha trajetória esportiva é o mínimo que posso fazer por eles, que acompanharam de perto uma boa parcela da minha carreira de nadador profissional e sempre tiveram muito orgulho de tudo o que eu conquistei com o esporte.

Assim, fica o meu eterno agradecimento a essas pessoas que compõem a minha família. Todas participaram diretamente da minha vida esportiva e profissional e merecem toda a minha gratidão, por me aceitarem e me aturarem do jeito que sou. Muito, mas muito, obrigado!

Voltando ao meu status quo esportivo em 2010, no fundo eu sabia que ainda era um pouco precoce para largar tudo e tentar viver apenas do meu parco conhecimento prático como advogado. Assim, consegui permanecer, em 2010 e 2011, treinando pela manhã, em uma única sessão, e trabalhando com a auditoria e a contabilidade fiscal no restante do dia. Nesses moldes, em 2010, fechei contrato de mais um ano competindo pelo Minas Tênis Clube.

Como dito, era para ser um contrato de apenas um ano, mas como a parceria deu certo, ele se estendeu por dois, até o fim de 2011. O acordo tinha metas bem definidas e um salário adequado ao que eu poderia e conseguiria oferecer ao clube naquele ano atípico. Mas, ainda assim, era um bom contrato, o modelo perfeito para a minha transição profissional.

Aliás, coincidência ou não, o Minas havia sido o primeiro clube profissional da minha carreira esportiva e, agora, muito provavelmente, também seria o último. É impossível não ser muito grato ao clube e às pessoas que permitiram que isso acontecesse dessa forma, entre elas, o Carlos Antônio da Rocha Azevedo, o Rochinha, diretor da agremiação, e o Teófilo Ferreira, gerente de esportes.

O Minas Tênis Clube terá sempre um lugar especial no meu coração.

100

Apesar de eu ainda não ter certeza absoluta disso, 2011 acabaria sendo o meu último ano como atleta profissional.

Definitivamente, não era uma decisão fácil de se tomar. Parecia que dificilmente ocorreria como programado ou desejado. Até porque fica difícil, para o atleta, admitir que tudo está chegando ao fim e que talvez seja o momento de parar e "pendurar a sunga". Contudo, eu já vinha mastigando essa deliberação há algum tempo. Desde meados de 2010, com o casamento marcado, era algo no qual eu pensava constantemente. Claro, o fato de os meus resultados não serem mais tão expressivos como antes era um fator primordial nesse contexto. Afinal, se eu estivesse nadando bem, feliz e com um bom salário, tenho certeza de que continuaria na natação competitiva de alto rendimento.

Olhando para trás, percebo que 2010 e 2011 realmente foram períodos de preparação e transição. Sabe aquele papo de arrancar o curativo de uma vez só, bem rapidamente, para doer menos? Então... é balela.

No meu caso, com a aposentadoria, o que eu realmente queria, nessas duas últimas temporadas, era uma retirada bem lenta, para que pudesse aproveitar cada "pulso" dessa dor. Era quase um desmame programado, no qual eu ia reduzindo lentamente as doses de natação competitiva nas minhas veias.

Por essa razão, tentei aproveitar ao máximo todas as oportunidades que apareceram, como o treinamento em altitude no México e a competição em Los Angeles (EUA) com a equipe do Minas.

Como eu disse, 2011 tinha tudo para ser o ano da minha aposentadoria, apesar de eu ainda estar um pouco relutante para usar essa palavra. Mas, realmente, o meu foco e a minha energia vital já não estavam mais 100% na natação. Até mesmo a Roberta já havia percebido que eu não viajava mais para as competições com a mesma alegria de anos atrás. Até mesmo porque, quando embarcava no avião com destino a algum evento, eu já pensava na hora de voltar para casa, para aproveitar o nosso apartamento novo, recém-adquirido e decorado.

Nessa pegada, 2011 não teve nenhum resultado marcante. Definitivamente, eu não tinha de provar alguma coisa para ninguém, a não ser para mim mesmo. Tudo o que eu queria era aproveitar esses últimos momentos no ambiente competitivo, dando risadas com os amigos na borda da piscina, ajudando o clube a fazer os pontos com os quais eu estava mais do que comprometido.

Naquela que seria a última temporada da minha carreira profissional de nadador de alto rendimento, eu não subi em nenhum pódio individual no âmbito nacional. Tive como resultado mais expressivo mais um título de campeão dos Jogos Abertos de Santa Catarina. Àquela altura, 17 anos depois da minha primeira participação nos Jasc, confesso que já havia perdido a conta de quantas medalhas de ouro havia conquistado nessa adorada competição. Mas veja a importância que esse torneio, que não pode ser comparado a uma Olimpíada, um Mundial, um Pan-Americano e até mesmo a um Nacional absoluto, tem para mim. Parece clichê, eu sei, mas pensar nisso não carrega um tom de poesia?

De 1994 até 2011, eu havia me tornado um dos atletas mais bem--sucedidos da história dos Jogos Abertos de Santa Catarina. Eu me orgulho demais disso.

Nessa última temporada, além de ter feito inúmeras novas amizades no grupo do Minas, também conheci um pouco melhor o técnico Fernando Vanzella, que se mostrou um bom conselheiro naquele momento da minha carreira. Vanzella já era um renomado treinador brasileiro, com uma vasta experiência ao lado de muitos atletas de alto rendimento, alguns medalhistas em Mundiais e Pan-Americanos.

Da mesma forma que eu havia estreitado a relação com o Alberto Pinto no Esporte Clube Pinheiros, fiz o mesmo com o Fernando no Minas Tênis Clube. Pelo fato de eu, agora, ser um atleta com uma certa idade e experiência, era natural passar mais tempo trocando ideias e informações com os técnicos.

Nas nossas conversas, absorvi ensinamentos importantes e compreendi muitas coisas que se passavam comigo naquela nova fase da vida. Uma fase de transição. De atleta para advogado.

Sou muito grato ao Vanzella pelos inúmeros ensinamentos que ele me passou, tanto esportivos, como pessoais. Sem dúvida, ele soube me compreender e adaptar o treinamento da equipe para as minhas particularidades e especificidades.

Foi um trabalho muito bacana, que extraiu de mim, um atleta já um pouco desmotivado e nas vésperas da aposentadoria, motivação e desempenho suficientes para marcar o tempo de 1min02s03 no Troféu Brasil de 2011. Essa acabaria sendo uma marca que ficaria entre as 15 melhores da minha vida em piscina olímpica.

Top 15 melhores marcas pessoais 100 metros peito em piscina longa (50m)		
1	1min00s47	5/5/2009
2	1min00s52	6/5/2009
3	1min00s77	17/12/2009
4	1min00s79	1/9/2009
5	1min00s84	1/9/2009
6	1min01s49	6/5/2008
7	1min01s84	14/8/2004
8	1min01s88	11/8/2003
09	1min01s91	4/9/2007
10	1min01s92	2/5/2011
11	1min01s95	8/5/2005
12	1min01s98	18/8/2010
13	1min02s03	2/5/2011
14	1min02s05	9/9/2007
15	1min02s07	14/8/2004

Por essa razão, deixo aqui o meu muito obrigado ao amigo e profissional Fernando Vanzella, agradecendo pelos treinamentos especiais, por acreditar no meu potencial, pela paciência com as minhas manias e, principalmente, por me ajudar na minha última temporada profissional.

Da mesma forma, aproveito para agradecer a todos os outros treinadores que, de alguma forma, direta ou indiretamente, me instruíram durante a minha carreira, mesmo que, às vezes, em apenas uma única etapa de uma determinada competição.

Depois dessa maravilhosa jornada esportiva, iniciada muitos e muitos anos antes na piscina do Joinville Tênis Clube, enfim, eu chegaria ao dia 17 de dezembro de 2011 e, ao encerrar o Torneio Open de Natação, no Rio de Janeiro, perante aplausos de alguns amigos presentes no Complexo Aquático Maria Lenk, o locutor Rodolfo Carneiro anunciava a minha despedida das piscinas.

Talvez, o fim nunca seja como esperamos. Depois de tantas aventuras, vitórias, derrotas, medalhas e recordes, criamos uma enorme expectativa e imaginamos esse fim de forma especial, em uma representação um tanto quanto ilusória.

Mas não foi. Aliás, passou longe disso. E quer saber? Está tudo bem. É natural que as pessoas não tenham a mesma percepção do fim como nós mesmos. Afinal, para quem fica, é apenas mais um dia qualquer.

Contudo, na minha ótica e análise da vida, eu estava largando aquilo para o qual eu havia me dedicado integralmente nos últimos 15 anos da vida, uma profissão que eu realmente amava, com todas as emoções inerentes envolvidas.

Não que eu esperasse alguma grande homenagem ou festejos, mas, ao menos, um aperto de mãos de alguém da Confederação. Afinal, eu havia representado o meu país e aquela entidade diversas vezes, sempre com muito orgulho e profissionalismo, apesar de alguns grandes embates.

Mas, pelo fato de eu ter sido um opositor da gestão do Coaracy Nunes, jamais recebi oficialmente da entidade nem sequer um obrigado ou um parabéns. Nem mesmo uma nota advinda da Confederação ou do próprio Comitê Olímpico Brasileiro, por toda dedicação que destinei para o esporte em nome do Brasil. Confesso que, nesse ponto, fiquei um pouco entristecido. Aliás, se você consultar o site da CBDA ou do COB, não verá o meu nome na lista de atletas olímpicos que já representaram o país na competição mais importante do planeta.

Como podemos falar em educação, história ou legado, se nem mesmo as entidades que regulam o esporte fazem questão de dar o exemplo? Nem sequer citar os atletas que chegaram nessa entrega máxima de representar o país em uma Olimpíada?

Ainda que eu não tenha tido a honra de alcançar uma medalha olímpica (afinal, poucos têm), foram quase 15 anos defendendo a seleção brasileira e trabalhando para levar o nome do país cada vez mais adiante. Nesse ponto, a nossa política de reconhecimento ao atleta ainda é muito deficitária.

Mas eu teria a oportunidade de tentar mudar isso. Pois, mesmo sem ninguém pedir, sentia que tinha uma missão: não deixar que nenhum outro atleta passasse pelos desmandos e xingamentos que eu havia passado. Eu queria alterar essa realidade sórdida. E não descansaria enquanto não conseguisse mudar a gestão autoritária dos esportes aquáticos brasileiros, que seguia a mesma desde 1988.

101

No ano seguinte, em 2012, já aposentado e sem vínculo com nenhum clube, eu me afastei muito da natação competitiva em âmbito nacional e mundial. Eu realmente não queria me envolver ou ouvir notícias sobre esse esporte, campeonatos internacionais ou Jogos Olímpicos. Por mais difícil que isso pudesse ser, era algo que eu precisava fazer pela minha sanidade mental.

Eu tinha de encontrar uma forma de me esquecer da natação e focar nos meus novos objetivos profissionais, na construção da minha carreira como advogado e na minha família. Afinal, eu tinha intenções de ser pai em um futuro próximo.

Mas renunciar tudo ligado à natação, de repente e de uma hora para outra, era um pouco mais fácil de falar do que fazer. Tudo era muito recente e não dava para me desligar abruptamente depois de passar os últimos 15 anos basicamente vivendo disso. Tudo o que eu fazia era pensando no esporte. Eu respirava, comia e dormia com os objetivos da natação como foco principal.

Ainda assim, de alguma forma, eu ainda me manteria conectado ao esporte, afinal, tinha intenção de competir em mais umas duas edições dos Jogos Abertos de Santa Catarina. Eu sentia que devia isso a minha amada Joinville. Paralelamente, como era a competição na qual eu havia sido revelado, em 1995, nada mais justo do que encerrar a carreira participando dela.

Contudo, para a minha infelicidade, logo em 2012, uma distensão muscular de grau dois no meu músculo adutor me impediu de defender a cidade nos Jasc. Apesar de ter treinado quase o ano todo, não consegui participar do torneio, passando a temporada sem finalizar nenhuma prova oficial.

Dentro do meu objetivo de tentar me desligar da natação completamente, eu raramente acessava sites especializados para ver os resultados das competições (algo que faço quase diariamente hoje em dia). Desde 1992, quando assisti ao Gustavo Borges ser medalha de prata nos Jogos Olímpicos de Barcelona, eu não perdia nenhuma final. Dessa vez, pelo contrário, em Londres-2012, foram poucas as vezes em que liguei a televisão para ver o que estava acontecendo e acompanhar alguma eliminatória, semifinal ou final.

Além de faltar vontade e interesse, eu não estava com o espírito olímpico aflorado e assistir às provas de natação ainda me machucava um pouco. Obviamente, vi e vibrei com os pódios de Thiago Pereira e Cesar Cielo, mas não da mesma forma que costumava fazer até então.

Passada a ressaca de ter me aposentado do esporte competitivo nas vésperas da competição mais importante do mundo, no ano seguinte, recebi mensagens de algumas pessoas ligadas à natação do Brasil. E 2013 teve uma pequena reviravolta.

Depois de um contato e um convite inusitado, vindo de uma figura muito conhecida na natação brasileira, aos poucos, eu voltei a esboçar novamente um interesse pela modalidade. Não sob o olhar competitivo, mas, sim, por um ângulo um pouco mais burocrático. Aquela ideia sobre a missão de ajudar os atletas a não sofrerem o mesmo que eu, enfim, estava surgindo. Será que eu poderia oferecer alguma coisa de volta ao esporte que havia me dado tantas alegrias ao longo da vida?

Grande jornalista esportivo, irmão de uma lenda olímpica e ex-atleta de natação, Julian Romero me procurou com uma notícia um tanto quanto inesperada. Ele queria lançar uma chapa de oposição à presidência da CBDA, em fevereiro de 2013.

Afinal, Julian sabia que eu não suportava o atual presidente e sua trupe, sem dizer que Coaracy estava desde 1988 no comando da entidade, praticando uma gestão marcada por desmandos, supostas suspeitas de fraudes e pouco diálogo, algo ao qual eu era abertamente contrário desde 2004, durante nossa briga antológica relatada nos capítulos anteriores e publicada nos jornais de grande circulação nacional.

De repente, o meu interesse no esporte e na natação, em especial, despertou. Depois de quase um ano completamente inerte e desligado das notícias, eu retornava a ter uma consciência e um interesse em tudo aquilo novamente.

Não era por poder ou dinheiro. Era altruísmo. Depois da ligação do Julian, eu passei a ter um único empenho nessa empreitada: tirar da CBDA um problema que perdurava no comando por mais de 20 anos, que fazia um mal tão grande, que poucos tinham noção de como poderia ser uma gestão sem essa postura condenável.

Apenas quando aquele presidente fosse retirado da CBDA é que poderíamos pensar em uma gestão justa e transparente. Era um mal que afetava os esportes aquáticos por tanto tempo que as pessoas achavam que não poderia existir a CBDA sem o Coaracy. É exatamente esse tipo de pensamento que ditadores querem embutir na cabeça dos súditos. Na gestão da CBDA, havia uma inversão de valores que desvirtuava o propósito esportivo como um todo.

Então, mesmo sabendo que seria uma luta inglória e, provavelmente, não teríamos êxito, aceitei o desafio. Afinal, a intenção não era exatamente vencer a eleição (algo que sabíamos ser pouco provável), mas provar para toda a comunidade aquática que era possível ter uma oposição bem-intencionada, com atletas e ex-atletas na composição.

Dessa maneira, em novembro de 2012, enviamos um e-mail para a Confederação requerendo o registro de uma chapa para a presidência da entidade. Nesse instante, a chapa "Muda CBDA" ganhou vida e a empreitada (e o sonho) se materializou.

Formada basicamente por ex-nadadores, a intenção da chapa era, a princípio, provar para federações estaduais, treinadores e atletas que qualquer pessoa podia se candidatar à presidência da CBDA. Afinal, vivíamos (e ainda vivemos) em um estado democrático de direito. A única "exigência" era ter coragem suficiente para dar a cara a tapa e ser alvo de críticas.

Em 14 de novembro de 2012, a chapa de oposição "Muda CBDA" foi oficialmente lançada, por meio de um pedido de registro feito ao então presidente, Coaracy Nunes Filho.

À CONFEDERAÇÃO BRASILEIRA DE DESPORTOS AQUÁTICOS

Ilmo Sr. Presidente,

Em cumprimento ao Artigo 5º do Regimento Interno da Assembléia Geral da Confederação Brasileira de Desportos Aquáticos, JULIAN AOKI ROMERO, brasileiro, casado, jornalista, solicita o registro de chapa à Presidência, Vice-Presidência e Conselho Fiscal, para concorrer à eleição desta entidade no período de 2013 a 2016.

PRESIDENTE: JULIAN AOKI ROMERO
VICE-PRESIDENTE: RODRIGO OCTAVIO COELHO DA ROCHA E CASTRO

CONSELHO FISCAL – TITULARES:
1. CARLOS EDUARDO FERNANDES PIRES
2. RAUL CRESPO MAGALHÃES
3. RENATA DE ARAÚJO LEÃO

CONSELHO FISCAL – SUPLENTES:
1. EDUARDO AQUILES FISCHER
2. FELIPE SILVA PIRES DE FREITAS
3. CAROLINA MONCORVO

Sem mais para o momento, reitero o registro.

Atenciosamente,

_____
JULIAN AOKI ROMERO

Não havia glamour, grandes expectativas e orçamento para uma campanha. A intenção era demonstrar para todos que vivenciavam o esporte aquático no Brasil que estávamos cansados e alguma coisa tinha de ser feita. Tínhamos total consciência de que as chances de vencer as eleições eram mais do que remotas, pois os votos partiam das 27 federações, com as quais tínhamos pouco ou quase nenhum contato ou relacionamento para explicar as nossas boas intenções.

Mas, como sempre, Coaracy não gostava da democracia, da competição justa ou da ideia de existir uma disputa pela presidência. Era tanto egocentrismo da parte dele que uma das coisas que mais gostava era dizer que havia sido eleito por "aclamação".

Ele havia incorporado essa figura centralizadora e autoritária, efetivamente acreditando que a CBDA pertencia a ele (exatamente como já havia nos dito algumas vezes). Como se não bastasse, ele realmente achava que, sem ele no comando, a Confederação e os esportes aquáticos do Brasil estavam fadados ao fracasso.

Era o mais puro reflexo narcisista de uma pessoa que teria, no futuro, as atitudes colocadas à prova pelo Ministério Público em uma ação penal advinda da "Operação Águas Claras[130]", sendo determinado seu afastamento da CBDA. Mas, naquele momento, ele não podia imaginar viver sem esse status. Coaracy era a personificação de um movimento totalmente antidemocrático no esporte nacional.

Como ele não queria oposição, mesmo sabendo que as chances de derrota eram mínimas (ou inexistentes), usou o poder para simplesmente não aceitar a chapa, a impugnando e desmerecendo Julian e os demais integrantes.

Afinal, para o então presidente, só o fato de existir uma oposição e uma eleição que não fosse por aclamação eram afrontas a tudo o que ele pregava. Tal qual um autocrata, ninguém pode ou deve se insurgir contra o sistema.

Mas nós não estávamos dispostos a desistir tão facilmente dessa briga e não nos conformamos com a impugnação. Fomos ao Poder Judiciário[131] questionar a legalidade da referida proibição da nossa chapa.

Fato é que sentimos na pele o peso do artigo 217, inciso I da Constituição Federal. Uma disposição que, de certa forma, permitia (e ainda permite) que uma entidade esportiva possa fazer o que bem entender, desde que isso seja aprovado em um estatuto.

---

[130] Link no QR CODE
[131] Tribunal de Justiça do Rio de Janeiro: Processo n.º 0106627-69.2013.8.19.0001; Processo n.º 0070720-33.2013.8.19.0001

> Art. 217. É dever do Estado fomentar práticas desportivas formais e não-formais, como direito de cada um, observados:
>
> I - **<u>a autonomia das entidades desportivas dirigentes e associações</u>**, quanto a sua organização e funcionamento.

Ocorre que o estatuto da CBDA havia sido feito unilateralmente e enfiado goela abaixo dos presidentes das 27 federações estaduais para que aprovassem em assembleia geral. Um modelo que, pasme, se repetia em outras confederações olímpicas, até mesmo supostamente no próprio Comitê Olímpico Brasileiro, algo colocado em xeque anos depois, após a prisão do antigo presidente do COB Carlos Arthur Nuzman.

Nuzman, aliás, também seria suspeito de usar o poder e a influência para intermediar a compra de votos de integrantes do Comitê Olímpico Internacional (COI) para a eleição do Rio de Janeiro como sede da Olimpíada de 2016[132].

Voltando ao processo judicial, a nossa intenção era apenas o direito da participação nas eleições. No entanto, com base no artigo 217 da Carta Magna, o Poder Judiciário nos dizia que a impugnação da chapa "Muda CBDA" era válida e nós não estávamos cumprindo todos os requisitos estatutários, que eram absurdos, para registro da oposição. Veja:

> *Processo nº: 0070720-33.2013.8.19.0001*
> *Tipo do Movimento: Despacho*
>
> *Descrição:*
>
> *Verifica-se que a condição imposta à chapa do autor é prevista em regimento interno aprovado por assembleia geral da instituição. Desta feita ausente a verossimilhança necessária para a concessão da antecipação dos efeitos da tutela. Cite-se.*

---
[132] Link no QR CODE

Esse seria o despacho do juiz negando o nosso pedido liminar para participação nas eleições. Quando o processo chegou concluso para a sentença, ou seja, para uma decisão terminativa, as eleições já haviam ocorrido. Parecia até mentira, mas não era. Como os processos são públicos, podem ser consultados pela internet, confirmando a veracidade.

> *Nesta data, faço os autos conclusos ao MM. Dr. Juiz Ana Cecilia Argueso Gomes de Almeida.*
>
> *Em 3/4/2013.*

> *Sentença*

> *Trata-se de mandado de segurança, com pedido liminar, impetrado por Julian Aoki Romero contra ato praticado pelo presidente da Confederação Brasileira de Desportes Aquáticos alegando que foi impedido de participar das eleições para Presidência da CBDA realizadas em 9/3/2013. Requer, assim, a concessão da medida liminar a fim de garantir a participação do impetrante e de sua chapa no processo eleitoral em tela, bem como a concessão da segurança, ao final, com a confirmação da medida liminar.*

> *Objetivava o impetrante, através do presente remédio constitucional, **participar das eleições para a Presidência da Confederação Brasileira de Desportes Aquáticos, as quais se realizaram há cerca de um mês, em 9/3/2013.***

> *Sendo assim, verifica-se a perda superveniente do objeto da presente ação, pelo que denego a segurança, com fulcro no art. 6º, §5º da Lei nº 12.016/2009 c/c art. 267, VI do CPC.*

E, com a garantia da palavra "autonomia" na redação do inciso I do artigo 217, a CBDA (no caso, o Coaracy) podia fazer o que bem quisesse. Inclusive, não permitir a participação da nossa chapa nas eleições de 2013. Afinal, nós não tínhamos o apoio por escrito de pelo menos cinco presidentes de federações estaduais, requisito estatutário para participar do pleito.

Pouco importava que esse pré-requisito, de certa forma, violasse qualquer princípio democrático que possa existir no ordenamento jurídico nacional, além de cercear o direito da livre iniciativa e a possibilidade de candidatura.

Segundo o Judiciário, apesar de a CBDA receber 95% de suas verbas de entidades públicas, ela se trata de uma confederação privada, que pode fazer as regras conforme quiser, novamente, desde que aprovadas por um estatuto.

Com a negativa e o indeferimento da liminar, obviamente, não concorremos ao pleito de 2013. Coaracy Nunes Filho se reelegeu por "aclamação" para mais um ciclo de quatro anos. Exatamente como queria.

Para piorar, o mandato acabaria somente depois dos Jogos Olímpicos do Rio-2016. Era a oportunidade perfeita para ele vivenciar uma Olimpíada em casa. Haveria uma enxurrada de investimentos, sem muito controle ou muita fiscalização.

As pessoas sabiam que poderia haver supostos problemas na organização da Rio-2016, principalmente nas construções dos "elefantes brancos". De fato, era uma tragédia anunciada. Mas poucos realmente se importavam a ponto de fazer algo.

Não deu outra. Os Jogos do Rio-2016 foram maravilhosos, claro. Ninguém pode negar que o evento foi lindo. Mas, ao mesmo tempo, muito ruim em termos de investimentos, resultados e legado. Legado esse, aliás, que se mostra difícil de comprovar até hoje[133]. A matéria citada no rodapé, do site *G1 Rio*, do Grupo Globo, é apenas uma de inúmeras. A Rio-2016, de fato, não deixou o legado esperado.

No fim, todos os prognósticos se confirmaram e Carlos Arthur Nuzman foi preso, em 2017. A natação, infelizmente, arcou com as consequências, e os atletas foram tachados de perdedores por não chegarem ao pódio, sendo que se trata de uma das modalidades mais tradicionais, de mais sucesso para o Brasil e que mais atraem a atenção das pessoas nesse evento.

---

[133] Link no QR CODE

Tudo isso só fez com que a não participação no pleito eletivo da CBDA de 2013 fosse uma derrota ainda mais dura e triste. Nós carregávamos esse sentimento, verdadeiramente. Contudo, anos depois, percebemos que o revés não havia sido completamente em vão, pois, apesar de não termos a oportunidade de concorrer à presidência, a comunidade aquática percebeu que alguém havia se insurgido contra o sistema e, apesar dos pesares, lutado até o fim. Provamos, no fim, que o "gigante" também sangrava. Isso era nobre e confirmava que, mesmo sendo soberano, o sistema podia ser eventualmente enfrentado e, quem sabe, vencido.

Tenho grande convicção de que esse movimento de 2013 foi fundamental para que fosse possível eleger uma chapa de oposição, em 2017. Aquela briga não havia sido, de fato, totalmente em vão. Quem viveu a natação naquela época e vive nos dias de hoje, deveria conhecer essa história, assim como o nome e a pessoa Julian Aoki Romero. Afinal, tudo começou com uma arriscada iniciativa de concorrer nas eleições da CBDA, em 2013, sem nenhum tipo de apoio ou financiamento.

Obrigado, Julian! Você foi um personagem importante na mudança de alguns paradigmas na gestão do esporte aquático brasileiro.

102

Depois da tentativa um tanto quanto frustrada de assumir as rédeas da CBDA, eu voltei, infelizmente, a me desinteressar pela natação, repetindo o que já havia ocorrido no início de 2012. Era muito triste olhar para a televisão e ver o Coaracy Nunes dando entrevistas com seu ar soberbo.

Mais incômodo, ainda, era saber que éramos reféns dessa situação, e todas as vezes que eu olhava para aquela decisão judicial que confirmou o nosso impedimento de participar das eleições, ficava muito entristecido. Então, de 2013 até pouco antes dos Jogos Olímpicos de 2016, eu me distanciei novamente da natação de alto rendimento.

Foi um período de foco na minha carreira como advogado, na construção da parceria com a Roberta e na vontade de formar uma família e trazer um herdeiro ao mundo. Desde que me casei, passei a ter uma grande aspiração de ser pai e passar um pouco do meu legado e das minhas experiências para a frente.

No fim de 2012, depois de finalizar duas especializações, em Direito Empresarial e Direito Tributário, eu agradeci imensamente ao doutor Nereu Martinelli e pedi demissão da Martinelli Auditores. Havia sido pouco mais de dois anos de muito aprendizado, e eu já me sentia mais bem preparado para advogar como tributarista. Então, passei a procurar emprego em um local no qual eu poderia atuar na área do contencioso tributário, justamente na qual eu havia me especializado. Mesmo com duas pós-graduações, percebi que não seria uma tarefa fácil.

Aliás, não posso me furtar de deixar outro agradecimento especial à minha esposa, Roberta. Esse período no qual optei por deixar o emprego de auditor para encontrar algo na área que eu queria, no Direito Tributário, foi muito difícil financeiramente, e ela segurou as pontas. Se não fosse a Beta, uma mulher superindependente, inteligente, aguerrida e trabalhadora, não sei se eu conseguiria chegar onde cheguei. Ela, literalmente, garantiu a integralidade da situação até o momento em que pude me estabelecer na profissão e chegar ao cargo que tenho até hoje.

Somente em fevereiro de 2013, com a ajuda de uma amiga de longa data, Elaine Dias da Costa, eu conheci um escritório de experientes advogados, que recém haviam formado uma sociedade e fundado o CMMR Advogados (Costa, Meira, Martins e Rinaldi). A empreitada era constituída por profissionais que haviam deixado as carreiras em um dos principais escritórios de advocacia do Brasil para fundar o próprio negócio.

Foram algumas muitas conversas e entrevistas, além de semanas de espera, até receber uma decisão dos sócios sobre a minha contratação. Finalmente, eu receberia uma proposta de emprego para atuar precisamente na área que gostaria e na qual havia me especializado.

Passados muitos anos, até hoje o CMMR Advogados é a minha segunda casa. Em um ambiente de trabalho muito receptivo, inovador e produtivo, pude crescer e me tornar um advogado relativamente respeitado, gerenciando um sem-número de processos para uma vasta gama de clientes relevantes na economia regional e nacional.

Sou extremamente grato aos doutores Celso Meira Júnior, Paulo Eduardo Dias da Costa, José Martins e Renato Rinaldi. A oportunidade que me foi dada, em um momento em que eu estava ainda em formação e lapidação, foi muito importante para a minha transição do esporte de alto rendimento para a advocacia empresarial.

Naturalmente, com o aumento da demanda de trabalho, de fato, era mais importante focar no Direito do que pensar no meu "amigo" Coaracy. Eu tinha coisas mais importantes para me preocupar do que achar uma forma de destroná-lo da CBDA. Afinal, eu já havia feito a minha parte, algo que poucos atletas teriam coragem de fazer.

Retrospectivamente, eu havia denunciado os abusos de poder do presidente, assim como acendido um alerta sobre eventuais suspeitas de supostas falcatruas com as verbas públicas dos esportes aquáticos. Para ser justo, havia, sim, uma outra atleta com coragem e papel fundamentais na mudança da gestão da CBDA, inclusive, falando abertamente sobre isso na mídia nacional: Joanna Maranhão.

Aliás, é inegável que Joanna teve papel importantíssimo e fundamental na mudança de gestão da CBDA, o que ocorreria em 2017. Mas vou chegar lá e contar tudo sobre essa história daqui a pouco, dando a ela o devido crédito que merece.

103

Quem conhece um pouco o Pedro, nosso filho, entende muito bem o que vou dizer: ele é a minha "arma secreta". Ele me estimula a ser uma pessoa melhor, mais ética, mais calma, educada e batalhadora. Não posso deixar de mencionar o PH neste livro. Afinal, ele foi a minha principal motivação para iniciar a redação da história que conto nestas páginas.

O Pedro Pitoco, como nós o chamamos até hoje, é um carinha demais! Sempre foi, desde muito cedo, maduro, compreensivo, inteligente e amoroso. Seria falho da minha parte não dedicar esta obra a ele. Ao conviver diariamente com o nosso filho, eu e a Roberta entendemos melhor o mundo e a importância de fornecer amor e educação.

Pedro nasceu em 2015, em um momento no qual o pai dele não era mais um atleta profissional e havia passado por alguns bocados para alcançar os objetivos e se tornar um atleta olímpico. Por isso, o livro é, antes de mais nada, uma forma de ele conhecer um pouco mais sobre mim, em uma época em que ele não estava conosco.

Aos 29 dias do mês de setembro de 2015, por volta das 4h da manhã, o Pedro veio ao mundo. Não havia explicação melhor para a palavra amor. Pedro é puro coração, dotado de uma empatia diferenciada. E ele tem um superpoder: está sempre disposto a ajudar.

Ele é companheiro e com ele não tem tempo ruim. Qualquer programa, qualquer mesmo, desde que seja feito conosco, deixa ele feliz e empolgado. Se precisamos fazer compras e o convidamos para ir ao mercado, ele topa na hora. Vai feliz, não reclama, não acha ruim e, muito pelo contrário, se diverte ao máximo, transformando uma ida na feira em uma verdadeira aventura. Basta usar um pouco da imaginação, dizer que é uma missão secreta e precisamos encarar alguns vilões no caminho, que o passeio vira festa. Esse é o Pedro. O nosso Pedro. O Pedro que faz tudo ser melhor, mais leve, mais bacana, mais divertido, mais feliz. Como não ser alguém melhor quando você tem um filho tão bacana e divertido ao seu lado? Para nós, e a Roberta vai concordar, o PH é uma benção nas nossas vidas.

Depois de tantas derrotas nas minhas batalhas com a gestão da CBDA, de fato, eu havia perdido um pouco dessa vontade de ajudar os outros e tentar tornar o ambiente melhor. Mas o PH Pitoco conseguia fazer isso com maestria e passaria a me dar lições dia após dia.

Afinal, passei anos tentando ajudar os atletas, o sistema e os esportes aquáticos, mas, até então, havia falhado miseravelmente. Inclusive, muitas vezes, essa minha vontade de ajudar o esporte era interpretada como interesse próprio. Tudo isso me distanciou da luta por um esporte melhor. Mas a chegada do nosso Pê mudou isso radicalmente.

De repente, ajudar o esporte e os atletas era algo que eu achava fazer sentido novamente e, depois de dois anos sem dar muita importância a isso, retornei, aos poucos, a me interessar pela natação.

Ironicamente, ao mesmo tempo que o Pedro me fazia ser melhor e indiretamente me incentivava a me preocupar com o futuro da natação, foi ele que me fez recusar uma oportunidade de ajudar o esporte de alto rendimento diretamente na fonte.

Em junho de 2016, poucos meses antes dos Jogos Olímpicos do Rio, recebi uma ligação do meu colega de seleção brasileira Luiz Lima. Ele havia acabado de assumir o cargo de secretário nacional de Esportes de Alto Rendimento, se tornando o primeiro professor de educação física a assumir tal cargo.

Era um domingo. Eu estava com a Beta e o Pedro, almoçando na casa dos meus pais, quando o meu telefone tocou. Luiz foi diretamente ao assunto:

"Fischer, acabei de assumir o cargo de secretário nacional de Esportes de Alto Rendimento e preciso de um braço direito em Brasília. Não consigo pensar em ninguém melhor do que você. A sua experiência com o esporte de alto rendimento, aliada ao seu conhecimento jurídico fazem de você a pessoa certa para o cargo e para estar ao meu lado".

Confesso que fiquei sem palavras. Esperei alguns segundos e iniciei a minha fala agradecendo. Respondi que era uma oportunidade incrível e muito interessante, mas que precisava de alguns dias para pensar. Então, ele disse que eu não tinha alguns dias, mas que aguardaria até o fim daquele domingo para ouvir uma resposta. Era, de fato, muito urgente e repentino.

Não vou negar que fiquei muito, mas muito, tentado. Era tudo o que eu almejava há alguns anos. Trabalhar diretamente com o esporte de alto rendimento, tomando decisões que poderiam impactar positivamente na estrutura esportiva do país. Aquilo me parecia a melhor forma possível de ajudar a natação, o esporte que havia me trazido tantas alegrias e tantos ensinamentos. Poderia ser a chance de mudar paradigmas, para que nenhum outro atleta passasse pelo que eu passei, sendo chamado de "filho da puta" por um presidente de confederação.

Mas, para assumir o cargo, eu teria de me mudar para Brasília. E a Roberta? E o Pedro? Será que essa oportunidade de emprego era mais importante do que a minha família? Cheguei a debater o assunto, naquele mesmo instante, com a Beta. Tentei explicar que aquela era uma grande oportunidade, que eu desejava muito e que havia muitos pontos positivos. Sim, eu cheguei a cogitar aceitar a proposta.

Mas, ao ouvi-la falando sobre o nosso filho, de apenas 9 meses, e quanto eu perderia por não estar ao lado dele nos momentos mais importantes do início da vida, pareceu fácil concluir que era um lampejo da minha cabeça. Eu não podia aceitar. Então, naquele mesmo dia, antes mesmo de anoitecer, retornei a ligação ao novo secretário e recusei o convite.

Na hora, confesso que fiquei um pouco triste. Foi uma decisão difícil. Hoje, percebo que foi uma das mais acertadas da minha vida e sou muito grato à Roberta por ter insistido para que eu não aceitasse o cargo. Afinal, nada poderia substituir a felicidade de estar todos os dias ao lado do meu filho e da minha família. Jamais me perdoaria se eu perdesse meses (ou anos) da infância e da formação do meu filho por um cargo político e um bom salário. Por isso, meu filho, eu lhe agradeço. Mais uma vez, você me fez uma pessoa melhor.

Não bastasse isso, conversei com o Luiz, algum tempo depois, e ele me revelou bastidores não muito justos dentro da Secretaria, a respeito de algumas coisas com as quais ele não concordava. Por esse motivo, ele deixou o cargo.

Segundo ele, travava batalhas diárias pela ética e pela moral no esporte e se insurgia contra questões pouco técnicas e muito políticas. Dizia ser uma luta, muitas vezes, inglória. Realmente, eu não sei se teria estômago para isso. Depois de pouco mais de um ano como secretário, Luiz deixou o cargo e se dedicou à carreira política.

104

Passados os Jogos Olímpicos do Rio-2016, nos quais os esportes aquáticos conquistaram uma inédita e fantástica medalha de bronze na maratona aquática, com a Poliana Okimoto[134], mas não tiveram pódios na natação de piscina[135], eu já não enxergava mais formas de ter uma CBDA melhor e mais transparente.

Mas, em outubro de 2016, ao ligar o meu computador para iniciar mais um dia de trabalho, recebi com grande alegria, confesso, uma notícia animadora.

A 21ª Vara Federal Cível de São Paulo, em sede liminar, determinava o afastamento do presidente da CBDA[136], Coaracy Nunes Filho, além de Sérgio Alvarenga, diretor financeiro, Ricardo de Moura, coordenador de natação, e Ricardo Cabral, coordenador de polo aquático. Os membros eram acusados pelo Ministério Público Federal (MPF) de São Paulo de fraude em licitações, superfaturamento e desvio de dinheiro público.

O esquema teria sido descoberto pela operação Águas Claras[137] e, segundo o MPF, o dinheiro seria destinado à compra de equipamentos e materiais para a preparação de atletas de maratona aquática, polo aquático

---

[134] Poliana Okimoto (São Paulo, 8 de março de 1983) é uma nadadora brasileira. Nos Jogos Olímpicos do Rio-2016, se tornou a primeira brasileira a conquistar uma medalha olímpica nos esportes aquáticos (bronze na prova dos 10km).
[135] O melhor resultado individual da natação do Brasil, na piscina, nos Jogos do Rio-2016, foi de João Gomes Júnior, que finalizou a prova dos 100 metros peito em quinto lugar, com 59s31.
[136] Link no QR CODE
[137] Links nos QR CODES

e nado sincronizado para os Jogos do Rio-2016. Os danos e desvios eram estimados em R$ 1.265.844 (claro, isso era apenas a ponta do iceberg).

Além do afastamento, o juiz federal Heraldo Garcia Vitta determinou que a investigação continuasse em São Paulo, considerando que a maioria das empresas investigadas tinham sede na cidade.

O juiz deliberou, também, que o Ministério do Esporte indicasse, com urgência, um substituto para a presidência da CBDA, já que o vice também foi afastado sob a alegação de fazer parte da presidência.

Então, no momento em que as minhas esperanças sobre a troca do poder na CBDA já haviam quase se exaurido, eu vi uma luz no fim do túnel. Afinal, foram tantos anos lutando sem êxito contra o sistema e contra a gestão autoritária e interminável do Coaracy, que eu não achava mais ser possível modificar a condução dos esportes aquáticos brasileiros.

A decisão da Justiça de afastar Coaracy colocava um grande número de perguntas imediatas na minha cabeça: a Era Coaracy teria, mesmo, chegado ao fim? Quem poderia assumir a CBDA? Será que eu iria, finalmente, vivenciar a troca do poder na Confederação por uma gestão mais justa, transparente e em prol dos atletas? Havia algo que eu podia fazer para ajudar?

Fato é que as eleições para a presidência da CBDA não estavam muito distantes. Havia um pleito, conforme o estatuto, previsto para março de 2017, visando a escolha de um mandatário para os próximos quatro anos (ciclo olímpico até Tóquio-2020).

Com Coaracy afastado, ele poderia concorrer nas próximas eleições? Em quem eu poderia confiar para apoiar em uma chapa de oposição? Nesse instante, o meu celular era bombardeado por inúmeras mensagens de WhatsApp, vindas de atletas, ex-atletas, amigos, colegas e jornalistas que sabiam do meu longo desafeto com o mandatário da CBDA. Mas a minha alegria não durou muito e, no mês seguinte, em novembro de 2016, Coaracy foi reintegrado à entidade.

Uma decisão da segunda instância da Justiça Federal de São Paulo (TRF3) recolocou Coaracy Nunes Filho novamente à frente da presidência da Confederação Brasileira de Desportos Aquáticos. O então desembargador do Tribunal Regional Federal da 3ª Região, Nery da Costa Júnior, expediu uma liminar suspendendo o afastamento do cartola e dos demais dirigentes pela suspeita de desvio de dinheiro público e fraude em licitação.

Não vou negar, a decisão do TRF3 de reintegrar Coaracy me deu uma desanimada, mas, ainda assim, havia uma esperança no ar que não era vislumbrada há muitos anos. Contudo, mais do que nunca, esse era o momento para colocar as ideias no lugar e continuar com firmeza a estratégia de apoiar uma eventual chapa de oposição, convencendo os atletas de que havia uma forma para que tudo melhorasse.

Muitos atletas me conheciam e sabiam da veracidade da minha luta contra o sistema que perdurava por mais de 25 anos no poder. Então, passei a acreditar no meu potencial, internalizando a convicção de que tinha plena capacidade de convencer os atletas e se manifestarem pela mudança.

O ano de 2016 terminou com uma expectativa diferente e positiva em relação à natação, algo que eu não vivenciava há muito tempo. Desde 2013, quando tentamos lançar a chapa de oposição, eu não me sentia tão esperançoso com os possíveis rumos da CBDA. O momento era de estudo e cautela, aguardando a virada do ano para, então, ter convicção sobre o que fazer nas eleições de março de 2017.

105

O ano de 2017 se iniciou com algumas controvérsias e dúvidas sobre quem seria a chapa da situação da CBDA. Então, em 16 de fevereiro de 2017, a entidade anunciou a data para as eleições com uma publicação no *Diário Oficial da União*. Na referida postagem, a Confederação convocou a comunidade aquática para a Assembleia Geral Ordinária Eletiva, a ser realizada em 18 de março de 2017, no Hotel Slaviero, no Centro do Rio de Janeiro.

Efetivamente, como eu já esperava, o processo do MPF contra o Coaracy era um fardo muito pesado para que ele suportasse mais uma eleição e eventuais quatro anos extra de mandato. Por essa razão, ele tentou emplacar uma chapa da situação com pessoas que pudessem ser leais a ele, selecionando indivíduos que poderiam ajudá-lo.

A chapa contava com Sérgio Silva, concorrendo pelo cargo de presidente, e Marcelo Amin, como vice. Contudo, Coaracy não esperava que essas pessoas logo compreendessem as suas segundas intenções e, depois de alguns imbróglios judiciais, a chapa tomou uma decisão muito sensata, apresentando a renúncia.

À CONFEDERAÇÃO BRASILEIRA DE DESPORTOS AQUÁTICOS

A/C DA COMISSÃO ELEITORAL

REF.: ELEIÇÕES QUADRIÊNIO 2017/2021

Eu, SERGIO LUIZ SAMPAIO LACERDA SILVA, professor de educação física (aposentado), residente na Av. D. João VI n° 01 apt. 301 – bairro de Brotas Salvador / Bahia CEP. 40.290.000, portador do CPF n° 096.237.525-04, e da carteira de identidade n° 730.926 SSP BA, candidato ao cargo de Presidente da Confederação Brasileira de Desportos Aquáticos pela CHAPA UNINDO FORÇAS, nas eleições de 2017, para o mandato de 4 (quatro) anos para os eleitos, venho requerer a minha inscrição e registro, na conformidade do preceituado pelas normas do estatuto desta confederação.

CHAPA UNINDO FORÇAS

PRESIDENTE: SERGIO LUIZ SAMPAIO LACERDA SILVA

VICE-PRESIDENTE: MARCELO PEIXOTO AMIN

CONSELHO FISCAL - MEMBROS EFETIVOS:

1. ELDEBRANDO MORAES PIRES FILHO
2. CYRO MARQUES DELGADO
3. MARCUS VINICIOS SANTANA PEREZ

CONSELHO FISCAL – MEMBROS SUPLENTES:

1. RAMON MARTINEZ
2. MÁRCIA MATO SANTOS PIO DE OLIVEIRA
3. BRUNO LEANDRO PIRES DE CARVALHO

Contudo, para que as eleições pudessem ocorrer como o esperado por Coaracy, ele precisava cumprir um requisito legal, previsto na Lei Pelé, e criar uma Comissão de Atletas com direito ao voto. Algo que o mandatário temia, pois poucos gostavam da forma como ele geria a CBDA, sempre de maneira obscura e sem qualquer critério.

Assim, Coaracy e Ricardo de Moura tinham de criar uma Comissão Nacional dos Atletas, a CNA, às pressas, pois isso era um requisito para que o edital de convocação da Assembleia Geral Ordinária Eletiva pudesse ser publicado e essa AGE tivesse regularidade para ser realizada.

Contudo, os desmandos do senhor Coaracy não cessavam e, de forma totalmente absurda, desobedecendo a Lei, o mandatário criou arbitrariamente uma Comissão de Atletas, por meio de indicações da própria CBDA, muito diferente do que pregava a legislação, segundo à qual os próprios atletas deveriam escolher o seu representante pelo voto direto.

Datado de 13 de fevereiro, o boletim 14/2017 convocava para uma eleição à presidência da CNA os cinco atletas indicados pela presidência da CBDA. Coaracy queria que o presidente da futura Comissão votasse nele, afinal, isso representaria um terço dos votos válidos. Ele não podia correr o risco de não ter o apoio da Comissão de Atletas e, por isso, escolheu quem achava que o apoiaria.

Mas o sistema de escolha dos atletas não estava em conformidade com a letra da Lei e foi então que dois importantes personagens desse momento histórico dos esportes aquáticos apareceram, dispostos a discutir a questão na Justiça para que a aplicação daquilo que era correto fosse garantida.

106

Basta conhecer um pouco da história da natação brasileira para saber quem é Joanna Maranhão. O nome dela não tem como passar despercebido. Seja pelos grandes resultados ou pela firme postura em alguns temas mais controversos. Joanna foi uma nadadora pernambucana espetacular, natural de Recife, que participou de quatro edições dos Jogos Olímpicos.

Jujuca, como era carinhosamente conhecida pelos companheiros de equipe e de seleção brasileira, foi finalista olímpica em Atenas-2004, terminando a prova dos 400 metros medley na quinta colocação. É a melhor posição obtida pela natação brasileira feminina de piscina até hoje. Indiscutivelmente, um feito histórico. E quer saber? Eu estava lá, tive a honra e a alegria de comemorar e ver aquela menina, de apenas 17 anos, se tornar uma lenda na Grécia.

Ocorre que, se você não conhece Joanna pelos feitos esportivos excepcionais, talvez a conheça pelas polêmicas declarações. Joanna nunca teve muita papa na língua e, por mais que às vezes eu possa discordar das opiniões dela, respeito muito a postura. Ela nunca se furtou de falar o que pensava, mesmo que isso pudesse causar problemas ou fazer com que virasse alvo de críticas. No fundo, ela sempre foi polêmica e gosta de deixar as opiniões de forma clara e incisiva, fazendo isso abertamente nas redes sociais.

Mas não é pela suposta impertinência da Joanna que a cito neste capítulo histórico dos esportes aquáticos brasileiros. Ela, assim como eu, estava indignada com o formato escolhido pela CBDA para a instauração da Comissão de Atletas.

Como dito anteriormente, essa Comissão era uma exigência legal (Lei Pelé n.º 9.615/1998) para que as confederações pudessem realizar as eleições e escolher os presidentes. A CBDA deveria, obrigatoriamente, garantir direito ao voto ao atleta eleito por seus pares. Veja:

Art. 23. Os estatutos ou contratos sociais das entidades de administração do desporto, elaborados de conformidade com esta Lei, deverão obrigatoriamente regulamentar, no mínimo:

[...]

III - a garantia de representação, com direito a voto, da categoria de atletas e entidades de prática esportiva das respectivas modalidades, no âmbito dos órgãos e conselhos técnicos incumbidos da aprovação de regulamentos das competições.

[...]

§ 2º Os representantes dos atletas de que trata o inciso III do caput deste artigo deverão ser escolhidos pelo voto destes, em eleição direta, organizada pela entidade de administração do desporto, em conjunto com as entidades que os representem, observando-se, quanto ao processo eleitoral, o disposto no art. 22 desta Lei.

Como estava envolvido na campanha que visava extirpar o Coaracy dos poderes da CBDA, eu realmente não sabia o que fazer. Ou, ainda, como eventualmente combater essa atrocidade. Digo atrocidade, pois o Coaracy havia indicado um atleta para ser o representante dessa classe com direito ao voto sem realizar qualquer eleição direta entre os pares, violando diretamente a expressa previsão legal.

Foi então que entrou em cena outro grande personagem para que a Lei fosse garantida. O advogado Marcelo Jucá, especializado em Direito Esportivo, podia, talvez, não ser muito conhecido pelos nadadores ou pela comunidade aquática, mas seu nome o precedia no âmbito da Justiça.

Doutor em Direito Desportivo, com livros publicados e presidente do Tribunal de Justiça Desportiva do Rio de Janeiro (TJD-RJ), o doutor Jucá era aquilo que poderíamos chamar de alguém com enorme influência nas causas que permeavam os direitos e as garantias esportivas.

E foi assim que Jucá observou que a indicação arbitrária do Coaracy, nomeando Thiago Pereira, pela natação, como presidente da Comissão de Atletas da CBDA violava não só a letra da Lei, mas todos os direitos e as garantias dos atletas aquáticos do país.

No boletim n.º 014/2017, a CBDA anunciou a "sua" Comissão Nacional de Atletas, alegado que havia seguido o artigo 54 do Estatuto, indicando e nomeando os seguintes atletas:

Thiago Pereira, da natação.

Hugo Parisi, dos saltos ornamentais.

Maria Clara Lobo, do nado sincronizado.

João Felipe Lemgruber Coelho, do polo aquático.

Virginia Pedrosa, da maratona aquática.

Não tenho, nem nunca tive nada contra as pessoas indicadas, muito menos contra o excepcional nadador Thiago Pereira. Pelo contrário, guardo grande admiração e respeito pelos enormes feitos e resultados que ele alcançou e trouxe para a nossa natação e o nosso Brasil. Um dos maiores, com certeza. Inclusive, pude, uma vez, assistir à palestra dele sobre a jornada de Atenas-2004 até a prata olímpica, em Londres-2012, e posso afirmar, com segurança, que se trata de uma história e tanto, digna de ser contada e ouvida.

Contudo, o formato das nomeações estava equivocado e precisava ser reparado, independentemente de quem fosse escolhido para o cargo.

Mas Marcelo Jucá, além de não poder abraçar a causa, pois estava ligado à campanha de oposição à CBDA, também não tinha um cliente (atleta) que pudesse ser o autor da ação que questionaria a violação do artigo 23 da Lei Pelé. Não era muito fácil encontrar esportistas filiados e vinculados à entidade que estivessem dispostos a comprar essa briga.

Foi então que, com extrema maestria, Jucá explicou a tese para a Joanna Maranhão, dizendo que pediria a suspensão das eleições da CBDA marcadas para março de 2017, já que o representante dos atletas não havia seguido os preceitos legais.

Joanna, que nunca foi de correr de uma boa briga, não teve dúvidas e ingressou com a ação no formato proposto por Marcelo Jucá, juntamente com Rodrigo Munhoz e Camila Pedrosa, visando a suspensão das eleições na CBDA pelo simples fato de a comissão nomeada por Coaracy Nunes não seguir o exigido pela Lei Pelé.

No caso, foi o advogado Rafael Carneiro Machado Pereira que representou a Joanna, a Camila e o Rodrigo, ingressando com uma ação ordinária com pedido de tutela de urgência, requerendo o cancelamento da indicação da Comissão Nacional de Atletas, por violação da Lei, além de pedir a suspensão das eleições para a presidência da CBDA até que a ilegalidade fosse resolvida.

E, como não poderia deixar de ser, o Poder Judiciário compreendeu da mesma forma, sendo que o juiz Leonardo de Castro Gomes, da 17ª Vara Cível do Rio de Janeiro, proferiu uma decisão acolhendo o requerimento, pedindo a suspensão da realização das eleições presidenciais da CBDA [138].

Na decisão, o juiz determinou o cancelamento da decisão da entidade na escolha da Comissão de Atletas (por nomeação, não votos dos pares), exigindo uma eleição conforme determinava o artigo 23 da Lei Pelé, para que o referido pleito fosse realizado dentro de 60 dias.

Em razão da suspensão por decisão judicial, houve tempo hábil para que o segundo processo do MPF contra o Coaracy fosse julgado, o afastando novamente da CBDA e nomeando um interventor, Gustavo Licks, para presidir interinamente a entidade até a realização correta da eleição.

A ação de número 5003277-54.2017.4.03.6100, expedida pelo Núcleo de Combate à Corrupção do Ministério Público Federal de São Paulo, era a segunda contra a CBDA, seus administradores e seus fornecedores.

A ação tinha como foco a improbidade administrativa de Coaracy Nunes Filho, Sérgio Alvarenga, Ricardo de Moura e Ricardo Cabral, além das empresas Roxy Turismo, F2 Viagens e Turismo e Mundi Tour Viagens e Turismo. Nos desdobramentos dessa ação, foi então que houve o afastamento do Coaracy, fazendo com que ele estivesse impedido de participar da eleição presidencial.

Nesse sentido, não só a Joanna, mas também Camila, Rodrigo e os doutores Marcelo e Rafael salvaram os esportes aquáticos brasileiros de mais quatro anos de uma "ditadura coaraciana". Além disso, claro, todos os atletas foram agraciados pela aplicação da Lei e da democracia.

Realizada, então, a eleição para a Comissão de Atletas, no formato previsto pela Lei Pelé, os esportistas escolheram, pelo voto direto, Leonardo de Deus como presidente da classe. A comissão, portanto, e como já explicado aqui, teria direito ao voto nas eleições para a presidência da CBDA, representando aproximadamente 33% do colégio eleitoral.

---

[138] Link no QR CODE

107

Com a decisão de nomear um interventor, foi dado início à derrocada de Coaracy Nunes Filho e seus quase 30 anos de poder ditatorial da CBDA. Em 3 de maio, a juíza Simone Chevrand despachou a decisão de marcar a Assembleia Geral Eletiva da entidade para 9 de junho, no Hotel Novo Mundo, no bairro do Flamengo, no Rio de Janeiro.

A decisão atendia ao pedido do então interventor, Gustavo Licks, que, em pouco mais de um mês, viu a enorme necessidade de um comando político e financeiro na CBDA, pois o atual se mostrava confuso, sem regras precisas, arcaico e quase inexistente.

Além da decisão de marcar as eleições para 9 de junho, a juíza também havia decidido que deveria haver a inserção dos clubes com poder de voto, além de permitir a possibilidade da inscrição de novas chapas para disputar a presidência da Confederação.

Fato é que a juíza havia desconsiderado o Estatuto e o Regimento Interno da Assembleia da CBDA, documentos que previam certas condições para a participação no pleito, como a esdrúxula imposição de as chapas necessitarem de cinco cartas de apoio de federações filiadas para participação. Cabe ressaltar que essa obrigação absurda, afastada pela magistrada, havia sido o motivo da impugnação da nossa chapa de 2013. Lembra-se?

Na decisão, a juíza argumentou que, de acordo com informações do interventor Gustavo Licks, o estatuto atual impõe a "manutenção da antiquíssima situação" e que isso (30 anos de poder) não poderia acontecer de novo. Assim, se baseou exclusivamente na Lei Pelé para determinar quem poderia votar no "novo" pleito da CBDA: federações, Comissão de Atletas e clubes.

Inegavelmente, aquela decisão era um colírio para os meus olhos. Afinal, eu havia lutado durante muito tempo contra essas exigências arcaicas que apenas facilitavam a perpetuação do poder. Eu havia vivido tempos sombrios e tenebrosos com a gestão pouco polida e muito autoritária do Coaracy.

Finalmente, vislumbrávamos uma luz no fim do túnel, uma possibilidade de mudança, depois de anos e anos de decisões técnicas pouco democráticas e utilização supostamente inadvertida do dinheiro público.

Para coroar ainda mais as decisões acertadas que o Poder Judiciário vinha emanando, a Comissão Nacional de Atletas, com poder de voto, finalmente havia sido validada e confirmada após a perícia do interventor Gustavo Licks.

Depois da perícia ter sido remetida ao juízo, Simone Chevrand publicou uma decisão validando a Comissão de Atletas, composta por Leonardo de Deus (presidente), Carlos Henrique Rosa, Jéssica Gonçalves, Rudá Franco e Tammy Takagi, eleitos diretamente por 117 votos computados.

Assim, com o colégio eleitoral formado, faltava apenas aguardar ansiosamente pela Assembleia Eletiva de 9 de junho. Nesse meio-tempo, liguei para muitas pessoas relacionadas aos esportes aquáticos: atletas, ex-atletas, técnicos, dirigentes de clubes, presidentes de federações, mídia e imprensa especializada. Eu, efetivamente, estava fazendo campanha para Miguel Cagnoni, aquele que eu achava que talvez pudesse mudar o rumo da CBDA.

Inclusive, ofereci, de forma totalmente gratuita para a nova Comissão de Atletas, os meus serviços como advogado e consultor jurídico, pois, além de ter conhecimento na área técnica (por ter sido atleta), eu também tinha embasamento jurídico para dar suporte legal às decisões. Os membros da CNA eleita prontamente aceitaram a oferta, e eu logo estaria a caminho de acompanhar de perto uma eleição democrática para a presidência da CBDA.

Depois de mais alguns imbróglios jurídicos e contando com o apoio irrestrito dos atletas, Miguel Cagnoni assumiu o cargo de presidente, tendo Fernando Coelho como vice e Renato Cordani na função de diretor de Esportes.

Eu estava muito feliz. De fato, desde 1988, não tínhamos um processo eletivo democrático com mais de uma chapa em disputa. Em razão das exigências esdrúxulas contidas no Estatuto e da gestão com mãos de ferro, Coaracy ficou no poder por 28 anos, sempre reeleito por aclamação. Ou seja, sem qualquer oposição.

Eu nunca tive intenção em participar da gestão do Miguel e jamais pedi nada em troca pelo apoio. Tudo o que fiz foi para ajudar a trocar e melhorar a administração dos esportes aquáticos do Brasil. Contudo, ele achava que eu poderia contribuir e, por isso, me ofereceu um cargo de coordenador da Região Sul. Uma posição totalmente voluntária, que servia apenas para que eu transmitisse para a presidência as necessidades das federações daquela região. Eu não tinha participação ativa nas questões técnicas e quem gerenciava isso era o Renato Cordani. Um ex-nadador, sem resultados muito expressivos, que gostava do esporte.

Renato ficou por algum tempo na CBDA, mas não demorou muito para se desentender com Miguel, principalmente em razão de questões financeiras, a destinação e a aplicação das verbas públicas.

Depois que Cordani se retirou, eu segui na CBDA, fazendo o meu papel na tentativa de contribuir para uma gestão mais aberta e próxima dos atletas.

Foi então que, em outubro de 2018, em razão da saída do antigo diretor de Esportes, o presidente Miguel Cagnoni me convidou para assumir o cargo de diretor de natação da CBDA. Posição essa de importância e responsabilidade marcantes. Mesmo com certo receio sobre a minha capacidade, aceitei com muita honra. Era uma grande oportunidade de tentar emplacar algumas ideias que eu tinha há muito tempo.

Tive medo de como seria ocupar o cargo, além de dúvidas relacionadas à experiência necessária para fazer um bom trabalho? Sim, um pouco. Mas um atleta nunca evolui permanecendo sempre na zona de conforto. Isso foi algo que o esporte me ensinou. É preciso nos desafiarmos diariamente, pois o homem progride, estranhamente, apenas perante um ambiente desafiador. E, por isso, não seria na zona de conforto que eu tentaria melhorar a entidade, mas, sim, me arriscando um pouco. Na verdade, as coisas que mais valem a pena na vida são aquelas nas quais assumimos riscos.

Foi Nelson Mandela[139] que disse que "não há paixão a ser encontrada na vida quando não assumimos riscos. Não devemos nos contentar com uma vida menor do que aquela que somos capazes de viver".

Com esse pensamento em mente, segui em frente com o desafio que se apresentava à minha frente, sabendo que não seria fácil, mas que poderia ser uma grande oportunidade de fazer uma gestão melhor

---

[139]   Nelson Rolihlahla Mandela foi um advogado, líder e presidente da África do Sul de 1994 a 1999, considerado o mais importante líder da África Negra, vencedor do Prêmio Nobel da Paz de 1993 e pai da moderna nação sul-africana, na qual é normalmente referido como Madiba (nome do seu clã) ou Tata ("Pai").

do que a anterior, principalmente no diálogo aberto entre dirigentes e atletas.

Obviamente, tive de abdicar do "cargo" de advogado e consultor da Comissão de Atletas para evitar um conflito de interesses. Mas, antes de fazer isso, fiz questão de informar aos membros da comissão sobre a minha decisão, recebendo o endosso e a "benção" de todos.

De fato, a ideia era participar ativamente no planejamento das diretrizes da natação de alto rendimento, procurando criar e informar com antecedência e transparência todos os envolvidos (atletas, técnicos e clubes) sobre os critérios de convocações, assim como divulgar o formato das alocações das receitas advindas da LAP (Lei Agnelo Piva[140]).

Nesse ponto específico, acredito que tenho sido muito feliz nas minhas decisões, pois sempre consultei inúmeros especialistas da modalidade antes de tomar resoluções técnicas, principalmente na elaboração de critérios para convocação das seleções brasileiras de natação.

Inclusive, em dezembro de 2018, tive a oportunidade de compor a seleção como chefe de equipe para o 14º Campeonato Mundial de Natação em piscina curta, em Hangzhou, na China. De uma forma um pouco diferente, dessa vez, seria a minha quinta participação nesse evento desde a estreia, em 2002, quando trouxe para casa a medalha de bronze nos 50 metros peito.

Uma experiência fantástica, que me trouxe um extraordinário conhecimento como dirigente esportivo e me colocou em contato com muitas pessoas ligadas aos esportes aquáticos mundo afora. Também conheci e conversei com dirigentes de outros países filiados, membros do bureau da Fina e até fornecedores de produtos e serviços internacionais.

Todas essas experiências foram possíveis porque eu participei da assembleia geral da Fina, que ocorreu em paralelo ao Campeonato Mundial, inclusive, com palestras e workshops.

Além de cumprir a função de dirigente, participando ativamente de todos os eventos ligados à Assembleia da Fina, acompanhei todas as provas da natação e conferi de perto a medalha de ouro de Nicholas Santos, nos 50 metros borboleta, e o título de campeão e recordista mundial do Brasil no revezamento 4 x 200 metros livre masculino,

---

[140] A Lei Agnelo/Piva (Lei n.º 10.264/01) é uma lei brasileira sancionada pelo presidente Fernando Henrique Cardoso, que estabelece que 2% da arrecadação bruta de todas as loterias federais do país sejam repassados ao Comitê Olímpico Brasileiro e ao Comitê Paralímpico Brasileiro. Esses, por sua vez, devem criar critérios para repasse para as confederações dos esportes olímpicos.

composto por Breno Correia, Fernando Scheffer, Leonardo Santos e Luiz Altamir Melo.

De fato, depois dessa participação como chefe de equipe, passei a ter um maior e melhor entendimento a respeito do cargo de diretor, fazendo com que a minha participação no planejamento da natação de alto rendimento fosse cada vez mais ativa.

Basicamente, todos os critérios de convocação das seleções brasileiras de natação de 2018 a 2021 foram desenvolvidos ou revisados por mim, com a participação e a consultoria de especialistas com os quais eu me aconselhava.

Inclusive, tive de adaptar e estudar muitas particularidades e muitos critérios em razão da pandemia do Covid-19, que acabou adiando a própria seletiva olímpica para os Jogos de Tóquio-2020.

Sem dúvida, a ideia era, efetivamente, fazer uma gestão com diálogo aberto com os técnicos e os atletas, sabendo que a seletiva para a Olimpíada seria o maior desafio que eu viveria no cargo.

Aliás, era esperado que, ao trabalhar e elaborar os critérios do time de natação para Tóquio-2020, eu fosse o chefe da equipe nessa competição, pois eu, melhor do que ninguém, havia conversado individualmente com cada um dos possíveis candidatos às vagas.

Não só isso. Depois de finalizada a seletiva e a convocação da seleção, conversei com cada atleta e cada técnico, procurando entender os planejamentos e as intenções para a preparação no exterior, o que estava dificultado em razão da pandemia e das restrições óbvias.

Contudo, mesmo fazendo um excelente trabalho, ao conhecer as particularidades de cada um dos convocados para os Jogos, alguns interesses obscuros advindos de pessoas pouco éticas não me permitiram finalizar o meu trabalho e a minha gestão da maneira como deveria ser.

Aprendi a duras penas, infelizmente, que a gestão esportiva no nosso país ainda era muito política, com os interesses pessoais predominando em detrimento da meritocracia e dos requisitos técnicos.

108

Como se percebe, eu era "pau para toda obra" na CBDA. A direção técnica da natação era apenas uma das minhas muitas atribuições. Eu ajudava no jurídico, no contato direto com a Fina, no financeiro, no estratégico, no marketing, no site, no sistema, nas inscrições internacionais, no Comitê de Ética e na ouvidoria.

Sim, acredite se quiser, mas eu passei meses recebendo, analisando e respondendo demandas e reclamações atrasadas na ouvidoria da CBDA.

Felizmente, antes que eu perdesse todo acesso ao meu e-mail institucional (eduardo.fischer@cbda.org.br), fiz um backup de 5.900 mensagens de correios eletrônicos, que podem comprovar todo o meu trabalho e as minhas intervenções com a Fina, os treinadores, os dirigentes e os atletas, de 2018 até meados de 2021. Ninguém pode alegar que eu não trabalhei efetivamente em prol da natação do Brasil, pois eu posso provar.

Apesar de ser uma missão difícil e de tomar muito do meu tempo, na verdade, não era um fardo. Era algo que eu gostava de fazer, com o qual me identificava e realmente amava. Mas nem só de amor vive o homem, como se diz.

Apesar de ter contrato assinado para ser remunerado na função, firmado pelo presidente Miguel Cagnoni, eu sabia que o momento era crítico e era difícil, para a CBDA, me pagar. O principal motivo de eu estar ali era para ajudar a entidade e, por isso, concordei em continuar trabalhando sem receber, aguardando as coisas melhorarem.

Nunca neguei que, apesar de ser um "voluntário" para algumas demandas, eu achava que merecia ser remunerado, assim como todos os outros cargos diretivos da entidade. Mas, de fato, o momento não era propício para que isso acontecesse, então, posterguei o retorno financeiro para quando a CBDA conseguisse algum patrocinador ou o aumento de verbas públicas.

Além disso, outro grande objetivo de tanto empenho e trabalho era a possibilidade de trabalhar com a equipe olímpica para Tóquio-2020, inclusive, na função de chefe de equipe. Talvez, essa fosse a grande recompensa pelo árduo trabalho que eu realizava.

Eu já havia demonstrado que era capacitado, pois tinha um excelente relacionamento com a Fina e havia desempenhado muito bem a função de chefe de equipe no Mundial de curta, em 2018.

Por fim, eu tinha conhecimento da entidade como um todo, além da modalidade, em si, e da capacidade técnica de cada atleta. Por ter sido um esportista de alto rendimento, com duas participações olímpicas, eu compreendia bem as necessidades dos nadadores e das nadadoras. Aliás, esses atletas que mencionei confiavam em mim, pois era a primeira vez na história da CBDA que um nadador olímpico ocupava um cargo de direção.

Esse objetivo estava indo muito bem. Na China, enquanto eu trabalhava com a equipe no Mundial, recebi um e-mail do COB para organizar um *training camp* para os velocistas brasileiros, justamente visando uma possibilidade de final (ou até medalha) olímpica no revezamento 4 x 100 metros livre.

Reitero que, até esse momento, Renato Cordani não fazia parte da CBDA e não trabalhava com nenhuma área na seleção olímpica para Tóquio-2020. Estamos falando de dezembro de 2018, a apenas 19 meses do início dos Jogos de 2020.

Assim, na condição de diretor de natação, auxiliei na elaboração do programa e do projeto para esse período de treinamentos, no Parque Aquático Maria Lenk, no Rio de Janeiro, que acabou sendo um sucesso e fornecendo um excelente retorno para todos os envolvidos.

Reunimos os oito melhores velocistas brasileiros, baseados no ranking mundial dos 100 metros livre, com intuito de analisar e preparar a equipe do revezamento que tinha excelentes chances de final no Japão. Vale ressaltar que o Brasil ocupava o segundo lugar no ranking mundial do 4 x 100 metros livre, na época.

Bruno Fratus, medalha de bronze nos 50 metros livre em Tóquio, inclusive, participou do treinamento, pois estava entre os oito melhores tempos dos 100 e era um possível candidato para compor o time.

Fato é que, perante o COB, naquele momento, e dentro da organização da CBDA, eu era a pessoa com mais capacidade para tomar decisões técnicas e comandar a organização da equipe de alto rendimento da natação brasileira.

E assim foi, durante o primeiro semestre de 2019, passando cada vez mais a assumir essa função, trabalhando incansavelmente para gerir a natação de alto rendimento, elaborando critérios e traçando os planos com vistas aos Jogos Olímpicos.

Inclusive, todos os critérios para a formação da equipe para os Jogos Pan-Americanos de Lima-2019, no Peru, competição preparatória mais importante antes dos Jogos de Tóquio, foram definidos e redigidos por mim. Obviamente, contei com a ajuda de técnicos de renome no Brasil, mas a estrutura do documento e a redação foram de minha autoria.

Quando um determinado atleta discordou dos critérios dessa seleção e deflagrou um processo no Superior Tribunal de Justiça Desportiva (STJD) contra a CBDA e a minha pessoa, fui eu quem representou a entidade na audiência de instrução e no julgamento, na qualidade de autoridade coatora e responsável pela elaboração dos critérios seletivos para aquele Pan.

Como disse, eu realmente fazia de tudo um pouco na entidade e reitero que, apesar de não ser fácil, eu não reclamava, pois amo esse esporte e queria ajudar a natação e os atletas com a minha função.

Talvez, neste momento, você esteja se perguntando por que contei todas estas histórias e criei todo este contexto. Bom, primeiramente, para explicar como era o meu trabalho na CBDA na função de diretor de natação e o quanto eu era responsável pelo alto rendimento, sem me furtar de estar sempre à disposição da entidade nas mais variadas demandas.

Ocorre que, depois do Pan-Americano, em setembro de 2019, houve uma assembleia extraordinária, convocada por um quinto dos filiados, na qual a maioria das federações optou por afastar o presidente Miguel Cagnoni, empossando o vice, Luís Coelho, ao cargo máximo da entidade.

Após esse acontecimento, no qual eu tive grande participação na condução da Assembleia, como secretário, dirimindo dúvidas sobre a interpretação das cláusulas do Estatuto da CBDA, entendemos que era o momento de reestruturar a Confederação. Algumas pessoas teriam de sair e havia a necessidade de chamar outras para cargos estratégicos.

Nesse instante, eu me dirigi ao então presidente Coelho e requisitei a ele o retorno de Renato Cordani à CBDA. Naquele momento, eu achava que ele era uma boa pessoa e poderia nos auxiliar nas questões financeiras, atuando como uma espécie de CEO. Ou seja, um diretor executivo. E foi nesse instante que talvez eu tenha cometido um dos principais erros da minha vida.

Para que você possa entender o que antecedeu o retorno do Cordani à CBDA, vou explicar o que ocorreu algumas semanas antes, no Troféu José Finkel de 2019, realizado em Curitiba, no Paraná.

Nessa competição, eu era, oficialmente, o representante da CBDA e sabia que o Renato Cordani havia viajado de São Paulo até Curitiba para presenciar o campeonato. Obviamente, ele já sabia que Miguel Cagnoni estava cansado, com problemas de saúde e logo poderia deixar o cargo, abrindo a possibilidade para seu eventual retorno, tendo em vista que ele e Miguel haviam se desentendido.

Convidei o Cordani para um jantar, em 4 de novembro de 2019, com Rogério Bredt, pai de um atleta filiado à Federação de Desportos Aquáticos do Paraná (FDAP), que também gostaria de colaborar para uma melhor gestão na CBDA.

Nessa reunião, expliquei ao Cordani que eu achava ser possível que logo haveria uma assembleia para colocar o vice, Luís Coelho, no cargo de presidente da CBDA, tendo em vista os inúmeros problemas que o Miguel estava vivenciando.

Cético, Cordani não achava que isso poderia ocorrer. Contudo, expliquei que era apenas uma questão de tempo para que acontecesse e, caso o Coelho assumisse a CBDA, eu gostaria que ele retornasse para a entidade, pois acreditava que tinha bom perfil para cuidar dos assuntos financeiros. Bom, se arrependimento matasse, eu não estaria aqui contando esta história.

Cordani respondeu que não sabia se aceitaria o cargo de volta, pois não tinha certeza se queria isso. Mas confessou que seria muito bacana retornar para a CBDA.

Eu, na minha ingenuidade, estava certo de que o Cordani poderia contribuir e jamais passou pela minha cabeça que, um dia, eu seria traído pela pessoa que ajudei a colocar de volta na CBDA.

Para quem ainda possa duvidar, por sorte, nós não estávamos sozinhos. Eu tenho uma testemunha de toda essa conversa. Aliás, uma pessoa com elevado senso ético e moral, que jamais me deixaria mentir sobre esse acontecimento.

Enfim, como previsto, houve uma assembleia para empossar Luís Coelho na presidência da CBDA. E, como prometido por mim ao Cordani, endossei ao novo presidente a necessidade de trazê-lo de volta.

Dessa maneira, Cordani retornou para a CBDA no cargo de diretor executivo, sendo que eu permaneci como diretor de natação. Mas, nesse momento, eu nem sequer imaginava que ele seria o perpetrador de uma deslealdade sem precedentes.

Realmente, 2019 se encerraria de forma promissora. Tínhamos um novo presidente, um novo CEO e eu poderia, agora, trabalhar mais tranquilamente na área técnica, elaborando os critérios e as ações da equipe de alto rendimento. Afinal, era algo que eu sabia e gostava de fazer.

Na medida que eu havia criado um excelente relacionamento com a Fina e com o COB, nada mais evidente que fosse o responsável pela equipe olímpica em 2020. Essa incumbência passaria a ser o meu mais novo grande objetivo.

Mas, aparentemente, esse também era o objetivo do Cordani, que, pelo visto, não mediria esforços e ações obscuras para ir para Tóquio. Cordani havia sido atleta de natação, mediano, e não chegou nem perto da classificação olímpica.

Então, como uma pessoa assim faz para ir para uma Olimpíada em uma missão oficial? É fácil: assume um cargo em uma confederação e diz que é o responsável técnico da modalidade. Simples, não?

Fato é que, em razão da pandemia do Covid-19, os Jogos Olímpicos de Tóquio-2020 foram adiados. Para quando? A princípio, ninguém sabia, mas tudo indicava que seriam realizados nas mesmas datas, um ano para a frente, possivelmente em julho de 2021. E foi então que o meu trabalho passou a ser ainda mais desgastante, pois os nossos atletas estavam ficando sem condições de treinos e esperavam que a CBDA fizesse algo.

Então, às pressas e a pedido do COB, tivemos de criar critérios para a escolha da equipe que participaria de uma missão em Portugal[141], onde o Comitê ofereceria um local de treinamento seguro para alguns atletas que já haviam feito, em algum momento, o índice para Tóquio. No caso da natação, a pandemia viria antes mesmo da seletiva, que seria realizada em abril de 2020, e por isso tivemos de criar um critério especial.

---

[141] Link no QR CODE

O referido critério seria convocar os atletas que já haviam nadado abaixo do índice A da Fina em 2019. Apesar de ter falhas, parecia ser a maneira mais objetiva possível.

Seguindo com o meu trabalho e o meu planejamento, recebi um e-mail do Cordani, copiando todas as áreas técnicas da missão olímpica do COB, informado que eu seria o chefe de equipe da natação em Tóquio-2020.

De: Renato Cordani
Data: segunda-feira, 31 de agosto de 2020 16:42
Para: Ise Silva Boaventura , Eduardo Fischer

Cc: Marina Canetti , Ana Carina Dias Neves Manta , Mariana Mello , Joyce Diniz Ardies , Sebastian Pereira
Assunto: Re: Tóquio 2021 - Planejamento da operação – Natação

Boa tarde, Ise.

Acuso o recebimento do email. Gostaria de pedir que esses emails da Natação sejam copiados sempre para o nosso diretor de Natação, Eduardo Fischer, que deverá ser o chefe de equipe da Natação em Tóquio.
Copiei o email dele acima, e anexei a planilha.

Muito obrigado.
Renato Cordani

Muito feliz com a "nomeação", embarquei na jornada, pois, além de ser fantástico (representar o Brasil nos Jogos Olímpicos como atleta, primeiramente, e como dirigente, depois), eu também queria ajudar a modalidade, os nadadores e as nadadoras fazendo algo diferente e melhor.

Pudemos, finalmente, em abril de 2021, realizar a seletiva olímpica brasileira. Aliás, diga-se de passagem, um sucesso. Dentro das inúmeras limitações que o Covid-19 impôs a tudo e a todos, entregamos um grande evento. Seguro, bem organizado e livre de contágios.

Tivemos êxito em selecionar uma equipe de 26 grandes atletas, aquela que seria a maior delegação olímpica da natação, com exceção do Rio-2016, quando o Brasil foi sede. Foram eles:

1. *Aline da Silva Rodrigues – 4 x 200m livre*

2. *Ana Carolina Vieira – 4 x 100m livre*

3. *Beatriz Pimentel Dizotti – 1.500m livre*

4. *Breno Martins Correia – 200m, 4 x 100m e 4 x 200m livre*

5. *Bruno Giuseppe Fratus – 50m livre*

6. *Caio Rodrigues Pumputis – 200m medley e 100m peito*

7. *Etiene Pires de Medeiros – 50m e 4 x 100m livre*

8. *Felipe Ferreira Lima – 100m peito, 4 x 100m medley e 4 x 100m medley misto*

9. *Fernando Muhlenberg Scheffer – 200m e 4 x 200m livre*

10. *Gabriel da Silva Santos – 100m e 4 x 100m livre*

11. *Gabrielle Gonçalves Roncatto – 4 x 200m livre*

12. *Giovanna Tomanik Diamante – 4 x 100m medley misto*

13. *Guilherme Augusto Guido – 100m costas*

14. *Guilherme Dias Massê Basseto – 100m costas, 4 x 100m medley e 4 x 100m medley misto*

15. *Guilherme Pereira da Costa – 400m, 800m e 1.500m livre*

16. *Larissa Martins de Oliveira – 4 x 100m livre, 4 x 200m livre e 4 x 100m medley misto*

17. *Leonardo Gomes de Deus – 200m borboleta*

18. *Luiz Altamir Lopes Melo – 4 x 200m livre*

19. *Marcelo Chierighini – 4 x 100m livre*

20. *Matheus Ferreira de Moraes Gonche – 100m borboleta e 4 x 100m medley*

21. *Murilo Setin Sartori – 4 x 200m livre*

22. *Nathália Siqueira Almeida – 4 x 200m livre*

23. *Pedro Henrique Silva Spajari – 100m e 4 x 100m livre*

24. *Stephanie Balduccini – 4 x 100m livre*

25. *Vinícius Moreira Lanza – 200m medley e 100m borboleta*

26. *Viviane Eichelberger Jungblut – 1.500m livre*

A partir da convocação oficial, passei a assumir todas as responsabilidades pela equipe e pelo planejamento até o Japão.

A minha principal incumbência era debater com cada treinador as necessidades individuais que tinha com seu ou seus atletas para que pudéssemos adequar o período de aclimatação em Tóquio antes do início dos Jogos, assim como alinhar qual seria a competição preparatória que antecederia a Olimpíada.

Eu tinha de ter tudo bem programado e organizado, pois seriam Jogos diferentes, com muitas restrições e barreiras mentais em relação à pandemia. Tudo estava caminhando muito bem, apesar das dificuldades, e eu havia conseguido, inclusive, a entrada dos atletas brasileiros na Itália em junho, visando a participação em uma competição preparatória, o Torneio Sette Colli, de suma importância.

Naquela época, os brasileiros não tinham permissão para ingressar na Europa, devido às restrições sanitárias da pandemia. Mas, depois de muita insistência, troca de e-mails e ligações para a Federação Italiana da Natação, obtivemos êxito na liberação extraordinária dos atletas no País da Bota.

E assim, com muita coisa em andamento, faltava pouco para o meu embarque com a equipe rumo a Tóquio. Mas, infelizmente, isso não aconteceu. E eu não fui para a capital nipônica.

Faltando três semanas para o embarque da seleção brasileira para o Japão, eu recebi, totalmente de surpresa, uma mensagem do COB, pelo WhatsApp, informando que a CBDA havia "escolhido" Renato Cordani para ser o chefe de equipe da natação nos Jogos Olímpicos de Tóquio-2020 e que eu não acompanharia o time.

Eu li e reli a mensagem, mas não acreditava. Eu estava atônito. Era um misto de indignação e raiva. Por fim, pensei que poderia ter sido apenas um mal-entendido. Afinal, eu já estava à frente do planejamento há muito tempo e, ao ocupar o cargo de diretor de natação da CBDA, deveria ter sido previamente consultado sobre essa decisão.

Liguei para o vice-presidente Cordani. Sim, nesse momento, ele já não era mais diretor geral, mas, sim, vice-presidente da CBDA. Eleito, inclusive, em uma assembleia eletiva que eu havia ajudado a organizar, redigindo todas as atas e organizando a votação. A sensação era de que uma enorme injustiça havia sido perpetrada e eu precisava entender os fatos e pleitear uma correção desse equívoco.

Por telefone, Cordani me disse que jamais negou que queria ir aos Jogos Olímpicos e que eu sabia da intenção dele. Sim, era óbvio que eu sabia, só não tinha ciência de que, para conseguir isso, ele iria, desleal e injustamente, me tirar da jogada, fincando uma faca nas minhas costas.

Ainda assim, eu o confrontei, inclusive lembrando de algo que ele havia me dito uma semana antes, quando fui a São Paulo para receber a vacina contra o Covid-19. Essa imunização era oferecida pelo Comitê Olímpico Internacional a todos os atletas e ao estafe registrados no sistema com a credencial provisória. Como eu já estava nesse sistema e tinha a credencial, poderia receber a imunização.

Em São Paulo, tomando um café no aeroporto e aguardando o horário da vacinação, o Cordani me olhou nos olhos e disse:

"Fischer, com você indo para Tóquio, mesmo que eu não possa ir, em razão da pandemia, estarei tranquilo, pois sei que posso confiar no seu trabalho e no seu comprometimento".

Como eu poderia esperar que alguém que faz esse discurso fosse praticar uma traição tão grande e tão imoral? Realmente, era muito difícil de entender ou achar uma explicação plausível.

Relembrando desse momento, ele chegou a me dizer que pensaria a respeito da possibilidade de uma eventual retratação. Foi quando eu disse que, após Tóquio, eu pediria demissão da CBDA, dando a oportunidade para outras pessoas assumirem o cargo. Afinal, eu sempre fui contra a perpetuação no poder. Então, ele poderia ficar tranquilo, pois, encerrado esse ciclo olímpico, ele poderia trabalhar na missão Paris-2024, como chefe de equipe ou qualquer outro cargo que quisesse.

Mas a vontade de ter no currículo uma "participação" olímpica, algo que não conseguiu como atleta, era maior. Mesmo que, para isso, fosse necessário trair um colega que havia trabalhado arduamente na função.

Para encurtar a história, quando o confrontei, além do presidente Luís Coelho, sobre os critérios para essa decisão, eles não me responderam. Apenas me desligaram sumária e imediatamente das minhas funções na CBDA.

O resto é lenda. Ninguém se lembra, ninguém se lembrará e, provavelmente, ninguém vai querer saber ou compreender. Apenas a minha esposa, Roberta, ficou ao meu lado e segurou a barra. Tentei ir ao Comitê de Ética do COB, ao Comitê de Ética da CBDA e ao Poder Judiciário. Todos responderam que "fazia parte da autonomia da entidade" (artigo 217 da Constituição) e a CBDA tinha poderes para escolher quem quisesse[142].

---

[142] TJRJ – Processo: 0147153-97.2021.8.19.0001 - 13ª Vara Cível - Decisão fls. 306

Então, pela primeira vez na história da Confederação, um vice-presidente se "autoindicou" ao cargo de chefe de equipe para os Jogos Olímpicos. E eu, a pessoa detentora do cargo técnico, que realizou todo o trabalho, fiquei sem a honrosa chance de ir para o Japão.

Nesse momento, me lembrei de todos os desmandos da gestão exercida pelo Coaracy Nunes Filho, anos antes. Será que algo havia realmente mudado? Por fim, todas as batalhas que travei com a má gestão da entidade, desde 2004, pareciam ter sido em vão. Ao dar poder para uma pessoa, pude realmente conhecer quem ela era, como sabiamente disse o filósofo e historiador italiano Nicolau Maquiavel.

Normalmente, as entidades regidas por conceitos absolutistas não gostam das pessoas que perguntam demais. Eu fazia (e sempre fiz) muitas indagações, buscando um enfoque moral e ético. E então, naquele instante, passei a me perguntar se a atual gestão da CBDA não estava sendo muito similar àquela que eu havia ajudado a destituir.

Invariavelmente, você estará diante de alguém que é contra os seus preceitos. Em vez de chamar para o debate e compreender a questão, é mais fácil cortar o mal pela raiz.

E qual foi a manchete? "Eduardo Fischer deixa o cargo de diretor de natação após mais de dois anos e meio na função.[143]"

É assim que se propaga uma mentira. Controlando sabiamente a narrativa.

---

[143] Link no QR CODE

109

Ainda sobre Tóquio-2020, mais especificamente o medalhista de bronze Bruno Fratus, há mais um importante caso que preciso relatar. Claro, não há qualquer dúvida de que é muito mais fácil falar sobre algo depois que tudo deu certo.

Realmente, julgar uma decisão pretérita, depois do resultado, tal qual um "engenheiro de obra pronta", se mostra algo muito mais confortável de analisar.

Ocorre que, quando tomei a decisão sobre a seletiva do Bruno, defendendo a minha estratégia para a presidência da CBDA, eu não tinha a menor ideia do que poderia ocorrer, e tudo era muito incerto em meio a uma pandemia mundial e às vésperas dos Jogos Olímpicos. Nenhum gestor esportivo havia passado por isso, nem sequer por algo similar. Estávamos vivenciando algo inédito.

Mas, mesmo tendo total convicção de que era a melhor alternativa possível naquele momento, eu também tinha consciência de que muitas coisas poderiam dar errado. Eu teria de amargar e suportar durante muito tempo os questionamentos alheios relacionados a essa referida decisão.

Digo, também, que foi uma decisão minha, pois, em um primeiro momento, quando comentei sobre abrir uma exceção para o Bruno, todos ficaram imediatamente reticentes com o eventual precedente da regra. Não era (e não foi) uma decisão fácil de ser tomada. Mas era a melhor possível para o atleta, para a natação e para a seleção brasileira.

Claro que a palavra "exceção" não é boa de ser proferida ou ouvida. Eu, particularmente, não gosto de abrir exceções. Contudo, para ser um gestor, temos de ter conhecimento da modalidade, ser sensíveis às questões humanas, procurando ter extremo bom senso técnico, para então identificar quando essa medida extraordinária se mostra necessária.

Eu não me considerava um grande gestor. Longe disso. Ainda estava (e estou) engatinhando nessa função, aprendendo diariamente.

Mas, nessa questão específica, pelo fato de ter sido atleta olímpico e conhecer bem a realidade do Bruno, analisei os fatos de maneira mais precisa e imparcial.

Ocorre que estávamos no auge da pandemia (ou em um dos muitos momentos críticos) e faltava menos de um mês para o início da seletiva olímpica, no Rio de Janeiro. Nós nem sequer sabíamos se efetivamente a seletiva ocorreria, pois os decretos de fechamento e restrição mudavam diariamente. Não sabíamos se o município do Rio de Janeiro ou o estado do Rio de Janeiro iriam permitir o evento.

Afinal, em março estávamos vivenciado uma catastrófica média de quase quatro mil mortes diárias causadas pelo vírus, um número assustador e alarmante. Isso não nos dava nenhuma certeza de que seria possível realizar a seletiva olímpica.

Mesmo tomando inúmeras medidas de segurança e reduzindo o número de participantes para apenas pouco mais de cem atletas (algo que, por si só, já era motivo de debate e questionamentos), ainda assim, havia o real risco de que o evento não fosse liberado para realização.

Nesse caos, o nosso atleta de natação mais bem ranqueado e uma das esperanças de medalha nos Jogos de Tóquio não estava no Brasil. Tinha ido treinar nos Estados Unidos, e lá havia se isolado de tudo e de todos, procurando não contrair a doença e, ainda assim, manter a preparação. Nada muito diferente de todos os outros que estavam no Brasil, obviamente.

Por outro lado, quem estava em solo brasileiro não precisaria enfrentar dez horas de transporte aéreo público em aeroportos internacionais. Justamente um dos locais onde se acreditava que havia um grande risco de transmissão da doença.

Por essa razão, Bruno estava desesperado e muito assustado. Ele se questionava diariamente se conseguiria concluir o treinamento para os Jogos Olímpicos sem contrair a doença e estragar todas as suas esperanças.

Pela regra publicada, para garantir a vaga em Tóquio, teoricamente, ele precisava enfrentar uma viagem dos Estados Unidos até o Rio de Janeiro. Mas ninguém sabia qual seria o real risco de contrair o Covid-19 nesse trajeto.

Bruno e sua treinadora, Michelle Lenhardt, cogitaram se a CBDA poderia fazer uma convocação sem a realização de uma seletiva, chamando a seleção com base em resultados prévios e rankings internacionais.

Claro, isso estava nos planos, caso a seletiva no Maria Lenk não pudesse ser realizada por decreto. Mas até aquele dia, 21 de março de 2021, tudo estava confirmado e o Brasil teria uma seletiva na natação. No fundo, eu não achava justo convocar alguém sem uma eliminatória, pois seria algo jamais feito, sem precedentes.

Foi então que tive uma ideia. Visto a condição especial do Bruno, como eu poderia abrir uma exceção sem necessariamente "abrir uma exceção"? Afinal, muito se fala sobre o conceito de isonomia: tratar desigualmente os desiguais, na medida de sua desigualdade.

Por que, em razão da colocação do Bruno no ranking mundial e do risco do Covid-19, não permitir que fizesse uma "seletiva remota"?

O conceito seria viabilizar a aferição do tempo de forma oficial em uma competição local, nos Estados Unidos, mas se sujeitando a todas as outras regras de convocação. Ou seja, ele teria de ter uma marca abaixo do índice e essa marca teria de ficar entre os dois melhores nadadores ao final da seletiva olímpica brasileira. Eu acreditava que quase não se tratava de uma exceção, afinal, ele teria de se sujeitar a todas as regras, menos a da presença.

Resumindo: Bruno faria uma tomada de tempo oficial nos Estados Unidos e esse tempo (apenas o feito na final) seria transportado para a seletiva brasileira, devendo ele, além de alcançar o índice olímpico (22s01), também ficar entre as duas melhores marcas da final no Brasil.

Sim, concordo e confesso que era uma flexibilização da regra, pois ela exigia que o atleta estivesse presente no Brasil para garantir a vaga. Mas, no contexto do momento, me parecia o mais correto a ser feito. Ainda que ele não precisasse vir ao Brasil para competir, teria de cumprir os outros critérios, nadando abaixo do índice olímpico e tendo uma marca que o colocasse entre os dois melhores nadadores da seletiva do Brasil.

Ao descrever o conceito para o Bruno e a treinadora dele, houve aceitação imediata. De fato, eles não queriam regalias, apenas tinham muito receio em relação ao Covid-19. Optamos, então, por pedir para que o Bruno fizesse a seletiva remota no TYR Pro Swim Series, na cidade de Mission Viejo, na Califórnia, em 10 de abril de 2021.

Era um evento muito estratégico, pois, além da proximidade de datas com a seletiva brasileira (19 de abril), haveria cronometragem e arbitragem oficiais, além de contar com a presença ilustre do americano Caeleb Dressel, seu principal rival na disputa pela medalha em Tóquio.

Faltava, agora, confirmar ao Bruno, publicar e comunicar essa decisão para toda a comunidade aquática.

Quando liguei para o Bruno e para a Michelle, em 22 de março, para explicar os detalhes e os requisitos da "nova" regra, ambos ficaram extremamente agradecidos pela exceção ofertada e pela preocupação com a preservação da integridade física deles, em relação a uma possível contaminação durante a viagem para o Brasil. Assim, concordaram com os termos propostos e se comprometeram a adaptar o planejamento.

Por outro lado, quem ficou um tanto quanto reticente fui eu. Confesso que, mesmo sabendo que a decisão era a mais correta, eu não conseguia parar de pensar naquilo que poderia dar errado.

Eu não sabia se estaria pronto para segurar essa pressão. Mas o fato era que não tinha outra saída melhor. Claro, antes de tudo, me aconselhei com muitas pessoas da comunidade aquática que tinham muito mais experiência técnica do que eu. Isso até me trouxe algum conforto. Mesmo assim, se algo desse errado, a decisão teria sido minha e era o meu nome que estava em jogo.

No dia da seletiva do Bruno, eu acompanhei de casa pela internet e torci muito para que ele fizesse o índice. Não posso negar que eu estava tenso. Contudo, mesmo com a enorme pressão, Fratus foi cirúrgico e fez o dever de casa. Venceu a prova, inclusive deixando Caeleb Dressel para trás, com o tempo de 21s80, marca inferior ao índice olímpico mínimo exigido pela Fina (22s01).

Alguns dias depois, na seletiva olímpica brasileira, eu estava no Parque Aquático Maria Lenk para acompanhar in loco todas as provas, inclusive, os 50 metros livre masculinos. Ninguém tinha certeza se o tempo do Bruno feito nos Estados Unidos seria suficiente para classificá-lo para os Jogos. No fundo, eu estava torcendo para o melhor resultado, independentemente de quem fosse, mas não nego que eu queria muito ver o Bruno em Tóquio. Afinal, ele havia provado que estava pronto para suportar a pressão para chegar ao pódio olímpico.

Por fim, tudo ocorreu como deveria. Não sei dizer se foi certo ou errado. Apenas aconteceu dentro das expectativas:

- Bruno fez o índice em Mission Viejo, com o tempo de 21s80, ganhando, inclusive, de Caeleb Dressel.

- Nenhum outro brasileiro fez uma marca melhor, sendo Pedro Spajari o campeão da seletiva, com 22s04.

- Bruno, então, se classificou para a sua terceira Olimpíada e, para a felicidade de todo mundo, trouxe de Tóquio a medalha de bronze para o Brasil nos 50 metros livre. Marcou o tempo de 21s57, chegando atrás apenas do americano Dressel (ouro, com 21s07) e do francês Florent Manaudou (prata, com 21s55).

De qualquer forma, voltando no tempo, vejo com muito orgulho o papel que desempenhei como diretor de natação da CBDA no período olímpico e tenho convicção de que aquela havia sido a decisão mais correta.

Felizmente, para a alegria da nação brasileira e da comunidade aquática, tudo deu certo lá em Tóquio. Afinal, a minha intuição, amparada pelas estatísticas, me dizia que confiar no Bruno e criar essa flexibilização era algo prudente a se fazer.

Claro que se alguma coisa desse errado e nenhum nadador brasileiro se classificasse para a prova dos 50 metros livre em Tóquio, eu teria de encarar os meus fantasmas, que não seriam poucos.

Ao Bruno e a sua treinadora (e esposa), Michelle, fica o meu eterno agradecimento pela compressão na tomada dessa decisão, além do meu mais alto respeito pelo profissionalismo que os levaram a esse resultado fantástico para o Brasil. Parabéns, Bruno! Você mereceu!

110

Foram necessários mais de 15 anos, desde o início da minha indignação e da minha luta contra a falta de critérios na natação do Brasil, para que eu pudesse ver uma gestão temerária e pouco transparente, presidida pelo senhor Coaracy Nunes Filho, ruir e dar lugar para uma outra na qual me foi oferecido um honroso cargo de diretor.

Muito antes disso, decolei de Joinville para o mundo, fazendo do esporte a minha vida e da minha vida, o meu orgulho. De campeão estadual, em 1995, para terceiro melhor do mundo, em 2002, e semifinalista olímpico, em 2004. Mas, ainda melhor do que contabilizar resultados, medalhas e recordes, é olhar para trás, para toda essa jornada, e não ter arrependimentos. Fiz o que o meu coração mandou, procurando não violar o direito de ninguém e não faltar com respeito a ninguém. Nem sempre tive sucesso nessa empreitada, mas, ao menos, era como eu orientava as minhas decisões, esportivas ou não. Inegavelmente, todo o processo e a jornada valeram a pena, e foram muito melhores do que os resultados eventualmente conquistados.

Finalmente, de atleta a gestor. Outra caminhada muito árdua. Contudo, mesmo sendo retirado da entidade de administração dos esportes aquáticos de uma maneira um tanto quanto abrupta, continuarei sendo o primeiro atleta da história da natação do Brasil a ocupar um cargo diretivo na Confederação Brasileira de Desportos Aquáticos. Não sei se alguém se lembrará disso daqui a 10, 20 anos. Mas eu me recordarei. Para mim, isso basta.

Concordo que não fui capaz de implementar todas as mudanças que gostaria na gestão dos esportes aquáticos do Brasil e não tive êxito em dar continuidade ao trabalho de diretor de natação. Mas, como aprendi com a natação, é nas derrotas que nos desenvolvemos para ser melhores. Por esse olhar, a minha eventual falha na administração da CBDA foi apenas mais uma lição para que eu pudesse me tornar uma pessoa melhor.

Posso ter perdido mais essa batalha contra o sistema, da mesma forma que ocorreu quando eu era um atleta em busca dos resultados. Mas jamais vou desistir. Posso não ter ido a Tóquio, mas sei que deixei um pedacinho do meu trabalho dentro da mala de cada um dos 26 atletas convocados para os Jogos de 2021.

Fiz o meu melhor como atleta e como gestor. Sei que tive participação importante na medalha do Bruno Fratus, pois a minha percepção do caso particular vivenciado pelo atleta e por sua treinadora na seletiva olímpica, em meio à pandemia do Covid-19, possibilitou a eles a tranquilidade necessária para a finalização da preparação.

Assim como alguns dos revezes que tive como atleta, esse na gestão da CBDA foi apenas mais um obstáculo de vida, dentre muitos que tive e muitos que ainda vou vivenciar. O mais importante é sempre seguir em frente em um caminho pautado pela ética e pela moral.

Quem me conhece sabe que, apesar de ter um certo pragmatismo, em muitas ocasiões, acabo sendo um tanto quanto passional. Não sei se isso é uma qualidade ou um defeito. Apenas sou como sou.

Já diria Clarice Lispector: "Eu sou como você me vê. Posso ser leve como uma brisa ou forte como uma ventania. Depende de quando e como você me vê passar".

O esporte me ensinou muitas coisas e talvez a mais importante foi que toda jornada vale a pena. Não é o fim ou o resultado que importam, mas, sim, tudo o que você passou para chegar até lá.

Aproveite o processo, pois é nele que conhecerá a si mesmo.

Anexo 1

RECORDES SUL-AMERICANOS SUPERADOS

	Piscina curta (25m)			
	Data	**Competição**	**Prova**	**Tempo**
1	11/11/2000	Copa do Mundo (Rio de Janeiro)	50m peito	28s00
2	20/1/2001	Copa do Mundo (Berlim)	100m peito	1min01s08
3	17/11/2001	Copa do Mundo (Rio de Janeiro)	50m peito	27s67
4	23/11/2001	Copa do Mundo (Edmonton)	100m peito	1min00s19
5	18/1/2002	Copa do Mundo (Paris)	50m peito	27s55
6	19/1/2002	Copa do Mundo (Paris)	100m peito	59s90
7	6/4/2002	Mundial de Moscou	50m peito	27s51
8	7/4/2002	Mundial de Moscou	50m peito	27s23
9	3/4/2002	Mundial de Moscou	100m peito	59s64
10	4/4/2002	Mundial de Moscou	100m peito	59s60
11	14/4/2003	Jasc (Blumenau)	100m peito	59s30
12	17/5/2008	Florianópolis (observação)	100m peito	59s04
13	23/5/2009	Sul-Brasileiro (Florianópolis)	50m peito	26s73
14	24/5/2009	Sul-Brasileiro (Florianópolis)	100m peito	58s14
15	16/10/2009	Copa do Mundo (Durban)	200m peito	2min09s82
TOTAL DE RECORDES SUPERADOS OU IGUALADOS			**15**	

Piscina longa (50m)				
	Data	**Competição**	**Prova**	**Tempo**
1	18/12/2000	Troféu José Finkel (São Paulo)	50m peito	29s04
2	24/5/2001	Troféu Brasil (Rio de Janeiro)	50m peito	28s82
3	27/5/2001	Troféu Brasil (Rio de Janeiro)	100m peito	1min02s44
4	22/7/2001	Mundial de Fukuoka	50m peito	28s80
5	14/3/2002	Sul-Americano (Belém)	100m peito	1min02s44
6	14/3/2002	Sul-Americano (Belém)	100m peito	1min02s43
7	15/3/2002	Sul-Americano (Belém)	50m peito	28s58
8	21/9/2002	Troféu Brasil (Brasília)	50m peito	28s31
9	22/9/2002	Troféu Brasil (Brasília)	100m peito	1min02s33
10	3/5/2003	Troféu Brasil (Rio de Janeiro)	50m peito	28s30
11	4/5/2003	Troféu Brasil (Rio de Janeiro)	100m peito	1min02s33
12	10/5/2003	Catarinense (Florianópolis)	50m peito	28s21
13	11/8/2003	Pan-Americano (Santo Domingo)	100m peito	1min01s88
14	14/8/2004	Jogos Olímpicos (Atenas)	100m peito	1min01s84
TOTAL DE RECORDES SUPERADOS OU IGUALADOS			**14**	

TOTAL DE RECORDES SUL-AMERICANOS SUPERADOS OU IGUALADOS EM TODA A CARREIRA	**29**

Anexo 2

Perfil de medalhas da FINA (World Aquatics)

Anexo 3

RESULTADOS OLÍMPICOS DO BRASIL NO NADO PEITO

Games	Sport	Event	Athlete/Team	NOC	Placement
1968 Summer Olympics	Swimming	100 metres Breaststroke, Men	José Sylvio Fiolo	BRA	4
2016 Summer Olympics	Swimming	100 metres Breaststroke, Men	João Gomes Júnior	BRA	5
1972 Summer Olympics	Swimming	100 metres Breaststroke, Men	José Sylvio Fiolo	BRA	6
2016 Summer Olympics	Swimming	100 metres Breaststroke, Men	Felipe França	BRA	7
2012 Summer Olympics	Swimming	100 metres Breaststroke, Men	Felipe França	BRA	12
2020 Summer Olympics	Swimming	100 metres Breaststroke, Men	Felipe Lima	BRA	12
2012 Summer Olympics	Swimming	100 metres Breaststroke, Men	Felipe Lima	BRA	13
1976 Summer Olympics	Swimming	100 metres Breaststroke, Men	José Sylvio Fiolo	BRA	15
2004 Summer Olympics	Swimming	100 metres Breaststroke, Men	Eduardo Fischer	BRA	15
1976 Summer Olympics	Swimming	100 metres Breaststroke, Men	Sérgio Ribeiro	BRA	16
1980 Summer Olympics	Swimming	100 metres Breaststroke, Men	Sérgio Ribeiro	BRA	16
2008 Summer Olympics	Swimming	100 metres Breaststroke, Men	Felipe França	BRA	22
2008 Summer Olympics	Swimming	100 metres Breaststroke, Men	Henrique Barbosa	BRA	23
1984 Summer Olympics	Swimming	100 metres Breaststroke, Men	Luiz Carvalho	BRA	=24
2000 Summer Olympics	Swimming	100 metres Breaststroke, Men	Eduardo Fischer	BRA	31
2020 Summer Olympics	Swimming	100 metres Breaststroke, Men	Caio Pumputis	BRA	34
1988 Summer Olympics	Swimming	100 metres Breaststroke, Men	Cícero Torteli	BRA	37